Johann Samuel Schroeter

Die Geschichte der Flussconchylien

mit vorzüglicher Rücksicht auf diejenigen, welche in den thüringischen Wässern leben

Johann Samuel Schroeter

Die Geschichte der Flussconchylien
mit vorzüglicher Rücksicht auf diejenigen, welche in den thüringischen Wässern leben

ISBN/EAN: 9783743311503

Hergestellt in Europa, USA, Kanada, Australien, Japan

Cover: Foto ©berggeist007 / pixelio.de

Manufactured and distributed by brebook publishing software (www.brebook.com)

Johann Samuel Schroeter

Die Geschichte der Flussconchylien

Vorrede.

Ich habe gerade nicht den Vorsatz meine Leser mit einer langen Vorrede aufzuhalten, da es nicht schwer ist den ganzen Plan zu übersehen, nach dem ich gearbeitet habe. Ich habe meinem Buche den Namen einer **Geschichte der Flußconchylien** gegeben, weil ich in demselben alles zusammen gelesen habe, was man von den Flußconchylien wissen muß, wenn man sie vollständig kennen will. Darum habe ich zuförderst die **Litteratur** dieser Lehre vorgetragen, und in dem **ersten Abschnitt** von den Schriftstellern geredet, welche von den Flußconchylien mehr oder weniger geschrieben haben. Ich denke, diese mühsame Arbeit soll ausser dem Nutzen, den ich §. 1. S. 1. angegeben habe, noch den hervorbringen, daß man einsiehet, es sey einmal Zeit das alles zusammen zu lesen, was man in so vielen Schriftstellern zerstreut findet. Ich habe dies in dem **dritten Abschnitte** gethan, aber auch da zugleich eine gute Anzahl Flußconchylien bekannt gemacht, welche alle meinen Vorgängern noch nicht bekannt waren. Der **zweyte Abschnitt** beschreibet die Conchylienschalen und die Conchylienthiere nach allen ihren Theilen, und hier habe ich eigne Beobachtungen und Erfahrungen mit den Beobachtungen und Erfahrungen meiner Vorgänger verbunden, und diesen Abschnitt so vollständig zu machen gesucht, als es mir möglich war. Eben das habe ich bey der Beschreibung der verschiedenen Flußconchylien in dem **dritten Abschnitte** gethan. Ich habe alles zusammengesucht, was ich finden, und dabey alle die Schriftsteller genützt, derer ich habhaft werden konnte. Was sich in den **thüringischen** Wassern aufhält, das habe ich ganz vollständig beschrieben, und das konnte ich, weil ich nicht nur seit dreyzehen Jahren an diesen Conchylien gesammlet, sondern auch einen weitläuftigen Briefwechsel über diese Schalengehäuse unterhalten habe. Was ich von ausländischen Flußconchylien entweder selbst besitze, oder aus Schriftstellern kennen gelernt habe, das habe ich hier beschrieben. Freylich hier grosse Zweydeutigkeiten und Dunkelheiten! Ich habe sie nicht verschwiegen, und ich bitte alle Naturforscher, die entweder in entfernten Gegenden leben, oder wenigstens mit auswärtigen Freunden in Verbindung stehen, daß sie auf alle diese Körper aufmerksam seyn möchten, damit wir endlich einmal erfahren, was ungezweifelte Flußconchylien sind, oder was man unter die Erd- oder Seeconchylien zu setzen hat. Die **Wurmgehäuse** der süssen Wasser gehören zwar in keiner Rücksicht unter die Conchylien, allein man wird mit mir gewiß zufrieden seyn, daß ich sie nicht übergangen habe, zumal da man von ihnen nur lauter zerstreute Nachrichten und nichts Zusammenhangendes, nichts Vollständiges bisher gehabt hat.

Ueber die **Kupfertafeln** hätte ich eigentlich gar nichts zu sagen. Ich darf nur einen **Capieux** in **Leipzig** nennen, ich darf nur sagen, daß dieser Künstler zehn dieser Tafeln hier in **Weimar** unter meiner Aufsicht gezeichnet habe, so habe ich gewiß genung gesagt. Zu einer einzigen Tafel, es ist die **neunte**, habe ich die Originale auf **Leipzig** gesandt, und da ist ein Körper unter der Hand des Künstlers nicht so gerathen, wie ich es gewünscht habe. Es ist die Mya corrugata Tab. IX. fig. 3. Den Umriß und

und den Bau der Schale hat Herr Capieux genau getroffen, aber die Runzeln an den Schnäbeln und an den beyden Seiten hat dieser aufmerksame Künstler ganz übersehen, man vergleiche aber mit dieser Abbildung meine Beschreibung, und dieser Fehler wird dadurch gut werden.

Ich muß aber auch erklären, was das Tab. min. A. B. C. D. bedeute, damit meine Leser eine Menge von Citaten meines Buches verstehen. Die **zehnte** und **eilfte** Kupfertafel enthalten diese vier kleinern Tafeln. Sie sollten anfänglich einzeln in das Buch selbst eingedruckt, und also als so genannte Leistenkupfer gebraucht werden. Darnach richtete ich die mehresten meiner Citaten ein, die ich mühsam zusammen gelesen hatte, und richtete mich bey der Ausarbeitung dieser Abhandlung genau darnach. Nachher änderte aber mein Herr Verleger seinen Entschluß, und ließ aus diesen vier kleinen Kupfertafeln zwey grosse machen, dergestalt, daß Tab. min. A. und B. nun die **zehnte**, und Tab. min. C. D. die **eilfte** Kupfertafel ausmachen. Auf diesen Tafeln, wo jede ihre eignen Numern hat, sind einige Flußconchylien aus dem **Gualtieri** und **Marsigli** nachgezeichnet, und einige aufgeschnittene Schnecken und die Wurmgehäuse abgebildet. Aus ganz begreiflichen Ursachen sind diese Xte und XIte Kupfertafel auch bey illuminirten Exemplaren schwarz, da ich die nachgezeichneten Schnecken nicht illuminiren lassen konnte, die aufgeschnittenen Schnecken und die Wurmgehäuse aber auch ohne Mahlerey deutlich sind.

Endlich muß ich auch einiger **Druckfehler** gedenken, die mir aufgestossen sind, da ich die erlangten Aushängebögen durchgelesen habe. Es sind folgende. Seite 6. Zeile 22. für auriculata lies auricularia, S. 9. Z. 22. für auricula lies auricularia, und so in mehreren Stellen, wo **Linné** angeführt ist. S. 21. Z. 3. für Ritterischen lies Richterischen. S. 42. Z. 17. für facile lies facile. S. 57. Z. 22. muß Helix peruerſa weggestrichen werden. S. 58. Z. 14. für cochlea lies Cochleae. S. 89. Z. 7. für Buccinum lies murex. S. 93. Z. 26. für noch kein Beyspiel, lies wenige Beyspiele. S. 114. Z. 7. für Sarmotica lies Sarmatica. S. 123.

Z. 37. für diejenigen lies denjenigen. S. 140. Z. 14. lies tab. IX. fig. 17. S. 143. Z. 41. nach Herr von Linne' setze Helix putris. S. 151. Z. vlt. für Bernerische lies Bremische. S. 177. Z. 33. für ist sie sehr an, lies ist sie sehr oft an. S. 181. Z. 12. für Waltersleben l. Wandersleben. S. 186. Z. 16. für kaum, lies kaum. S. 189. Z. 19. für lit. lies tit. S. 190. Z. 15. für erekunen, lies erkennen. S. 264. Z. 27. für passen freylich ganz genau, lies passen freylich nicht ganz genau. S. 278. Z. 16. für nur einen Theil, lies um einen Theil. Ich habe die gedruckten Bögen nur bis Seite 312. durchlesen können, sollten also noch einige Druckfehler eingeschlichen seyn, so werden die Leser die Güte haben, und sie selbst verbessern.

Da ich aus Ueberzeugung glaube, durch diese Abhandlung manches in der Conchyliologie besonders für die süssen Wasser aufgeklärt zu haben, so bin auch versichert, daß billige und der Sache kundige Leser meine Arbeit billigen, und erfahrne Naturforscher weiter gehen werden, als ich habe gehen können. Wir machen freylich täglich neue Entdeckungen, und für die Flußconchylien, besonders für die ausländischen, sind noch gar viele Lücken auszufüllen. Weimar, den 1 October 1779.

Johann Samuel Schröter.

Die

Geschichte
der
Flußconchylien
mit vorzüglicher Rücksicht auf diejenigen,
welche
in den thüringischen Wassern
leben.

Der erste Abschnitt.

Ueber die Bemühungen älterer und neuer Schriftsteller, die Conchyliologie der süssen Wasser aufzuklären.

§. 1.

Ehe ich meine Leser mit den Schriftstellern bekannt mache, die sich mit den Conchylien mehr oder weniger beschäftiget, und zur Aufklärung dieser Wissenschaft mehr oder weniger beygetragen haben, so halte ich es für Pflicht meine Leser sogleich auf den Gesichtspunct zu führen, aus welchem sie die Abhandlung dieses Abschnitts zu betrachten haben. Man kann es von Menschen nicht erwarten, daß sie über einen wichtigen Gegenstand, den mehrere bearbeitet haben, gerade alle und auch die kleinsten Abhandlungen solten gesehen haben, oder sehen können; es ist genug, wenn von Hauptbüchern keines fehlt. Allgemeine Betrachtungen über besondre Gegenstände haben immer nur einen entferntern Nutzen, ich werde also bey jedem Schriftsteller, den ich anführen kann, ausser einem allgemeinen Urtheile über seine Bemühung zum Vortheil der Conchylien der süssen Wasser, noch besonders dasjenige namentlich bekannt machen, was sie für die Conchylien der süssen Wasser geleistet haben, und welche Geschlechter oder Gattungen es sind, die wir bey ihm angezeigt finden.

Hierzu brauche ich nothwendig einige Schriften, auf die ich mich beziehen kann, damit ich in der Kürze viel sagen könne, und nicht bey jeder einzelnen Gattung einer weitläuftigen Beschreibung bedürfe, ich werde mich daher vorzüglich auf diejenigen Schriften berufen, welche die Flußconchylien am weitläuftigsten abgehandelt haben. Die Folge wird es lehren, daß die Schriften des Herrn Etatsrath **Müller** zu Kopenhagen [a]), des Herrn D. **Martini** zu Berlin [b]) und des Herrn Ritter von **Linne'** [c]) diesen Namen verdienen, zu welchen ich jederzeit die Nummer setzen werde, wo man im dritten Abschnitt eben diese Conchylie angezeigt und beschrieben finden wird. Die Abkürzungen werden folgende seyn: **Müll.** zeigt des Herrn Etatsrath Müllers Buch: **Mart.** des Herrn D. Martini Schrift: **Linn.** die zwölfte Ausgabe des linnäischen Natursystems, und **Abschn. III.** den dritten Abschnitt meiner Abhandlung an.

§. 2.

Von den ältesten Schriftstellern, so sehr sie auch die Naturgeschichte liebten, und so viel wir auch ihren Bemühungen in der Naturgeschichte zu danken haben, dürfen wir es gleichwohl nicht behaupten, daß sie uns für die Flußconchylien viel vorgearbeiter hätten. Wir thun ihnen nicht unrecht, wenn wir ihnen Schuld geben, daß sie diese Geschöpfe, wo nicht mit ihren Augen, doch in ihren Schriften beynahe gänzlich übersehen haben. Da sie sich zum Theil mit andern Wassergeschöpfen z. B. mit den Fischen weitläuftig genug abgaben, so konnte es fast nicht anders möglich seyn, als daß ihnen auch Muscheln und Schnecken in die Hände fallen musten; allein im Gegensatz mit andern Thieren, die sie aufsuchten, waren sie ihnen nicht groß genug, und in Rücksicht auf die Conchylien der See nicht schön genug, sie übergiengen sie also, und was sie ja von ihnen sagten, das sagten sie gleichsam nur im Vorbeygehen. Ich will meinen Ausspruch mit zwey Beyspielen unterstützen. **Plinius** hatte es doch bey seiner Naturgeschichte zum Plan angenommen, die ganze Natur zu beschreiben, er durfte daher die Conchylien nicht übergehen. Daß er die Seeconchylien seinem Zweck gemäß ausführlich genug bearbeitet hatte, das beweisen die Stellen Lib. IX. Cap. 35. nach der Müllerischen Ausgabe Tom. I. Cap. 54 f. S. 276. und Lib. XXXII. Cap. 11. nach der Müllerischen Ausgabe Tom. III. Cap. 53. S. 168. Aber wie wenig von den Flußconchylien! Nichts mehr als Lib. II. Cap. 103. nach der Müllerischen Ausgabe Tom. I. Cap. 106. S. 104. den einzigen Gedanken: In Casinate fluvius adpellatur Scatebra, frigidus, abundantior aestate. In eo, vt in Arcadiae Stymphali, enascuntur aquatiles musculi. Herr Professor Denso hat in seiner Uebersetzung des **Plinius** 1. Band S. 70. diese Worte folgendergestalt übersetzt: „Im Casinatischen ist ein Strom, den man die „Quelle nennt, kalt und überfliessend im Sommer: in diesem, wie auch im Stym„phalis in Arcadien, wachsen Seemuscheln.„ Ich würde es übersetzen: wachsen die andern Flüssen eigenen Muscheln. Vermuthlich meinet hier Plinius die Mahlermuscheln: Mya pictorum **Müll.** S. 211. n. 397. die dunkel- oder hellgrüne Flußmuschel,

a) Vermium terrestrium et fluviatilium seu animalium infusoriorum helminthicorum et testaceorum non marinorum succincta historia. Volumen alterum. Havniae et Lipsiae 1774. p. 124-214.

b) Von den Conchylien der süssen Wasser, im Berlinischen Magazin, IV. Band S. 113-293. 337-368. 445-474.

c) Systema naturae, ed. XII.

muschel, die Wassermuschel. Mart. S. 465. n. 113. tab. 12. fig. 66. Mya pictorum Linn. sp. 28. Abschn. III. n. 7. Aelianus hat in seinem Buche de animalium natura die Flußconchylien gänzlich übergangen. Wenn ich also auch mehrere der alten Schriftsteller aufschlagen wollte, so würde ich doch nicht mehr sagen können, als dieses: daß sie die Flußconchylien entweder gänzlich übergangen, oder nachläßig genug bearbeitet haben.

§. 3.

Die erste Spur einer aufmerksamen Betrachtung der Flußconchylien finde ich beym Rondeletius b). Im Ganzen betrachtet muß man von diesem Naturforscher das Urtheil des Herrn Cramer c) unterschreiben, daß er sich durch seine Arbeit vielen Ruhm erworben, daß er nicht allein die Beobachtungen anderer gesammlet, sondern auch selbst beobachtet habe, daß er aber mehr Ruhm erlangt haben würde, wenn er seine Arbeit nicht übereilt hätte. Bey den Flußconchylien hatte er freylich keine Vorgänger, er war gleichsam der erste, der die Bahn brach, daher wir auch bey ihm sehr wenig davon finden. Im 41sten Kapitel hat er S. 214. einen musculum aquae dulcis von zarter zerbrechlicher etwas rauher Schaale von den Ringen der neuen Ansätze, inwendig glatt aus dem Bläulichen ins Schwärzliche schielend, beschrieben. Darf man seiner Figur, die überhaupt im ganzen Buche nicht die deutlichsten und besten sind, trauen, so ist es Mytilus anatinus Müll. p. 207. n. 393. der grosse Entenschnabel Mart. S. 470. n. 115. Mytilus anatinus Linn. sp. 258. Abschn. III. n. 5. Die Cochleae fluviatiles im 42sten Kapitel S. 214. sind ungemein schlecht und fast unkenntbar gestochen. Die erste und zweyte Figur scheinen mir die mehreste Gleichheit mit dem kleinen Thürhüter zu haben. Nerita jaculator Müll. p. 185. n. 372. Die kleine bedeckte Wasserschnecke, der Thürhüter Mart. S. 243. n. 56. tab. 7. f. 12. Helix tentaculata Linn. sp. 707. Abschn. III. n. 120. tab. 7. fig. 19 - 22. Die dritte Figur, oder Cochlea depressa aculeis aspera seu echinata fluviatilis, ist meines Erachtens Schwammerdams krystallinische Wasserschnecke. Die wunderbar lebendig gebährende krystallinische Wasserschnecke Mart. S. 239. n. 53. tab. 7. fig. 8. Abschn. III. n. 127.

Im Grunde hat Aldrovand f) von den Flußconchylien nicht so viel als Jonston, was er aber hat, das hat Jonston wiederholt. Ich halte es daher für überflüssig, von diesem Schriftsteller besonders zu reden. Dasjenige, was er vorzügliches hat, was vor ihm niemand kannte, was Jonston, der doch für seine Zeit scharf sahe, übersehen hat, was sogar die mehresten neuen Schriftsteller übersehen haben, ist die größte Teichmuschel, Abschn. III. n. 1. tab. 1. fig. 1. Mart. p. 459. Von diesem Jonston bald ein mehreres.

Fabius Columna g) hat in seiner Abhandlung de purpura Cap. I. p. 8. §. 17. nach der Kieler Ausgabe von den Flußconchylien nichts weiter gesagt, als dies einzige: daß keiner der Alten von den Flußconchylien etwas gesagt habe, daß man bey ihnen einen färbenden Saft finde. Lacustres conchas, sive turbines, ad tincturam aptas, nemo anti-

b) Vniuersae aquatilium Historiae Pars altera. Lugd. Batav 1555. Fol.

c) In seiner Einleitung zum Regenfuß S. VI. beym deutschen Rumph.

f) Ulysses Aldrovandus de mollibus crustaceis testaceis. Bonon. 1606. Fol.

g) Fabius Columna de purpura. Rom. 1616. Kiliae 1674. Rom. 1752. Quart.

antiquorum prodidit. Inzwischen hat er selbst von Flußconchylien nicht eine Sylbe gesagt, auch sein Commentator **Johann Daniel Major** nicht, daher es gewiß zu seyn scheint, daß man bis auf die Zeit des **Columna** die **Coccinellschnecke** Abschn. III. n. 45. noch nicht gekannt habe, welche einen Purpursaft bey sich führet.

Conrad Gesner ist der Zeitordnung nach gleich nach dem **Rondeletius** zu setzen. In seinem Buche von den Wasserthieren h) hat er inzwischen für die Flußconchylien sehr wenig geleistet. Von den Flußschnecken hat er S. 289. der **Zürcher** und S. 243. der **Frankfurter** Ausgabe weiter nichts als die drey Figuren, die **Rondeletius** hat, und die ich vorher angezeigt habe. Unter die Muscheln hat er S. 314. der **Zürcher** Ausgabe nur als ein Corollarium die **Perlmuschel**, Mya margaritifera **Müll.** p. 210. n. 396. die dickschalige Flußmuschel, die Perlmuschel, **Mart.** p. 462. n. 112. tab 12. fig. 65. A. B. **Linn.** sp. 29. Abschn. III. n. 6. tab. 4. fig. 1. angehängt, und Conchae longae speciem in dulcibus aquis genennt. **Gesner** hatte noch keine ganze Muschel dieser Art gesehen, schloß aber aus der Betrachtung des Schlosses, daß die eine Schaale eben also gebaut seyn müsse, als die andre. Von ihren Perlen hatte er ebenfalls wenig Kenntniß, wenn er auf den Ausspruch anderer den Gedanken gründet, in his conchis margaritas *exiles* invenire ajunt. Vorher S. 288. der **Zürcher** Ausgabe hatte er den Ausspruch gewagt, daß die See wenig Muscheln zeuge, aber doch mehr als die süssen Wasser. Bey dieser Gelegenheit hat er eine Muschel abgezeichnet, die unsern gewöhnlichen grossen Teichmuscheln Mytilus cygneus **Müll.** p. 208. n. 394. **Linn.** sp. 257. Abschn. III. n. 4. tab. 3. f. 1. am ähnlichsten ist. Und eben diese Muschel ist auch in **Gesners** Nomenclator aquatilium animantium, davon ich die III. Ausgabe **Heidelberg** 1606. vor mir habe S. 236. abgebildet.

Jonston i), von dem ich schon vorher sagte, daß er den **Aldrovand** vermehrt und verbessert habe, hat von den Flußconchylien zwar mehr als **Aldrovand**, im Grunde aber überaus wenig. Seite 37. macht er uns mit der gewöhnlichen Eintheilung der Conchylien in Erd- Fluß- und Seeconchylien bekannt. S. 42. n. 7. redet er von der Concha pictorum, aber seine gegebene Abbildung beweiset auf das deutlichste, daß es unsre gewöhnliche Mahlermuschel gar nicht sey. S. 44. behauptet er, daß sich in den süssen Wassern Austern, Ostreae, fänden, wie schwankend aber das Wort Ostrea bey den ältern Schriftstellern war, ist zu bekannt, als daß ich es sagen sollte. Vermuthlich begriffen die Alten unter dieser Benennung alle starke und schilfrigte Muscheln, dergleichen die schwarze dickschalige Flußmuschel, die Perlmuschel, Abschn. III. n. 6. und die kleinere dickschalige Flußmuschel n. 8. ist. S. 47. redet er von den Musculis, und stellet eine Vergleichung an unter denen, die in der See wohnen, und die sich in den süssen Wassern aufhalten. Von den letztern sagt er, daß sie ein hartes und ungesundes Fleisch hätten, eben so redet er S. 48. von den Mytulis, und sagt von denen, die sich in den süssen Wassern aufhalten: marinis sunt similes, in eo tamen differunt, quod minores sint, subrecti appareant, atque humi pinnae modo infigantur. Sedem non mutant, grandi hiatu suas testas pandunt, easque reseratiles et clusiles, tenues, intus glabras, picto-

h) **Conrad Gesner** Historiae animalium Liber IV. qui est de piscium et aquatilium animantium natura. Tiguri 1558. Francof. 1620. Fol.

i) Historiae naturalis de exanguibus aquaticis Libri IV. cum figuris aeneis, Johannes Jonstonus Med. D. concinnavit Amstelodami 1665. 58 Seiten in Folio, 20 Tafeln Kupfer.

pictorum coloribus accommodatissimas habent. Gustus sunt ingrati. Vermuthlich sind das unsre **Mahlermuscheln**, Abschn. III. n. 7. von denen es aber durchaus falsch ist, daß sie sich im Wasser nicht bewegen; ob sie gleich einen überaus langsamen Fortgang haben. Endlich redet **Jonston** S. 48. 49. von den Tellinen, worunter er, nach seiner Zeichnung zu urtheilen, nichts als unsre Gienmuscheln, Abschn. III. n. 11 f. verstehen kann. Was uns dennach **Jonston** bey der Betrachtung der Flußconchylien nütze? ist aus dem von mir gelieferten Auszuge deutlich genug.

Eben so wenig haben wir uns in diesem Fache von dem **Charleton** f) zu versprechen. Er hat zwar in dem unten angezeigten Buche unter dem Titel Pisces auch der Conchylien gedacht, aber ich finde unter ihnen allen keine Flußconchylie, ausser S. 65. die Mahlermuschel: Mya pictorum. **Müller** p. 311. n. 97. **Linne'** sp. 28. **Abschn.** III. n. 7. tab. 3. fig. 2. 4. 5. Und auch diese ist, wie die mehresten Körper im **Charleton**, elend genug beschrieben. Hier ist die ganze Beschreibung. VII. Pictorum, (quod testae ejus olim pro conficiendis coloribus raderentur,) quae crassitie caeteras omnes multum excedit, et florem foris habet. *Aldrovandus* vnam attulit colore Cinnabaris, figura minorum Ostreorum.

§. 4.

Bis auf den **Lister**, und folglich fast bis an das Ende des vorigen Jahrhunderts hatte die Conchyliologie der süssen Wasser sehr geringe Schritte gethan, man kannte wenig Flußconchylien, an ein System derselben war gar nicht zu gedenken. **Lister** aber brach in seiner Thiergeschichte Englands l) die Bahn glücklich. Es war sein Plan, ausser seinen Beobachtungen, die er über die Spinnen gemacht hatte, auch die Erd-, Fluß- und Seeconchylien zu beschreiben, und weil er würklich ein systematischer Kopf war, so lieferte er hier würklich das erste System über die Flußconchylien, ob es sich gleich nicht weiter als über diejenigen Körper erstrecken konnte, die **Lister** in **England** fand. Seine Abhandlung über dieselben gehet S. 133. an, und seine Ordnung ist folgende. Sectio I. de cochleis fluviatilibus turbinatis in genere. Membrum I. de cochleis fluviatilibus turbinatis; quibus validior et crassior testa; atque ea Operculo testaceo clausa. Cap. I. de cochleis, quarum calices suis operculis testaceis claudantur. Titulus XVIII. Cochlea maxima, fusca sive nigricans, fasciata. p. 133. tab. II. fig. 18. **Müll.** p. 182. n. 370. Nerita viuipara. **Mart.** p. 234. n. 52. die grosse lebendig gebährende Wasserschnecke mit Banden. **Linn.** sp. 690. Helix viuipara, **Abschn.** III. n. 126. tab. 8. fig. 1. 2. tab. min. C. f. 6. Titulus XIX. Cochlea parua, subflava, intra quinque spiras finita. p. 135. tab. II. fig. 19. **Müll.** p. 185. n. 372.

f) Gualtieri Charletoni exercitationes de differentiis et nominibus animalium, quibus accedunt mantissa anatomica et quaedam de variis fossilium generibus deque differentiis et nominibus colorum Londini 1668. editio secunda, duplo fere auctior priori, novisque iconibus ornata Oxoniae 1677. in Folio. Jeder Hauptabschnitt dieser zweyten Ausgabe, die ich in den Händen habe, hat seine besondere Seitenzahlen.

l) Martini Lister – Historiae animalium Angliae tres tractatus: vnus de araneis, alter de cochleis tum terrestribus tum fluviatilibus, tertius de cochleis marinis, quibus adjectus est quartus de lapidibus ejusdem insulae ad cochlearum quandam imaginem figuratis. Londini 1678. 250 Seiten, 9 Kupfertafeln in Quarto.

Nerita jaculator. Mart. p. 243. n. 56. tab. 7. fig. 11. die kleine bedeckte Wasserschnecke, der Thürhüter. Linne' sp. 707. Helix tentaculata. Abschn. III. n. 120. tab. 7. fig. 19. 22. Caput II. de nerita fluviatili. Titulus XX. Nerita fluviatilis, è caeruleo virescens, maculatus, operculo subruso lunato et aculeato donatus. p. 136. tab. II. fig. 20. Müll. p. 194. n. 381. Nerita fluviatilis. Mart. p. 271. n. 73. tab. 8. fig. 27. die kleine schuppiat gefleckte Schwimmschnecke, die Flußnerite. Linn. sp. 723. Nerita fluviatilis. Abschn. III. n. 30. tab. 5. fig. 5-10. tab. min. C. fig. 8. Membrum II. de cochleis fluviatilibus admodum tenui testa donatis longiorque figura, sive de buccinis fluviatilibus; quarum aperturae amplissimae semper patent. Cap. I. de buccinis fluviatilibus, a dextra sinistram versus convolutis. Titulus XXI. Buccinum longum 6. spirarum, omnium et maximum et productius, subflavum, pellucidum, in tenue acumen ex amplissima basi mucronatum. p. 137. tab. II. fig. 21. Müll. p. 132. n. 327. Buccinum stagnale. Mart. p. 282-288. n. 79. 80. 81. tab. 9. fig. 35. 36. das grosse Spitzhorn der süssen Wasser. Linn. sp. 703. Helix stagnalis. Abschn. III. n. 99. tab. 7. fig. 1. 2. tab. min. C. fig. 1. Titulus XXII. Buccinum minus fuscum, sex spirarum, ore angustiore. p. 139. tab. II. fig. 22. Müller p. 131. n. 326. Buccinum palustre. Mart. p. 289. n. 82. tab. 9. fig. 37. das kleine Spitzhorn von fünf Gewinden. Linn. vac. Abschn. III. n. 101. tab. 7. fig. 9. 10. Titulus XXIII. Buccinum pellucidum, subflavum, quatuor spirarum, mucrone acutissimo, testae apertura omnium maxima. p. 139. tab. II. fig. 23. Müll. p. 126. n. 322. Buccinum auricula. Mart. p. 356. n. 106. tab. 11. fig. 59. die weitmündige durchsichtige Bauchschnecke, die Ohrschnecke. Linn. sp. 707. Helix auriculata. Abschn. III. n. 81. tab. 6. fig. 3-6. Titulus XXIV. Buccinum subflavum pellucidum, trium spirarum. p. 140. tab. II. fig. 24. es ist die Kahnschnecke, die nicht unter die Fluß-, sondern unter die Erdconchylien gehört. Cap. II. de buccino fluviatili, cujus spirae a sinistra in dextram convolvuntur. Titulus XXV. Buccinum exiguum trium spirarum a sinistra in dextram convolutarum. p. 142. tab. II. fig. 25. Müll. p. 167. n. 353. Planorbis bulla. Mart. p. 364. n. 108. tab. 11. fig. 61. die kleine linksgewundene Bauch- oder Kahnschnecke; die Wasserblase. Linn. sp. 386. Bulla fontinalis. Abschn. III. n. 78. tab. 6. fig. 16. a. b. Membrum III. de Cochleis fluviatilibus, turbinatis, figura depressa. Caput I. de Cochleis supra distinctis in specie. Titulus XXVI. Cochlea pulla, ex vtraque parte circa vmbilicum cava. p. 143. tab. II. fig. 26. Müll. p. 154. n. 343. Planorbis purpura. Mart. p. 249. n. 61. tab. 8. fig. 17. das vertiefte Posthorn, welches die Coccinellfarbe von sich giebt, die Coccinellschnecke. Linn. sp. 671. Helix cornea. Abschn. III. n. 45. tab. 5. fig. 19. 20. 21. tab. min. C. fig. 7. Titulus XXVII. Cochlea fusca, altera parte planior, et limbo insignita, quatuor spirarum. p. 145. tab. II. fig. 27. Müll. p. 157. n. 344. Planorbis carinatus. Mart. p. 254. n. 62. tab. 8. fig. 18. das gelbliche platte Posthörnchen mit vier Windungen und scharfen Rande. Linn. sp. 662. Helix planorbis. Abschn. III. n. 39. tab. 5. fig. 13. Titulus XXVIII. Cochlea exigua subfusca, altera parte planior, sine limbo quinque spirarum. p. 145. tab. II. fig. 28. Müll. p. 158. n. 345. Planorbis vortex. Mart. p. 256. n. 63. das hellgraue oder weißliche Posthörnchen mit 5-6 Gewinden und scharfen Rande. Linn. sp. 667. Helix vortex. Abschn. III. n. 41. tab. 5. fig. 16. 17. Sectio II. de cochleis biualuibus, sine de de musculis aquae dulcis. Cap. I. de musculis aquae dulcis. Titulus XXIX. Musculus latus, testa admodum tenui, ex fusco viridescens, interdum rufescens. p. 146. tab. II. fig. 29. **Müll.** p. 208. n. 394. Mytilus cygneus. **Mart.** p. 455. n. 110. die gröste grünlich braune Teichmuschel. **Linn.** sp. 257. Mytilus cygneus. **Abschn.** III. n. 4. tab. 3. fig. 1. Titulus XXX. Musculus angustior, ex flavo viridescens, validus, vmbonibus acutis, valvarum cardinibus velut pinnis donatis sinuosis. p. 149. tab. II. fig. 30. **Müll.** p. 211. n. 397. Mya pictorum. **Mart.** p. 465. n. 113. tab. 12. fig. 66. die dunkel- oder hellgrüne Flußmuschel. **Linn.** sp. 28. Mya pictorum. **Abschn.** III. n. 7. tab. 3. fig. 2. 4. 5. Titulus XXXI. Musculus exiguus, pisi magnitudine, rotundus, subflavus, ipsis valvarum oris albidis. p. 150. tab. II. fig. 31. **Müll.** p. 202. n. 387. Tellina riualis. **Mart.** p. 449. n. 109. tab. 11. fig. 63. die kleine Gienmuschel. **Linn.** sp. 72. Tellina cornea. **Abschn.** III. n. 11. tab. 4. fig. 3. 4. 5. Sectio III. de Cochlea fluviatili vniualui, siue de Patella. Titulus XXXII. Patella fluviatilis, fusca, vertice mucronato, inflexoque. p. 151. tab. II. fig. 32. **Müll.** p. 199. n. 385. Ancylus lacustris. **Mart.** p. 230. n. 51. tab. 7. fig. 1. die kleine Dragonermütze. **Linn.** sp. 769. Patella lacustris. **Abschn.** III. n. 26. tab. 5. fig. 1. 2. 3.

Das System des Herrn **Lister** ist nach diesem Entwurfe leicht zu entwickeln. Ueberhaupt siehet man, daß er sein System nicht auf den Bewohner, sondern auf die äussre Beschaffenheit der Schale gründet. Seine beyden Ordnungen sind Schnecken und Muscheln. Von den Schnecken nimmt er drey Geschlechter an. I. Gewundene Schnecken mit starker Schale und schaligten Deckel, dahin die lebendig gebährende Schnecke, der Thürhüter und die Flußnerite gehören. II. Schnecken mit verlängerter und schwacher Schale, die ihre Mundöffnung mit keinem Deckel verschliessen, und die Lister Buccina nennt. Dahin gehören 1) rechtsgewundene; das grosse Spitzhorn, das kleine Spitzhorn, die Ohrschnecke, und die Kahnschnecke. 2) linksgewundene. Die Wasserblase. III. In sich selbst gewundene Schnecken, oder Posthörner. Die Coccinellischnecke, das gelbliche platte Posthörnchen, das hellgraue oder weisse Posthörnchen. Von den Muscheln nimmt **Lister** zwey Geschlechter an. I. Zweyschalige Muscheln, die gröste Teichmuschel, die Mahlermuschel, die Gienmuschel. II. Einschalige Muscheln oder Patellen, nemlich die Dragonermütze.

Ich merke hier noch zweyerley an. **Das eine:** daß, wenn wir die Wasserblase ausnehmen, welche gar nicht unter die gemeinen Conchylien gehöret, in **England** gerade diejenigen Flußconchylien gefunden werden, die in allen andern Weltgegenden ebenfalls zu Hause sind. Man würde sich also auch hier, wie in vielen andern Fällen, hintergehen, wenn man darum aus entfernten Gegenden Naturalien verschreibt, damit man Seltenheiten erhalte. **Das zwote: Lister** war der erste, der uns auf die Linksschnecken unter den Conchylien aufmerksam machte, weil er unter seinen Flußconchylien die Linksschnecken von den Rechtsgewundenen unterschied. Das hat er schon bey den Erdschnecken gethan, wie aus seiner Historia animalium p. 123. und tab. II. fig. 10. 11. deutlich ist.

§. 5.

Wenn ich nun gleich der Zeitordnung nach des **Bonanni** recreationem mentis et oculi anführen sollte, so wird es mir doch vergönnt seyn, der übrigen Schriften des **Listers**

Listers im Zusammenhange zu gedenken, in welchen er für die Flußconchylien gearbeitet hat. Seine Geschichte der Conchylien m) konnte diesen Namen nicht behaupten, wenn er nicht alle die Körper bekannt machen wollte, welche wir Conchylien nennen. Er macht daher mit den Erdconchylien den Anfang, lässet auf sie die Flußconchylien folgen, und beschliesset mit den Seeconchylien. Die Flußconchylien machen das zweyte Buch seiner Historiae Conchyliorum aus, welches die Aufschrift führt: Historiae conchyliorum Liber II. qui est de turbinibus et biualuibus aquae dulcis. Londini 1686. Folglich macht Lister hier wie in seiner Historia animalium zwey Classen der Flußconchylien, Schnecken und Muscheln. I. Die Schnecken bringt er in folgende Ordnungen. 1) Testaceorum fluviatilium Pars prima de Turbinibus. Sectio I. de buccinis fluviatilibus: die also eine verlängerte Schale haben. Sectio II. de cochleis fluviatilibus; die eine bauchigte und weniger verlängerte Schale haben. Sectio III. de cochleis fluviatilibus compressis, Ammonshörner, doch finden sich hierunter auch Flußneriten und Flußpatellen. Die Muscheln hat er in folgender Ordnung: 2) Testaceorum biualuium Pars secunda, qui plerisque musculi audiunt. Ueber diese Muscheln hat er eine eigne in Kupfer gestochene Eintheilung, sie ist folgende: Conchae fluviatiles, Bifores sunt vel a) Tellinaeformes, Musculi plerisque dicti, cardine α) laevi, β) dentato, vel b) Pectunculi. Auf den Kupfertafeln selbst hat er diese Ordnung ein wenig geändert. Sectio I. de musculis fluviatilibus cardine dentato. Sectio II. de musculis cardine laevi. Sectio III. de pectunculis fluviatilibus.

Man findet die ältere Ausgabe des Listers gröstentheils ohne Nummern der Tafeln. Ehe eine neue Ausgabe vom Herrn Huddesfort 1770. besorgt wurde, war dazu kein andrer Schlüssel möglich als dieser, daß man mit grosser Arbeit und Gedult diese Tafeln nach dem Klein, Hebenstreit, Adanson u. d. g. zu beziefern suchte. Gleichwohl bleiben dabey tausend Schwierigkeiten und Zweifel übrig, welche nicht ehe gehoben werden konnten, bis die neue Huddesfortische Ausgabe besorgt wurde, mit welcher man nun die erste vergleichen und berichtigen kann. Da ich inzwischen diese neue Ausgabe damals, als ich diesen Bogen aufsetzte, noch nicht besaß, auch in der Nähe keine Gelegenheit vor mir sahe, sie zu erhalten, so habe ich mit grosser Arbeit und mit Zuziehung der Schriften des Herrn Etatsrath Müller und Herrn D. Martini von folgenden Tafeln und Figuren, von welchen Lister einige unter seine Erdschnecken warf, die zuverläßig Flußconchylien sind, die Benennungen aufgesucht, die ich meinen Lesern mittheile.

Tab. 9. 10. 11. fig. 4. 5. 6. Müller p. 138. n. 331. Buccinum Zebra. Mart. vac. Linn. vac. Abschn. III. n. 123.

tab. 12. fig. 7. Müll. p. 145. n. 334. Buccinum fasciatum. Abschn. III. n. 124.

tab. 15. fig. 10. Müll. p. 143. n. 333. Buccinum virgineum. Mart. vac. Linn. sp. 390. Bulla virginea. Abschn. III. n. 128. tab. 8. fig. 3. 4.

tab. 25. fig. 23. Müll. p. 180. n. 367. Nerita labeo. Abschn. III. n. 163.

tab. 26. fig. 24. Müll. p. 178. n. 364. Nerita lineina. Linn. sp. 639. Turbo lineina. Abschn. III. n. 165.

tab. 38. fig. 37. tab. 39. Müll. p. 151. n. 341. Buccinum columna. Abschn. III. n. 90.

Tab.

m) Martini Lister Historia Conchyliorum. Londini 1685 seqq. klein Folio.

Tab. 115. fig. 19. Müller p. 188. n. 375. Nerita atra. Mart. p. 340. n. 86. tab. 9. fig. 41. die glatte Sumpf-, Pfuhl- oder Morastnadel. Linn. sp. 516. Strombus ater. Abschn. III. n. 168.

tab. 116. fig. 11. Müll. p. 189. n. 376. Nerita lineata. Mart. p. 348. n. 96. tab. 10. fig. 50. die Flußnadel mit sieben in die Länge gestreiften und durch Querbänder abgetheilten Gewinden. Linn. vac. Abschn. III. n. 130.

tab. 119. fig. 4. Müll. p. 190. n. 378. Nerita tuberculata. Mart. p. 349. n. 97. tab. 10. fig. 51. die dunkel-purpurfarbene Schraubenschnecke. Linn. vac. Abschn. III. n. 172.

tab. 121. fig. 16. Müll. p. 192. n. 379. Nerita aurita. Mart. p. 351. n. 102. tab. 10. fig. 55. die africanische Trommelschraube mit Banden und starken Knoten. Abschn. III. n. 173.

tab. 121. fig. 17. tab. 122. fig. 20. Müll. p. 193. n. 380. Nerita aculeata. Mart. p. 353. n. 105. tab. 11. fig. 58. die braune an dem ersten Gewinde gezackte, an den folgenden knotigte oder gekörnete Trommelschraube. Linn. vac. Abschn. III. n. 174.

tab. 123. fig. 21. Müll. p. 132. n. 327. Buccinum stagnale. Mart. p. 282. n. 79. das grosse Spitzhorn der süssen Wasser. Linn. sp. 703. Helix stagnalis. Abschn. III. n. 99. tab. 7. fig. 1. 2. tab. min. C. fig. 1.

tab. 123. fig. 22. Müll. p. 126. n. 322. Buccinum auricula. Mart. p. 356. n. 106. tab. 11. fig. 59. die weitmündige durchsichtige Bauchschnecke, die Ohrschnecke. Linn. sp. 707. Helix auricula. Abschn. III. n. 81. tab. 6. fig. 3-6.

tab. 125. fig. 25. Müll. p. 174. n. 360. Nerita vreeus. Abschn. III. n. 63.

tab. 126. fig. 26. Müll. p. 182. n. 370. Nerita viuipara. Mart. p. 234. n. 52. die grosse lebendig gebährende Wasserschnecke mit Banden. Linn. sp. 690. Helix viuipara. Abschn. III. n. 126. tab. 8. fig. 1. 2. tab. min. C. fig. 16.

tab. 127. fig. 27. Müll. p. 187. n. 373. Nerita angularis. Abschn. III. n. 167.

tab. 128. fig. 28. Müll. p. 175. n. 361. Nerita effusa. Abschn. III. n. 64.

tab. 130. fig. 30. Müll. p. 172. n. 359. Nerita ampullacea. Mart. III. Band, p. 152. tab. 6. fig. 68. die Schlamm- oder Kothschnecke. Linn. sp. 676. Helix ampullacea. Abschn. III. n. 62. tab. 6. fig. 2.

tab. 132. fig. 32. Müll. p. 185. n. 372. Nerita jaculator. Mart. p. 243. n. 56. tab. 7. fig. II. die kleine bedeckte Wasserschnecke, der Thürhüter. Linn. sp. 707. Helix tentaculata. Abschn. III. n. 120. tab. 7. fig. 19. 22.

tab. 133. fig. 33. Müll. p. 136. n. 330. Buccinum amarula. Mart. p. 291. n. 83. tab. 9. fig. 38. die Pabstcrone der süssen Wasser. Linn. sp. 702. Helix amarula. Abschn. III. n. 96.

tab. 134. fig. 34. Müll. p. 167. n. 353. Planorbis bulla. Mart. p. 364. n. 108. tab. 11. fig. 61. die kleine linksgewundene Bauch- oder Kahnschnecke, die Weßerblase. Linn. sp. 386. Bulla fontinalis. Abschn. III. n. 78. tab. 6. fig. 16. a. b.

tab. 137. fig. 41. Müll. p. 154. n. 343. Planorbis purpura. Mart. p. 249. n. 61. tab. 8. fig. 17. das vertiefte Posthorn, welches die Coccinellfarbe von sich giebt, die Coccinellschnecke. Linn. sp. 671. Helix cornea. Abschn. III. n. 45. tab. 5. fig. 19. 20. 21. tab. min. C. fig. 7.

Tab. 138. fig. 42. Müll. p. 157. n. 344. Planorbis carinatus. Mart. p. 254. n. 62. tab. 8. fig. 18. das gelbliche platte Posthörnchen mit vier Windungen und scharfen Rande. Linn. sp. 662. Helix planorbis. Abschn. III. n. 39. tab. 5. fig. 13.

tab. 138. fig. 43. Müll. p. 158. n. 345. Planorbis vortex. Mart. p. 256. n. 63. das hellgraue oder weißliche Posthörnchen mit fünf bis sechs Gewinden und scharfen Rand. Linn. sp. 667. Helix vortex. Abschn. III. n. 41. tab. 5. fig. 16. 17.

tab. 141. fig. 38. Müll. p. 194. n. 381. Nerita fluviatilis. Mart. p. 271. n. 73. tab. 8. fig. 27. die kleine schuppigt gefleckte Schwimmschnecke. Linné sp. 723. Nerita fluviatilis. Abschn. III. n. 30. tab. 5. fig. 5. 10. tab. min. C. fig. 8.

tab. 141. fig. 39 Müll. p. 199. n. 385. Ancylus lacustris. Mart. p. 230. n. 51. tab. 7. fig. 1. die kleine Dragoner-Mütze. Linn. sp. 769. Patella lacustris. Abschn. III. n. 26. tab. 5. fig. 1. 2. 3.

tab. 143. fig. 37. Müll. p. 195. n. 382. Nerita rubella. Mart. p. 279. n. 27. tab. 8. fig. 31. das Rothauge. Linn. sp. 726. Nerita polligera. Abschn. III. n. 36.

tab. 146. fig. 1. Müll. p. 211. n. 397. Mya pictorum. Mart. p. 465. n. 113. tab. 12. fig. 66. die dunkel- oder hellgrüne Flußmuschel, die Mahlermuschel. Linn. sp. 28. Mya pictorum. Abschn. III. n. 7. tab. 3. fig. 2. 4. 5.

tab. 147. fig. 2. 3. eben dieselbe.

tab. 149. fig. 4. Müll. p. 210. n. 396. Mya margaritifera. Mart. p. 462. n. 112. tab. 12. fig. 65. A. B. die schwarze dickschalige Flußmuschel, die Perlmuschel. Linn. sp. 29. Mya margaritifera. Abschn. III. n. 6. tab. 4. fig. 1.

tab. 153. fig. 8. Müll. p. 207. n. 393. Mytilus anatinus. Mart. p. 457. n. 111. tab. 11. fig. 64. A. die breite dünnschalige Teichmuschel. Linné sp. 258. Mytilus anatinus. Abschn. III. n. 2. tab. 1. fig. 2. 3.

tab. 155. fig. 10. Müll. p. 209. n. 395. Mytilus radiatus. Abschn. III. n. 3.

tab. 156. fig. 14. Müll. p. 208. n. 394. Mytilus cygneus. Mart. p. 455. n. 110. die gröste grünlich braune Teichmuschel. Linn. sp. 257. Mytilus cygneus. Abschn. III. n. 4. tab. 3. fig. 1.

tab. 578. fig. 33. tab. 580. fig. 34. Müll. p. 138. n. 331. Buccinum zebra. Abschn. III. n. 123.

tab. 579. fig. 34. Müll. p. 140. n. 332. Buccinum achatinum. Linn. sp. 391. Bulla achatina. Abschn. III. n. 98. tab. 6. fig. 1.

tab. 844. fig. 72. Müll. p. 143. n. 333. Buccinum virgineum. Linn. sp. 390. Bulla virginea. Abschn. III. n. 128. tab. 8. fig. 3. 4.

tab. 979. fig. 36. Müll. p. 190. n. 377. Nerita punctata. Mart. p. 338. n. 84. tab. 9. fig. 39. die amboinische Flußnadel. Abschn. III. n. 147.

Mantissa tab. 1055. Müller p. 136. n. 330. Buccinum amarula. Mart. p. 291. n. 83. tab. 9. fig. 38. die Pabstkrone der süssen Wasser. Linn. sp. 702. Helix amarula. Abschn. III. n. 96.

Tab. anatom. 6. Müll. p. 182. n. 370. Nerita vivipara. Mart. p. 234. n. 52. die grosse lebendig gebährende Wasserschnecke mit Banden. Linn. sp. 690. Helix vivipara. Abschn. III. n. 126. tab. 8. fig. 1. 2. tab. min. C. fig. 6.

Tab.

Tab. anatom. 7. fig. 1. 2. 3. **Müll.** p. 154. n. 343. Planorbis purpura. **Mart.** p. 249. n. 61. tab. 8. fig. 17. das vertiefte Posthorn, welches die Coccinellfarbe von sich giebt; die Coccinellschnecke. **Linn.** sp. 671. Helix cornea. **Abschn.** III. n. 45. tab. 5. fig. 19. 20. 21. tab. min. C. fig. 7.

Wenn man nun freylich diese von den Flußconchylien gesammleten Gattungen betrachtet, und hiezu noch so manche Flußconchylien thut, die **Lister** abgebildet hat, die wir aber auf keine bekannte Gattungen anwenden können; so muß man die erstaunenden Schritte bewundern, die **Lister** bey so gar geringen Vorgängern thun konnte, man muß ihn über seinen Fleiß und über seine Genauigkeit lieben, wenn ihm gleich viele Körper entwischt waren, die noch in dieses Fach gehören. Alle unsre Kenntnisse steigen nur nach und nach, und was wir vollkommen nennen, davon können wir sicher behaupten, daß es nicht auf einmal zu seiner Vollkommenheit gestiegen sey.

§. 6.

Zum Beweise, wie weit **Lister** zu bringen suchte, wenn er sich einmal einen Gegenstand zur Betrachtung gewählet hatte, berufe ich mich auf seine anatomische Erklärung des Fluß- und Seebuccinum [n]). Hier finden wir folgende vier Flußschnecken zergliedert und abgebildet.

Tab. II. fig. 3. **Müll.** p. 126. n. 322. Buccinum auricula. **Mart.** p. 356. n. 106. tab. 11. fig. 59. die weitmündige durchsichtige Bauchschnecke, die Ohrschnecke. **Linn.** sp. 707. Helix auricula. **Abschn.** III. n. 81. tab. 6. fig. 3-6. conf. **Lister** Hist. animal. tab. II. fig. 23. et tit. 23. p. 139.

tab. II. fig. 4. **Müll.** p. 132. n. 327. Buccinum stagnale. **Mart.** p. 282. n. 79. das grosse Spitzhorn der süssen Wasser. **Linn.** sp. 703. Helix stagnalis. **Abschn.** III. n. 99. tab. 7. fig. 1. 2. tab. min. C. fig. 1. conf. **List.** Histor. animal. tab. II. fig. 21. et tit. 21. p. 137.

tab. II. fig. 5. 12. **Müll.** p. 182. n. 370. Nerita vivipara. **Mart.** p. 234. n. 52. die grosse lebendig gebährende Wasserschnecke mit Banden. **Linn.** sp. 690. Helix vivipara. **Abschn.** III. n. 126. tab. 8. fig. 1. 2. tab. min. C. fig. 6. conf. **Lister** Hist. animal. tab. II. fig. 18. et tit. 18. p. 133.

tab. III. fig. 1-4. **Müll.** p. 154. n. 343. Planorbis purpura. **Mart.** p. 249. n. 61. tab. 8. fig. 17. das vertiefte Posthorn, welches die Coccinellfarbe von sich giebt, die Coccinellschnecke. **Linn.** sp. 671. Helix cornea. **Abschn.** III. n. 45. tab. 5. fig. 19. 20. 21. tab. min. C. fig. 7. conf. **Lister** Histor. animal. tab. II. fig. 26. coll. tit. 26. p. 143.

Ich müste Leser vor mir haben, die Listern gar nicht kennen, wenn ich ihnen sagen und beweisen sollte, daß **Lister** alle seine Gegenstände mit grosser Sorgfalt, Genauigkeit und Ausführlichkeit behandelt habe. Nur Schade, daß alle Werke des Listers so gar selten sind.

§. 7.

Wenn gleich Philipp Bonanni für diejenige Zeit, in der er lebte, nicht gerade die gemeinsten Kenntnisse hatte, so ist es doch entschieden, daß sie, nach seinen Vorgängern

n) Exercitatio anatomica altera de buccinis fluviatilibus et marinis. Lond. 1695. gr. 8.

gern beurtheilt, hätten gereinigter und weitläuftiger seyn können. Seine Recreatio mentis et oculi °) beweiset dieses Urtheil. Man erstaunt, wenn man den ersten und den dritten Theil seines Buches lieset, über den grossen Fleiß, den er anwendete, alles das zu sammlen, was Naturforscher und Scholiasten über die Conchylien Nützliches und Unnützes, Wahres und Falsches gesagt haben; aber für sich hat er in der That kein Verdienst, als dieses, daß er über die Conchylien eine zureichende und würklich grosse Suite von Abbildungen lieferte, welche, so schlecht sie auch zum Theil ausgefallen sind, doch immer die besten für jene Zeit waren, und die besten würden geblieben seyn, wenn nicht Lister vier Jahr nach ihm durch seine Historiam Conchyliorum das fürtreflichste Werk, was je die Welt gesehen hat, geliefert hätte. Aber für die Flußconchylien? In den Abbildungen sehr wenig, und im Texte noch weniger, und das war ihm doch fast nicht zu verzeihen, da Lister drey Jahr vor ihm seine Historiam animalium Angliae bekannt gemacht, und darinne für die Flußconchylien eine gute Bahn gebrochen hatte (§. 4.) Folgende Flußconchylien hat Bonanni abgebildet:

Classis II. fig. 40. 41. **Müll.** p. 211. n. 397. Mya pictorum. **Mart.** p. 465. n. 113. tab. 12. fig. 66. die dunkel- oder hellgrüne Flußmuschel, die Mahlermuschel. **Linn.** sp. 28. Mya pictorum. **Abschn.** III. n. 7. tab. 3. fig. 2. 4. 5.

Classis III. fig. 54. **Müll.** p. 126. n. 322. Buccinum auricula. **Mart.** p. 356. n. 106. tab. II. fig. 59. die weitmündige durchsichtige Bauchschnecke, die Ohrschnecke. **Linn.** sp. 707. Helix auricula. **Abschn.** III. n. 81. tab. 6. fig. 3. 6.

Classis III. fig. 55. **Müll.** p. 132. n. 327. Buccinum stagnale. **Mart.** p. 282. n. 79. das grosse Spitzhorn der süssen Wasser. **Linn.** sp. 703. Helix stagnalis. **Abschn.** III. n. 99. tab. 7. fig. 1. 2. tab. min. C. fig. 1. ist aber beym Bonanni undeutlich.

Classis III. fig. 66. **Müll.** p. 143. n. 333. Buccinum virgineum. **Linn.** sp. 390. Bulla virginea. **Abschn.** III. n. 128. tab. 8. fig. 3. 4.

Classis III. fig. 192. **Müll.** p. 140. n. 332. Buccinum achatinum. **Linn.** sp. 391. Bulla achatina. **Abschn.** III. n. 98. tab. 6. fig. 1.

Classis III. fig. 316. **Müll.** p. 154. n. 343. Planorbis purpura. **Mart.** p. 249. n. 61. tab. 8. fig. 17. das vertiefte Posthorn, welches die Coccinellfarbe von sich giebt, die Coccinellschnecke. **Linne** sp 671. Helix cornea. **Abschn.** III. n. 45. tab. 5. fig. 19. 20. 21. tab. min. C. fig. 7.

Wenn ich meinen Lesern überhaupt sage, daß Bonanni bey der Beschreibung dieser wenigen Abbildungen nur bey der Mahlermuschel p. 104. der lateinischen Ausgabe, auf welche ich mich in dieser Schrift allemal beziehe, sage, daß sie in den Flüssen gefunden werde, von den übrigen aber gänzlich schweigt, daß er sogar von der Coccinellschnecke S. 157. sage, daß man sie den Meernabel nennen könne, und folglich nicht einmal

°) Ricreatione dell' ochio e della mente nell' osservation' delle Chiocciole dal P. Filippo Buonanni, in Roma 1681. in Qu. Recreatio mentis et oculi in observatione animalium testaceorum, curiosis naturae inspectoribus italico primum sermone proposita a P. Philippo Bonanno, Societatis Jesu, nunc denuo ab eodem latine oblata, centum additis testaceorum iconibus, circa quae varia problemata proponuntur. Romae 1684. 270 Seiten Quarto 143 Tafeln Kupfer, von welchen 6 in den Text eingeschaltet sind, eins aber das Titelkupfer ist.

mal wuste, daß es eine Flußconchylie sey; so kann man auf das Ganze leicht selbst einen Schluß machen. Man legt unterdessen dieser Arbeit des **Bonanni** das Lob bey, daß in derselben hin und wieder gute Anmerkungen angetroffen würden, und ich habe für diese Abhandlung zwey gefunden, die mir nicht gleichgültig waren. 1) Wenn ich gleich dem Bonanni nicht beypflichten kann, wenn er S. 104. von der Mahlermuschel sagt, daß sie darum zum Gebrauch für die Mahler besser als die Seemuschel sey, weil sie keine geistigen und salinischen Theile habe, wodurch die Farben angegriffen und verderbt würden: so war mir doch die Nachricht angenehm, **daß er in dieser Muschel kleine Perlen gefunden habe.** 2) Von dem Buccino virgineo Class. III. fig. 66. wird S. 121. gesagt, daß sie aus Indien komme und daselbst im Meer gefunden werde, und folglich eigentlich keine Flußconchylie sey. Ein Ausspruch, den Herr Prof. **Müller** in seinem vollständigen Natursystem Th. VI. S. 413 f. dadurch bestätiget, daß er sagt, er habe sie aus den Antillen erhalten. Ich werde bey der Beschreibung dieser Conchylie n. 128. mehr davon sagen.

In der Beschreibung des **Kircherischen Cabinetts** p) hat **Bonanni** nicht mehr geleistet, als in dem vorigen Buche; eine einzige Figur ist es, die man hier findet, und dort vermißt. Hier ist die Vergleichungstabelle:

Muf. Kircher.				Recreat.	
Muf. Kircher.		Classis II. fig. 39. 40.	—	Recreat.	Classis II. fig. 40. 41.
—	—	Classis III. fig. 54.	—	—	Classis III. fig. 54.
—	—	Classis III. fig. 55.	—	—	Classis III. fig. 55.
—	—	Classis III. fig. 66.	—	—	Classis III. fig. 66.
—	—	Classis III. fig. 190.	—	—	Classis III. fig. 192.
—	—	Classis III. fig. 312.	—	—	Classis III. fig. 316.
—	—	Classis III. fig. 400.	**Müller** p. 151. n. 341. Buccinum columna. **Mart.** vac. **Linn.** vac. Abschn. III. n. 90.		

Von den Arbeiten des **Bonanni** hat also die Conchyliologie der süssen Wasser sehr wenige Vortheile erhalten.

§. 8.

Da der grosse Indianische Plinius, **Georg Eberhard Rumph** q) weiter von nichts schreiben wollte, als was er in Amboina fand, so kann man auch in Rücksicht

B 3

p) Museum Kircherianum jam pridem a Kirchero incoeptum, nuper restitutum, auctum, descriptum et iconibus illustratum a Philippo Bonanni, Romae 1709. mit 586 mittelmäßig gestochenen Figuren.

q) D'Amboinsche Rariteitkamer, behelzende eene Beschryvinge, van allerhande zoo weeke als harde Schaalvisschen, te weeten raare Krabben, Kreeften, en diergelyke Zeedieren, als mede allerhande Hoorntjes en Schulpen, die men in d'Amboinsche Zee vindt: Daar bene ven zommige Mineraalen, Gesteenten, en foorten van Aarde, die in d'Amboinsche, en zommige omleggende Eilanden gevonden worden. Verdeelt in drie Boeken, en met nodige Printverbeeldingen, alle naar't leven getekent, voorzien. Beschreven door Georgius Everhardus Rumphius. — Amsterdam 1705. 1741. beyde 340 Seiten 60 Kupfertafeln in Folio. **Georg Eberhard Rumphs** Amboinische Raritätenkammer, oder Abhandlung von den steinschaligten Thieren, welche man Schnecken und Muscheln nennet, aus dem Holländischen übersetzt, von **Philipp Ludwig Statius Müller** — und mit Zusätzen aus den besten Schriftstellern der Conchyliologie vermehret von Johann Hieronymus Chemnitz. Wien 1766. 200 Seiten 33 Tafeln Kupfer in Folio. Ausserdem beträgt die Einleitung 18 Seiten, und die eigene Arbeit des Herrn Pastor Chemnitz 128 Seiten.

sicht auf die Flußconchylien weiter nichts als amboinische Körper erwarten, noch weniger aber können wir von ihm ein System über die Flußconchylien fordern. Es sind zwar nur wenige Flußconchylien, die Rumph abbildet und beschreibt, aber da es lauter ausländische sind, so müssen sie den Liebhabern desto willkommener seyn. Hier ist die Anzeige derselben.

Tab. XXII. fig. H. Müll. p. 195. n. 382. Nerita rubella. Mart. p. 279. n. 27. tab. 8. fig. 31. das Rothauge. Linne' sp. 726. Nerita pulligera. Abschn. III. n. 36.

tab. XXII. fig. O. Müll. p. 197. n. 383. Nerita corona. Mart. p. 277. n. 76. tab. 8. fig. 30. die dornigte Nerite, das Flußdornchen. Linn. sp. 720. Nerita corona. Abschn. III. n. 37.

tab. XXVII. Q. Müll. p. 172. n. 359. Nerita ampullacea. Mart. III. Band, p. 152. tab. 6. fig. 68. die Schlamm- oder Kothschnecke. Linn. sp. 676. Helix ampullacea. Abschn. III. n. 62. tab. 6. fig. 2.

tab. XXX. P. Müll. p. 190. n. 377. Nerita punctata. Mart. p. 338. n. 84. tab. 9. fig. 39. die amboinische Flußnadel. Linn. vac. Abschn. III. n. 147.

tab. XXX. Q. Müll. vac. Mart. p. 339. n. 85. tab. 9. fig. 40. die Sumpfnadel, die Ostindianische Bastartpabsterone. Linn. vac. Abschn. III. n. 169.

tab. XXX. R. Müll. p. 188. n. 375. Nerita atra. Mart. p. 340. n. 86. tab. 9. fig. 41. die glatte Sumpf-, Pfuhl- oder Morastnadel. Linn. sp. 516. Strombus ater. Abschn. III. n. 168.

tab. XXXIII. FF. Müll. p. 136. n. 330. Buccinum amarula. Mart. p. 291. n. 83. tab. 9. fig. 38 die Pabstkrone der süssen Wasser. Linn. sp. 702. Helix amarula. Abschn. III. n. 96.

tab. XLV. N. Müll. vac. Mart. p. 470. n. 115. der grosse Entenschnabel. Linn. sp. 27. Mya lutrararia seu arenaria. Abschn. III. n. 5. tab. 2. fig. 1.

Ausserdem hat Rumph noch p. 92 f. der holländischen und p. 57. der deutschen Ausgabe die grosse Kothschnecke beschrieben, ohne sie abzubilden. Müll. p. 174. n. 360. Nerita vreeus. Mart. vac. Linn. vac. Abschn. III. n. 63. von welcher Lister Histor. conchyl. tab. 125. fig. 25. eine fürtrefliche Abbildung gegeben hat, die im Rumph nicht fehlen sollte, weil sie sich von der kleinern Kothschnecke so merklich unterscheidet. Ich hingegen habe noch tab. XXX. T. die Mangiumsnadel in mein System aufgenommen, Abschn. III. n. 178. tab. 8. fig. 11. 12. weil Rumph ausdrücklich versichert, daß sie sich in morastigen Gegenden aufhalte, und folglich gehöret sie, wie die Kothschnecke, die Morastnadel, und d. g. nicht unter die See-, sondern unter die Flußconchylien. Daß übrigens Rumph seine Flußconchylien überall an denjenigen Oertern eingeschaltet habe, wohin sie nach seinem System gehörten, das will ich nur wie im Vorbeygehen anmerken. Wenn wir übrigens bedenken, daß dieser Rumph der erste Schriftsteller für dieses Jahrhundert ist, in dem wir der Flußconchylien gedacht finden, so macht uns dieses schon vortheilhafte Begriffe für die Zukunft, ob wir gleich noch eine gute Zeit werden warten müssen, ehe wir einen Schriftsteller antreffen werden, der seine Bemühungen ganz allein den Flußconchylien gewidmet hätte.

§. 9.

§. 9.

Das Conchylienkabinet des Herrn D. Christoph Gottwaldt r), ein unvollendetes Werk, kann um so viel weniger in vielen Händen seyn, da es nicht zu Stande kam. Für die Freunde der Flußconchylien ist der Verlust gar nicht beträchtlich, so gewiß es entschieden ist, daß von Seeconchylien viele schätzbare Gattungen auf diesen Kupfertafeln vorkommen, und daß die Abbildungen derselben der Natur ganz getreu sind. Dem Zweck des Herausgebers nach sollten hier nur See-Conchylien geliefert werden, man konnte also in demselben keine Flußconchylien erwarten, ausser nur diese, die sich sonst immer unter die Seeconchylien gesteckt hat, das ist, das Buccinum achatinum Müll. p. 140. n. 332. Linne sp. 391. Bulla achatina Abschn. III. n. 98. tab. 6. fig. 1. von dieser kömmt Capsula X. tab. 1. fig. 220. eine Abbildung vor.

In der Zeitordnung folget nun das so berühmte als seltene Werk des Ruysch, welches er Theatrum vniuersale nannte s) in welchem er von allen möglichen, und unter diesen auch von den Blutlosen- und Wasserthieren auf 260 Kupfertafeln Abbildungen lieferte. Vermuthlich wird dieser Gelehrte unsre Flußconchylien nicht gänzlich übergangen haben, ich aber kann davon keine weitere Nachricht ertheilen, weil ich dieses Buch nur seiner Aufschrift nach kenne.

Der berühmte Kundmann hat in seinem Promtuario t) den Zweck, nicht nur die vorzüglichsten Kabinette in Breßlau zu beschreiben, sondern vorzüglich von seiner eignen Sammlung eine weitläuftige Nachricht zu geben. Hier beschreibt er auch S. 124-158. seine Conchyliensammlung, unter welche sich auch einzelne Flußconchylien versteckt haben. Im Grunde ist es eine einzige Muschel, die Kundmann in zweyen Beyspielen besaß, und die er S. 130. beschreibt. Er giebt ihr folgende Namen: Concha fluviatilis maxima interne substantiae argenteae; und weiter unten: Concha fluviatilis Maslensis Silesiaca maxima interne tuberculosa, quae margaritas referunt. Huc spectantia evolve in Ephemerid. Natur. Curiosor. Dec. I. Ann. III. Observ. XXXVI. p. 58. Vermuthlich ist dieses die gröste grünlich braune Teichmuschel. Müller p. 208. n. 394. Mytilus cygneus. Linne sp. 257. Mytilus cygneus. Abschn. III. n. 4. tab. 3. fig. 1. Noch gedenket Kundmann auf eben dieser Seite einer Flußmuschel unter dem Namen: Concha fluviatilis margaritifera a cortice externo liberata, und dies ist wahrscheinlich die Perlmuschel der süssen Wasser: Müller p. 210. n. 396. Mya margaritifera, Linne sp. 29. Mya margaritifera, Abschn. III. n. 6. tab. 4. fig. 1. Ob sie, wie die vorhergehende, auch aus Schlesien sey? meldet Kundmann nicht. Ueberhaupt

siehet

r) Museum Gottwaldianum. Gedani 1714. 40 Tafeln in Fol. Ein unvollendetes Werk des D. Gottwaldt in Danzig, dessen Conchyliensammlung ganz in Kupfer gestochen werden sollte, welches aber nicht vollendet wurde. Die Sammlung kaufte nach des Besitzers Tode der Magistrat zu Danzig, und machte dem Czaar Peter dem Grossen ein Geschenk damit. Man hat von Holland aus vor einigen Jahren Hoffnung gemacht, dieses Werk zu vollenden. Siehe die Berlinischen Sammlungen, V Band, S. 307. und mein Journal für die Liebhaber des Steinreichs und der Conchyliologie, I. Band, II. Stück, S. 244.

s) Ruysch Theatrum vniuersale omnium animalium, piscium, avium, quadrupedum, exanguium, aquaticorum, insectorum et anguium, 260 tabulis ornatum. Amstelodami 1718 2 Bände in Folio.

t) Promtuarium rerum naturalium et artificialium. Vratislaviense praecipue, quas collegit D. Jo. Christianus Kundmann, Medicus Vratislaviensis. Vratislaviae 1726. 364 Seiten, ohne das Register, in Quart.

siehet man aus dieser Anzeige, daß **Kundmann** bey seiner grossen Sammlung, die er besaß, den Flußconchylien gleichwohl eine geringe Achtung gewidmet habe.

Die Verdienste des Herrn **Johann Leonhard Frisch** um die Insecten sind aus seiner Beschreibung von allerhand Insecten in Deutschland so bekannt als entschieden. Zweymal hat er in derselben u) der Flußconchylien gedacht. Das erstemal beschreibet er im VIII. Theile S. 14. und tab. VII. die Flußschnecke mit dem spitzig zugedreheten Hause; eine Benennung, aus welcher unerfahrne Kenner wohl nicht errathen werden, was dies für eine Schnecke sey. Es ist das Buccinum stagnale, **Müll.** p. 132. n. 327. **Mart.** p. 282. n. 79. das grosse Spitzhorn der süssen Wasser. **Linn.** sp. 703. Helix stagnalis **Abschn.** III. n. 99. tab. 7. fig. 1. 2. tab. min. C. fig. 1. Das andremal redet er Th. XIII. S. 1. und tab. I. von der Flußschnecke mit dem zugespitzten Hause, dessen Thürblatt (**Frisch** meynet den Deckel, damit verschiedene Conchylien ihr Haus zu verschliessen pflegen) am Fleisch angewachsen. Es ist die Nerita viuipara, **Müll.** p. 182. n. 370. **Mart.** p. 234. n. 52. die grosse lebendig gebährende Wasserschnecke mit Banden. **Linn.** sp. 690. Helix viuipara. **Abschn.** III. n. 126. tab. 8. fig. 1. 2. tab. min. C. fig. 6. Diese beyden Flußschnecken beschreibet **Frisch** genau, und besonders zeigt er, wie sie erzeugt werden und wachsen.

§. 10.

Die Abhandlung, die der Herr Ritter von **Linne'** über die Thiere in Schweden in die Acta Vpsaliae v) eingerückt hat, übergieng auch die Flußconchylien des Königreichs **Schweden** nicht, und man konnte auch von einem **Linne'**, der für die Natur alles aufsuchte, was sich nur aufsuchen ließ, nichts anders als dieses erwarten. Weil uns hier der **Ritter** mit den Flußconchylien seines Landes bekannt macht, so ist sein Beytrag zu ihrer Geschichte desto schätzbarer, so kurz er auch immer seine Gegenstände zu beschreiben pflegt. Was der Ritter von Flußconchylien fand, ist folgendes.

Act. Vpsal. p. 40. n. 2. **Müll.** p. 161. n. 347. Planorbis spirorbis. **Mart.** p. 258. n. 64. tab. 8. fig. 20. das kleine platte Posthörnchen mit fünf Gewinden ohne Rand. **Linn.** sp. 672. Helix spirorbis. **Abschn.** III. n. 47.

Act. Vpsal. p. 40. n. 5. **Müll.** vac. **Mart.** p. 261. n. 66. das kleine viermal gewundene Posthörnchen. **Abschn.** III. n. 48.

Act. Vpsal. p. 40. n. 14. **Müll.** p. 182. n. 370. Nerita viuipara. **Mart.** p. 234. n. 52. die grosse lebendig gebährende Wasserschnecke mit Banden. **Linn.** sp. 690. Helix viuipara. **Abschn.** III. n. 126. tab. 8. fig. 1. 2. tab. min. C. fig. 6.

Act. Vpsal. p. 41. n. 16. **Müll.** p. 185. n. 372. Nerita jaculator. **Mart.** p. 243. n. 56. tab. 7. fig. 11. die kleine bedeckte Wasserschnecke, der Thürhüter. **Linn.** sp. 707. Helix tentaculata. **Abschn.** III. n. 120. tab. 7. fig. 19-22.

Act. Vpsal. p. 41. n. 21. **Müll.** p. 131. n. 326. Buccinum palustre. **Mart.** p. 289. n. 82. tab. 9. fig. 37. das kleine Spitzhorn von fünf Gewinden. **Abschn.** III. n. 101. tab. 7. fig. 9. 10.

Act.

u) Johann Leonhard Frisch Beschreibung von allerley Insecten in Teutschland ꝛc. Th. VIII. Berlin 1730. Th. XIII. Berlin 1738. in Quarto.

v) Animalia Sueciae, in den Actis Regiae Societatis Vpsaliensis ad annum 1736. in Quart.

Act. Vpsal. p. 41. n. 22. Müll. p. 132. n. 327. Buccinum stagnale. Mart. p. 288. n. 81. tab. 9. fig. 36. das schwarze Spitzhorn mit sechs Gewinden, der Rabe. Linn. sp. 703. Helix stagnalis. Abschn. III. n. 100. tab. 7. fig. 3. 4.

Act. Vpsal. p. 41. n. 23. Müll. p. 167. n. 353. Planorbis bulla. Mart. p. 364. n. 108. tab. II. fig. 61. die kleine linksgewundene Bauch- oder Kahnschnecke, die Wasserblase. Linn. sp. 386. Bulla fontinalis. Abschn. III. n. 78. tab. 6. fig. 16. a. b.

Act. Vpsal. p. 41. n. 24. Müll. var. Mart. p. 287. n. 80. tab. 9. fig. 35. das weisse Buccinum von sehr zerbrechlicher Schale, mit fünf bis sechs Gewinden. Linn. sp. 704. Helix fragilis. Abschn. III. n. 102. tab. 7. fig. 8.

Man siehet hieraus, daß Schweden nicht gerade die gemeinsten Flußconchylien aufstellet, und viel seltenere Gattungen in seinen Wassern ernähret, als sich England rühmen kann. (§. 4.)

§. 11.

Alle die Bemühungen, welche bis auf das Jahr 1738. den Flußconchylien gewidmet wurden, waren doch immer nur allgemeine Bemühungen, und wenn wir den Lister, den Rumph und den Linne' ausnehmen, (§. 4. f. 8. 10.) so hatte bis hieher die Geschichte der Flußconchylien noch nicht gar zu viel gewonnen; an ihre Naturgeschichte, oder an die vollständigere Betrachtung einzelner Flußconchylien hatte doch noch gar kein Mensch gedacht, obgleich Lister in Ansehung des Flußbuccinum ein so guter Vorgänger gewesen war. Jetzt machte sich ein Gelehrter, nemlich Herr Professor Rappolt w) in Königsberg auf, und widmete unsrer kleinen Flußnerite, Müll. p. 194. n. 381. Nerita fluviatilis, Mart. p. 271. n. 73. tab. 8. fig. 27. die kleine schuppigt gefleckte Schwimmschnecke, die Flußnerite, Linn. sp. 723. Nerita fluviatilis, Abschn. III. n. 30. tab. 5. fig. 5. 10. tab. min. C. fig. 8. eine eigne Abhandlung. Er hatte an diesen kleinen aber artigen Conchylien der süssen Wasser den ganz besondern Umstand bemerkt, daß sie ihre Eyer und Jungen auf dem Rücken tragen und ausbrüten, und dieses gab ihm Gelegenheit zu verschiedenen Anmerkungen, die man in seiner unten angeführten Schrift nicht ohne fühlbares Vergnügen lesen wird. Der Nerite aber gereicht es zur vorzüglichen Ehre, die erste Flußconchylie zu seyn, welche sich in Deutschland einer eignen ihr geweyheten Abhandlung rühmen kann.

§. 12.

Die grosse Sammlung, die der florentinische Arzt Nicolaus Gualtieri besaß, und die er in einem eignen kostbaren Werke beschrieben und abgebildet hat, erstreckte sich auf das ganze Fach der Conchylien x). Er sammlete auf das Ganze, und so waren auch

w) Der grossen Königin von Preussen, Sophia Dorothea, opfert bey ihrem 51sten Geburtsfeste zu Dero himmlischen Vergnügen an Gottes Geschöpfen, einige Preußische Schnecken, so ihre Jungen auf dem Rücken ausbrüten, ihro Königl. Majestät allerunterthänigster Knecht, Rappolt. Königsberg 1738. groß Quart.

x) Index testarum conchyliorum, quae adservantur in museo Nicolai Gualtieri — — et methodice distributae exhibentur Tabulis CX. Florentiae 1742. groß Folio. Wenig Text, fast lauter Kupfer. Kostet in Florenz 36 Rthl.

auch die Flußconchylien ein Vorwurf seiner Sammlung, und wenn wir des Listers Historiam Conchyliorum ausnehmen, so finden wir bis auf das Jahr 1742. nirgends so viel Flußconchylien beschrieben und abgebildet, als in dem unten angeführten Buche des Gualtieri. Diesen Zeitpunct dürfen wir also für unser Jahrhundert für den ersten annehmen, der für die Flußconchylien ganz vortheilhaft war. Gualtieri hat in der That zu prächtigen Abbildungen die magersten Beschreibungen geliefert, die nur Menschen liefern können; einzelne eingestreute Anmerkungen aber beweisen auf das deutlichste, daß dieser Gelehrte besser arbeiten konnte, wenn er nur seinem Buche einen andern Namen als den Namen eines Indicis hätte geben wollen. Bey grossen Kenntnissen, die er hatte, dachte Gualtieri auch systematisch, und das bewies er auch in Rücksicht auf die Flußconchylien. Ich theile es meinen Lesern um so viel lieber mit, da Gualtieri Index in Deutschland immer unter diejenigen Bücher gehöret, die man nicht in vielen Bibliotheken findet. Testae exothalassibiae fluviatiles I non turbinatae Gen. 1. patella. II. turbinatae Gen. 1. Cochlea fluviatilis depressa. tab. 4. DD. EE. FF. GG. Gen. 2. Nerita. tab. 4. HH. LL. MM. Gen. 3. Buccinum fluviatile. tab. 5. A. B. C. CC. D. E. F. G. H. I. L. M. N. NN. O. P. Q. SS. tab. 6. A. B. C. D. Gen. 4. Turbo. tab. 6. BB. E. F. G. GG. H. I. III. Testae fluviatiles bivalvae. Gen. 1. Musculus. tab. 7. A. B. C. CC. D. E. F.

Ich werde diese Buchstaben gleich entziefern, zuvor aber muß ich die Anmerkung wiederholen, mit welcher Gualtieri seine Beschreibung der Erd- und Flußconchylien beschliesset. Hae paucae testae exothalassibiae, non parvo labore collectae, in meo Museo reperiuntur ex illo numeroso agmine, quod a natura vndique in terra et in aquis dulcibus, miris varietatibus insignitum, obseruandum proponitur: unde Historiae naturalis amatores integrum, et pulcherrimum methodicum tractatum harum testarum, non sine magna iucunditate, instituere possint; qua de caussa has paucas Tabulas proponere ausus sum ad excitandum studiosorum animos (ut verbis vtar celeberrimi Fabii Columnae) qui montes tantum habent propinquos, mare vero longo intervallo disjunctum, vt pulchriora quaerant. Wie spät aber dieser Verschlag des Gualtieri erfüllt worden sey, das wird der Verfolg meiner Geschichte lehren.

Folgende Flußconchylien sind es, welche Gualtieri in seinem Werke abgebildet hat.

Tab. 1. fig. R. **Müll.** p. 172. n. 359. Nerita ampullacea. **Mart.** III. Band, p. 152. tab. 6. fig. 68. die Schlamm- oder Kothschnecke. **Linn.** sp. 676. Helix ampullacea. **Abschn.** III. n. 62. tab. 6. fig. 2.

tab. 4. fig. AA. **Mart.** p. 231. die ovale Patelle mit übergebogenen Wirbel. **Abschn.** III. n. 29. tab. min. A. fig. 10.

tab. 4. fig. BB. **Müll.** p. 199. n. 385. Ancylus lacustris. **Mart.** p. 230. n. 51. tab. 7. fig. 1. die kleine Dragoner-Müße. **Linn.** sp. 769. Patella lacustris. **Abschn.** III. n. 26. tab. 5. fig. 1. 2. 3.

tab. 4. fig. DD. **Müll.** p. 154. n. 343. Planorbis purpura. **Mart.** p. 249. n. 61. tab. 8. fig. 17. das vertiefte Posthorn, welches die Coccinelfarbe von sich giebt, die Coccinellschnecke. **Linn.** sp. 671. Helix cornea. **Abschn.** III. n. 45. tab. 5. fig. 19. 20. 21. tab. min. C. fig. 7.

Tab.

Tab. 4. fig. EE. Müll. p. 157. n. 344. Planorbis carinatus. Mart. p. 254. n. 62. tab. 8. fig. 18. das gelbliche platte Posthörnchen mit vier Windungen und scharfen Rande. Linn. sp. 662. Helix planorbis. Abschn. III. n. 39. tab. 5. fig. 13.

tab. 4. fig. GG. Müll. p. 158. n. 345. Planorbis vortex. Mart. p. 256. n. 63. das hellgraue oder weißliche Posthörnchen mit fünf bis sechs Gewinden und scharfen Rande. Linn. sp. 667. Helix vortex. Abschn. III. n. 41. tab. 5. fig. 16. 17.

tab. 4. fig. HH. Müll. p. 195. n. 382. Nerita rubella. Mart. p. 279. n. 27. tab. 8. fig. 31. das Rothange. Linn. sp. 726. Nerita pulligera. Abschn. III. n. 36.

tab. 4. fig. LL. M. Müll. p. 194. n. 381. Nerita fluviatilis. Mart. p. 271. n. 73. tab. 8. fig. 27. die kleine schuppigt gefleckte Schwimmschnecke. Linn. sp. 723. Nerita fluviatilis. Abschn. III. n. 30. tab. 5. fig. 5-10. tab. min. C. fig. 8.

tab. 5. fig. A. Müll. p. 182. n. 370. Nerita vivipara. Mart. p. 234. n. 52. die grosse lebendig gebährende Wasserschnecke mit Banden. Linn. sp. 690. Helix vivipara. Abschn. III. n. 126. tab. 8. fig. 1. 2. tab. min. C. fig. 6.

tab. 5. fig. B. Müll. p. 185. n. 372. Nerita jaculator. Mart. p. 243. n. 56. tab. 7. fig. 11. die kleine bedeckte Wasserschnecke, der Thürhüter. Linn. sp. 707. Helix tentaculata. Abschn. III. n. 120. tab. 7. fig. 19-22.

tab. 5. fig. C. die Flußtrompete mit dreyeckigter Mundöffnung. Abschn. III. n. 141. tab. min. A. fig. 9.

tab. 5. fig. CC. Müll. p. 167. n. 353. Planorbis bulla. Mart. p. 364. n. 108. tab. 11. fig. 61. die kleine linksgewundene Bauch- oder Kahnschnecke, die Wasserblase. Linn. sp. 386. Bulla fontinalis. Abschn. III. n. 78. tab. 6. fig. 16. a. b.

tab. 5. E. Müll. p. 131. n. 326. Buccinum palustre. Mart. p. 289. n. 82. tab. 9. fig. 37. das kleine Spitzhorn von fünf Gewinden. Abschn. III. n. 101. tab. 7. fig. 9. 10.

tab. 5. fig. F. G. Müll. p. 126. n. 322. Buccinum auricula. Mart. p. 356. n. 106. tab. 11. fig. 59. die weitmündige durchsichtige Bauchschnecke, die Ohrschnecke. Linn. sp. 707. Helix auricula. Abschn. III. n. 81. tab. 6. fig. 3-6.

tab. 5. fig. I. L. Müll. p. 132. n. 327. Buccinum stagnale. Mart. p. 282. n. 79. das grosse Spitzhorn der süssen Wasser. Linn. sp. 703. Helix stagnalis. Abschn. III. n. 99. tab. 7. fig. 1. 2. tab. min. C. fig. 1.

tab. 5. fig. M. Müll. p. 182. n. 369. Nerita fasciata. Abschn. III. n. 166.

tab. 5. fig. N. Abschn. III. n. 121. tab. min. A. fig. 4.

tab. 5. fig. NN. Abschn. III. n. 108. tab. min. A. fig. 7.

tab. 5. fig. O. Abschn. III. n. 94. tab. min. A. fig. 2.

tab. 5. fig. P. Abschn. III. n. 95. tab. min. A. fig. 3.

tab. 5. fig. Q. Abschn. III. n. 109. tab. min. B. fig. 2.

tab. 5. fig. SS. Abschn. III. n. 137. tab. min. A. fig. 6.

tab. 6. fig. A. Müll. p. 143. n. 333. Buccinum virgineum. Linn. sp. 390. Bulla virginea. Abschn. III. n. 128. tab. 8. fig. 3. 4.

Tab. 6. fig. B. Müll. p. 136. n. 330. Buccinum amarula. Mart. p. 291. n. 83. tab. 9. fig. 38. die Pabstcrone der süssen Wasser. Linn. sp. 702. Helix amarula. Abschn. III. n. 96.

tab. 6. fig. BB. Müll. p. 150. n. 340. Buccinum acicula. Linn. sp. 698. Helix octona. Abschn. III. n. 143. tab. 8. fig. 6. a. b.

tab. 6. fig. C. D. Müll. p. 145. n. 334. Buccinum fasciatum. Abschn. III. n. 124.

tab. 6. fig. E. F. Müll. p. 190. n. 377. Nerita punctata. Mart. p. 338. n. 84. tab. 9. fig. 39. die amboinische Flußnadel. Abschn. III. n. 147.

tab. 6. fig. G. Müll. p. 190. n. 378. Nerita tuberculata. Mart. p. 349. n. 97. tab. 10. fig. 51. die dunkel purpurfarbene Schraubenschnecke. Abschn. III. n. 172.

tab. 6. fig. GG. Abschn. III. n. 110. tab. min. A. fig. 5.

tab. 7. fig. AA. Mart. p. 472. tab. 12. fig. 68. die Flußmießmuschel. Abschn. III. n. 24.

tab. 7. fig. B. Abschn. III. n. 19. tab. min. A. fig. 8.

tab. 7. fig. C. Müll. p. 202. n. 387. Tellina riualis. Mart. p. 449. n. 109. tab. 11. fig. 63. die kleine Eiermuschel. Linn. sp. 72. Tellina cornea. Abschn. III. n. 11. tab. 4. fig. 3. 4. 5.

tab. 7. fig. E. Müll. p. 211. n. 397. Mya pictorum. Mart. p. 465. n. 113. tab. 12. fig. 66. die dunkel- oder hellgrüne Flußmuschel. Linn. sp. 28. Mya pictorum. Abschn. III. n. 7. tab. 3. fig. 2. 4. 5.

tab. 7. fig. CC. Abschn. III. n. 15.

tab. 7. fig. F. Müll. p. 208. n. 394. Mytilus cygneus. Mart. p. 455. n. 110. die gröste grünlich braune Teichmuschel. Linn. sp. 257. Mytilus cygneus. Abschn. III. n. 4. tab. 3. fig. 1.

tab. 45. fig. B. Müll. p. 140. n. 332. Buccinum achatinum. Linn. sp. 391. Bulla achatina. Abschn. III. n. 98. tab. 6. fig. 1.

tab. 45. fig. D. Müll. p. 143. n. 333. Buccinum virgineum. Linn. sp. 390. Bulla virginea. Abschn. III. n. 128. tab. 8. fig. 3. 4.

§. 13.

Das Verzeichniß von der Naturaliensammlung des Herrn Richter in Leipzig v) beweiset es ohne Widerspruch, daß diese Sammlung eine der grösten sey, die von Privatpersonen gesammlet werden können. Die Sammlung von Conchylien ist sehr ansehnlich; darf ich aber von den Flußconchylien mein Urtheil ohne Zurückhaltung sagen, so siehet man aus diesem Verzeichniß auf das deutlichste, daß der Besitzer dieses Kabinets auf die innländischen Flußconchylien gar keine Rücksicht genommen habe; denn ausser verschiedenen innländischen Flußmuscheln findet man in dieser grossen Sammlung nur ausländische Flußconchylien, die der Besitzer unter die Seeconchylien gelegt hat. Es

v) Museum Richterianum continens fossilia animalia vegetabilia mar. illustrata iconibus et commentariis D. Jo. Ernesti Hebenstreitii, accedit de Gemmis scalptis antiquis Liber singularis. Lipsiae 1743. 384 Seiten, ohne der Abhandlung von den Gemmen, 14 Tafeln Kupfer in Folio.

Es ist noch immer ein trauriger Gedanke, daß bis zum Jahr 1743. die Sammler und Beobachter der Flußconchylien so einzeln anzutreffen waren, da doch Lister und Gualtieri mehrere Aufmunterungen hätten geben sollen. Was ich in dem Ritterischen Museum von den Flußconchylien gefunden habe, ist folgendes.

Seite 285. die Flußmuscheln, die nach Listers Eintheilung in solche gebracht werden, die einen gezackten Angel haben, cardine dentato, das heißt, wo das Schloß eingreifende Zähne hat; und in die mit glatten Vergliederungen, cardine laevi, das heißt, wo das Schloß keine Zähne hat. Von beyden Gattungen sind folgende Muscheln angeführt:

Die dünnschalige, grünlichte am Rücken gestreifte Muschel. Lister tab. 146. Müll. p. 211. n. 397. Mya pictorum. Mart. p. 465. n. 113. tab. 12. fig. 66. die dunkel- oder hellgrüne Flußmuschel, die Mahlermuschel. Linn. sp. 28. Mya pictorum. Abschn. III. n. 7. tab. 3. fig. 2. 4. 5.

Die dickschalige, Perlen tragende, Elstermuschel, mit ansitzenden Perlen. Müll. p. 210. n. 396. Mya margaritifera. Mart. p. 462. n. 112. tab. 12. fig. 65. A. B. die schwarze dickschalige Flußmuschel, die Perlmuschel. Linn. sp. 29. Mya margaritifera. Abschn. III. n. 6. tab. 4. fig. 1.

Die breite braune Muschel mit braunen Strahlen. List. tab. 152.

Die dünnschalige breite braune Flußmuschel. List. tab. 153. Müll. p. 207. n. 393. Mytilus anatinus. Mart. p. 457. n. 111. tab. 11. fig. 64. A. die breite dünnschalige Teichmuschel. Linn. sp. 258. Mytilus anatinus. Abschn. III. n. 2. tab. 1. fig. 2. 3.

Die dünnschalige, grosse, blau und grünliche Flußmuschel. List. tab. 156. Müll. p. 208. n. 394. Mytilus cygneus. Mart. p. 455. n. 110. die gröste grünlich braune Teichmuschel. Linn. sp. 257. Mytilus cygneus. Abschn. III. n. 4. tab. 3. fig. 1.

Von Flußschnecken habe ich im Durchblättern folgende gefunden.

Seite 313. die Slyck Slekke des Rumphs. tab. 27. Q. Müll. p. 172. n. 359. Nerita ampullacea. Mart. III. Band, p. 152. tab. 6. fig. 68. die Schlamm- oder Kothschnecke. Linn. sp. 676. Helix ampullacea. Abschn. III. n. 62. tab. 6. fig. 2.

S. 322. die Flußpabstkrone, das weisse, kleine, bittre Kronenhorn. Müll. p. 136. n. 330. Buccinum amarula. Mart. p. 291. n. 83. tab. 9. fig. 38. die Pabstkrone der süssen Wasser. Linn. sp. 702. Helix amarula. Abschn. III. n. 96.

S. 324. das in Sümpfen wohnende Pfriemenhorn, oben gezackt, unten glatt, und mit Linien umwunden. Mart. p. 339. n. 85. tab. 9. fig. 40. die Sumpfnadel, die Ostindianische Bastartpabstkrone. Abschn. III. n. 169.

S. 324. das glatte Pfriemenhorn aus Sümpfen. Müll. p. 188. n. 375. Nerita atra. Mart. p. 340. n. 86. tab. 9. fig. 41. die glatte Sumpf-, Pfuhl- oder Morastnadel. Linn. sp. 516. Strombus ater. Abschn. III. n. 168.

S. 328. Riuier Doorentjes: die dornigte Valvate. Müll. p. 197. n. 383. Nerita corona. Mart. p. 277. n. 76. tab. 8. fig. 30. die dornigte Nerite, das Flußdornchen. Linn. sp. 720. Nerita corona. Abschn. III. n. 37.

§. 14.

Das kostbare Werk des Grafen **Marsigli** oder **Marsili**, welches er über den Donaufluß z) geschrieben hatte, sollte uns mit alle dem bekannt machen, was nur irgends die Donau Merkwürdiges aufzeigen kann. Nothwendig durften also die Flußconchylien nicht übergangen werden. Wenn wir die Anzeige dieses mit königlicher Pracht gedruckten Werks a) S. 37. nachschlagen, so wird uns von den Conchylien der Donau eine ziemlich grosse Erwartung gegeben. Es wird daselbst gesagt, daß die II. Section de testaceis exanguibus in zwey Kapiteln handeln würde; das erste würde von den Wasserschnecken, das andre aber von den Muscheln, oder, wie sich der Verfasser ausdrückt, **Müscherle** handeln. Aber wie sehr sind wir hintergangen, wenn wir nun diese zwente Section im vierten Bande S. 89. aufschlagen, und weiter nichts als nachfolgendes lesen. „Die Fische der Donau. II. Abtheilung. Die schaligten Fische, welche kein Blut haben. Das erste Kapitel. Flußschnecken. Die Schnecken der Donau, welche der Deutsche Wasserschnecken nennet, und welche man aus den beygefügten Figuren (Taf. 31. fig. 1. 2. 3. 4. 6.) erkennen kann, haben alle eine glänzende gestreifte dünne und weißliche Schale; einige sind platt, andere aber verlängert, und unter diesen sind solche, die wie eine Birn spitzig zulaufen, deren Spitze gerade oder gebogen ist. Keine von diesen Schnecken taugt zum Essen, man schätzet sie daher nicht sonderlich. Weil ich nun nicht viel merkwürdiges an ihnen gefunden habe, so habe ich hier nur die Abbildungen mittheilen wollen, um eine Kenntniß von ihnen zu geben. Das andere Kapitel von den Muscheln. Die Muscheln der Donau, auf deutsch **Müscherle**, sind alle lang, von zwey Schaalen zusammengesetzt, alle parallel oder so zusammengefügt, daß die eine in die andre wechselsweise genau passet. Ihre äussere Oberfläche ist rauh, und von weisser und brauner Farbe; der innere Theil hingegen ist glatt, weißlich und glänzend. Sie schliessen einen Fisch in sich, der den ganzen Raum ausfüllt, der aber gar nicht zur Speise taugt. Sie können zu gar nichts gebraucht werden, ausser von den Mahlern, die sich ihrer bisweilen bedienen, Farben hinein zu thun.„

So wenig diese Nachricht die Kenntnisse von den Flußconchylien erweitern kann, und nur die billigsten Leser befriedigen wird, so ist die Arbeit des Grafen doch in mehr als einer Rücksicht für den Liebhaber der Flußconchylien schätzbar. Einmal werden wir hierdurch mit den Geschenken eines grossen Flusses bekannt, wir müssen aber die Conchylien aller Flüsse kennen, ehe wir sagen können, daß wir alle Flußconchylien kennen. Hernach hat uns der Graf mit sehr deutlichen Abbildungen beschenkt, woraus man

z) Description du Danube depuis la montagne de Kalenberg en Autriche, jusq' au confluent de la Riviere Jantra dans la Bulgarie, à la Haye 1744. 6. Bände in groß Folio, mit häufigen Kupfern und prächtigen Vignetten. Von der lateinischen Ausgabe, die ich nicht gesehen habe, wird im V. Bande der Berlinischen Sammlungen S. 617 : 639. ausführliche Nachricht gegeben, und die Aufschrift folgendergestalt mitgetheilt: Danubius Pannonico-Mysicus, observationibus geographicis, astronomicis, hydrographicis, historicis, physicis illustratus, et in 6. Tomos digestus ab Aloysio Ferdin. Comite Marsili. Hagae Comitum 1726.

a) Prodromus operis Danubialis ab Aloisio Ferdinando Comite Marsili, Regiarum Societatum Parisiensis, Londinensis et Monspeliensis Socio editi; et subscriptionis via Orbi litterario propositi. Amstelodami apud Franciscum Changuyon, Hermannum Uytwerf. Hagae Comitum apud Petrum Gosse, Rugert. Christ. Alberts, Petrum de Hondt. Ohne Druckjahr in groß Octav.

man ohne Mühe erkennen kann, daß es mehrentheils solche Conchylien sind, die man in andern Schriftstellern vergeblich sucht. Ich habe sie daher auf der zweyten meiner kleinen Kupfertafeln, die mit B. bezeichnet ist, nach dem französischen Exemplar der hiesigen Fürstlichen Bibliothek nachzeichnen lassen, und ich weiß gewiß, mit der wahresten Zufriedenheit meiner Leser, bey denen ich viele voraussetzen darf, welche dieses prächtige Werk noch nicht gesehen haben, und nicht nützen können. Diejenigen Gattungen, die meine Vorgänger noch nicht genutzt haben, habe ich in meiner Abhandlung folgendergestalt eingeschaltet.

Tab. 31. fig. 1. Cochlea turbine recto. Abschn. III. n. 156. tab. min. B. fig. 5.
tab. 31. fig. 2. Cochlea turbinata recta. Abschn. III. n. 157. tab. min. B. fig. 1.
tab. 31. fig. 3. Müll. p. 154. n. 343. Planorbis purpura. Mart. p. 249. n. 61. tab. 8. fig. 17. das vertiefte Posthorn, welches die Coccinellfarbe von sich giebt, die Coccinellschnecke. Linn. sp. 671. Helix cornea. Abschn. III. n. 45. tab. 5. fig. 19. 20. 21. t. b. min. C. fig. 7.
tab. 31. fig. 4. Cochlea alia turbine curvato. Abschn. III. n. 158. tab. min. B. fig. 3.
tab. 31. fig. 5. Abschn. III. n. 8. tab. 2. fig. 2.
tab. 31. fig. 6. Cochlea pressa parva. Abschn. III. n. 32. tab. min. B. fig. 4.

Scheuchzers Kupferbibel, darinne die Physica sacra deutlich erklärt und bewährt wird, lege ich hier als einen blossen Anhang bey, denn ich habe in derselben weiter nichts gefunden, als in der III. Abtheilung, Augspurg und Ulm 1733, tab. 565. fig. 1. eine einzige Flußmuschel, von der er S. 712. nur dieses sagt: „Fig. 1. bildet eine gemeine Flußmuschel, Musculum fluviatilem, desgleichen auch im Meer zu finden, sammt ihrem Lederband, so die Schalen zusammenhält.„ Es ist vermuthlich die dickschalige Flußmuschel, Abschn. III. n. 8. tab. 2. fig. 2.

§. 15.

Wenn wir des Herrn Ritter von Linne' Fauna [b]) mit seinen animalibus Sueciae (§. 10.) zusammenhalten, so sehen wir den grossen Fleiß dieses verehrungswürdigen Naturforschers auf das deutlichste, den er unter andern auch auf die Naturgeschichte seines Vaterlandes wendete. Freylich hatte das die näheste Beziehung auf sein Natursystem, aber die Vortheile für die Naturgeschichte sind dadurch sichtbar groß. Was der Ritter in den Actis Upsaliensibus ehedem geleistet hatte, das war gleichsam der erste Entwurf zu seiner Fauna, in welcher er auch mehr als noch einmal so viel Flußconchylien bekannt machen konnte. Hier ist die Anzeige dessen, was wir in der Fauna finden.

Pag. 369. §. 1292. Müll. p. 199. n. 385. Ancylus lacustris. Mart. p. 230. n. 51. tab. 7. fig. 1. die kleine Dragonermütze Linn. sp. 769. Patella lacustris. Abschn. III. n. 26. tab. 5. fig. 1. 2. 3.
p. 372. §. 1302. Müll. p. 167. n. 353. Planorbis bulla. Mart. p. 364. n. 108. tab. 11. fig. 61. die kleine linksgewundene Bauch- oder Kahnschnecke, die Wasserblase. Linn. sp. 386. Bulla fontinalis. Abschn. III. n. 78. tab. 6. fig. 16. a. b.

Pag.

b) Carl von Linne' Fauna suecica. Lugduni Batavor. 1746. nach welcher Ausgabe ich diesen Auszug verfertige. Holmiae 1761. groß Octav, mit Kupfern.

Pag. 373. §. 1304. Müll. p. 154. n. 343. Planorbis purpura. Mart. p. 249. n. 61. tab. 8. fig. 17. das vertiefte Posthorn, welches die Coccinellfarbe von sich giebt, die Coccinellschnecke. Linn. sp. 671. Helix cornea. Abschn. III. n. 45. tab. 5. fig. 19. 20. 21. tab. min. C. fig. 7.

p. 373. §. 1305. Müll. p. 161. n. 347. Planorbis spirorbis. Mart. p. 258. n. 64. tab. 8. fig. 20. das kleine platte Posthörnchen mit fünf Gewinden ohne Rand. Linn. sp. 672. Helix spirorbis. Abschn. III. n. 47.

p. 373. §. 1306. Müll. p. 157. n. 344. Planorbis carinatus. Mart. p. 254. n. 62. tab. 8. fig. 18. das gelbliche platte Posthörnchen mit vier Windungen und scharfen Rande. Linn. sp. 662. Helix planorbis. Abschn. III. n. 39. tab. 5. fig. 13.

p. 374. §. 1307. Müll. p. 158. n. 345. Planorbis vortex. Mart. p. 256. n. 63. das hellgraue oder weißliche Posthörnchen mit fünf bis sechs Gewinden und scharfen Rand. Linn. sp. 667. Helix vortex. Abschn. III. n. 41. tab. 5. fig. 16. 17.

p. 374. §. 1308. Müll. p. 163. n. 349. Planorbis nitidus. Mart. p. 262. n. 67. tab. 8. fig. 22. das genabelte wachsfarbige Posthörnchen. Abschn. III. n. 53. tab. 5. fig. 27.

p. 374. §. 1309. Mart. p. 261. n. 66. das kleine viermal gewundene Posthörnchen. Linn. sp. 673. Helix contorta. Abschn. III. n. 48.

p. 374. §. 1310. Müll. p. 132. n. 327. Buccinum stagnale. Mart. p. 282. n. 79. das grosse Spitzhorn der süssen Wasser. Linn. sp. 703. Helix stagnalis. Abschn. III. n. 99. tab. 7. fig. 1. 2. tab. min. C. fig. 1.

p. 374. §. 1310. α. Müll. p. 131. n. 326. Buccinum palustre. Mart. p. 289 n. 82. tab. 9. fig. 37. das kleine Spitzhorn von fünf Gewinden. Abschn. III n. 101. tab. 7. fig. 9. 10.

p. 375. §. 1310. β. Mart. p. 288. n. 81. tab. 9. fig. 36. das schwarze Spitzhorn mit sechs Gewinden, der Rabe. Linn. sp. 703. Helix stagnalis (atra). Abschn. III. n. 100. tab. 7. fig. 3. 4.

p. 375. §. 1311. Mart. p. 287. n. 80. tab. 9. fig. 35. das weisse Buccinum von sehr zerbrechlicher Schale von fünf bis sechs Gewinden. Linn. sp. 704. Helix fragilis. Abschn. III. n. 102. tab. 7. fig. 8.

p. 375. §. 1312. Müll. p. 182. n. 370. Nerita viuipara. Mart. p. 234. n. 52. die grosse lebendig gebährende Wasserschnecke mit Banden. Linn. sp. 690. Helix viuipara. Abschn. III. n. 126. tab. 8. fig. 1. 2. tab. min. C. fig. 6.

p. 376. §. 1313. Müll. p. 185. n. 372. Nerita jaculator. Mart. p. 243. n. 56. tab. 7. fig. 11. die kleine bedeckte Wasserschnecke, der Thürhüter. Linn. sp. 707. Helix tentaculata. Abschn. III. n. 120. tab. 7. fig. 19-22.

p. 376. §. 1315. Müll. p. 126. n. 322. Buccinum auricula. Mart. p. 356. n. 106. tab. 11. fig. 59. die weitmündige durchsichtige Bauchschnecke, die Ohrschnecke. Linn. sp. 707. Helix auricula. Abschn. III. n. 81. tab. 6. fig. 3-6.

p. 377. §. 1318. Müll. p. 194. n. 381. Nerita fluviatilis. Mart. p. 271. n. 73. tab. 8. fig. 27. die kleine schuppigt gefleckte Schwimmschnecke. Linn. sp. 723. Nerita fluviatilis. Abschn. III. n. 30. tab. 5. fig. 5-10. tab. min. C. fig. 8.

p. 380. §. 1331. Müll. p. 198. n. 384. Valuata cristata. Abschn. III. n. 52. tab. 5. fig. 26. a. b.

Pag.

Pag. 380. §. 1332. Müll. p. 207. n. 393. Mytilus anatinus. Mart. p. 457. n. 111. tab. 11. fig. 64. A. die breite dünnschalige Teichmuschel. Linn. sp. 258. Mytilus anatinus. Abschn. III. n. 2. tab. 1. fig. 2. 3.

p. 381. §. 1336. Müll. p. 202. n. 387. Tellina rivalis. Mart. p. 449. n. 109. tab. 11. fig. 63. die kleine Gienmuschel. Linn. sp. 72. Tellina cornea. Abschn. III. n. 11. tab. 4. fig. 3. 4. 5.

§. 16.

Zwey Jahr vorher, ehe des Herrn Ritter von Linne' Fauna bekannt wurde, gab der selige Pastor und Senior Lesser zu Nordhausen seine Testaceotheologie heraus c). Wenn wir die grosse Belesenheit dieses Mannes, und seinen eben so grossen und unermüdeten Fleiß, mit den Quellen betrachten, aus welchen er nun für die Flußconchylien schöpfen konnte: wenn wir uns daran erinnern wollen, daß doch nun schon viele Gattungen von Flußconchylien bekannt waren d); so müssen wir diesen sonst fleißigen Schriftsteller einer wahren Nachläßigkeit beschuldigen, da er von 64. bekannten Flußconchylien nicht die Hälfte in sein System aufnahm. Lessern aber würde man mit einer solchen Beschuldigung beleidigen, man muß also noch immer behaupten, daß blos die Unachtsamkeit der damaligen Zeit Schuld daran war, daß man in ein System nur die ansehnlichsten, seltensten und besonders die fremden Flußconchylien aufnehmen durfte. Hier die Anzeige dessen, was Lesser hat, wobey ich die Seitenzahl nach der Ausgabe Leipzig 1744. angeführt habe.

§. 41. a. d. p. 114. Müll. p. 158. n. 345. Planorbis vortex. Mart. p. 256. n. 63. das hellgraue oder weißliche Posthörnchen mit fünf bis sechs Gewinden und scharfen Rand. Linn. sp. 676. Helix vortex. Abschn. III. n. 41. tab. 5. fig. 16. 17.

§. 41. b. p. 114. it. §. 41. g. p. 115. Müll. p. 154. n. 343. Planorbis purpura. Mart. p. 249. n. 61. tab. 8. fig. 17. das vertiefte Posthorn, welches die Coccinellfarbe von sich giebt. Linn. sp. 671. Helix cornea. Abschn. III. n. 45. tab. 5. fig. 19. 20. 21. tab. min. C. fig. 7.

§. 41. m. p. 116. Müll. p. 157. n. 344. Planorbis carinatus. Mart. p. 254. n. 62. tab. 8. fig. 18. das gelbliche platte Posthörnchen mit vier Windungen und scharfen Rande. Linn. sp. 662. Helix planorbis. Abschn. III. n. 39. tab. 5. fig. 13.

c) Friedrich Christian Lessers Testaceotheologia, oder: gründlicher Beweis des Daseyns und der vollkommensten Eigenschaften eines göttlichen Wesens, aus natürlicher und geistlicher Betrachtung der Schnecken und Muscheln, zur gebührenden Verherrlichung des grossen Gottes und Beförderung des ihm schuldigen Dienstes ausgefertiget. 1744. 1748. in Octav, mit Kupfern.

d) Nach meinem dritten Abschnitt sind es folgende Numern: 2. 3. 4. 5. 6. 7. 8. 11. 15. 19. 24. 26. 29. 30. 32. 36. 37. 39. 41. 45. 47. 48. 62. 63. 64. 78. 81. 82. 90. 94. 95. 96. 98. 99. 100. 101. 102. 108. 109. 110. 120. 121. 123. 124. 126. 127. 128. 130. 137. 141. 143. 147. 156. 157. 158. 163. 165. 166. 167. 168. 169. 172. 173. 174. und folglich hatte sich die Familie der Flußconchylien schon bis auf 64 Gattungen den Freunden der Natur bekannt gemacht.

§. 44. ז. p. 130. Müll. p. 182. n. 370. Nerita viuipara. Mart. p. 234. n. 52. die grosse lebendig gebährende Wasserschnecke mit Banden. Linn. sp. 690. Helix viuipara. Abschn. III. n. 126. tab. 8. fig. 1. 2.

§. 44. ד. p. 128. §. 47. f. p. 142. §. 55. d.**. p. 228. Müll. p. 172. n. 359. Nerita ampullacea. Mart. III. Band, p. 152. tab. 6. fig. 68. die Schlamm- oder Kothschnecke. Linn. sp. 676. Helix ampullacea. Abschn. III. n. 62. tab. 6. fig. 2.

§. 44. ה. p. 129. Müll. p. 174. n. 360. Nerita vrceus. Abschn. III. n. 63.

§. 46. b. e. f. p. 135. Müll. p. 194. n. 381. Nerita fluviatilis. Mart. p. 271. n. 73. tab. 8. fig. 27. die kleine schuppigt gefleckte Schwimmschnecke. Linn. sp. 723. Nerita fluviatilis. Abschn. III. n. 30. tab. 5. fig. 5-10. tab. min. C. fig. 8.

§. 46. mm. p. 141. Müll. p. 197. n. 383. Nerita corona. Mart. p. 277. n. 76. tab. 8. fig. 30. die dornigte Nerite, das Flußdornchen. Linn. sp. 720. Nerita corona. Abschn. III. n. 37.

§. 51. b. p. 177. Müll. p. 190. n. 377. Nerita punctata. Mart. p. 338. n. 84. tab. 9. fig. 39. die amboinische Flußnadel. Abschn. III. n. 147.

§. 51. fff. p. 188. Abschn. III. n. 144.

§. 51. iii. p. 189. Mart. p. 345. n. 91. die schmale braunlich gelbe Schraubenschnecke. Abschn. III. n. 152.

§. 51. ttt. uuu. p. 191. die Mangiums- oder Mangosnadel. Abschn. III. n. 178. tab. 8. fig. 11. 12.

§. 52. hhhh. p. 214. Müll. p. 136. n. 330. Buccinum amarula. Mart. p. 291. n. 83. tab. 9. fig. 38. die Pabstkrone der süssen Wasser. Linn. sp. 702. Helix amarula. Abschn. III. n. 96.

§. 55. g. p. 229. Müll. p. 182. n. 370. Nerita viuipara. Mart. p. 234. n. 52. die grosse lebendig gebährende Wasserschnecke mit Banden. Linn. sp. 690. Helix viuipara. Abschn. III. n. 126. tab. 8. fig. 1. 2. tab. min. C. fig. 6.

§. 58. iiii. p. 271. Mart. p. 287. n. 80. tab. 9. fig. 35. das weisse Buccinum von sehr zerbrechlicher Schale. Linn. sp. 704. Helix fragilis. Abschn. III. n. 102. tab. 7. fig. 8.

§. 58. kkkk. p. 271. scheinet eine Abändrung der vorhergehenden zu seyn.

§. 58. nnnn. p. 272. Müll. p. 132. n. 327. Buccinum stagnale. Mart. p. 282. n. 79. das grosse Spitzhorn der süssen Wasser. Linn. sp. 703. Helix stagnalis. Abschn. III. n. 99. tab. 7. fig. 1. 2. tab. min. C. fig. 1.

§. 89. b. p. 407. §. 89. k. p. 408. Müll. p. 211. n. 397. Mya pictorum. Mart. p. 465. n. 113. tab. 12. fig. 66. die dunkel- oder hellgrüne Flußmuschel, die Mahlermuschel. Linn. sp. 28. Mya pictorum. Abschn. III. n. 7. tab. 3. fig. 2. 4. 5.

§. 89. c. p. 407. Müll. p. 208. n. 394. Mytilus cygneus. Mart. p. 455. n. 110. die gröste grünlich braune Teichmuschel. Linn. sp. 257. Mytilus cygneus. Abschn. III. n. 4. tab. 3. fig. 1.

§. 89. d. p. 407. Mart. p. 470. n. 115. der grosse Entenschnabel. Linn. sp. 27. Mya lutraria seu arenaria. Abschn. III. n. 5. tab. 2. fig. 1.

§. 17.

§. 17.

Wenn ich den durch seine Bibel der Natur unter den Naturforschern so berühmten **Schwammerdamm** [e]) hätte den Platz anweisen wollen, der ihm seinen Lebensjahren nach gehöret, so hätte ich ihn in das vorige Jahrhundert zurückweisen, und wenigstens mit dem **Lister** zugleich aufstellen müssen. Er starb im Jahr 1685, und also in eben dem Jahre, in welchem **Lister** seine Historiam Conchyliorum herauszugeben anfieng, in welchem **Lister** an seine anatomische Arbeit des Buccinums noch nicht gedacht hatte, und in welchem **Lister** Historia animalium Angliae kaum sieben Jahr durch den Druck war bekannt worden. Inzwischen wird es mir nicht zum Verbrechen angeschrieben werden, daß ich mich hier nach der Ausgabe der Bibel der Natur in unserer Sprache gerichtet habe. Wenn ich nun **Listers** Arbeiten hinweg denken darf, so muß man allerdings sagen, daß **Schwammerdamm** der erste war, der sich um die Bewohner der Flußconchylien bekümmerte, und weil er in diesem Fache der einzige Zergliederer seiner Art war, so ist er auch der erste, und beynahe noch immer der einzige, der uns mit den einzelnen Theilen und besonders mit der innern Structur der Bewohner der Conchylien der süssen Wasser bekannt gemacht hat. Was davon die neuern Schriftsteller haben, das haben sie entweder aus dem **Schwammerdamm** genommen, oder wenigstens auf ihn gefusset. Was er S. 43-89. von den Schnecken vorgetragen hat, das ist der kleinste Theil seiner Bibel der Natur, aber nicht einmal dieses alles gehöret für die Flußschnecken. Erstlich redet er von der Weinbergsschnecke, aber so, daß man vieles in Rücksicht der äussern und innern Theile derselben auf die Flußschnecken anwenden kann. Dann redet er S. 64 f. von dem **Eremiten**, einem in manchen Conchylien zufälliger Weise wohnenden Krebse, von dem innern Bau mancher Seeconchylien, und noch von verschiedenen Erdschnecken. Er redet ferner S. 68. von den sogenannten nackenden Erdschnecken, und endlich im 14ten Kapitel S. 71-83. redet er von den Flußconchylien, doch so, daß er noch S. 78-80. die Beschreibung einer Seeschnecke eingeschaltet hat, und dann erst wieder auf die Flußconchylien kömmt. Wenn es **Schwammerdamms** Vorsatz war, von den Flußschnecken überhaupt zu handeln, so würde man diese Ordnung nicht ohne Grund tadeln; aber, da er uns nur dasjenige gesagt hat, was er über einzelne Flußconchylien untersucht und beobachtet hat, so muß man es diesem Schriftsteller noch verdanken, daß er nicht mehr davon geschrieben hat, weil er sonst vermuthlich weniger würde gesagt haben. Von seinen Beobachtungen und Erfahrungen werde ich zu seiner Zeit Gebrauch machen, jetzo merke ich nur an, daß man im **Schwammerdamm** von nachfolgenden Flußconchylien Abbildungen und Nachrichten findet.

Tab. 9. fig. 4. **Müll.** p. 132. n. 327. Buccinum stagnale. **Mart.** p. 282. n. 79. das grosse Spitzhorn der süssen Wasser. **Linn.** sp. 703. Helix stagnalis. **Abschn.** III. n. 99. tab. 7. fig. 1. 2. tab. min. C. fig. 1.

e) Johann Schwammerdamm Bibel der Natur, worinnen die Insecten in gewisse Classen vertheilt, sorgfältig beschrieben, zergliedert, in saubern Kupferstichen vorgestellt, mit vielen Anmerkungen über die Seltenheiten der Natur erläutert, und zum Beweis der Allmacht und Weisheit des Schöpfers angewendet werden. Nebst Hermann **Boerhave** Vorrede von dem Leben des Verfassers. Aus dem Holländischen übersetzt. Leipzig 1752. 410 Seiten, 53 Kupfertafeln, in Folio.

Tab. 9. fig. 5-12. **Mart.** p. 239. n. 53. tab. 7. fig. 7. 8. 9. die wunderbare lebendig gebährende krystallinische Wasserschnecke. **Abschn.** III. n. 127.

tab. 9. fig. 13. **Müll.** p. 182. n. 370. Nerita viuipara. **Mart.** p. 234. n. 52. die grosse lebendig gebährende Wasserschnecke mit Banden. **Linn.** sp. 690. Helix viuipara. **Abschn.** III. n. 126. tab. 8. fig. 1. 2. tab. min. C. fig. 6.

tab. 10. fig. 1. **Abschn.** III. n. 104. tab. 7. fig. 6.

tab. 10. fig. 2. **Müll.** p. 194. n. 381. Nerita fluviatilis. **Mart.** p. 271. n. 73. tab. 8. fig. 27. die kleine schuppigt gefleckte Schwimmschnecke, die Flußnerite. **Linn.** sp. 723. Nerita fluviatilis. **Abschn.** III. n. 30. tab. 5. fig. 5-10. tab. min. C. fig. 8.

tab. 10. fig. 3. 4. **Müll.** p. 154. n. 343. Planorbis purpura. **Mart.** p. 249. n. 61. tab. 8. fig. 17. das vertiefte Posthorn, welches die Coccinellfarbe von sich giebt. **Linn.** sp. 671. Helix cornea. **Abschn.** III. n. 45. tab. 5. fig. 19. 20. 21. tab. min. C. fig. 7.

tab. 10. fig. 5. **Müll.** p. 157. n. 344. Planorbis carinatus. **Mart.** p. 254. n. 62. tab. 8. fig. 18. das gelbliche platte Posthörnchen mit vier Windungen und scharfen Rande. **Linn.** sp. 662. Helix planorbis. **Abschn.** III. n. 39. tab. 5. fig. 13.

tab. 10. fig. 6. 7. **Müll.** p. 211. n. 397. Mya pictorum. **Mart.** p. 465. n. 113. tab. 12. fig. 66. die dunkel- oder hellgrüne Flußmuschel, die Mahlermuschel. **Linn.** sp. 28. Mya pictorum. **Abschn.** III. n. 7. tab. 3. fig. 2. 4. 5.

§. 18.

Wenn der sel. **Klein** bey seinem Conchyliensystem f) seine Rücksicht auf das ganze Geschlecht der Conchylien nahm, so durfte er die gewöhnlichen Classen in Erd-, Fluß- und Seeconchylien nicht beybehalten, sondern er muste eine jede Conchylie an den Ort einschalten, wohin sie nach seiner gewählten Ordnung gehörte. Kein eignes System der Flußconchylien kann man also bey dem **Klein** nicht suchen, das gewählte aber hier nicht anwenden, weil viele seiner Geschlechter und Gattungen keine Flußconchylien in sich fassen. Wer dieses Buch des **Kleins** kennt, der weiß es, daß er aus allen bekannten conchyliologischen Schriftstellern sammlete, was er fand, daß er aus seinem für die damalige Zeit überaus grossen Conchylienvorrathe hinzuthat, was er in den Schriftstellern nicht fand, und nun alles in einer gedrängten Kürze vortrug. Man hat also längst vor mir angemerkt, daß man, den **Klein** recht zu nützen, in dem Besitze aller conchyliologischen Schriftsteller sich befinden müsse, und daß ihn eigentlich nur Kenner brauchen können. Bey den Flußconchylien hat er uns doch wenigstens die Erleichterung verschafft, daß er es mehrentheils bemerket, welche Conchylien in den Flüssen gefunden werden,

f) *Jacobi Theodori Klein* tentamen Methodi ostracologicae, sive dispositio naturalis Cochlidum et Concharum, in suas Classes, Genera et Species, iconibus singulorum Generum aeri incisis illustrata. Accedit Lucubratiuncula, de formatione, cremento et coloribus testarum quae sunt cochlidum et concharum, tum Commentariolum in locum Plinii Hist. Nat. Lib. IX. Cap. XXXIII. de concharum differentiis, denique Sciagraphia Methodi ad Genus Serpentum ordinate digerendum. Lugduni Batav. 1753. 177 Seiten ohne den Registern, und den auf dem Titel bemerkten Abhandlungen, 12 Tafeln Kupfer, in groß Quart.

werden, er hat auch von vielen Abbildungen geliefert, das schwere aber, das bey seinem Buche noch übrig bleibt, wird dadurch vielleicht gehoben werden, wenn ich nun die einzelnen Flußconchylien anzeige, die im Klein vorkommen; wenige ausgenommen, wo mir die Beschreibungen zu dunkel, oder wenigstens zweydeutig waren.

Pag. 5. §. 12. n. 2. tab. 1. fig. 8. **Müll.** p. 157. n. 344. Planorbis carinatus. **Mart.** p. 254. n. 62. tab. 8. fig. 18. das gelbliche platte Posthörnchen mit vier Windungen und scharfen Rande. **Linn.** sp. 662. Helix planorbis. **Abschn.** III. n. 39. tab. 5. fig. 13.

p. 5. §. 12. n. 3. tab. 1. fig. 9. **Müll.** p. 158 n. 345. Planorbis vortex. **Mart.** p. 256. n. 63. das hellgraue oder weißliche Posthörnchen mit fünf bis sechs Gewinden und scharfen Rand. **Linn.** sp. 667. Helix vortex. **Abschn.** III. n. 41. tab. 5. fig. 16. 17.

p. 9. §. 21. n. 1. **Müll.** p. 154. n. 343. Planorbis purpura. **Mart.** p. 249. n. 61. tab. 8. fig. 17. das vertiefte Posthorn, welches die Coccinellfarbe von sich giebt. **Linn.** sp. 671. Helix cornea. **Abschn.** III. n. 45. tab. 5. fig. 19. 20. 21. tab. min. C. fig. 7.

p. 20. §. 55. II. **Müll.** p. 194. n. 381. Nerita fluviatilis. **Mart.** p. 271. n. 73. tab. 8. fig. 27. die kleine schuppigt gefleckte Schwimmschnecke. **Linn.** sp. 723. Nerita fluviatilis. **Abschn.** III. n. 30. tab. 5. fig. 5-10. tab. min. C. fig. 8.

p. 20. §. 55. IV **Mart.** p. 276. n. 74. die gelblich grüne Flußnerite mit schwarzen Wellenlinien. **Abschn.** III. n. 33.

p. 26. §. 70. n. 1. tab. 7. fig. 116. **Müll.** p. 143. n. 333. Buccinum virgineum. **Linn.** sp. 390. Bulla virginea. **Abschn.** III. n. 128. tab. 8. fig. 3. 4.

p. 30. §. 76. n. 1. 2. tab. 2. fig. 38. **Müll.** p. 192. n. 379. Nerita aurita. **Mart.** p. 351. n. 102. tab. 10. fig. 55. die africanische Trommelschraube mit Banden und starken Knoten. **Abschn.** III. n. 173.

p. 30. §. 76. n. 3. tab 2. fig. 39. **Müll.** p. 193. n. 380. Nerita aculeata. **Mart.** p. 353. n. 105 tab. 11. fig. 58. die braune, an dem ersten Gewinde gezackte, an den folgenden knotigte oder gekörnte Trommelschraube. **Abschn.** III. n. 174.

p. 30. §. 76. n. 4. 5. **Mart.** p. 352. n. 104. tab. 10. fig. 57. die knotigte chinesische Pyramide. **Abschn.** III. n. 179.

p. 30. §. 76. n. 6. scheinet eine Abänderung von der Nerita aculeata n. 3. zu seyn.

p. 33. §. 86. n. 5. tab. 2. fig. 43. **Müll.** p. 145. n. 334. Buccinum fasciatum. **Abschn.** III. n. 124.

p. 34. §. 89. I. n. 3. **Müll.** p. 190. n. 378. Nerita tuberculata. **Mart.** p. 349. n. 97. tab. 10. fig. 51. die dunkel purpurfarbene Schraubenschnecke. **Abschn.** III. n. 172.

p. 34. §. 89. I. n. 4. **Mart.** p. 350. n. 99. tab. 10. fig. 52. das grosse Schraubhorn mit neun erhabenen scharfen Windungen. **Abschn.** III. n. 154.

p. 34. §. 89. I. n. 7. **Mart.** p. 350. n. 100. tab. 10. fig. 53. die grünlich gelbe Virginianische Flußschraube. **Abschn.** III. n. 155.

p. 34. §. 90. 1. a. **Mart.** p. 347. n. 94. tab. 10. fig. 48. das Virginianische grünlich gelbe Schraubenhorn mit fünf flachen Gewinden. **Abschn.** III. n. 135.

Pag. 34. §. 90. 1. d. Mart. p. 347. n. 93. tab. 10. fig. 47. die weitmündige grünliche Schraubenschnecke aus Jamaica. Abschn. III. n. 134.

p. 34. §. 90. 2. a. Mart. p. 348. n. 95. tab. 10. fig. 49. die Virginianische Flußnadel. Abschn. III. n. 170.

p. 34. §. 90. 2. c. Müll. p. 190. n. 378. Nerita tuberculata. Mart. p. 349. n. 97. tab. 10. fig. 51. die dunkel purpurfarbene Schraubenschnecke. Abschn. III. n. 172.

p. 34. §. 90. 2. b. Müll. p. 189. n. 376. Nerita lineata. Mart. p. 348. n. 96. tab. 10. fig. 50. die Flußnadel mit sieben in die länge gestreiften und durch Querbänder abgetheilten Gewinden. Abschn. III. n. 130.

p. 35. §. 92. I. Müll. p. 188. n. 375. Nerita atra. Mart. p. 340. n. 86. tab. 9. fig. 41. die glatte Sumpf-, Pfuhl- oder Morastnadel. Linn. sp. 516. Strombus ater. Abschn. III. n. 168.

p. 36. §. 92. n. 13. Müll. p. 136. n. 330. Buccinum amarula. Mart. p. 291. n. 83. tab. 9. fig. 38. die Pabstcrone der süssen Wasser. Linn. sp. 702. Helix amarula. Abschn. III. n. 96.

p. 43. §. 121. n. 3. Müll. p. 182 n. 370. Nerita viuipara. Mart. p. 234. n. 52. die grosse lebendig gebährende Wasserschnecke mit Banden. Linn. sp. 690. Helix viuipara. Abschn. III. n. 126. tab. 8. fig. 1. 2. tab. min. C. fig. 6.

p. 47. §. 137. n. 6. tab. 3. fig. 60. Müll. p. 140. n. 332. Buccinum achatinum. Linn. sp. 391. Bulla achatina. Abschn. III. n. 98. tab. 6. fig. 1.

p. 47. §. 137. n. 13. Müll. p. 197. n. 383. Nerita corona. Mart. p. 277. n. 76. tab. 8. fig. 30. die dornigte Nerite, das Flußdornchen. Linn. sp. 720. Nerita corona. Abschn. III. n. 37.

p. 52. §. 147. VI. Mart. p. 346. n. 92. tab. 10. fig. 46. der Korb. Abschn. III. n. 131.

p. 54. §. 157. n. 1. tab. 3. fig. 69. Müll. p. 132. n. 327. Buccinum stagnale. Mart. p. 282. n. 79. das grosse Spitzhorn der süssen Wasser. Linn. sp. 703. Helix stagnalis. Abschn. III. n. 99. tab. 7. fig. 1. 2. tab. min. C. fig. 1.

p. 55. §. 157. I. 2. Mart. p. 288. n. 81. tab. 9. fig. 36. das schwarze Spitzhorn mit sechs Gewinden, der Rabe. Abschn. III. n. 100. tab. 7. fig. 3. 4.

p. 55. §. 161. II. tab. 3. fig. 71. a. b. Müll. p. 178. n. 364. Nerita licinia. Linn. sp. 639. Turbo licinia. Abschn. III. n. 165.

p. 57. II. 1. Müll. p. 172. n. 359. Nerita ampullacea. Mart. III. B. p. 152. tab. 6. fig. 68. die Schlamm- oder Kothschnecke. Linn. sp. 676. Helix ampullacea. Abschn. III. n. 62. tab. 6. fig. 2.

p. 57. II. 2. Müll. p. 174. n. 360. Nerita vreens. Abschn. III. n. 63.

p. 118. §. 292. n. 3. Müll. p. 199. n. 385. Ancylus lacustris. Mart. p. 230. n. 51. tab. 7. fig. 1. die kleine Dragonermütze. Linn. sp. 769. Patella lacustris. Abschn. III. n. 26. tab. 5. fig. 1. 2. 3.

p. 129. §. 332. n. 2. tab. 9. fig. 26. Müll. p. 207. n. 393. Mytilus anatinus. Mart. p. 457. n. 111. tab. 11. fig. 64. A. die breite dünnschalige Teichmuschel. Linn. sp. 258. Mytilus anatinus. Abschn. III. n. 2. tab. 1. fig. 2. 3.

Pag.

Pag. 129. §. 332. n. 5. und pag. 146. §. 371. n. 5. tab. 10. fig. 47. **Müll.** p. 210. n. 396. Mya margaritifera. **Mart.** p. 462. n. 112. tab. 12. fig. 65. A. B. die schwarze dickschalige Flußmuschel, die Perlmuschel. **Linn.** sp. 29. Mya margaritifera. **Abschn.** III. n. 6. tab. 4. fig. 1.

p. 140. §. 364. II. c. **Müll.** p. 202. n. 387. Tellina riualis. **Mart.** p. 449. n. 109. tab. 11. fig. 63. die kleine Gienmuschel. **Linn.** sp. 72. Tellina cornea. **Abschn.** III. n. 11. tab. 4. fig. 3. 4. 5.

p. 145. §. 371. n. 1. **Müll.** p. 211. n. 397. Mya pictorum. **Mart.** p. 465. n. 113. tab. 12. fig. 66. die dunkel- oder hellgrüne Flußmuschel, die Mahlermuschel. **Linn.** sp. 28. Mya pictorum. **Abschn.** III. n. 7. tab. 3. fig. 2. 4. 5.

p. 146. §. 371. n. 6. **Mart.** p. 476. n. 114. tab. 12. fig. 67. die ganz schmale gelbliche oder grünliche Flußmuschel. **Abschn.** III. n. 9. tab. 3. fig. 3. tab. 4. fig. 6.

§. 19.

In des Herrn **Erich Pontoppidans** natürlichen Historie von Norwegen g) konnte man die Flußconchylien um so viel gewisser erwarten, da der gelehrte Verfasser die ganze Naturgeschichte von Norwegen bearbeiten wollte. Er hat auch wirklich im **andern Theile** das ganze siebente Kapitel S. 302-344. der Beschreibung der Fische gewidmet, die kein Blut haben, und entweder in eine harte Schale eingeschlossen, oder ganz weich sind. Allein, wenn wir bedenken, daß er in diesen wenigen Seiten ausser den Conchylien noch die Krebse, die Seeigel und die Seesterne beschreibt, daß unter den Conchylien auch die Seeconchylien begriffen sind, so können wir leicht einen Schluß machen, daß auf die Flußconchylien sehr wenig zu rechnen sey. In der That ist dem auch also. Von den Flußschnecken nicht ein Wort, ob wir gleich aus des Herrn Etatsrath **Müller** fürtreflichen Historia vermium wissen, daß die **Norwegischen** Flüsse an Conchylien nicht leer sind. Von den Flußmuscheln sind tab. ad pag. 306. des andern Theils nur zwey abgestochen, unter denen S. 309-315. oder in der dänischen Originalausgabe Th. II. S. 265. nur die einzige Perlmuschel **Müll.** p. 210. n. 396. Mya margaritifera, **Mart.** p. 462. n. 112. tab. 12. fig. 65. A. B. die schwarze dickschalige Flußmuschel, die Perlmuschel, **Linn.** sp. 29. Mya margaritifera, **Abschn.** III. n. 6. tab. 4. fig. 1. beschrieben wird, von welcher alles dasjenige gesammlet ist, was die Schriftsteller davon sagen. Sonst ist auf eben der zu Seite 306. gehörigen Kupfertafel noch eine Muschel abgebildet, aber ganz ohne Beschreibung gelassen, welche die Mahlermuschel, **Müll.** p. 211. n. 397. Mya pictorum, **Mart.** p. 465. n. 113. tab. 12. fig. 66. die dunkel- oder hellgrüne Flußmuschel, **Linn.** sp. 28. Mya pictorum, **Abschn.** III. n. 7. tab. 3. fig. 2. 4. 5. zu seyn scheinet. Wenig genug für den Naturforscher!

§. 20.

g) **Erich Pontoppidans Versuch** einer natürlichen Historie von Norwegen, worinnen die Luft, Grund und Boden, Gewässer, Gewächse, Metalle, Mineralien, Steinarten, Thiere, Vögel, Fische, und endlich das Naturell, wie auch die Gewohnheiten und Lebensarten der Einwohner dieses Königreichs beschrieben werden. Erster Theil. Aus dem Dänischen übersetzt von **Johann Adolph Scheiben.** Mit Kupfern. Kopenhagen 1753. 367 Seiten. Andrer Theil. Kopenhagen 1754. 536 Seiten groß Octav. Das Original des ersten Theils kam im Jahr 1751. des zweyten Theils aber 1753. heraus.

§. 20.

In des Herrn **Hanovs** Seltenheiten der Natur h) sind einzelne Abhandlungen über verschiedene Gegenstände der Naturgeschichte befindlich, und in der ganzen Natur ist kein Hauptfach zu finden, für welches hier nicht gesorgt wäre. Für die Flußconchylien sind im **ersten Bande** zwey Abhandlungen befindlich, welche für jene Zeit desto schätzbarer waren, weil ausser dem wenigen, was **Lister**, **Schwammerdamm** und **Lesser** über die Bewohner der Flußconchylien beobachtet und niedergeschrieben hatten, eben nicht viel bekannt war. **Die erste Abhandlung** S. 546-564. ist die Beschreibung einer grossen Art von Teichmuscheln um Danzig. Die ganze Beschreibung lehret, daß es die gröste grünlich braune Teichmuschel **Mart.** p. 455. n. 110. Mytilus cygneus, **Müll.** p. 208. n. 394. und **Linn.** sp. 257. **Abschn.** III. n. 4. tab. 3. fig. 1. sey. Bey der Beschreibung der Schale dieser Muschel hält sich Herr **Hanov** eben nicht so gar lange auf, doch wirft er so manchen Gedanken hin, der Naturforschern nicht ganz gleichgültig ist. Hieher rechne ich dasjenige, was er S. 547. von den Absätzen erinnert, welche man auf der äussern Schalenfläche dieser Teichmuscheln antrifft, welche er für Kennzeichen ihres Jahrwachses hält. Er glaubt, man könnte hier das Alter einer Muschel eben so genau bestimmen, als das Alter eines Baumes nach seinen Jahrwüchsen bestimmt werden kann. Es wird sich unten ausweisen, ob sich wider diese Meynung mit Grunde nichts erinnern lasse? Das übrige, was Herr **Hanov** von dieser Muschel sagt, betrifft den Bewohner derselben, von dessen äussern und innern Theilen er weitläuftig redet. Er handelt besonders von der Art und Weise, wie sich die Muscheln nähren, über ihre Fortpflanzung aber konnte er nichts gewisses sagen, wenigstens fand er in seinem Thiere keine Eyer, die doch andre in ähnlichen Thieren entdeckten, und ich in dieser grossen Teichmuschel gefunden habe.

Die andre Abhandlung S. 574-579. enthält Anmerkungen von den Wasserschnecken und ihrem Wachsthume. Die Beschreibung einer Schnecke, die ihm zu diesen Anmerkungen die Gelegenheit gab, S. 575, ist freylich gar sehr dunkel, denn er sagt weiter nichts von derselben, als dieses: daß sie eine auf 1½ Zoll länglich und spitz gewundene Schnecke sey. Aber die Zeichnung tab. 1. fig. 5. lehrt auf das deutlichste, daß es das grosse Spitzhorn der süssen Wasser, **Mart.** p. 282. n. 79. Buccinum stagnale, **Müll.** p. 132. n. 327. Helix stagnalis, **Linn.** sp. 703. **Abschn.** III. n. 99. tab. 7. fig. 1. 2. tab. min. C. fig. 1. gewesen sey. Zuförderst behauptet der Verfasser, daß die Wasserschnecken nicht ganz ohne Luft seyn können, und daher bisweilen an die Oberfläche des Wassers kommen, Luft zu schöpfen. Das grosse Spitzhorn, von dem er hier redet, legte in dem Glase, darinne sie verwahret lag, an vier verschiedenen Orten Eyer, an jeden Ort ohngefehr 150, welche durch eine Art von Gallerte an einander gekittet waren. In 15 Tagen krochen diese Eyer aus, und acht Tage darnach hatten einige schon drey Gewinde. Schon in der Schale bemerkte er Pulsschläge an ihnen, und diese wurde er noch gewahr, da die jungen Schnecken ausgekrochen waren. Im Winter

h) Hrn. **Mich. Christoph Hanovs** Seltenheiten der Natur und Oekonomie nebst deren kurzen Beschreibung und Erörterung aus den Danziger Erfahrungen und Nachrichten, zu mehrerm Nutzen und Vergnügen ausgezogen und herausgegeben von **Johann Daniel Titius**. Erster Band, Leipzig 1753. 653 Seiten. II. Band, Leipzig 1753. 870 Seiten. III. Band, Leipzig 1755. 683 Seiten in Octav, 6 Tafeln Kupfer, die zu allen drey Bänden gehören.

ter waren die Pulsschläge nicht so häufig als im Sommer, und das alte Spitzhorn lag im Winter wohl drey Tage auf dem Boden des Glases, ehe es einmal in die Höhe stieg, Luft zu schöpfen.

§. 21.

Die gesellschaftlichen Erzählungen i) und die neuen gesellschaftlichen Erzählungen k), die ich in Herrn Müller und Herrn Martini angezeigt finde, muß ich überschlagen, weil ich derselben nicht habe habhaft werden können. So viel weiß ich, daß die physikalischen Nachrichten in den gesellschaftlichen Erzählungen sämmtlich von dem Herrn D. Unzer, und in seinen kleinen physikalischen Schriften im ersten Bande wieder abgedruckt sind; und daß die neuen gesellschaftlichen Erzählungen den Herrn Professor Titius in Wittenberg zum Verfasser haben.

Ich gehe also zu dem Conchylienwerke des berühmten Hamburgischen Mahlers Geve l) fort. Der Anlage nach würde dieses Werk eins der fürtreflichsten Conchylienwerke geworden seyn, wenn es nicht so gar bald wäre unterbrochen worden. Man siehet es an den wenigen Beyspielen, die Herr Geve seiner gewählten Ordnung nach liefern konnte, daß es sein Zweck war, die Flußconchylien nicht zu übergehen, und auch deswegen wäre die ununterbrochne Ordnung dieses Werks zu wünschen gewesen, weil wir von den vorzüglichsten Conchylien der süßen Wasser ausgemahlte Abbildungen würden erhalten haben. Bis auf die Zeit des Geve haben wir noch keine ausgemahlte Flußconchylie gesehen, und nach ihm sehr wenige, folglich bleibet diesem geschickten Künstler die Ehre, der erste zu seyn, der uns nach der Natur gemahlte Zeichnungen von Flußconchylien geliefert hat. Es sind folgende:

Tab. 3. fig. 9. 11. 12. p. 24. 25. **Müll.** p. 152. n. 342. Planorbis contrarius. **Linn.** sp. 674. Helix cornu arietis. **Abschn.** III. n. 43.

tab. 3. fig. 18. 19. p. 27. 29. **Müll.** p. 154. n. 343. Planorbis purpura. **Mart.** p. 249. n. 61. tab. 8. fig. 17. das vertiefte Posthorn, welches die Coccinellfarbe von sich giebt. **Linn.** sp. 671. Helix cornea. **Abschn.** III. n. 45. tab. 5. fig. 19. 20. 21. tab. min. C fig. 7.

tab. 3. fig. 20. p. 30. **Müll.** p. 175. n. 361. Nerita effusa. **Abschn.** III. n. 64.

tab. 4. fig. 21. a. b. 23. **Müll.** p. 157. n. 344. Planorbis carinatus. **Mart.** p. 254. n. 62. tab. 8. fig. 18. das gelbliche platte Posthörnchen mit vier Windungen und scharfen Rande. **Linn.** sp. 662. Helix planorbis. **Abschn.** III. n. 39. tab. 5. fig. 13.

tab. 4. fig. 22. **Müll.** p. 158. n. 345. Planorbis vortex. **Mart.** p. 256. n. 63. das hellgraue oder weißliche Posthörnchen mit fünf bis sechs Gewinden und scharfen Rand. **Linn.** sp. 667. Helix vortex. **Abschn.** III. n. 41. tab. 5. fig. 16. 17.

Tab.

i) Gesellschaftliche Erzählungen, I-IV. Band. Hamburg 1753. groß Octav.

k) Neue gesellschaftliche Erzählungen, I-IV. Theil. Leipzig 1758-1762. gr. 8.

l) Nic. Georg Geve monatliche Belustigungen im Reiche der Natur, an Conchylien und Seegewächsen mit illuminirten Kupfern, Hamburg 1755. groß Quart, 24 Tafeln mit 265 Figuren, und 15 Bogen Text, ein unvollendetes Werk.

Tab. 24. fig. 258-265. **Müll.** p. 194. n. 381. Nerita fluviatilis. **Mart.** p. 271. n. 73. tab. 8. fig. 27. die kleine schuppigt gefleckte Schwimmschnecke. **Linn.** sp. 723. Nerita fluviatilis. **Abschn.** III. n. 30. tab. 5. fig. 5-10. tab. min. C. fig. 8.

Anmerkung.

Ich merke bey dieser Gelegenheit an, daß Herr Etatsrath **Müller** mehr als 24 Tafeln und mehr als 265 Figuren anführet. Denn er beruft sich Histor. Verm. P. II. p. 172. n. 359. auf tab. 27. fig. 289. a. b. 291. bey seiner Nerita ampullacea, **Mart.** III. Band p. 152. tab. 6. fig. 68. die Schlamm- oder Kothschnecke, **Linn.** sp. 676. Helix ampullacea. **Abschn.** III. n. 62. tab. 6. fig. 2. Ich besitze den Geve selbst nicht, mir aber sind nicht mehr als 24 Tafeln bekannt, mehr habe ich auch nicht in Herrn D. **Martini** Conchylienkabinet I. Band, Einleit. S. XVII. und in dem Verzeichniß der **Martinischen** Bibliothek S. 65. n. 2078. gefunden. Wenn also manche Naturforscher mehr Platten besitzen, so erinnern wir uns dabey an das Schicksal unvollendeter Werke, wo immer die letzten Bogen die seltensten werden, und nicht leicht in alle diejenigen Hände kommen, welche die ersten besitzen.

Bey dieser Gelegenheit gedenke ich einer ausgemahlten Flußconchylie, die ich in des Herrn **Rösels** Insectenbelustigungen m) im III. Theile S. 599. beschrieben und tab. 97. fig. 6. 7. abgezeichnet finde. Es ist **Müll.** p. 165. n. 351. Planorbis imbricatus. **Mart.** p. 269. n. 72. die ziegelförmige Tellerschnecke. **Linn.** sp. 654. Turbo nautileus. **Abschn.** III. n. 50. Herr **Rösel** sagt von demselben: „dieses Ammonshorn ist nicht nur gleichsam mit Reifen umlegt, sondern es hat auch an seinem Rücken auf jedem Reif eine Stachelspitze.„ Herr **Rösel** fand diese Conchylie oft mit einer Art von Polypen besetzt, die er den kleinen geselligen becherförmigen Afterpolyp nennet.

In dem VIII. Bande der physikalisch öconomischen Abhandlungen 1755. wird S. 787. von der grossen lebendig gebährenden Wasserschnecke mit Banden geredet, **Mart.** p. 234. n. 52. **Müll.** p. 182. n. 370. Nerita vivipara. **Linn.** sp. 690. Helix vivipara. **Abschn.** III. n. 126. tab. 8. fig. 1. 2. tab. min. C. fig. 6. auch werden daselbst noch einige andre Flußconchylien beschrieben, davon ich aber keine Nachricht geben kann, weil ich dieses Buch nicht besitze. Ich sehe unterdessen in des Herrn von **Bergen** Classibus conchyliorum p. 130. n. 12. daß er folgende Flußconchylien in dieser Schrift gefunden hat: a) die Teichschnecke, b) die Flußschnecke, c) die Deckelschnecke, d) die Tellerschnecke, e) die Schirmschnecke. Ich mag es übrigens aus dieser Anzeige nicht entziefern, was das für Schnecken sind.

§. 22.

Herr von Argenville n) hatte bey der Ausfertigung seiner Conchyliologie, und der sogenannten Zoomorphose, denen Flußconchylien eine eigne Abhandlung gewid-

m) August Johann Rösel, der monatlich herausgegebenen Insectenbelustigung, III. Theil. Nürnberg, 1755. in Quart.

n) L'Histoire naturelle éclaircie dans une de ses parties principales, la Conchyliologie &c. augmentée de la Zoomorphose ou Representation des animaux à Coquilles. Nouvelle edition (von der ersten 1742. war die Oryctologie mit der Conchyliologie verbunden) enrichie de figures dessinées d'aprés nature, par

widmet. In so fern muste er entweder bey den Flußconchylien von **Frankreich** stehen bleiben, oder man konnte es von ihm fordern, daß er seine Vorgänger nützen, und also mehr als sie alle leisten müsse. Allein man kann ihm mit Grunde vorwerfen, daß er seine Conchyliologie in diesem Fache mit vieler Nachläßigkeit bearbeitet habe. Er hat nicht nur auf seiner 27sten Kupfertafel der deutschen Ausgabe unter eine Numer verschiedene Gattungen gebracht, und sie nicht hinlänglich genug unterschieden; sondern es fehlen ihm auch viele zu seiner Zeit bekannte Gattungen, so gar, wie aus der Vergleichung mit Herrn **Geofroy** Abhandlung von den Conchylien um Paris (§. 35.) deutlich wird, verschiedene **Französische** Flußconchylien. Doch bleibet ihm dabey das Verdienst, daß er uns mit verschiedenen Gattungen aus **Frankreich** bekannt gemacht hat, die man vor seiner Zeit noch nicht kannte; die man aber nach ihm besser hätte nützen können, wenn seine Beschreibungen zureichender wären. Da Herr von Argenville seinem Buche eine systematische Gestalt gab, so that er dieses auch bey den Flußconchylien. Seine allgemeine Eintheilung der Flußmuscheln, oder der Muscheln der süssen Wasser, die nach seiner Methode **französisch** und **lateinisch** ist, ist S. 280 f. der deutschen Ausgabe anzutreffen. Ich theile blos den deutschen Theil dieser Arbeit mit, und Kenner mögen beurtheilen, ob er befriedige? Erste Classe. Einschalige. I. Familie, Lepas, 1) die geschnäbelte Napfmuschel, die kleine Dragonermütze, 2) die glatte Napfmuschel, 3) die Napfmuschel in einer Binse. II. Fam. Limax, 4) die weisse Flußschnecke, 5) die genabelte Flußschnecke, 6) das St. Hubertshorn, 7) die gelbe französische Flußschnecke, 8) die gewölbte Flußschnecke mit Banden. III. Fam. Nerita, 9) die aschgrau gefleckte Nerite, 10) die geflammte bunte Schwimmschnecke, 11) die rothgestreifte Schwimmschnecke. IV. Fam. Trochilus, 12) der kleine Kräusel. V. Fam. Turbo, 13) die Flußschraube mit einem einfachen Bande, 14) die erhobene Flußschraube, 15) die einfache Flußschraube. VI. Fam. Buccinum, 16) das grüne Spitzhorn mit vier Gewinden, 17) das röthliche Spitzhorn, 18) das leicht ausgehöhlte Spitzhorn, 19) das weisse mit fünf Gewinden, 20) das braunrothe mit einem Deckel, 21) die Pabstkrone der süssen Wasser, 22) die Bauch- oder Kahnschnecke, eigentlich eine Erdschnecke. VII. Fam. Globosa, 23) die aschgraue Tonne, 24) die rothe Tonne, 25) die Ohrschnecke. VIII. Fam. Orbis, 26) das vertiefte Posthorn, 27) die aschgraue Tellerschnecke, 28) die achatfarbige Tellerschnecke. Zwente Classe. Zweyschalige. IX. Fam. Chama, 29) die ganz weisse Gien- oder Breitmuschel, 30) die Gienmuschel mit rothen Flecken, 31) die dunkelgraue Gienmuschel, 32) die aschgraue, die kleine Gienmuschel der Flüsse, 33) die ganz kleine Gienmuschel. X. Fam. Musculus, 34) die gröste grünlich braune Teichmuschel, 35) die breite dünnschalige Teichmuschel, 36) die lange Teichmuschel, 37) die grosse dünnschalige Teichmuschel, 38) die lange und spitzige Flußmuschel, 39) die ganz weisse Teichmuschel. XI. Fam. 40) die Perlenmuschel. Also kaum die Hälfte der bisher bekannten Flußconchylien.

par M**. à Paris 1757. groß Quart. Des Herrn Desallier von Argenville Conchyliologie, oder Abhandlung von den Schnecken, Muscheln und andern Schalthieren, welche in der See, in süssen Wassern und auf dem Lande gefunden werden, nebst der Zoomorphose oder Abbildung und Beschreibung der Thiere, welche die Gehäuse bewohnen. Aus dem Französischen übersetzt, und mit Anmerkungen vermehrt. Wien 1772. die Conchyliologie 302. die Zoomorphose 82 Seiten, 41 Kupfertafeln in Folio. Die neue französische Ausgabe 1772. von zwey Quartbänden habe ich nicht gesehen.

Von den Abbildungen der 27sten Kupfertafel habe ich schon angemerkt, daß hier mehrentheils unter einer Numer verschiedene Gattungen abgebildet sind. Wir werden uns hier am leichtesten aus der Verwirrung helfen, wenn wir uns die mehrern Figuren einer Numer mit a. b. c. d. u. s. w. gedenken.

In der Conchyliologie sind es folgende Flußconchylien, welche Herr von Argenville in Abbildungen geliefert hat.

Tab. VII. fig. 2. **Müll.** p. 197. n. 383. Nerita corona. **Mart.** p. 277. n. 76. tab. 8. fig. 30. die dornigte Nerite, das Flußdornchen. **Linn.** sp. 720. Nerita corona. Abschn. III. n. 37.

tab. X. fig. E. it. app. tab. II. fig. L. oder Zoomorphose deutsch Tab. 11. fig. L. **Müll.** p. 140. n. 332. Buccinum achatinum. **Linn.** sp. 391. Bulla achatina. Abschn. III. n. 98. tab. 6. fig. 1.

tab. XI. fig. F. **Mart.** p. 352. n. 104. tab. 10. fig. 57. die knotigte Pyramide. Abschn. III. n. 179.

tab. XI. fig. M. it. app. tab. I. fig. G. oder Zoomorphose deutsch tab. 10. fig. G. **Müll.** p. 145. n. 334. Buccinum fasciatum. Abschn. III. n. 124.

tab. XXVII. fig. 1. **Müll.** p. 199. n. 385. Ancylus lacustris. **Mart.** p. 230. n. 51. tab. 7. fig. 1. die kleine Dragonermütze. **Linn.** sp. 769. Patella lacustris. Abschn. III. n. 26. tab. 5. fig. 1. 2. 3.

tab. XXVII. fig. 2. b. **Mart.** p. 247. n. 58. tab. 7. fig. 15. die platt gewundene braune Nabelschnecke mit sechs Gewinden. Abschn. III. n. 61. A.

tab. 27. fig. 2. d. **Mart.** p. 242. n. 54. tab. 7. fig. 10. die gelbe französische Flußschnecke. Abschn. III. n. 76.

tab. 27. fig. 2. e. **Mart.** p. 243. n. 55. tab. 7. fig. 11. die achatfarbige Flußschnecke mit weissen Banden. Abschn. III. n. 77.

tab. 27. fig. 3. **Müll.** p. 194. n. 381. Nerita fluviatilis. **Mart.** p. 271. n. 73. tab. 8. fig. 27. die kleine schuppigt gefleckte Schwimmschnecke. **Linn.** sp. 723. Nerita fluviatilis. Abschn. III. n. 30. tab. 5. fig. 5-10. tab. min. C. fig. 8.

tab. 27. fig. 4. Abschn. III. n. 87. tab. 6. fig. 12. der gestreckte Kräusel.

tab. 27. fig. 5. a. **Mart.** p. 341. n. 87. tab. 9. fig. 42. die umwundene kleine Flußschraube von 15. Gewinden. Abschn. III. n. 150. tab. fig. 10.

tab. 27. fig. 5. b. **Mart.** p. 342. n. 88. tab. 9. fig. 43. die mit zwey kleinen zwischen einem grossen gekörnten Band umwundene Schraube mit neun Gewinden. Abschn. III. n. 175. tab. 8. fig. 15.

tab. 27. fig. 5. c. **Müll.** p. 187. n. 374. Nerita contorta. **Mart.** p. 343. n. 89. tab. 9. fig. 44. die glatte unten abgebrochne Schraubenschnecke. Abschn. III. n. 148.

tab. 27. fig. 6. a. b. **Müll.** p. 132. n. 327. Buccinum stagnale. **Mart.** p. 282. n. 79. das grosse Spitzhorn der süssen Wasser. **Linn.** sp. 703. Helix stagnalis. Abschn. III. n. 99. tab. 7. fig. 1. 2. tab. min. C. fig. 1.

tab. 27. fig. 6. f. **Müll.** p. 136. n. 330. Buccinum amarula. **Mart.** p. 291. n. 83. tab. 9. fig. 38. die Pabstkrone der süssen Wasser. **Linn.** sp. 702. Helix amarula. Abschn. III. n. 96.

Tab.

Tab. 27. fig. 7. und tab. 28. fig. 22. Müll. p. 126. n. 322. Buccinum auricula. Mart. p. 356. n. 106. tab. 11. fig. 59. die weitmündige durchsichtige Bauchschnecke, die Ohrschnecke. Linn. sp. 707. Helix auricula. Abschn. III. n. 81. tab. 6. fig. 3-6.

tab. 27. fig. 8. Müll. p. 154. n. 343. Planorbis purpura. Mart. p. 249. n. 61. tab. 8. fig. 17. das vertiefte Posthorn, welches die Coccinellfarbe von sich giebt. Linn. sp. 671. Helix cornea. Abschn. III. n. 45. tab. 5. fig. 19. 20. 21. tab. min. C. fig. 7.

tab. 27. fig. 9. a. b. d. Müll. p. 202. n. 387 Tellina riualis. Mart. p. 449. n. 109. tab. 11. fig. 63. die kleine Gienmuschel. Linn. sp. 72. Tellina cornea. Abschn. III. n. 11. tab. 4. fig. 3. 4. 5.

tab. 27. fig. 10. a. Müll. p. 207. n. 393. Mytilus anatinus. Mart. p. 457. n. 111. tab. 11. fig. 64. A. die breite dünnschalige Teichmuschel. Linn. sp. 258. Mytilus anatinus. Abschn. III. n. 2. tab. 1. fig. 2. 3.

tab. 27. fig. 10. b. c. d. Müll. p. 211. n. 397. Mya pictorum. Mart. p. 465. n. 113. tab. 12. fig. 66. die dunkel- oder hellgrüne Flußmuschel. Linn. sp. 28. Mya pictorum. Abschn. III. n. 7. tab. 3. fig. 2. 4. 5.

tab. 27. fig. 10. e. f. g. Müll. p. 208. n. 394. Mytilus cygneus. Mart. p. 455. n. 110. die gröste grünlich braune Teichmuschel. Linn. sp. 257. Mytilus cygneus. Abschn. III. n. 4. tab. 3. fig. 1.

tab. 27. fig. 11. Abschn. III. n. 13. die gestreifte Gienmuschel.

In der Zoomorphose hat Herr von Argenville auf der VIII. und IX. Kupfertafel folgende Flußconchylien abgebildet.

Tab. VIII. fig. 1. siehe Conchyliologie tab. 27. fig. 1. Ancylus lacustris.

tab. VIII. fig. 2. Müll. p. 152. n. 370. Nerita viuipara. Mart. p. 234. n. 52. die grosse lebendig gebährende Wasserschnecke mit Banden. Linn. sp. 690. Helix viuipara. Abschn. III. n. 126. tab. 8. fig. 1. 2. tab. min. C. fig. 6.

tab. VIII. fig. 3. siehe Conchyliologie tab. 27. fig. 3. Nerita fluviatilis.

tab. VIII. fig. 5. s. Conchyliologie tab. 27. fig. 6. a. b. Buccinum stagnale.

tab. VIII. fig. 6. s. Conchyliologie tab. 27. fig. 7. Buccinum auricula.

tab. VIII. fig. 7. s. Conchyliologie tab. 27. fig. 8. Planorbis purpura.

tab. VIII. fig. 10. s. Conchyliologie tab. 27. fig. 9. a. b. d. Tellina riualis.

tab. VIII. fig. 11. s. Conchyliologie tab. 27. fig. 10. b. c. d. Mya pictorum.

tab. VIII. fig. 12. s. Conchyliologie tab. 27. fig. 10. e. f. g. Mytilus cygneus

§. 23.

Je seltner die Werke des Grafen Ginanni *) in Deutschland sind, desto mehr ist es zu wünschen, daß eine von dem Herrn Inspector Wilkens zu Corbus ver-

*) Opere postume del Comte Giuseppe Ginanni, Ravenate. Tom. I. nel quale si contengono cento quatordici piante che vegetano nel mare Adriatico da lui osservate e descritte, in Venezia 1755. Fol. 1 Alphab. 55 Kupfertafeln. Tom. II. nel quale si contestacei marini, paludosi et terrestri dell' Adriatico et del territorio di Ravenna da lui osservati et descritti, in Venezia 1757. Fol. 22 Bogen, 38 Kupfertafeln.

verfertigte Uebersetzung dieses Werks durch den Druck bekannt gemacht werden möchte. Der Graf hatte zwar den Endzweck, das in seinem Buche vorzüglich zu bearbeiten, was ihm das adriatische Meer, besonders an Corallien und Conchylien reichen würde, daher er sich auch in dem ganzen ersten Bande fast ganz allein mit den Corallen beschäftiget; allein er übergieng deswegen die Conchylien der Erde und der süssen Wasser gar nicht. Daher liefert er in dem II. Bande 31 Kupfertafeln mit Seeconchylien, vier mit Flußconchylien, und drey Tafeln mit Erdschnecken. Seine Beschreibungen sind freylich nicht die besten, und auf seine Benennungen kann man sich gar nicht verlassen. Er hat zwar 17 Figuren von Flußconchylien geliefert, da aber seine Abbildungen überhaupt nicht die deutlichsten, und seine Kupfer die besten sind, so kann man freylich nicht von einer jeden Figur genau und mit Gewißheit bestimmen, wohin man sie eigentlich rechnen dürfe. Von folgenden, die sämmtlich aus dem Gebiete von Ravenna sind, kann ich die ihnen gehörigen Namen zuverläßig angeben. Sie sind aus dem II. Bande.

Tab. I. fig. 3. Müll. p. 126. n. 322. Buccinum auricula. Mart. p. 356. n. 106. tab. 11. fig. 59. die weitmündige durchsichtige Bauchschnecke, die Ohrschnecke. Linn. sp. 707. Helix auricula. Abschn. III. n. 81. tab. 6. fig. 3-6.

tab. I. fig. A. B. C. p. 45. Müll. p. 132. n. 327. Buccinum stagnale. Mart. p. 282. n. 79. das grosse Spitzhorn der süssen Wasser. Linn. sp. 703. Helix stagnalis. Abschn. III. n. 99. tab. 7. fig. 1. 2. tab. min. C. fig. 1.

tab. I. fig. 6. p. 49. Müll. p. 182. n. 369. Nerita fasciata. Abschn. III. n. 166.

tab. II. fig. 8. p. 49. Müll. p. 182. n. 370. Nerita viuipara. Mart. p. 234. n. 52. die grosse lebendig gebährende Wasserschnecke mit Banden. Linn. sp. 690. Helix viuipara. Abschn. III. n. 126. tab. 8. fig. 1. 2. tab. min. C. fig. 6.

tab. II. fig. 11. p. 50. Müll. p. 199. n. 385. Ancylus lacustris. Mart. p. 230. n. 51. tab. 7. fig. 1. die kleine Dragonermütze Linn. sp. 769. Patella lacustris. Abschn. III. n. 26. tab. 5. fig. 1. 2. 3.

tab. III. fig. 15. p. 51. Müll. p. 209. n. 395. Mytilus radiatus. Abschn. III. n. 3.

tab. IV. fig. 17. p. 53. Müll. p. 211. n. 397. Mya pictorum. Mart. p. 465. n. 113. tab. 12. fig. 66. die dunkel- oder hellgrüne Flußmuschel. Linn. sp. 28. Mya pictorum. Abschn. III. n. 7. tab. 3. fig. 2. 4. 5.

§. 24.

Wenn gleich das Knorrische Conchylienwerk p), welches seiner vorzüglichen Schönheit wegen, einer zweyten Auflage, deren es jetzo theilhaftig wird, vollkommen würdig ist, der Aufschrift nach blos von den Seeconchylien handeln sollte, so haben sich doch in dasselbe verschiedene ausländische, und sogar inländische Flußconchylien mit eingeschlichen. Liebhaber dieser artigen Schalengehäuse werden mit dieser Wahl gewiß zufrieden seyn, zumal da wir bis auf diese Zeit ausser dem, was Geve und Rösel (§. 21.) gelie-

p) Vergnügen der Augen und des Gemüths in Vorstellung einer allgemeinen Sammlung von Schnecken und Muscheln, welche im Meer gefunden werden. Erster Theil. Herausgegeben von Georg Wolfgang Knorr in Nürnberg, 1757. 39 Seiten, 30 Tafeln Kupfer. Zweyter Theil, 1764. 56 Seiten, 30 Kupfert. Dritter Theil, 1768. 52 Seiten, 30 Kupfert. Vierter Theil, 1769. 48 Seiten, 30 Kupfert. Fünfter Theil, 1771. 46 Seiten, 30 Kupfert. Sechster Theil, 1772. 76 Seiten, 40 Kupfert.; ohne den Registern; im groß Quart.

geliefert haben, noch keine ausgemahlten Abbildungen von Flußconchylien hatten, und im Knorr eine einzige Abbildung vorkömmt, die Seve auch geliefert hatte. Folgende 12 Flußconchylien sind mir im Knorr aufgestossen.

Pars I. tab. II. fig. 4. 5. Müll. p. 152. n. 342. Planorbis contrarius. Linn. sp. 674. Helix cornu arietis. Abschn. III. n. 43.

Pars I. tab. VIII. fig. 7. Müll. p. 190. n. 377. Nerita punctata. Mart. p. 338. n. 84. tab. 9. fig. 39. die amboinische Flußnadel. Abschn. III. n. 147.

Pars I. tab. 16. fig. 5. Pars IV. tab. 28. fig. 4. 5. Pars V. tab. 23. fig. 4. 5. Linn. sp. 688. Helix perversa. Abschn. III. n. 93.

Pars I. tab. 30. fig. 7. Pars V. tab. 25. fig. 4. Müll. p. 143. n. 333. Buccinum virgineum. Linn. sp. 390. Bulla virginea. Abschn. III. n. 128. tab. 8. fig. 3. 4.

Pars III. tab. 18. fig. 1. Mart. p. 339. n. 85. tab. 9. fig. 40. die Sumpfnadel, die Ostindianische Bastartpabstkrone. Abschn. III. n. 169.

Pars IV. tab. 24. fig. 1. Müll. p. 140. n. 332. Buccinum achatinum. Linn. sp. 391. Bulla achatina. Abschn. III. n. 98. tab. 6. fig. 1.

Pars IV. tab. 25. fig. 2. Müll. p. 210. n. 396. Mya margaritifera. Mart. p. 462. n. 112. tab. 12. fig. 65. A. B. die schwarze dickschalige Flußmuschel, die Perlmuschel. Linn. sp. 29. Mya margaritifera. Abschn. III. n. 6. tab. 4. fig. 1.

Pars V. tab. 5. fig. 2. Müll. p. 172. n. 359. Nerita ampullacea. Mart. III. Band, p. 152. tab. 6. fig. 68. die Schlamm- oder Kothschnecke. Linn. sp. 676. Helix ampullacea. Abschn. III. n. 62. tab. 6. fig. 2.

Pars V. tab. 13. fig. 8. Müll. p. 188. n. 375. Nerita atra. Mart. p. 340. n. 86. tab. 9. fig. 41. die glatte Sumpf-, Pfuhl- oder Morastnadel. Linn. sp. 516. Strombus ater. Abschn. III. n. 168.

Pars V. tab. 17. fig. 4. Müll. p. 182. n. 370. Nerita viuipara. Mart. p. 234. n. 52. die grosse lebendig gebährende Wasserschnecke mit Banden. Linn. sp. 690. Helix viuipara. Abschn. III. n. 126. tab. 8. fig. 1. 2. tab. min. C. fig. 6.

Pars V. tab. 22. fig. 6. Müll. p. 154. n. 343. Planorbis purpura. Mart. p. 249. n. 61. tab. 8. fig. 17. das vertiefte Posthorn, welches die Coccinellfarbe von sich giebt. Linn. sp. 671. Helix cornea. Abschn. III. n. 45. tab. 5. fig. 19. 20. 21. tab. min. C. fig. 7.

Pars VI. tab. 13. fig. 3. Müll. p. 195. n. 382. Nerita rubella. Mart. p. 279. n. 27. tab. 8. fig. 31. das Rothauge. Linn. sp. 726. Nerita pulligera. Abschn. III. n. 36.

§. 25.

Das Werk des Herrn Adanson von den Senegallischen Conchylien q) ist von den Kennern längst zu den Claßischen Werken dieses Faches gezählet worden, und es verdient diese Ehre in mehr als in einer Rücksicht, vorzüglich auch deswegen, weil er auf die Thiere, welche die Schalengehäuse bewohnen, ein scharfes Auge hatte. Man sagt, daß sich in Senegal nur eine einzige Erdschnecke aufhalte, ein artiges Buccinum, welches sich übrigens in manchen Abänderungen der Farben zeigt. Viele Flußconchylien

q) Histoire naturelle du Senegal, Tom. I. Coquillages par Monf. Adanson, Ouvrage orné de figg. à Paris 1757. groß Quart mit 19 Kupferplatten.

lien giebt es daselbst auch nicht, die es aber sind, die sind uns desto schäßbarer, weil die mehresten nicht unter die gemeinen gehören, und wenn ich den Herrn D. Martini ausnehme, noch von niemand sind angeführt worden. Es sind folgende:

Pag. 5. tab. 1. Müll. p. 167. n. 353. Planorbis bulla. Mart. p. 364. n. 8. tab. 11. fig. 61. die kleine linksgewundene Bauch- oder Kahnschnecke, die Wasserblase. Linn. sp. 386. Bulla fontinalis. Abschn. III. n. 78. tab. 6. fig. 16. a. b.

p. 7. f. Mart. p. 263. n. 68. A. tab. 8. fig. 24. das kleine linksgewundene Senegallische Posthörnchen mit vier Windungen. Abschn. III. n. 44.

p. 50. Müll. p. 188. n. 375. Nerita atra. Mart. p. 340. n. 86. tab. 9. fig. 41. die glatte Sumpf-, Pfuhl- oder Morastnadel. Linn. sp. 516. Strombus ater. Abschn. III. n. 168

p. 152. tab. 10. fig. 1. Mart. p. 352. n. 104. tab. 10. fig. 57. die knotigte chinesische Pyramide. Abschn. III. n. 179.

p. 152. Müll. p. 193. n. 380. Nerita aculeata. Mart. p. 353. n. 105. tab. 11. fig. 58. die braune an den ersten Gewinden gezackte, an den folgenden knotigte oder geförnte Trommelschraube. Abschn. III. n. 174.

Gleich das Jahr darauf, nachdem Adansons Werk bekannt wurde, wurde auch von dem wahrhaftig königlichen Conchylienwerke des Herrn Regensuß r) der erste Band vollendet. Eigentlich ist dieses Werk den Seeconchylien gewidmet, eine Flußschnecke hingegen, die es aber ihrer Schönheit wegen verdient, unter den Schalen der See zu stehen, befindet sich in ihrer Gesellschaft. Nemlich

Tab. X. fig. 46. nach dem Kratzensteinischen Texte, von welchem ich einzelne Bogen besitze, pag. XLIV In dem eigentlichen ausgegebenen Texte Seite LXXII. Müll. p. 145. n. 334. Buccinum fasciatum. Abschn. III. n. 124.

Herr Prof. Kratzenstein sagt, daß beym Argenville diese Conchylie ohne Grund unter den Seeschnecken stehe, denn es sey eine indianische Flußschnecke. „Man kann sich hiervon auch durch das allgemeine Unterscheidungszeichen der Flußschnecken, heißt es nun, von den Meerschnecken, versichern, welches darin bestehet, daß jene von sehr dünner Schale sind, und ihre milchweisse Farbe von der andern sehr absticht.„ Ein richtiger Ausspruch, der auch in dem neuen gültigen Texte beybehalten ist.

§. 26.

Der grosse Schatz, den Seba aus allen Reichen der Natur besaß, erstreckte sich auch auf die Conchylien, wie aus dem dritten Bande seines darüber gedruckten Verzeichnisses s) deutlich ist. Inzwischen bleibt das Urtheil über dieses Buch auch nach meinen

r) Coix des Coquillages et des Crustacés peints d'après nature, gravés en tailledouce et enluminés de leurs vrais couleurs par Francois Mich. Regenfus, oder auserlesene Schnecken, Muscheln und Schalthiere, auf Befehl seiner Königl. Maj. in Dännemark nach den Originalien gemacht, in Kupfer gestochen und mit natürlichen Farben erleuchtet von Franz Michael Regensuß. Kopenhagen 1758. 1 Alphabeth, 11 Bogen, 12 Kupfertafeln in Royalfolio. Kostet 40 Thaler.

s) Locupletissimi rerum naturalium Thesauri accurata descriptio, et iconibus artificiosissimis expressio, per vniuersam physices historiam. Opus, cui in hoc rerum genere nullum par exiltit. Ex toto terrarum

meinen Einsichten stehen, das andere davon gefällt haben: daß zu seinen grossen Schätzen und schönen Abbildungen entweder gar keine oder bessre Beschreibungen hätten kommen sollen; wenigstens gilt es von dem, was Seba über die Flußconchylien sagt. Wenn inzwischen sein Werk nur einen mäßigern Kaufpreis hätte, so würde uns dieses Werk blos um seiner schönen Abbildungen wegen, obgleich viele Conchylien in einer verkehrten Lage erscheinen, schätzbar seyn. Aber blos dieser dritte Theil kostet 25 Thaler! Seba hat folgende Flußconchylien abgebildet.

Tab. 39. fig. 1-8. 14. 15. **Müll.** p. 152. n. 342. Planorbis contrarius. **Linn.** sp. 674. Helix cornu arietis. **Abschn.** III. n. 43.

tab. 39. fig. 17. **Müll.** p. 154. n. 343. Planorbis purpura. **Mart.** p. 249. n. 61. tab. 8. fig. 17. das vertiefte Posthorn, welches die Coccinellfarbe von sich giebt, **Linn.** sp. 671. Helix cornea. **Abschn.** III. n. 45. tab. 5. fig. 19. 20. 21. tab. min. C. fig. 7.

tab. 39. fig. 41-46. 52. 53. **Müll.** p. 132. n. 327. Buccinum stagnale. **Mart.** p. 282. n. 79. das grosse Spitzhorn der süssen Wasser. **Linn.** sp. 703. Helix stagnalis. **Abschn.** III. n. 99. tab. 7. fig. 1. 2. tab. min. C. fig. 1.

tab. 39. fig. 50. 51. 54. 55. **Müll.** p. 138. n. 331. Buccinum zebra. **Abschn.** III. n. 123.

tab. 39. fig. 62. 63. 67. 68. 74. **Müll.** p. 145. n. 334. Buccinum fasciatum. **Abschn.** III. n. 124.

tab. 40. fig. 3. 4. 5. **Müll.** p. 175. n. 361. Nerita effusa. **Abschn.** III. n. 64.

tab. 40. fig. 38. **Müll.** p. 143. n. 333. Buccinum virgineum. **Linn.** sp. 390. Bulla virginea. **Abschn.** III. n. 128. tab. 8. fig. 3. 4.

tab. 41. fig. 23-26. **Müll.** p. 195. n. 382. Nerita rubella. **Mart.** p. 279. n. 27. tab. 8. fig. 31. das Rothauge. **Linn.** sp. 726. Nerita pulligera. **Abschn.** III. n. 36.

tab. 50. fig. 13. 14. **Mart.** p. 339. n. 85. tab. 9. fig. 40. die Sumpfnadel, die Ostindianische Bastartpabstkrone. **Abschn.** III. n. 169.

tab. 53. fig. 24 25. **Müll.** p. 137. n. 330. Buccinum amarula. **Mart.** p. 291. n. 83. tab. 9. fig. 38. die Pabstkrone der süssen Wasser. **Linn.** sp. 702. Helix amarula. **Abschn.** III. n. 96.

tab. 56. fig. 13. 14. **Müll.** p. 188. n. 375. Nerita atra. **Mart.** p. 340. n. 86. tab. 9. fig. 41. die glatte Sumpf-, Pfuhl- oder Morastnadel. **Linn.** sp. 516. Strombus ater. **Abschn.** III. n. 168.

tab. 71. fig. 1-5. 7-10. **Müll.** p. 140. n. 332. Buccinum achatinum. **Linn.** sp. 391. Bulla achatina. **Abschn.** III. n. 98. tab. 6. fig. 1.

Sind es aber nicht gröstentheils ausländische Flußconchylien, die Seba gesammlet und abgebildet hat? Conchylien, die sich immer unter die Seeconchylien in den Kabinetten versteckt haben? Man kann also nicht sagen, daß dieser Besitzer eines überaus grossen Kabinets mit Vorsatz auf die Flußconchylien gesammlet habe, ausserdem wür-

rum orbe collegit, digessit, descripsit et depingendum curavit Alb. Seba. P. I. Amstelodami 1734. P. II. 1735. P. III. 1760. P. IV. 1765. in Royalfolio.

würden wir bey ihm auch die gemeinen nicht vermissen. Freylich empfehlen sie weder Grösse noch Schönheit, wenn wir sie mit den Seeconchylien in eine Vergleichung setzen wollen.

§. 27.

Der Herr Doctor Johann Hofer von Mühlhausen hat in einer den Actis Helveticis einverleibten Abhandlung [t]) eine nähere Nachricht von einer unserer kleinsten, artigsten, aber auch seltensten Flußconchylien gegeben, die ausser ihm nur Linne' angezeigt und Rösel abgebildet hatte. Es war Müll. p. 165. n. 351. Planorbis imbricatus. Mart. p. 269. n. 72. die ziegelförmige Tellerschnecke. Linn. sp. 654. Turbo nautileus (ed. X. sp. 234. p. 709. Nautilus crista.) Abschn. III. n. 50. Da die Beschreibung kaum eine Seite ausfüllt, so wird es mir erlaubt seyn, denen, welche die Acta nicht besitzen, die ganze Anmerkung mitzutheilen. In fluvii nostri *Ellae* locis quietioribus, Ceratophylli *Linn.* caespitibus densis quandoque adhaeret cochlea minima, ab authoribus zoologis, excepto solo, quantum novi, *Roeselio* illam absque descriptione [u]) in transitu tanquam polyporum sustentaculum depingente praetermissa. Parvi hujus animalculi corpus cum congeneribus optime convenit, sed testa illud obtegens singulari structura facile distinguitur; nam ipsa haec testula canalis est conicus, in plurimos gyros incurvatus, spiris omnibus ab vtraque parte similibus, et aequalibus, ore integro proximae spirae adplicato, ipsam non recipiente. Hinc ad *Cornua Hammonis Kleinii* non concamerata vel spuria, *Ostracolog.* §. 12. referri debet, a reliquis vero hujus generis speciebus facile distinguitur costis crebris, simili distantia corpus cochlidis exornantibus, costae hae, in medio dorso ab vtroque latere concurrentes, in spinam abeunt valde acutam, a cochlidis centro radiantem. — Cochlis haec minima diametrum lineae parisina majorem rarissime habet, color vero ipsius, vt plerorumque cochlidum fluviatilium, fuscus est. Tabulae IX. fig. 22. cochlidem nostram magnitudine naturali, figura vero 21. ipsam microscopio auctam refert. — In thecis meis cochlides continentibus secundum *Kleinii* methodum ostraeologicam digestis, vocatur *Cornu Hammonis spurium, testae superficie costis crebris in medio dorsi in spinam acutam abeuntibus notata.* His jam absolutis ad manus meas peruenit editio decima systematis naturae *magni C. Linnaei* durissimo labore expolita, vbi cochlis nostra pag. 709. Gen. 283. Nr. 234. recensetur, sequentique nomine determinatur; *Nautilus crista testae apertura orbiculata, anfractibus contiguis, articulis annulatis dorso spinosis*, cum adjecta † animalis non visi nota. Sed animalculum testam exstruens ejusque incola, non sepia, sed certissime limax est.

§. 28.

Es war allerdings eine gute Sache, daß man um diese Zeit anfieng, einzelne Flußconchylien genauer zu beschreiben, zumal da bey solchen Bemühungen die Zoomorphose immer mehr gewann, die man bis hieher nicht so geachtet und untersucht hatte, als sie

t) Joh. Hoferi Filii Observatio zoologica in den Actis Helveticis, physico-mathematico-anatomico-botanico-medicis, Volum. IV. Basileae 1760. 4to, p. 212. 213.

u) Allerdings hat Rösel diese kleine Schnecke genau beschrieben, im III. Bande der Insectenbelustigungen, S. 597. §. 4.

sie es verdiente. Es war daher immer ein Geschenke, was Herr D. Hofmann den Naturforschern machte, da er in einer eignen Abhandlung die Ohrschnecke Müll. p. 126. n. 322. Buccinum auricula, Mart. p. 356. n. 106. tab. 11. fig. 59. die weitmündige durchsichtige Bauchschnecke, die Ohrschnecke, Linn. sp. 707. Helix auricula, Abschn. III. n. 81. tab. 6. fig: 3-6. beschrieb, und sie Concham sphaericam fluviatilem alatam, ex badio et nigro colore variegatam nannte x). Er beschreibet in dieser Abhandlung die Schale und das Thier, beschreibet an dem Thiere alle seine Theile, und was er in Absicht auf die Eyer desselben beobachtet hatte, Beobachtungen, die wir allemal mit Dank anzunehmen haben, obgleich Herr D. Hofmann viel weiter hätte kommen können, wenn er die mehrern Vergänger gekannt hätte, die eben diese Schnecke beschrieben und abgebildet haben. Er nennet seine Schnecke selten, die doch in allen Welttheilen vorkömmt, und beruft sich nur auf Klein und Argenville, die von dieser Schnecke geschrieben hätten. Klein hat sie gar nicht, und wenn er sie hätte, so würde sie nicht unter sein Geschlecht Mamma p. 21. gehören, sondern unter das Geschlecht Neritostoma p. 55. wo §. 159. die Kahnschnecke beschrieben und tab. 3. fig. 70. abgebildet ist, mit der Kahnschnecke aber ist unsre Ohrschnecke gar nah verwandt. Klein hat zwar S. 54. ein Geschlecht, das er Auricula nennet, worunter auch §. 157. die Auricula stagnorum stehet, diese aber ist nicht Herrn Hofmanns Ohrschnecke, sondern das grosse Spitzhorn der süssen Wasser, Abschn. III. n. 99. 100. tab. 7. fig. 1. 2. tab. min. C. fig. 1. Ausser dem Argenville aber hat vor Herrn Hofmann diese Schnecke Lister in der Historia conchyliorum, und Historia animalium, Bonanni in der recreat. ment. et oculi, und in dem Museo Kircheriano, Gualtieri in seinem ind. testar., Linne' in den Actis upsal. und in der 10ten Ausgabe seines Natursystems, und Ginanni theils beschrieben theils abgebildet. Unterdessen hat diese Abhandlung allemal den Nutzen, daß sie unter andern guten Anmerkungen, die sie enthält, auch diejenige, welche mehrere Naturforscher gemacht haben, bestätiget, daß die Ohrschnecke unter die geselligen Flußconchylien gehöret, welche sich gern in grosser Anzahl beysammen aufzuhalten pflegen.

§. 29.

Zum Beweise, daß man von jeher auf gute und faßliche Systeme für die Conchylien gedacht hatte, darf man nur die mühsame Arbeit des Herrn von Bergen durchlesen, welches er Classes Conchyliorum nennt y). Aber eben diese Arbeit bestätiget es zugleich, was ich nun in meiner Geschichte ebenfalls bewiesen habe, daß sich die wenigsten Conchylienbeschreiber um die Flußconchylien ernstlich bekümmert, und sie noch weniger systematisch bearbeitet haben. Inzwischen hat doch Herr von Bergen am Schlusse seiner brauchbaren Arbeit eine kurze Tabelle über die Erd- und Flußconchylien angehängt, welche theils in der Mark, theils an der Oder gefunden werden, nur Schade,

x) De Concha sphaerica fluviatili alata, ex badio et nigro colore variegata. Dissertatio auctore Joan. Frid. Hoffmanno, in den Actis academiae electoralis Moguntinae scientiarum utilium, quae Erfordiae est. Tom. II. Erford. 1761. in Octav p. 1-15.

y) Classes Conchyliorum Auctore Carolo Augusto de Bergen, in den Novis actis physico-medicis Academiae Caesareae Leopoldino-Carolinae Tom. II. Norimbergae 1761. in Quart: appendix pag. 1-132. Diese Abhandlung ist Nürnberg 1760. auch einzeln abgedruckt worden.

de, daß sie alle ohne systematische Namen dastehen, und uns daher zuweilen in Ungewißheit lassen, zu welchen Gattungen wir sie zählen dürfen. Hier ist die ganze Tabelle, welche die Aufschrift führt: **Sammlungen einiger Schnecken und Muscheln hiesigen Ortes und an der Oder.**

Schnecken.

1) Die ganz kleine Garbenschnecke, ist nicht grösser als ein Mohnkorn, meist unter dem Saamen der Gartengarbe. 2) Die bunten Hain- und Haselschnecken; deren hier a) die rothe, welche selten, b) die gelbe, welche sehr zart, c) die buntgestreifte, d) die marmorirte, e) mit einem schwarzen Reifen, f) die gelbe mit drey oder vier Reifen. Diese Schnecken (es sind Erdschnecken) findet man nur im April an Hasel- und Erlensträuchern, beym ersten Grase und Blumen; daher sie auch Blumenschnecken heissen; verliehren sich darauf das ganze Jahr in die Erde. 3) Die kleine plattgedruckte Pfuhlschnecke, 4) die Ammonshörner, 5) die Posthörner, 6) die gedreheten Dintenschnecken, 7) die grosse Gartenschnecke.

Muscheln.

1) Die ganz kleine Kammmuscheln, 2) das Hütchen; ist nur am Mödensee; 3) die Molde; eben in gedachter See; 4) die sehr dünnschäligte Ohrmuschel, 5) die schwarze dickschäligte Ohrmuschel, 6) die Kies- und Sandmuschel. In diesen Muscheln ist zuweilen, doch sehr selten, eine Perle: am Queisse aber häufiger. Sie unterscheiden sich, daß sie knorplich und gewunden sind. An der Oder giebets sehr viele Arten, grosse und kleine, spitzig und rund oder keulig; schlecht und gestreift, schwarz, gelb, grün u. s. w. 7) Die grosse Pfuhlmuschel, von hochglänzenden Farben, allhier im Lubans-Graben öfters zu einem halben Fuß lang.

Von märkischen Flußschnecken besitze ich durch die Güte des Herrn D. **Martini** weit mehrere, als die wenigen sind, deren hier Herr **von Bergen** gedenket, aber bey der Betrachtung der Muscheln, wie oft ist mir hier nicht der Wunsch entfallen: möchten sie doch deutlicher charakterisirt und ausführlicher beschrieben seyn! Wenn nun auch die ganz kleine **Kammmuschel** unsre zart gestreifte Gienmuschel (Abschn. III. n. 18. tab. 4. fig. 7. a. b.) wäre; wenn wir auch nun unter der schwarzen dickschaligten Ohrmuschel die dickschaligte Flußmuschel (Abschn. III. n. 8. tab. 2. fig. 2.) verstehen dürften; wenn wir auch die grosse Pfuhlmuschel für **Müllers** Mytilum cygneum p. 208. n. 394. **Mart.** p. 455. n. 110. die größte grünlich braune Teichmuschel, **Linn.** sp. 257. Mytilus cygneus, **Abschn.** III. n. 4. tab. 3. fig. 1. annehmen dürften: Was soll nun das **Hütchen**: die **Molde**: was die sehr dünnschalige **Ohrmuschel**: was die **Kies- und Sandmuschel** seyn? Wie sehr ist es doch zu wünschen, daß uns ein Naturforscher jener Gegenden diese Dunkelheiten entwickelte!

§. 30.

Des Herrn D. **Schlotterbeck** Abhandlung de cochleis et turbinibus i) war ein sehr guter Beytrag zu der Geschichte der Erd- und der Flußconchylien, sonderlich den erstern.

i) Observatio physica, de Cochleis quibusdam, nec non de turbinibus nonnullis, vt et de cochlea quadam petrefacta, Philipp. Jac. Schlotterbecci, in den angeführten Actis Helveticis Volum. V. Basileae 1762. p. 275-288. und zwey Tafeln mit Tab. III. bezeichneten Kupfern.

etstern. Der gröste Theil dieser brauchbaren Abhandlung gehöret für die Erdschnecken, und für diese hat Herr D. **Schlotterbeck**, für die damalige Zeit, wo einige Hauptbücher noch nicht bekannt waren, in der That viel geleistet. Aber freylich desto weniger für die Flußconchylien. Nur drey, und sogar allenthalben bekannte Gattungen fand er bey **Eßlingen**, und keine einzige Muschel. Zwar führet dieser Schriftsteller vier Gattungen an, allein da er zugleich die Amphibienschnecke hieher zählet, welche zwar gern an den Ufern der Flüsse sitzt, aber zuverläßig nie in das Wasser gehet, welche ausserdem vier Fühlhörner hat, und daher zuverläßig unter die Erdschnecken gehöret; so bleiben nur noch folgende drey Gattungen übrig.

Pag. 281. n. 2. tab. 3. fig. 19. 20. **Müll.** p. 185. n. 372. Nerita jaculator. **Mart.** p. 243. n. 56. tab. 7. fig. 11. die kleine bedeckte Wasserschnecke, der Thürhüter. **Linn.** sp. 707. Helix tentaculata. **Abschn.** III. n. 120. tab. 7. fig. 19 - 22.

p. 283. n. 4. tab. 3. fig. 25. 26. **Müll.** p. 132. n. 327. Buccinum stagnale. **Mart.** p. 282. n. 79. das grosse Spitzhorn der süssen Wasser. **Linn.** sp. 703. Helix stagnalis. **Abschn.** III. n. 99. tab. 7. fig. 1. 2. tab. min. C. fig. 1.

p. 283. n. 5. tab. 3. fig. 27. 28. **Müll.** p. 126. n. 322. Buccinum auricula. **Mart.** p. 356. n. 106. tab. 11. fig. 59. die weitmündige durchsichtige Bauchschnecke, die Ohrschnecke. **Linn.** sp. 707. Helix auricula. **Abschn.** III. n. 81. tab. 6. fig. 3 - 6.

Diese drey Gattungen beschreibet Herr D. **Schlotterbeck** zwar kurz, aber deutlich, für die Conchyliologie der süssen Wasser aber hat er überhaupt gar wenig gesorgt.

§. 31.

Die grosse und in Rücksicht auf die Insecten und Conchylien würklich königliche Sammlung der Königin **Ludovica Ulrica** in **Schweden** war es werth, von dem grossen **Linne'** beschrieben zu werden a). Man kann es leicht begreifen, daß ich diese Schrift mit grosser Begierde aufschlug, und mit grosser Aufmerksamkeit durchblätterte, ob ich vielleicht von den Flußconchylien in **Schweden** hier einige Nachrichten finden möchte. Hier fand ich mich hintergangen, denn nicht einmal unsre Flußmuscheln fand ich bemerkt; aber meine Arbeit wurde mir doch dadurch belohnet, daß ich eine feine Anzahl fremder Flußconchylien antraf, und unter diesen auch einige, die ich bey meinen Vorgängern nicht unter den Flußconchylien angetroffen habe. Es sind folgende.

Pag. 589. n. 225. **Müll.** p. 140. n. 332. Buccinum achatinum. **Linn.** sp. 391. Bulla achatina. **Abschn.** III. n. 98. tab. 6. fig. 1.

p. 612. n. 267. **Müll.** p. 143. n. 333. Buccinum virgineum. **Linn.** sp. 390. Bulla virginea. **Abschn.** III. n. 128. tab. 8. fig. 3. 4.

p. 624. n. 289. **Müll.** p. 188. n. 375. Nerita atra. **Mart.** p. 340. n. 86. tab. 9. fig. 41. die glatte Sumpf- Pfuhl- oder Morastnadel. **Linn.** sp. 516. Strombus ater. **Abschn.** III. n. 168.

a) Museum S:ae R:ae M:tis Ludovicae Vlricae Reginae Suecorum, Gothorum, Vandalorumque &c in quo animalia rariora, exotica, imprimis Insecta et Conchylia describuntur et determinantur, Prodromi instar editum a Carolo v. Linné. Holmiae 1764. 720 Seiten in groß Octav.

Pag. 665. n. 366. **Müll.** p. 154. n. 343. Planorbis purpura. **Mart.** p. 249. n. 61. tab. 8. fig. 17. das vertiefte Posthorn, welches die Coccinellfarbe von sich giebt. **Linn.** sp. 671. Helix cornea. **Abschn.** III. n. 45. tab. 5. fig. 19. 20. 21. tab. min. C. fig. 7.

p. 666. n. 367. **Müll.** p. 152. n. 342. Planorbis contrarius. **Linn.** sp. 674. Helix cornu arietis. **Abschn.** III. n. 43.

p. 666. n. 368. **Müll.** p. 172. n. 359. Nerita ampullacea. **Mart.** III. Band, p. 152. tab. 6. fig. 68. die Schlamm- oder Kothschnecke. **Linn.** sp. 676. Helix ampullacea. **Abschn.** III. n. 62. tab. 6. fig. 2.

p. 669. n. 373. **Abschn.** III. n. 66.

p. 669. n. 374. **Abschn.** III. n. 93.

p. 672. n. 379. **Müll.** p. 136. n. 330. Buccinum amarula. **Mart.** p. 291. n. 83. tab. 9. fig. 38. die Pabstkrone der süssen Wasser. **Linn.** sp. 702. Helix amarula. **Abschn.** III. n. 96.

p. 676. n. 387. **Müll.** p. 197. n. 383. Nerita corona. **Mart.** p. 277. n. 76. tab. 8. fig. 30. die dornigte Nerite, das Flußdornchen. **Linn.** sp. 720. Nerita corona. **Abschn.** III. n. 37.

§. 32.

Wenn wir das Gazophylaceum des **Jacob Petiver** b), eines berühmten Apothekers in **England**, nach seiner äussern Einrichtung und nach dem Texte beurtheilen dürften, so würden wir über den Werth desselben ein sehr mäßiges Urtheil fällen dürfen. Zwey Folio und ein Octavband auf sehr ungleiches Papier abgedruckt, und mit sehr magern Beschreibungen angefüllt, geben uns gerade nicht den besten Begriff von diesem Buche und von seinem Verfasser, zumal da man hier aus einem der confusesten Werke, was je Menschen bearbeitet haben, und die Welt gesehen hat, das nützliche, und was für einzelne Fächer gehöret, aus einer grossen Menge einzelner Blätter hervorsuchen muß. Von den Kupfertafeln aber muß man ein ganz anderes Urtheil fällen. Zwar sind die Abbildungen der Figuren von Conchylien größtentheils aus dem Bonanni und Rumph entlehnt, aber in der That sauber nachgestochen, und oft verbessert worden. Die Conchylien machen einen Theil des ersten Bandes aus, daher ich auch nur die Aufschrift desselben in der Anmerkung mitgetheilet habe. Es sind darunter folgende Flußconchylien.

Tab. 3. fig. 4. **Müll.** p. 197. n. 383. Nerita corona. **Mart.** p. 277. n. 76. tab. 8. fig. 30. die dornigte Nerite, das Flußdornchen. **Linn.** sp. 720. Nerita corona. **Abschn.** III. n. 37.

tab. 4. fig. 3. **Müll.** p. 137. n. 330. Buccinum amarula. **Mart.** p. 291. n. 83. tab. 9. fig. 38. die Pabstkrone der süssen Wasser. **Linn.** sp. 702. Helix amarula. **Abschn.** III. n. 96.

Tab.

b) Jac. Petiveri Opera historiam naturalem spectantia. Or Gazophylaceum containing several 1000. figures of Birds, Beasts, Reptiles, Insects, Fish, Batles, Moths, Flies, Shells, Corals, Fossils, Minerals, Stones, Fungusses, Mosses, Herbs, Plants &c. form all Nations, on 156. Copper-Plates, with Latin and English Names. Vol. I. NB. About 100. of these plates were never publisched before. London 1764. in Folio.

Tab. 11. fig. 4. **Müll.** p. 195. n. 382. Nerita rubella. **Mart.** p. 279. n. 27. tab. 8. fig. 31. das Rothauge. **Linn.** sp. 726. Nerita pulligera. **Abschn.** III. n. 36.

tab. 13. fig. 15. **Müll.** p. 190. n. 377. Nerita punctata. **Mart.** p. 338. n. 84. tab. 9. fig. 39. die amboinische Flußnadel. **Abschn.** III. n. 147.

tab. 13. fig. 16. **Müll.** p. 188. n. 375. Nerita atra. **Mart.** p. 340. n. 86. tab. 9. fig. 41. die glatte Sumpf-, Pfütz- oder Morastnadel. **Linn.** sp. 516. Strombus ater. **Abschn.** III. n. 168.

tab. 22. fig. 11. **Müll.** p. 143. n. 333. Buccinum virgineum. **Linn.** sp. 390. Bulla virginea. **Abschn.** III. n. 128. tab. 8. fig. 3. 4.

tab. 44. fig. 7. **Müll.** p. 138. n. 331. Buccinum zebra. **Abschn.** III. n. 123.

tab. 91. fig. 3. **Müll.** p. 194. n. 381. Nerita fluviatilis. **Mart.** p. 271. n. 73. tab. 8. fig. 27. die kleine schuppigt gefleckte Schwimmschnecke. **Linn.** sp. 723. Nerita fluviatilis. **Abschn.** III. n. 30. tab. 5. fig. 5 - 10. tab. min. C. fig. 8.

tab. 92. fig. 4. **Müll.** p. 152. n. 342. Planorbis contrarius. **Linn.** sp. 674. Helix cornu arietis. **Abschn.** III. n. 43.

tab. 92. fig. 5. **Müll.** p. 154. n. 343. Planorbis purpura. **Mart.** p. 249. n. 61. tab. 8. fig. 17. das vertiefte Posthorn, welches die Coccinellfarbe von sich giebt. **Linn.** sp. 671. Helix cornea. **Abschn.** III. n. 45. tab. 5. fig. 19. 20. 21. tab. min. C. fig. 7.

tab. 92. fig. 6. **Müll.** p. 158. n. 345. Planorbis vortex. **Mart.** p. 256. n. 63. das hellgraue oder weißliche Posthörnchen mit fünf bis sechs Gewinden und scharfen Rand. **Linn.** sp. 667. Helix vortex. **Abschn.** III. n. 41. tab. 5. fig. 16. 17.

tab. 92. fig. 7. **Müll.** p. 164. n. 350. Planorbis albus. **Mart.** p. 253. n. 61. tab. 8. fig. 23. das kleine Posthörnchen mit drey runden Gewinden. **Abschn.** III. n. 38. tab. 5. fig. 12.

tab. 92. fig. 8. **Müll.** p. 162. n. 348. Planorbis contortus. **Mart.** p. 259. n. 65. tab. 8. fig. 21. das kleine sechsfach gewundene falsche Posthörnchen. **Linn.** sp. 673. Helix contorta. **Abschn.** III. n. 55. tab. 5. fig. 29.

tab. 93. fig. 8. 9. **Müll.** p. 207. n. 393. Mytilus anatinus. **Mart.** p. 457. n. 111. tab. 11. fig. 64. A. die breite dünnschalige Teichmuschel. **Linn.** sp. 258. Mytilus anatinus. **Abschn.** III. n. 2. tab. 1. fig. 2. 3.

tab. 99. fig. 16. **Müll.** p. 182. n. 370. Nerita viuipara. **Mart.** p. 234. n. 52. die grosse lebendig gebährende Wasserschnecke mit Banden. **Linn.** sp. 690. Helix viuipara. **Abschn.** III. n. 126. tab. 8. fig. 1. 2. tab. min. C. fig. 6.

tab. 100. fig. 11. **Müll.** p. 191. n. 378. Nerita tuberculata. **Mart.** p. 349. n. 97. tab. 10. fig. 51. die dunkel purpurfarbne Schraubenschnecke. **Abschn.** III. n. 172.

tab. 118. fig. 11. **Müll.** p. 178. n. 364. Nerita lincina. **Linn.** sp. 639. Turbo lincina. **Abschn.** III. n. 165.

tab. 151. fig. 1. **Müll.** p. 143. n. 333. Buccinum virgineum. **Linn.** sp. 390. Bulla virginea. **Abschn.** III. n. 128. tab. 8. fig. 3. 4.

§. 33.

§. 33.

In des Herrn Canzler **Erich Pontoppidans** Naturhistorie von Dännemark [c]) hat der Herr Verfasser manche Gegenstände ausführlicher, andre kürzer bearbeitet. Das zwölfte Kapitel S. 192-232. handelt von allerhand kriechenden und flatternden Thieren, als Ottern, Schlangen, Würmern, Schnecken und Muscheln, nebst einem Verzeichnisse der Insecten. Die Schnecken und Muscheln S. 195 f. nehmen nur zwey Quartseiten ein, wo der Verfasser nichts gethan, als die lateinischen Namen nach der 10ten Ausgabe des **Linne'** angegeben, und selten einen **dänischen** Namen, oder eine Anmerkung hinzugethan hat. In allem sind es 28 Gattungen, welche theils für den Erdboden, theils für die Flüsse, theils für das Meer gehören. Keine einzige, die Seefeder Pinna pennacea ausgenommen, ist auf den Kupfertafeln abgebildet, von den Flußconchylien aber kommen folgende vor:

Pag. 195. Mya arenaria. **Linn.** sp. 27. **Mart.** p. 470. n. 115. der grosse Entenschnabel. **Abschn.** III. n. 5. tab. 2. fig. 1.

p. 195. Mytilus anatinus. **Linn.** sp. 258. **Müll.** p. 207. n. 393. **Mart.** p. 457. n. 111. tab. 11. fig. 64. A. die breite dünnschalige Teichmuschel. **Abschn.** III. n. 2. tab. 1. fig. 2. 3.

p. 196. Helix planorbis. **Linn.** sp. 662. **Müll.** p. 157. n. 344. Planorbis carinatus. **Mart.** p. 254. n. 62. tab. 8. fig. 18. das gelbliche platte Posthörnchen mit vier Windungen und scharfen Rande. **Abschn.** III. n. 39. tab. 5. fig. 13.

p. 196. Helix complanata. **Linn.** sp. 663. **Müll.** p. 160. n. 346. Planorbis vmbilicatus. **Abschn.** III. n. 51. tab. 5. fig. 22 - 25.

p. 196. Helix cornea. **Linn.** sp. 671. **Müll.** p. 154. n. 343. Planorbis purpura. **Mart.** p. 249. n. 61. tab. 8. fig. 17. das vertiefte Posthorn, welches die Coccinellfarbe von sich giebt. **Abschn.** III. n. 45. tab. 5. fig. 19. 20. 21. tab. min. C. fig. 7.

p. 196. Helix cornu arietis. **Linn.** sp. 674. **Müll.** p. 152. n. 342. Planorbis contrarius. **Abschn.** III. n. 43.

p. 196. Helix viuipara. **Linn.** sp. 690. **Müll.** p. 182. n. 370. Nerita viuipara. **Mart.** p. 234. n. 52. die grosse lebendig gebährende Wasserschnecke mit Banden. **Abschn.** III. n. 126. tab. 8. fig. 1. 2. tab. min. C. fig. 6.

p. 196. Helix stagnalis. **Linn.** sp. 703. **Müll.** p. 132. n. 327. Buccinum stagnale. **Mart.** p. 282. n. 79. das grosse Spitzhorn der süssen Wasser. **Abschn.** III. n. 99. tab. 7. fig. 1. 2. tab. min. C. fig. 1.

p. 196. Helix fragilis. **Linn.** sp. 704. **Mart.** p. 287. n. 80. tab. 9. fig. 35. das weisse Buccinum von sehr zerbrechlicher Schale, mit fünf bis sechs Gewinden. **Abschn.** III. n. 102. tab. 7. fig. 8.

Stünd kein **Müller** in **Kopenhagen** auf, der uns in seiner fürtreflichen *Historia vermium* mit den dänischen Flußconchylien bekannter machte, so musten wir glauben, neun Gattungen wäre alles aus einem solchen Königreiche, wie **Dännemark** ist.

c) **Erich Pontoppidans** kurzgefaßte Nachrichten die Naturhistorie in Dännemark betreffend. Aus dem Dänischen übersetzt. Mit Kupfern. Kopenhagen und Hamburg, 1765. 232 Seiten in groß Quart, 17 Kupfertafeln. Es ist dieses der erste Theil des ersten Bandes.

ist. Aber wir kennen nun mehr Gattungen, die ich in der Folge größtentheils werde bestimmter beschreiben können, da ich sie von dem Herrn Etatsrath **Müller** zum Geschenk erhalten habe. Unterdessen hat Herr **Pontoppidan** mehr nicht anzeigen können, als was ihm bekannt war. Vorgänger zu seyn, bleibt allemal Ehre, und glücklichere Nachfolger schreiben nur einen Theil ihrer Bereicherungen auf ihre Rechnung.

§. 34.

Der berühmte Naturforscher **Carl Bonnet** würde es in seiner Betrachtung über die Natur b) bey seinem eignen Herzen, noch weniger aber bey den Liebhabern seiner mit vielem Tiefsinn geschriebenen Arbeiten haben verantworten können, wenn er der Flußconchylien gar nicht hätte gedenken wollen. So wenig er auch immer darüber mag gesagt haben, so erhellet doch aus dem gesagten, daß seiner Aufmerksamkeit auch nicht ein Gegenstand entwischte, der in die grosse Kette der Natur gehörte. Bey seinen Betrachtungen über die Stufenfolge der Dinge redet er S. 62. Kap. XXI. auch von den Schalthieren. **Bonnet** gehöret unter diejenigen, welche von den Conchylien behaupten, daß sie sogleich mit ihrer Schale gebohren würden, daß aber auch einige durch das Ansetzen von Aussen wachsen; auch sind die Schalthiere insgesammt inwendig fleischigt und weich. Allein die in ihren Werken so mannigfaltige Natur, fährt **Bonnet** fort, stellet uns doch ein Schaalthier vor Augen, dessen ganzer Leib von Innen und Aussen aus kleinen Krystallen zusammengesetzt ist. Ein Ausspruch, den wir nicht würden erklären können, wenn uns nicht der Abt **Spalanzani** in einer Anmerkung das Räthsel aufgelöset hätte. **Bonnet** meynet hier die wunderbare lebendig gebährende krystallinische Wasserschnecke des **Schwammerdamms**, **Mart.** p. 239. n. 53. tab. 7. fig. 8. Abschn. III. n. 127. von welcher **Schwammerdamm** beobachtet hat, daß die meisten Theile des Thierchens, das dies Schalengehäuse bewohnet, aus einem Haufen sehr durchsichtiger gleich grosser Krystallkügelchen bestehen. Ausserdem betrachtet hier noch **Bonnet** die mehresten äussern und innern Theile der Schneckenthiere, den Kopf, mit den Fühlhörnern und den Augen, den Mund, den Fuß, oder was ihm statt dessen dienet, und dergleichen. Dies gehet nun zwar alle Conchylien überhaupt an, aber wir können doch manchen Gedanken zugleich auf die Flußconchylien anwenden. In seiner Betrachtung über der Thiere Fleiß und Geschicklichkeit redet er S. 473. Kap. XIII. von dem Betragen der Schalthiere und von der Flußmuschel. Ueberhaupt redet **Bonnet** hier blos von den Muscheln, ob ihm gleich die Schnecken einen mannigfaltigen Stoff zu Betrachtungen für diese Materie würden gegeben haben. Die Muscheln, gleichsam in ein Futteral eingeschlossen, scheinen zwar ganz plump; wir haben aber doch Ursache, mit der wenigen Geschicklichkeit, die sie an sich blicken lassen, zufrieden zu seyn. Hier erläutert er nun seinen Satz mit der Bewegung der Flußmuscheln, und zeigt, wie sie sich von einem Orte zum andern bewegen können. Sehet, sagt er, die Flußmuschel liegt mit ihrer flachen Seite auf dem Sande! Sehet da, sie ist im kurzen weit von dem Orte, wo

b) Betrachtung über die Natur, von Herrn Carl Bonnet — mit den Zusätzen der italiänischen Uebersetzung des Herrn Abt Spallanzani — und einigen eignen Anmerkungen herausgegeben von **Johann Daniel Titius**. Leipzig 1766. 1772. 1774. in groß Octav, die letzte Ausgabe 568 Seiten, 3 Kupfertafeln.

wo sie euch anfänglich fest zu sitzen schien. Ganz natürlich muß man diesen Satz in der Vergleichung mit den Kräften der Flußmuschel verstehen, wo es uns wunderbar vorkommen muß, daß sie in kurzer Zeit noch so weit fortkommen kann, als sie würklich fortgekommen ist. Denn wie langsam der Schritt der Flußmuschel sey, das wissen wir alle, und einem **Bonnet** konnte es am wenigsten unbekannt seyn, der alles mit einem so scharfen Blicke sahe.

Ich verbinde mit dieser Schrift des **Bonnet** eine andre, wo er über die organisirten Körper seine Betrachtungen anstellt e). Wenig von den Flußconchylien, und nur einzelne Gedanken. So hat er im I. Theil S. 246. der Uebersetzung den Gedanken: daß die Natur vom Steinreiche zu dem Thierreiche übergehe, weil man eine Schnecke entdeckt hat, deren Körper aus- und inwendig aus lauter kleinen Krystallen bestehet. Er meynet wieder die krystallinische lebendig gebährende Wasserschnecke des **Schwammerdamms**, von der ich vorhin geredet habe. Im andern Theile redet **Bonnet** Art. 301 S. 114 f. von den Zwitterthieren, dem Regenwurm, der Schnecke, einigen Muschelarten, und von den Entdeckungen des Adansons. Diese Entdeckung betrifft unter andern auch die Zwitterschaft, und die Begattung

1) der **Wasserblase** S. 117. f. **Müll.** p. 167. n. 353. Planorbis bulla. **Mart.** p. 364. n. 108. tab. 11. fig. 61. die kleine linksgewundene Bauch- oder Kahnschnecke. **Linn.** sp. 386. Bulla fontinalis. Abschn. III. n. 78. tab. 6. fig. 16. a. b.
2) des **Posthörnchens** S. 117. **Mart.** p. 263. n. 68. A. tab. 8. fig. 24. das kleine linksgewundene Senegallische Posthörnchen mit vier Windungen. Abschn. III. n. 44.

§. 35.

Wenn wir die Schriften des **Listers** ausnehmen, so hatten wir doch bis auf das Jahr 1767 sehr wenig Schriftsteller, von denen wir erweisen könnten, daß sie die Flußconchylien mit Vorsatz bearbeitet hätten; aber von diesem Jahre an bekam die Conchyliologie der süßen Wasser eine ganz andre Gestalt, da im Jahr 1767 Herr **Geoffroy** seine Abhandlung von den Conchylien um **Paris** f); im Jahr 1768 der Herr Ritter von **Linne'** die zwölfte Ausgabe seines Natursystems; und im Jahr 1769 der Herr D. **Martini** seine gründliche Abhandlung über die Flußconchylien herausgaben. Drey glückliche Jahre für diese Wissenschaft, die für dieselbe eine eigne Epoche ausmachen, und in welchen die Conchyliologie der süßen Wasser viel mehr gewonnen hat, als in vielen der vorhergehenden Jahre. Jetzo bleibe ich blos bey der Arbeit des Herrn **Geoffroy**

e) Herrn **Carl Bonnets** Betrachtungen über die organisirten Körper, worin von ihrem Ursprunge, von ihrer Entwickelung, von ihrer Reproduction u. s. w. gehandelt wird, und alles, was die Naturgeschichte davon gewisses und interessantes liefert, kurz zusammengefasset ist, aus dem Französischen übersetzt, und mit einigen Zusätzen herausgegeben von **Johann August Ephraim Goeze**. Erster Theil, Lemgo 1775. 296 Seiten, ohne der 66 Seiten langen Vorrede des Bonnet. Zweyter Theil, Lemgo 1775. 354 Seiten in Octav.

f) Traité sommaire des Coquilles, tant fluviatiles que terrestres, qui se trouvent aux environs de Paris par Mr. Geoffroy, à Paris 1767. 6 Bogen in groß Duodez. Des Herrn **Geoffroy** — kurze Abhandlung von den Conchylien, welche um Paris, sowohl auf dem Lande als in süßen Wassern, gefunden werden. Aus dem Französischen übersetzt und mit einigen erläuternden Zusätzen vermehret, durch Friedrich Heinrich Wilhelm Martini. Nürnberg 1767. 133 Seiten in groß Octav.

froy stehen. Seinem Plane zu Folge, wollte er alle Erd- und Flußconchylien beschreiben, die sich um Paris aufhalten, und er hat ihn sehr glücklich ausgeführt. Seine Beschreibungen sind zwar kurz, aber deutlich und hinreichend, und wenn er dieselben mit hinlänglichen Abbildungen begleitet hätte, so würde dieses Buch alle Forderungen der Kunstrichter und der Liebhaber befriedigen. Durch die von dem Herrn D. Martini besorgte Uebersetzung hat diese Schrift überaus viel gewonnen, und wenn auch gleich hier die Kupfertafeln ebenfalls fehlen, so hat uns der Herr Uebersetzer mit andern Schriftstellern, besonders mit seiner eignen Abhandlung über diesen Gegenstand bekannt gemacht, wo wir Beschreibungen und Abbildungen zugleich finden können.

Herr Geoffroy hat sein System nicht sowohl auf den Bau und auf die Beschaffenheit der Schalengehäuse, sondern auf den Bewohner gegründet. Hierinne ist er für die Flußconchylien der erste, der also gehandelt hat. Gleichwohl hat er die Beschaffenheit der Schalen nicht ganz übergangen, denn diese musten ihm seine Gattungen bestimmen helfen. Es wird dies alles deutlicher werden, wenn ich sein ganzes System kürzlich entwickle, und sogleich bey jedem Geschlecht die Gattungen anführe, die Herr Geoffroy hieher rechnet. Ich werde mich dabey der deutschen Ausgabe des Herrn D. Martini bedienen.

Erste Classe. S. 26. Erstes Geschlecht. Erdschnecken. Cochlea, Le Limas. Vier Fühlhörner. Die zwey längsten tragen die Augen oben in ihren Knöpfen. Die Schale ist einfach und gewunden.

Zweytes Geschlecht. S. 65. Spitzhörner, Trompetenschnecken. Buccina, Buccins. Das Thier hat zwey platte ohrenförmige Fühlhörner. Die Augen sitzen unten an der innern Seite derselben. Das Gehäuse bestehet aus einer einzigen kegelförmigen Schale.

1. Gattung. p. 68. Buccinum fluviatile vulgare majus. Le grand Buccin. Müll. p. 132. n. 327. Buccinum stagnale. Mart. p. 282. n. 79. das grosse Spitzhorn der süssen Wasser. Linn. sp. 703. Helix stagnalis. Abschn. III. n. 99. tab. 7. fig. 1. 2. tab. min. C. fig. 1.
2. Gat. p. 71. Buccinum vulgare minus, Le petit Buccin. Müll. p. 131. n. 326. Buccinum palustre. Mart. p. 289. n. 82. tab. 9. fig. 37. das kleine Spitzhorn von fünf Gewinden. Abschn. III. n. 101. tab. 7. fig. 9. 10.
3. Gat. p. 72. Buccinum ampullaceum, Radix dictum. Le Radix. Le Buccin ventru. Müll. p. 126. n. 322. Buccinum auricula. Mart. p. 356. n. 106. tab. 11. fig. 59. die weitmündige durchsichtige Bauchschnecke, die Ohrschnecke. Linn. sp. 707. Helix auricula. Abschn. III. n. 81. tab. 6. fig. 3-6.

Drittes Geschlecht. Die Tellerschnecke. S. 75. Dieses Geschlecht hat zwey fadenförmige Fühlhörner. Die Augen sitzen unten an der innern Seite derselben. Das Gehäuse bestehet aus einer einzigen gewundenen, und gemeiniglich platten Schale. I. Familie, mit niedergedrückter platter Schale, oder mit platten Gewinden.

4. Gat. p. 78. Cornu Ammonis spurium maximum. Le grand Planorbe à spirales rondes. Müll. p. 154. n. 343. Planorbis purpura. Mart. p. 249. n. 61. tab. 8. fig. 17. das vertiefte Posthorn, welches die Coccinellfarbe von sich giebt. Linn. sp. 671. Helix cornea. Abschn. III. n. 45. tab. 5. fig. 19. 20. 21. tab. min. C. fig. 7.

5. Gattung. p. 80. Cornu Ammonis spurium minus. Le Petit Planorbe à cinq spirales rondes. Müll. p. 161. n. 347. Planorbis spirorbis. Mart. p. 258. n. 64. tab. 8. fig. 20. das kleine platte Posthörnchen mit fünf Gewinden ohne Rand. Linn. sp. 672. Helix spirorbis. Abschn. III. n. 47.

6. Gatt. p. 81. Cornu Ammonis spurium exiguum, spiris 6. ad proximam compressis. Le petit Planorbe à six spirales rondes. Müll. p. 162. n. 348. Planorbis contortus. Mart. p. 259. n. 65. tab. 8. fig. 21. das kleine sechsfach gewundene falsche Posthörnchen. Linn. sp. 673. Helix contorta. Abschn. III. n. 55. tab. 5. fig. 29.

7. Gatt. p. 82. Cornu Ammonis spurium, marginatum spiris quatuor. Le Planorbe à quatre spirales arête. Müll. p. 157. n. 344. Planorbis carinatus. Mart. p. 254. n. 62. tab. 8. fig. 18. das gelbliche platte Posthörnchen mit vier Windungen und scharfen Rande. Linn. sp. 662. Helix planorbis. Abschn. III. n. 39. tab. 5. fig. 13.

8. Gatt. p. 84. Cornu Ammonis spurium, marginatum 6. orbibus absolutum. Planorbe à six spirales, à arrête. Müll. p. 158. n. 345. Planorbis vortex. Mart. p. 256. n. 63. das hellgraue oder weißliche Posthörnchen mit fünf bis sechs Gewinden und scharfen Rand. Linn. sp. 667. Helix vortex. Abschn. III. n. 41. tab. 5. fig. 16. 17.

9. Gatt. p. 85. Cornu Ammonis spurium marginatum 3. orbium. Planorbe à 3. spirales à arête. Müll. p. 163. n. 349. Planorbis nitidus. Mart. p. 262. n. 67. tab. 8. fig. 22. das genabelte wachsfarbige Posthörnchen. Abschn. III. n. 53. tab. 5. fig. 27.

10. Gatt. p. 86. Cornu Ammonis exiguum hispidum. Le Planorbe Velouté. Mart. p. 268. n. 71. die rauhe sammtartige Tellerschnecke. Abschn. III. n. 60.

11. Gatt. p. 87. Cornu Ammonis spurium imbricatum. Le Planorbe tuilé. Müll. p. 165. n. 351. Planorbis imbricatus. Mart. p. 269. n. 72. die ziegelförmige Tellerschnecke. Linn. sp. 654. Turbo nautileus. Abschn. III. n. 50.

II. Familie. Tellerschnecken, 2) mit verlängerter Schale.

12. Gatt. p. 88. Turbo ater, circulis albis notatus. Le Planorbe en vis. Mart. p. 344. n. 90. tab. 10. fig. 45. die schwärzliche Schraubenschnecke mit weissen Reifen. Abschn. III. n. 151.

III. Familie. Tellerschnecken, 3) mit gewölbter und bauchigter Schale.

13. Gatt. p. 90. Bulla fontinalis. La Bulle aquatique. Müll. p. 167. n. 353. Planorbis bulla. Mart. p. 364. n. 108. tab. 11. fig. 61. die kleine linksgewundene Bauch- oder Kahnschnecke. Linn. sp. 386. Bulla fontinalis. Abschn. III. n. 78. tab. 6. fig. 16. a. b.

Viertes Geschlecht. Neriten, Schwimmschnecken. p. 93. Sie haben zwey Fühlhörner. Die Augen sitzen unten an der äussern Seite derselben. Das einfache Gehäuse hat einen Deckel, und ist beynahe kegelförmig gewunden.

14. Gatt. p. 95. Cochlea, operculo testaceo donata. L'Elegante striée. Herr Geoffroy sagt von dieser Schnecke S. 97, daß sie sich in feuchten Waldungen auf-

aufhalte, und die einzige dieses Geschlechts sey, die nicht zu den Wasserschnecken gehöret. Wahr ist es, daß, wenn sie nirgends als in feuchten Waldungen gefunden wird, so gehöret ihr eigentlich der Name einer Erdschnecke. Aber zwey Fühlhörner, und einen schaligten Deckel zu haben, sind das nicht zwey Hauptcharactere der Flußconchylien? Herr Etatsrath **Müller** hat sie in seiner Historia Verm. P. II. p. 177. unter die Flußconchylien aufgenommen. Wenigstens ist sie ein wahres Mittelding.

15. Gatt. p. 97. Cochlea vivipara fasciata. La Vivipare à bandes. **Müll.** p. 182. n. 370. Nerita vivipara. **Mart.** p. 234. n. 52. die grosse lebendig gebährende Wasserschnecke mit Banden. **Linn.** sp. 690. Helix vivipara. **Abschn.** III. n. 126. tab. 8. fig. 1. 2. tab. min. C. fig. 6.

16. Gatt. p. 100. Cochlea operculata minor. Janitor. La petite Operculée. **Müll.** p. 185. n. 372. Nerita jaculator. **Mart.** p. 243. n. 56. tab. 7. fig. 11. die kleine bedeckte Wasserschnecke, der Thürhüter. **Linn.** sp. 707. Helix tentaculata. **Abschn.** III. n. 120. tab. 7. fig. 19 - 22.

17. Gatt. p. 102. Cochlea depressa cristata. Le Porte-Plumet. **Mart.** p. 247. n. 59. der Federbuschträger. **Abschn.** III. n. 85. tab. 6. fig. 11.

18. Gatt. p. 104. Valvata fluviatilis elegans. La Nerite des Rivieres. **Müll.** p. 194. n. 381. Nerita fluviatilis. **Mart.** p. 271. n. 73. tab. 8. fig. 27. die kleine schuppigt gefleckte Schwimmschnecke, die Flußnerite. **Linn.** sp. 723. Nerita fluviatilis. **Abschn.** III. n. 30. tab. 5. fig. 5 - 10. tab. min. C. fig. 8.

Fünftes Geschlecht. Die convexe Schnecke, Napfmuschel, Patelle. p. 108. Das Thier hat zwey Fühlhörner. Die Augen sitzen unten an der innern Seite derselben. Die einfache Schale ist hohl und glatt.

19. Gatt. p. 110. Ancylus, Lepas, Ancile, Patelle. **Müll.** p. 199. n. 385. Ancylus lacustris. **Mart.** p. 230. n. 51. tab. 7. fig. 1. die kleine Dragonermütze. **Linn.** sp. 769. Patella lacustris. **Abschn.** III. n. 26. tab. 5. fig. 1. 2. 3.

Zwote Classe. Zweyschaligte Conchylien.

Erstes Geschlecht. Breitmuscheln, Gienmuscheln. p. 118. Die Bewohner haben zwey platte verlängerte Saugrüssel. Ein mit Zähnen versehenes Charnier. Ihre Schale ist rund.

20. Gatt. p. 118. Chama fluviatilis. Came des ruisseaux. **Müll.** p. 202. Tellina rivalis. **Mart.** p. 449. n. 109. tab. 11. fig. 63. die kleine Gienmuschel. **Linn.** sp. 72. Tellina cornea. **Abschn.** III. n. 11. tab. 4. fig. 3. 4. 5.

Zweytes Geschlecht. Keilmuscheln, Mahlermuscheln, Teich- und Flußmuscheln. p. 121. Der Bewohner hat zwey kurze mit Franzen besetzte Saugrüssel. Das Schloß der Schale bestehet aus starken Häuten ohne Zähne g). Die Schalen selbst sind länglich.

g) Allerdings haben wir unter denen zu diesem Geschlechte gehörigen Muscheln solche, deren Schloß Zähne hat. Man findet sie in meinem III. Abschnitte num. 6 : 10., folglich passet zwar dieser Geschlechtscharacter auf die Muscheln bey Paris, ob es mich gleich wundert, daß Hr. Geoffroy die Mahlermuschel anführet und ihre Zähne nicht bemerkt hat; aber nicht auf das ganze Geschlecht.

21. Gatt. p. 124. Musculus latissimus cardine laevi. La grande Moule des Etangs. **Müll.** p. 208. n. 394. Mytilus cygneus. **Mart.** p. 455. n. 110. die gröste grünlich braune Teichmuschel. **Linn.** sp. 257. Mytilus cygneus. **Abschn.** III. n. 4. tab. 3. fig. 1.

22. Gatt. Musculus fluviatilis angustior. La Moule des Rivieres. **Müll.** p. 211. n. 397. Mya pictorum. **Mart.** p. 465. n. 113. tab. 12. fig. 66. die dunkel- oder hellgrüne Flußmuschel. **Linn.** sp. 28. Mya pictorum. **Abschn.** III. n. 7. tab. 3. fig. 2. 4. 5.

Wenn gleich im Ganzen betrachtet Herr von **Linne'** sein Conchyliensystem eben so gebauet hat wie Herr **Geoffroy**, nemlich auf die Beschaffenheit des Bewohners und auf den Bau der Schale, dergestalt, daß der Bewohner das Geschlecht, die Schale aber die Gattung bestimmen: wenn ich es gleich eingestehe, daß es Pflicht für den Conchyliologen sey, die Bewohner der Schalengehäuse nicht zu übersehen; so haben mich doch zwey Gründe zurückgehalten, mein System auf eben diesen Grund zu stützen.

1) Weil wir nie die Hoffnung haben, alle Flußconchylien mit ihren Bewohnern zu sehen; weil wir uns hiebey folglich auf das Zeugniß andrer verlassen müssen; welches in vielen Fällen trügt. Wir haben zwar verschiedene Flußconchylien, welche mehrern Weltgegenden eigen sind; aber nur Fremdlingen in der Naturgeschichte dieser Thiere kann es unbekannt seyn, daß mehrere für manche Gegenden gehören, die man in andern Weltgegenden vergeblich sucht. Hieher gehören die ausländischen Flußschnecken, und **Argenville** hat mancher Flußconchylie gedacht, die nur für **Frankreich** gehöret; so **Thüringen**, so die **Donau**, so mehrere Gegenden und Flüsse. Und überhaupt ziehe ich in der Naturgeschichte dasjenige, was mir sogleich in die Augen fällt, dem vor, was ich erst mühsam suchen muß. Der äussre Bau der Schale hat Unterscheidungszeichen genug, darnach wir uns bey einem leichtern System richten können; ob es gleich für den Naturforscher gehört, auch die Thiere zu kennen.

2) Weil es sogar scheinet, als wenn die Natur nicht einmal nach diesem Grundsatze wollte gerichtet seyn. Die Napfschnecke hat eben den Bewohner, den die Tellerschnecke hat, und das nöthigte Herrn **Geoffroy** S. 108. der Uebersetzung das Geständniß ab: „Die convexe Schnecke hat mit der Tellerschnecke einen sehr ähnlichen Character. Sie ist ebenfalls nur mit zwey Fühlhörnern versehen, und ihre Augen sitzen unten an der innern Seite derselben. **Das einzige Merkmal, welches dieses Geschlecht von dem Geschlecht der Tellerschnecken und aller übrigen unterscheidet, ist die Form ihrer Schale.**"

§. 36.

Wenn ich bey dem Natursystem des Herrn Ritter von **Linne'** b) auf die ältern Ausgaben hätte sehen wollen, so hätte ich desselben längst gedenken müssen. Mit Ueberlegung aber habe ich die Anzeige dieses mühsamen und in der That fürtreflichen Buches bis zur zwölften Ausgabe zurückgehalten, weil es hier in seiner grösten Voll-

kommen-

b) Systema naturae per regna tria naturae, secundum classes, ordines, genera, species, cum characteribus, differentiis, synonymis, locis. Holmiae 1768 drey Bände in groß Octav. Die Conchylien sind im ersten Bande zu finden.

kommenheit erschien. Zwar hat der Ritter schon in der 10ten Ausgabe der Flußconchylien mit Vorsatz gedacht; weil er aber auch in diesem Fache in der 12ten mehr gesammlet hat, so bleibe ich auch bey dieser vorzüglich stehen. Der Herr Ritter hat die Erd-, Fluß- und Seeconchylien nicht von einander getrennt, und hier hat er zuverläßig allgemeinen Beyfall, sondern er hat sie allenthalben in ihre Geschlechter eingeschaltet. Seine Geschlechtskennzeichen sind theils das Thier, theils der Bau der Schale, ich kann aber davon hier keinen Gebrauch machen, weil viele unter seinen Conchyliengeschlechtern keine Gattungen aus den Flüssen vorzeigen können. Seine Geschlechter sind folgende. 1) Mya, 2) Tellina, 3) Mactra, 4) Mytilus. 5) Bulla, 6) Strombus, 7) Murex, 8) Turbo, 9) Helix, 10) Nerita, 11) Patella. Mit den Muscheln macht also der Herr Ritter den Anfang, und folgende Gattungen sind es, damit er uns beschenkt.

1) Mya arenaria seu lutaria. Gen. 303. sp. 27. **Mart.** p. 470. n. 115. der grosse Entenschnabel. **Abschn.** III. n. 5. tab. 2. fig. 1.

2) Mya pictorum. Gen. 303. sp. 28. **Müll.** p. 211. n. 397. Mya pictorum. **Mart.** p. 465. n. 113. tab. 12. fig. 66. die dunkel- oder hellgrüne Flußmuschel. Abschn. III. n. 7. tab. 3. fig. 2. 4. 5.

3) Mya margaritifera. Gen. 303. sp. 29. **Müll.** p. 210. n. 396. Mya margaritifera. **Mart.** p. 462. n. 112. tab. 12. fig. 65. A. B. die schwarze dickschalige Flußmuschel, die Perlmuschel. Abschn. III. n. 6. tab. 4. fig. 1.

4) Tellina pisiformis. Gen. 305. sp. 69. Abschn. III. n. 14.

5) Tellina cornea. Gen. 305. sp. 72. **Müll.** p. 202. n. 387. Tellina rivalis. **Mart.** p. 449. n. 109. tab. 11. fig. 63. die kleine Gienmuschel. Abschn. III. n. 11. tab. 4. fig. 3. 4. 5.

6) Mactra lutaria. Gen. 307. sp. 101. ist vermuthlich die Mya arenaria vorher num. 1.

7) Mytilus cygneus. Gen. 315. sp. 257. **Müll.** p. 208. n. 394. Mytilus cygneus. **Mart.** p. 455. n. 110. die gröste grünlich braune Teichmuschel. Abschn. III. n. 4. tab. 3. fig. 1.

8) Mytilus anatinus. Gen. 315. sp. 258. **Müll.** p. 207. n. 393. Mytilus anatinus. **Mart.** p. 457. n. 111. tab. 11. fig. 64. A. die breite dünnschalige Teichmuschel. Abschn. III. n. 2. tab. 1. fig. 2. 3.

9) Bulla fontinalis. Gen. 321. sp. 386. **Müll.** p. 167. n. 353. Planorbis bulla. **Mart.** p. 364. n. 108. tab. 11. fig. 61. die kleine linksgewundene Bauch- oder Kahnschnecke. Abschn. III. n. 78. tab. 6. fig. 16. a. b.

10) Bulla virginea. Gen. 321. sp. 390. **Müll.** p. 143. n. 333. Buccinum virgineum. Abschn. III. n. 128. tab. 8. fig. 3. 4.

11) Bulla achatina. Gen. 321. sp. 391. **Müll.** p. 140. n. 332. Buccinum achatinum. Abschn. III. n. 98. tab. 6. fig. 1.

12) Strombus palustris. Gen. 324. sp. 515. Abschn. III. n. 133.

13) Strombus ater. Gen. 324. sp. 516. **Müll.** p. 188. n. 375. Nerita atra. **Mart.** p. 340. n. 86. tab. 9. fig. 41. die glatte Sumpf-, Pfuhl- oder Morastnadel. Abschn. III. n. 168.

14) Murex cariosus. Gen. 325. sp. 548. Abschn. III. n. 107.

15) Turbo thermalis. Gen. 327. sp. 629. Abschn. III. n. 159.

16) Tur-

16) Turbo lincina. Gen. 327. sp. 639. Müll. p. 178. n. 364. Nerita lincina. Abschn. III. n. 165.

17) Turbo nautileus. Gen. 327. sp. 654. Müll. p. 165. n. 351. Planorbis imbricatus. Mart. p. 269. n. 72. die ziegelförmige Tellerschnecke. Abschn. III. n. 50.

18) Helix planorbis. Gen. 328. sp. 662. Müll. p. 157. n. 344. Planorbis carinatus. Mart. p. 254. n. 62. tab. 8. fig. 18. das gelbliche platte Posthörnchen mit vier Windungen und scharfen Rande. Abschn. III. n. 39. tab. 5. fig. 13.

19) Helix complanata. Gen. 328. sp. 663. Müll. p. 160. n. 346. Planorbis vmbilicatus. Abschn. III. n. 51. tab. 5. fig. 22-25.

20) Helix vortex. Gen. 328. sp. 667. Müll. p. 158. n. 345. Planorbis vortex. Mart. p. 256. n. 63. das hellgraue oder weißliche Posthörnchen mit fünf bis sechs Gewinden und scharfen Rand. Abschn. III. n. 41. tab. 5. fig. 16. 17.

21) Helix cornea. Gen. 328. sp. 671. Müll. p. 154. n. 343. Planorbis purpura. Mart. p. 249. n. 61. tab. 8. fig. 17. das vertiefte Posthorn, welches die Coccinellfarbe von sich giebt. Abschn. III. n. 45. tab. 5. fig. 19. 20. 21. tab. min. C. fig. 7.

22) Helix spirorbis. Gen. 328. sp. 672. Müll. p. 161. n. 347. Planorbis spirorbis. Mart. p. 258. n. 64. tab. 8. fig. 20. das kleine platte Posthörnchen mit fünf Gewinden ohne Rand. Abschn. III. n. 47.

23) Helix contorta. Gen. 328. sp. 673. Müll. p. 162. n. 348. Planorbis contortus. Mart. p. 259. n. 65. tab. 8. fig. 21. das kleine sechsfach gewundene falsche Posthörnchen. Abschn. III. n. 55. tab. 5. fig. 29.

24) Helix cornu arietis. Gen. 328. sp. 674. Müll. p. 152. n. 342. Planorbis contrarius. Abschn. III. n. 43.

25) Helix ampullacea. Gen. 328. sp. 676. Müll. p. 172. n. 359. Nerita ampullacea. Mart. III. Band, p. 152. tab. 6. fig. 68. die Schlamm- oder Kothschnecke. Abschn. III. n. 62. tab. 6. fig. 2.

26) Helix mammillaris. Gen. 328. sp. 685. Abschn. III. n. 65.

27) Helix lutaria. Gen. 328. sp. 687. Abschn. III. n. 66.

28) Helix peruersa. Gen. 328. sp. 688 Abschn. III. n. 93.

29) Helix viuipara. Gen. 328. sp. 690. Müll. p. 182. n. 370 Nerita viuipara. Mart. p. 234. n. 52. die grosse lebendig gebährende Wasserschnecke mit Banden. Abschn. III. n. 126. tab. 8. fig. 1. 2. tab. min. C. fig. 6.

30) Helix cylindrica. Gen. 328. sp. 696. Abschn. III. n. 160.

31) Helix stagnalis. Gen. 328. sp. 697. Müll. p. 132. n. 327. Buccinum stagnale. Mart. p. 282. n. 79. das grosse Spitzhorn der süssen Wasser. Abschn. III. n. 99. tab. 7. fig. 1. 2. tab. min. C. fig. 1.

32) Helix octona. Gen. 328. sp. 698. Müll. p. 150. n. 340. Buccinum acicula. Abschn. III. n. 143. tab. 8. fig. 6. a. b.

33) Helix amarula. Gen. 328. sp. 702. Müll. p. 136. n. 330. Buccinum amarula. Mart. p. 291. n. 83. tab. 9. fig. 38. die Pabstkrone der süssen Wasser. Abschn. III. n. 96.

34) Helix fragilis. Gen. 328. sp. 704. **Mart.** p. 287. n. 80. tab. 9. fig. 35. das weisse Buccinum von sehr zerbrechlicher Schale, mit fünf bis sechs Gewinden. Abschn. III. n. 102. tab. 7. fig. 8.

35) Helix limosa. Gen. 328. sp. 706. Abschn. III. n. 74.

36) Helix tentaculata. Gen. 328. sp. 707. **Müll.** p. 185. n. 372. Nerita jaculator. **Mart.** p. 243. n. 56. tab. 7. fig. 11. die kleine bedeckte Wasserschnecke, der Thürhüter. Abschn. III. n. 120. tab. 7. fig. 19-22.

37) Helix auricula. Gen. 328. sp. 708. **Müll.** p. 126. n. 322. Buccinum auricula. **Mart.** p. 356. n. 106. tab. 11. fig. 59. die weitmündige durchsichtige Bauchschnecke, die Ohrschnecke. Abschn. III. n. 81. tab. 6. fig. 3-6.

38) Nerita corona. Gen. 329. sp. 720. **Müll.** p. 197. n. 383. Nerita corona. **Mart.** p. 277. n. 76. tab. 8. fig. 30. die dornigte Nerite, das Flußdornchen. Abschn. III. n. 37.

39) Nerita fluviatilis. Gen. 329. sp. 723. **Müll.** p. 194. n. 381. Nerita fluviatilis. **Mart.** p. 271. n. 73. tab. 8. fig. 27. die kleine schuppigt gefleckte Schwimmschnecke. Abschn. III. n. 30. tab. 5. fig. 5-10. tab. min. C. fig. 8.

40) Nerita lacustris. Gen. 329. sp. 725. Abschn. III. n. 35.

41) Nerita pulligera. Gen. 329. sp. 726. **Müll.** p. 195. n. 382. Nerita rubella. **Mart.** p. 279. n. 27. tab. 8. fig. 31. das Rothauge. Abschn. III. n. 36.

42) Patella lacustris. Gen. 331. sp. 769. **Müll.** p. 199. n. 385. Ancylus lacustris. **Mart.** p. 230. n. 51. tab. 7. fig. 1. die kleine Dragonermütze. Abschn. III. n. 26. tab. 5. fig. 1. 2. 3.

Unter diesen 42 Gattungen gehören folgende für die neue zwölfte Ausgabe, die in der zehenten fehlen: Tellina pisiformis, Mactra lutaria, doch glaube ich, diese sey mit der Mya arenaria eine Muschel, Bulla virginea, Bulla achatina, Strombus palustris, Murex cariosus, Turbo thermalis, Turbo lincina, Helix cornu arietis, Helix ampullacea, Helix mammillaris, Helix lutaria, Helix perversa, Helix cylindrica, Helix octona, Helix limosa, Nerita lacustris, Nerita pulligera. Fast alle diese Gattungen fehlen auch in des Herrn D. **Martini** Abhandlung von den Flußconchylien, weil diese Abhandlung mit der zwölften Ausgabe fast zu gleicher Zeit herauskam, und daher in Deutschland nicht bekannt seyn konnte. Der Herr Etatsrath **Müller** hingegen hat in sein System folgende Gattungen nicht aufgenommen: Mya arenaria, Tellina pisiformis, Strombus palustris, Murex cariosus, Turbo thermalis, Helix mammillaris, Helix lutaria, Helix perversa, Helix cylindrica, Helix fragilis, Helix limosa, und Nerita lacustris. Ich habe sie in mein System sämtlich aufgenommen, weil ich mich nicht überreden kann, daß der Herr Ritter, der seine Gattungen so sehr zusammendrängte, als er konnte, sollte Spielarten in sein System aufgenommen haben.

§. 37.

Noch vollständiger, als der Ritter von Linne' gethan hat, hat der Herr D. **Martini** die Flußconchylien abgehandelt f), dessen Arbeit nicht nur überhaupt den Beyfall

f) Abhandlung von den Conchylien der süssen Wasser: in dem Berlinischen Magazin IV. Band, Berlin 1769. in Octav. Seite 113-158. 227-293. 337-368. 445-474. und sechs Tafeln Kupfer, nemlich in diesem 4. Bande Tab. VII-XII.

fall der Kenner, den sie verdiente, erhielt, sondern dem auch die Ehre gehöret, unter die wenigen Schriftsteller zu gehören, welche den Flußconchylien eigne Abhandlungen gewidmet haben. Man kann auch diese Abhandlung mit Recht das erste Handbuch über die Flußconchylien nennen, weil in dieser Schrift die ganze Conchyliologie der süssen Wasser abgehandelt ist, und so viel Flußconchylien beschrieben sind, als bis auf das Jahr 1769 bekannt waren. **Die erste Abtheilung** S. 113. redet von den Bewohnern der Conchylien der süssen Wasser, und erkläret alle äussere und innere Theile derselben zwar kurz, aber hinreichend und deutlich. **Die zweyte Abtheilung** S. 143. redet von den Schalengehäusen der Flußschnecken und Muscheln, und erkläret diese Gehäuse ebenfalls nach ihren Theilen und Veränderungen. **Die dritte Abtheilung** endlich S. 227. beschreibt die Flußconchylien selbst, welche in zwey Classen gebracht worden sind, in einschaligte Flußschnecken, und in zweyschaligte Muscheln. Zu der ersten Classe werden folgende acht Geschlechter gerechnet. 1) Die Schüsselmuscheln, Patellae, Lepades; 2) die Mondschnecken, Cochlea lunares; 3) die Tellerschnecken, Planorbes; 4) die Schwimmschnecken, Neritae, Valvatae; 5) die Kräuselschnecken, Trochili; 6) die Schrauben-, Pfriemen- und Nadelschnecken, Turbines; 7) die Spitzhörner, Buccina; 8) die Tonnen-, Bläschen-, Kugelschnecken, Globosae. Zu der zweyten Classe oder den Muscheln werden zwey Geschlechter gezählet. 1) Die Breitmuschel, oder Gienmuschel, Chama; 2) die Teich- oder Flußmuschel, Mytilus. Bey jedem Geschlecht wird von den Geschlechtskennzeichen geredet, der Bewohner beschrieben, und nun von den Gattungen Nachricht gegeben. Bey einer jeden Gattung werden die Schriftsteller angeführt, die ihrer gedacht haben, und ihre Namen und Beschreibungen werden mit ihren eignen Worten bekannt gemacht. Zu dieser Abhandlung gehören sechs Kupfertafeln, folglich hat der Herr Verfasser alles gethan, was sein Buch des Namens eines Handbuchs würdig macht; bey welchem nur noch der einzige Wunsch übrig ist, daß es besonders möchte abgedruckt seyn. Die Gattungen, die Herr D. **Martini** bekannt macht, und deren Anzahl 68 sind, sind folgende.

Seite 230. n. 51. tab. 7. fig. 1. die kleine Dragonermütze. **Müll.** p. 199. n. 385. Ancylus lacustris. **Linn.** sp. 769. Patella lacustris. **Abschn.** III. n. 26. tab. 5. fig. 1. 2. 3.

S. 234. n. 52. tab. 7. fig. 4. 5. die grosse lebendig gebährende Wasserschnecke mit Banden. **Müll.** p. 182. n. 370. Nerita vivipara. **Linn.** sp. 690. Helix vivipara. **Abschn.** III. n. 126. tab. 8. fig. 1. 2. tab. min. C. fig. 6.

S. 239. n. 53. tab. 7. fig. 8. die wunderbare lebendig gebährende krystallinische Wasserschnecke. **Abschn.** III. n. 127.

S. 242. n. 54. tab. 7. fig. 10. die gelbe französische Flußschnecke. **Abschn.** III. n. 76.

S. 243. n. 55. tab. 7. fig. 1. die achatfarbige Flußschnecke mit weissen Banden. **Abschn.** III. n. 77.

S. 243. n. 56. tab. 7. fig. 12. die kleine bedeckte Wasserschnecke, der Thürhüter. **Müll.** p. 185. n. 372. Nerita jaculator **Linn.** sp. 707. Helix tentaculata. **Abschn.** III. n. 120. tab. 7. fig. 19-22.

S. 246. n. 57. die Kräuselförmige Flußschnecke. **Abschn.** III. n. 87. A.

Seite 247. n. 58. tab. 7. fig. 15. die platt gewundene braune Nabelschnecke mit sechs Gewinden. Abschn. III. n. 61. A.

S. 247. n. 59. der Federbuschträger. Abschn. III. n. 85. tab. 6. fig. 11.

S. 249. n. 60. tab. 7. fig. 16. die kleine genabelte Flußschnecke mit vier Gewinden. Abschn. III. n. 69. tab. 5. fig. 33.

S. 249. n. 61. tab. 8. fig. 17. das vertiefte Posthorn, welches die Coccinellfarbe von sich giebt. Müll. p. 154. n. 343. Planorbis purpura. Linn. sp. 671. Helix cornea. Abschn. III. n. 45. tab. 5. fig. 19. 20. 21. tab. min. C. fig. 7.

S. 253. n. 61. tab. 8. fig. 23. das kleine Posthörnchen mit drey runden Gewinden. Müll. p. 164. n. 350. Planorbis albus. Abschn. III. n. 38. tab. 5. fig. 12.

S. 254. n. 62. tab. 8. fig. 18. das gelbliche platte Posthörnchen mit vier Windungen und einem scharfen Rande. Müll. p. 157. n. 344. Planorbis carinatus. Linn. sp. 662. Helix planorbis. Abschn. III. n. 39. tab. 5. fig. 13.

S. 256. n. 63. tab. 8. fig. 19. das hellgraue oder weißliche Posthörnchen mit fünf bis sechs Gewinden und einem scharfen Rand. Müll. p. 158. n. 345. Planorbis vortex. Linn. sp. 667. Helix vortex. Abschn. III. n. 41. tab. 5. fig. 16. 17.

S. 258. n. 64. tab. 8. fig. 20. das kleine platte Posthörnchen mit fünf Gewinden ohne Rand. Müll. p. 161. n. 347. Planorbis spirorbis. Linn. sp. 672. Helix spirorbis. Abschn. III. n. 47.

S. 259. n. 65. tab. 8. fig. 21. das kleine sechsfach gewundene falsche Posthörnchen. Müll. p. 162. n. 348. Planorbis contortus. Linn. sp. 673. Helix contorta. Abschn. III. n. 55. tab. 5. fig. 29.

S. 261. n. 66. das kleine viermal gewundene Posthörnchen. Abschn. III. n. 48.

S. 262. n. 67. tab. 8. fig. 22. das genabelte wachsfarbige Posthörnchen. Müll. p. 163. n. 349. Planorbis nitidus. Abschn. III. n. 53. tab. 5. fig. 27.

S. 263. n. 68. A. tab. 8. fig. 24. das kleine fünfgewundene Senegallische Posthörnchen mit vier Windungen. Abschn. III. n. 44.

S. 265. n. 68. B. tab. 11. fig. 64. B. das durchsichtige feingestreifte Posthörnchen mit drey Windungen. Müll. p. 166. n. 352. Planorbis similis. Abschn. III. n. 58.

S. 267. n. 69. tab. 8. fig. 25. das kleine Schlängelchen mit drey Gewinden. Abschn. III. n. 49.

S. 268. n. 70. tab. 8. fig. 26. das kleine genabelte Schlängelchen mit vier flachen Gewinden. Müll. p. 171. n. 357. Nerita pusilla. Abschn. III. n. 59.

S. 268. n. 71. die rauhe sammtartige Tellerschnecke. Abschn. III. n. 60.

S. 269. n. 72. die ziegelförmige Tellerschnecke. Müll. p. 165. n. 351. Planorbis imbricatus. Linn. sp. 654. Turbo nautileus. Abschn. III. n. 50.

S. 271. n. 73. tab. 8. fig. 27. die kleine schuppigt gefleckte Schwimmschnecke, die Flußnerite. Müll. p. 194. n. 381. Nerita fluviatilis. Linn. sp. 723. Nerita fluviatilis. Abschn. III. n. 30. tab. 5. fig. 5-10. tab. min. C. fig. 8.

S. 276. n. 74. die gelblich grüne Flußnerite mit schwarzen Wellenlinien. Abschn. III. n. 33.

S. 277. n. 75. die kleine weisse Schwimmschnecke. Abschn. III. n. 34.

Seite 277. n. 76. tab. 8. fig. 30. die dornigte Nerite oder Klappenschnecke. Müll. p. 197. n. 383. Nerita corona. Linn. sp. 720. Nerita corona. Abschn. III. n. 37.

S. 279. n. 77. tab. 8. fig. 31. das Rothauge, Rubella. Müll. p. 195. n. 382. Nerita rubella. Linn. sp. 726. Nerita pulligera. Abschn. III. n. 36.

S. 281. n. 78. tab. 8. fig. 32. das goldgelbe Spitzhorn mit einer weissen Binde. Abschn. III. n. 125.

S. 282. n. 79. tab. 9. fig. 33. A. das gelbliche zarte Buccinum der süssen Wasser, das grosse Spitzhorn der süssen Wasser. Müll. p. 132. n. 327. Buccinum stagnale. Linn. sp. 703. Helix stagnalis. Abschn. III. n. 99. tab. 7. fig. 1. 2. tab. min. C. fig. 1.

S. 287. n. 80. tab. 9. fig. 35. das weisse Buccinum von sehr zerbrechlicher Schale, mit fünf bis sechs Gewinden. Linn. sp. 704. Helix fragilis. Abschn. III. n. 102. tab. 7. fig. 8.

S. 288. n. 81. tab. 9. fig. 36. das schwarze Spitzhorn mit sechs Gewinden, der Rabe. Abschn. III. n. 100. tab. 7. fig. 3. 4.

S. 289. n. 82. tab. 9. fig. 37. das kleine Spitzhorn mit fünf Gewinden. Müll. p. 131. n. 326. Buccinum palustre. Abschn. III. n. 101. tab. 7. fig. 9. 10.

S. 291. n. 83. tab. 9. fig. 38. die Pabstkrone der süssen Wasser. Müll. p. 136. n. 329. Buccinum amarula. Linn. sp. 702. Helix amarula. Abschn. III. n. 96.

S. 338. n. 84. tab. 9. fig. 39. die amboinische Flußnadel; der Schlammschneckenstift. Müll. p. 190. n. 377. Nerita punctata. Abschn. III. n. 147.

S. 339. n. 85. tab. 9. fig. 40. die Sumpfnadel, die Ostindianische Bastartpabstkrone. Abschn. III. n. 169.

S. 340. n. 86. tab. 9. fig. 41. die glatte Sumpf-, Pfuhl- oder Morastnadel. Müll. p. 188. n. 375. Nerita atra. Linn. sp. 516. Strombus ater. Abschn. III. n. 168.

S. 341. n. 87. tab. 9. fig. 42. die umwundene kleine Flußschraube von 15. Gewinden. Abschn. III. n. 150. tab. 8. fig. 10.

S. 342. n. 88. tab. 9. fig. 43. die mit zwey kleinen zwischen einem grossen gekörnten Band umwundene Schraube mit neun Gewinden. Abschn. III. n. 175. tab. 8. fig. 15.

S. 343. n. 89. tab. 9. fig. 44. die glatte unten abgebrochne Schraubenschnecke. Müll. p. 187. n. 374. Nerita contorta. Abschn. III. n. 148.

S. 344. n. 90. tab. 10. fig. 45. die schwärzliche Schraubenschnecke mit weissen Reifen. Abschn. III. n. 151.

S. 345. n. 91. die schmale braunlich gelbe Schraubenschnecke. Abschn. III. n. 152.

S. 346. n. 92. tab. 10. fig. 46. der Korb. Abschn. III. n. 131.

S. 347. n. 93. tab. 10. fig. 47. die weitmündige grünliche Schraubenschnecke aus Jamaica. Abschn. III. n. 134.

S. 347. n. 94. tab. 10. fig. 48. das virginianische grünlich gelbe Schraubenhorn, mit fünf flachen Gewinden. Abschn. III. n. 135.

S. 348. n. 95. tab. 10. fig. 49. die virginianische Flußnadel. Abschn. III. n. 170.

Seite 348. n. 96. tab. 10. fig. 50. die Flußnadel mit sieben in die Länge gestreiften und durch Queerbänder abgetheilten Gewinden. Müll. p. 189. n. 376. Nerita lineata. Abschn. III. n. 130.

S. 349. n. 97. tab. 10. fig. 51. die dunkel purpurfarbne Schraubenschnecke. Müll. p. 190. n. 378. Nerita tuberculata. Abschn. III. n. 172.

S. 349. n. 98. die Flußschraubenschnecke mit etwas gewölbten Windungen. Abschn. III. n. 153.

S. 350. n. 99. tab. 10. fig. 52. das grosse Schraubhorn mit neun erhabenen scharfen Windungen. Abschn. III. n. 154.

S. 350. n. 100. tab. 10. fig. 53. die grünlich gelbe virginianische Flußschraube. Abschn. III. n. 155.

S. 350. n. 101. tab. 10. fig. 54. die braune Trommelschraube mit dunkel purpurfarbenen Binden. Abschn. III. n. 176.

S. 351. n. 102. tab. 10. fig. 55. die africanische Trommelschraube mit Banden und starken Knoten. Müll. p. 192. n. 379. Nerita aurita. Abschn. III. n. 173.

S. 351. n. 103. tab. 10. fig. 56. die africanische dunkelbraune Trommelschraube. Abschn. III. n. 177. tab. 8. fig. 13.

S. 352. n. 104. tab. 10. fig. 57. die knotigte chinesische Pyramide. Abschn. III. n. 179.

S. 353. n. 105. tab. 11. fig. 58. die braune an den ersten Gewinden gezackte, an den folgenden knotigte oder gekörnte Trommelschraube. Müll. p. 193. n. 380. Nerita aculeata. Abschn. III. n. 174.

S. 356. n. 106. tab. 11. fig. 59. die weitmündige durchsichtige Bauchschnecke, die Ohrschnecke. Müll. p. 126. n. 322. Buccinum auricula. Linn. sp. 707. Helix auricula. Abschn. III. n. 81. tab. 6. fig. 3-6.

S. 358. n. 106. a. die gelbe durchsichtige Bauchschnecke mit drey Gewinden. Abschn. III. n. 80.

S. 360. n. 107. tab. 11. fig. 60. die gelbe durchsichtige Bauch- oder Kahnschnecke, die Beydlebige. Es ist eine Erdschnecke, mit vier Fühlhörnern, die sich nie im Wasser aufhält, ob sie gleich gern an den feuchten Ufern der Flüsse sitzt.

S. 364. n. 108. tab. 11. fig. 61. die kleine linksgewundene Bauch- oder Kahnschnecke, die Wasserblase. Müll. p. 167. n. 353. Planorbis bulla. Linn. sp. 386. Bulla fontinalis. Abschn. III. n. 78. tab. 6. fig. 16. a. b.

S. 449. n. 109. tab. 11. fig. 63. die kleine Eyermuschel, Breitmuschel der Flüsse. Müll. p. 202. n. 387. Tellina rivalis. Linn. sp. 72. Tellina cornea. Abschn. III. n. 11. tab. 4. fig. 3. 4. 5.

S. 455. n. 110. die gröste grünlich braune Teichmuschel. Müll. p. 208. n. 394. Mytilus cygneus. Linn. sp. 257. Mytilus cygneus. Abschn. III. n 4. tab. 3. fig 1.

S. 457. n. 111. tab. 11. fig. 64. A. die breite dünnschalige Teichmuschel. Müll. p. 207. n. 393. Mytilus anatinus. Linn. sp. 258. Mytilus anatinus. Abschn. III. n. 2. tab. 1. fig 2. 3.

S. 462. n. 112. tab. 12. fig. 65. A. B. die schwarze dickschalige Flußmuschel, die Perlmuschel. Müll. p. 210. n. 396. Mya margaritifera. Linn. sp. 29. Mya margaritifera. Abschn. III. n. 6. tab. 4. fig. 1.

Seite 465. n. 113. tab. 12. fig. 66. die dunkel- oder hellgrüne Flußmuschel. Müll. p. 211. n. 397. Mya pictorum. Linn. sp. 28. Mya pictorum. Abschn. III. n. 7. tab. 3. fig. 2. 4. 5.

S. 467. n. 114. die ganz schmale, gelbliche oder grünliche Flußmuschel. Abschn. III. n. 9. tab. 3. fig. 3. a. b. tab. 4. fig. 6.

S. 470. n. 115. der grosse Entenschnabel. Linn. sp. 27. Mya arenaria, sp. 101. Mactra lutaria. Abschn. III. n. 5. tab. 2. fig. 1.

Ausserdem hat der Herr D. Martini noch im 3ten Bande Seite 152. n. 44. tab. 6. fig. 68. die Schlamm- oder Kothschnecke, Müll. p. 172. n. 359. Nerita ampullacea. Linn. sp. 676. Helix ampullacea, Abschn. III. n. 62. tab. 6. fig. 2. beschrieben und abgebildet. Er rechnet sie zu den Erdschnecken; Herr Etatsrath Müller aber, dem ich gefolgt bin, zehlet sie unter die Flußschnecken, weil sie sich nie auf dem festen Lande findet, sondern im Kothe.

§. 38.

Wenn gleich des Herrn Professor Murray zu Upsal Fundamenta testaceologiae f) eine blosse academische Streitschrift sind, so verdienen sie doch in mehr als in einer Rücksicht, daß sie von mir in dieser Geschichte nicht übergangen werden. Ich will nichts davon gedenken, was Herr Prof. Murray S. 2. 3. von den Schalen der Conchylien und ihren Farben, auch von ihrer Bildung, S. 5. von den Bewohnern der Schalengehäuse, S. 12. von den verschiedenen Claßificationsmethoden der Schriftsteller, Gutes sagt; sondern ich bemerke nur, daß er S. 21. die conchyliologische Terminologie des Herrn Ritter von Linne erkläre. Damit hat er allen Freunden der Naturgeschichte ein wahres Geschenk gemacht, die den Linne alle nicht entbehren können, und den doch die wenigsten, auch unter denen, die sichs rühmen, daß sie es könnten, verstehen. Darum that Herr Murray zwey Kupfertafeln zu seiner schönen und gründlichen Abhandlung, und weil er S. 36. die Figuren seiner Tafeln einzeln erklärt, so wird dadurch die ganze Terminologie des Herrn Ritter von Linne deutlicher, und das Geschenk, was er den Freunden der Conchyliologie gegeben hat, desto schätzbarer. Auf diesen Tafeln erscheint nun auch tab. I. fig. 4. eine Flußschnecke: Müll. p. 126. n. 322. Buccinum auricula. Mart. p. 356. n. 106. tab. 11. fig. 59. die weitmündige durchsichtige Bauchschnecke, die Ohrschnecke. Linn. sp. 707. Helix auricularia. Abschn. III. n. 81. tab. 6. fig. 3-6. von welcher Herr Professor Murray S. 36. folgende Beschreibung macht. Fig. 4. Helix auricularia. Testa ovata, obtusa; venter inflatus, spira acuta, brevissima, labrum dilatatum, rotundatum, plica vnica labii, apertura ampliata.

§. 39.

Ob in dem Schauplatz der Natur des Herrn Pluche viele Bemerkungen für die Flußconchylien zu erwarten sind, das kann ich nicht sagen. Aber von dem Auszuge

f) Fundamenta testaceologiae. Praeside Carolo a Linné — proponet auctor Adolphus Murray. Vpsaliae 1771. 43 Seiten in Quart; und 2 Kupfertafeln auf halben Folio-Bogens. Des Herrn Adolf Murray übersetzte Einleitung zur Kenntniß der Conchylien. In den Mannigfaltigkeiten IV. Jahrgang, Berlin 1773. Seite 337-349. 353-360. Doch ist nur ein Theil des Originals übersetzt, aber mit brauchbaren Anmerkungen bereichert.

zuge aus diesem sonst in mehr als einer Rücksicht anzupreisenden Werke, der unter dem Namen des neuen Schauplatzes der Natur [l]) bekannt ist, kann ich mit mehrerer Gewißheit sagen, daß in demselben die Flußconchylien ganz übergangen sind. Das muß uns um so viel mehr befremdend seyn, weil man auf dem Titel zusagte, daß man bey diesem Auszuge die neuen Erfahrungen genützt, und nun den Plüche vermehrt und verbessert habe. Was die Conchyliologie der süssen Wasser bis zum Jahr 1772 gewonnen habe, das ist aus der vorhergehenden Anzeige der Schriftsteller und ihrer Arbeiten bekannt. Und nun in einem neuern Werke, ein so grosses Volk, als das Volk der Conchylien der süssen Wasser ist, ganz zu übergehen, ein Volk, welches die schönsten Beyträge zur Verherrlichung Gottes liefert, gar nicht in Anschlag zu bringen, nicht einmal bey nahen Gelegenheiten mit Namen zu nennen: ob dieses zu entschuldigen sey? das überlasse ich der Beurtheilung meiner Leser. Im ersten Bande redet das VIII. Kapitel S. 90. von den Schaalthieren. Hier manche gute Anmerkungen über die Conchylien überhaupt, daran auch unsre Flußconchylien Antheil nehmen, weil sie zu dieser grossen Familie gehören, aber von ihnen kein Wort, ausser, daß der Verfasser bey Gelegenheit der Perlmuscheln aus der See und ihren Perlen S. 105. sagt: „man fischt sie auch zuweilen in einigen europäischen Gewässern, allein sie fallen sehr sparsam, und sind nicht von der Güte derer, die in den Ostindianischen und Amerikanischen Meeren, im Persischen Meerbusen, an der Küste von Zeylon, Japan, in der Chinesischen Tartarey und in dem grossen Mexicanischen Meerbusen so häufig aufgefischt werden.„

Wenn gleich das Handbuch der Naturgeschichte [m]) für die Zeit, da wir es durch den Druck erhalten haben, in Rücksicht auf die Flußconchylien dasjenige nicht leistet, was man fordern oder erwarten könnte; so muß man doch dem Verfasser darinne Recht wiederfahren lassen, daß er dieselben nicht gänzlich übergangen hat. Wir wollen es dem Verfasser verzeihen, daß er die Conchylien, derer er im IV. Bande S. 292 f. gedenket, unter die Insecten zehlet; wir wollen nur sehen, was er von den Flußconchylien sagt. Er gedenket derselben einigemal. S. 295. gehören folgende Worte hieher. „Die Wasserschnecken theilet man in zwo Hauptgattungen: die eine ist die gemeine, die andere die seltene. Die letzte setzt Junge: die Schnecke von dieser Gattung wird Cristallin genennet [n]). Die Unterabtheilung von der ersten Gattung sind die marmorirten Schnecken mit einem Nabel, die Schnecken mit eingedruckter Muschel auf einer Seite, die Schnecken mit eingedruckter Muschel zu beeden Seiten. Diese Unterabtheilungen können nach Beschaffenheit der Länder und der Wasser ins Unendliche vermehrt werden. Alle diese Wasserschnecken, welche ich eben genennet habe, findet man in Holland.„ So wenig man dieser Eintheilung folgen kann, denn an dem einen Orte kann selten seyn, was an dem andern gemein genug ist, so wenig würde man die Anzeige der

l) Neuer Schauplatz der Natur, oder Beyträge zur Verherrlichung Gottes und zur Ausbreitung gemeinnütziger Kenntnisse in einem freyen Auszuge des Plüschen Werks, mit neuen Erfahrungen vermehrt und verbessert. Erster Band, Frankfurth und Leipzig 1772. 552 Seiten. Zweyter Band 1773. 604 Seiten in groß Octav.

m) Handbuch der Naturgeschichte, oder Vorstellung der Allmacht, Weisheit und Güte Gottes, in den Werken der Natur. Vierter Band, welcher die Insecten enthält, mit sieben Kupferplatten. Aus dem Französischen übersetzt. Nürnberg 1774. 408 Seiten in groß Octav.

n) Was hier der Verfasser Cristallin nennet, das ist die wunderbare lebendig gebährende crystallinische Wasserschnecke des Schwammerdamm.

der Holländischen Flußschnecken benützen können, wenn nicht der Verfasser in der Folge den Schwammerdamm benützt, oder vielmehr gar einen Auszug aus demselben geliefert hätte. Diesen finden wir Seite 305 f., wir wollen sehen, ob wir die Gattungen heraus finden können, die er meynet; es wird sich zeigen, daß es nach seinen Beschreibungen, ohne den Schwammerdamm bey der Hand zu haben, nicht möglich ist.

Seite 305. „Die gemeine Wasserschnecke hat eine erhabene oder längliche Muschel o), da die Muschel der Weinschnecke rund und sphäroidal ist.„ Dieses ist Müll. p. 132. n. 327. Buccinum stagnale. Mart. p. 282. n. 79. das grosse Spitzhorn der süssen Wasser. Linn. sp. 703. Helix stagnalis. Abschn. III. n. 99. tab. 7. fig. 1. 2. tab. min. C. fig. 1.

Seite 306. Die krystallene Wasserschnecke, welche Junge setzet ꝛc. Das ist Mart. p. 239. n. 53. tab. 7. fig. 7. 8. 9. die wunderbare lebendig gebährende krystallinische Wasserschnecke. Abschn. III. n. 127.

Seite 307. „Die kleine marmorirte Nabelschnecke hat auch ein Operculum.„ Das ist Müll. p. 194. n. 381. Nerita fluviatilis. Mart. p. 271. n. 73. tab. 8. fig. 27. die kleine schuppigt gefleckte Schwimmschnecke, die Flußnerite. Linn. sp. 723. Nerita fluviatilis. Abschn. III. n. 30. tab. 5. fig. 5-10. tab. min. C. fig. 8.

Seite 307. „Die marmorirte Schnecke hat auch eine Decke; man findet in den süssen und gesalzenen Wassergräben, welche in Holland die Viehweiden und Strassen umgeben, zwo Gattungen von Schnecken:

1) „Bey der einen ist die Muschel zu beeden Seiten eingedruckt.„ Müll. p. 154. n. 343. Planorbis purpura. Mart. p. 249. n. 61. tab. 8. fig. 17. das vertiefte Posthorn, welches die Coccinellfarbe giebt. Linn. sp. 671. Helix cornea. Abschn. III. n. 45 tab. 5. fig. 19. 20. 21. tab. min. C. fig. 7.

2) „Bey der andern nur auf einer Seite.„ Das können mehrere Gattungen unter den Post- oder Ammonshörnern seyn; da es aber eine holländische Schnecke ist, die hier der Verfasser meynet, so ist es zuverläßig Müll. p. 157. n. 344 Planorbis carinatus. Mart. p. 254. n. 62. tab. 8. fig. 18. das gelbliche platte Posthörnchen mit vier Windungen und scharfen Rande. Linn. sp. 662. Helix planorbis. Abschn. III. n. 39. tab. 5. fig. 13.

§. 40.

Ich komme nun zur Anzeige des besten, vollständigsten und brauchbarsten Buches über die Flußconchylien, nemlich des Herrn Etatsrath Müller in Kopenhagen Historia Vermium p), wo der ganze andre Theil von den Erd- und Flußconchylien handelt. Eine allgemeine Einleitung hat der Herr Verfasser in seiner Vorrede vorgetragen, bey der Eintheilung und der Beschreibung hat er zwar den Bau der Schalen nicht ganz übergangen, aber sein vorzüglichster Eintheilungsgrund ist von den Thieren, und bey den Flußconchylien von der Beschaffenheit der Fühlhörner, und dem Sitz der Augen

o) Das, was hier mit dem Namen der Muschel belegt wird, nennen richtigere Conchyliologen den Zopf, oder überhaupt die Windungen.

p) Vermium terrestrium et fluviatilium, seu animalium infusoriorum helminthicorum et testaceorum, non marinorum, succincta historia, Auctore Othone Friderico Müller. Volumen alterum. Havniae et Lipsiae 1774. 214 Seiten in groß Quart. Die Abhandlung der Flußconchylien von Seite 124-214.

Augen hergenommen. Ich will meinen Lesern die Ursache, warum dieser grosse Naturforscher also verfuhr, mit den eignen Worten desselben mittheilen. In der Vorrede sagt er Seite VII. VIII. Ea quidem diuisio, quae et ad testas et ad vermes respicit, adeoque et sensibus et rationi satisfacit, optima esset, si figura testae structurae hospitis externae responderet, cum vero limaces genere similes domunculas genere diuersas habitent, nulla omnino ex vtroque nota differentialis generica peti potest. Ordines hinc ex structura vermis generaliori: genera ex numero figuraque tentaculorum, ex situ oculorum; subdiuisiones et species ex figuratione vnicuique testae propria depromsi. Hoc naturae maxime congruum esse, ex eo patet, quod animalia simillima, externaque facie prorsus eadem, vel nulla vel testis infinite variantibus, lege tamen omni generationi immutabili, instruantur, dehinc ratio, ob quam limax nudus et testa tectus eidem ordini, terrestris vero, fluviatilis et marinus, testae licet simillimae sint, diverso generi submitti debent, ipsis oculis percipitur. Die Haupteintheilung des Herrn Etatsrath **Müller** über die Flußconchylien ist am Ende der Vorrede folgende. Gens testacea, I. testa vniualui, 1) tentaculis linearibus binis, Vertigo, 2) tentaculis truncatis, a) introrsum oculatis: Ancylus; b) postice oculatis: Carychium; 3) tentaculis triangularibus: Buccinum; 4) tentaculis setaceis, a) extrorsum oculatis: Nerita; b) introrsum oculatis: Planorbis; c) postice oculatis: Valvata: II. testa bivalvi; siphone 1) duplici, a) brevi: Mytilus; b) elongato: Tellina; 2) nullo: Mya.

Die Geschlechter mit ihren Geschlechtskennzeichen sind folgende.

1) Vertigo, p. 124. Vermis cochleatus, tentaculis duobus linearibus, apice oculatis.
2) Carychium, p. 125. Vermis cochleatus, tentaculis duobus truncatis, oculis ad basin postice.
3) Buccinum, p. 126. Vermis cochleatus, tentaculis duobus triangularibus, oculis ad basin interne.
4) Planorbis, p. 152. Vermis cochleatus, tentaculis binis setaceis, oculis ad basin interne, a) testa depressa, b) testa conica.
5) Nerita, p. 170. Vermis cochleatus, tentaculis binis setaceis, oculis ad basin externe.
6) Valvata, p. 198. Vermis cochleatus, tentaculis binis setaceis, oculis ad basin postice.
7) Ancylus, p. 199. Vermis cochleatus, tentaculis binis truncatis, oculis ad basin interne.
8) Tellina, p. 202. Vermis conchaceus, siphone duplici longo.
9) Mytilus, p. 207. Vermis conchaceus, siphone duplici brevi.
10) Mya, p. 210. Vermis conchaceus siphone nullo.

Bey der Beschreibung der Gattungen folget erst der Geschlechtsname, und der Gattungsname; dann eine kurze, aber körnigte Beschreibung der Gattung, und nun die Namen und Beschreibungen anderer Schriftsteller, wenn dergleichen vorhanden sind, und ihre gelieferten Zeichnungen, und endlich des Herrn Verfassers eigne Beschreibung; alles so, daß dabey jeder Leser befriediget wird. Hätte es dem Herrn Etatsrath gefallen, (vielleicht hinderte es nur ein Eigensinn des Verlegers,) diejenigen Gattungen, die er entweder zuerst bekannt machte, oder aus seltenen oder kostbaren Schriftstellern entlehnet hatte, in Abbildungen vorzulegen, so wäre bey dieser Schrift kein einziger Wunsch übrig geblieben, ausser dem, daß deutsche Liebhaber diese schöne Abhandlung in ihrer Muttersprache lesen möchten. Hier ist die Anzeige der 79 Gattungen, die Herr Müller hat.

Pag. 124. n. 320. Vertigo pusilla. Abschn. III. n. 142.

p. 125. n. 321. Carychium minimum. Abschn. III. n. 122.

p. 126. n. 322. Buccinum auricula. Mart. p. 356. n. 106. tab. 11. fig. 59. die weitmündige durchsichtige Bauchschnecke, die Ohrschnecke. Linn. sp. 707. Helix auricularia. Abschn. III. n. 81. tab. 6. fig. 3-6.

p. 129. n. 323. Buccinum glutinosum. Abschn. III. n. 79.

p. 130. n. 324. Buccinum peregrum. Abschn. III. n. 82. tab. 6. fig. 7.

p. 130. n. 325. Buccinum truncatum. Abschn. III. n. 114. tab. 7. fig. 13.

p. 131. n. 326. Buccinum palustre. Mart. p. 289. n. 82. tab. 9. fig. 37. das kleine Spitzhorn von fünf Gewinden. Abschn. III. n. 101. tab. 7. fig. 9. 10.

p. 132. n. 327. Buccinum stagnale. Mart. p. 282. n. 79. das grosse Spitzhorn der süssen Wasser. Linn. sp. 703. Helix stagnalis. Abschn. III. n. 99. tab. 7. fig. 1. 2. tab. min. C. fig. 1.

p. 135. n. 328. Buccinum glabrum. Abschn. III. n. 116. tab. 7. fig. 15.

p. 136. n. 329. Buccinum scabrum. Abschn. III. n. 97. tab. 6. fig. 13.

p. 136. n. 330. Buccinum amarula. Mart. p. 291. n. 83. tab. 9. fig. 38. die Pabstkrone der süssen Wasser. Linn. sp. 702. Helix amarula. Abschn. III. n. 96.

p. 138. n. 331. Buccinum zebra. Abschn. III. n. 123.

p. 140. n. 332. Buccinum achatinum. Linn. sp. 391. Bulla achatina. Abschn. III. n. 98. tab. 6. fig. 1.

p. 143. n. 333. Buccinum virgineum. Linn. sp. 390. Bulla virginea. Abschn. III. n. 128. tab. 8. fig. 3. 4.

p. 145. n. 334. Buccinum fasciatum. Abschn. III. n. 124.

p. 147. n. 335. Buccinum striatulum. Abschn. III. n. 138.

p. 148. n. 336. Buccinum strigatum. Abschn. III. n. 139.

p. 148. n. 337. Buccinum exaratum. Abschn. III. n. 106.

p. 149. n. 338. Buccinum torridum. an Linn. sp. 517. Strombus lividus? Abschn. III. n. 111.

p. 149. n. 339. Buccinum striatum. Abschn. III. n. 140.

p. 150. n. 340. Buccinum acicula. Linn. sp. 698. Helix octona. Abschn. III. n. 143. tab. 8. fig. 6. a. b.

p. 151. n. 341. Buccinum columna. Abschn. III. n. 90.

p. 152. n. 342. Planorbis contrarius. Linn. sp. 674. Helix cornu arietis. Abschn. III. n. 43.

p. 154. n. 343. Planorbis purpura. Mart. p. 249. n. 61. tab. 8. fig. 17. das vertiefte Posthorn, welches die Coccinellfarbe von sich giebt. Linn. sp. 671. Helix cornea. Abschn. III. n. 45. tab. 5. fig. 19. 20. 21. tab. min. C. fig. 7.

Pag.

Pag. 157. n. 344. Planorbis carinatus. Mart. p. 254. n. 62. tab. 8. fig. 18. das gelbliche platte Posthörnchen mit vier Windungen und scharfen Rande. Linn. sp. 662. Helix planorbis. Abschn. III. n. 39. tab. 5. fig. 13.

p. 157. n. 345. Planorbis vortex. Mart. p. 256. n. 63. das hellgraue oder weißliche Posthörnchen, mit fünf bis sechs Gewinden und scharfen Rand. Linn. sp. 667. Helix vortex. Abschn. III. n. 41. tab. 5. fig. 16. 17.

p. 160. n. 346. Planorbis vmbilicatus. Linn. sp. 663. Helix complanatus. Abschn. III. n. 51. tab. 5. fig. 22-25.

p. 161. n. 347. Planorbis spirorbis. Mart. p. 258. n. 64. tab. 8. fig. 20. das kleine platte Posthörnchen mit fünf Gewinden ohne Rand. Linn. sp. 672. Helix spirorbis. Abschn. III. n. 47.

p. 162. n. 348. Planorbis contortus. Mart. p. 259. n. 65. tab. 8. fig. 21. das kleine sechsfach gewundene falsche Posthörnchen. Linn. sp. 673. Helix contorta. Abschn. III. n. 55. tab. 5. fig. 29.

p. 163. n. 349. Planorbis nitidus. Mart. p. 262. n. 67. tab. 8. fig. 22. das genabelte wachsfarbige Posthörnchen. Abschn. III. n. 53. tab. 5. fig. 27.

p. 164. n. 350. Planorbis albus. Mart. p. 253. n. 61. tab. 8. fig. 23. das kleine Posthörnchen mit drey runden Gewinden. Abschn. III. n. 38. tab. 5. fig. 12.

p. 165. n. 351. Planorbis imbricatus. Mart. p. 269. n. 72. die ziegelförmige Tellerschnecke. Linn. sp. 654. Turbo nautileus. Abschn. III. n. 50.

p. 166. n. 352. Planorbis similis. Mart. p. 265. n. 68. B. tab. 11. fig. 64. B. das durchsichtige feingestreifte Posthörnchen mit drey Windungen. Abschn. III. n. 58.

p. 167. n. 353. Planorbis bulla. Mart. p. 364. n. 108. tab. 11. fig. 61. die kleine linksgewundene Bauch- oder Kahnschnecke. Linn. sp. 386. Bulla fontinalis. Abschn. III. n. 78. tab. 6. fig. 16. a. b.

p. 169. n. 354. Planorbis turritus. Abschn. III. n. 91.

p. 170. n. 355. Planorbis gelatinus. Abschn. III. n. 92.

p. 170. n. 356. Nerita sphaerica. Abschn. III. n. 132.

p. 171. n. 357. Nerita pusilla. Mart. p. 268. n. 70. tab. 8. fig. 26. das kleine genabelte Schlängelchen mit vier flachen Gewinden. Abschn. III. n. 59.

p. 172. n. 358. Nerita piscinalis. Abschn. III. n. 61.

p. 172. n. 359. Nerita ampullacea. Mart. III. Band, p. 152. tab. 6. fig. 68. die Schlamm- oder Kothschnecke. Linn. sp. 676. Helix ampullacea. Abschn. III. n. 62. tab. 6. fig. 2.

p. 174. n. 360. Nerita vreeus. Abschn. III. n. 63.

p. 175. n. 361. Nerita effusa. Abschn. III. n. 64.

p. 176. n. 362. Nerita trochus. Abschn. III. n. 149.

p. 177. n. 363. Nerita elegans. Mart. II. Band, p. 604. tab. 1. fig. 4. die aschgraue oder röthliche feingestreifte Deckelschnecke. Abschn. III. n. 170. A.

p. 178. n. 364. Nerita lineina. Linn. sp. 639. Turbo lineina. Abschn. III. n. 165.

p. 179. n. 365. Nerita minuta. Abschn. III. n. 115. tab. 7. fig. 14. a. b.

p. 180. n. 366. Nerita lunulata. Abschn. III. n. 162.

Pag. 180. n. 367. Nerita labeo. Abschn. III. n. 163.

p. 181. n. 368. Nerita ligata. Abschn. III. n. 164.

p. 182. n. 369. Nerita fasciata. Abschn. III. n. 166.

p. 182. n. 370. Nerita viuipara. Mart. p. 234. n. 52. die grosse lebendig gebährende Wasserschnecke mit Banden. Linn. sp. 690. Helix viuipara. Abschn. III. n. 126. tab. 8. fig. 1. 2. tab. min. C. fig. 6.

p. 184. n. 371. Nerita dissimilis. Abschn. III. n. 129.

p. 185. n. 372. Nerita jaculator. Mart. p. 243. n. 56. tab. 7. fig. 11. die kleine bedeckte Wasserschnecke, der Thürhüter. Linn. sp. 707. Helix tentaculata. Abschn. III. n. 120. tab. 7. fig. 19 - 22.

p. 187. n. 373. Nerita angularis. Abschn. III. n. 167.

p. 187. n. 374. Nerita contorta. Mart. p. 343. n. 89. tab. 9. fig. 44. die glatte unten abgebrochene Schraubenschnecke. Abschn. III. n. 148.

p. 188. n. 375. Nerita atra. Mart. p. 340. n. 86. tab. 9. fig. 41. die glatte Sumpf-, Pfuhl- oder Morastnadel. Linn. sp. 516. Strombus ater. Abschn. III. n. 168.

p. 189. n. 376. Nerita lineata. Mart. p. 348. n. 96. tab. 10. fig. 50. die Flußnadel mit sieben in die länge gestreiften und durch Queerbänder abgetheilten Gewinden. Abschn. III. n. 130.

p. 190. n. 377. Nerita punctata. Mart. p. 338. n. 84. tab. 9. fig. 39. die amboinische Flußnadel. Abschn. III. n. 147.

p. 190. n. 378. Nerita tuberculata. Mart. p. 349. n. 97. tab. 10. fig. 51. die dunkel purpurfarbene Schraubenschnecke. Abschn. III. n. 172.

p. 192. n. 379. Nerita aurita. Mart. p. 351. n. 102. tab. 10. fig. 55. die africanische Trommelschraube mit Banden und starken Knoten. Abschn. III. n. 173.

p. 193. n. 380. Nerita aculeata. Mart. p. 353. n. 105. tab. 11. fig. 58. die braune an den ersten Gewinden gezackte, an den folgenden knotigte oder gekörnte Trommelschraube. Abschn. III. n. 174.

p. 194. n. 381. Nerita fluviatilis. Mart. p. 271. n. 73. tab. 8. fig. 27. die kleine schuppigt gefleckte Schwimmschnecke. Linn. sp. 723. Nerita fluviatilis. Abschn. III. n. 30. tab. 5. fig. 5 - 10. tab. min. C. fig. 8.

p. 195. n. 382. Nerita rubella. Mart. p. 279. n. 27. tab. 8. fig. 31. das Rothauge. Linn. sp. 726. Nerita pulligera. Abschn. III. n. 36.

p. 197. n. 383. Nerita corona. Mart. p. 277. n. 76. tab. 8. fig. 30. die dornigte Nerite, das Flußdornchen. Linn. sp. 720. Nerita corona. Abschn. III. n. 37.

p. 198. n. 384. Valvata cristata. Abschn. III. n. 52. tab. 5. fig. 26. a. b.

p. 199. n. 385. Ancylus lacustris. Mart. p. 230. n. 51. tab. 7. fig. 1. die kleine Dragonermütze. Linn. sp. 769. Patella lacustris. Abschn. III. n. 26. tab. 5. fig. 1. 2. 3.

p. 201. n. 386. Ancylus fluviatilis. Abschn. III. n. 28. tab. 5. fig. 4. a. b.

p. 202. n. 387. Tellina rivalis. Mart. p. 449. n. 109. tab. 11. fig. 63. die kleine Gienmuschel. Linn. sp. 72. Tellina cornea. Abschn. III. n. 11. tab. 4. fig. 3. 4. 5.

p. 204. n. 388. Tellina lacustris. Abschn. III. n. 12.

Pag.

Pag. 205. n. 389. Tellina amnica. Abschn. III. n. 17.

p. 205. n. 390. Tellina fluminalis. Abschn. III. n. 20.

p. 206. n. 391. Tellina fluminea. Abschn. III. n. 21. ---

p. 206. n. 392. Tellina fluviatilis. Abschn. III. n. 16. tab. 4. fig. 2. a. b.

p. 207. n. 393. Mytilus anatinus. Mart. p. 457. n. 111. tab. 11. fig. 64. A. die breite dünnschalige Teichmuschel. Linn. sp. 258. Mytilus anatinus. Abschn. III. n. 2. tab. 1. fig. 2. 3.

p. 208. n. 394. Mytilus cygneus. Mart. p. 455. n. 110. die gröste grünlich braune Teichmuschel. Linn. sp. 257. Mytilus cygneus. Abschn. III. n. 4. tab. 3. fig. 1.

p. 209. n. 395. Mytilus radiatus. Abschn. III. n. 3.

p. 210. n. 396. Mya margaritifera. Mart. p. 462. n. 112. tab. 12. fig. 65. A. B. die schwarze dickschalige Flußmuschel. Linn. sp. 29. Mya margaritifera. Abschn. III. n. 6. tab. 4. fig. 1.

p. 211. n. 397. Mya pictorum. Mart. p. 465. n. 113. tab. 12. fig. 66. die dunkel- oder hellgrüne Flußmuschel. Linn. sp. 28. Mya pictorum. Abschn. III. n. 7. tab. 3. fig. 2. 4. 5.

p. 214. n. 398. Mya corrugata. Abschn. III. n. 10. tab. 3. fig. 3.

§. 41.

Die Folge wird es lehren, daß die Folge der wenigen Jahre, die mir noch übrig sind, für die Flußconchylien wenig wichtige Schritte gethan hat, und wenn es nicht die Vollständigkeit meiner Abhandlung forderte, und mir nicht noch einige wichtige Bemerkungen übrig wären, so würde ich in meiner Abhandlung sogleich abbrechen, und zu den Anmerkungen übergehen können, die ich auf die gelieferten Auszüge aus den Schriftstellern gründen will. Ich will also das wenige, was mir noch übrig ist, kürzlich mittheilen.

Der königlich französische Officier, der nach den Inseln Frankreich und Bourbon reisete q), zeiget sich als einen fleißigen Beobachter der Menschen und der Natur. Es scheinet ihm nichts entgangen zu seyn, was ein Reisender beobachten muß, wenn er nach Plan und mit Geschmack reiset, und so konnten ihm auch die Seltenheiten der Flüsse nicht unbekannt bleiben. Er redet auch wirklich im ersten Theile S. 108. bis 118. von den Conchylien der Insel Frankreich, und von ihren Flußconchylien, aber so unbestimmt, so undeutlich, so unvollständig, daß es auch seinem Uebersetzer, der kein Fremdling in der Conchyliologie ist, in den mehresten Fällen unmöglich war, sein Original zu entziefern. Vielleicht würden uns durch diesen Verfasser einige neue Gattungen von Flußconchylien, welche die Insel Frankreich liefert, bekannt geworden seyn, wenn er seine Seltenheiten deutlicher beschrieben, die bekannten Geschlechts- und Gattungsnamen angeführet, einige Zeichnungen hinzugethan, oder sich auf die Zeichnungen anderer Schriftsteller berufen hätte. Aber keins von dem allen ist geschehen. Wie unbestimmt

q) Reise eines königlichen französischen Officiers nach den Inseln Frankreich und Bourbon, dem Vorgebürge der guten Hoffnung u. s. w. nebst neuen Bemerkungen über die Naturhistorie und die Menschen. Aus dem Französischen übersetzt und mit einigen Anmerkungen versehen. Zwey Theile. Mit Kupfern. Altenburg 1774. 426 Seiten in groß Octav.

stimmt daher alles sey, soll der wörtliche Auszug aus diesem Buche zeigen. S. 110. die Flußnapfschnecke, die wie alle Schalengehäuse der hiesigen Flüsse mit einer schwarzen Haut bedeckt ist. S. 111. die Flußschnecke, die unter ihrer schwarzen Haut eine schöne mit points d' Hongrie gestreifte Rosenfarbe verbirgt. S. 114. die Flußbischofsmütze, (mitre fluviale) sie ist mit einer schwarzen Haut überzogen. S. 115. eine andre Perlenauster, aber noch weit plätter und von einem dunklen Violet: sie hängt sich, wie die Muschel, durch Fasern an, und ist am südöstlichen Hafen sehr gemein. Sie wird an der Mündung der Flüsse gefunden; ihre Perlen sind violet.

§. 42.

Brauchbarer sind für uns die Kindergespräche des Herrn D. **Martini** zu **Berlin** r). Unter diesen für die Fassung und Denkungsart der Kinder eingerichteten nützlichen Unterredungen ist auch eine, nemlich die achte, den Erd- und Flußconchylien gewidmet. Alles, was hier Anfängern nützlich seyn kann, es betreffe das Schneckenhaus oder das Thier, ist hier in einer angenehmen und unterhaltenden Kürze vorgetragen. Möchte es doch dem gelehrten, und in der Conchyliologie so erfahrnen Verfasser gefallen, diese Materie fortzusetzen, und sich darinne auf besondre Materien, die für diese Schalengehäuse gehören, einlassen!

Der **Naturforscher** s), ein sehr beliebtes Journal, das den Beyfall verdienet, den es erlangt, hat für die Flußconchylien mehr als einmal gesorgt, wenn ich gleich so geradezu nicht sagen kann, daß diesen Schalengehäusen viele eigne Abhandlungen gewidmet wären. Auch einzelne Anmerkungen, wenn sie unsre Kenntnisse vermehren, und unsre Beobachtungen erweitern oder bestätigen, bleiben schätzbare Beyträge, die wir mit Dank annehmen müssen, und von der Art liefert der Naturforscher mehrere. In dem zweyten Stück wird Seite 213-215. eine Nachricht ertheilet, wie sich die Flußmuschel, Musculus latior, Concha longa, nähret. Aus des Grafen **Joseph Ginanni** Opere posthume T. II. S. 52. Er meynet den Mytilus cygneus, **Müll.** p. 208. n. 394. **Mart.** p. 455. n. 110. die größte grünlich braune Teichmuschel. **Linn.** sp. 257. Mytilus cygneus. **Abschn.** III. n. 4. tab. 3. fig. 1. Der Graf fand in dem Muschelthiere im Monat Merz eine Menge kleiner jungen Muscheln, und sahe, daß der mit Spitzen besetzte Kragen nicht der Mund war, sondern nur ein Hülfsmittel, die Schale zu öffnen, und dem Munde die Speise zuzuführen.

Im IV. Stück wird Seite 52. das **Flußdornchen** beschrieben, und eine noch unbekannte Gattung bekannt gemacht und tab. I. fig. 1. 2. in einer ausgemahlten Zeichnung mitgetheilet. Die Abhandlung rühret von dem Herrn Hofrath **Walch** her, der zugleich die Frage untersucht, wozu die Natur dieser und andern Conchylien die Stacheln oder Dornen gegeben habe? Diese Schnecke ist **Müll.** p. 197. n. 383. Nerita corona. **Mart.** p. 277. n. 76. tab. 8. fig. 30. die dornigte Nerite, das Flußdornchen. **Linn.** sp. 720. Nerita corona. **Abschn.** III. n. 37. Von eben dieser Nerite, ihren Gattungen, ihren Geburtsorten, dem Ursprung der Stacheln und dergleichen, kommt im IX. Stücke S. 160. f. eine fürtrefliche Anmerkung des Herrn Kunstverwalter

r) Unterredungen zum Unterricht lehrbegieriger Kinder von D. Friedr. Heinr. Wilh. Martini. Achtes Gespräch. Berlin 1774. S. 51-60. in klein Octav.

s) Der Naturforscher. Halle 1774-1777. eilf Stücke in groß Octav.

ter Spenglers zu Kopenhagen vor, die ich allen Conchylienfreunden empfehlen kann.

Im IV. Stück habe ich S. 190. die Frage kürzlich beantwortet, ob man in dem Steinreiche die Erd-, Fluß- und Seeconchylien unterscheiden könne? Ich theile von diesen Gedanken keinen Auszug mit, weil ich in dem folgenden Abschnitte davon ausführlicher reden werde.

Ob man überhaupt die Erd-, Fluß- und Seeconchylien durch äussere Kennzeichen von einander unterscheiden könne? Das ist eine Frage, welche die Naturforscher längst schon beschäftiget hat. Wenn es gleich dahin noch nicht gekommen ist, daß man die Frage durch Regeln entscheiden kann, so muß doch eine jede Anmerkung schätzbar seyn, die man uns über sie giebt. Vielleicht, daß wir endlich noch Regeln finden, die nicht so viele Ausnahmen leiden, als die man uns bis hieher gegeben hat. Hierzu können die auf lange Erfahrungen gegründeten Gedanken des Herrn **Kunstverwalter Spengler zu Kopenhagen** im IX. Stück des Naturforschers Seite 165-168. dienen; welche er einer Abhandlung von den Conchylien der Südsee überhaupt, und einigen neuen Arten derselbigen insbesondere, angehängt hat. Er versucht bey diesen Anmerkungen, ob es möglich wäre, einigermassen eines oder das andre Kennzeichen anzugeben, wornach man prüfen könnte, ob eine Schnecke sich vom Lande, Flüssen, oder aus der See herschreibe? Werden nicht die mehresten Conchylienfreunde bey dieser Abhandlung, wenn sie dieselbe lesen, wünschen, daß sie mit dem Herrn Verfasser möchten sagen können: „ein mehr als zwanzigjähriger Umgang mit diesen Geschöpfen hat mich genau gelehrt, zu welcher der drey Gattungen eine Conchylie hingehöret, ohne selbsten zu wissen, worin die Kennzeichen liegen?„

Endlich hat der gelehrte und seine Freunde so lehrreich unterrichtende und liebreich unterstützende Herr **Pastor Chemnitz zu Kopenhagen** dem VIII. Stück des Naturforschers Seite 163-178. ein Sendschreiben an den Herrn Hofrath **Walch** von den linksgewundenen Schnecken einverleibet, in welchem so mancher brauchbarer Gedanke für die linksgewundenen Schnecken der süssen Wasser enthalten ist.

§. 43.

Wenn wir bey des verstorbenen Herrn Professor **Müller** zu Erlangen Erklärung des Linnäischen Naturfsystems t) voraussetzen, daß er bey seiner Arbeit die 12te Ausgabe dieses Natursystems zum Grunde gelegt habe: so ist daher deutlich, daß alle die Gattungen von Flußconchylien, die **Linne'** hat, (§. 36.) auch in diesem Commentar anzutreffen sind. Und da der Ritter seine Beschreibungen kurz, und sehr oft dunkel genug gemacht hat, so ist es allerdings Verdienst für deutsche Naturforscher und Conchylienfreunde, daß sie nun diese Beschreibungen deutsch lesen können. Freylich sind die Beschreibungen nicht allemal deutlich und zureichend, und man muß in mehrern Fällen das Original bey der Hand haben, wenn man den Commentar verstehen will. Man siehet fast aus allen Beschreibungen, daß Herr **Müller** den **Linne'** selbst nicht ganz verstund, und

t) **Des Ritters Carl von Linne'** vollständiges Natursystem nach der zwölften lateinischen Ausgabe und nach Anleitung des holländischen Houttuynischen Werks mit einer ausführlichen Erklärung ausgefertiget, von Philipp Ludwig Statius Müller. Sechster Theil von den Würmern. Erster Band. Nebst 19 Kupfertafeln. Nürnberg 1775. 638 Seiten in groß Octav.

und daß er die Originale von Flußconchylien, die ihm die Dunkelheiten seines Schriftstellers am leichtesten hinwegnehmen konnten, nicht allemal bey der Hand hatte. Hierzu kommen die unerträglichen deutschen Namen, die oft in das poßirliche fallen, und die der Verfasser auch da schuf, wo schon bekannte Namen vorhanden waren. Nur bey wenigen Flußconchylien, nemlich bey denen, die im Rumph und Knorr vorkommen, sind Zeichnungen angeführt, und eine einzige Flußschnecke, und noch dazu eine der gemeinsten, ist abgebildet, und sogar mit ihrem Thier schlecht abgebildet, nemlich Tab. XVIII. fig. 4. die Herr Müller p. 575. den Jungwerfer nennet. Es ist: Müll. p. 182. n. 370. Nerita viuipara. Mart. p. 234. n. 52. die grosse lebendig gebährende Wasserschnecke mit Banden. Linn. sp. 690. Helix viuipara. Abschn. III. n. 126. tab. 8. fig. 1. 2. tab. min. C. fig. 6. Die Flußconchylien haben daher durch diese Arbeit wenig Aufklärung und wenige Bereicherungen erhalten.

Des Herrn Forscal Descriptiones animalium u) sind für die Naturgeschichte ein sehr schätzbarer Beytrag, demohnerachtet aber haben die Flußconchylien dabey sehr wenig gewonnen. Ein kleiner Beytrag, der noch dazu die gemeinste unter den Muscheln, nemlich die Mahlermuschel, betrifft; unterdessen ist auch dieser kleine Beytrag schätzbar, weil er uns mit einer Muschel des Nils bekannter macht, die doch einige Merkwürdigkeiten an sich trägt. Hier ist die Beschreibung des Herrn Verfassers S. 123. n. 56. Mya pictorum. Arab. Mahar. Ad ripas *Nili*. Dens cardinis anterior triangularis, erectus, acutus; posterior longior, crassior, dentato-serratus. Valvae breviores quam Myae pictorum Europeae. Intus colore albo-violascente. Nach dieser Beschreibung ist es nicht sowohl die gemeine Mahlermuschel, als vielmehr die ganz schmale gelbliche oder grünliche Flußmuschel, Mart. p. 476. n. 114. tab. 12. fig. 67. Abschn. III. n. 9. tab. 3. fig. 3. a. b. tab. 4. fig. 6.

Des Herrn Langens Briefe über verschiedene Gegenstände der Naturgeschichte x) enthalten unter andern im 5ten und folgenden Briefe eine vollkommene Naturgeschichte, es sind des Verfassers eigne Worte, der Helmstädtischen Gegend, Seite 36-57. Hier kommen auch S. 45. f. die Flußconchylien vor. Da es sehr wenig ist, was davon gesagt wird, so will ich alles mittheilen. „Cornu Hammonis fluviatile. Fluß-Ammenshorn. Ist eine Species Nautili, und wird in Flüssen und Teichen auf dem Grunde gefunden. Die größten haben selten über zwey Zoll im Durchschnitt. Die äussere Fläche ist dunkel olivenfarbig. Ich habe sie noch nie an einem andern Orte gefunden. — Cochlea aquatica turbinata. Linn. Diese wird bisweilen beym Fischen mit dem Netze aus dem Teiche gezogen. Der Hofrath Fabricius zählet sie in seiner Dissertatione med. III. exh. observ. quasdam circa const. morb. epid. anno MDCCL. adnot. wegen ihrer Schönheit und Vollkommenheit, welche sie vor andern besitzt, unter die Helmstädtischen Seltenheiten.„ Was dies letztere für eine Schnecke sey, kann ich nicht sagen, da die allgemeine angegebene linnäische Benennung uns nicht

auf

u) Descriptiones animalium, avium, amphibiorum, piscium, insectorum, vermium; quae in itinere orientali observavit Petrus Forskål. Post mortem auctoris edidit Carsten Niebuhr. Havniae 1775. 164 Seiten in groß Quart.

x) Briefe über verschiedene Gegenstände der Naturgeschichte und Arzneykunst von D. Johann Heinrich Lange. Lüneburg und Leipzig 1775. 192 Seiten in Octav.

auf die besondere Gattung schliessen läßt. Das Cornu Hammonis spurium aber ist, welches nicht sowohl aus der Beschreibung, als aus der angegebenen Grösse deutlich ist, **Müll.** p. 154. n. 343. Planorbis purpura. **Mart.** p. 249. n. 61. tab. 8. fig. 17. das vertiefte Posthorn, welches die Coccinellfarbe von sich giebt. **Linn.** sp. 671. Helix cornea. **Abschn.** III. n. 45. tab. 5. fig. 19. 20. 21. tab. min. C. fig. 7.

§. 44.

Wenn gleich in den **Mannichfaltigkeiten** manche gute und brauchbare Anmerkung für die Flußconchylien eingestreut ist, die ich an seinem Orte auch nützen werde, so ist für mich doch nichts so unterhaltend gewesen, als des Herrn D. **Martini** vorläufige Nachricht und Abbildung einiger linksgewundenen Schnecken y). Noch zur Zeit gehören die mehresten linken Schnecken mehr für die Erde und die Flüsse, als für die See, sie haben daher die Aufmerksamkeit der Conchyliensammler und der Conchylienbeschreiber vorzüglich auf sich gezogen, und die Anzahl der bekannten linksschnecken ist schon ziemlich angewachsen. Herr D. **Martini** zu **Berlin** gieng, da er noch lebte, damit um, alle bekannten Linksschnecken zu beschreiben, und seine Beschreibungen mit ausgemahlten Kupfertafeln zu erläutern, sein gesammleter Vorrath ist schon ansehnlich, und wächst unter der Unterstützung grosser und freundschaftlicher Beförderer. Diese vorläufige Nachricht redet zwar nur von linken gegrabenen, Erd- und Seemuscheln; allein die vollständige Abhandlung hat uns auch mit manchen seltenen linksgewundenen Flußschnecken beschenken sollen. Und nun nach dem Tode des fürtreflichen **Martini** wird diese Abhandlung vielleicht ein andrer verdienter Naturforscher übernehmen und herausgeben.

Herr J. L. **Fischer** hat in seiner Naturgeschichte von Livland, Leipzig 1778. Seite 170. ff. auch der **Livländischen** Schaalthiere gedacht, und unter diesen auch die Flußconchylien mit bemerket. Er giebt ihnen den lateinischen **Linnäischen** und deutschen **Müllerischen** Namen, deren sich letzterer in seinem **Linnäischen Natursystem** bediente. Seine Beschreibungen sind sehr kurz, gröstentheils aber treffend und deutlich. Wenn aber dieser Verfasser S. 177. sagt: „ausser diesen wenigen habe ich keine mehrere Schaalthierarten zu untersuchen und zu benennen Gelegenheit gehabt: gleichwohl findet man deren verschiedene mehrere in Flüssen, stehenden Seen und am Ostseestrande;„ wenn das der Verfasser sagt, sollte man nicht wünschen, daß er auf diesen Zweig der Naturgeschichte möchte mehr Aufmerksamkeit geheftet haben! Diejenigen, die er beschreibt, sind gerade die bekanntesten, wodurch der Naturgeschichte der Flußconchylien kein Zuwachs gegeben wird; und wo wir wünschten mehr unterrichtet zu werden, als bey der Perlenmuschel und dem Perlenfang in **Livland**, da entschuldiget er sich mit dem Mangel der Gelegenheit, sie untersuchen zu können. Die Gattungen, die Herr **Fischer** hat, und die also auch in **Livland** zu Hause sind, sind nachfolgende wenige.

Seite

y) Neue Mannigfaltigkeiten, eine gemeinnützige Wochenschrift mit Kupfern. IV. Jahrgang. Berlin 1777. Seite 401-409. 417-426. mit drey Kupfertafeln. Man vergleiche damit den III. Jahrgang, Seite 814 f.

Seite 170. n. 466. Müll. p. 211. n. 397. Mya pictorum. Linn. sp. 28. Mya pictorum. Abschn. III. n. 7. tab. 3. fig. 2. 4. 5.

S. 170. n. 467. Müll. p. 210. n. 396. Mya margaritifera. Linn. sp. 29. Mya margaritifera. Abschn. III. n. 6. tab. 4. fig. 1.

S. 175. n. 469. Müll. p. 202. n. 387. Tellina rivalis. Linn. sp. 72. Tellina cornea. Abschn. III. n. 11. tab. 4. fig. 3. 4. 5.

S. 175. n. 470. Müll. p. 207. n. 393. Mytilus anatinus. Linn. sp. 258. Mytilus anatinus. Abschn. III. n. 2. tab. 1. fig. 2. 3.

S. 176. n. 472. Müll. p. 157. n. 344. Planorbis carinatus. Linn. sp. 662. Helix planorbis. Abschn. III. n. 39. tab. 5. fig. 13.

S. 176. n. 473. Müll. p. 160. n. 346. Planorbis vmbilicatus. Linn. sp. 663. Helix complanata. Abschn. III. n. 51. tab. 5. fig. 22. 23. 24. 25.

S. 176. n. 474. Müll. p. 154. n. 343. Planorbis purpura. Linn. sp. 671. Helix cornea. Abschn. III. n. 45. tab. 5. fig. 19. 20. 21. tab. min. C. fig. 7.

S. 177. n. 477. Müll. p. 194. n. 381. Nerita fluviatilis. Linn. sp. 723. Nerita fluviatilis. Abschn. III. n. 30. tab. 5. fig. 5-10. tab. min. C. fig. 8.

S. 177. n. 479. Linn. sp. 725. Nerita lacustris. Abschn. III. n. 35.

S. 177. n. 481. Müll. p. 199. n. 385. Ancylus lacustris. Linn. sp. 769. Patella lacustris. Abschn. III. n. 26. tab. 5. fig. 1. 2. 3.

§. 45.

Es wird mir erlaubt seyn, diese Geschichte mit einigen Anmerkungen zu begleiten. Wenn nicht Lister in England und Schwammerdamm in Holland gelebt hätten, so würden die Flußconchylien bis auf Rumphs Zeiten, und also bis zu Anfang des gegenwärtigen Jahrhunderts sehr wenig gewonnen haben. Die ältesten Schriftsteller, Plinius, Aelianus und dergleichen, haben im Grunde gar nichts geleistet, Gesner, Aldrovand, Rondeletius, Jonston, Bonanni u. s. w. sehr wenig. Was wir also für jene Zeit gutes und brauchbares für diese Wasserthiere aufweisen können, das haben wir Ausländern, besonders dem Engländer zu danken, und unsre guten deutschen Vorfahren bewiesen sich hier, wie bey mehrern Fächern der Naturgeschichte, träge. Man siehet es auf das deutlichste, daß unsre inländischen Flußconchylien den Naturforschern nicht schön genug waren, freylich nicht so schön als die Seeconchylien sind, — auf die Zoomorphose hatte man gar keine Aufmerksamkeit, und man nahm daher, wie wir aus dem Bonanni deutlich sehen, nur die auswärtigen Flußconchylien in die Sammlungen auf, die man gleichwohl nicht als Flußconchylien betrachtete, sondern in den Kabinetten unter die Seeconchylien legte. Lister muß auch darum einen unsterblichen Namen unter den Naturforschern haben, weil er mitten in dicken Finsternissen ein helles Licht über diese Geschöpfe ausbreitete, und in seiner Historia Conchyliorum in der That eine grosse Anzahl besonderer Gattungen aus diesem Geschlechte vorlegte. Unser gegenwärtiges Jahrhundert hat nun freylich hierinne glücklichere Schritte gethan. Aber waren nicht Rumph, Linne' und Gualtieri die ersten Schriftsteller, welche sich um diese Sache wahre Verdienste erwarben? Also Holland, Schweden und Italien — diesen drey Ländern gebühret die Ehre, und unsre guten Deutschen sahen nun so zu; was sie ja leisteten, das waren Kleinigkeiten, bis endlich Lesser kam, und

und nun durch seine Schrift von den Conchylien die Ehre der Deutschen rettete. Ihm folgten Klein und Geve, und erst lange nach ihnen stund ein Martini zu Berlin auf, der die Lehre von den Flußconchylien in ein ihnen eigen gewidmetes System brachte, dem endlich Herr Etatsrath Müller folgte. Das hatten vorher nur Lister und Gualtieri gethan, obgleich dasjenige, was sie für die Flußconchylien thaten, als einen Theil ihrer Arbeiten von den Conchylien überhaupt ansehen muß. Was die Deutschen hier voraus haben, ist dieses, daß von ihnen die ersten ausgemahlten Abbildungen von Flußconchylien herrühren, denn Geve, Rösel und Knorr waren die ersten, welche dergleichen lieferten, und sie würden bis jetzo noch die einzigen seyn, wenn nicht im Regenfitsi ein Beyspiel anzutreffen wäre, und wenn man nicht vom Seba einzelne Exemplare ausgemahlt hätte.

§. 46.

Was ich jetzt gesagt habe, sey nur darum gesagt, damit meine Leser die ganze Geschichte der Flußconchylien gleichsam mit einem Blicke übersehen können. Ich gehe nun zu einigen besondern Anmerkungen fort, welche man als Folgen betrachten kann, von dem, was ich bey der Anzeige der Schriftsteller über diesen Gegenstand gesagt habe.

Wenn wir die Conchylien der süssen Wasser überhaupt betrachten, so müssen wir sagen, daß die Schriftsteller der alten Zeit sie fast ganz übergangen haben, und die mehresten Schriftsteller der mittlern Zeit haben weniger geleistet, als sie leisten konnten. Bonanni (§. 7.) that würklich seinem Gegenstande gar keine Gnüge. Lister hingegen (§. 5.) that desto mehr. Gottwald (§. 9.) wieder wenig genug; Gualtieri aber (§. 12.) leistete desto mehr und übertrug damit seine Vorgänger. Richter (§. 13.) wieder wenig, den nun Lesser (§. 16.) mit seiner vollständigern Arbeit übertrug, ob er gleich, nach seinen Vorgängern beurtheilet, dasjenige gar nicht leistete, was er thun konnte. Klein (§. 18.) that schon mehr, obgleich sein System und sein Vortrag nur Kennern oder solchen nützlich seyn konnte, die selbst grosse Büchersammlungen besassen. Argenville, (§. 22.) wenn er gleich darin Verdienst hatte, daß er uns mit vielen französischen Flußconchylien bekannt machte, so bearbeitete er doch die Conchyliologie der süssen Wasser, für die er schrieb, mit einer wahren Nachläßigkeit. Eben das muß man von dem Seba (§. 26.) sagen, dessen Sammlung von Flußconchylien seinen übrigen, und besonders seiner Conchyliensammlung gar nicht das Gleichgewichte hält. Die Verdienste des Herrn Ritter von Linne' (§. 31. 36.) um die Flußconchylien sind viel zu deutlich entschieden, als daß sie meiner Lobrede bedürfen, und eben das ist das gegründete Urtheil über die Arbeiten des Herrn D. Martini zu Berlin (§. 37.) und des Herrn Etatsrath Müller zu Koppenhagen, (§. 40.) denen man freylich die Arbeiten des Petiver (§. 32.) und des Herrn Professor Müller zu Erlangen (§. 43.) gar nicht an die Seite setzen kann.

Wie sich also die Naturforscher um die Conchylien der süssen Wasser überhaupt verdient gemacht haben, so haben sich andre gefunden, welche die Conchylien der süssen Wasser beschrieben haben, die sich in ihren Gegenden finden. Was sich von diesen Thieren in England findet, das beschrieb Lister (§. 4.); Amboina fand an dem fleissigen und genauen Rumph (§. 8.) seinen Meister. Schwedens Schätze beschrieb der grosse Linne' (§. 10. 15.). Die Donau beschrieb der Graf Marsigli (§. 14.). Was Holland in diesem Fache aufweisen kann, machten Schwammerdamm (§. 17.) und der Verfasser des Handbuchs der Naturgeschichte bekannt (§. 39.); obgleich der leztere nur Auszüge aus dem erstern lieferte, und nicht ein Wort mehr sagte, als was jener gesagt hatte. Wahrhaftig zu wenig für die neuste Zeit, in der wir leben. Norwegen beschrieb der Canzler Pontoppidan (§. 19.) in diesem Fache gewiß viel zu unvollständig; und dem Verfasser einer Abhandlung über die Flußconchylien in Chursachsen, welche den physicalisch oeconomischen Abhandlungen eingerückt ist (§. 21.), ist es fast nicht zu verzeihen, daß er die Flußmuscheln ganz übergangen hat. Frankreichs Flußconchylien haben Argenville (§. 22.) und Geoffroy beschrieben (§. 35.). Was die Gegend um Ravenna hatte, meldete der Graf Ginanni (§. 23.) und von Senegall redet Adanson (§. 25.). Eine kurze Anzeige dessen, was die Flüsse und Teiche in der Mark und bey Frankfurth an der Oder liefern, hat uns der Herr von Bergen (§. 29.) gegeben, die wir aber von dem Herrn D. Martini (§. 37.) in sofern vollständiger bekommen haben, weil er bey einer jeden Flußconchylie, wenn sie in den Wassern der Churmark anzutreffen ist, ein Sternchen machte. Unvollständig haben Schlotterbeck die Conchylien bey Eßlingen (§. 30.), Pontoppidan die Conchylien der dänischen Flüsse (§. 33.), Forskal vom Nilfluß (§. 43.), Fischer die Flußconchylien in Livland (§. 44.) und Lange die von Helmstädt (§. 43.). An unser gutes Thüringen hat noch niemand gedacht, wenn wir das wenige ausnehmen, was Lesser in seiner Testaceotheologie (§. 16.) hin und wieder davon gesagt hat. Inzwischen kann es uns doch nicht gleichgültig bleiben, wenn wir hier den Eifer sehen, den verschiedene gelehrte Naturforscher auf ihre Gegenden verwendeten, und uns mit ihren Beobachtungen bekannt machten.

So wie man einzelne Gegenden bearbeitet hat, eben so hat man sich hin und wieder auch mit einzelnen Flußconchylien beschäftiget. So beschrieb Frisch das grosse Spitzhorn der süssen Wasser Abschn. III. n. 99. und die lebendig gebährende Wasserschnecke mit Banden, Abschn. III. n. 126. (§. 9.); Rappolt die Flußnerite, Abschn. III. n. 30. (§. 11.), Hanov die gröste grünlich braune Teichmuschel, Abschn. III. n. 4. und das grosse Spitzhorn der süssen Wasser, Abschn. III. n. 99. (§. 20.) Rösel (§. 21.) und Hofer (§. 27.) gaben von der ziegelförmigen Tellerschnecke Abschn. III. n. 50. Nachricht, und ersterer lieferte davon eine ausgemahlte Abbildung. Regensfuß gab von dem Buccino fasciato Abschn. III. n. 124. eine ausgemahlte Abbildung, die Herr Professor Kratzenstein beschrieb (§. 25.). Hofmann (§. 28.) und Herr Professor Murray (§. 38.) beschrieben die Ohrschnecke Abschn. III. n. 81. und Herr Hofrath Walch machte uns im Naturforscher mit einer eignen Gattung von dem Flußdornchen Abschn. III. n. 37. bekannt, wovon er auch eine ausgemahlte Abbildung mittheilte (§. 42.). Was Herr Pastor Chemnitz (§. 42.) und Herr D. Martini (§. 44.) von den Linksschnecken gesagt haben, das ist gewiß jedem Naturforscher angenehm, wenn gleich beyde Abhandlungen nur in einem entferntern Verstande für die Flußconchylien gehören.

Ausgemahlte Abbildungen von Flußconchylien haben wir überaus wenig. Ich will die einzelnen Beyspiele, die Rösel von der ziegelförmigen Tellerschnecke, Regenfuß von dem Buccino fasciato, und Walch von dem Flußdornchen gegeben haben,

den, nicht wiederholen; sondern nur das sagen, daß ihre gegebenen Abbildungen der Natur ausserordentlich getreu sind. **Geve** (§. 21.) würde das vollständigste Werk in dieser Art geliefert haben, denn es war sein Plan, auch die Flußconchylien abzubilden, wenn seine Arbeit nicht zu früh wäre unterbrochen worden. Was in dem schönen **Knorr** von Flußconchylien vorkömmt (§. 24.), das ist freylich nicht viel; und von des **Seba** Thesauro (§. 26.) sind nur die wenigsten Exemplare ausgemahlt worden. Immer haben also hier die **Deutschen** das gröste Verdienst, obgleich die **Dänen**, die auf ihren **Regenfuß** stolz seyn können, ob er gleich seiner Geburt nach ein **Deutscher** ist, und sein königliches Conchylienwerk in **Nürnberg** anfieng; und die **Holländer** wegen dem Werk des **Seba** an der Ehre, ausgemahlte Abbildungen geliefert zu haben, zugleich Antheil nehmen können. Was aber auch nur hie immer mag seyn geliefert worden, so ist es doch fürs Ganze nur ein Anfang, und ein Werk über die Flußconchylien mit ausgemahlten Abbildungen fehlet uns noch gänzlich.

Wenn wir die Schriftsteller durchgehen, welche von den Flußconchylien gehandelt haben, so sind darunter verschiedene, die uns **gesammlete Kabinette** beschrieben. Der Zeitfolge nach sind es folgende: **Bonanni** (§. 7.) in dem Museo Kircheriano, **Gottwald** (§. 9.) in seinem eignen Museo; **Gualtieri** (§. 12.) in seiner eignen Sammlung; **Richter** (§. 13.) **Seba** (§. 26.) in der Beschreibung eigner Kabinette; **Linne** (§. 31.) in dem Museo der **Königin von Schweden**. Nach ihren Beschreibungen zu urtheilen, waren ihre Sammlungen überaus unvollständig, und nur von der Sammlung des **Gualtieri** muß man sagen, daß sie für jene Zeit überaus zahlreich und vollständig war.

Ich bin genöthiget worden, bey der Anzeige der Gattungen von Flußconchylien, die jeder von mir bemerkte Schriftsteller angeführt hat, eine und eben dieselbe Gattung mehrmalen, oft vielmals zu wiederholen. Aber auch dieses hat seinen Nutzen. Wenn wir gleich nicht in aller Rücksicht sicher schliessen können, daß eine von vielen Schriftstellern beschriebene Conchylie gemein, und hingegen eine von wenig Schriftstellern angezeigte selten sey; so ist dieses doch wenigstens in vielen, ja in den mehresten Fällen richtig. Manchmal kann man die Ursache angeben, warum diese oder jene Conchylie **häufig** von Schriftstellern angeführt worden ist; **theils** geschahe es um ihres besondern Baues willen, **theils** auch deswegen, weil man sie den Seeconchylien an die Seite setzte, und sie folglich in seine Sammlung aufnahm, wenn man auch gleich keine Flußconchylien sammlen wollte. Das ist die Ursache, warum wenig Schriftsteller das **Flußdornchen, Abschn.** III. n. 37. und die **Pabstkrone** der süssen Wasser, **Abschn.** III. n. 96. obgleich beyde selten genug sind, übergangen haben. Diese Anführung mehrerer Schriftsteller kann **ferner** auch diesen Nutzen haben, daß wir nun die gemeinern Conchylien kennen, und von diesen diejenigen unterscheiden lernen, welche in den Schriftstellern nicht eben so gar häufig vorkommen, die also unserer Betrachtung vor andern würdig sind. Die gemeinern Conchylien sind, nach den Numern meines dritten Abschnitts, I) unter den Muscheln, die gröste grünlich braune Teichmuschel, Num. 4. die Perlmuschel, Num. 6. die Mahlermuschel, Num. 7. die kleine Eiermuschel, Num. 11. II) Unter den Schnecken: die Dragonermütze, Num. 26. die kleine gefleckte Flußnerite, Num. 30. das gelbliche platte Posthörnchen, Num. 39. die Coccinellschnecke, Num. 45. die Ohrschnecke, Num. 81. das grosse Spitzhorn der süssen Wasser, Num. 99. der Thürhüter,

hüter, Num. 120. die lebendig gebährende Wasserschnecke, Num. 126. — Inzwischen kann an dem einen Orte eine Gattung selten vorkommen, die in einer andern Gegend häufiger ist. So habe ich hier bey Weimar alle Gattungen von Ammonshörnern, die Coccinellschnecke ausgenommen, vergeblich gesucht, so keine Patelle, keine Nerite, keinen Thürhüter, keine lebendig gebährende, kein grosses Spitzhorn entdecken können; da hingegen bey Jena die Patelle und Nerite häufig vorkommen. Die Ohrschnecke setzte Herr D. Hofmann (§. 28.) unter die seltnern Conchylien der Flüsse, die ich hier bey Weimar in grosser Menge angetroffen habe. Eben darum sind die ausländischen Flußconchylien bey uns selten, weil die Gegenden, wo man sie oft häufig findet, von uns so gar weit entfernt sind. Die Seltenheit mancher Flußconchylien, und zuverlässig der mehresten ist nur relativisch; da, wo sie zu Hause sind, sind sie gemeiniglich häufig zu finden, und wir werden uns darüber gar nicht verwundern, wenn wir an die Vermehrung der Flußconchylien gedenken, welche nicht in geringer Anzahl geschiehet.

Bey der Beschreibung der Körper der Natur sollten allemal getreue Abbildungen seyn; denn hier thut ein genaues Bild mehr, als die ausführlichste Beschreibung. In Rücksicht auf die Flußconchylien fehlet es uns gar nicht an guten Abbildungen. Ich will das nicht wiederholen, was nur einzelne Conchylien betrifft, wie z. B. Bonanni, Rumph, Marsigli, Lesser, Geve, Ginanni, Knorr, Adanson, Seba u. d. g. gethan haben; sondern nur bemerken, daß verschiedene Naturforscher uns so viele Flußconchylien abgezeichnet haben, als ihnen bekannt waren. Hier kann ich mich auf einen Lister (§. 4. 5.), Gualtieri (§. 12.), Argenville (§. 22.) und Martini (§. 37.) sicher berufen, welche in dieser Rücksicht entschiedene Verdienste um die Flußconchylien haben.

Die Zoomorphose ist allerdings ein wesentlicher Theil der Conchyliologie. Die Thiere unserer Flußconchylien haben die ältern Schriftsteller bis auf den Lister gänzlich übersehen. Aber den neuern Schriftstellern darf man diesen Vorwurf gar nicht machen, ja in unsern Tagen ist es sogar so weit gekommen, daß uns beynahe keine neue Entdeckung mehr übrig ist. Man kann in dieser Rücksicht die Schriftsteller in zwey Classen bringen. In die erste Classe gehören diejenigen, welche nur von einigen Thieren, oder von einigen besondern Erscheinungen an Thieren geredet haben. Hieher gehören Lister (§. 6.), Rumph (§. 8.), Frisch (§. 9.), Rappolt (§. 11.), Schwammerdamm (§. 17.), Pontoppidan (§. 19.), Hanov (§. 20.), Adanson (§. 25.), Hofer (§. 27.), Hofmann (§. 28.), Schlotterbeck (§. 30.), Bonnet (§. 34.). In die andere Classe gehören diejenigen Schriftsteller, welche die Zoomorphose der Flußconchylien ausführlich behandelt, und uns nicht allein von den einzelnen Theilen dieser Thiere, sondern auch von den besondern für die einzelnen Geschlechter dieser Conchylien gehörigen Bewohnern Unterricht und Erläuterungen gegeben haben. Hieher gehöret Lesser (§. 16.), Argenville (§. 22.), Geoffroy (§. 35.), Martini (§. 37.) und Müller in Kopenhagen (§. 40.).

Endlich haben wir auch bereits einige Systematiker über die Flußconchylien. Alle diejenigen, welche, wie Lesser, Klein, Linne und dergleichen, die Conchylien der Flüsse unter das ganze Volk der Schalthiere brachten, konnten freylich für die Flußconchylien keine besondere Systeme errichten, so wenig als diejenigen, die wie Rumph, Seba und dergleichen, nur von einigen Flußconchylien redeten. Hingegen diejenigen, welche

che nach einem gewissen Plan diese Schalengehäuse abhandelten, oder ihre Arbeiten auf das Ganze ausdehneten, alle diese arbeiteten nach einem gewissen System. Folgende sind hieher mit verdientem Ruhm zu zählen: **Lister** (§. 4. 5.), **Gualtieri** (§. 12.), **Argenville** (§. 22.), **Geoffroy** (§. 35.), **Martini** (§. 37.) und **Müller** (§. 40.). Unter diesen haben **Geoffroy** und **Müller** die Geschlechter ihres Systems nach dem Bewohner, die übrigen aber nach gewissen Unterscheidungszeichen der Schalengehäuse abgemessen. Ich glaube, daß eine jede Methode ihre Vorzüge und ihre Schwierigkeiten habe, und daß wir von keinem dieser beyden Systeme sagen können, es sey besser als das andre, aber das darf ich aus Ueberzeugung sagen, daß ein System auf den Bau der Schale gegründet bequemer und leichter sey, als dasjenige, welches sich auf die Beschaffenheit und den Bau des Thieres gründet.

Nun möchte doch wohl für die Conchyliologie der süssen Wasser noch manches übrig seyn. Wir haben noch keine einzige Schrift, welche den Flußconchylien ganz allein gewidmet wäre, und auch noch kein Werk, in welches man alles gesammlet wäre, was in so manchen einzelnen Abhandlungen, oder auch in grössern Werken zerstreut anzutreffen ist. Die Arbeit des Herrn Etatsrath **Müller** in Kopenhagen ist zwar ausführlich und vollständig genug, aber es ist nicht in einer solchen Sprache geschrieben, welche alle Freunde der Natur lesen können. Ich habe mich daher bemühet, bey dieser den Flußconchylien gewidmeten Abhandlung alle Bemerkungen meiner Vorgänger zu nützen, und sie mit den meinigen zu verbinden: so viele Gattungen von Flußconchylien bekannt zu machen, als mir möglich war, und die Zoomorphose dieses Theils der Naturgeschichte nicht zu vernachläßigen. Da es mein Herr Verleger nicht an den nöthigen Kupfertafeln hat fehlen lassen; da er sogar die mir bekannten Gattungen, die ich in meiner Sammlung gröstentheils selbst aufhebe, für diejenigen, die nicht ausdrücklich schwarze Tafeln verlangen, in ausgemahlten Kupfertafeln liefert; da Herr **Capieux** in **Leipzig**, dessen grosse Geschicklichkeit in dergleichen Arbeiten, die nicht die Arbeit eines jeden geschickten Mahlers ist, ich nicht erst zu rühmen Ursache habe, die Zeichnungen unter meiner Aufsicht hier in Weimar verfertiget hat; so glaube ich, in dieser Abhandlung zur Zufriedenheit meiner Leser alles gethan zu haben, was sie von mir fordern können.

Der

Der andere Abschnitt.
Betrachtung der Schalengehäuse der süssen Wasser und ihrer Bewohner.

Das erste Kapitel.
Von den Schalengehäusen der süssen Wasser.

§. 47.

Wir kennen diejenigen Thiere, von welchen ich in der gegenwärtigen Abhandlung rede, unter dem allgemeinen Namen der **Flußconchylien**, oder **der Conchylien der süssen Wasser.** Im strengsten Verstande beurtheilt ist keine von diesen Benennungen adäquat. Nicht der Name der **Flußconchylien**; denn es halten sich ja Thiere, die hieher gehören, in Teichen, in Sümpfen, ja oft nur in morastigen Gegenden auf. Nicht der Name der **Conchylien der süssen Wasser**, weil wir auch verschiedene salzigte Wasser haben, die kein Meer sind, und worinne sich gleichwohl Conchylien aufhalten, die hieher gehören. Ich will mich diesmal nicht auf verschiedene Flüsse in entlegenen Welttheilen berufen, derer ich an ihrem Orte gedenken werde; sondern nur vorläufig bemerken, daß ich unten einer kleinen Dragonermütze, oder Flußpatelle, die von ihren Anverwandten durch gar nichts unterschieden ist, gedenken werde, die sich in einem Strom bey **Zelle**, **Oerze** genannt, der wegen seines gesalzenen Wassers merkwürdig ist, aufzuhalten pfleget. Inzwischen passen doch beyde Namen, und besonders der letztere auf die mehresten Gattungen, und das reicht schon hin, sie zu entschuldigen, und in eine systematische Abhandlung aufzunehmen.

§. 48.

Die Conchylien der süssen Wasser sind diejenigen Schalthiere, die sich ausser dem Meere im Wasser aufzuhalten pflegen. Ihr Wohnplatz sind

1) **Flüsse.** Man wird nicht leicht einen Fluß in der Welt vorzeigen können, den man gehörig durchsucht hat, welcher ganz von Conchylien entblösset wäre, es müsten denn die allerkleinsten Flüsse, und besonders periodische Flüsse seyn, welche bey heissen und trocknen Sommern austrocknen, oder durch häufige Regengüsse erzeugt werden. Wenigstens ernähren die mehrsten Flüsse Conchylien, manche mehr, andre weniger, manche dieses, andre ein ander Geschlecht. Man hat gewisse Schalthiere, die nur für die Flüsse erschaffen zu seyn scheinen, andre, die sich in Flüssen und stehenden Wassern zugleich aufhalten. Die gröste Teichmuschel wird man schwerlich in einem fliessenden Wasser antreffen, die Mahlermuschel hingegen habe ich auch in verschiedenen Teichen gefunden. Mir scheinet es, daß man bey dieser Beobachtung auf das Bette der Flüsse, und auf die Kräuter, die sie tragen, zugleich

gleich sehen, und auf den Gang der Flüsse zugleich Acht haben müsse. Seltener wird man in einem wilden und reissenden Strome die Conchylien so zahlreich antreffen, als sie in einem stillern Flusse zu wohnen pflegen. Diese Thierchens scheinen die Ruhe zu lieben, daher sie sich bey wilden reissenden Strömen gern in stillen Winkeln aufhalten, damit sie nichts von ihrem Orte bewege, wenn sie ruhen wollen. Findet sich in einem Flusse keine Nahrung für manche Conchylien, so wird man daselbst die Conchylien vergeblich erwarten. Das hat die Natur diesem Thier eben so wohl wie dem Papilion gelehrt, sein Ey nur dorthin in Verwahrung zu legen, wo das neugebohrne Thier seine Nahrung sogleich finden kann. Das Bette der Flüsse muß auch nach den Bedürfnissen der Conchylien eingerichtet seyn. Die Schnecke zwar, die in ihrem Gange mehr Geschwindigkeit hat, als die Muschel; die Schnecke, die sich im Grunde des Wassers aufhalten, und auf dessen Oberfläche herumschwimmen, die sich im Fall der Noth an den Ränden der Flüsse nach Nahrung umsehen kann; die Schnecke hat unendliche Vorzüge für der Muschel. Diese liegt, wenn sie ruhen will, auf dem Grunde, und gehet, wenn sie fort will, auf dem Grunde. Sie kann sich also nur da aufhalten, wo entweder ein leimigter, oder aus klarem Sande bereiteter Boden ist; da, wo häufige Steine liegen, die durch das Wasser fortgewälzt werden, und wodurch diese Thierchens immer gestöhret werden; da wird man nur selten Muscheln finden. Unterdessen ist aus der Betrachtung mehrerer Flüsse entschieden, daß bey dem einen für Flußconchylien Hindernisse sind, die andre nicht haben, daher kann in dem einen Flusse eine Conchylie fehlen, die im andern wohl häufig anzutreffen ist. Manche Conchylien sind, wie wir besonders von auswärtigen Flußconchylien wissen, gewissen Flüssen oder Himmelsstrichen eigen, vermuthlich deswegen, weil nur dort ihre Nahrung zu finden ist, andre hingegen sind fast allenthalben zu finden.

II) **Teiche.** Wenn gleich die Teiche eine Art von stillstehenden Wassern sind, so haben sie doch für andern stillstehenden Wassern, als Tümpfeln, Pfützen u. d. g. dadurch einen Vorzug, daß sie einen steten Zufluß von frischen Wassern haben, wodurch ein faulendes und stinkendes Wasser verhindert wird. Das ist die Ursache, warum sich in manchen Teichen solche Conchylien aufhalten, die man sonst nur in Flüssen zu suchen gewohnt ist. Ich habe daher die Mahlermuschel und die Coccinellschnecke auch in Teichen gefunden; und überhaupt weiß ich, so viele Teiche ich untersucht habe, keine einzige Conchylie, die ich nicht auch in grössern Gräben, welche keinen Zufluß von frischen Wasser haben, gefunden hätte. Die gröste grünlich braune Teichmuschel, Mytilus cygneus Linn. kann hier zum Beweise dienen; umgekehrt aber habe ich in solchen stehenden Tümpfeln oder Wassergräben manche Conchylie gefunden, die ich in Teichen vergeblich gesucht, in Flüssen aber gefunden habe. Mich dünkt also, die Namen palustris, lacustris und fluviatilis, die man vielfältig zu Gattungsnamen macht, sollten, weil sie würklich Ausnahmen leiden, ganz aufgehoben werden. Man könnte sie auch sichrer aufheben, da sich an der Schale wohl andre Kennzeichen entdecken lassen, dadurch sie von andern ihres Gleichen können unterschieden werden.

III) **Tümpfel und Gräben.** Wenn diese groß sind, wie Gräben um die Schlösser der Hohen, so haben sie keine Vorrechte für den Teichen, aber auch nichts, was sie zurücksetzen könnte. In beyden kommen einerley Conchylien zum Vorschein, nur nicht leicht die Mahlermuschel, Mya pictorum Linn. Für beyde scheinen inzwischen die kleinern Conchylien nicht geschaffen zu seyn, die sich lieber in kleinen Gräben oder in kleinen Flüssen aufhalten. Die kleinern Gattungen von Ammonshörnern, die kleinern Trompeten- und Schraubenschnecken sind es vorzüglich, die man hier nicht vergebens sucht. Die kleinsten Gräben sind davon nicht ausgenommen, wenn sie nur Wasser halten, wenigstens jährlich Wasser bekommen. Ich habe davon bey Thangelstedt an zwey neu aufgeworfnen Gräben ein sehr merkwürdiges Beyspiel gesehen. Beyde hatten weiter keinen Zugang des Wassers, als was ihnen Schnee und Regen zurückliessen: beyde hatten im ersten Herbste, da ich sie untersuchte, keine Conchylie, und in den folgenden Jahren fand ich in ihnen die Gattungen, die ich unten im III. Abschnitte num. 62. 82. 114. 115. beschreiben werde, häufig, die ich sonst in der ganzen Gegend nirgends entdeckt habe. Im Muschelsande aber fand ich sie auch, und das gab mir die Vermuthung an die Hand, daß vielleicht durch eine Ueberschwemmung diese Thierchens aus einer andern Gegend hieher geführt wurden, und sich nun fortpflanzten.

IV) Sümpfe. Mir ist zwar in Thüringen kein Ort bekannt, der ein wahrer Sumpf wäre und Conchylien hätte; aber wir kennen doch sonst manche Beyspiele aus entferntern Gegenden von Conchylien, die sich in Sümpfen und im Kothe aufhalten. Die Kothschnecken, Abschn. III. n. 62. 63. und die feingestreifte Deckelschnecke, Abschn. III. n. 170. A. leben in keinen Flüssen, Teichen oder Gräben, sondern blos an feuchten und morastigen Oertern.

§. 49.

Ich muß bey dieser Gelegenheit einige Anmerkungen aus dem Lesser k) wiederholen. Die Naturforscher wollen angemerkt haben, daß die Conchylien der süssen Wasser die salzigten Wasser durchaus nicht vertragen können, und Schwammerdamm hat von seiner wunderbaren lebendig gebährenden Wasserschnecke bemerket, daß sie in dem salzigten Seewasser gar bald sterbe. Die Purpurschnecke soll dergestalt an das salzigte Wasser gebunden seyn, daß sie bald stirbt, wenn sie solches Wasser geniesset, welches mit Flußwasser versüsset ist. In dem Ponto sollen darum nur sehr wenig Conchylien angetroffen werden, weil in denselben sich sehr viel Flüsse ergiessen: und zu Venedig will man beobachtet haben, daß die Conchylien sterben, wenn es häufig regnet und die See dadurch versüsset wird. Das sagt Lesser aus dem Schwammerdamm, Aristoteles und Langen. Ganz richtig ist dieses gleichwohl nicht, wenn man es gleich in den mehresten Fällen einräumen muß. Ich habe vorher einer kleinen Patelle bey Zelle gedacht, die der kleinen Dragonermütze Abschn. III. n. 26. in allen Stücken ganz gleich ist, und die gleichwohl in einem salzigten Flusse lebt. Das Buccinum virgineum Abschn. III. n. 128. findet sich in verschiedenen ausländischen Flüssen, und ist auch in den Antillen zu Hause, und viele Naturforscher behaupten von alle den ausländischen Flußconchylien, die in Flüssen wohnen, welche mit der See in Gemeinschaft stehen, daß sie wohl aus der See in die Flüsse können übergegangen seyn, und nun hier ihre Wohnung aufgeschlagen. Unten werde ich Abschn. III. n. 33. einer Nerite gedenken, die sich in den

k) Testaceotheologie §. 157. Seite 767. f.

den italiänischen Salzwassern *Bagno tondo* aufhält. Es ist wohl möglich, daß sich manche Flußconchylie nach und nach an eine andre Lebensart gewöhnen kann.

§. 50.

Dies nur vorausgesetzt. Ich komme nun auf die Schalen unsrer Flußconchylien, oder auf das Haus, was sie bewohnen, und rede von diesem zuerst, weil es das erste ist, was uns an diesen Thieren in die Augen fällt. Einige allgemeine Anmerkungen muß ich nothwendig voraussetzen. Man macht es zur Regel, nach der man sogar die Flußconchylien von den Seeconchylien unterscheiden will, daß diese niemals ein so starkes Schalengehäuse haben als die Seeconchylien. Die Sache hat ihre Richtigkeit, wenn man sie nur in dem rechten Gesichtspuncte betrachtet. Wir haben unter den Seeconchylien solche, die eine überaus zarte Schale haben. Zärter kann keine Flußconchylie seyn, als die Schale des Papiernautilus, der echten Wendeltreppe, der Bohrmuschel und dergleichen ist; aber wird man auch wohl eine Flußconchylie vorzeigen können, deren Schale ¼ Zoll, auch wohl noch stärker ist? Kommen gleich einige Seeconchylien den Flußconchylien darinne nahe, daß sie die feinste Schale haben, so hat sie doch die Natur andrer unleugbaren Vorzüge beraubet, wie sich unten zeigen wird. Von den Flußconchylien kann man also mit Grunde behaupten, daß sie eine zarte Schale haben, und das gilt sogar von den Muscheln. Wenn wir gleich von unsern grössern Muscheln bis zur Mahlermuschel herunter behaupten müssen, daß ihre Schale stark genug scheine, so wollen wir sie einmal gegen andre Seemuscheln von eben der Grösse halten, und es wird sich der Unterschied zeigen. — Die Farben unsrer Flußconchylien sind von jeher in grosser Verachtung gewesen, und gleichwohl verdienen sie unsre aufmerksame Betrachtung in mehr als in einer Rücksicht. Viele unsrer Flußconchylien haben die feinste durchsichtige Schale. Wenn also der Bewohner noch in derselben liegt, so schimmert er durch die Schale hindurch, und sie hat freylich eine ganz andre Farbe, als sie dann bekömmt, wenn das Gehäuse keinen Bewohner mehr hat. Wenn man von der Farbe der Schalengehäuse redet, so meynet man die Schalen als Schalen, und es wäre Ueberfluß, wenn man die durchschimmernden Farben des Bewohners mit in Anschlag bringen wollte. Es ist wahr, viele unter ihnen tragen ein sehr einfaches Kleid, aber andre, wie schön ist ihre Farbe in ihren Abwechselungen! Ich darf hier meine Leser auf keine Beyspiele verweisen, meine ausgemahlten Kupfertafeln, auf denen ich mit Ueberlegung mehrentheils einheimische Conchylien vorlege, rechtfertigen mich hinlänglich. Unter den ausländischen Flußconchylien sind mehrere, die mit den Seeconchylien um den Vorzug streiten können. Und sind denn alle Seeconchylien gleich schön? Wo sind die Schönheiten des pohlnischen Hammers und des Vögelchen, die man doch mit schweren Summen bezahlt? Könnten wir die Flußconchylien in ihren Geschlechtern, Gattungen und Verschiedenheiten, auch so in die Tausende zählen, wie die Seeconchylien, so würden wir auch mehr Farbenverschiedenheiten finden. Doch dies bey Seite gesetzt, wo hat eine Seemuschel häufigeres und prächtigeres Grün, als unsre grössern Flußmuscheln zum Theil haben? Fehlet ihnen etwa der innre Perlenmutterglanz gänzlich? Gewiß unsre gröste Teichmuschel, unsre Perlenmuschel, unsre Mahlermuschel, hat inwendig ein schönes Weiß, das bey gesunden und hinlänglich gereinigten Exemplaren dem innern Glanze der Seeconchylien wahrhaftig ganz nahe kömmt. — Alles dieses gilt auch von der Grösse unsrer Schalen-

gehäuse.

gehäuse. Das Buccinum achatinum Abschn. III. n. 98. gehöret unter den ausländischen Flußconchylien unter diejenigen, welche zu einer sehr ansehnlichen Grösse erwachsen, denn das von mir Tab. 6. fig. 1. abgezeichnete Exemplar hat nur seine mittlere Grösse erreicht. Und ist denn die gröste Teichmuschel, Abschn. III. n. 1. tab. 1. fig. 1. bey allen ihren entschiedenen Schönheiten nicht groß genug? Freylich sind das unter den Flußconchylien nur seltene Beyspiele, die wenigsten erreichen nur eine mittlere Grösse, die allermehresten sind klein. Man muß sich aber nicht an die Speculazien unter den Seeconchylien erinnern, wenn man deswegen die Flußconchylien verachten wollte. — Sogar der äussere Bau ist jenen in der Hauptsache ähnlich. Unter unsern Flußconchylien giebt es glatte, gestreifte, quergestreifte, gerunzelte, höckerigte, und verschiedene andere Abänderungen. Es ist daher gar keine unedle Beschäftigung, die man den Schalengehäusen der süssen Wasser widmet.

§. 51.

Wenn wir uns nun insonderheit um den eigentlichen Bau der Schaalengehäuse bekümmern, so müssen wir die **Schnecken** von den **Muscheln** trennen, weil sich diese beyden Familien so gar merklich von einander unterscheiden; bey den **Schnecken** aber müssen wir die **ungewundenen** von den **gewundenen** unterscheiden.

Die ungewundenen Schnecken sind die Patellen. Ich glaube aus den Gründen, die ich an einem andern Orte a) vorgetragen habe, ein Recht zu haben, denenjenigen meine Stimme zu geben, welche die Patellen unter die Schnecken setzen. Mir kann inzwischen jetzo nichts daran liegen, wenn sie nicht alle meiner Leser mit mir als Schnecken betrachten wollen; genug daß es Conchylien sind, welche nur eine einzige Schale haben, und an denen man keine Windung, nicht einmal eine Anlage dazu siehet. Unter den Seeconchylien ist die Familie der Patellen eine der zahlreichsten Familien, man mag auf ihren Bau oder auf ihre Farbenzeichnung sehen. Bey den Flußconchylien ist diese Familie desto eingeschränkter. Keine mit ungleichen Rande, keine gerippte, keine mit offnen Wirbel, keine mit einer Rinne, oder andrer innrer oder äussrer Anlage zu einer Windung. Hier sehen wir eine ganz einfache Schale, die sich blos dadurch in zwey Ordnungen bringen läßt, daß der Umfang von einigen rund, von andern aber oval ist. Der Wirbel, der hier bald spitzig, bald stumpf, bald gerade, bald umgebogen ist, giebt die Kennzeichen der Verschiedenheiten unter diesem kleinen Volke an.

§. 52.

Die gewundenen Conchylien geben uns Mehreres zu betrachten, und zwar zuförderst die **Windungen** und die **Windungsart**. Die **Windungen** oder die **Gewinde** werden *Spirae*, *Helices*, *Gyri*, *Orbes*, seltener *Convolutiones*, *Claviculae*, im Französischen aber *les Spires* genennet. Alle gewundene Schnecken, wenn wir sie ausser ihrer Windung verlängert gedenken, gleichen einem Canal, der oben weit ist und unten ganz spitzig zuläuft. Aber von der Art finden wir unter den Flußconchylien gar keine, die unter den Seeconchylien desto gemeiner, unter den Namen der **Meerröhren** bekannt sind. Dieses Geschlecht fehlet uns unter den Conchylien der süssen Wasser noch gänzlich, wir müssen daher zu gewissen aus Sand, oder Steinen, oder aus andern Materia-

a) Geschichte der Patellen im Steinreiche, im Naturforscher V. Stück, S. 109. f.

terialien erbaute Häuser gewisser Thiere annehmen, die wir unter dem Namen der Sabellen kennen, und von welchen ich im IV. Abschnitte dieser Abhandlung reden werde. Das, was wir uns als einen ausgestreckten Canal gedenken können, das ist von dem Thier so erbauet, daß man von Aussen gewisse regelmäßige Krümmungen siehet, die für sich bestehen, ihre eignen Wände haben, aber doch so, daß man von der Oeffnung bis zur Endspitze eine ganz durchhöhlte Schale siehet. Auch hier unterscheiden sich die Flußschnecken von den Seeschnecken. Unter diesen giebt es solche, die inwendig Zwischenkammern haben, wie der Nautilus crassus, solche Gattungen hat man bis daher in den Flüssen ganz vergeblich gesucht. In ihrer Windungsart aber findet man unter ihnen zwey Hauptverschiedenheiten. Einige sind ganz um den Mittelpunct gewunden, sie sind auf beyden Seiten ganz platt, sie gleichen einer zusammengerollten Schlange, oder auch einem runden Teller, und werden daher auch von verschiedenen Tellerschnecken, *Planorbes*, genennet. Andere hingegen gehen in die Höhe bald merklicher bald unmerklicher, ja man hat unter ihnen solche, die wie eine Schraube gerade in die Höhe gehen, und sich ganz spitzig endigen, denen man auch den Namen der Schraubenschnecken gegeben hat. Eben diese mannichfaltige Bildung der Schnecken hat den mehresten Naturforschern Gelegenheit gegeben, die Conchylien zu ordnen. An allen gewundenen Schnecken, ihre Windungsart mag auch noch so verschieden seyn, ist doch das erste Gewind immer das gröste, in Rücksicht auf die folgenden aber ist es sich nicht immer gleich. Es geschiehet bey allen gewundenen Schnecken, daß bisweilen das erste Gewinde das gröste ist, wenn man sich diese Gattungen ausgestreckt gedenket, so würden sie eine ganz unförmliche Gestalt bekommen, z. B. die Ohrschnecke und die Trompetenschnecken; andere hingegen sind so gewunden, daß sie ausgestreckt gedacht, sich in einer vollkommen gleichen Abnahme gedenken lassen, und das sind die Schraubenschnecken, Turbines. Die Beschaffenheit dieser Gewinde und ihre Anzahl ist ebenfalls sehr verschieden. Manchmal stossen die Gewinde auf das genauste zusammen, dergestalt, daß man kaum den Unterschied unter den folgenden Gewinden erkennen kann; ein andermal ist dieser Unterschied desto sichtbarer, man siehet zwischen jedem Gewinde einen deutlichen Zwischenraum, der manchmal und in den mehresten Fällen einem zarten Einschnitte gleicht, manchmal grösser, seltener mit mancherley Unebenheiten versehen ist. Der Ausgang der Gewinde ist bey denen, die nicht um den Mittelpunct gewunden sind, bisweilen ganz stumpf, bey andern desto spitziger, ja auch unter den Flußconchylien wird eine Gattung gefunden, Abschn. III. n. 55. welche sich ihre Endspitze absprengt, wenn sie ihre völlige Wachsthumsgrösse erlangt hat. Die Anzahl der Gewinde ist sehr verschieden. Ich kenne keine Flußconchylie, die weniger als drey Windungen hätte, aber mehrere, die zwölf und wohl noch mehr Gewinde haben. Herr Pastor Lesser [b]) glaubt, daß, wenn man die kleinsten Schneckchen durch das Vergrösserungsglas betrachte, so werde man finden, daß sie aus dem Ey heraus so viele Gewinde hätten, als die grösten Schnecken von eben der Art haben, und daß es falsch sey, daß das Thier alle Jahr ein neues Gewinde ansetzen sollte. Ich werde unten Gelegenheit haben zu zeigen, daß dieses, wo nicht offenbar falsch, doch wenigstens nicht allgemein wahr sey. Ausserdem ist dieses noch merkwürdig, daß die mehresten Schnecken, wenn ich sie auf ihre Endspitze stelle, von der linken Hand gegen die rechte gewunden sind, die man deswegen rechtsgedrehete oder gewundene

b) In der Testaceotheologie §. 116. S. 458.

Schnecken nennet, und daß man nur wenige Gattungen vorzeigen kann, wo sich die Richtung der Gewinde umgekehrt zeiget. **Lesser** [c]) hat darüber folgende Gedanken: „**Aristoteles** hat angemerkt, es sey denen Thieren gemein, daß sie ihre Bewegung von der rechten Hand anfangen, woraus folgendes zu schliessen. Die Natur hat bey Erbauung dieser Gewinde auf solche Art bauen müssen, daß ihr Gebäude sich zur Bewegung des inwohnenden Thierleins schickte. Da nun dieselbigen aus dem Triebe ihrer Natur die Bewegung von der Rechten anfangen, so muste sie ihnen von solcher Seite keine Hinderniß in den Weg legen, sondern vielmehr eine freye Oeffnung lassen, mithin muste sie von dem mittelsten Gewinde der Schnecke sich nach der Rechten drehen, und so fortfahren bis an die Mündung, damit das inwohnende Thier sich nach der Rechten kehren konnte.„ Es ist in unsern Tagen entschieden, daß ein jedes Geschlecht der Schnecken seine rechts- und linksgedreheten Gattungen habe, folglich sind diese Grundsätze des Herrn **Lessers** nicht die wahre Ursache, warum sich die mehresten Schneckengehäuse von der linken zur rechten Hand drehen, oder daß ich technisch rede, warum sie **rechtsgewunden** sind.

§. 53.

Dies giebt mir die näheste Veranlassung, von den **Linksschnecken** oder von den **linksgedreheten Schnecken** zu reden [d]); doch werde ich bey dieser Abhandlung vorzüglich bey den Flußconchylien stehen bleiben. Man verstehet unter den **Linksschnecken** diejenigen, deren Windungsart von der rechten Hand gegen die linke gewunden, wenn man sie auf ihre Endspitze stellet, und nun ihre Windungsart betrachtet, oder sie sind von der linken Hand gegen die rechte gewunden, wenn ich sie auf ihre Mundöffnung stelle. Solche verkehrt gewundene Schnecken waren in den älteren Zeiten die allergrößten Seltenheiten, sie blieben es in den mittlern Zeiten, und nur die neuere Zeit hat uns mit ihnen bekannter gemacht. Ich will aus den ältern Zeiten nur ein Beyspiel anführen. Als **Lister** eine linksgewundene Erdschraube fand, und dem **Rajus** davon Nachricht gab, so erhielt er von diesem die Antwort: damit, daß er eine Schnecke gefunden habe, deren Windungsart von der gewöhnlichen abweiche, habe er ihm eine überaus merkwürdige Sache erzehlet; denn die Gelehrten hätten bis hieher einstimmig dafür gehalten, daß sich alle Schnecken nach der Bewegung der Sonne richteten, und daher von der linken Hand gegen die rechte gewunden wären. Er habe so etwas noch nicht gesehen, es möchten aber mehrere Gattungen dieses Geschlechtes vorhanden, oder dieses die einzige seyn, so sey die Sache allemal werth, beschrieben zu werden. Man sehe **Lister** Historiam animalium Angliae p. 124. und wiederholt im Naturforscher VIII. Stück p. 165. Man nannte daher diese Schnecken **die Einzige**, *Sine pari*, *les Vulquer*, und gab dadurch zu erkennen, daß man nur eine einzige Gattung davon kannte. Noch im Jahr 1762 behauptete Herr D. **Schlotterbeck**, daß alle Schnecken rechtsgewundene wären, und daß er noch keine einzige linksgewundene gesehen habe: tamen reperire non potui vllam sinistrorsum quoad spirarum gyros decurrentem sive devolutam. Man sehe die Acta Helvetica Vol. V. p. 277. Inzwischen kannte man lange vor dem Herrn

c) Testaceotheologie §. 121. S. 463. Aristoteles Hist. animal. Lib. II. Cap. I.

d) Von diesen handeln überhaupt Chemnitz im VIII. Stück des Naturforschers, S. 163. und Martini in den neuen Mannichfaltigkeiten, IV. Jahrgang, S. 401. vergl. mit dem III. Jahrgang, S. 814.

Herrn **Schlotterbeck** Linksschnecken, aber man kannte sie blos unter dem Namen seltener Anomalien, oder als Mißgeburten der Natur. Mein Zeuge sey **Bonanni**, denn er fället von den Linksschnecken dieses Urtheil [e]): Rare reperiuntur in mari, *fortasse sunt abortus monstraque naturae.* Diese Meynung hat sich unter den Gelehrten lange erhalten, allein man zweifelt jetzo nicht mehr daran, daß die **Linksschnecken** keine Anomalien sind, sondern daß ein jedes Conchyliengeschlecht eben sowohl seine linksgewundenen als auch seine rechtsgewundenen Gattungen habe. Herr Pastor **Chemnitz** beweiset dieses [f]) von vielen Geschlechtern, die sich bereits in linksgewundenen Gattungen gezeigt haben; und beruft sich sonderlich auf das linke **Maroccanische** Buccinum marinum, welches sich an dem **maroccanischen** Meerufer nie anders als linksgewunden zeiget, das man in grosser Menge findet, und von dem man sagen kann, daß sie vollkommen gleiche Kinder einer Hauptfamilie sind. Wer wollte die Ungerechtigkeit begehen, und diese aus der rechtmäßigsten Ehe erzeugten und sich einander in allen Stücken so völlig ähnlich sehenden Kinder für unächt und unehelich erklären, und sie Bastarte, Mißgeburten und monstra naturae nennen? Unter den Erdschnecken ist die **linksgewundene Erdschraube** ein gleiches Beyspiel, welches in unserm Thüringen bey **Weimar, Thangelstedt** und andern Orten zu Tausenden aufgelesen werden kann, und welches sich sogar in verschiedenen Gattungen zum Beweis seiner Rechtmäßigkeit finden läßt [g]). Unter den Flußconchylien ist mir zwar noch kein Beyspiel bekannt, welches sich in gehäufter Anzahl finden sollte; man müßte denn das plattgedrückte Ammonshorn, (Abschn. III. n. 41.) und das sechsfach gewundene runde Ammonshorn, (Abschn. III. n. 42.) hieher zehlen, welches letztere ich bey **Thangelstedt** in grosser Anzahl gefunden habe. Unterdessen ist es mit den Ammonshörnern nun so eine Sache; da ihre Windungen auf beyden Seiten sichtbar sind, so ist es immer eine schwere Sache, die obere von der untern Seite und damit die Windungsart derselben zu unterscheiden. Merkwürdig ist inzwischen immer die **Wasserblase**, (Abschn. III. n. 78.) welche sich in mehrern Gegenden, allemal aber linksgewunden findet. Wir haben an ihr also auch bey den Flußconchylien ein Beyspiel von einem rechtmäßigen Geschlechte linksgewundener Schnecken.

Weit also gefehlt, daß die Linksschnecken Bastarte und Mißgeburten seyn sollten, jedes Conchyliengeschlecht hat daher sowohl seine rechtsgedreheten als auch seine linksgedreheten Gattungen, wenn wir gleich sagen müssen, daß wir sie noch nicht alle entdeckt haben. Ich bleibe bey den Flußconchylien stehen, zu zeigen, wie weit wir hier mit unsern Entdeckungen gekommen sind. Die Rede ist von den gewundenen Schnecken, und da nehmen in meinem System die **Neriten** den ersten Platz ein. Unter diesen haben sich noch keine linksgewundenen gefunden. Die **Ammonshörner**, die nun folgen, haben mancherley Arten linker Schnecken, die im III. Abschnitte n. 41. 42. 43. 44. beschrieben werden. Diejenigen Flußschnecken, deren äusserer Bau unsern Erdschnecken gleich ist, haben ihre linken Gattungen ebenfalls noch verborgen; hingegen ist unter denen, welche gestreckte Windungen und einen kurzen Zopf haben, die **Wasserblase**, Abschn. III. n. 78. ein deutliches Beyspiel. Unter den **Ohrschnecken** hat sich noch keine

e) Museum Kircherianum p. 498. f.

f) Im Naturforscher, VIII. Stück, Seite 171. 177.

g) Meine Abhandlung von den Erdconchylien, S. 133. f. vergl. mit meinen Abhandlungen über verschiedene Gegenstände der Naturgeschichte, Th. II. Halle 1777. S. 243. f.

keine linke Gattung gefunden; aber die Rinckhörner haben sie in zahlreichen Abänderungen, wie aus Abschn. III. n. 88-95. deutlich erhellet. Eben so hat die linke Flußschraube, Abschn. III. n. 142. für das Geschlecht der Schraubenschnecken eine linke Gattung geliefert. Wenn wir nun bedenken, daß wir von drey Hauptgeschlechtern, den Neriten, den Kräuselförmigen und den Ohrschnecken, zwar noch keine linken Gattungen aufweisen können, daß hingegen vier andre Geschlechter, die Ammonshörner, die Kahnschnecken, die Trompetenschnecken und die Schrauben, uns linke Gattungen geschenkt haben, und daß sich die Anzahl der Gattungen schon auf 14. erhöhet hat, welche in ihrem Bau alle von einander unterschieden, und also wahre Gattungen sind; so ist es entschieden, daß die Linksschnecken keine unehlichen Kinder oder Mißgeburten sind.

Eben darum, weil die linken Schnecken in der Windungsart von den rechtsgewundenen gänzlich unterschieden sind, so muß an diesem Unterschiede nicht nur die ganze Schale, sondern auch der Bewohner Antheil nehmen. Am deutlichsten siehet man das an den Trompetenschnecken. Schon von Aussen fällt es sogleich in die Augen, daß sich alle Windungen in einer verkehrten Richtung befinden. Die Mundöffnung befindet sich nicht auf der Seite, wo man sie sonst zu sehen gewohnt ist. Bey der Spindel siehet man an aufgeschnittenen Exemplaren, daß die Wände der Windungen an derselben verkehrt befestiget sind; wenn die Spindel gedreht ist, so gehen auch ihre Schraubengänge auf eine entgegengesetzte Weise, kurz die ganze Schale weicht von Aussen und Innen von der gewöhnlichen Bau- und Windungsart ganz ab. Aber der Bewohner! was hat es nun mit diesem für eine Beschaffenheit? So viel ist zuverläßig, da er aus seinem Hause gerade auf eine verkehrte Art gehen muß; da seine Bewegungen von seinem Sipho, der alle Gewinde durchstreichet, und oben an der Endspitze befestiget ist, abhangen, so kann es nicht anders seyn, er muß in Rücksicht auf die Windungen und die Endspitze so gelegt und so befestiget seyn, daß ihm die verkehrte Windungsart weder dann, wenn er aus seinem Hause herausgehen, oder sich in dasselbe hineinziehen, noch auch wenn er schwimmen oder gehen will, nicht die geringste Hinderniß in den Weg lege. Ich habe dieses an der linken Erdschraube auf das genauste beobachtet, und bey den Flußconchylien muß es eben also seyn, ob ich gleich hier noch keinen Bewohner habe beobachten können. So weit meine Entdeckungen reichen, ist in Thüringen, ausser den zweifelhaften Ammonshörnern, keine linke Flußschnecke zu Hause.

§. 54.

Wir kennen nun den allgemeinen Bau der Schneckengehäuse, aber in seinen einzelnen Theilen kennen wir ihn noch nicht. Nothwendig fängt sich unsre Betrachtung an denjenigen Orte an, wo wir das Thier zum Vorschein kommen sehen, wenn es aus seiner Wohnung herauskriecht. Man nennet diesen Ort die **Mündung** oder die **Mundöffnung**, *os, apertura, la bouche, l'ouverture*. Diese Mündung ist weder von einerley Grösse, noch von einerley Beschaffenheit. Wenn wir von der Grösse der Mundöffnung reden, so gedenken wir uns auch Schalengehäuse von einer Grösse, und hier kommt fast alles auf den äussern Bau des ersten Gewindes an. Die **Trompeten**, deren erstes Gewinde allemal ungleich grösser ist als das nächstfolgende, allemal grösser als bey den Schrauben, haben daher auch eine grössere Mundöffnung als jene, welche auch eben deswegen nie ganz rund seyn kann, weil es dem Bau der ganzen Conchylie zuwider

wider wäre. An den Trompeten findet man also allemal eine längliche Oeffnung, die in ihrem Mittelpuncte weiter oder enger seyn, und folglich in manchen Fällen eine wahre eyförmige Gestalt annehmen kann, wenn die erste Windung aufgeblasen oder bauchigt ist, oder wenn ihr dieses fehlet. Eine einzige Gattung unter den Trompeten hat eine dreyeckigte Mundöffnung, Abschn. III. n. 141. tab. min. A. fig. 9. welches um so viel weniger eine Anomalie seyn kann, weil unter den Erdschnecken der Helix ringens Linn. und unter den Seeschnecken das Buccinum anus Linn. eine ähnliche Mundöffnung haben. Daß man übrigens Conchylien mit entstellter Mundöffnung habe, die das Thier entstellte, wenn es eine zerbrochne oder zerknickte Mundöffnung wieder ergänzen muste, das darf ich hier nicht erst sagen, weil den Liebhabern dergleichen Beyspiele nicht selten sind h), die aber unter den Erd- und Seeconchylien viel häufiger erscheinen, als unter den Flußconchylien. Diese können freylich keine besondere Gattungen bestimmen, da sie nur Anomalien sind. Das erste Gewind der **Schraubenschnecken** stehet mit den folgenden Windungen in der regelmäßigsten Abnahme. Man kann es also leicht begreifen, daß ihre Mundöffnung sich der runden Figur nähert, oder wo nicht ganz rund, doch größtentheils rund ist, wenn die Schale glatt, oder wenigstens nicht mit allzugrossen Unebenheiten versehen ist. Unter den **Trommelschrauben** giebt es hier einige Ausnahmen, aber sie rühren blos von den Unebenheiten her, welche das erste Gewind nahe an der Mundöffnung durch Knoten, oder in der Mundöffnung selbst durch einen zurückgebogenen Schnabel, erfahren hat. Das sind übrigens überaus seltene Fälle. Auch die Mundöffnung der mehresten **Ammonshörner** der süssen Wasser sind rund, und das bringt der Bau ihrer Windungen so mit sich, weil diese einer hohlen Röhre gleicht, wo hingegen das erste Gewind einen scharfen Rand hat, da nähert sich die Figur der Mündung mehr dem Eyförmigen. Eben von der Art sind alle Mundöffnungen derjenigen Flußschnecken, die wie unsre gewöhnlichen Erdschnecken gebaut sind, wenn ihr erstes Gewinde nicht allzusehr aufgeblasen ist. Ist dieses, so wird ihre Mündung oval, weil sich die folgenden Gewinde nicht fest an das erste anschliessen könnten, wenn nicht auf der einen Seite ein Druck entstünde, der die sonst runde Mundöffnung in eine eyförmige verwandelt. Halbmondförmig sind die Mundöffnungen der **Neriten**, und das ist eine Folge ihres natürlichen Baues. Man kann, wie ich nun gezeigt habe, den Bau der Mundöffnung nach den Conchyliengeschlechten nicht auf einen zuverläßigen Fuß setzen, man würde also auch straucheln, wenn man eine Claßification der Flußschnecken nach der Beschaffenheit der Mundöffnung einrichten wollte. Noch merke ich an, daß die Mundöffnung der Flußconchylien sich allemal auf der rechten Seite befinde, und nur bey den Linksschnecken ist sie auf der linken Seite.

An dem Aeussersten der Mundöffnung befindet sich bey manchen Flußconchylien die **Lippe**, welche sonst auch die **Lefze** oder der **Saum**, in manchen Fällen das Mundstück, *Labia*, *Labra*, *Bords*, *Fevres* genennet werden. Die Lippe findet man an den Erd- und Seeconchylien dann erst, wenn die Schnecke ihre völlige Wachsthumsgrösse erreicht hat, sie ist daher das letzte Geschäfte des Bewohners. Die Benennungen eines **Saums** oder einer **Lippe** erläutern uns die Sache sehr gut. Es ist ein aufgeworfe-

h) Beyspiele von solchen Anomalien habe ich im II. Theil meiner Abhandlungen über verschiedene Gegenstände der Naturgeschichte S. 249. f. gesammlet.

worfener Rand, der die ganze Mundöffnung einfaßt, und der sich bald blos von Aussen, bald von Aussen und Innen zugleich zeigt. Unter den Flußconchylien sind solche Beyspiele gar nicht selten, welche gar keine Lippe oder wenigstens nur eine halbe Lippe haben, die sich nemlich nur auf der einen Seite befindet. Unser grosses Spitzhorn der süssen Wasser, die mehresten Gattungen von Ammonshörnern haben keine Lippen, die die ganze Mundöffnung einfaßten, sondern nur auf der linken Seite befindet sich eine **Lippe**, welche sich an den äussern Theil des zwoten Gewindes über ¼ Zoll breit anleget. Man nennet das eine **überschlagene Lippe**. Unter den Flußneriten hingegen habe ich solche gefunden, welche eine gesäumte Mundöffnung haben, und hingegen auch solche, wo die Mundöffnung keinen Saum hat.

Diese Mundöffnung ist bey verschiedenen Flußconchylien mit einem **Deckel**, *Operculum, Opercule*, verschlossen. Diejenigen Flußconchylien, die einen Deckel haben, haben denselben beständig, und nun unterscheiden sich diese Flußconchylien von denjenigen Erdschnecken, welche auch Deckel zu haben pflegen, durch zwey Stücke. **Einmal** wirft die Erdschnecke ihren Deckel zu manchen Zeiten, nemlich im Sommer, ganz von sich, und nimmt diesen Deckel nie wieder an, sondern sie muß sich einen neuen bauen, wenn sie ihr Gehäuse verschliessen will; diejenigen Flußschnecken aber, welche Deckel haben, haben dieselben beständig. **Hernach** ist der schilfrige Deckel der Erdschnecke, wie sich Herr **Geoffroy** [i]) ausdrückt, weiter nichts als eine blosse Platte, an den Deckeln der Flußconchylien hingegen siehet man concentrische Cirkel. Die schilfrige Platte ist eine blosse Verhärtung des Schleims, ohne Organisation, und gehöret nicht wesentlich zum Thiere, der Deckel der Flußconchylien hingegen hat Organisation, gehöret wesentlich zum Thiere, den es auch behält, so lange es lebt. Der Deckel der Erdschnecke ist zwar auch kalkartig, aber das blosse Auge siehet es, daß er keine Schale sey, aber der Deckel vieler Flußconchylien bestehet aus eben dem Wesen, woraus die Schale selbst bestehet, von der er sich blos durch die Farbe unterscheidet. **Aristoteles** [k]) behauptet, daß eine jede Schnecke einen Deckel habe, aber die Erfahrung zeiget das Gegentheil deutlich genug, selbst unter den Flußconchylien haben die wenigsten einen Deckel, und nur das Geschlecht der **Neriten**, oder der Schwimmschnecken, ich nehme das Wort in seinem eigentlichen Verstande, ist es, welches in allen seinen Gattungen und Abänderungen einen Deckel hat. Dieser Deckel hat verschiedene Farben, ist aber allemal dünne, und gleicht einer auf der Drechselbank ausgedreheten Scheibe, weil man auf seinen Flächen lauter sich verjüngernde und im Mittelpunct zusammenlaufende Zirkel entdecket. Es ist daraus begreiflich, daß diese Deckel bey Erweiterung des Gehäuses sich durch Ansetzung mehrerer Ringe gehörig vergrössern müssen. In der Mitte hat er eine Vertiefung, worin die stärkste der Sehnen angewachsen ist, durch deren Hülfe das Thier seinen Deckel aufs festeste an seiner Mündung anziehen, und dadurch seine Wohnung verschliessen kann [l]). Dieser Deckel ist eigentlich an der Fußsohle des Thiers befestiget, und passet so genau zu der Mundöffnung, daß man auch nicht den geringsten Zwischenraum siehet, so wie das Thier denselben so fest an sich ziehen kann, daß man den Deckel sprengen muß, wenn man ihn beym Leben des Thiers öffnen will. Manche Deckel sind, die gedachten con-

i) Von den Conchylien um Paris. Deutsch, Seite 31.

k) Historia animalium. Lib. III. Cap. IV.

l) Martini von den Flußconchylien in dem Berlin. Magaz. IV. Band, S. 145. §. 103.

concentrischen Cirkel ausgenommen, ganz gerade, einige aber haben hinten einen feinen Stachel oder Wiederhacken, wodurch sie vermuthlich ihr Gehäuse desto gewisser befestigen können. Man hat solche Schnecken, welche mit einem beständigen Deckel versehen sind, **Deckelschnecken** genennet, es kann dieses aber um so viel weniger ein Geschlechtsname seyn, weil er nicht allen Conchylien eines Geschlechtes angemessen ist. Denn unter unsern Trompeten- und Schraubenschnecken haben nur einige einen beständigen Deckel. **Lesser** m) sagt, daß dieser Deckel einen gedoppelten Nutzen für das Thier habe. Einmal liegt das halbe Haus auf diesem Deckel, wenn das Thier herausgekrochen ist, und reibt das Fleisch desto weniger. Hernach könne auch das Thier durch diesen Deckel sein Gehäuse desto fester verschliessen. Bedenken wir aber, daß nicht alle Flußschnecken mit Deckeln versehen sind, die doch auch ein Haus tragen müssen; so glaube ich schliessen zu dürfen, daß die Natur diesen Schnecken ihre Deckel zu einem ganz andern Endzwecke gegeben habe. Vermuthlich haben diese Conchylien mehr Feinde als andre, die ihnen nachstellen, und die sie ganz ausrotten würden, wenn sie nicht durch Verwahrung ihres Hauses für ihren Anfällen sicher wären.

Mit Ueberlegung habe ich hier nur einige allgemeine Anmerkungen über die Deckel der Flußschnecken gemacht, die sich aber zuverläßig weiter ausdehnen lassen, wenn leser bey dieser Gelegenheit die Abhandlung über die Deckel der Seeschnecken nachlesen wollen, die ich dem **fünften Bande meines Journals** einverleibet habe. Man hat bis hieher die Deckel der Seeschnecken nachläßig genug bearbeitet, mit den Deckeln der Flußschnecken ist man noch nachläßiger verfahren. Ich werde inzwischen in dem **dritten Abschnitte** auch der Deckel gedenken, die mir von den Flußschnecken bekannt geworden sind. Jetzo muß ich nur noch bemerken, daß sich die Deckel der Flußschnecken gerade so verhalten als die Deckel der Seeschnecken, daß man also jene eben so wohl wie diese in **schaligte und hornartige** abtheilen kann. Sie erscheinen freylich von einer geringern Grösse, man wird sich aber darüber gar nicht wundern, da die mehresten Flußschnecken viel kleiner sind als die Seeschnecken.

§. 55.

Man sagt von einigen Schnecken, daß sie einen **Nabel** oder ein **Nabelloch** hätten. Die **Lateiner** nennen diesen *Umbilicus*, die **Franzosen** *l'Ombilic*, das eigentliche Nabelloch hingegen *Le trou d'ombilic*. Schnecken, die einen solchen Nabel haben, werden *Cochleae umbilicatae, s. foveatae* genennet. Die Schriftsteller gebrauchen dieses Wort in einem gedoppelten Verstande. **Einmal** verstehen sie darunter die Vertiefungen in den plattgedrückten Schnecken, dergleichen z. B. die Coccinellschnecke hat. Man kann dies den **uneigentlichen Gebrauch** dieses Wortes nennen; denn eigentlich wird diejenige Höhlung, welche bey einigen Schnecken die Spindel oder die Axe hat, der **Nabel** oder das **Nabelloch** genennet. Man siehet nemlich an einigen Schnecken, wenn man sie auf die Endspitze oder auf den Zopf stellet, eine Vertiefung, so tief als die Conchylie selbst ist, und dies ist eigentlich der **Nabel**, welcher bey manchen Gattungen kleiner, bey andern grösser, bey manchen ganz offen, bey andern halb verdeckt ist. Eigentlich zu reden sind alle Spindeln der Schnecken hohl, die mehresten aber werden, wenn das Thier seine letzte Arbeit an ihre Mundöffnung leget, von demselben zugebaut. Hier ver-

m) Testaceotheologie §. 140. S. 493.

versiehet es das Thier zuweilen, und leget das hiezu gehörige Plättchen nicht weit genug über die Oeffnung der Spindel, und nun entstehen Schnecken mit einem **halben Nabel**, **halbgenabelte Schnecken**, *Cochleae vmbilicatae, vmbilico dimidia parte tecto.* Unsere gewöhnliche Weinbergsschnecke, die gröste unsrer Erdschnecken, kann hier der Beweis seyn, die eigentlich nicht unter die Nabelschnecken gehöret, wenn wir sie in ihrer Jugend und ausgewachsen in mehreren Beyspielen betrachten. Hingegen finden wir unter den Flußconchylien solche, welche nie anders als mit einem halbverdeckten Nabel erscheinen, denen also der Name der Nabelschnecken gehöret. Ein Beyspiel von der Art ist die **Rothschnecke**, Abschn. III. n. 62. Ueberhaupt betrachtet sind die Nabelschnecken unter den Conchylien der Flüsse eben nicht die gröste Seltenheit. Alle die Gattungen im dritten Abschnitte Num. 52-66. gehören im eigentlichen Verstande hieher, und unter den Flußtrompeten und Schraubenschnecken finden sich hie und da Beyspiele mit Näbeln, ob sie gleich mehrentheils halb verdeckt sind. Eine eigene Ausnahme macht hier das kleine sechsfach gewundene falsche Posthörnchen, Abschn. III. n. 55. tab. 5. fig. 29. dessen Windungen bis zur Endspitze eben so laufen, wie bey der Perspectivschnecke, und man würde dasselbe die Perspectivschnecke der süssen Wasser nennen können, wenn ihre Windungen gekörnt wären.

Da ich eben der **Spindel** oder Axe, *Axis, Axe*, gedacht habe, so will ich von derselben sogleich einige Nachricht geben, das Mehrere aber bis dorthin aufheben, wenn ich von dem innern Bau unsrer Flußconchylien reden werde. Alle gewundene Schnecken haben eine solche Spindel, welche die Gelehrten [n]) mit der Säule einer Wendeltreppe, an welcher die Stufen befestiget sind, recht passend verglichen haben. Gerade in dem Mittelpuncte der Conchylien befindet sich diese Säule oder Spindel, an welcher nun alle einzelne Gewinde befestiget sind, und um sie herumlaufen. Von Aussen wird man diese Spindel gar nicht gewahr, ausser daß sie ihr Daseyn bey manchen Schnecken durch das Nabelloch verräth. Wenn man aber die äussre Schale der Conchylien behutsam abbricht, oder noch besser, wenn man die Conchylien zersägt oder aufschleifet, so stellt sie sich sogleich unsern Augen dar. Da die Windungen nach der Endspitze zu immer enger und kleiner werden, so wird auch die Spindel immer spitziger, und sie gleicht also einem Kegel, der aus einer breitern Grundfläche immer enger zuläuft. Die Spindel der Posthörner leidet hier eine Ausnahme, wie ich hernach zeigen werde, und der gänzliche Mangel einer Spindel an der ächten Wendeltreppe, das einzige Beyspiel, das mir von regelmäßig gewundenen Conchylien bekannt ist, verleitete einen Gualtieri, daß er sie unter die Wurmgehäuse setzte, davon ihn ihr regelmäßiger Bau leicht hätte abhalten können. Unten, wo die breitere Grundfläche der Spindel ist, ist sie allemal hohl, aber ihre Höhlung ist bey allen Gattungen, die Nabelschnecken ausgenommen, zugebauet.

§. 56.

Ich habe noch den **Zopf** und die **Beinhaut** an den Conchylien der Flüsse zu betrachten. Der **Zopf**, welcher sonst auch der **Wirbel**, die **Spitze**, die **Endspitze** und von **Lessern** der **Schwanz**, *Vertex, le Sommet, l'oeil de la volute*, genennet wird, sind Namen, welche den sämmtlichen Gewinden der Schnecken, das erste ausgenom-

n) **Martini** in dem Berlinischen Magazin, II. Band, S. 344. §. 49. und in seinem übersetzten **Geoffroy** S. 5. **Lesser** Testaceotheologie §. 136. S. 485.

kommen, gegeben werden. Insonderheit bedienet man sich der Benennung eines Zopfs bey solchen Schnecken, welche wie die Trompeten oder Schrauben gestreckte Windungen haben, oder welche wenigstens wie die Ohrschnecke spitzig zulaufen. Hingegen solchen Schnecken, welche gedruckte Gewinde haben, wie die Neriten, pfleget man einen **Wirbel** beyzulegen, obgleich dieser Name auch von den Muscheln gebraucht wird, denjenigen Theil zu bezeichnen, wo das Schloß beyde Schalen befestiget. Nun kann man es selbst erläutern, was die Redensarten, ein **gestreckter Zopf**, ein **verlängerter Zopf**, ein **kurzer oder abgestumpfter Zopf**, u. d. g. sagen wollen. Freylich ist dieser Theil der Flußschnecken sich nicht ganz gleich, nicht einmal bey Conchylien eines Geschlechtes. Wir haben unter den Ohrschnecken solche, wo die Spitze überaus merklich, und viel merklicher hervortritt, als bey andern ihres gleichen, (siehe Abschn. III. n. 84. und tab. 6. fig. 5.) eben dieses findet man unter den Trompeten und unter den Schrauben. Manche Flußconchylien haben einen überaus kurzen Zopf, nemlich die Kahnschnecken, die Ohrschnecken; da hingegen die Trompetenschnecken größtentheils und die Schrauben alle einen längern Zopf haben. In sehr vielen Fällen kömmt es auf die Windungsart des Conchyliengeschlechtes an, obgleich auch dieser Gedanke manche Ausnahmen leidet. Die Endspitze ist bey manchen Flußschnecken, z. B. bey dem grossen Spitzhorn, wie die feinste Nadelspitze, bey andern, z. B. dem Buccino Achatino und vielen Flußschrauben, abgestumpft, und verschiedene Conchylien pflegen sich die Endspitze selbst abzusprengen, wenn sie ihre gehörige Grösse erreicht haben. Oben an der Endspitze pfleget allemal der äusserste Theil des Schneckenthiers befestiget zu seyn, und man darf nur diesen Theil der Conchylie verletzen, wenn man das Thier bald sterben sehen will. Es muß daraus folgen, daß diejenigen Thiere, welche ihre Endspitze abzusprengen pflegen, erst ihren Sipho zurückziehen und nun da befestigen, wo die Schale keinen Schaden leiden soll [o]). Unter den Seeschnecken finden sich verschiedene Gattungen, welche oben auf ihrer Endspitze ein zartes Knöpfchen haben, unter den Flußconchylien kenne ich noch kein Beyspiel dieser Art.

Alle Schalengehäuse der Schnecken sind von Aussen mit einer zarten **Haut** überzogen. Man hat diese Haut mit der Beinhaut der Thierknochen verglichen, und sie daher auch die **Beinhaut**, *Periostium*, *Perioste*, genennet. **Lesser** [p]) möchte diese Beinhaut lieber die **Schalenhaut**, zum Unterschiede des Fleischhäutchens, welches das Fleisch des Thiers selbst umgiebt, genennet wissen. Er gedenket sich diese Beinhaut nicht richtig genug, wenn er sie mit dem Ueberrock der Conchylien vergleicht, worauf zur grösten Pracht die Farben in unendlicher Vermischung gestickt zu seyn scheinen. Denn 1) hindert ja diese Beinhaut bey den mehresten Conchylien die Schönheit der Farben, welche erst dann in ihrer ganzen Pracht hervorkommen, wenn man dieselbe erst mühsam abgerieben hat. Bey den Seeconchylien sind das ja Erscheinungen, welche Liebhabern täglich vorkommen, und unsre grosse Flußmuschel und unsre Mahlermuscheln verbergen ihr prächtiges Grün so lange, bis diese Beinhaut fehlet. 2) Behalten auch die Conchylien

o) Von solchen Conchylien, die sich ihre Endspitze selbst absprengen, kann man gesammlete Beyspiele in meinen Abhandlungen über verschiedene Gegenstände der Naturgeschichte Th. II. S. 245. nachlesen.

p) In der Testaceotheologie §. 115. S. 457. Daß auch Lister diese Meynung gehabt habe, erhellet aus einer Stelle des Herrn D. Martini in dem Berlin. Magazin, II. Band, S. 339. §. 41.

lien ihre Farben, wenn auch diese Beinhaut fehlet. Wenn man abgestorbene Conchylien findet, welche besonders der Luft eine Zeitlang ausgesetzt gewesen sind, so löset sich diese Beinhaut von selbst auf. Sie ist bey manchen Flußconchylien überaus fein, die Farben schimmern ganz durch sie hindurch, und sie läßt sich in verschiedenen Fällen durch behutsames Reiben auf Tuch zu einem grossen Glanze erhöhen. Mehrentheils aber hindert sie die Schönheit der Farben, wie ich vorher von unsern Flußmuscheln erinnert habe, und wie man auch an der lebendig gebährenden Flußschnecke, (Abschn. III. n. 126.) an dem Buccino achatino u. s. f. sehen kann, welche ihre schöne weisse Grundfarbe erst dann darlegt, wenn sie von dieser Haut gereiniget ist. Diese Haut ist mit der Schale so genau verbunden, daß, wenn man frische Schalen mit ihren Bewohnern bekömmt, sehr viele Arbeit dazu gehöret, sie davon zu reinigen. Adanson q) glaubt, daß sie wie die Beinhaut grosser Thiere zur Erhaltung und Wachsthum der Schale diene. Und gewiß, die gütige Natur gab den Schalengehäusen diese Decke, damit dadurch die Schönheiten ihrer Farben gedeckt würden, welche ausserdem vieler Gefahr unterworfen seyn konnten. Man kann daher diese Beinhaut als einen wesentlichen Theil der Schale betrachten, welche aber nur von Aussen an den Schalengehäusen sichtbar ist, und inwendig ganz mangelt, weil hier die Natur dem Thiere einen Mantel (ein Ausdruck, den ich in dem folgenden Kapitel erklären werde,) gegeben hat, der die Dienste der äussern Beinhaut vollkommen vertritt. Diese Beinhaut abzuziehen, bedienet man sich entweder einer scharfen Lauge, in welcher man die Conchylie eine Zeitlang kochen läßt, oder des Scheidewassers, dessen behutsamer Gebrauch ebenfalls diese Würkung hervorzubringen pflegt; man kann sie aber auch, besonders bey stärkern Schalen, mit Bimstein abreiben. **Lesser** beweiset, daß dieses Häutchen eben sowohl als die Schale, welche es überkleidet, seine unsichtbaren Schweißlöcher habe, daher, weil die Miesmuscheln ihre zarten Fäden, womit sie sich an andre Schalen anhängen, durch solche auszuschwitzen pflegen. Wir brauchen aber alle die unsichern Beweise nicht, wenn wir annehmen, daß diese Beinhaut einen animalischen Theil der Conchylie ausmache. Nur muß man diese Beinhaut nicht mit einer andern Haut verwechseln, damit sich manche Seeconchylien überkleiden, darunter die Schönheit ihres Kleides zu verbergen. Von diesem Ueberzuge glaube ich nicht, daß er animalisch sey, so wenig als die Seide, oder Wolle, oder Haare, damit manche Seeconchylien, z. B. die Mohrenbinde, Murex morio Linn. überkleidet sind.

§. 57.

Ich kann die Betrachtung der Schneckenschalen noch nicht verlassen, und zu den Muscheln fortgehen, bis ich erst über den innern **Wunderbau** unsrer Flußconchylien noch einige allgemeine Anmerkungen gemacht habe. Zwey schöne Abhandlungen meines liebenswürdigen **Chemnitz** r) haben in mir die Lust, die Conchylien auch nach ihrer innern Bauart zu kennen, kräftig unterhalten, daher ich alle Seeconchylien, die ich mehr als zweymal besitze, aufzuschneiden pflege, und mich nun so oft über die Wunder der Natur, die ich hier sehen kann, erquicke, und nun den grossen Schöpfer dankbarlich preise. Eben dieses Geschäfte habe ich mit den Flußconchylien vorgenommen, und

q) Siehe das Berlinische Magazin am angeführten Orte.

r) In seinen Beyträgen zur Testaceotheologie, S. 9 : 46. und im Naturforscher IX. Stück, S. 153 : 187.

und die vorzüglichsten Gattungen, die sich auf eine solche Art bearbeiten lassen, und die hierzu erforderliche Grösse haben, aufgeschnitten. Bey den Flußconchylien ist diese Arbeit viel mehr Schwierigkeiten unterworfen, als bey den Seeconchylien. Die mehresten Gattungen sind überaus klein, und lassen sich nicht wohl fassen und behandeln, die grössern haben mehrentheils eine leichte, dünne und zerbrechliche Schale, die man zerbrochen siehet, wenn man seine Arbeit fast vollendet hat. So ist es mir mit dem grossen Spitzhorn der süssen Wasser, und mit der Coccinellschnecke mehrmalen ergangen, und man kann es einen wahren Glücksfall nennen, wenn diese Arbeit gelingt. Auf der dritten meiner vier kleinern Kupfertafeln, die mit C. bezeichnet ist, habe ich verschiedene aufgeschnittene Flußschnecken vorgestellet. Fig. 1. ist das grosse Spitzhorn der süssen Wasser Abschn. III. n. 99. Fig. 2. ist die Ohrschnecke Abschn. III. n. 81. Fig. 3. ist das Buccinum peregrum des Herrn Etatsrath **Müller**, welches den thüringischen Flüssen eigen ist, Abschn. III. n. 82. Fig. 4. ist der Planorbis vmbilicatus, Abschn. III. n. 51. Fig. 5. ist der Bauernjunge der süssen Wasser, Abschn. III. n. 136. Fig. 6. ist die lebendiggebährende Wasserschnecke, Abschn. III. n. 126. Fig. 7. ist die Coccinellschnecke, Abschn. III. n. 45. und Fig. 8. die gemeine Flußnerite, Abschn. III. n. 30.

Wenn wir die Flußconchylien nach ihrem innern Bau betrachten, so ist freylich die **Spindel** (§. 55.) das erste, was uns in die Augen fällt. Sie gehet durch die ganze Schale hindurch, fängt sich aber nahe an der zweyten Windung an: kurz, da wo die Schale gerade die erste Stütze brauchte. Denn da die Gewinde sich an die Spindel wie an eine Stütze anschliessen, so ist es leicht zu erkennen, daß sich diese Spindel bis an die Endspitze ausdehnen müsse, ja eigentlich zu reden ist die Endspitze der oberste Theil der Spindel, oder die Decke, womit die Natur ihre Spindel bedecket, und sie für das ganze Gehäuse befestiget, so wie sie sich bey der Mundöffnung aus der linken Lippe herauszieht, oder eigentlich zu reden ein Fortgang derselben ist. Man kann dieses daraus herleiten, weil sich der Hauptbau der Spindel, nach der Beschaffenheit der Mundöffnung richtet. Ist diese glatt, so wird man an der Spindel keine Unebenheiten gewahr; ist diese gezahnt, so ist die Spindel mit Reiffen umlegt, welches eigentlich bey den vorigen Gewinden die Zähne waren, ehe die Schnecke die ganze Wachsthumsgrösse erreichte, die ihr zukömmt. Ich habe unter einer Menge aufgeschnittener Conchylien hier keine Ausnahme gefunden, ausser an der Porcellane, welche aber auch ihre Zähne blos dann bauet, wenn sie ihr Gehäuse ganz vollendet hat. Hingegen die gezahnten Trompeter haben ihre Zähne auch dann schon, wenn ihr Gehäuse noch nicht vollendet ist. Dies scheinet mir ein neuer Beweis zu seyn 1) davon, daß die gewundenen Conchylien nicht gleich alle ihre Windungen aus dem Ey bringen, sondern, daß sie dieselben vermehren, und ihre Mundöffnung vergrössern, wenn der Bewohner wächst, und nun mehrern Raum braucht; folglich auch 2) davon, daß die Conchylien nicht blos durch die Ausdehnung ihrer schaligten Theile wachsen, wie z. B. ein Knochen von einem Thiere; sondern daß das Gehäuse durch Anlegung mehrerer Theile zur Mundöffnung grösser wird, und daß folglich das Thier an seiner Mundöffnung so lange neue Theile anlegt, bis es zu seiner ganzen Wachsthumsgrösse gelangt ist.

Wenn man die Stärke der Spindel nach der Grösse der Schale abmessen will, so werden wir uns in sehr vielen Fällen hintergehen. Das grosse Spitzhorn der süssen Wasser hat keine stärkere Spindel als die Ohrschnecke, und dieses keine stärkere als

das

das Buccinum peregrum, und gleichwohl sind diese drey Flußschnecken in Ansehung ihrer Grösse gewaltig von einander unterschieden. Die lebendiggebährende Wasserschnecke ist um die Hälfte kleiner als das grosse Spitzhorn, und doch ist ihre Spindel um die Hälfte stärker. Der Bauernjunge ist wieder nur halb so groß, als die lebendiggebährende, und doch ist seine Spindel ungleich stärker. Wenn wir hingegen die Stärke der Spindel nach der Stärke der Schale abmessen, so gehen wir in den mehresten Fällen sicherer. Wir können nun einsehen, warum das grosse Spitzhorn eine so zarte Spindel hat? Unter den Seeconchylien machen hier die Voluten eine sehr merkwürdige Ausnahme, kaum kann man sich ihre Spindel feiner gedenken, als sie würklich ist. Gemeiniglich gleichet diese Spindel einer geraden Säule, das wird am sichtbarsten, wenn die Gewinde, wie bey manchen Schraubenschnecken dicht aneinander anschliessen, wie z. B. die umwundene kleine Flußschraube, Abschn. III. n. 150. tab. 8. fig. 10.

Die merkwürdigste Erscheinung dieser Art geben uns die Posthörner und die gemeinen Neriten. Mit den mehresten Gattungen der Posthörner kann man in diesem Fache gar keine Untersuchungen anstellen, sie sind zu gedruckt, zu klein, und zu solchen Beobachtungen zu ungeschickt. Wenn man blos ihre Decke abhebt, und das ist im Grunde so gar schwer nicht, so siehet man nicht mehr, als was man auch von aussen sehen kann, nemlich die Anzahl der Gewinde, die man auch ohne dieser Bemühung angeben kann. Die belehrendern Versuche, die ich in dieser Art angestellt habe, habe ich mit der Coccinellschnecke unternommen, weil diese groß genug und in ihren Windungen aufgeblasen ist. Ihr innrer Bau hat mich ergötzt. Sie hat eine Spindel, die aber so zart ist, als man sich nur etwas gedenken kann. Halb durchschnitten aber siehet man so viele kleine runde Flaschen mit engen Hälsen, (ich kann kein besser Bild für diese Erscheinung finden, als dieses,) als Gewinde sind, und die eine dieser Flaschen sitzt immer in dem Mittelpuncte der vorhergehenden.

Die kleine gewöhnliche Flußnerite, und alle Flußneriten, deren Gewinde nicht nach dem Mittelpuncte gerichtet, sondern an die Seite angedrückt sind, können unmöglich eine gerade Spindel haben, sie kann aber auch der Oeffnung wegen nicht schräge liegen. Gleichwohl braucht die Schale für ihre Gewinde eben sowohl eine Befestigung, als alle andre gewundene Schalen. Was that hier die Natur? Sie baute gleichsam Stufen, oder sie bereitete Kammern, auf die sich die äussere Schale legen, und sich gleichsam befestigen konnte. Eine dieser Stufen liegt immer tiefer als die andre, und auf diese Art erreichte die Natur ihren Endzweck, ohne daß dadurch dem Thier der Raum zu seiner Wohnung benommen würde. Hier sehen wir würklich die erste Anlage zu Zwischenkammern, die es seyn würden, wenn sie auf allen Seiten die Wände berührten, und wenn ein hohler Canal für den Sipho des Thiers übrig wäre, wie der Nautilus und andere vielkammerichte Conchylien zu haben pflegen.

Ausserdem sehen wir in dem innern Gebäude der Flußconchylien lauter Ordnung, die sich allenthalben nach den Bedürfnissen des Thiers richtet, kein Räumchen, das nicht zu etwas bestimmt wäre; die dauerhafteste Befestigung, deren nur das Gehäuse fähig ist, und die genaueste Uebereinstimmung des Ganzen zu seinen Theilen.

An den aufgeschnittenen Seeconchylien entdecket man inwendig oft ganz unerwartete Farben. Unsre gemeinen Flußconchylien sind überhaupt nicht die Farbenreichsten, die ausländischen aber viel zu selten, als daß man sie zersägen könnte; für unsre

Fluß-

Flußconchylien würde man daher zuverläßig hintergangen werden, wenn man sie in der Absicht zersägen wollte, neue Farben zu finden. Unterdessen habe ich an der grossen lebendiggebährenden Wasserschnecke eine Beobachtung gemacht, die mir nicht ganz gemein war. Daß die Bänder, damit diese Conchylie von aussen umwunden ist, auch von innen sichtbar sind, und zwar eben so deutlich, eben so schön, das sehen wir an der Mundöffnung, wenn wir auch die Schnecke nicht durchsägen; aber daß die beyden grösten Windungen äusserlich fünf, innerlich aber sechs Bänder haben, das würde nun wohl niemand so geradezu vermuthet haben. Gleichwohl verhält sich die Sache also. Das vierte Band befindet sich von innen da, wo das erste und das zwote Gewind zusammenstossen, dies konnte inwendig dieses Band nicht hindern, da gleichsam die Schale des zwoten Gewindes auf dem erstern ruhet, und mit demselben vereiniget ist; äusserlich aber konnte dieses Band nicht sichtbar werden, weil es durch die Einbeugung, welche die Windungen verursachen, überdeckt wurde.

§. 58.

Die Betrachtung der **Muscheln** kann uns nicht so lange aufhalten, als die Betrachtung der Schnecken, weil wir an ihnen viel weniger Theile als an den Schnecken finden. Man ist vorzüglich gewohnt, die beyden Hälften der Muscheln **Schalen**, *Valvas*, *Battans*, zu nennen, und weil wir unter den Flußconchylien keine vielschaligten kennen, so haben wir gegenwärtig nur mit solchen zu thun, welche zwey Schalen haben. Da man an den Muscheln nie eine Windung findet, so kann auch dieser Ausdruck keine Zweydeutigkeit verursachen, ob man streng geurtheilt, von der Nerite, dem Thürhüter und andern Schnecken der süssen Wasser, die einen beständigen Deckel haben, sagen muß, daß sie auch aus zwey verschiedenen Schalen bestehen. Betrachten wir die Muscheln nach ihrer äussern Gestalt, so machen die Bestimmung ihres Randes und ihrer Seiten die Form des Baues aus, woraus dann die Geschlechter entstehen, die äussere Beschaffenheit der Schalenflächen aber bestimmen mit Zuziehung des Schlosses die Gattungen, die sich ausserdem noch durch verschiedene Farben auszeichnen, welche zuweilen Untergattungen, wenigstens Abänderungen bilden. Bey den Seeconchylien werden die mehresten Gattungen eines Geschlechtes blos nach dem Unterschiede ihrer Farben bestimmt, bey den Flußconchylien aber kommen wir um so vielweniger in dergleichen Art von Versuchung, weil die Natur hier nicht so freygebig war, als bey den Seeconchylien.

Wenn wir uns den ganzen äussern Umfang einer Muschel gedenken, so gedenken wir uns den **Rand** derselben; die Gegend vom Schloß an bis zu dem Rande auf beyden Seiten, bestimmt die **Seiten**: eine Seite zur andern gedacht bestimmt die **Breite**, und vom Schlosse an hinunter bis zum Rande in gerader Linie gedacht, macht die **Länge** der Muschel aus. Nach dieser Beschaffenheit der Schale zu urtheilen, haben wir nicht mehr als drey Geschlechter von Flußmuscheln, 1) solche, welche breit und kurz sind, Musculi, Mytuli, 2) solche, welche rund sind, Chamae, 3) solche, welche lang sind, Mytuli, die letztern kommen überaus selten vor. Die äussere Beschaffenheit der Schalenfläche ist, wie bey allen Muscheln, entweder glatt, oder gestreift, oder queergestreift, oder gerunzelt. Die Farben der Flußmuscheln sind zwar nicht so vielfach als bey den Seemuscheln, inzwischen haben wir doch weisse, braune, grüne, schwarze und dergleichen Farben, welche bisweilen ganz angenehm unter sich abwechseln. Alle Muscheln der Flüsse haben in der Gegend des Schlosses zwey Schnäbel, welche bey den kleinern Gattungen freylich unmerklicher sind als an den grössern, und diese Schnäbel passen hier in den mehresten Fällen genau zusammen, sie sind auch zuweilen merklich gebogen. Die Grösse unsrer Flußmuscheln ist gar sehr verschieden. Die Gienmuscheln liefern uns zwar die Flüsse höchstens nur von einer mittlern Grösse, ja oft sind sie nur von der Grösse einer gemeinen Felderbse, hingegen unsre Musculi erlangen zuweilen die ansehnlichste Grösse, wie die gröste Teichmuschel, Tab. I. fig. 1. der grosse Entenschnabel, Tab. II. fig. 1. die gröste bauchigte Teichmuschel, Tab. III. fig. 1. und die Perlmuschel, Tab. IV. fig. 1. auf das deutlichste darthun. Ausserdem haben sie, wenn wir die Perlmuschel und die schwarze dickschalige Flußmuschel ausnehmen, mehrentheils eine feine und dünne Schale, die nie zur Stärke der Seemuscheln gelangt. Sie brauchten aber auch keine stärkere Schale als sie haben, weil sie viel weniger Gefahren als die Seemuscheln unterworfen sind, und auch in den Teichen und Flüssen, wo sie sich aufhalten, eine weit ruhigere Wohnung haben.

Die Seeconchylien Schnecken sowohl als Muscheln, sind besonders den Würmern und insonderheit den Nachstellungen der Purpurschnecke unterworfen, welche die festesten Schalen durchbohret, und den Bewohner tödtet. In den Flüssen kenne ich noch keine Schnecke, die so ein Freybeuter wäre als die Purpurschnecke. Aber man siehet doch besonders an manchen Flußmuscheln, daß sie ebenfalls ihre Feinde haben müssen, die ihre Schale zerfressen. Besonders findet man unter den Perlenmuscheln solche, deren Schale erbärmlich zugerichtet ist. Unter den Teich- und den Mahlermuscheln habe ich in meiner Gegend noch keine gefunden, welche mehr erfahren hätte, als daß ihr Wirbel abgerieben wäre; allein das that kein Feind, sondern es ist durch ihr Fortschreiten im Sande abgerieben. Unterdessen müssen sie doch in andern Gewässern ihre Feinde haben; denn mein lieber Chemnitz schickte mir ohnlängst eine einzelne Hälfte vom kleinen Entenschnabel, (Abschn. III. n. 2.) welche zwey tief eingebohrte Löcher hatte, die sie auch dahin vermocht, sich gegen diesen Feind durch einen Perlenansatz zu verwahren. Was es für ein Feind sey, der die Perlenmuschel in der Elster und andern dergleichen Flüssen so greulich zurichtet, das habe ich nicht erfahren können. Sonst siehet man noch von aussen an vielen Muscheln ein zähes, biegsames und musculöses Band, da es aber bey verschiedenen Muscheln das Schloß ist, nemlich bey alle denen, welche keine eingreifende Zähne haben, so will ich dessen lieber dann gedenken, wenn ich von dem Schlosse und den Befestigungen der Muscheln reden werde.

§. 59.

Ich komme nun zu der Beschreibung der innern Schale der Muschel. Wir haben an ihnen besonders ihre innere ausgehöhlte Fläche zu betrachten. Unter den Seeconchylien sind besonders unter den Austern solche Beyspiele gar nicht selten, welche so platte Hälften haben, daß man sich wundern muß, wie sich dazwischen ein Thier aufhalten kann. Die Flußmuscheln weichen in diesem Stücke von jenen gänzlich ab, alle bekannte Gattungen haben vertiefte Schalen, und allemal ist die eine Schale gebaut wie die andre. Der kleine Entenschnabel, Abschn. III. n. 2. hat noch unter allen Flußmuscheln die flächsten Hälften, und die chinesische Herzmuschel, Abschn. III. n. 16. tab. 4. fig. 2. a. b. ist die bauchigste unter allen Flußmuscheln. Inwendig haben nicht alle

unsre

unsre Flußmuscheln einen Perlenmutterglanz. Die kleine Eiermuschel Abschn. III. n. 11. hat inwendig die geringsten Schönheiten, besser ist die Perlenmutter in der Mahlermuschel und in der grossen Teichmuschel, am schönsten aber trägt ihn die Perlenmutter-Muschel an sich. Ich habe einige unsrer Mahlermuscheln abgezogen. Einige fallen ganz weiß aus, aber es fehlet ihnen der farbigte Glanz; andre sind röthlich und entfernen sich von der eigentlichen Perlmutter zu weit, und selten findet man solche, die eine grössere Aehnlichkeit mit der Perlmutter haben. Wenn aber auch ihre Verwandschaft mit der eigentlichen Perlenmutter noch grösser wäre, so würde man diese Muscheln schwerlich verarbeiten können, weil sie zu hart sind.

An den Muscheln findet man inwendig einige **Vertiefungen**, und das sind die Oerter, wo die Muskeln der Thiere befestiget sind, vermöge welcher das Thier nicht allein einen festen Sitz in seiner Schale hat, sondern auch seine Schalen regieren, und zu seinem Gebrauche anwenden kann. An der kleinen Eiermuschel ist diese Gegend kaum merklich; an der Mahler- und Teichmuschel würde man sie auch kaum finden können, wenn nicht diese Gegend mit einem grössern Glanze versehen wäre. Vermuthlich rühret diese Erhabenheit des Perlenmutterglanzes daher, weil die Muskel diesen Ort beständig bedeckt, und ihn folglich für denjenigen Unreinigkeiten verwahret, welche den Glanz der Muschel verderben. Am allertiefsten und deutlichsten sind diese Vertiefungen an der Perlenmuschel, sie sind fast einen Zoll lang, und einen halben Zoll breit, und haben inwendig halbmondförmige Erhöhungen, die den Zwischenkammern der Orthoceratiten gleichen.

In allen Gattungen derer Muscheln, die man mit dem Geschlechtsnamen *Musculi* beleget, Abschn. III. n. 1-10. findet man zuweilen grössere oder kleinere Perlenansätze, und die Mahlermuschel liefert zuweilen, die Perlenmuschel hingegen gewöhnlich, würkliche Perlen. Ich werde davon unten weitläuftiger handeln; jetzo merke ich nur an, daß, wenn gleich unsre Perlen den orientalischen nicht gleich sind, sie dennoch oft sehr schön ausfallen. Man darf sich darüber gar nicht wundern. Die Perlen mögen entstehen wie sie nur wollen, so sind sie eine Arbeit der Muschelthiere. Kann nun das Thier unsrer Flußmuscheln seine Schale nicht zu der Feinheit und Schönheit erhöhen, wie das Thier der Seemuscheln thun kann; wie sollte es eine so schöne Perle bereiten können, wie jenes kann? Wasser, Nahrung und die Gegend des Himmels mag also doch wohl einigen Einfluß in diese Arbeit der Muschelthiere haben, unterdessen werde ich unten beweisen, und Beyspiele, die ich besitze, thun es dar, daß manche unsrer Perlen den orientalischen an Schönheit wenig oder gar nichts nachgeben.

Das künstlichste, was wir im Innern der Muschel sehen, ist das **Schloß** oder **Charnier**, *Cardo*, *Claustrum*, *Charniere*. Im allgemeinen Verstande verstehet man darunter denjenigen Theil der Muschel, welcher ihre beyden Hälften verbindet und zusammenhält. Bey manchen Muscheln, nemlich bey allen denen, welche bey mir die erste Classe der Muscheln ausmachen, Abschn. III. n. 1-5. ist es ein blosses, zähes, biegsames und muskulöses **Band**, *Vinculum*, *Ligamentum flexile*, *Charniere membraneuse*, welches man mit feinem Leder oder noch besser mit Pergament vergleichen kann, ob es gleich aus lauter einzelnen genau verbundenen zarten Häutchen bestehet. Im Wasser ist diese Haut überaus zähe, an der Luft aber wird dieselbe sehr hart, aber auch sehr zerbrechlich. Oben, wo die Schnäbel der Muscheln sind, befindet sich diese Haut, an unsern Flußmuscheln allemal auswendig, an den Seemuscheln aber findet man es inwendig.

dig. Nach der Beschaffenheit der Grösse der Schale ist auch dieses Schloß oder diese Pergamenthaut länger und stärker, oder kürzer und schwächer, allemal aber zureichend, die Schale auf das festeste und zwar so fest zusammenzuziehen, daß man wahre Gewalt brauche, die Schalen zu öffnen, und sie oft mit der Zerstöhrung der Schale zu öffnen. Das Thier hingegen kann die Schale öffnen und verschliessen wie es will. Wie hat doch die Natur so liebreich für diese Thierchens gesorgt! Diese Pergamenthaut ist alle denen Muscheln eigen, welche kein so genanntes eingreifendes, oder aus Zähnen zusammengesetztes Schloß besitzen, aber es gehöret ihnen nicht ausschliessungsweise, denn es haben dasselbe auch solche Flußmuscheln, welche ausserdem eingreifende Zähne haben; von der Perlmuschel, der Mahlermuschel, der schwarzen dickschaligen Flußmuschel, von der schmalen Flußmuschel, von der rhomboidalischen Flußmuschel, von der glatten Gienmuschel, und von der chinesischen Herzmuschel, kann ich dieses mit Zuverlässigkeit behaupten, ob es gleich bey unsrer kleinen Gienmuschel so fein ist, daß man es von Aussen kaum bemerkt. Fast wage ich es also zu behaupten, daß alle unsre Flußmuscheln ein solches Band haben, und daß es ihnen ohne demselben beynahe nicht möglich ist, ihre Schalen so fest zu schliessen, und so zu regieren, als sie würklich thun können. Ueberhaupt muß man erstaunen, sagt Herr D. **Martini** *), über die Menge Fibern, Bänder und Muskeln, welche hinten in Bereitschaft liegen, diejenige Kraft zu bewirken, mit welcher sie ihre Schalen zusammenkneipen.

Unter dem **Schlosse im engern Verstande** verstehet man diejenigen Erhöhungen oder Vertiefungen, welche sich inwendig am obern Rande der Muschel befinden, wo von Aussen die Schnäbel der Muschel sind, welche damit gleichsam eingefaßt sind. Man hat sie, weil sie für beyde Schalen betrachtet in einander greifen, mit den Artikulationen der Knochen an thierischen Körpern verglichen, und sie daher *Ginglymos* genannt. Ein überaus treffendes Bild! Da, wo sich auf der einen Seite der Muschel eine Erhöhung befindet, da siehet man auf der andern Seite eine Vertiefung, in welche jene Erhöhung genau passet, die man einen Zahn zu nennen gewohnt ist. Die Natur hat diesen Thieren ihre Zähne gar nicht willkührlich ausgetheilet, sondern man siehet es auf das deutlichste, daß sie sich derselben bedienet hat, dadurch gewisse Gattungen zu bestimmen. So findet man z. B. an der Perlenmuschel nur einen einzigen spitzigen Zahn, an der schwarzen dickschaligen Flußmuschel und an der Mahlermuschel einen spitzigen und einen breiten Zahn, an der schmalen Flußmuschel zwey breite Zähne; so freygebig aber, wie sie bey demjenigen Geschlecht der Seemuscheln, welches der Herr Ritter von Linné mit dem allgemeinen Namen Arca beleget, wo man die Zähne fast nicht zehlen kann, war, ist sie in Ansehung der Flußmuscheln nur in einem einzigen Falle, nemlich bey der Flußarche (Abschn. III. n. 10. A. tab. 9. fig. 3.) gewesen. Diese Zähne sind daher gute und sichre Kennzeichen, Gattungen zu bestimmen; sollte es Verbrechen seyn, ihr auf diesem Fusse nachzufolgen? und sollte ein auf äussere Kennzeichen gestütztes System, wenn es auch nicht sichrer wäre, nicht wenigstens bequemer seyn für diejenigen, welche keine Bewohner sehen können, oder aufsuchen wollen? Bey den Gienmuscheln befindet sich dieses Schloß allemal in dem Mittelpuncte der Muschel, bey den Keilmuscheln (Musculis) aber ist es mehr an der einen Seite, als in dem Mittelpuncte.

Man

*) Im Berlinischen Magazin IV. Band, S. 148.

Man kann an den Muscheln nicht genau bestimmen, welches die obere und welches die untere Schale ist, denn die Muschel kann auf beyden Seiten mit gleicher Bequemlichkeit liegen, und wenn sie gehet, so liegt sie auf ihrem Wirbel, und bewegt sich dann. Für unsre Flußconchylien würde auch diese Untersuchung keinen Nutzen haben.

§. 60.

Es sind noch mancherley Gegenstände zu betrachten übrig, ehe ich die Schalengehäuse der Flußconchylien verlassen, und zu ihren Bewohnern übergehen kann; da aber die mehresten Fragen nicht sowohl die Flußconchylien ausschliessungsweise, sondern alle Conchylien überhaupt angehen, so werde ich mich der möglichsten Kürze bedienen.

Die erste Frage betrifft die **Entstehungsart und den Wachsthum der Flußconchylien und ihrer Farben: wie entstehen diese?** Da diese Frage für alle Conchylien gehöret, so würde ich mich in ein weitläuftiges Feld einlassen müssen, wenn ich sie ganz erschöpfen wollte; zumal da sie von verschiedenen Schriftstellern ausführlich erörtert worden ist [r]). Ich will diesmal nur meine Gedanken eröffnen. Wir fragen

1) **Was für einen Ursprung nimmt die Conchylie? Entstehet sie in einem Ey, oder wird sie gleich mit ihrer Schale gebohren?** Man muß hier mit Unterschied antworten, einige entstehen in einem Ey, und andre werden ohne Ey sogleich mit ihrer Schale gebohren. Die mehresten der Flußschnecken legen einen Laich, der eine grosse Aehnlichkeit mit dem Froschlaich hat. Es sind runde oder ovale, schleimigte und durchsichtige Kügelchen, in deren Mittelpuncte sich ein kleines schwarzes Pünctchen zeiget, und dieses wird die erste Anlage zur Conchylie, die sich nach und nach in diesem Ey ausbildet, und nun zugleich mit seiner Schale aus dem Ey hervorgehet. Das ist Erfahrung, welche die Naturforscher mehrmalen wiederholet haben, und die man nicht weiter in Zweifel ziehen kann. Soll ich aber ja einen Zeugen darüber aufstellen, so sey es der Herr Etatsrath **Müller** Hist. Verm. P. II. Vorrede S. XXIII. In Spermate testaceorum, inprimis fluviatilium et marinorum, saepe numero vidi, nudis quoque oculis facillime conspicitur, limaces ibidem jam testis tectos latere, testamque ei hospitem, dum geniturae pellucidae adhuc claudantur, aeque ac extra eandem libero aëre, incrementum sumere. Andre hingegen bringen ihre Jungen sogleich mit ihrer Schale, ohne Ey, oder vielmehr ohne Laich zur Welt. Wir haben darüber besonders drey unleugbare Beyspiele, und vielleicht würden wir derselben bey genauerer Aufmerksamkeit mehrere finden. Das eine ist die **lebendig gebährende Wasserschnecke**, Abschn. III. n. 126. welche darum diesen Namen führet, weil sie ihre

 Jun-

r) Diese Schriftsteller führet Herr Hofrath **Walch** in seiner Abhandlung vom Wachsthum und Farben der Conchylienschalen in den Beschäftigungen der Berlinischen Gesellschaft naturforschender Freunde I. Th. S. 230. f. an. Vorzüglich sind ausser Herrn **Walch** selbst nachzulesen Reaumür Mem. de l' acad. des Sciences à Paris ann. 1709. Herrisant eben daselbst vom Jahr 1766. **Basler** Opera subces. P. I. 68. Ein Ungenannter im Bremischen Magazin II. Th. S. 516. dessen Gedanken ich in der Abhandlung über die Erdconchylien S. 65. f. untersucht habe. **Klein** in dem tentamine de formatione, cremento et coloribus testarum, die seinem Methodo ostracol. angehängt, in den Versuchen und Abhandlungen der naturforschenden Gesellschaft in Danzig im II. Theil übersetzt ist; **Müller** Histor. Vermium P. II. Vorrede S. 23. f. und mehrere.

Jungen sogleich mit der Schale lebendig zur Welt bringt. Unter den Flußmuscheln fand der Graf Ginanni in der grossen grünlich braunen Teichmuschel im Monat Merz eine Menge kleiner jungen Muscheln (§. 42.), die ich aber doch mit ihrem Eyerstocke gesehen habe, und ausgetrocknet selbst besitze; und unsre kleine Gienmuschel der Flüsse gebieret ihre Jungen ebenfalls lebendig. Ich schliesse dieses daher, weil sich in den ältern Muscheln, wenn ihr Fleisch verfault ist, immer kleine Muscheln finden, davon ich selbst verschiedene Beyspiele in meiner Sammlung vorlegen kann.

2) **Wie wachsen nun die Conchylien, wenn sie aus ihrem Ey herausgekrochen sind?** Die Naturforscher haben sich darüber besonders in **zwey Meynungen** getheilet. **Einige** halten dafür, daß die Conchylienschale nichts weiter als eine Verhärtung einer zähen schleimigen Feuchtigkeit sey, welche das Thier ausschwitzt, daß sich also die Schale nach der Gestalt seines Bewohners bilde, die sich an der Mundöffnung mit dem Wachsthum des Thiers verlängert. Nach der **andern Meynung** giebt man den Conchylienschalen kleine Saftröhren und ein faserigtes Gewebe, das seine Nahrung von dem Thier selbst erhält, und man vergleicht die Schalengehäuse mit Knochen, gestehet ihnen also eine Ausdehnung zu, ob man gleich in Rücksicht auf die Mundöffnung einen Ansatz neuer Theile eingestehet, und wenn man nicht der Erfahrung geradezu widersprechen will, eingestehen muß. Da die erste Meynung der Conchylienschale das Thierische abspricht, und auch würklich nicht erwiesen werden kann, so muß man der andern Meynung beypflichten, welche der Herr Hofrath **Walch** das **Vascularsystem** genennet hat. Man hat also bey den Conchylien gewisse Saftröhren und kleine Fasern anzunehmen, durch welche die thierischen Säfte der Conchylie gehen, und wodurch sich nun das Gehäuse erweitert, so wie sich auf eben diese Art ein Knochen erweitert, ohne daß sich hier äussere neue Theile ansetzen. Das kann man in seiner Conchyliensammlung alle Tage selbst sehen, daß eine junge und unausgewachsene Conchylie eben so viele Windungen hat, als die alte und ausgewachsene, und man kann ohne Gefahr und ohne Widerspruch behaupten, daß die Conchylie in ihrem Ey beynahe eben so viele Windungen habe, als sie in ihrem völligen Wachsthume hat. Je gewisser dieses ist, desto unleugbarer ist es auch, daß eine gewundene Schnecke an ihre obern Gewinde keine neue Theile ansetzen kann, denn ich wüste mir keinen möglichen Fall zu gedenken, wie dieses geschehen könnte. Wollte man annehmen, daß das Conchylienthier unten an seiner Mundöffnung so lange ansetze und fortbaue, bis sie so viele Windungen habe, als sie für sich braucht, so würde man sich in **zwey Unbequemlichkeiten** stürzen. **Einmal** müste man nothwendig annehmen, daß eine alte und ausgewachsene Schnecke mehr Windungen habe, als die junge Conchylie hatte, und das widerspricht unleugbaren Erfahrungen, und dieser Widerspruch wird noch sichtbarer, wenn wir die grössern Flußconchylien zu Hülfe nehmen. Von dem Buccino achatino, Abschn. III. n. 98. davon ich tab. 6. fig. 1. ein kleineres Beyspiel habe abzeichnen lassen, liegt in dem hiesigen Herzoglichen Kabinet ein Beyspiel, das sechsmal grösser ist, und doch nicht eine einzige Windung mehr hat, als das meinige. Hernach würde auch die Proportion unter den Windungen nicht bleiben, die wir würklich an allen Conchylien finden. Wenn wir z. B. eben dieses

ses Buccinum achatinum aus seinem Ey gedenken, so können seine beyden Ober-Windungen kaum die Stärke einer Schreibefeder haben; so würden sie auch bleiben, wenn die Conchylie nicht durch Ausdehnung ihrer Gewinde, sondern durch blossen Ansatz an der Mundöffnung ihr Gehäuse vergrösserte; wir sehen aber, daß ihre obern Gewinde sich gegen die folgenden in der schönsten Proportion befinden. Ich übergehe alle die Gründe, die der Herr Hofrath **Walch** in seiner angeführten schönen Abhandlung vorgetragen hat, welche ich allen meinen Lesern über diese Materie anpreise. Aber das Thier vergrössert doch würklich seine Mundöffnung? Es setzet ja jährlich einen neuen Theil an dieselbe an, welche im ganzen ersten Jahr weich und biegsam ist? So wenig ich dieses leugnen kann, so gewiß glaube ich, daß diese Erscheinung dem Vasenlarsystem gar nicht widerspricht. Denn 1) ist es noch eine Frage, ob dieses Anlegen neuer Theile nicht eben von den Saftröhren herkomme. Wenn die Conchylienschale ein wesentlicher Theil des Thiers ist, wie ich glaube, daß sie es sey und seyn muß, so muß sich unter dem Thier und seiner Schale die genauste Harmonie finden; wo also gebauet werden muß, oder wo Vergrösserung des Hauses nöthig ist, dahin muß sich auch die wirkende Kraft der in den Saftröhren befindlichen Materie ziehen. Wenn aber auch dieses nicht wäre, so kann man zwar 2) dem Thier das Vermögen, an seine Schale neue Theile zu setzen, um so weniger abstreiten, da es ja zerbrochne Theile seiner Schale wieder herstellen kann [u]), davon man in den Sammlungen so viele Beyspiele findet. Wird man aber deswegen sagen können: daß die Schnecke oder Muschel ihr ganzes Gehäuse auf diese Art baue? Es ist möglich, ja es ist sogar wahrscheinlich, daß dieses die Schnecke unmittelbar thue, und sie muß es thun können, weil ausserdem auch die Saftröhren keine bauende Materie in sich haben könnten, die sie ja vom Thier haben. Allein es folget gar nicht, daß dies die Schnecke in ordentlichen Fällen thue, was sie in ausserordentlichen Fällen zu thun genöthiget ist. Wie nun aber die Natur bey diesen Saftröhren wahrscheinlich würke? darüber lese man Herrn **Walch** am angeführten Orte §. 9. f. Seite 244. f. nach.

3) **Wie entstehen endlich die Farben der Conchylien?** Der gemeinen Meynung nach entstehen die unterschiedenen Farben aus den unterschiedentlich gefärbten Säften des Bewohners, aus diesen bildet sich die Schale, daher müssen also auch die verschiedenen Flecken, Streifen und Züge der Schale entstehen. Besonders hätten die Flecken und Striche des Halses des Schneckenthiers einen grossen Einfluß in die Farbenzeichnungen der Conchylienschalen. Die Vertheidiger des **Vasculärsystems** setzen noch diese Erklärung hinzu: die Farben entstünden aus den verschieden gefärbten Säften des Thiers, welche in die Saftröhre der Conchylie einzudringen, und sie nun auf eine so verschiedene Art zu mahlen pflegten. Andern will diese Meynung nicht gefallen, sondern sie behaupten, daß die Farben der Conchylien zum Wesen der Schale gehören, und daß der Bewohner an denselben keinen, oder doch nur einen sehr entfernten Antheil habe. Ich muß sagen, daß die erste **Meynung** beynahe die allgemeine Meynung der Naturforscher ist, und wenn wir sie je obenhin betrachten, so scheinet sie viele Wahrscheinlichkeit vor sich

u) Ich habe davon einige merkwürdige Beyspiele im II. Theil meiner Abhandlungen über verschiedene Gegenstände der Naturgeschichte gesammlet.

sich zu haben. Man höre einen ungenannten Schriftsteller r) darüber. „Der Hals einer nachwachsenden Schnecke formirt vornemlich die Schale. Dieser ist allezeit nackt, und arbeitet beständig an derjenigen Decke, welche, indem der Hals weiter herauswächst, dem folgenden Theile des Körpers dienet. Wenn man nun annimmt, daß dieser Hals gelb sey, und an einer gewissen Stelle einen schwarzen Flecken habe; oder vielmehr, daß er überall einen gelben Saft ausschwitze, ausgenommen einen gewissen schwarzen Flecken, welcher eine schwarze Feuchtigkeit ausliefert; so muß nothwendig folgen, daß, da das Thier in einer Schraubenlinie wächst, gleichwie auch die Schale schraubenweise formirt wird, mittlerweile die gelbe Materie einen gelben Kreis um die Schnecke macht, der schwarze Saft ebenfalls in einer Schraubenlinie müsse fortgezogen werden, so wie wir einen Streif von dieser Farbe in dem Kreise sehen. Sollten derohalben mehr als ein Punct von dieser Art an der Schnecke seyn, so müssen auch mehr solche Streifen von verschiedener Farbe erscheinen.„ So wahrscheinlich diese Meynung zu seyn scheinet, so ist sie es doch würklich nicht, denn es widersprechen ihr unleugbare Erfahrungen. Ich bemerke folgende: 1) Die Farbe der Schalengehäuse wird allemal auf der Oberfläche der Schale gefunden, und es sind nur einzelne Fälle vorhanden, wo die Farben der Schale inwendig sind. Mehrentheils sind die Schalen von innen weiß, die auf ihrer äussern Fläche oft die schönsten Farbenabwechselungen haben. Das müste gerade das Gegentheil seyn, wenn der Hals des Schneckenthiers seine Schale färbte. 2) Wir haben an manchen Conchylien gefärbte Theile, wo doch der Hals des Thiers in keiner Rücksicht arbeiten kann. Man nehme zum Beweis die Zacken mancher Flügel- und Purpurschnecken, die oft gefärbt sind, und die durchaus nicht durch den Hals des Bewohners konnten gefärbt werden. 3) Unter den Erdschnecken haben manche vollkommen gleiche Bewohner, und ihre Schalen sind gleichwohl verschieden gefärbt, davon ich in meiner Abhandlung über die Erdconchylien S. 89. f. verschiedene Beyspiele gesammlet habe. 4) Man muß bey dieser Meynung die Thiere unsrer Flußmuscheln, besonders der Teich- und der Mahlermuscheln, gar nicht betrachtet haben. Sie wechseln mit grün, gelb und braun in geraden Linien fürtreflich ab. Gleichwohl hat das Thier derselben eigentlich gar keinen Hals, den es hervorstrecken kann, und seine Befestigung in der Schale ist von der Art, daß, wenn man ihm ja etwas einräumen kann, so ist es dieses, daß es nur den geringsten Theil seiner Schale berühren könne. Man kann im Grunde keine dieser Schwierigkeiten aus dem Wege räumen, und man kann daher dieser Meynung in keiner Rücksicht beyfallen.

Man muß also die **zwote Meynung** ergreifen, wo die Farben zum Wesen der Schale gehören, mit den Schalen einerley Ursprung haben, und woran das Thier höchstens nur einen entferntern Antheil hat. Diese Meynung empfiehlet sich nicht nur dadurch, daß sie keine der vorigen Schwierigkeiten trift; sondern auch dadurch, daß man vermöge derselben alle die Erscheinungen erklären kann, die man an den Schalengehäusen in Rücksicht auf die Verschiedenheiten der Farben und ihrer Zeichnungen findet. So viel ich weiß, so ist der Herr Hofrath **Walch** der erste und einzige Naturforscher,

r) Im Bremischen Magazin II. Theil S. 519. f.

forscher, welcher es versucht hat, diese Erscheinung zu erklären v). Hier ist der wesentliche Auszug seiner Gedanken. Bey dem Vasculärsystem der Schalen muß man eben die Würkungen eingestehen, die wir an so viel Vasculärsystemen des Thierreichs wahrnehmen. Die in demselben eingeschlossene Säfte bleiben in einer beständigen Bewegung, sie ergiessen sich, wie bey einem Stamm, in Aeste, Zweige und Nebenzweige, und treten in die feinsten oft unsichtbaren Haarröhrchen. Durch diese unaufhörliche Bewegung wird nicht allein das Wachsthum und die Erhaltung des lebendigen Körpers befördert, sondern es entstehet auch daraus eine mannigfaltige Vermischung, Veränderung und Verfeinerung der Säfte, so wie es jeden Thieres Nahrung und ganze Natur erfordert. Diese in dem Vasculärsystem durch die Bewegung zubereitete mancherley Säfte, sind nach dem Unterschied ihrer Bestandtheile auch von unterschiedenen Farben, welche theils in dem Futter selbst, theils in der Vermischung unterschiedener Bestandtheile, theils in der Verfeinerung der gröbern Säfte vermuthlich ihren Grund haben. Wenn die Säfte eines Vogels, eines Insects, eines Schmetterlings bis zur äussersten Feinheit gebracht worden, und nunmehro in die subtilsten Haarröhrchen getrieben werden, was entstehen da für schöne, für mancherley Farben! Eben diese Würkung muß man bey den Conchylien annehmen. Aus dem lebendigen Thiere tritt ein weißlicher Saft in die erstern Wege der grössern Canäle. Dieser Saft wird durch eine Menge Nebenröhren hindurch geführet und zu mehrerer Verfeinerung gebracht; tritt er alsdenn in die äussersten Spitzen der subtilsten Haarröhrchen, so färbt er sich erst so mannigfaltig, wie die Säfte eines Schmetterlings, eines Vogels in den feinsten Haarspitzen seiner Federn sich zu färben pflegen. So weit Herr Walch.

Freylich bleiben uns bey dieser schweren Sache noch manche Fragen übrig, die wir nicht leicht beantworten können. Wir wissen nicht, wie die so wundervolle Ordnung bey der Farbenzeichnung eines Geschlechtes zugehe? und wie es gleichwohl geschehe, daß, wie z. E. bey den Voluten, so viele so gar verschiedene Zeichnungen entstehen können? Wir wissen eben so wenig, was eigentlich für einen Einfluß die Gegend, die Wohnung, die Nahrung und dergleichen in die Säfte der Thiere und in ihre Farben habe. Kurz, auch hier hat uns die Natur tiefe Geheimnisse vorgelegt, die wir vielleicht nie entwickeln werden, zum Beweise, wie groß der Herr der Natur sey, und wie unvollkommen wir.

§. 61.

Ein andrer Gegenstand, der unsrer Aufmerksamkeit würdig ist, betrift die Frage: **ob man sichre Kennzeichen habe, wodurch man die Flußconchylien von den Conchylien der Erde und des Meeres unterscheiden könne?** Oft fallen uns Conchylien in die Hände, von welchen wir nicht bestimmen können, ob es Erd-, Fluß- oder Seeconchylien sind. Wenn wir nun sichre Kennzeichen hätten, sie von einander zu unterscheiden, wie zufrieden würden wir nicht in manchen Fällen seyn! Herr Kunstverwalter Spengler in Koppenhagen besitzet in dieser Sache eine vorzügliche Stärke, er siehet es der Conchylie von aussen an, wohin sie gehöre, aber er gestehet auch,

v) In der mehr angeführten Abhandlung von dem Wachsthum und den Farben der Conchylienschalen, in den Beschäftigungen der Berl. Gesellsch. naturf. Freunde Th. I. §. 14. f. S. 249. f.

auch, daß er über diese wichtige Kenntniß keine Regeln geben könne. Was inzwischen er, was andre über diese Sache gedacht haben, das will ich kürzlich auszeichnen.

Herr **Spengler** hat seiner Abhandlung von den Conchylien der Südsee z) einen Versuch angehängt, eines und das andre Kennzeichen anzugeben, wornach man prüfen könne, ob eine Schnecke sich vom Land, Flüssen oder aus der See herschreibe? Ich will davon dasjenige auszeichnen, was für die Flußschnecken vorzüglich gehöret. Dieses hat seine Richtigkeit, daß sich alle Fluß- und Landschnecken beynahe gänzlich unter das Geschlecht des **Linneischen** Helicis sammlen, zum Beweis, daß diese beyde Gattungen von Schnecken einerley Geschlechtskennzeichen haben müssen. Ein grosser Theil der Land- und Flußschnecken haben rund um ihre Mündung einen breiten Lippensaum, sind genabelt, und die Windungen flach in sich selbst eingerollt. Viele haben einfache Farben, wenn andre hingegen gefleckt, marmorirt oder auch gebandet sind. Diese leztern haben das Sonderbare, daß ihre Binden in sehr abstechenden Farben neben einander auf das schönste geordnet sind. Die Schnecken der süssen Wasser sind überhaupt von dünner Schale. Die schönsten unter ihnen sind glatt, und glänzen wie Porzelan. Der Grund ihrer Farben ist gern Milchweiß, und auf demselben sind grüne, rothe, gelbe und dunkelbraune Bänder, auf unzählig abwechselnde Arten mit mahlerischer Kunst gezogen, und mit dunklern Linien wieder schattiret, so wie z. B. die Prinzenvlaggen mit allen ihren Abänderungen, worunter die gebandeten Linkschnecken gehören, wo die Farben auf der innern Seite aufgetragen sind, und nur nach aussen durchscheinen. Es giebt auch solche Flußschnecken, sowohl links- als auch rechtsgedrehete, die einfarbig sind, als nemlich citronengelb, grün, und andre mit grün und roth gemischt u. s. w. Von den sogenannten Bandschnecken (Le Ruban Dargenv.) giebt es welche, deren Bänder auf einem blauen Grund, kein Mahler sinnreicher auftragen und erfinden könnte. Endlich giebt es auch viele Flußschnecken, die von aussen glänzend schwarz, dabey glatt, andere aber stachlicht sind, wie viele Neriten, Seenadeln, die Rivier Pabstkrone ꝛc. Viele grosse und kleine Flußschnecken sind mit einer dünnen grünen Haut überzogen, inwendig sind diese Schalen kalchigt weiß. Und nach diesen zwey leztern Kennzeichen lassen sich auch die zweyschaligten Flußconchylien von den Seemuscheln unterscheiden, wovon viele inwendig mit dem allerschönsten Perlenmutter prangen, und selbst prächtige Perlen in sich schliessen.

Der Herr D. **Martini** hat in seiner vorläufigen Nachricht und Abbildung von einigen linksgewundenen Schnecken a) ein Kennzeichen an die Hand gegeben, wodurch man vorzüglich die indianischen Schnecken der süssen Wasser von den Seeconchylien unterscheiden kann. Alle indianische Schnecken der süssen Wasser oder der Flüsse, sagt er, tragen so viel eigenthümliche Kennzeichen an sich, daß es gar nicht schwer ist, sie von Land- und Meerschnecken unterscheiden zu können. Nicht allein ihre Durchsichtigkeit und Zärtlichkeit machen sie kennbar, sondern sie haben auch ihre eigne und sonderbare Farben, die man bey den Meerschnecken gar nicht wahrnimmt. Es giebt von diesen reitzenden Flußschnecken grünlichte, hochcitronen- oder schwefelgelbe und ganz milchweisse mit unzähligen Abwechselungen von Bändern, als ob sie durch die Kunst gezeichnet

z) Im IX. Stück des Naturforschers S. 155. f.

a) In den neuen Mannichfaltigkeiten IV. B. S. 407.

zeichnet wären, als z. B. die Bandhörner oder die **Rubans** beym Gualtieri tab. VI. oder die sogenannten Prinzenflaggen ibid. lit. A.

Das Kennzeichen, welches der Herr Professer **Kratzenstein** für die Flußconchylien festgesetzt hat, habe ich schon vorher angeführt. (§. 25.) Er nennet es ein allgemeines Kennzeichen, und es bestehet darinne, daß sie eine sehr dünne Schale haben, und ihre milchweisse Farbe von der andern sehr absticht.

Diese Kennzeichen helfen uns zuverläßig in sehr vielen Fällen, man kann aber nicht läugnen, daß noch Fälle sind, wo auch ein geübter Kenner schwankt, wenigstens in so fern schwankt, daß er von einer Conchylie, von der er nach den obigen Kennzeichen weiß, daß sie keine Seeschnecke sey, doch nicht zuverläßig weiß, ob sie nun für das Land oder für die süssen Wasser gehöre? Die conchyliologischen Schriftsteller haben zu dieser Verwirrung das ihrige auch beygetragen. Da man in den ältern Zeiten die Flußconchylien überhaupt nicht achtete, die fremdern und schönern aber in die Zahl der Seeschnecken aufnahm, so wurde dadurch freylich der erste Grund zu einer grossen Verwirrung gelegt. Viele neuere Schriftsteller blieben bey diesem Irrthum, den sie auch aus Mangel richtiger Quellen nicht vermeiden konnten, und so ist uns freylich ein grosses Erleichterungsmittel in dieser Sache fast gänzlich abgeschnitten. Damit ich aber auch beweise, was ich sage, so will ich nur zwey Beyspiele anführen. Das Buccinum fasciatum, Abschn. III. n. 124. hat **Argenville** in der Conchyliologie unter die Seeschnecken, in der Zoomorphose aber unter die Erdschnecken gezehlet, und keiner von beyden Oertern gehöret derselben, da sie eine unleugbare Flußschnecke ist. Auch **Lister** hat diese Schnecke unter den Erdschnecken. Das Buccinum achatinum, Abschn. III. n. 98. tab. 6. fig. haben fast alle Schriftsteller, **Lister**, **Bonanni**, **Gualtieri** und dergleichen ohne Auswahl unter die Seeconchylien aufgenommen, da doch wenigstens einige Abänderungen davon, die vorzüglich eine dünne und leichte Schale haben, zuverläßig unter die Flußconchylien gehören. Inzwischen haben uns der Herr Etatsrath **Müller** und Herr D. **Martini** in ihren den Flußconchylien gewidmeten Arbeiten hier sehr vieles Licht aufgesteckt, indem sie die unter den Seeconchylien versteckten Flußschnecken an ihren rechten Ort gewiesen haben.

Wenn wir in unsern Sammlungen freylich unsre Conchylien mit den Bewohnern aufheben könnten, so würden wir daher ein sichres Kennzeichen für die Flußconchylien haben, daß ihre Bewohner nur mit zwey Fühlhörnern begabt sind, da wir an den Bewohnern der Erdschnecken vier Fühlhörner zu erblicken gewohnt sind. Wenige Beyspiele, welche hier eine Ausnahme zu machen scheinen, werde ich hernach besonders anführen.

§. 62.

Man hat die Frage aufgeworfen: **ob man das Alter einer Conchylie durch zuverläßige Kennzeichen unterscheiden könne?** Diese Frage kann einen zweyfachen Sinn haben. **Einmal:** ob man durch äussere Kennzeichen bestimmen könne, wie alt eine Conchylie sey, oder wie viel Jahre sie zurückgelegt habe? **Dann:** ob man eine junge und unausgewachsene Schale von einer alten und ausgewachsenen unterscheiden könne? Das sind nicht blos Fragen für die Neugierde, sondern sie haben ihren vorzüglichen Nutzen in der nähern Bestimmung mancher Gattungen. Ich will nur ein Beyspiel davon angeben. Von dem kleinen Spitzhorn der süssen Wasser,

Abschn. III. n. 101. behauptet **Geofroy** von den Conchylien um Paris, deutsch S. 72., daß es niemals mehr als fünf Windungen habe, daß **Lister** irre, der demselben sechse beylege, und daß dieser den Ritter **von Linne** verführt habe, dieses mit dem grossen Spitzhorn, Abschn. III. n. 99. zu verwechseln. **Geofroy** muß zuverläßig unausgewachsene Schalen vor sich gehabt haben, sonst würde er das nicht gesagt haben. Was **Lister** sahe, sahe und behauptet auch **Gualtieri**, behaupten **Martini** und **Müller**, und der Herr Ritter **von Linne** muß ganz andre Bewegungsgründe gehabt haben, warum er das grosse und kleine Spitzhorn für einerley hält. Es hat also seinen entschiedenen Nutzen, wenn wir das Alter der Conchylien bestimmen, und besonders die ausgewachsenen von den jungen, die ihre Wachsthumsgrösse noch nicht erreicht haben, unterscheiden können. Diese Sache hat viele Schwierigkeiten und Unvollkommenheiten, und jeder Naturforscher, der diese Sache genauer untersucht hat, wird die Worte des Herrn Etatsrath **Müller** in der Vorrede S. 20. unterschreiben: Aetas et numerus annorum nec ex numero anfractuum nec ex productione aperturae in cochleis dijudicatur; ex illo quidem juniores et aetate provectiores distinguuntur, nulla vero annorum determinata mensura sumi potest; incrementum enim testae, quod fit novi succi indurati appositione annua ad marginem aperturae, ratione aetatis, tempestatis, valetudinis, nutrimenti etc. variat, cochleaque ad justam magnitudinem producta, vel potius limace generationi maturo, testae margo in genere non amplius increscit, sed in terrestribus saltem labro terminatur. Falsum dehinc quorundam judicium, cochlides totidem annos, quot orbes habere. Wenn es entschieden ist, und ich dächte es wäre keinem Zweifel unterworfen, daß die Schnecke alle ihre Gewinde mit aus dem Ey bringe, und daß durch die jährigen Ansätze an der Mundöffnung höchstens ein einziges neues Gewind entstehen kann, so ist es offenbar falsch, daß man das Alter einer Schnecke nach der Anzahl der Gewinde bestimmen kann. Sicherer würde man gehen, wenn man die jährigen Ansätze an der Mundöffnung zählen könnte. Allein auf der einen Seite weiß die Conchylie ihre Ansätze oft so fein zu machen, daß man sie nicht leicht unterscheiden kann; auf der andern Seite bauet die Schnecke nur so lange an ihrer Mundöffnung, bis sie ihre Wachsthumsgrösse ganz erreicht hat, und nun kann sie noch mehrere Jahre leben, ohne daß man es an ihrer Mundöffnung sehen könnte. Zwar behauptet **Hanov** [b]), daß die Absätze, welche man an den Muschelschalen auch mit blossen Augen gewahr wird, aller Wahrscheinlichkeit nach den Unterschied des Jahrwachses vorstellen, wie man das längst an den Bäumen bemerkt hat. Er glaubt darnach genau bestimmen zu können, wie alt eine Muschel sey. Wenn ich auch nicht leugnen will, daß die Muschel, so wie die Schnecken zu thun gewohnt sind, jährlich einen neuen Theil an ihren Rand ansetzt, bis sie ihre völlige Wachsthumsgrösse erreicht hat, so glaube ich doch, daß dieses Kennzeichen sehr unsicher und trügend sey. Alle die folgenden Jahre, welche eine Muschel nach völlig erlangter Wachsthumsgrösse erreicht hat, kann man doch nicht sehen, weil die Muschel nun keine Ansätze mehr bereitet. Ich habe auch gefunden, daß die Anzahl und die Lage der Ansätze oder der Jahrwüchse nicht bey beyden Hälften einer Muschel gleich ist, und meine gröste Teichmuschel, die ich an die Spitze meiner ganzen Abhandlung gesetzt habe, hat zuverläßig mehr als funfzig solcher Absätze. Ob aber eine Muschel funfzig Jahre brauche, ehe sie ihre völlige Wachsthums-

b) Seltenheiten der Natur I. Th. S. 547. f.

thums-grösse erreicht habe? daran zweifle ich gänzlich, glaube auch nicht, daß eine Muschel 50 Jahr leben kann; weil sie dann, nach neuern Beobachtungen, erst in ihrem funfzigsten Jahre zur Fortpflanzung geschickt wäre. Ich glaube sogar aus der Lebhaftigkeit der Farben an meiner Muschel schliessen zu dürfen, daß sie nicht funfzig Jahr seyn könne, weil man längst beobachtet hat, daß die Lebhaftigkeit der Conchylienfarben mit dem zunehmenden Alter verschwindet. Man muß also sagen, daß dieses Kennzeichen überaus trügend sey.

Eine andre Frage ist, wie ich vorher sagte, diese: **ob man die jungen Conchylien von den alten unterscheiden, und also gewiß bestimmen könne, welche Conchylie ausgewachsen sey, und welche nicht?** An den Erdschnecken hat man ein untrügliches Merkmal an dem Saum, mit welchem sie den Bau an ihrer Mundöffnung schliessen. Manche Flußconchylien haben auch einen solchen Saum, andre, welche keinen Saum haben, haben doch eine übergeschlagene Lippe an der einen Seite, und in beyden Fällen kann man schliessen, die Conchylie habe ihre Wachsthumsgrösse erreicht. Und dennoch ist das, was ich von der Lippe gesagt habe, nicht ganz untrüglich, weil manche Conchylien, z. B. das grosse Spitzhorn, die Coccinellschnecke ihre Lippe zu erweitern pflegen. Andern Flußschnecken und allen Flußmuscheln fehlet dieses Kennzeichen gänzlich. Selbst die Grösse der Conchylie ist nicht allemal ein sichres Kennzeichen. Wir müssen sie wenigstens in ihrer Wachsthumsgrösse kennen, wenn wir die jungen und unausgewachsenen Schalen von denen unterscheiden wollen, die ihre ganze Grösse erreicht haben. Da aber auf die Gesundheit und auf die Nahrung des Bewohners so gar viel ankömmt, so ist auch hier nichts zuverläßiges zu entscheiden.

§. 63.

Man muß von den Conchylien der süssen Wasser behaupten, daß sie die unschädlichsten Thiere sind, die man sich nur gedenken kann, sie leben in ihrem Elemente, ohne daß sie den geringsten Schaden anrichten, und gleichwohl haben sie ihre Feinde. Die Muscheln zwar, da sie ihre Schalen fest zuschliessen können, und die mit einem Deckel verschlossenen Schnecken können sich gegen die Anfälle ihrer Feinde schützen, aber die andern alle, so weit sie sich auch in ihr Gehäuse zurückziehen können, so sind sie doch dadurch für ihren Feind nicht sicher. Es ist der Blutigel, der sich an sie ansaugt, und ihre Säfte zu seiner Nahrung gebraucht.

Die grosse Weinbergsschnecke unter den Erdschnecken, und verschiedne Seemuscheln und Schnecken werden zur Speise gebraucht. Man hat mit unsern Flußconchylien und vorzüglich mit den Muscheln noch keine Versuche angestellt. Das Fleisch der grossen Teichmuschel, Abschn. III. n. 4. habe ich überaus zart, fast wie Hühnerfleisch gefunden, da ich über dieselbe siedendes Wasser goß. Ob es aber am Geschmack gut sey, und ob man es ohne Gefahr seiner Gesundheit geniessen könne, darüber habe ich keine Versuche angestellet, ich bin auch nicht ehrgeitzig genug dazu, es der Welt sagen zu können, daß ich eine noch unbenutzte Speise genossen habe.

Also haben die Conchylien der süssen Wasser wohl gar keinen Nutzen? Wenn sie auch für die bürgerliche Nahrung keinen Nutzen hätten, so würde man doch zu übereilt schliessen, wenn man ihnen allen Nutzen absprechen wollte. Da, wo man am Strande häufige Seeconchylien findet, pflegt man sie zu Kalch zu brennen, und damit die Aecker mit grossem Vortheil zu düngen. Man könnte die Muschelschalen unsrer Flüsse zu gleicher Absicht gebrauchen, wenn man sie häufig genug fände. Wenigstens thun sie in der Medicin eben die Dienste, welche die calcinirten Auster- und andre Schalen leisten. Die kleinen Fluß- oder die Mahlermuscheln werden von den Mahlern gebraucht, dahinein ihre Farben zu bringen.

Dem Naturforscher sind die Flußconchylien überaus schätzbar, weil sie zu der grossen Kette der Natur gehören, und in aller Rücksicht einer menschlichen Betrachtung würdig sind. Die grossen Verschiedenheiten, die sich an diesen Schalengehäusen finden: die Merkwürdigkeiten, die ihr Bewohner in seinem Bau und in seiner Lebensart zeigt, sind Gegenstände für einen denkenden Geist und für ein fühlbares Herz, und sie geben nicht nur darin Lohn, daß wir ein eignes Geschlecht von Thieren kennen lernen, welche der Schöpfer nicht vergeblich schuf, und daß wir hier einen neuen Wink zur Verherrlichung des grossen Schöpfers bekommen. Das lehrreiche Vergnügen, was die Sammlung dieser Schalen dem Freunde der Natur reicht, will ich diesmal nicht einmal in Anschlag bringen.

Noch sollte ich das Verhältniß untersuchen, in welchem sich die Flußconchylien gegen das Steinreich befinden; allein diese Untersuchung setzet weitläuftige Untersuchungen voraus, dazu mir hier der Raum zu enge ist. Da wir mehr Versteinerungen ohne Schale als mit derselben finden, so ist diese Untersuchung schon an und vor sich selbst schwer. Unter den Muscheln haben wir unleugbare Beyspiele. Viele Musculitenarten dürften doch wohl ihr Original an unsern kleinern gewöhnlichen Flußmuscheln finden. Die Perlenmuschel der süssen Wasser hat man bey **Düsseldorf** eisenhaltig gefunden, und das sechsfach gewundene runde Ammonshorn, Abschn. III. n. 42. tab. V. fig. 18. habe ich in **Thangelstedt** mehrmalen in festen Steinen, aber allemal nur calcinirt angetroffen. Bey **Buxweiler** findet man Cornua ammonis spuria, welche mit unsrer Coccinellschnecke die gröste Aehnlichkeit haben. Sie liegen zwar in einem Toph-artigen Steine, er ist aber sehr fest, und ein Beweis seines grossen Alters ist dieser, daß diese Ammonshörner sehr oft inwendig mit den feinsten Krystallen ausgefüllt sind. In eben diesem Steine liegen auch oft **Bucciniten**, die den ganzen Bau unsrer grossen lebendig gebährenden Wasserschnecke haben. Was man sonst noch von versteinten Flußschnecken sagt, das beruhet mehrentheils auf blossen Muthmassungen.

Das zweyte Kapitel.

Von den Thieren in den Schalengehäusen der süssen Wasser.

---

§. 64.

Schwammerdamm sagt c), daß sich die gemeine Wasserschnecke oder das grosse Spitzhorn der süssen Wasser von der Weinbergs- und allen andern Schnecken gar sehr unterscheide, und zwar nicht allein in Ansehung der äussern Haut oder des Hörnchens, sondern auch der Augen, der Oeffnung des Randes und der Zeugeglieder, die sich alle mit einander von Aussen sehen lassen. Ueberhaupt hat man untrügliche Kennzeichen, woran

c) Bibel der Natur S. 71. f.

woran man das Thier einer **Flußschnecke** von dem Thier einer **Erdschnecke** unterscheiden kann. Sogar der innre Bau ihres Körpers bedarf einiger Theile, welche die Erdschnecke nicht braucht, nemlich diejenigen Theile, welche es verhüten, daß sie unter dem Wasser nicht ersticken. Denn ob wir wohl unter den Flußconchylien solche kennen, die sich zuweilen über die Oberfläche des Wassers wagen, so finden wir doch andere, z. B. die Coccinellschnecke, andre Ammonshörner, und die Muscheln, die sich immer gern in der Tiefe des Wassers aufhalten. Die Natur hat sogar den Flußschnecken ein äusseres Kennzeichen eingedrückt, welches die Erdschnecken nicht haben, und das sind die sogenannten Fühlhörner mit den Augen. Die Erdschnecken haben vier Fühlhörner, zwey grössere, auf deren Endspitzen die Augen sitzen, und zwey kleinere. Alle diese vier Fühlhörner können sie ganz in den Kopf hineinziehen, und zwar so stark, daß man kaum den Ort gewahr wird, wo sie sitzen. Die Flußschnecken hingegen haben nur zwey Fühlhörner, die ganz verschieden, nie aber, wie die Fühlhörner der Erdschnecken, die einem runden hohlen Rohre gleichen, gebaut sind, die sie zwar verkürzen, aber nie ganz in dem Kopfe verbergen können, und wo die Augen nicht oben auf der Spitze, sondern unten bald auf der äussern, bald auf der innern Seite zu sitzen pflegen. Es scheinet zwar, als wenn die Natur hier eine Ausnahme an drey Schnecken gemacht habe, welche Erdschnecken sind. Das eine ist die Vertigo pusilla des Herrn Etatsrath **Müller** Hist. Verm. P. II. p. 124. n. 320. Abschn. III. n. 142. die sich in faulenden Stämmen aufzuhalten pflegt, nur zwey Fühlstangen, und oben auf denselben die Augen, da aber, wo die kleinern Fühlstangen der Erdschnecken sitzen, zwey schwarze Striche hat. Das andere ist das Carychium minimum, Hist. Verm. p. 125 n. 321. Abschn. III. n. 122. das zwey Fühlhörner, die Augen aber hinten an der Grundfläche der Fühlstangen hat, und sich gern an feuchten Gegenden und unter faulenden Blättern aufhält. Das dritte ist die feingestreifte Deckelschnecke, **Müller** p. 177. n. 363. Nerita elegans, **Martini** Berl. Magazin, II. B. p. 604. Abschn. III. n. 170. A. welche zwey Fühlhörner und die Augen unten, an der äussern Seite derselben hat, und sich in feuchten Waldungen aufhält. Da aber alle diese Schnecken feuchte Gegenden lieben, sollte man sie nicht wenigstens als den Uebergang der Natur von den Erd- auf die Flußschnecken, wenigstens in Rücksicht auf die Thiere halten, und sie folglich eben so gut zu den Fluß- als zu den Erdschnecken rechnen dürfen, da sie wenigstens Mittelthiere sind? sollte man sie nicht mit wahrem Rechte unter die Flußconchylien stellen, da sie Fühlhörner und Lebensart mit ihnen gemein haben? da sogar die feingestreifte Deckelschnecke einen schaligten Deckel, einen beständigen Deckel hat? ein Umstand, den man sonst an den Erdschnecken gar nicht findet. Wenigstens trägt man jetzt kein Bedenken, die Kothschnecke, die sich nie in würklichen Wassern, sondern nur im Kothe findet, unter die Flußconchylien aufzunehmen.

§. 65.

Man kann also sagen, daß die Natur für hinlängliche Unterscheidungskennzeichen gesorgt habe, die Thiere der Flußconchylien von den Erdschneckenthieren zu unterscheiden. Und von den Meerconchylien? Ich würde mich zu weit in die **Zoomorphose** fremder Thiere einlassen müssen, wenn ich hier gründlich gehen wollte. Man nehme die Abbildungen und Beschreibungen, welche uns **Adanson**, **Argenville** und **Martini** von den Bewohnern der Thiere der Seeconchylien gegeben haben, und wir werden den

Unterschied finden. Für uns kann es hinreichen, die Kennzeichen der Schale zu wissen, die sie von einander unterscheiden können (§. 61.). Wir wollen uns lieber zu der eigentlichen Beschreibung der Theile dieser Thiere wenden, die man füglich in äussere und innere Theile eintheilen kann. Die äussern sind diejenigen, die man an dem Thier von Aussen gewahr wird, der Kopf, die Fühlhörner, die Augen, der Mund, der Saugrüssel, die Fußsohle, der Mantel oder Kranz, der Fuß oder der Arm, die Luftröhren, die Abführungsöffnung, die Fischohren, die Mußkeln und die Zeugungsglieder. Die innern Theile sind diejenigen, die man ohne der Beyhülfe eines anatomischen Messers nicht sehen kann, die sich im Thier selbst, unter dem Fleische befinden, und dahin ihr Eingeweide, ihr Magen, Gaum, Gehirn, Kehle, Herz, Leber, Galle u. d. g. gehören, welche man sämmtlich an diesen Thieren entdeckt hat, ob man gleich nicht gerade von einem jeden Flußconchylienthier sagen muß, daß sie alle angegebene äussere und innere Theile beysammen habe. Denn wir wissen, daß hier die Muschelthiere eine starke Ausnahme machen, denen vorzüglich manche Theile zu mangeln scheinen, die wir an den Thieren der Flußschnecken finden. Es wird sich in der Folge alles deutlicher entwickeln.

§. 66.

Wenn wir den **Kopf** als einen eignen Theil des Körpers, der vor sich bestehet, und als eine deutliche Hervorragung betrachten, so ist es zuverläßig, daß das Muschelthier der Flüsse keinen Kopf habe. Man findet zwar unter dem Munde derselben eine kleine Hervorragung; wenn man das aber einen Kopf nennen wollte, so müßte man zugleich sagen, daß hier die Natur ihre Gesetze in Rücksicht auf die Lage des Mundes ganz aus den Augen gesetzt habe. Lasset uns lieber sagen, hier habe die Natur den Kopf von dem Leibe nicht unterscheiden wollen, sondern beydes, den Kopf und den Leib, gleichsam aus dem Ganzen verfertiget. Bey den Thieren der Schnecken ist dieser Kopf desto deutlicher gebildet, und desto sichtbarer. Er hat den ganzen Bau eines Kopfs, Mund, Augen, Ohren, obgleich die äussere Bildung in manchen Fällen unter sich abweicht. Bey den Trompeten und Schrauben, bey den Neriten und Patellen ist er breit und vorne stumpf, und das sind wohl die Schneckenköpfe, die sich **Lesser** [d]) wie Ochsenköpfe gedachte, wozu gleichwohl eine überaus lebhafte Einbildung gehöret. Bey der Coccinellschnecke und den übrigen Ammonshörnern hingegen ist er länglich und schmäler, und nach der Beschaffenheit des Thiers hervorragender. Vermittelst einiger Mußkeln kann das Thier seinen Kopf ganz hineinziehen und verbergen. Nur von der krystallinischen Wasserschnecke hat **Schwammerdamm** [e]) bemerkt, daß ihr Kopf vorzüglich hervorstechend sey, und daß er sich nicht ganz in das Fleisch verbergen könne. Gleichwohl kann es denselben ein wenig zurückziehen, wodurch er sich in Runzeln und Falten legt, und so wird doch der Endzweck der gütigen Natur erreicht, die dafür gesorgt hat, daß dieser edle Theil des Thiers für mancher Gefahr und Verletzung geschützt werden könnte. **Lesser** hat noch am angeführten Orte seine Betrachtung darüber angestellt, warum die Wasserschnecken, wenn sie schwimmen, ihr Haus oben und ihren Kopf unten tragen? Weil sie nemlich ihre Nahrung unter sich suchen müssen. Wahrhaftig ein seichter Gedanke, denn unsre Wasserschnecken, sonderlich die Ammonshörner, tragen ihr Gehäuse sehr oft nur an der

d) In der Testaceotheologie §. 154. S. 530.

e) In der Bibel der Natur S. 73. f.

der Seite, und sie können sich ihres Kopfs so vortheilhaft bedienen, daß sie denselben nach allen Seiten wenden können, welches auch ihre Lebensart und Nahrung nothwendig macht.

§. 67.

Was uns an dem Kopfe unsrer Flußschnecken am ersten in die Augen fällt, und was unsre Muscheln nicht haben, das sind ihre **Fühlhörner** oder die **Fühlstangen**, *Tentacula, antennae, cornicula, les Tentacules, les Cornes.* Vermuthlich hat man ihnen den Namen, den sie führen, darum gegeben, weil die Thiere, wenn sie aus ihren Häusern hervorgehen, dieselben beständig bewegen, gleichsam als wenn sie damit die Sicherheit ihres Weges und ihre Nahrung aufsuchten. Die Erdschnecken sind in dieser Art von Bewegung vorzüglich geschickt, und es ist bey ihnen nöthig, weil sie oben auf den zwey grössern Fühlstangen ihre Augen haben. Bey den Flußconchylien hingegen ist diese Bewegung viel langsamer, und bey verschiedenen Thieren fast unmerklich. Sie brauchten aber diese Fertigkeit nicht, weil ihre Augen in den mehresten Fällen eine ganz andre Lage haben. Es scheinet mir daher noch nicht einmal entschieden zu seyn, daß diese Hörner oder Stangen dem Thier dazu dienen, daß sie damit die Sicherheit des Weges untersuchen. Das mochte vermuthlich den gegen die Thiere der Conchylien so billig denkenden **Adanson** zu dem Ausspruche verleiten, daß die Fühlstangen der Schnecken gar keinen Nutzen hätten. Können wir denn aber eine Sache darum unter diejenigen werfen, die gar keinen Nutzen haben, weil wir ihren Nutzen nicht wissen? Die Erdschnecken haben **vier**, die Flußconchylien hingegen nur **zwey** Fühlstangen. Die Erdschnecken können ihre Fühlstangen ganz in den Kopf hineinziehen, die Flußschnecken hingegen können dieselben zwar ein wenig zurückziehen, aber nicht ganz in dem Kopfe verbergen.

Wenn ich sage, daß die Flußconchylien nur zwey Antennen haben, so darf ich nicht vergessen anzuzeigen, daß verschiedene Schriftsteller, **Reaumür, Plancus, Lesser** und **Geoffroy** f) Schnecken mit drey Fühlhörnern abbilden, für uns aber gehöret nur der **Federbuschträger**, eine wahre Flußconchylie, (Abschn. III. n. 85. tab. 6. fig. 11.). **Geoffroy** g) sagt von derselben, daß man an ihr ein drittes Fühlhorn entdecke, welches nicht wie die übrigen aus dem Kopf hervorragt, sondern aus der Seite, und welches viel länger und zärter als die andern ist. Man hat gefragt, ob dies ein wahres Fühlhorn sey? Es wäre wenigstens eine starke Ausnahme von der allgemeinen Regel, wenn dem also wäre; allein so wenig man dieses wird erweisen können, so gern werden die mehresten mit mir den Ausspruch des Herrn D. **Martini** am angeführten Orte unterschreiben. „Es ist zu vermuthen, sagt er, daß es ein besonderer Anhang, dessen Nutzen wir noch nicht kennen, oder eine widernatürliche Verlängerung der Haut sey, die nicht zu den gewöhnlichen Theilen des Thiers gerechnet werden darf.“ **Lesser** und **Plancus** glauben, es sey die Zunge des Thiers, welche einige Thiere sehr weit hervorstrecken können. Wenigstens bey unserm Federbuschträger nicht, denn da sahe Herr **Geoffroy** diesen Theil nicht in der Gegend des Mundes, sondern an der Seite.

Wenn

f) Siehe **Martini** im Berlinischen Magazin, IV. Th. S. 116. §. 84.

g) Von den Schnecken um Paris, deutsch S. 162. IV. Geschl. V. Gattung.

Wenn wir die Fühlhörner der Flußschnecken durch ein gutes Vergrösserungsglas betrachten, so sehen wir auf das deutlichste, daß sie aus länglichen Fibern bestehen, welche ringelförmige Muskeln haben, und das ist die Ursache, warum sie sich auf verschiedene Art bewegen lassen. Ihre äussere Figur ist gar sehr verschieden. Redete ich von den Conchylien überhaupt, so würde ich von geweyhförmigen Fühlhörnern reden müssen, derer verschiedene Schriftsteller gedenken, und bey dieser Gelegenheit würde ich meine Leser warnen müssen, die abentheuerlichen Figuren von der Cochlea Sarmotica beym **Jonston** de exanguibus tab. XII. und beym **Bonanni** recreat. ment. et oculi Class. III. fig. 230 ja nicht in Anschlag zu bringen. Ich bleibe bey den Flußconchylien, deren Fühlhörner sich vorzüglich in einer **dreyfachen** Abwechselung finden lassen. Einige sind **ohrenförmig**, man sollte sie lieber mit Herrn Etatsrath **Müller** dreyeckigt nennen, denn das ist ihre eigentliche Gestalt, sie sind nemlich auf beyden Seiten platt, sind unten breit und laufen immer spitziger zu, vollkommen wie ein Triangel. Andere sind **fadenförmig**, dergestalt, daß sie durchgängig fast eine Gestalt haben, wie ein Zwirnsfaden, den sie auch oft nicht an der Dicke übertreffen, nur oben gehen sie spitziger zu: und noch andere könnte man **keulenförmig** nennen, die nemlich verhältnißmäßig abnehmen, nur daß sie sich mehrentheils in eine feine Spitze endigen. Diese Beschaffenheit der Fühlhörner hat Herrn **Geoffroy** und **Müller** Gelegenheit gegeben, Geschlechter zu bestimmen, und darauf ihre Systeme zu gründen. Das Thier mit zwey platten Fühlhörnern nennet Herr **Geoffroy** BUCCINUM; das Thier mit zwey fadenförmigen Fühlhörnern PLANORBIS u. s. w. Herr Etatsrath **Müller** hat sich darüber noch näher erklärt. Er nennet das Thier mit stumpfen Fühlhörnern, tentaculis truncatis, nach der Lage der Augen CARYCHIUM oder ANCYLUS; mit dreyeckigten Fühlhörnern, tentaculis triangularibus, BUCCINUM; und mit borstenartigen Fühlhörnern, tentaculis setaceis, nach der Beschaffenheit der Augen NERITA, oder PLANORBIS, oder VALVATA.

Argenville h) hat die Anmerkung gemacht, daß sich bey den Flußconchylien die Länge der Fühlhörner nach der Länge des Kopfs richte. Die rundmäulichte Schnecke und die Tellerschnecke, sagt er, haben lange Köpfe und lange Fühlhörner, die Trompetenschnecken und die Schwimmschnecken hingegen haben kürzere Köpfe und kürzere Fühlhörner. Man wird für diese Anmerkung gewiß wenig Ausnahmen finden, allein ich glaube doch, daß die Natur hiebey immer mehr auf das Verhältniß und die Schönheit, auch auf die mehrere Bequemlichkeit der Thiere gesehen habe, als daß sich hier ein wesentlicher Nutzen gedenken lasse. **Lesser** i) glaubt, Gott habe die Fühlhörner dieser Thiere nicht auf einerley Art gebauet, damit er zeigen möchte, wie unendlich seine Weisheit in ihren Erfindungen sey. Ein frommer Gedanke, der denen am wenigsten genugthun kann, welche die Bildung der Fühlhörner für Geschlechtskennzeichen ansehen.

§. 68.

Ein Gegenstand, der uns bey den Flußschnecken zur vorzüglichen Aufmerksamkeit auffordert, sind die **Augen**. Auch diese fehlen dem Muschelthier gänzlich. Es konnte aber derselben füglich entbehren, da es seine Nahrung da allenthalben findet, wo es sich aufhält, da es sich in seiner fortschreitenden Bewegung überaus langsam verhält, und

h) In der Zoomorphose, deutsch, S. 57.

i) In der Testaceotheologie §. 155. S. 532.

und andre festere Theile des Körpers hat, die es für mancher Gefahr schützen. Man siehet an den Fühlhörnern der Flußschnecken bald auf der äussern, bald auf der innern Seite kleine schwarze und glänzende Puncte, und das sind die Augen. Ich habe nirgends gefunden, daß man an einer Conchylie mehr als zwey Augen angenommen und entdeckt hätte. Die Erdschnecke, ob sie gleich vier Fühlstangen hat, so hat sie doch nicht mehr als zwey Augen auf den obern grössern. Zwar will Schwammerdamm [k]) an einigen Wasserschnecken mehr als zwey Augen entdeckt haben, er sahe, wie er spricht, daß sie zur rechten Seite zwey Augen, eins neben dem andern hatten, davon jedes sehr deutlich mit seiner krystallenen Feuchtigkeit versehen war. Dies schien unserm Schriftsteller ein unwidersprechlicher Beweis zu seyn, daß die Augen an den Insecten sich vermannichfaltigen können. Wenn diese Beobachtung von mehrern Schriftstellern beobachtet, und durch Beobachtungen bestätiget worden wäre, so würde sie ohngezweifelt seyn; so aber habe ich weiter keinen Schriftsteller gefunden, der dies als Augenzeuge wiederholt hätte, wir dürfen sie also noch nicht für entschieden annehmen. Wie leicht konnte hier ein scharfes Auge eines Schwammerdamms hintergangen werden? Mit mehrerer Zuverlässigkeit dürfen wir also annehmen, daß die Flußconchylien nur zwey Augen haben.

Die Augen der Flußschnecken stellen sich die Conchylienbeschreiber nicht auf einerley Art vor. Schwammerdamm [l]), der aber vorzüglich von dem Auge der Erdschnecken redet, gedenket sich dasselbe beynahe in der Gestalt einer runden Kugel. Lesser [m]) hingegen, dem Herr D. Martini [n]) folgt, sagt, das Auge der Flußschnecke sey wie eine Birn oder Zwiebel. Ihre Gesichtsnerven siehet man nicht so deutlich, als bey den Erdschnecken; sie entstehen auch nicht wie bey diesen aus dem Gehirn, sondern aus einem andern Nerven, welcher nach dem Vordertheil des Hauptes gehet. Schwammerdamm, dieser grosse Zergliederer der Schnecken, fand am Auge der Schnecke fünf unterschiedene Theile, eine äussere Haut, die Traubenhaut, und drey Feuchtigkeiten oder Säfte inwendig, als die wässerige, die krystallene und die gläserne, und um diese eine spinnenwebige Haut. Die Traubenhaut unter dem Vergrösserungsglase gleichet einer gebratenen Rübe, die ganz schwarz gebrannt, und hin und wieder aufgeborsten ist. Wenn man nun dieses Auge behutsam zerleget, so entdecket man nach und nach die angeführten Feuchtigkeiten. Wie sich die Schnecken ihrer Augen bedienen, ist so leicht nicht zu erklären. Daß diese Augen so gut einen Augapfel wie alle andre Augen haben müssen, das bezweifelt wohl niemand, aber diesen bey den Schnecken zu suchen, wer will das wagen? Da das ganze Auge nicht viel grösser als ein Punct, und dabey nur von einerley Farbe, und zwar schwarz ist, so wird man es nicht wagen, ihn aufzusuchen. Wenn man aber einen Augapfel annehmen darf, so darf man auch behaupten, daß dieses Auge so wie jedes Auge würke. Der Apfel kann sich erweitern und verengern, und wenn sich nun das Auge erweitert, so empfangen die Säfte des Schneckenauges die Gestalten der äussern Vorwürfe, die nun in die netzförmige Haut hinstreichen, nun auf die Traubenhaut fallen, die Gesichtssehne berühren, und nun das Gesicht verursachen. Daß einige diese schwarze Flecken nicht vor Augen halten, mithin den Schnecken die Augen

ganz

k) Im der Bibel der Natur S. 71.

l) Ebendas. S. 47. dem ich hier bey der Beschreibung des Schneckenauges vorzüglich gefolgt bin.

m) In der Lithotheol. §. 156. S. 536.

n) Im Berlinischen Magazin, IV. Band, S. 115. §. 85.

ganz absprechen wollen, das sagt **Lesser**, und widerlegt sie gut. Ich habe es nicht nöthig, mich in diesen Zwist einzulassen, da heut zu Tage alle Naturforscher den Schnecken Augen eingestehen. Es kann aber seyn, daß die Schnecke die Strahlen des Lichtes, und die Vorwürfe nur von ferne, die Gegenstände also nur schwach und dunkel siehet. Denn so viel ist richtig, daß man das, was man ein scharfes und helles Auge nennt, bey den Schnecken überhaupt, und bey unsern Flußschnecken insonderheit, vergeblich sucht.

Das Auge der Erdschnecken befindet sich allemal auf dem Gipfel der obern Fühlhörner; bey den Flußschnecken hat es hingegen eine verschiedene Lage. Hierin kommen ihre Augen unter sich völlig überein, daß sie nie auf der Oberfläche der Fühlhörner sitzen, die auch nicht dazu gebaut zu seyn scheinen; sie sitzen allemal unten nahe am Kopfe, doch in verschiedener Richtung. Gemeiniglich behauptet man, sie stünden entweder an der innern oder an der äussern Seite; allein Herr Etatsrath **Müller** fand, daß man sie eigentlich in einer dreyfachen Richtung betrachten müsse. Bey einigen, z. B. bey der Napfschnecke, bey der Coccinellschnecke und allen übrigen Ammonshörnern, so viel ich derer zu beobachten Gelegenheit gehabt habe, bey dem grossen und kleinen Spitzhorn und andern Trompetenschnecken, sitzen die Augen inwendig; bey den Flußneriten, der lebendig gebährenden Schnecke, dem Thürhüter und dergleichen, sitzen die Augen auswendig; bey der Valvata aber (Abschn. III. n. 52.) sitzen die Augen unterwärts.

§. 69.

Den **Mund** haben die Muscheln mit den Schnecken gemein, aber er ist bey ihnen ganz verschieden gebauet, und der Mund der Erdschnecken unterscheidet sich von dem Munde der Flußschnecken. Der **Erdschnecke** kann man einen wahren Mund, der Lippen, Kinnbacken und Zähne hat, wenn es gleich keine knöcherne Theile sind, beylegen. Das macht ihre Nahrung nothwendig, da sie von Kräutern, Schwämmen und dergleichen, leben, und also ein Vermögen haben müssen, ihre Nahrung zu ergreifen, festzuhalten und zu zermalmen. Unter den Flußschnecken nähren sich auch einige von Wasserpflanzen, und denen darf freylich der eigentliche Mund mit seinen Theilen nicht mangeln; allein die wenigsten Schnecken der Wasser bedürfen einer solchen Nahrung, sie saugen blos das Wasser ein, und die darinnen befindlichen irdischen Theilchen, vielleicht auch die kleinsten Wasserinsecten, werden von ihnen zugleich mit eingeschlurft. Folglich brauchen diese weiter nichts, als eine nach ihren Bedürfnissen und nach ihrer Grösse eingerichtete Oeffnung, die einem kleinen eingebohrten Loche gleicht, zu welchem sie ihre Zunge herausstrecken, und ihre Nahrung einsaugen können. Eben eine solche Gestalt hat der Mund der Muschelthiere der Flüsse, eine runde Oeffnung, die das Thier öffnen und zuschliessen kann, an dem man aber weiter nichts gewahr wird, als daß er von Aussen gemeiniglich mit feinen Franzen eingefaßt, und nach der Beschaffenheit des Muschelthiers bald kleiner bald grösser, oft aber so groß ist, daß das Thier sogar kleine Conchylien einschlurfen kann, ob ich gleich nicht glaube, daß diese zu ihrer Nahrung gehören. Bey einigen Wasserschnecken gleichet der Mund einer Kerbe, oder, wie ihn sich **Lesser** gedachte, einer Hasenscharte, z. B. bey dem grossen Spitzhorn der süssen Wasser; ich habe aber gefunden, daß dieses Thier seine Kerbe erweitern, ihr dadurch die wahre Gestalt eines Mundes geben, und zu seinen Absichten und Bedürfnissen gebrauchen kann. Dieser Mund ist allezeit unten am Ende des Kopfs, oder eigentlich vor dem Kopfe zu finden.

finden. Von dem Munde der Muschelthiere sagt noch Herr D. **Martini** o), daß man an denselben vier Arten der Lefzen bemerke, die aus sehr dünnen fleischigten Blättern bestehen, und eine Oeffnung umgeben, welche sich durch einen kurzen Schlund in dem Magen selbst endiget. Sie scheinen aus einem Gewebe vieler sich durchkreuzenden Fibern zu bestehen, die sich unaufhörlich bewegen, wenn die Schalen sich aufthun, und dadurch das Wasser nöthigen, in den Mund einzudringen.

Die **Zunge** ist bey manchen Flußconchylien so klein, daß man sie kaum gewahr wird, manchmal aber ist sie auch vorzüglich lang. Andere Schriftsteller nennen diese längere Zunge den **Saugrüssel**, *Proboscis, Trompe, Siphon*. Unter solchen Seeconchylien, die sich von dem Fleisch und den Nahrungssäften andrer Conchylien nähren, dergleichen vorzüglich die Purpurschnecke ist, haben einige eine vorzüglich lange, und in der That mächtige Zunge, weil sie damit die stärksten Schalen durchbohren können. Man muß dergleichen auch unter den Flußconchylien finden, weil sich besonders an der Perlenmuschel häufige Beyspiele angebohrter und durchbohrter Schalen finden. Ich kann es aber nicht bestimmen, was es für eine Gattung sey. Aber das ist entschieden, daß mehrere unter unsern Flußconchylien eine Zunge haben. Die Conchylienbeschreiber bilden sie als eine cylindrische, muskulöse, bald längere bald kürzere Röhre ab, welche eben nicht dick, aber sehr beweglich, vorne wie abgeschnitten und mit vielen Runzeln oder muskulösen Ringen, und zwo Häuten umgeben ist. Am untern Theil des Mundes bey der Erdschnecke fand **Schwammerdamm** zwey fleischigte Theilchen, und hinter denselben ein häutiges und ringelhaftes Knorpelchen, an dessen untern und innern Theile die Zunge und ihre Muskeln angewachsen sind. So stelle ich mir die Lage einer jeden Schneckenzunge und um so viel wahrscheinlicher für, weil ausserdem das Thier seine Zunge weder regieren noch verbergen könnte. Als **Saugrüssel** betrachtet muß diese Zunge inwendig hohl seyn, und folglich einer Röhre oder einem Canal gleichen, wodurch das Thier Feuchtigkeiten und Nahrungsmittel zu sich nehmen, und die Unreinigkeiten von sich stossen kann. Das mag wohl die Gelegenheit gegeben haben, daß **Lesser** §. 165. S. 555. diesem Saugrüssel zwey Oeffnungen zuschrieb, damit das Thier das Wasser einsaugen und wieder von sich spritzen könne. Allein beydes kann ja nach und nach durch eine und eben dieselbe Oeffnung geschehen, wie ich an unsrer grossen Teichmuschel auf das allerdeutlichste gesehen und zu wiederholten malen betrachtet habe. Auch die Muschelthiere haben einen solchen Saugrüssel, den manche überaus weit herausstrecken können. In dem letztern Falle befördert und erleichtert er zugleich ihre fortschreitende Kraft, sie brauchen ihn zur Fußsohle, verlängern und verkürzen ihn, und ziehen dann ihre Schale nach und nach mit fort. Man darf indessen diesen Saugrüssel nicht mit dem Arm der Muschelthiere (§. 72.) verwechseln. Wenn andre Muscheln diesen längern Saugrüssel nicht haben, so haben sie doch zwo kurze rothe Warzen, welche sie aus dem Leibe herausschieben, und wenigstens einigermassen verlängern können. Es ist sehr schwer, an diesen Warzen Oeffnungen zu finden, die sie doch haben müssen, wenn ihnen diese Theile zum Saugrüssel dienen sollen. Vielleicht sind sie so fein, daß sie ein blosses Auge nicht bemerkt. Es ist fast unglaublich, wie viel Wasser eine Muschel durch diesen Saugrüssel einschlurfen kann. Man nehme eine Muschel, die man in einer Schüssel mit Wasser eine Zeit ruhig liegen ließ, schnell heraus, und man wird sehen, wie viel Wasser sie in dem Falle

o) Berl. Magazin IV. Band, S. 119. §. 86.

von sich stößt, welches sie mit einer wahren Gewalt verrichten kann. **Schwammerdamm** beschreibet in der Bibel der Natur S. 77. die Zunge der wunderbaren krystallinischen Wasserschnecke folgendergestalt: Von vorn ist sie durchsichtig castanienroth, und an beyden Seiten mit verschiedenen Theilchen besetzt, die wie Fischohren, oder wie ein Kamm mit gedoppelten Zähnen aussehen. Diese Theilchen sind von hintenzu bleicher, und hornbeinig, wie denn auch die ganze Zunge in seinen Abtheilungen ist.

Es ist solchergestalt wohl keinem Zweifel unterworfen, daß diese Thiere nicht einen wahren **Geschmack** haben sollten. Wir setzen dieses überhaupt an einem jeden Thiere, daß es seine Nahrung genau kennt, und alles dasjenige fliehet und verabscheuet, was nicht zu seiner Nahrung gehöret. Sollte Gott, der den Leib der Flußconchylien mit so vieler Weisheit und Regelmäßigkeit gebauet hat, der ihnen alle die Theile gab, welche eigentlich zu ihrer Nahrung gehören, sollte er ihnen die grosse Wohlthat des Geschmacks entzogen haben? Man kann es wenigstens wahrscheinlich daraus abnehmen, daß sie Geschmack haben, weil sie ihrem Futter nachgehen, und sich gerade nicht an einem jeden vorfallenden Object begnügen. An dem Thier der grossen Teichmuschel habe ich gar deutlich gesehen, daß es immer gewisse Objecte von sich stösset, die es eingesaugt hatte. Man sage nicht, daß dies der Unrath des Thiers sey. Denn in dem Schleimsacke fand ich Unrath genug, der ganz anders gefärbt und beschaffen war, als dasjenige, was ich das Thier auswerfen sahe, es waren also diejenigen Unreinigkeiten des Wassers, welche das Thier nicht zu seiner Nahrung gebrauchen konnte. Woher wuste das aber das Thier, als an dem Geschmacke? Einen andern Versuch, den **Schwammerdamm** in dieser Rücksicht anstellte, kann man bey ihm selbst in der Bibel der Natur S. 49. nachlesen. Mit dem **Geruche**, glaube ich, habe es eine ganz andre Beschaffenheit. Ich will ihnen zwar denselben nicht geradezu abschneiden, allein die sorgfältigsten Zergliederer der Flußconchylien haben doch an ihnen noch keine Geruchswerkzeuge entdeckt, verschiedene darüber angestellte Versuche sind noch nicht entscheidend genug, und es ist für die Naturgeschichte immer vortheilhafter, ganz zu schweigen, als sich nur mit Muthmassungen zu behelfen, die im Grunde doch nichts entscheiden. Inzwischen ist es doch merkwürdig, was ich einmal gesehen habe. Ich bestrich den äussern Rand eines Gefässes, in welchem mehrere Amphibienschnecken eingeschlossen waren, mit Terpentinöhl, und sahe, daß sich alle meine Schnecken ganz im Mittelpunct des Gefässes aufhielten, und sich auf einen Haufen zusammendrängten. War das nicht ein Erfolg des Geruchs, der auf diese Thierchens würkte, und sie in so enge Gränzen einschloß?

Wenn die Flußconchylien einen Mund haben, und Nahrung zu sich nehmen können, so ist es gar keinem Zweifel unterworfen, daß sie nicht auch eine **Kehle** haben sollten, und ich glaube, den Flußschnecken könnte man auch einen **Hals**, als einen besondern Theil, der sich zwischen dem Kopf und dem eigentlichen Leibe befindet, beylegen, ob er gleich bey manchen Thieren überaus kurz zu seyn scheinet. Den Muschelthieren der Flüsse fehlet dieser Hals gänzlich, denn eigentlich zu reden fehlet ihnen auch der Kopf. Eine Kehle haben sie gleichwohl, nemlich einen solchen Theil, der die Speise aus dem Munde zum Magen führet, und der von dem Munde und dem Magen unterschieden ist.

§. 70.

Der ganze untre Theil einer Schnecke, wenn wir sie ausser ihrem Gehäuse erblicken, wird die **Fußsohle**, *Planta*, *Pedamentum*, *Pes*, *Le Pied*, *la Plante de pied,*

pied, genennet. Man siehet leicht ein, daß man hier den Namen einer Fußsohle in einer etwas weitern Bedeutung nehmen muß. Inzwischen dienet der Schnecke dieser Theil eben dazu, wozu uns die Fußsohle dienet, wenn wir stehen oder gehen wollen. Diese Fußsohle kann man sich als einen einzigen starken Muskel gedenken, der aber aus vielen kleinern Muskeln zusammengesetzt ist. Er ist bey den Flußschnecken viel breiter, als bey den Erdschnecken, und ist auf allen Seiten mit einem breiten Rand eingefaßt. Man siehet es auf das deutlichste, daß dem Thier dadurch das Schwimmen erleichtert ist, eine Bedürfniß, die es als Wasserthier gar nicht entbehren konnte. Inzwischen dürfen wir von den Flußconchylien gar nicht sagen, daß sie blos schwimmen, sie können auch auf dem Grunde des Wassers herumgehen, an Stauden und Wasserpflanzen herumkriechen, und sie haben also eine gedoppelte Art der Bewegung p). Wenn sie auf dem Bette der Flüsse, oder an den Wasserpflanzen und Stauden herumkriechen, so handeln sie nicht anders als die Erdschnecken. Man wird an ihrer Fußsohle eine wellenförmige Bewegung gewahr, vermöge welcher sich dieselbe ganz unvermerkt zusammenziehet, und wieder ausdehnet, fast so wie der Regenwurm seine bewegende Kraft äussert, nur daß sich bey diesem der ganze Körper verengert und erweitert. An der Flußschnecke wird man von allen diesen Veränderungen gar nichts gewahr, und es scheinet, als wenn die kleinern Muskeln und Nerven zwischen der untern äussern Haut und dem eigentlichen Fleische der Schnecke befindlich und blos dazu erschaffen wären, daß sie den Gang der Schnecke befördern sollten. Wenn hingegen der Bewohner einer Flußschnecke auf der Oberfläche des Wassers schwimmen will, so braucht er zwar seine Muskeln auch, durch deren Beyhülfe er gleichsam rudert, allein das geschiehet auf eine solche eigne Art, daß man es nicht ohne Bewunderung betrachten kann. Weit gefehlt, daß er sich von seinem gewohnten Element so weit entfernen sollte, daß sich, sein Gehäuse und die Fußsohle ausgenommen, sein ganzer Leib ausser dem Wasser befinden sollte. Nein gerade umgekehrt, sein Gehäuse ist nach unten zu gekehrt, und weil dasselbe nun leicht Wasser schöpfen, zu schwer werden, und leicht zu Boden sinken könnte, so breitet es seinen Mantel, von dem ich gleich reden werde, über die ganze Schale aus, verstopft dadurch dem Wasser gleichsam alle Zugänge, ist mit seinem Kopfe und Munde gegen die Oberfläche des Wassers gerichtet, und schwimmt nun auf diese Art an dieser Oberfläche, nach menschlichen Augen als ein wahrer Antipode vor uns herum. Man kann es leicht begreifen, daß ihm diese Arbeit sehr wenig Mühe machen müsse. Denn da sein Gehäuse, den Sipho ausgenommen, welcher sich durch alle Gewinde hindurch windet, und oben an der Endspitze befestiget ist, von allen fleischigten und schwerern Theilen befreyet ist, so ist dasselbe auf diese Art gleichsam als leer zu betrachten, und nun ganz leicht. Will nun das Thier zu Boden sinken, so ziehet es nicht nur den Mantel, sondern auch alle seine fleischigten Theile zurück, dadurch schöpft das Schalengehäuse Wasser, und sinkt vermöge der Gesetze der Schwere zu Boden. Aber wie steigt das Thier aus dem Wasser aus einer oft ansehnlichen Tiefe empor? In allen Quellen, aus denen ich bey dieser Abhandlung schöpfe, habe ich diese Frage unaufgelöst gefunden. An einigen Ohrschnecken, die ich eine gute Zeit in einem weiten Glase aufbehielt, habe ich bemerket, daß einige

p) Poupart Progression du Limaçon aquatique, Journal des Scavans 1694. p. 263. Berlinisches Magazin IV. Band, S. 122. §. 90. Mannichfaltigkeiten II. Jahrgang S. 182. Lesser Testaceotheologie §. 161. S. 546. f.

nige derselben am Rande des Glases heraufstiegen, andre aber auf dem Fußboden des Glases aus ihrer Schale hervorgiengen, sie mit ihrem Mantel bedeckten, und nun mitten durch das Wasser, doch mit einer sichtbaren Mühe, hindurch wanderten. Wahrscheinlich ist dieses eine Würkung der kleinern Muskeln, woraus ihre Fußsohle bestehet. Bey dieser Arbeit trugen sie ihr Gehäuse auf der einen Seite, und gaben sich dadurch eine Art vom Gleichgewichte. Die Muschelthiere haben diese Fußsohle nicht, ihnen dienet aber ihr Arm dazu, von welchem ich bald mit mehrerm reden werde. Jetzo merke ich nur noch an, daß derjenige Theil, der nicht zum Kopf und der Fußsohle der Schnecken gehöret, ihr **Leib** genennet werde.

§. 71.

Alle Schnecken- und Muschelthiere sind mit einem **Cranze** oder **Mantel**, *Limbus*, versehen, der eine gar verschiedene Bestimmung hat. **Lesser** gedenket sich denselben §. 162. S. 148, wie ein festes Fleisch, der sich wie ein geschmeidiger Knorpel dem äussern Ansehen nach gedenken läßt, und welcher sich rund um an der Mündung der Schale angelegt hat. Ganz richtig ist diese Vorstellung nicht, man ist aber auch eigentlich nicht vermögend, eine ganz richtige und auf alle einzelne Fälle passende Schilderung zu geben, da dieser Mantel nach dem verschiedenen Bau der Häuser und den Bedürfnissen der Thiere gar verschieden eingerichtet ist. So viel ist aus wiederholten Beobachtungen richtig, daß die Flußschnecken ihren Mantel ausser dem Gehäuse herauslegen können, und daß er in dieser Stellung mehr einer hohlen **Blase**, als einem Klumpen Fleisch gleich sey. Einige Seeconchylien und vorzüglich die Porcellanen können ja ihr ganzes Gehäuse in diesen Mantel einhüllen, und das ist auch die Ursache, warum diese Schalen so gleich in ihrer ganzen Schönheit aus der See gezogen werden, da man alle übrige Seeconchylien erst mühsam reinigen muß. Der Mantel gleichet also mehr einer zähen Haut, die sich ausdehnen und zusammenziehen läßt, zusammengezogen gleicht er einem Klumpen Fleisch, was er aber nicht ist. An den Erdschnecken ist dieser Mantel ungleich stärker, als an den Flußschnecken, vermuthlich darum, weil die leztern denselben weiter ausdehnen müssen, als die Erdschnecke. Wenn sich die Flußschnecke in ihr Gehäuse zurückgezogen hat, so ist sie ganz in denselben eingehüllt, und nun wird dem Wasser das Eindringen ganz verwehrt. Ist die Schnecke aus ihrer Behausung herausgegangen, so umgiebt sie dieser Mantel ganz, und nun ergiebt sich der Grund dieser Benennung. Man kan inzwischen diesen Theil eben so wohl den **Cranz** nennen, weil die ganze Schale damit wie mit einem Cranze umgeben ist. Hier zugleich der eine Nutzen dieses Cranzes, das Thier kan sich darunter verbergen, und entgehet dadurch vielen Gefahren, es kann dadurch das Eindringen des Wassers befördern und verhindern, und dadurch erleichtert sich dasselbe seine Nahrung, und sorgt für die Erhaltung seines Lebens. Ich habe gesagt, daß dieser Mantel, wenn das Thier schwimmt, einer hohlen Blase gleiche. Dadurch wird dem Thiere das Schwimmen erleichtert. Das Gehäuse ist hohl, der Mantel mit Luft ausgefüllt, gleichet ausgespannten Seegeln, und das Thier hat nun gerade denjenigen Grad der Schwere, daß es nicht untersinkt. Im Mittelpuncte dieses Mantels ist bey gewundenen Schnecken der Sipho befestiget, der sich durch alle Windungen hindurchschlängelt, und oben an der Endspitze befestiget ist. Ich kann die eigentliche Bestimmung dieses Sipho nicht angeben,

ben. Ausserdem aber, daß er das Thier in seiner Schale fest hält, und ihm behülflich ist, sein Gehäuse nach allen seinen Bedürfnissen zu regieren, so hilft er muthmaaßlich demselben auch die Speisen verdauen, und sie so lange bey sich zu behalten, bis sie alles Nahrhafte verlohren haben, und nun dazu bereitet sind, daß sie durch die Abführungsöffnung weggeschafft werden. Ich habe wenigstens diesen Sipho allemal mit einigen Unreinigkeiten angefüllt gefunden. Die Patellen können freylich keinen solchen Sipho haben, ihr Mantel ist daher oben am Wirbel an einer festen Nerve angeheftet.

Fast auf eben diese Art muß man sich den Mantel der Muscheln gedenken, nur daß derselbe die ganze Schale umkleidet, und gewissermaassen beständig ausgespannt ist. Bey den Muscheln ist er vorzüglich dünne, gleichet am Rande der Muscheln einer feinen durchsichtigen Haut, wird aber nach und nach stärker. Daß ihn dieses Thier ebenfalls ausdehnen und zusammenziehen könne, erhellet nicht nur daher, weil die Muschel ihre Schale ziemlich weit öffnen kann, sonderlich wenn sie im Sande fortkriecht, sondern auch daher, weil ihn das Muschelthier sichtbar macht, wenn es sich aus seiner Schale herausbegiebt.

Von seiner krystallinischen Wasserschnecke hat Schwammerdamm angemerkt, daß sie, wenn sie ihren Mantel hervorstrecken will, solches nur nach und nach und sehr langsam verrichte, andre Schnecken können dieses mit mehrerer Geschwindigkeit thun; die es gleichwohl zuweilen langsamer verrichten, wenn sie wollen. So ist es bey dem Zurückzuge der Schnecke in das Gehäuse, welches die Schnecke mit einer ausserordentlichen Geschwindigkeit bewerkstelliget, wenn sie von aussen beunruhiget wird, oder Gefahr merkt. Selbst die Muschelthiere, denen man doch eine wahre Trägheit in allen ihren Handlungen, oder wenn man es bey dem rechten Namen nennen soll, ein wahres Unvermögen und eine sichtbare Unthätigkeit nicht absprechen kann, zeigen sich hier in einer für sie ganz ungewöhnlichen Geschwindigkeit, wenn sie durch äussere Gewalt genöthiget werden, ihre Schalen zu schliessen.

§. 72.

An den Muschelthieren haben die Naturforscher noch einen Theil bemerkt, den sie den Arm, oder den Fuß, *Brachium*, *Pes*, *Plaque*, *Bras* nennen. Er ist länglich, breit und bisweilen vorzüglich lang. Da ihn einige Schriftsteller auch die Zunge nennen, so habe ich dessen vorher schon gedacht (§. 69.) und ich beziehe mich jetzo darauf. Da die Muschel eigentlich keinen Fuß hat, so dienet ihr dieser Arm zur Fußsohle. Der eigentliche Saugrüssel ist dieser Fuß nicht, er befindet sich aber nahe an demselben, und macht vielleicht mit ihm sogar ein Ganzes aus. Dieser Arm aber ist im Grunde betrachtet nichts weiter, als der Ausgang, oder das untre Ende des Muschelthiers, und eigentlich von dem Fleische des Thiers, oder von dem unförmlichen Thier selbst durch gar nichts unterschieden. Wenn das Muschelthier seinen Arm hervorreckt, so kömmt erst der untere spitzige Theil zum Vorschein, und kaum daß man hier die Oeffnung der Schale bemerkt, je mehr sich diese öffnet, desto weiter dehnet sich der Arm aus, und je weiter der Arm ausgedehnet ist, desto weiter öffnet sich die Schale. Wir wollen deswegen nicht so geradezu sagen, daß das Muschelthier seine Schale durch Hülfe dieses Arms öffne. Nein, dazu hat die Natur dem Thier auf jeder Schale zwey starke Muskeln oder Nerven gegeben, wodurch das Thier mit seiner Schale befestiget ist, und das

Schloß derselben so eingerichtet, daß das Gehäuse desselben fest geschlossen, und so fest geschlossen werden kann, daß in Rücksicht auf Menschen nur eine äussere Gewalt dasselbe öffnen kann. Aber zu einem andern Geschäfte braucht die Muschel ihren Arm, nemlich er dienet derselben eben dazu, wozu den Schnecken ihre Fußsohle dienet, (§. 70.) sie braucht desselben zu ihrer fortschreitenden Bewegung, hier dienet er derselben statt eines Ruders. Die Muschel pflegt sich auf dem Grunde des Wassers mehr fortzuschleppen als zu kriechen q). Sie streckt, wenn sie dieses thun will, ihren Arm heraus, und gräbt sich damit links und rechts in den Sand hinein, bis sie eine Furche fertig hat, in welche sich die Schale vorwärts so hinein senken kann, daß ihr vorderer Rand nach der Furche, das Schloß derselben aber nach oben zugekehret ist. So bald sie sich in dieser Stellung befindet, streckt sie den Arm so weit aus als sie kann, stützt sich auf seine in den Sand eingehackte Spitze, zieht die Schale nach sich und schleppt sich auf solche Weise in der Furche des Sandes fort, die auf beyden Seiten die Schale in der angeführten Stellung erhält. Eben so verfährt die Teichmuschel im Schlamme, und so verfahren alle Muscheln der süssen Wasser, deren Thier mehr einem unförmlichen Fleischklumpen, als einem wahren Thier gleicht. Man kann es sich leicht gedenken, daß diese Art der Wanderschaft überaus langsam vor sich gehen müsse, und man will bemerkt haben, daß sich eine ganze Sommerreise der Flußmuschel nicht über einen Flintenschuß weit erstrecke. Bonnet r) hat die Sache daher zuverläßig übertrieben, wenn er sagt, daß sich die Muschel bey allem ihrem scheinbaren Unvermögen gar bald unsern Augen entferne, wenn sie im Wasser fortkrieche. Im Winter ist die Muschel ganz ruhig, sie gräbt sich in Sand oder Koth ein, und erwartet hier die wärmern Tage des Frühlings, die zugleich ihr Element erwärmen, darinne sie sich befindet. Ob die Muschel in diesem Zustande ganz ohne Nahrung sey, und sich in einem Winterschlafe befinde, wie die Erdschnecke zu thun pflegt, das kann ich nicht sagen. So viel weiß ich, daß ein Muschelthier ein überaus dauerhaftes Leben habe, denn eine Muschel, die ich vier Tage ohne Wasser gelassen, und an einen trocknen Ort gelegt hatte, lebte noch, da ich sie wieder in ihr Element brachte, ich sahe aber zugleich, daß sie nach denselben schmachtete, und sich sehr frühzeitig öffnete.

§. 73.

Daß die Flußconchylien nicht ohne Luft seyn können, das bedarf wohl keines Erweises. Die Natur hat daher bey ihnen für eine Luftröhre, *Tracheae*, *Trachées*, gesorgt, die ihnen dazu dienen kann, Luft zu schöpfen. Sie macht einen Theil des Kranzes oder Mantels (§. 71.) aus, und befindet sich nahe am Kopfe des Thiers. Man siehet dieses Luftloch bey Schnecken und Muscheln in der Form eines Loches, das aus verschiedenen Muskeln bestehet, vermöge welcher dasselbe geöffnet, oder zugeschlossen werden kann. Wenn die Schnecke oder Muschel aus ihrem Gehäuse hervorgehet, so erblicket man diese Oeffnung leicht. Da das Thier durch dieselbe Luft einziehet und aushauchet, so geschiehet dieses nicht ohne sichtbare Veränderungen im Wasser, man siehet Luftbläschen, und verschiedene Naturforscher wollen dabey so gar ein Geräusche bemerkt haben, welches durch das Ein- und Ausathmen des Thiers befördert wird. Bey den mehre-

q) Mannichfaltigkeiten II. Jahrgang S. 184. Geofroy, deutsch S. 114.

r) Betrachtungen über die Natur.

mehresten Flußschnecken ist diese Luftröhre ein blosses Loch, welches nicht ausser dem Mantel hervorragt, das grosse Spitzhorn der süssen Wasser aber kann diese Luftröhre hervorstrecken, und an dieser kann man das Athmen am deutlichsten sehen. An den Muscheln beobachtet man zuweilen zwey Luftröhren, die eine nahe am Bauche des Thiers, die andre nahe am Rücken desselben. Sie dienen denselben, Wasser und Luft damit zu schöpfen, und beydes dadurch wieder auszustossen [s]). Sollte bey diesen beyden Luftröhren nicht der Saugrüssel mit der eigentlichen Luftröhre seyn verwechselt worden? So viel ist ausgemacht, daß man an verschiedenen Muscheln nur eine einzige Oeffnung befindet, die der Muschel zur Luftröhre und zum Saugrüssel zugleich dienet, wodurch also Luft und Nahrung zugleich eingehen kann. Eben darum ist es entschieden, daß diese Luftröhre nicht so wohl ein Theil des Mantels, als vielmehr des Thiers selbst ist, und daß der Mantel gleichwohl eine Oeffnung habe, damit in keiner Rücksicht eine Hinderniß vorkomme, wenn das Thier Luft schöpfen, oder Nahrung zu sich nehmen will. Zanov [t]) hat diese Arbeit Luft zu schöpfen genau beobachtet. Er sahe, daß sich die Luftröhre öffnete, und das geschahe mit einem kleinen Geräusch, das dem Platzen eines electrischen Funkens glich, oder wenn man eine geschlossne Lippe schnell ein wenig aufthut. Dies geschahe so oft die Conchylie Luft schöpfte, und diese Oeffnung verschwand, wenn sie Luft geschöpft hatte. Dieses verrichtete die Schnecke nicht blos dann, wenn sie sich auf der Oberfläche des Wassers befand, sondern auch wenn sie sich auf dem Grunde des Gefässes aufhielt. Hierauf gründet er die Folge: sie müssen die Luft in reicherm Maasse zu ihrem Leben nöthig haben, als sie solche im Wasser antreffen, und würden im Wasser eben wie andre Thiere umkommen müssen, wenn man über dem Wasser die Luft wegpumpete. Indes kann die Luft wohl ihre Schale, darein sie gesogen wird, erleichtern, damit sie mit desto geringerer Kraft dieselbe mit sich im Wasser fortschleppen können, wenn gleich noch andre Schnecken oder Wasserthiere, als die Wasserspuhlwürmer, Assel, Schnackenkäfer rc. haufenweis darauf und daran kriechen

§. 74.

Ich habe in Rücksicht auf die äussern Theile der Flußconchylien noch ihre **Abführungsöffnung**, ihre **Fischohren** und ihre **Muskeln** zu betrachten.

Die **Abführungsöffnung**, *Anus*, *l'Anus*, scheinet bey den Flußschnecken von ihrer Luftröhre nicht unterschieden zu seyn, wenigstens siehet man nicht selten aus dieser Röhre verschiedene Unreinigkeiten hervorkommen, und dieses wird bey den grössern Muscheln am deutlichsten, wenn man sie in einem Wassergefässe vor sich liegen siehet. Wenn aber diese Luftröhre nicht zugleich die Abführungsöffnung ist, so liegt sie doch zuverläßig ganz nahe an derselben, und man muß sich nun im Leibe des Thiers zwey neben einander liegende Canäle gedenken, die nur einen einzigen Ausgang haben, und wovon der eine die Luftröhre, der andre aber die Abführungsöffnung ist. Diejenigen Muscheln, welche, wie ich vorher bemerkt habe, zwey Luftröhren haben, dienet die vordere niemals zur Abführungsöffnung, wenn gleich das Thier durch sie ebenfalls Nahrung einsaugt, sondern blos die hintere. Eben der Canal also, der dem Thier die Nahrung zuführet, dienet auch dazu, den Unrath des Thiers auszuwerfen.

 Bey

s) Berlin. Magaz. IV. B. S. 127. Lesser Testaceotheol. §. 162. S. 545.
t) Seltenheiten der Natur I. Th. S. 574. f.

Bey den **Fischohren**, *Bronchiae*, *Bronchies*, *les Ouies*, muß man die Fischohren der **Muscheln**, von den Fischohren der **Schnecken** unterscheiden, zwar nicht ihrer Bestimmung, sondern ihrem Bau nach. Sie gleichen überhaupt häutigen und sehr dünnen Blättern. Bey verschiedenen Schnecken sind sie einem Kamme mit Zacken gleich, liegen dichte an dem Ursprunge der Luftröhren, und sind ihrer viere. Bey dem **Federbuschträger**, den Herr **Geofroy** zuerst bekannt gemacht hat, gleichen diese Fischohren einem Federbusch, der noch länger ist, als seine Fühlhörner, und welcher von beyden Seiten wellenförmige Zasern zeigt. Bey der krystallinischen lebendiggebährenden Wasserschnecke sitzen sie, wie **Schwammerdamm** beobachtete, an der linken Seite des Mastdarms, und begleiten denselben bis zu den Gewinden des Leibes. Bey den Muscheln sind sie viel grösser als bey den Schnecken, und ob sie gleich nicht Eine Lage haben, so bedecken sie doch gemeiniglich den Fuß, oder den Bauch des Thiers. Herr D. **Martini** u) beschreibet sie also: Sie haben das Ansehen vier häutiger, sehr dünner Blätter, die wie ein halber Mond gestaltet sind, und in einem Gewebe kleiner, dicht mit einander verbundner Röhren bestehen, die von andern, welche das Gewebe zusammenhalten, durchschnitten werden. Auf jedem dieser Blätter zeigt sich eine Reihe kleiner Oeffnungen, wodurch das Wasser eindringt. **Lesser** x) zählet an der Miesmuschel der süssen Wasser acht Fischohren, wovon sich vier auf jeder Seite, vorn zwey grosse und so viel kleine, und hinten eben so viele befinden. Ueber den Nutzen dieser Fischohren sind die Schriftsteller gar nicht einig. **Geofroy** y) glaubt, daß diese Fischohren der Conchylien ihnen eben dazu dieneten, wozu sie den Fischen dienen, nemlich zum Othemholen. Allein dazu gab ja die Natur diesen Wasserthieren die Luftröhre. **Schwammerdamm** z) glaubt, daß diese Fädchens zarte Röhrchen sind, durch welche das Blut, wie bey den Fischen umgetrieben wird; am wahrscheinlichsten aber ist mir die Meynung des Herrn D. **Martini** am angeführten Orte, daß ihre Bestimmung diese sey, die im Wasser befindliche Luft zur Erhaltung des Thiers abzusondern.

Wenn die Thiere keine **Muskeln** hätten, so würde bey ihnen auch keine Bewegung stattfinden, denn eigentlich sind sie die Bewegungswerkzeuge der Thiere. Jeder Theil, der sich also an diesen Thieren bewegen kann, der muß auch seine eignen Muskeln haben. Da wir nun an den Flußschnecken nicht nur eine schnellere Bewegung, sondern auch viel mehr bewegliche Theile gewahr werden, als an den Flußmuscheln, so müssen jene auch mehr und in der That feinere Muskeln haben, als diese. **Schwammerdamm**, aus dem es **Lesser** in der Testaceotheologie §. 188. f. entlehnet, hat diese Muskeln alle einzeln beschrieben. Freylich viele Wahrscheinlichkeiten darunter! Unsre Flußmuscheln haben in der Gegend ihres Schlosses ihre Befestigungsmuskeln, zu denen man auch die grössern zu rechnen hat, mit welcher das Thier an seiner Schale befestiget ist. Sie sind kurz, und brauchen nicht länger zu seyn, als sie würklich sind, weil das Thier seine Schale nicht eben gar zu weit zu öffnen pflegt. Hingegen sind diese Befestigungsmuskeln überaus stark und sehr zähe, und da, wo sie auf der Schale aufsitzen, steinhart, damit auf diese Art das Thier für alle seine Bedürfnisse hinlänglich versorgt, und gegen alle Gefahren, die es treffen können, geschützt sey.

§. 75.

u) Berlinisches Magazin IV. B. S. 123.

x) Testaceotheologie §. 183. S. 600.

y) Von den Conchylien um Paris, deutsch S. 103.

z) Bibel der Natur S. 81.

§. 75.

Die Beschreibung der Zeugungsglieder, und die eigentliche Art und Weise, wie sich die Flußschnecken begatten, werden mir meine Leser auf meine Bitte gern schenken, die ich, wenn sie ja eine nähere Nachricht davon haben möchten, auf Herrn Lessers Testaceotheologie §. 178. f. S. 583. f. verweise, womit man Schwammerdamms Bibel der Natur S. 55. f. vergleichen kann. Dies muß ich anmerken, daß unsre Flußschnecken, so weit wir sie kennen, Zwitterthiere, Männchen und Weibchen zugleich sind, und also befruchten und befruchtet werden können. Hier muß ich eine Beobachtung des Herrn Adansons a) wiederholen. In seiner Claßification der Conchylien setzt er die vierte Classe für diejenigen feste, welche sich, da sie beyderley Geschlecht zugleich haben, bey der Begattung wegen der unbequemen Lage ihrer Geburtsglieder auf einander setzen müssen. Adanson fährt fort: so ist die Zwitterschaft der Wasserblase, und des Posthörnchens. Wenn nun eine von diesen Schnecken bey der andern die Dienste des Männchens verrichtet, so kann dieses Männchen nicht zu gleicher Zeit durch sein Weibchen befruchtet werden, ob es gleich auch ein Zwitter ist. Es muß ein Drittes dazu kommen, welches sich an der Seite auf es setzt, und es als ein Männchen befruchtet. Auf diese Weise siehet man oft diese Thiere in grosser Menge in der Begattung wie ein Rosenkranz mit den Schwänzen aneinander hängen. Der einzige Vortheil, den diese Zwitterart vor den Schnecken hat, deren Geschlecht getheilt ist, bestehet darinne, daß sie als Männchen ein zweytes Individuum befruchten können, und zugleich als Weibchen von einem dritten befruchtet werden.

In Rücksicht auf die Muscheln sind die Stimmen der Naturforscher noch sehr getheilt, die sich inzwischen in einer von diesen beyden vereinigen. Einige halten dafür, daß die Muscheln unsrer Teiche und Wasser wahre und eigentliche Zwitter sind, die sich selbst befruchten, wie z. B. die Blattlaus. Herr Mery ist mit vielen andern Naturforschern dieser Meynung b), der an diesen Thieren viererley Theile bemerkte, die zur Zeugung dienen können. Zween davon nennet er Eyerstöcke, weil sie Eyer enthalten; zween aber Saamenbläschen, weil sie seiner Meynung nach einen weissen und milchigten Saamen in sich fassen. Dem Anschein nach haben sie eine ähnliche Bildung, und nehmen alle viere ihren Ausgang in dem After, wo sich, wie er glaubt, die beyden Principia nach seinem Vorgeben im Heraustreten vereinigen, welches zur Erzeugung hinlänglich sey. Da er nun an diesem Thiere weder Ruthe noch Mutterscheide bemerkte, so glaubt er seine Meynung für Wahrheit ausgeben zu dürfen. Lyonet c) macht gegen diese Meynung viele Einwürfe. Die Theile, sagt er, welche die beyden Geschlechter bezeichnen, können durch ihre Biegsamkeit, durch ihre Gestalt und Lage, bey einem so seltsam gestalteten Thiere, als eine solche Muschel ist, so unkenntlich seyn, daß es nicht unmöglich ist, sie zu sehen und doch nicht zu erkennen. An den meisten Fischen siehet man weder Ruthe noch Mutterscheide; sind sie darum weniger Männchen und Weibchen? Alles wahr, und gleichwohl keine Kraft weiter, als Wahrheit in Wahrscheinlichkeit zu verwandeln,

a) Siehe Bonnet Betrachtung der organisirten Körper II Th. Art. 301. S. 117. f. nach der Uebersetzung Herrn Pastor Goezens.

b) Memoires de l'acad. roy. des Sciences ann. 1710. S. 533. der holl. Ausg.

c) Anmerkungen zu Lessers Insectotheol. nach der Uebersetzung Herrn Pastor Goezens in den neuen Mannichfaltigkeiten II. Jahrgang S. 312. f.

deln, und einer Wahrscheinlichkeit eine nicht unwahrscheinliche Sache, die am Ende doch auch nur Wahrscheinlichkeit ist, entgegengesetzt. Fast siehet man es nicht ein, wie bey der Flußmuschel, die sich nur auf die beschwerlichste Art bewegen kann, und die sich fast immer an Einem Orte aufhalten muß, eine Begattung, die von einer zweyten Muschel geschehen muß, möglich sey. Ungewöhnlich ist dieses auch nicht, denn wir haben an den Blattläusen ein zwotes Beyspiel dieser Art der Fortpflanzung. Was Argenville [d]) und ein Ungenannter über eben diesen Gegenstand sagen [e]), das will ich nicht wiederholen.

Nach der andern Meynung werden unsre Flußmuscheln eben so wie die Schnecken von andern Muscheln befruchtet. Das ist die Meynung, die unter andern Poupart [f]) und Fischerstrem [g]) vorgetragen, und darauf gegründet haben, daß sie im Junius und Julius bey den Muschelthieren ein schleimigtes, milchigtes Wesen gefunden, welches im August noch mehr zugenommen hatte, und welches sie für die Milch hielten, womit die Muscheln einander befruchten. Freylich hat eine jede dieser Meynungen ihre eignen Schwierigkeiten, und vielleicht wird es uns nie gelingen, die eigentliche Wahrheit zu finden. Mir scheinet inzwischen die erste Meynung annehmungswürdiger zu seyn, als die zwote.

Den Eyerstock fand Schwammerdamm [h]) bey seiner krystallinischen Wasserschnecke gerade wie den Eyerstock der Hühner, nur daß die Eyer derselben alle von Einer Grösse waren. In einer grossen lebendig gebährenden Wasserschnecke fand er eine gute Anzahl Eyer. In den meisten sahe er ein weisses bewegliches Pünctchen. Da er eine von der ersten Art aufschnitt, fand er in ihrer Mutter neun lebendige Schnecken, welche aber noch alle in ihren Häuten verschlossen waren. Ein Beweis, daß diese Gattung zu den lebendig gebährenden gehöret, da andre einen wahren Laich von sich geben, aus welchem aus der Mutter der Schnecke die jungen Schnecken gebildet werden, und doch mit ihrer Schale aus ihrem Ey hervorgehen (§. 60.). Eben so haben andre Naturforscher in den geöffneten Muschelthieren Eyer gefunden, obgleich die mehresten Muscheln unsrer Flüsse unter die lebendig gebährenden gehören. Diesen Eyerstock bey der grossen Flußmuschel, Mytilus cygneus Linn. Abschn. III. n. 4. den ich einigemal gesehen habe, werde ich unten beschreiben.

Schwammerdamm [i]) konnte es aller seiner angewendeten Mühe ohnerachtet nicht ergründen, wie das Ey aus seinem Eyerstock in die Mutter geräth, weil ihr Boden verschlossen zu seyn scheinet, weiß also auch nicht, ob daselbst ein Röhrchen wie bey den Fröschen und Schildkröten, oder sonst etwas befindlich sey. Noch dunkler und schwerer war es ihm zu bestimmen, wie lange dieses Ey im Eyerstocke bleibe, ehe es vollkommen ausgebildet werde, vermuthet aber, daß es sich lange in der Mutter aufhalte, glaubt auch, daß sich das ganze Jahr hindurch diese Schnecken oder Eyer in der Mutter finden. Bey den Flußschnecken haben diese Eyer die Grösse des Mohnsaamens und sind rund, bey den Miesmuscheln aber haben sie eine ovale Form, bey dem Mytilus cygneus sind sie ebenfalls rund, wie der mehreste Fischlaich.

§. 76.

d) Conchyliol. S. 36. franz. S. 45.

e) Neue Anmerkungen über alle Theile der Naturlehre, I. Th. S. 420.

f) Memoires de l'acad. roy. ann. 1706. S. 57.

g) Abhandlungen der Königl. Schwed. Acad. 21. Th. S. 137.

h) Bibel der Natur S. 77. f.

i) Ebendaselbst S. 77.

§. 76.

Von den innern Theilen der Flußconchylien haben wir das Wahre und das Wahrscheinliche, was wir wissen, dem **Schwammerdamm** zu danken, aus welchem Lesser Auszüge gemacht, die er aus einigen andern Schriftstellern vermehret und mit seinen eignen Gedanken begleitet hat. Da die Conchylien der süssen Wasser durch Nahrung leben, so müssen sie auch solche innre Theile haben, vermöge welcher sie die Nahrungsmittel zu sich zu nehmen, zu verdauen, und wieder von sich zu geben fähig sind. Freylich sind diese Theile bey unsern Flußmuschelthieren schwerer zu finden, als bey den Thieren der Schnecken; denn jene gleichen in der That einem unförmlichen Klumpen Fleisch, woran man keinen Kopf, keine Augen und dergleichen wahrnimmt. Aber die Schnecke hat mehr die äussere Form eines Thiers, wir sehen dessen äussere Theile genauer, sie haben auch die Aufmerksamkeit der Naturforscher mehr auf sich gezogen, und wir können von ihren innern Theilen mehr sagen, obgleich unter diesem Mehrern verschiedenes ist, was wir nur mit Wahrscheinlichkeit sagen können. Wenn man billig ist, so wird man auch nicht mehr fordern. Unsere Flußconchylien sind mehrentheils klein, sie können also Theile haben, die auch das schärfste Auge nicht deutlich genug sehen kann, ja in verschiedenen Fällen können wir also weiter nichts thun, als nur analogische Schlüsse machen. — Lasset uns nun sehen, was die Naturforscher an den Flußconchylien beobachtet haben, was zu ihren innern Theilen gehöret!

I) Das **Gehirn**. Man hat es bey den Erdschnecken in der Form zweyer runden Kügelchen gefunden. Ich weiß aber keinen Schriftsteller anzugeben, der es auch bey den Flußschnecken untersucht und gefunden hätte. Inzwischen scheinet es keinem Zweifel unterworfen zu seyn, daß sie dergleichen haben. Wenigstens fand es **Schwammerdamm** bey der Miesmuschel, und er sagt, es habe eine dunkelgelbe Farbe, und sey mit einer Haut umgeben [k]). Wenn die Muschelthiere unsrer Wasser Gehirn haben, warum sollte es den Flußschnecken mangeln? Wenn wir freylich die Lage, die Beschaffenheit, die so verschiedene Verwahrung des Gehirns bey andern Thieren, sonderlich bey den Menschen, betrachten, wo das Gehirn mit der Hirnschale umgeben, in verschiedene Hölungen eingeschlossen, mit verschiedenen Häuten umgeben, mit Adern und Seenen durchflochten ist, so werden wir freylich das mehreste davon bey den Flußschnecken vergeblich suchen, aber wir können uns damit beruhigen, daß wir glauben, daß das Gehirn derselben vieler umgebenden Theile darum nicht bedürfe, weil ihr schaligtes Haus ihnen eine gute Decke und Verwahrung für das Gehirn ist, und weil sich diese Theile immer in einem Verhältnisse mit dem Kopfe und den übrigen Theilen des Körpers befinden und befinden müssen. Ist ferner die Beobachtung wahr, daß, je reitzbarer ein Thier ist, und je stärker und feiner seine Empfindungen sind, desto grösser auch sein Gehirn sey, und daß daher der Mensch unter allen Thieren das gröste Gehirn habe [l]); so darf man bey den Flußconchylien mit Grunde das kleinste Gehirn suchen, was nur ein Thier haben kann. Ihre kalte träge Natur kann man ihnen von Aussen ansehen, wenn man nur einige solcher Thiere in einer mit Wasser gefüllten Schüssel vor sich hat.

II) Die

k) Lessers Testaceotheol. §. 169. S. 565.

l) Neuer Schauplatz der Natur Th. IV. S. 23.

II) Die Zähne. Bonanni [m]) spricht den Conchylien die Zähne ab, aber man siehet aus seiner ganzen Beschreibung, daß er das Wort Zahn in seiner eigentlichen Bedeutung nehme, und dadurch knöcherne Theile verstehe. Testaceis ergo, sagt er, ex ossibus, neque ad ossa compingenda praeparato iis alimento, sequitur de consequenti, illa esse Edentula. Secundo quia magna copia materiae pro Testis suppeditanda, nulla pro dentibus superest, vt videre est in Cornigeris animantibus, ex parte superiore edentulis: — Tertio quia dentibus instructa fuere Animantia nonnulla, vel tanquam armis ad pugnam, vel tanquam instrumento ad voces enucleandas; alia ad cibum atterendum, et digestioni praeparandum: Testaceis vero, vt plurimum, attrahentibus per poros nutrimentum, more plantarum, nempe humorem in quo viuunt, otiosi dentes forent ad nutritionem. Darin hat Bonanni ganz recht, daß die Conchylien keine eigentlichen knöchernen Zähne haben und keiner bedürfen; aber haben sie denn in ihrem Munde an ihren Lefzen oder sonst wo gar keine Theile, die man mit Zähnen vergleichen könnte, oder deren sie sich zu eben dem Endzwecke bedienen, wozu andre Thiere ihre Zähne brauchen? Ich rede jetzo nur von den Flußconchylien. Unter den Erdschnecken hat man in dem Munde der grossen Garten- oder Weinbergsschnecke, Helix Pomatia Linn., so auch in allen den Schnecken, die sich von Baumblättern, Gräsern u. d. g. nähren, scharfeckigte knorpelartige Erhöhungen, und eben solche Vertiefungen gefunden, die von 5 bis 10 gehen, und diese hat man Zähne genennt [n]). Sie sitzen allemal an dem obern Kinnbacken. Aber haben denn auch die Flußconchylien Zähne? Es ist so gut als entschieden, daß die Flußconchylien, die Muscheln sowohl als die Schnecken, keine Zähne haben, sondern sie haben dazu zum Theil ihren Saugrüssel (§. 69.), zum Theil ihre Zunge, wodurch sie ihre Nahrung zu sich nehmen können. Bey manchen Schnecken, z. B. bey der Purpurschnecke, ist dieser Saugrüssel so scharf, daß sie auch damit die stärksten und härtesten Schalen durchbohren können. Ob dergleichen auch unter den Flußschnecken sind, das kann ich nicht sagen, aber das sehe ich an einigen von den Perlmuscheln, die ich aus der Elster und andern Flüssen besitze, daß ihre Schale so viele Verwüstungen erfahren hat, als nur immer eine Seeschnecke erfahren kann. Sie haben also ihre Feinde, und wahrscheinlich sind es Schnecken, deren Saugrüssel mehr Gewalt hat, als die Zähne der Erdschnecken.

Die kleinern Flußmuscheln der süssen Wasser, besonders die breite dünnschalige Teichmuschel (Mytilus anatinus Linn. Abschn. III. n. 2.) hat eigentlich keinen Saugrüssel, sondern an dessen Statt zwey kurze Warzen, die eine rothe Farbe haben, und die das Thier aus der Schale ziehen kann. Diese Warzen haben an ihrem Hintertheile kleine Drüsen, und diese dienen ihnen dazu, daß sie die zarten Theile von Erde, Thon, oder Leimen zu sich nehmen, und vielleicht damit zernagen können [o]). Ob diese kleinen Drüsen feine Röhrchen sind, wie Schwammerdamm glaubt, das will ich nicht untersuchen,

m) Recreatio probl. XIX. p. 225. f. Mus. Kircher. Class. XII. Probl. XIX. p. 402. anatom. Aristoteles de part. Animal. Lib. IV. Cap. V. und mehrere, deren einen Theil Lesser am angez. Orte anführt.

n) Martini im Berlin. Magaz. II. B. S. 287. und tab. 2. fig. 10. Lesser Lithotheol. §. 164. S. 552. Lister Histor. Conchyl. tab.

o) Berlin. Magaz. IV. B. S. 121. und tab. XI. fig. 64. A lit. a. b.

tersuchen, ich werde aber auch nicht mit solchen streiten, welche sich die Warzen als Zähne gedenken wollen. So ungewiß inzwischen diese Sache in Absicht auf die Zähne ist, so zuverläßig ist es, daß alle Flußconchylien

III) einen **Magen** haben p). Die Naturforscher haben bemerkt, daß sich der **Magen** der Flußconchylien gerade unter dem Schlunde befindet, und nach dem Verhältniß der Grösse des Thiers in der That groß ist. Eben so ist es entschieden, daß er wie andre Mägens aus verschiedenen Häuten bestehe, ob er gleich in Rücksicht auf seine Figur, Farbe und Stärke auf mancherley Weise verschieden seyn kann. Vorzüglich groß ist er bey den **Muschelthieren**, und dabey so dünne und durchsichtig, daß man den Koth, den das Thier verschluckte, und die Nahrung, die es zu sich nahm, von Aussen ganz deutlich sehen kann. Stärker sind die Magenhäute bey den Schnecken, die daher **Lesser** mit dem Magen eines Hahns vergleichet, dem er, die Grösse ausgenommen, ganz gleich seyn soll. Gemeiniglich hat ein Magen zwey Oeffnungen, darunter die eine die Speisen einnimmt, die andre aber dieselben fortführet. Man kann es nicht zuverläßig entscheiden, ob es bey den Flußconchylien auch also sey? Manche Schnecken, und alle Flußmuscheln haben nur einen einzigen Saugrüssel, oder, wie es andre nennen, nur eine Luftröhre, mit der sie ihre Nahrung einsaugen; und man weiß, daß dieses auch ihre Abführungsöffnung ist. Andere hingegen haben zwey Saugrüssel, und da siehet man, daß der obere nie zur Abführung gebraucht wird (§. 74.). Dürfte man hievon einen Schluß machen, so würde man den leztern zwey **Magenöffnungen** beylegen müssen, bey den erstern aber würde es noch immer zweifelhaft seyn, man müste sich denn zwey Canäle gedenken, die in dieser einzigen Luftröhre angetroffen werden, die von Aussen aber nicht sichtbar sind; wo der eine die Nahrung zu sich nimmt, der andre aber abführt. Einige Flußschnecken, und zwar diejenigen, welche von verschiedenen Wasserpflanzen leben, haben einen wahren Mund, das ist, eine Oeffnung, die einen Theil ihres Kopfes ausmacht. Bey diesen hat der Abgang des Unrathes seinen eignen Canal, der sich an der Seite des Halses befindet, und auch bey diesen muß ihr Magen zwey Oeffnungen haben. Bey einigen Flußconchylien scheinet daher die Sache mit den gedoppelten Magenöffnungen ungezweifelt zu seyn, aber auch dieses ist gewiß, daß diese Oeffnungen nicht oben und unten, wie bey andern Mägens, befindlich sind, sondern beyde entweder ganz dicht neben einander, oder wenigstens in keiner so gar weiten Entfernung.

IV) Das **Eingeweide** q). Es ist bey den Conchylien überhaupt, und bey den Flußconchylien insonderheit, in der Hauptsache eben so wie das Eingeweide eines jeden Thiers beschaffen, obgleich die Anzahl und die Lage der Gedärme bey ihnen verschieden seyn kann, und aus ganz begreiflichen Ursachen würklich verschieden ist. Das Eingeweide bestehet bey diesen kleinen Thieren in häutigen Schläuchen, die auf mancherley Art gekrümmt sind, an der Oeffnung des Magens, die zur Abführung der verdaueten Speisen bestimmt ist, ihren Anfang nehmen, und bis zur würkli-

p) Schwammerdamm S. 71. b. Lesser §. 171. S. 567.

q) Schwammerdamm l. c. Lesser §. 177. S. 579. Lister Hist. Conchyl. tab. anat. I.

würklichen Abführungsöffnung gehen. Sie sind dazu bestimmt, daß sie den Nahrungssaft weiter führen, in die verschiedenen Theile des Körpers vertheilen und nun dasjenige, was nicht zur Nahrung dienet, bis zur Abführungsöffnung führen, damit sich nun der Körper davon befreyen könne. Sie sind von einer ziemlichen Länge, daher liegen sie nicht in dem Leibe der Conchylien gerade, sondern sie sind auf mancherley Weise gekrümmt und zusammengerollt, daher man an ihnen auch eine wurmförmige Bewegung wahrnimmt, welche wahrscheinlich dazu dienet, daß die verdauten Speisen nach und nach zur Abführungsöffnung geleitet werden können. Die eigentliche Lage ihrer Krümmungen richtet sich nothwendig nach der verschiedenen Lage der beyden Magenöffnungen, von denen ich vorher redete, daher sie nicht bey allen Conchylien von einerley Beschaffenheit seyn kann. Man hat das Eingeweide verschiedener Conchylien untersucht, davon man den **Lesser** und die anatomischen Tabellen des **Listers** nachsehen kann; aber aus der Familie der Flußconchylien hat man gerade die wenigsten untersucht, und was wir ja davon wissen, das haben wir dem einzigen **Schwammerdamm** zu verdanken. Er untersuchte besonders die wunderbare krystallinische Wasserschnecke genau r). Er fand, daß hier der Mastdarm seinen Anfang nahm, wo die dünnern Gedärme aufhörten, und daß dieser Mastdarm, wenn man ihn die Länge hinunter aufschneidet, inwendig viele Zwischenhäute hat, die kleinen Fallthüren gleichen. Eben diese Schnecke, und das gemeine Kinkhorn, oder das grosse Spitzhorn der süssen Wasser, Helix stagnalis Linn. (Abschn. III. n. 99.) werfen einen kugelrunden Unrath von sich, der wie eine Schnur an einander hängt; hingegen bey der grossen lebendig gebährenden Wasserschnecke mit Banden (Abschn. III. n. 126.) ist der Unflath des Thiers ganz klein, so wie er unter den Seeschnecken beym Oelkruge viereckigt ist. Man schliesset daraus, deucht mir, mit einer wahren Zuverläßigkeit, daß der Mastdarm der Conchylien nicht einerley Beschaffenheit seiner Oeffnung habe. Um das Eingeweide der Muschelthiere der süssen Wasser scheinet man sich noch gar wenig bekümmert zu haben, es wäre daher sehr zu wünschen, daß ein zweyter **Schwammerdamm** aufstehen möchte, der die grossen Lücken endlich einmal ausfüllte, die wir in dieser Sache haben.

V) Das Herz s). Was wir von dem Herz der Conchylien wissen, das betrifft nur einige Erdschnecken, und einige Seeconchylien, die **Lister** in seinen anatomischen Tabellen so genau untersuchte. Hier können wir also nur analogisch schliessen, aber, wie ich glaube, sicher genug. Denn da das Herz bey allen Thieren einer der vorzüglichsten innern Theile ist, ohne welches kein Thier leben kann; da man hier nur wenig Ausnahmen findet, z. B. bey den Polypen, Thierpflanzen u. d. g., obgleich hierüber noch immer Zweifel erregt werden kann; da man an vielen Würmern, ob sie gleich kein eigentliches Blut haben, das Herz würklich entdeckt hat; so sehe ich keinen wahrscheinlichen Grund, warum die Conchylien und die Flußconchylien kein Herz haben sollten. **Bonanni** t) spricht zwar den Conchylien das Herz geradezu ab.

r) Abschn. III. n. 127. **Schwammerdamm** S. 73. tab. 9. fig. 5-12.

s) Lesser §. 173. S. 569. Neuer Schauplatz der Natur Th. III. S. 809. 817.

t) Recreat. ment. et oc. P. III. probl. 18. p. 226. f. Cf. Redi in observat. circa animalia viuentia &c. p. 59. f. der den Bonanni gründlich widerlegt.

ab. Er fragt: Cur sunt corde orbata? und beantwortet diese Frage aus dem Aristoteles, der vor ihm eben diese Meynung hegte. Animalibus omnibus, sagt er, non exanguibus necessarium est cor, cum enim humido fluidoque constet sanguis, indiget vasis aptis ad illum excipiendum, in quem finem elaboratae sunt venae, quibus in omnia corporis membra diffusis ad impertienda singulis alimenta, necessarium fuit eas omnes ex vna origine, veluti riuos ex vno fonte, corriuari, nempe ex corde, ex quo tanquam ex prima scaturigine profluunt omnes et singulae. Exanguibus ergo testaceis, quid mirum, si cor non effinxit natura? Man könnte diesen ganzen Schluß umwenden. Die Conchylien und die Würmer haben eigentlich kein Blut, kein rothes Blut, aber sie haben doch eine gewisse Feuchtigkeit in sich, die zu ihren Lebenssäften gehöret, die der Herr von Linné weiß Blut nennet, und die bey ihnen die Stelle des Blutes vertritt; sie müssen also ein Herz haben. Genug, **Lister** und **Redi** haben in verschiedenen Conchylien, namentlich in der Erddeckelschnecke, in der Auster und in den Kammmuscheln ein Herz gefunden. Sie haben dasselbe als einen muskulösen Theil gefunden, der mitten im Leibe lag. Es war mit einem durchsichtigen Häutchen umgeben, daher man es bey den lebenden Schnecken deutlich sehen, und auch das Schlagen desselben beobachten kann. Der sogenannte **Herzbeutel**, *pericardium*, fasset eine wässerichte Feuchtigkeit in sich, welche so durchsichtig wie ein Crystall ist, und von der man vermuthet, daß sie durch das Herz ausgedunstet und endlich zu Tropfen gebildet werde. So bald man diese zarte Haut aufschneidet, zeiget sich das Herz in seiner Arbeit, indem es sich bald erweitert, bald zusammenziehet. Es hat sein Herzohr, welches aus einem häutigen und zarten Wesen bestehet, und inwendig verschiedene fleischigte und häutige Fasern hat. Das Herz selbst ist allerdings fleischartig, so groß wie eine Erbse, auswendig glatt, wie eine Birn geformt, inwendig aber wegen der vielen fleischigten Theile, Häute und Fasern runzlicht. An dem Eingange bey dem **Herzohr** befinden sich zwey halbmondförmige Klappen, dazu geschaffen, daß der Lebenssaft, der bey diesen Thieren die Stelle des Blutes vertritt, nicht wieder in das Herzohr zurückgehen kann. Eigentlich bestehet das Herz aller blutlosen Thiere, der Insecten nemlich und der Würmer, in einer einzigen Herzkammer, und so muß es auch bey den Conchylien seyn; doch wollen neuere Naturforscher angemerket haben, daß den Würmern die **Herzohren** fehlen. Wenn die Sache nicht mehr das Wort als die Sache selbst angehet, so wäre es dieser Umstand wohl werth, genauer untersucht zu werden. Bey den Amphibien und Fischen, folglich bey solchen Thieren, die entweder in dem Wasser leben können, oder in demselben würklich leben, ist der Herzbeutel, pericardium, sehr stark; vermuthlich darum, weil er bey solchen von keinem Zwerchfelle unterstützt wird, und bey einigen derselben entweder gar keine, wie bey den Conchylien, oder nur schwache Rippen zur Verwahrung des Herzens vorhanden sind. Ich vermuthe, man müsse aus eben den Gründen dieses von dem Herzbeutel unsrer Flußconchylien sagen. Auch
VI) die **Leber** u) spricht **Bonanni** x) den Conchylien ab. Er bedienet sich des in der That seichten Grundes: Quia testacea nutriuntur vt plantae, humorem quasi

u) Lesser §. 174. S. 571. Schwammerdamm am angef. Orte.
x) Recreat. P. III. Probl. 20. S. 230.

plene incoctum attrahentes, et aptum, vt conuertatur in substantiam viuentis, quin transformetur in sanguinem, ad alimentum viuenti praestandum: Hinc natura hisce membris (quae Fel, Jecur et Lienem antea nominaverat.) frustra instruxisset testacea. Genug, verschiedene Naturforscher, unter denen **Lesser** den **Lister**, **Malpighius**, **Aldrovand** und **Anton von Heyde** nennet, haben bey den Conchylien eine Leber entdeckt. Ja **Schwammerdamm**, dessen Name allen Naturforschern verehrungswürdig ist, und dessen Zeugniß so viel gilt, hat sowohl in dem Thier der Flußmuschel, als auch seiner wunderbaren krystallinischen Wasserschnecke die Leber gefunden. Bey der Flußmuschel ist die Leber in Vergleichung andrer Theile des Leibes ziemlich groß, und bestehet aus einer Menge kleiner länglicher Drüßchen, welche den Weinbeeren gleichen, die noch an ihren Stielen hangen. Sie hat eine röthliche in das Blaue spielende Farbe, und enthält da, wo sie am weitesten ist, eine gallerichte Materie in sich. Diese kleine, den Weinbeeren gleichende Theilchen, kann man bey keiner Schnecke besser sehen, als bey der wunderbaren krystallinischen Wasserschnecke.

Ich könnte noch verschiedener innrer Theile der Flußconchylien gedenken, allein, da die mehresten Naturforscher davon entweder ganz schweigen, oder davon sehr ungewiß reden, so will ich meine Leser mit Wahrscheinlichkeiten und Conjecturen nicht länger aufhalten. Nur über

VII) das **Blut der Flußconchylien** muß ich noch einige Anmerkungen machen. Man zehlet die Conchylien, so wie alle Würmer und Insecten, unter die **blutlosen Thiere**, *animalia exanguia*, aber man will dadurch gar nicht sagen, daß ihnen diejenigen flüßigen Theile, die bey den Menschen und andern Thieren Blut genennet werden, und die sich durch ihre rothe Farbe kenntlich genug machen, gänzlich mangelten; sondern man spricht ihnen nur eigentliches, d. i. rothes Blut ab. Sie haben vielmehr eine helle und durchsichtige Feuchtigkeit, ohne Farbe, die aber nicht einmal durch die Kälte gerinnet. Das Blut ist eigentlich diejenige dicke Feuchtigkeit eines thierischen Körpers, woraus alle übrige Säfte zubereitet und abgesondert werden; sollten nun die Conchylien kein Blut haben, da uns der Augenschein lehret, daß sie Säfte haben? Bey ihnen hat das Blut eine weisse etwas in das Himmelblaue fallende Farbe, davon sich, wie bey andern Thieren, ein Theil in gewissen Canälen aufhält, die wir die Adern nennen. Es ist zähe, und läßt sich daher leicht austrocknen, dabey hat es zugleich eine salzigte Feuchtigkeit in sich, daher es eine Gallerte zurückläßt, wenn man es über Licht oder Kohlen abdampfen läßt. **Lister** nennet dieses Salz alcalisch, und schliesset dieses daher, weil dieses Blut, mit Brantwein vermischt, gerinnet, so wie ein jedes alcalisches Salz thut, wenn es mit einer sauren Flüßigkeit vermischt wird. Dieser weisse Saft oder dieses weisse Blut, wird bey der Flußconchylie eben so gut in dem Herze gebildet, und aus dem Herze in die Blutgefässe geleitet, wie bey allen den Thieren, welche eigentlich so genanntes Blut haben, daher er, wenn wir den Namen ausnehmen, alle Kennzeichen und Eigenschaften des Blutes an sich hat v). Ausser diesem Blute haben die Schaalthiere noch eine gewisse Feuchtigkeit, oder besser einen gewissen Schleim

in

v) Lesser §. 189. S. 616. Neuer Schauplatz der Natur, Th. I. S. 572.

in sich, den sie durch ihre Drüsen auspressen, und dieser Schleim ist ganz weiß, und viel zäher, als ihr Blut, daher er sich auch in dem Wasser nicht so bald auflösen läßt, und auf Papier gestrichen einen Glanz hinter sich läßt, wenn er abgetrocknet ist, welches das Blut der Schalthiere nicht thut.

§. 77.

Die **Nahrung** der Flußconchylien gehöret blos für das Element, in dem sie sich aufhalten; nemlich dasjenige, was Wasser ist und was das Wasser in sich hat, das ist es, wovon sich diese Thiere nähren l). Süsses Wasser muß es seyn, worin die Flußconchylie lebt, und diese kann das salzigte Wasser so wenig vertragen, daß sie vielmehr in kurzer Zeit stirbt, wenn man sie in salzigtes Wasser bringt. In Gegenden, wo sich die grössern Flüsse in die See stürzen, wird man nur selten da, wo die erste Vermischung des salzigten Wassers mit dem süssen geschiehet, die Conchylien noch finden, die sich vielmehr nur da aufhalten, wo der Fluß von der See am entferntesten ist. Bey einigen Seeconchylien scheinet die Sache umgekehrt richtig zu seyn, wenigstens nehmen verschiedene Naturforscher die Sache als ausgemacht an, daß einige Seeconchylien in die süssen Flüsse übergehen, und sich daselbst aufhalten und sogar fortpflanzen können. So behauptet ja Herr **von Argenville** von der mit gekörnten Bändern umwundenen Schraube, (Abschn. III. n. 175. tab. 8. fig. 15. tab. 9. fig. 9.) daß sie vielleicht nur von ohngefehr aus der See in den **Gobelinfluß** gekommen seyn könnte. Und von der **Prinzenfahne** der süssen Wasser (Bulla virginea Linn. Abschn. III. n. 128. tab. 8. fig. 3. 4.) behauptet Herr Professor **Müller**, daß er sie auch aus den Antillen erhalten habe, die doch sonst ihren gewöhnlichen Aufenthalt in süssen Wassern hat. Man hat also Conchylien, die in den süssen und salzigten Wassern zugleich leben können. Allein mich dünkt, dies mache im Grunde keine Ausnahme, da sich solche Thiere vielleicht nur in ihrer Jugend, oder nur nach und nach an ein anderes Wasser gewöhnen können, wie man ein jedes anderes Thier nach und nach und unter der gehörigen Behutsamkeit an ein ander Clima gewöhnen kann. Bey den mehresten ausländischen Flußconchylien ist es noch gar nicht ausgemacht, ob sie für die süssen Wasser gehören, oder ob sie sich nicht vielmehr in salzigten Flüssen aufhalten, und daher ohne Gefahr ihres Lebens in die See übergehen können, wenn sie nur wollen, und vielleicht ändern sie auch nur zur Veränderung den gewöhnlichsten Ort ihres Aufenthaltes. Manche Conchylien sind ungezweifelte Flußconchylien, aber sie werden mit andern, die im Bau und in der Farbenmischung ihnen ähnlich sind, verwechselt. Hier ist das Buccinum achatinum (Abschn. III. n. 98. tab. 6. fig. 1.) ein überaus einleuchtendes Beyspiel, wie ich an seinem Orte zeigen werde. Merkwürdig ist mir inzwischen immer das Beyspiel der kleinen Dragonermütze, der gewöhnlichsten Flußpatelle, Patella lacustris Linn. (Abschn. III. n. 26. tab. 5. fig. 1. 2. 3.) die sich bey **Zelle** in einem Strome, **Oerze** genannt, der wegen seines gesalzenen Wassers merkwürdig ist, aufhält; und die doch sonst nur in den eigentlichen süssen Wassern gefunden wird.

l) Von der Nahrung der Flußconchylien reden Schwammerdamm S. 73. **Martini** im Berlinischen Magazin IV. Band S. 138. **Lesser** §. 136. S. 766. **Hanov** Seltenheiten der Nat. Th. I. S. 578. **Ginanni** Nachricht, wie sich die Flußmuschel nähret, im II. Stück des Naturforschers S. 213.

Wenn sich nun gleich unsere Conchylien in dem Wasser aufhalten, so ist es das Wasser doch nicht allein, was zu ihrer Nahrung gehört. Herr Etatsrath **Müller** hat unterdessen in der Vorrede zum II. Theil seiner fürtreflichen Historiae vermium S. XII. versichert, daß er verschiedene Flußconchylien ganze Monate im blossen reinen Wasser beym Leben erhalten habe. Die mehresten aber verbitten diese magre Kost, die auch die Flußmuschel vertragen kann, gewiß. Einige Flußconchylien nähren sich von verschiedenen Kräutern, die in den süssen Wassern stehen; aber das thun die wenigsten, und nur diejenigen, welche einen würklichen Mund haben. Alle diejenigen, die ihre Nahrung nur durch den Saugrüssel in sich schlucken müssen, und folglich alle unsre Flußmuscheln und viele von den Schnecken können sich der Kräuter nicht zu ihrer Nahrung bedienen. Diejenigen, welche Kräuter fressen, geniessen auch die Wasserlinsen. Ein ganz reines Wasser ist die Nahrung gar nicht, worin sich unsre Conchylien erhalten können. Man kann die Probe selbst damit machen, und Schnecken oder Muscheln in ganz helles Wasser setzen, und sie werden sich wenig Tage erhalten. Aber Wasser mit Sand, Leim, Thon oder Sumpferde vermischt erhält sie länger, zumal wenn man ihnen oft frisches mit gedachten Dingen vermischtes Wasser giebt, zum Beweise, daß dieses ihre eigentliche Nahrung sey. Inzwischen zweifle ich gar nicht, daß die kleinern Wasserinsecten von ihnen mit eingesaugt werden, und ihnen zugleich zur Nahrung dienen. Wenn man eine gute Anzahl Schnecken aus dem Wasser ziehet, und sie in einem Gefässe ohne Wasser eine Zeitlang stehen lässet, so wird man finden, daß sie sich bald auf einen Klumpen zusammenhäufen, und nun wird man ein lautes Geräusche wahrnehmen. Hier saugen sie das Wasser von ihren Schalen und Körpern ab, in der Absicht, sich dadurch ihr Leben zu fristen. Die Naturforscher haben einstimmig bezeuget, daß den Flußconchylien der Thau ein eigentlicher wahrer Leckerbissen sey. Wie ihn die Erdschnecken vom Grase begierig ablecken, so fangen ihn die Wasserschnecken und Muscheln mit offnen Maul und Schalen auf.

Künstliche Nahrungsmittel für die Conchylien nenne ich diejenigen, womit man sie auf seiner Stube füttern und lange erhalten kann. Hier haben die Gelehrten durch wiederholte Versuche mancherley gelernt. **Schwammerdamm** hat erfahren, daß man ihren Appetit mit Sallat stillen kann, wovon sie ganze Blätter aufzehren. **Zanov** hat sie im Herbste mit Weinbeeren und Pflaumen gefüttert, welche sie aber vermuthlich dann erst geniessen können, wenn sie im Wasser in Fäulniß übergehen, und folglich nicht blos mit dem Munde, sondern auch mit dem Saugrüssel genossen werden können. Schon zu den Zeiten des **Varro** wuste man es, daß sich die Flußconchylien mit Mehl füttern liessen; **Lesser** hat daher einige derselben lange mit Rockenmehl erhalten, und **Argenville** versichert, daß sich einige unter ihnen sehr gern an kleinen Fischen, die vermuthlich schon in Fäulniß übergehen, sättigen.

Wie sich die **Flußmuschel**, Musculus latior, Concha longa, nähret, davon hat uns der Graf **Ginanni** einige Nachricht gegeben. Zur Nahrung, sagt er, dienen ihr Insecten und ganz kleine Fische, welche in dem Wasser zwischen den beyden Häuten schwimmen, wovon eine jede einen innern Theil der Muschelschale, in so fern sie gleichsam im Sumpf stehet, und an dem Thiere angeheftet ist, bedecket. Liegt sie aber auf der langen Seite, wo nemlich der Mund ist; so ist sie in dieser Lage mit **Dornen**, welche andre Naturforscher passender **Franzen** nennen, versehen, die ihr Beute zu machen die-

dienen; sie sind es aber nicht, welche die Speise dem Munde näher bringen, sondern sie schliessen dieselbe nur ein, wenn sie ihnen nahe genug kommt, und befördern also den Eingang derselben im Munde. In der That müssen die Muscheln eine überaus schwere Art sich zu ernähren haben. Ihr so gar langsamer Gang verhindert sie gänzlich, nach Beute auszugehen, sie liegen also nur mit geöffneter Schale ganz ruhig, und erwarten es nun, wenn sich ihrem Munde etwas nähert, was zu ihrer Nahrung dienet, und dieses schliessen sie ein so bald es kömmt, und verzehren es. Dafür hat ihnen aber die Natur einen Magen gegeben, der gar nicht eckel ist, denn sie nehmen auch blossen Schlamm oder feinen Sand an, wenn sich sonst nichts finden will, was ihren Appetit stillen könnte. Wie unendlich groß ist nicht hier der Vorzug des Menschen, dem der gütige Schöpfer so viele und so verschiedene Nahrungsmittel vorlegt, seinen Mund damit zu weiden!

§. 78.

Wie sich die Flußconchylien **bewegen** a) oder wie sie gehen, kriechen und schwimmen, das ist unserer Aufmerksamkeit ebenfalls würdig. Sie kriechen entweder aus ihren Gehäusen hervor, und wieder zurück, und das ist der *motus exsertorius et retractorius;* oder sie bewegen sich von einem Orte zum andern, und das ist der *motus progressivus.* Ich will hier die Beobachtungen des Herrn D. **Martini** wiederholen, die er aus den genannten Schriftstellern gesammlet hat.

Beym **Auskriechen** und **Zurückziehen** in ihre Gehäuse beweisen die Schnecken viel Geschicklichkeit und Vorsicht. Wenn eine ausgekrochene Wasserschnecke wieder in ihre Wohnung zurückkehren will, legt sie vor allen Dingen die Fühlhörner und Lippen zusammen, um damit die Augen zu bedecken; hierauf verkürzet sie den ganzen Leib so, daß er gerade die Mündung des Gehäuses ausfüllt. Die Deckelschnecke (der **Thürhüter**, Abschn. III. n. 120. fig. 19-22.) ist von Natur schüchterner als andre, und ihr Leib ist merklich kürzer. Sie wagt sich daher nie weit aus ihrer Wohnung heraus. Es ist für sie genug, die Augen und den Saugrüssel hervorzubringen. So bald sie sich in Gefahr sieht, zieht sie sich mit niedergeschlagenen Fühlhörnern ein wenig zurück, und den Strang etwas fester an, wodurch sie sich augenblicklich unter ihr Haus verbergen kann. Will sie völlig einkriechen; so wälzt sie sich um, zieht den Kopf und den vordersten Saum der Fußsohle weiter nach sich, und bricht den Hinterleib dergestalt unter sich ein, daß ihr die äusserste Spitze desselben vor den Mund kömmt, und zuerst in das Gehäuse hineingeht. Bey weiterer Anstrengung drückt sie den an die Ferse angewachsenen Deckel so genau und fest an die Mündung, daß sogar der Luft aller Zugang versperret zu seyn scheint.

Alles dieses verrichten die Wasserschnecken in sehr kurzer Zeit. Ihre Entwickelung, wenn sie wieder auskriechen wollen, geschieht auf eben die Art, wie die Zurückziehung; nur mit dem Unterschied, daß diejenigen Theile, welche sich zuletzt einzogen, am ersten wieder zum Vorschein kommen.

Die Bewegung von einem Ort zum andern (*motus progressivus*) geschiehet bey den Flußschnecken und Muscheln entweder durch das **Kriechen**, oder durch das **Schwimmen**. Die Schnecken der süssen Wasser kriechen, wie die Erdschnecken, in wellenförmigen Bewegungen an festen Körpern im Wasser fort; wenn sie aber Lust zu schwimmen haben,

a) Siehe über diese Materie **Martini** im Berl. Magaz IV. B. S. 135. **Bonnet** Betrachtung über die Natur, Leipzig 1774. S. 475. **Poupart** Hist. de l'acad. de Paris ann. 1706. p. 51. Abhandlungen der Schwedischen Academie der Wissenschaften, Th. XXIV. S. 68.

ben, lassen sie ihre Gehäuse unter sich herabsinken, und dehnen ihre breite Fußsohle auf der Oberfläche des Wassers aus. Durch eben solche wellenförmige Bewegungen, die sie im Kriechen machen, scheinen sie auf dem Wasser fortzuschwimmen, und man will durch das bewaffnete Auge beobachtet haben, daß sie immer eine Wasserhaut über sich behalten, und eine fettschleimigte Spur hinter sich lassen. In solcher schwimmenden Stellung dürfen sie nur ihren Körper ein klein wenig zurückziehen, und die Schale schöpft Wasser, und sie fallen sogleich auf den Grund des Wassers, oder des Gefässes, wo man sie aufbewahret; sie können aber eben so leicht aus dem Wasser wieder hervorsteigen.

In dieser Gestalt des Schwimmens findet man die Flußschnecken sehr oft, so wie man sie oft im Wasser, an den Wasserkräutern, und in Gefässen am Rande derselben, wo kein Wasser mehr ist, antrifft. Ich glaube nicht, daß sie dieses blos zur Abwechselung thun; sondern ich halte dafür, daß sie auf diese Art Luft schöpfen, die ihnen zu gewissen Zeiten unentbehrlich zu seyn scheinet b).

Von den **Flußmuscheln**, welche anstatt zu kriechen, sich blos im Sande oder auf dem Teichschlamme fortschleppen, sagt Herr **Poupart**, daß sie, wenn sie platt auf ihrer Schale lägen, einen Theil, den man ihren Arm nennen könnte, zu ihrem Gebrauch willkührlich zu gebrauchen vermöchten. Dieser Theil ist bey einigen auch der Saugrüssel, und bey andern die Form, woraus sie ihre Fädens ziehen. Sie bedienen sich desselben, den Sand unter sich langsam wegzugraben, und sich dadurch auf eine Seite niederzusenken, bis sie endlich auf die Schärfe der Schale zu liegen kommen. Hierauf strecken sie diesen Arm so weit aus als sie können, stützen sich auf seine Spitze, ziehen die Schalen nach sich, und schleppen sich auf diese Weise in der Furche des Sandes fort, der auf beyden Seiten die Schalen gerade hält. Das ist die Ursache, warum man fast an allen Flußmuscheln den Wirbel abgerieben findet. Freylich eine sehr beschwerliche und eben so langsame Art, sich von einem Orte zum andern zu bewegen; so langsam, daß sie in einem ganzen Sommer etwa so weit kommen, als ein Flintenschuß reicht. Man rechne, wie weit sie auf diese Art ihre Reise in einem Tage zurücklegen können. So bald das Wasser anfängt kalt zu werden, und sich der Winter nähert, so graben sie sich in den Sand ein, weichen dadurch der Kälte aus, und geniessen weiter keine Nahrung. Eben in einem solchen Stande der Betäubung, oder wenn man lieber will, des Schlafs befinden sich auch die Flußschnecken, so lange bis sie der angenehme Frühling durch seine lächelnde Wärme wieder belebet, und sie mit der ganzen gestorbenen Natur gleichsam zu ihren Geschäften auffordert.

§. 79.

Ob es unter unsern Flußmuscheln Seidenspinner, oder Seidetragende Muscheln giebt? Ueber diese Frage will ich einige Anmerkungen geben. Unter den Seemuscheln giebt es verschiedene, die hieher gehören, von welchen vorzüglich des Herrn Pastor **Chemnitz** Abhandlung von der Steckmuschel und ihrer Seide nachgelesen zu werden verdienet c). Dieser gelehrte Naturforscher merket mit sehr gutem Grunde an, daß man die **Seidetragenden Muscheln**, die auf ihrer Schale Fädens haben, von den **Seidenspinnern**, welche vermöge ihres Armes oder Saugrüssels Seide spinnen, die folglich zu den beyden Schalen herausgehet, zu unterscheiden habe. Giebt es nun auch unter

b) Daß die Flußschnecken würklich Luft schöpfen müssen, hat Herr Prof. Hanow in den Seltenheiten der Natur Th. I. S. 574. f. bemerket.

c) Im X. St. des Naturforschers S. 1. ff.

unter den Flußconchylien solche Seidenträger und Seidenspinner? Ich gestehe es aufrichtig, daß ich unter der sehr grossen Anzahl von allerley Muschelarten, die ich aus Teichen und Flüssen theils frisch gesammlet, theils von Freunden frisch erhalten habe, keine einzige gefunden, welche Seide an sich getragen habe. Inzwischen kann ich doch über diese Sache zwey glaubwürdige Zeugen aufstellen. Herr D. **Martini** b) versichert ausdrücklich, daß er eine grosse schwere Flußmuschel aus der **Elbe** besitze, mit dem ausgetrockneten Thier, welches an einem dicken Stamm einen grossen Büschel solcher schwarzbraunen Fäden zwischen beyden Schalen heraushängend hat, die an Dicke den stärksten Menschenhaaren gleichen, und in der Länge mehr als einen Zoll betragen. Und Herr Senior **Lesser** c) sagt ausdrücklich, daß die wunderbare krystallinische Wasserschnecke auf ihren Gewinden, wie er sich ausdrückt, Haare habe. Selten sind also dergleichen Beyspiele gewiß, und wir würden es wohl nicht wagen dürfen, eine Seidenfabrik von solcher Muschelseide der süssen Wasser anzulegen, wie man dergleichen zu **Neapel** und in **Sicilien** von der Seide der Pinna marina angelegt hat. Es würde sich auch von Seide, die stärker als ein Menschenhaar ist, nicht gerade viel gute Arbeit hoffen lassen. Ob diese Seide eine wahre Seide, oder, wie Herr Poupart f) glaubt, eine Pflanze sey, das brauche ich hier um so viel weniger zu untersuchen, da dergleichen Seide unter unsern Flußconchylien so gar selten vorkömmt; aber alle meine Leser will ich warnen, daß sie nicht etwa ein gewisses Haarmoos, das man zuweilen auf unsern Flußconchylien antrifft, für solche Muschelseide ansehen. Geübten Kennern wird es nicht schwer fallen, beyde von einander zu unterscheiden, zumal das Moos, wenn die Muschel recht trocken ist, sich durch seine spröde Zerreiblichkeit leicht von der Seide unterscheidet.

§. 80.

Ob den Flußschnecken abgeschnittene Theile wieder wachsen, wie Spalanzani, Schäfer, Herr Etatsrath **Müller**, Lavoisier, Rose und mehrere beobachtet haben wollen, davon kann ich um so viel weniger etwas bestimmtes sagen, da alle die angeführten Schriftsteller ihre Versuche blos mit Erdschnecken gemacht, und der Flußschnecken mit keiner Silbe gedacht haben. Ich selbst habe darüber keine Beobachtungen angestellt und anstellen wollen, weil mir eine Menge Versuche über eben diesen Vorwurf, die ich mit Erdschnecken unternommen habe, mißgelungen sind, wie ich davon in meiner Abhandlung über die Erdconchylien, Berlin 1771. S. 42-59. eine weitläuftige Nachricht gegeben habe. Ist die Erscheinung an den Erdschnecken richtig, und ich verehre die vorher angeführten Männer viel zu hoch, als daß ich in ihr Zeugniß nur das geringste Mißtrauen setzen sollte, zumal da sich an mehrern Thieren, und besonders an vielen Würmern, eine wahre Reproductionskraft geäussert und erwiesen hat; ist die Erscheinung, sage ich, an den Erdschnecken richtig, so zweifle ich gar nicht, daß sich nicht auch an den Schnecken der Flüsse, und vielleicht auch an den Muscheln diese Sache ereignen sollte. Ich wünschte aber, daß besonders ein **Müller**, Schäfer und Spalanzani sich dieses Geschäftes unterziehen möchten, denn von solchen Männern können wir genaue Beobachtungen und sichre Zeugnisse erwarten.

b) Im Berl. Magaz. IV. B. S. 131. §. 98.
c) In der Testaceotheologie §. 156. S. 622.
f) Memoir. de l'acad. de Paris 1708. p. 25. Martini l. c. S. 134.

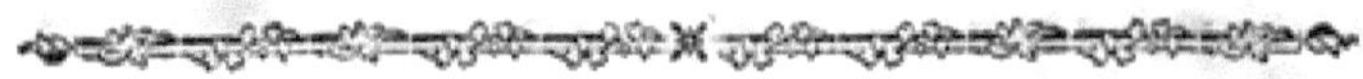

Der dritte Abschnitt.

Beschreibung der Flußconchylien nach ihren Classen, Ordnungen, Geschlechtern und Gattungen.

§. 81.

Ich komme nun zu dem vorzüglichsten und weitläuftigsten Theile meiner gegenwärtigen Arbeit, nemlich zu der Beschreibung der sämmtlichen mir bekannten Flußconchylien nach ihren Classen, **Ordnungen**, **Geschlechtern** und **Gattungen**. Es kömmt hiebey auf ein faßliches System an; ich nenne aber ein faßliches **System** dasjenige, wo solche Kennzeichen angegeben sind, die mich bald in den Stand setzen, eine gefundene Conchylie an ihren rechten Ort zu setzen. In dem vorhergehenden habe ich die verschiedenen Systeme eines **Lister** (§. 4. 5.), **Gualtieri** (§. 12.), **Argenville** (§. 22.), von **Bergen** (§. 29.), **Geoffroy** (§. 35.), **Linne'** (§. 36.), **Martini** (§. 37.) und Herrn Etatsrath **Müller** (§. 40.) bekannt gemacht. Jetzo theile ich das meinige mit, und überlasse es prüfenden Kennern, ob sie dasselbe leicht und natürlich finden. Auf die Beschaffenheit des **Thiers** habe ich dabey keine Rücksicht genommen; sondern ich habe mich dabey ganz allein an den Bau und an die Beschaffenheit der **Schale**, und folglich an äussere in die Augen fallende Kennzeichen gehalten. Hierin bin ich den mehresten Conchylienbeschreibern gefolgt, denn wenn wir den Herrn **Geoffroy** und Herrn Etatsrath **Müller**, welche ihre Geschlechter nach den Thieren bestimmten, ausnehmen, so haben sich die übrigen alle an den Bau der Schale gehalten. Die Methode, Classen und Geschlechter nach den Bewohnern zu bestimmen, würde die sicherste seyn, wenn sie nicht so viel unüberwindlichen Hindernissen ausgesetzt und für die Sammler guter Conchylienkabinette nicht ganz unbrauchbar wäre. Sie führet uns allerdings auf die nützlichsten Betrachtungen. Sie kann daher eine Methode für den Verstand heissen, da man hingegen die andre eine Methode für die Sinne nennen kann; diese letztere aber ist zu Anordnung der Conchylienkabinette in der That die einzige brauchbare g).

Ich habe den Anfang mit der Beschreibung der **Muscheln** gemacht. Ihre Thiere und ihre Schalen sind viel einfacher gebauet, als wir bey den Schnecken finden. Ich glaube aber, daß die Natur in ihrer Stufenfolge immer von dem weniger vollkommenen auf das vollkommenere fortgehe, und daß der Naturforscher verbunden sey, der Natur auf ihren Schritten nachzufolgen. Bey den **Muscheln** habe ich mich in der Bestimmung der Geschlechter an die Beschaffenheit des Schlosses gehalten, und die äussere Form der Schale hat mir die **Gattungen** bestimmen müssen. Da, wo man an dem Schlosse Zähne findet, habe ich die sogenannten Seitenzähne ebenfalls mit in Anschlag gebracht, und hierin bin ich von dem Herrn Ritter von **Linne'** abgegangen, der zwar

g) **Martini** in den Beschäftigungen der Gesellschaft naturforschender Freunde, Th. III. S. 275. f.

zwar die Seitenzähne nicht übersahe, aber sie doch nur gleichsam als Nebenkennzeichen betrachtete.

Die grosse Familie der **Schnecken** habe ich nun ganz nach ihrer äussern Form bestimmt, und sie in Classen, Geschlechter und Gattungen geordnet. Bey den Schnecken, die nicht um den Mittelpunct, sondern in die Höhe gewunden sind, hat mir theils die Beschaffenheit des bald weniger bald mehr gestreckten Zopfes, bald, und das in den mehresten Fällen, die Beschaffenheit der ersten Windung, bald auch die Beschaffenheit der Mundöffnung die Geschlechts- oder die Gattungskennzeichen an die Hand geben müssen. Ich habe alles gesammlet, was ich in Schriftstellern habe finden können, und damit dasjenige verbunden, was ich selbst besitze. Ich habe es nicht für gut befunden, alle einzelne Gattungen abzeichnen zu lassen, aber die Flußconchylien **Thüringens** und der **benachbarten Gegenden** habe ich vollständig, von den ausländischen aber so viel abbilden lassen, daß es für Liebhaber hinreichen wird, sich von ihnen einen vollständigen Begriff zu machen. Hier ist die ganze Geschlechtstafel, mit Beziehung auf die Nummern, unter welchen sie nun in der Folge werden beschrieben werden, und die ich hin und wieder mit einigen Anmerkungen begleitet habe.

I. Zweyschalige Conchylien der Flüsse, oder Muscheln. Diese sind:

A) breit und kurz, Musculi, Mytuli.

I) ohne eingreifende Zähne, blos mit einem lederartigen Bande.

a) die Schale ist flach.

1 Die größte grüngestrahlte Teichmuschel. *Tab. I. fig. 1.* Die Schriftsteller verwechseln diese gemeiniglich mit Num. 4.

2. Die breite dünnschalige Breitmuschel. Der **kleine Entenschnabel**, Mytilus anatinus Linn. et Müller. *Tab. I. fig. 2. 3.*

3. Die gestrahlte Flußmuschel, Mytilus radiatus Müll. **Lister** Histor. Conchylior. tab. 153. fig. 10.

b) die Schale ist bauchigt.

aa) passet auf allen Seiten und ist ganz verschlossen.

4. Die größte **bauchigte Teichmuschel**, Mytilus cygneus Linn. et Müll. *tab. III. fig. 1.*

bb) ist auf der einen Seite klaffend.

5. Der grosse Entenschnabel, Mya intraria Linn. *tab. II. fig. 1.*

II) mit eingreifenden Zähnen.

a) ein einziger spitziger Zahn.

6. Die schwarze dickschalige Flußmuschel mit gebogener Peripherie. Die **Perlmuschel**, Mya margaritifera Linn. et Müll. *tab. IV. fig. 1.*

b) ein spitziger und ein breiter Zahn.

aa) flach und kurz mit zarter Schale.

7. Die grüne Flußmuschel, die **Mahlermuschel**, Mya pictorum Linn. et Müll. *tab. III. fig. 2. 4. 5.*

bb) flach und breit mit dünner Schale.

7. a. Die breite Mahlermuschel aus Grönland, *tab. IX. fig.* 1.

7. b. Mya corrugata Müll. von Tranquebar. *Tab. IX. fig.* 2.

cc) rund und dickbauchigt mit starker Schale.

8. Die dickschalige Flußmuschel, *Tab. II. fig.* 2. Die mehresten Schriftsteller verwechseln diese Schale mit der Perlenmuschel, die doch Bau und Schloß so gar deutlich unterscheiden. Siehe Marsigli Danube Tom. IV. p. 89. Tab. 31. fig. 5.

c) zwey breite Zähne.

9. Die schmale Flußmuschel. *Tab. III. fig.* 3. *Tab. IV. fig.* 6. Sie ist keine Spielart der Mahlermuschel, Num. 7. denn beyde unterscheidet das Schloß.

d) zwey schmale und ein breiter Zahn,

9. A. Der kleine Entenschnabel des Rumphs. *Tab. fig.*

e) ein stumpfer getheilter und ein schmaler ausgeschweifter Zahn.

10. Die rhomboidalische Flußmuschel. *tab. II. fig.* 3.

f) ein vielgezahntes Schloß.

10. A. Die Flußarche; *Tab. IX. fig.* 3. die aber mit der Mya corrugata oben Num. 7. b. nicht darf verwechselt werden.

B) runde Muscheln. Gienmuscheln, Chamae.

I) glatt, mit zwey breiten Zähnen, Chamae laeves.

11. Die kleine Gienmuschel, Tellina cornea Linn. Tellina riualis Müll. *tab. IV. fig.* 3. 4. 5.

12. Tellina lacustris Müll.

II) gestreift, Chamae striatae.

13. Argenville Conchyl. *tab.* 27. *fig.* 11.

14. Tellina pisiformis Linn.

15. Gualtieri tab. 7. fig. CC. gleicht Tab. IV. fig. 5.

III) queergestreift, Chamae transuersim striatae.

a) am Schlosse spitzig, 2. spitzige und 2. breite Zähne.

16. Die queergestreifte Herzmuschel, Tellina fluviatilis Müll. *tab. IV. fig.* 2.

17. Tellina amnica Müll.

b) am Schlosse ohne Spitze.

18. Die kleine runde queergestreifte Chama. *tab. IV. fig.* 7.

19. Gualtieri tab. 7. fig. B. — *tab. min. A. fig.* 8.

20. Tellina fluminalis Müll.

21. Tellina fluminea Müll.

IV) gerunzelt oder schilfrig.

22. Die flache gerunzelte Perlmuschel.

C) länglichrunde Muscheln. Tellmuscheln, Tellinae.

23. Dergleichen will Herr Lic. Schulze bey Dresden gefunden haben. Siehe Berlin. Mag. IV. B. S. 472. f. §. 124. Herr Etatsrath Müller hat sie in der Historia Vermium übergangen.

D) lange

D) lange Muscheln, Mytuli.

24. Gualtieri tab. 7. fig. AA. und aus ihm **Martini** Berlin. Magaz. IV. B. S. 472. tab. XII. fig. 68. Herr **Müller** hat sie übergangen.

25. Mytilus polymorphus. **Pallas.** Siehe **Müller** Supplementband zum linnäischen Natursystem S. 370.

II. Einschalige Conchylien der Flüsse, oder Schnecken.

I) Ungewundene. **Patellen, Schüsselmuscheln,** Patellae.

A) runde Patellen.

a) mit scharfen und übergebogenen Wirbel.

26. Die **Dragonermütze,** Patella lacustris Linn. Ancylus lacustris Müll. *Tab. V. fig. 1. 2.*

b) mit stumpfen Wirbel.

27. Die rothgefleckte Dragonermütze, *tab. V. fig. 3.*

B) ovale Patellen.

a) ohne merklichen Wirbel.

28. Ancylus fluviatilis Müll. *tab. V fig. 4.*

b) mit einem übergebogenen Wirbel.

29. Die ovale Patelle mit übergebogenen Wirbel. **Gualtieri** tab. 4. fig. AA. — — *tab. min. A. fig. 10.*

II) Gewundene. **Eigentliche Schnecken,** Cochleae.

AA) mit gedrückten Windungen, ohne Zopf

aa) die Windungen sind an die Seite gedrückt. **Schwimmschnecken, Neriten;** Neritae.

30. Die weisse gefleckte Nerite, Nerita fluviatilis Linn. et Müll. *tab. V. fig. 5. - 10. tab. min. C. fig. 8.*

31. Die grüne gerunzelte längliche Nerite, Nerita fluviatilis Linn. *tab. V. fig. 11.*

32. Die quergerunzelte oder gefaltene Schwimmschnecke aus der Donau. *tab. min. B. fig. 4.*

33. Die gelblichgrüne Flußnerite. *tab. IX. fig. 4.* Fig. 5. ist ihr Deckel.

34. Die kleine weisse Schwimmschnecke, Albula fluviatilis Schr.

35. Die schwarze weißpunctirte Nerite, Nerita lacustris Linn.

36. Das Rothauge, Nerita pulligera Linn. Nerita rubella Müll.

37. Das Flußdornchen, Nerita corona Linn. et Müll.

bb) die Windungen um den Mittelpunct. **Posthörner, Ammonshörner,** Cornua ammonis spuria.

αα) mit ungleich abnehmenden Gewinden, wo das erste Gewind ungleich grösser als das nächstfolgende ist.

a) mit einem runden Rande.

38. Planorbis albus Müll. *Tab. V. fig. 12.*

b) mit einem scharfen Rande.

39. Das durchsichtige gelblich platte Posthörnchen mit scharfem Rande, Helix planorbis Linn. Planorbis carinatus Müll. *tab. V. fig. 13.*

40. Das undurchsichtige platte Posthörnchen. *Tab. V. fig. 14. 15.*

ββ) mit gleich abnehmenden Windungen.

1) linksgedrehete, Cornua ammonis spuria sinistrorsum tortilia.

41. Das plattgedrückte Ammonshorn. Helix vortex Linn. Planorbis vortex Müll. *Tab. V. fig. 16. 17.*

42. Das schwarze linke Ammonshorn mit 6. Windungen. *Tab. V. fig. 18.*

43. Planorbis contrarius Müll. Helix cornu arietis Linn. *Tab. IX. fig. 13.*

44. Das kleine linksgewundene senegallische Posthörnchen.

2) rechtsgedrehete, Cornua ammonis dextrorsum tortilia.

A) ohne Nabelloch, wo also die Windungen auf beyden Seiten sichtbar sind.

א) runde Ammonshörner.

a) glatte Ammonshörner, Cornua ammonis laevia.

45. Die Coccinellschnecke, Helix cornea Linn. Planorbis purpura Müll. *tab. V. fig. 19. 20. 21. Tab. min. C. fig. 7.*

46. Das kleine Posthörnchen mit drey runden Gewinden.

47. Das kleine platte Posthörnchen mit fünf Gewinden, Helix spirorbis Linn. Planorbis spirorbis Müll.

48. Das kleine viermal gewundene Posthörnchen.

49. Das kleine Schlängelchen mit drey Gewinden.

b) dornigte Ammonshörner, Cornua ammonis spinata.

50. Die ziegelförmige Schnecke, Turbo nautileus Linn. Planorbis imbricatus Müll.

ב) Ammonshörner mit einem scharfen Rande.

51. Planorbis vmbilicatus Müll. Helix complanata Linn. *tab. V fig. 22 - 25. tab. min. C. fig. 4.* Gemeiniglich wird dieses Ammonshorn mit Num. 41 verwechselt.

B) mit einem Nabelloch, wo also die Windungen nur auf einer Seite sichtbar sind. Cornua ammonis vmbilicata. Wenn bey einem eigentlichen Ammonshorn die Windungen auf beyden Seiten sichtbar seyn müssen, und auf diese Art auch die gewöhnlichen Ammonshörner allemal erscheinen, so können sie diejenige Vertiefung, die man sonst den Nabel zu nennen pfleget, eigentlich gar nicht haben. Man hat aber unter den Flußconchylien dergleichen Schnecken, die auf der einen Seite vollkommen wie ein Ammonshorn gewunden sind, dergestalt, daß die Windungen, ohne nur im mindesten erhöhet zu seyn, an einander schliessen, auf der andern Seite aber einen tiefen Nabel, oder ein eigentliches Nabelloch haben. Ein solches hat der Herr Etatsrath **Müller** Histor. Verm. P. II. p. 198. von den Ammonshörnern gänzlich getrennet, zu einem eignen Geschlecht gemacht, und dieses Geschlecht *Valuata*, seine Gattung aber *Valuata cristata* genennet. Man kann also dieses Geschlecht *Valuatas*, oder *Cornua ammonis vmbilicata* nennen, und es für den Uebergang der Natur auf die Nabelschnecken ansehen.

52. Valuata cristata Müll. *tab. V. fig. 26.*

53. Das genabelte wachsförmige Posthörnchen, Planorbis nitidus Müll. *tab. V. fig. 27.*

54. Der

54. Der Planorb mit aufgeblasenen Windungen. *Tab. V. fig. 28.*
55. Das kleine sechsfach gewundene falsche Posthörnchen, Helix contorta Linn. Planorbis contortus Müll. *tab. V fig. 29.*
56. Der mit einem erhöheten Wulst versehene Planorb. *tab. V. fig. 30.*
57. Der Planorb mit einem gebrochenen Rande. *tab. V. fig. 31.*
58. Das durchsichtige feingestreifte Posthörnchen, Planorbis similis Müll.
59. Das kleine genabelte Schlängelchen mit vier flachen Gewinden, Nerita pusilla. Müll.
60. Die rauhe sammtartige Tellerschnecke.
61. Nerita piscinalis. Müll.
61. A. Die plattgewundene braune Nabelschnecke, mit 6. Gewinden.

BB) mit erhöheten Windungen und einem stumpfen Zopfe. Sie haben mit unsern gewöhnlichen Erdschnecken eine grosse Aehnlichkeit; und sind

1. genabelt.

α) das erste Gewind ist sehr groß und aufgeblasen.

62. Die Schlamm- oder Kothschnecke, Helix ampullacea Linn. Nerita ampullacea Müll. *Tab. VI. fig. 2.*
63. Die gröste Kothschnecke, Nerita vreeus.
64. Das Ammonsauge, Nerita effusa Müll.
65. Helix mammillaris Linn.
66. Helix lutraria Linn.
66. a. Die kleine grönländische Flußtonne. *Tab. IX. fig. 6.*

β) alle Gewinde sind in einer verhältnißmäßigen Abnahme.

67. Die dünnschalige hornfarbige Nabelschnecke. *Tab. V. fig. 32.*
68. Die erdfarbige Nabelschnecke.
69. Die kleine genabelte Flußschnecke mit 4. Gewinden. *Tab. V. fig. 33.*
70. Die perlenfarbige ganz durchsichtige Nabelschnecke. *Tab. V. fig. 34.*
71. Die röthliche bandirte Flußschnecke. *Tab. V. fig. 35.*

2. ungenabelt.

72. Die perlenfarbene bauchige Schnecke mit Bändern. *Tab. V. fig. 36.*
73. Helix fragilis Linn.
74. Helix limosa Linn.
75. Die gelbe aufgeblasene Flußschnecke.
76. Die gelbe französische Flußschnecke.
77. Die achatfarbige Flußschnecke

CC) mit gestreckten Windungen.

1. mit einem kurzen Zopfe.

a) mit einer langen ovalen Mundöffnung. **Kahnschnecken.** Die eigentlichen Kahnschnecken, die man sonst auch unter dem Namen der Amphibienschnecken kennet, und die Herr von Linne und Herr Etatsrath Müller Helix succinea nennen, sind zuverläßig Erdschnecken, und gehören nicht hieher.

α) links.

α) linksgedrehete.

78. Die **Wasserblase**, Bulla fontinalis Linn. Planorbis bulla Müll. *tab. VI. fig. 16.*

β) rechtsgedrehete.

79. Buccinum glutinosum Müll.

80. Die geflügelte Kahnschnecke. Diese scheinet den natürlichsten Uebergang auf die Ohrschnecken zu machen.

b) mit einer langen ausgeschweiften Mundöffnung. **Ohrschnecken.**

aa) die Mundöffnung bildet keinen Flügel.

81. Die eigentliche Ohrschnecke, Helix auricularia Linn. Buccinum auricula Müll. *tab. VI. fig. 3. 6. 8. tab. min. C. fig. 2.*

82. Buccinum peregrum. *tab. VI. fig. 7. tab. min. C. fig. 3.*

bb) die Mundöffnung bildet einen Flügel. **Geflügelte Ohrschnecken. Flügelschnecken.**

α) mit eingedruckter stumpfer Spitze.

83. Die grosse Flügelschnecke. *tab. VI. fig. 4.*

β) mit hervortretender Spitze.

84. Die spitzige Flügelschnecke. *Tab. VI. fig. 5.*

c) mit einer runden Mundöffnung. Kräuselschnecken.

85. Der Federbuschträger. *tab. VI. fig. 11.*

85. a. Der aufgeblasene Kräusel mit 4. zugespitzten Windungen.

86. Die Kräuselschnecke mit erhöhetem Wulst. *tab. VI. fig. 10.*

87. Der gestreckte Kräusel. *tab. VI. fig. 12.* Er macht den natürlichsten Uebergang auf die Trompetenschnecken.

87. A. Die kräuselförmige Flußschnecke.

2. mit einem verlängerten Zopfe.

I) das erste Gewind ist ungleich grösser als die folgenden. **Trompeten, Kinkhörner,** Buccina.

A) linksgedrehete.

88. Das marmorirte linke Buccinum. *tab. VI. fig. 9.*

89. Das achatfarbige glänzende Buccinum. *tab. VI. fig. 15.*

90. Buccinum columna Müll.

91. Planorbis turritus Müll.

92. Planorbis gelatinus Müll.

93. Helix peruersa Linn.

94. Das bauchigte linksgedrehete Buccinum. *tab. min. A. fig. 2.*

95. Das linksgewundene gelbe Buccinum von sechs Gewinden. *tab. min. A. fig. 3.*

B) rechtsgedrehete.

a) mit unebenen Windungen.

96. Die **Pabstkrone der süssen Wasser.** Helix amarula Linn. Buccinum amarula Müll. *tab. 9. fig. 8. 11.*

97. Buccinum scabrum Müll. *tab. 6. fig. 13.*

97. a. Die Flußbischofsmütze. *tab. 9. fig. 12.*

b) mit

b) mit glatten Windungen.
A) mit einer langen Mundöffnung und
1) ungezahnter Mündung
AA) ohne Streifen.
98. Bulla achatina Linn. Buccinum achatinum Müll. tab. 6. fig. 1.
99. Das grosse Spitzhorn der süssen Wasser. Helix stagnalis Linn. Buccinum stagnale Müll. Tab. VII. fig. 1. 2. tab. min. C. fig. 1.
100. Das schwarze Spitzhorn mit sechs Gewinden, der Rabe. Tab. VII. fig. 3. 4.
101. Das kleine Spitzhorn von fünf Gewinden. Buccinum palustre. Tab. VII. fig. 9. 10.
102. Das weisse Spitzhorn von sehr zerbrechlicher Schale. Helix fragilis Linn. Tab. VII. fig. 8.
103. Das braune Spitzhorn mit einer schmalen weissen Binde in den Gewinden. tab. VII. fig. 7.
104. Das weisse gestreckte Spitzhorn von fünf Gewinden. Tab. VII. fig. 6.
105. Die Flußtrompete mit aufgeblasener Windung. tab. VII. fig. 5.
106. Buccinum exaratum Müll.
107. Murex cariosus Linn.
BB) mit gestreifter Schale.
108. Buccinum fluviatile striatum testa tenui. Tab. min. A. fig. 7.
109. Das gestreifte Spitzhorn. Tab. min. B. fig. 2.
110. Das zartgestreifte Spitzhorn. tab. min. A. fig. 5.
111. Buccinum torridum Müll.
2) mit gezahnter Mündung.
111. a. Das Midasohr. Tab. IX. fig. 10. Die Schriftsteller und selbst Martini haben dieses Midasohr, Voluta auris Midae Linn. unter den Seeconchylien, das sich doch in den Sümpfen aufhält und also unter die Flußconchylien gehört.
B) mit einer länglich runden oder ovalen Mundöffnung.
AA) glatt.
112. Das schmutzig weisse kleine Spitzhorn, dessen erstes Gewind aufgeblasen ist. Tab. VII. fig. 11.
113. Das gelblich rothe Buccinum, dessen erstes Gewinde groß und bauchigt ist. Tab. VII. fig. 12.
114. Buccinum truncatulum Müll. Tab. VII. fig. 13.
115. Nerita minuta Müll. tab. VII. fig. 14.
116. Buccinum glabrum Müll. tab. VII. fig. 15.
117. Das kleine weisse durchsichtige und bauchige Buccinum von vier Gewinden. Tab. VII. fig. 16.
118. Das kleine weisse undurchsichtige Spitzhorn. Tab. VII. fig. 17.
119. Das kleinste weisse Buccinum mit fast ganz runder Mundöffnung. Tab. VII. fig. 18.

120. Der Thürhüter. Helix tentaculata Linn. Nerita jaculator Müll. Tab. VII. fig. 19-22. fig. 22. b. ist der Deckel dieser Conchylie.
121. Buccinulum candidum ex ruso vadatim depictum. Tab. min. A. fig. 4.
122. Carychium minimum Müll.
123. Buccinum zebra Müll.
124. Buccinum fasciatum Müll.
125. Das goldgelbe Spitzhorn mit einer weissen Binde.
126. Die lebendig gebährende Wasserschnecke. Helix viuipara Linn. Nerita viuipara Müll. Tab. VIII. fig. 1. 2. tab. min. C. fig. 6.
127. Die lebendig gebährende krystallinische Wasserschnecke.
128. Bulla virginea Linn. Buccinum virgineum Müll. Tab. VIII. fig. 3. 4. Num. 126. und 128. sind dem äussern Bau nach nicht recht Trompeten und nicht recht Schrauben. Denn Num. 126. hat beynahe eine ganz runde Mundöffnung, und Num. 128. fast gleich abnehmende Windungen; sie müssen also beyde als Zwischengattungen angenommen werden.
129. Nerita dissimilis Müll.
130. Nerita lineata Müll. Die Flußnadel mit sieben in die länge gestreiften Gewinden, Mart.
131. Der Korb.
132. Nerita sphaerica Müll.
133. Die Bastart-Seetonne. Strombus palustris Linn.
134. Die weitmündige grünliche Schraubenschnecke.
135. Das virginische grünlich gelbe Schraubhorn.
136. Das weisse bauchige Buccinum mit vielen braunen Binden, der Bauernjunge der süssen Wasser. Tab. VIII. fig. 5. tab. min. C. fig. 5.
136. a. Das castanienbraune, bald glatte, bald gestreifte, bald geflammte Buccinum aus Grönland. Tab. IX. fig. 16. 18. 19. der Deckel tab. IX. fig. 7.

BB) gestreift.

137. Das zartgestreifte Spitzhorn. tab. min. A. fig. 6.
138. Buccinum striatulum Müll.
139. Buccinum strigatum Müll.
140. Buccinum striatum Müll.

C) mit einer dreyeckigten Mundöffnung.

141. Die Flußtrompete mit dreyeckigter Mundöffnung. Tab. min. A. fig. 9.

II) das erste Gewind stehet mit den folgenden in einer verhältnißmäßigen Abnahme. Schraubenschnecken, Turbines, Strombi.

1) linksgedrehete.

142. Vertigo pusilla Müll.

2) rechtsgedrehete

a) mit einer glatten Schale.

143. Die Flußnadel. Helix octona Linn. Buccinum acicula Müll. Tab. VIII. fig. 6.

144. Die

144. Die kleinste weisse Flußschraube mit vier Windungen. Tab. VIII. fig. 7.
145. Die kleinste bauchigte Flußschraube mit vier Windungen. Tab. VIII. fig. 8.
146. Die kleinste Flußschraube mit abgestumpfter Spitze. Tab. VIII. fig. 9.
147. Die amboinische Flußnadel. Nerita punctata Müll.
148. Die glatte unten abgebrochene Schraube. Nerita contorta Müll.
149. Nerita trochus Müll.
150. Die unwundene kleine Flußschraube. Tab. VIII. fig. 10.
151. Die schwärzliche Schraube.
152. Die schmale braunlich gelbe Schraube.
153. Die Flußschraube mit gewölbten Windungen.
154. Das grosse Schraubhorn mit neun erhabenen scharfen Windungen.
155. Die grünlich gelbe virginianische Flußschraube.
156. Die bauchige kurze Schraube mit runder zur Seite gebogenen Mundöffnung. Tab. min. B. fig. 5.
157. Die langgestreckte Schraube von acht Gewinden mit länglich runder Mundöffnung. Tab. min. B. fig. 1.
158. Die krummgebogene Schraube von sechs Gewinden mit gesäumter Mundöffnung und einer stumpfen Spitze. Tab. min. B. fig. 3.
159. Turbo thermalis Linn.
160. Helix cylindrica Linn.
161. Turbo fluviatilis maximus laevis testa ponderosa. Tab. min. A. fig. 1.

b) mit gestreifter Schale.
162. Nerita lunulata Müll.
163. Nerita labeo Müll.
164. Nerita ligata Müll.

c) mit queergestreifter Schale.
165. Turbo lincina Linn. Nerita lincina Müll.
166. Nerita fasciata Müll.
167. Nerita angularis Müll.
168. Die glatte Sumpfnadel. Strombus ater Linn. Nerita atra Müll.
169. Die ostindische Bastartpabstkrone, die Sumpfnadel.
170. Die virginianische Flußnadel.
170. A. Die aschgraue oder röthliche feingestreifte Deckelschnecke. Nerita elegans Müll.

d) mit höckerigter Schale.
171. Nerita tuberculata minor Müll. Tab. VIII. fig. 14.
172. Die dunkel purpurfarbene Schraubenschnecke. Nerita tuberculata major Müll.
173. Die africanische Trommelschraube mit Banden und starken Knoten. Nerita aurita Müll.

174. Die braune gezackte und knotigte Trommelschraube. Nerita aculeata Müll.
175. Die mit gekörnten Bändern umwundene Schraube. Tab. VIII. fig. 15. tab. IX. fig. 9.
176. Die braune Trommelschraube.
177. Die africanische dunkelbraune Trommelschraube. Tab. VIII. fig. 13.
178. Die Mangrumsnadel. Tab. VIII. fig. 11. 12.
179. Die knotigte chinesische Pyramide.

Wollten wir dieses ganze Heer der Flußconchylien in ihre **Familien, Classen, Ordnungen, Geschlechter und Gattungen** abtheilen, so könnte es auf folgende Art geschehen.

I) Erste Familie, Muscheln.
- I) **Erste Classe**, lange schmale Muscheln, Musculi.
  - 1) **Erstes Geschlecht**, ungezahnte Muscheln. Gattungen. Num. 1 = 5.
  - 2) **Zweytes Geschlecht**, gezahnte Muscheln. Gattungen. Num. 6 = 10. A.
- II) **Zweyte Classe**, breite oder runde Muscheln, Chamae.
  - 3) **Drittes Geschlecht**, mit glatter Schale. Gattungen. Num. 11. 12.
  - 4) **Viertes Geschlecht**, mit gestreifter oder gerunzelter Schale. Gattungen. Num. 13 = 22.
- Zweifelhafte Geschlechter und Gattungen. Num. 23 = 25.

II) Zweyte Familie, Schnecken.
- I) **Erste Classe**, ungewundene Schnecken.
  - 5) **Fünftes Geschlecht**, Patellen. Gattungen. Num. 26 = 29.
- II) **Zweyte Classe**, gewundene, oder eigentliche Schnecken.
  - 1) **Erste Ordnung**, mit gedrückten Windungen.
    - 6) **Sechstes Geschlecht**, Neriten. Gattungen. Num. 30 = 37.
    - 7) **Siebentes Geschlecht**, eigentliche Ammonshörner. Gattungen. Num. 38 = 51.
    - 8) **Achtes Geschlecht**, genabelte Ammonshörner. Gattungen. Num. 52 = 61. A.
  - II) **Zweyte Ordnung**, mit erhöheten Windungen und stumpfen Kopfe.
    - 9) **Neuntes Geschlecht**, erdschneckenförmig gewundene Schnecken mit einem Nabel. Gattungen. Num. 62 = 71.
    - 10) **Zehntes Geschlecht**, erdschneckenförmig gewundene Schnecken, ohne Nabel. Gattungen. Num. 72 = 77.

III) Dritte

III) Dritte Ordnung, mit gestreckten Windungen, kurzen Zopfe und langer ovalen Mündung.

11) Eilftes Geschlecht, Kahnschnecken.
Gattungen. Num. 78 = 80.

12) Zwölftes Geschlecht, Ohrschnecken.
Gattungen. Num. 81 = 84.

IV) Vierte Ordnung, mit gestreckten Windungen, kurzen Zopfe und runder Mündung.

13) Dreyzehentes Geschlecht, Kräuselschnecken.
Gattungen. Num. 85 = 87. A.

V) Fünfte Ordnung, mit verlängerten Zopfe, wobey das erste Gewind sehr groß ist. Buccina, Trompete.

14) Vierzehentes Geschlecht, linksgedrehete.
Gattungen. Num. 88 = 95.

15) Funfzehentes Geschlecht, rechtsgedrehete mit höckerigter Schale.
Gattungen. Num. 96. 97.

16) Sechszehentes Geschlecht, rechtsgedrehete mit langer Mundöffnung.
Gattungen. Num. 98 = 111. a.

17) Siebenzehentes Geschlecht, rechtsgedrehete mit ovaler Mundöffnung.
Gattungen. Num. 112 = 140.

18) Achtzehentes Geschlecht, rechtsgedrehete mit dreyeckigter Mundöffnung.
Gattung. Num. 141.

VI) Sechste Ordnung, mit gleich abnehmenden Gewinden, Schrauben.

19) Neunzehentes Geschlecht, mit ebener und glatter Schale.
Gattungen. Num. 142 = 161.

20) Zwanzigstes Geschlecht, mit gestreifter Schale.
Gattungen. Num. 162 = 170. A.

21) Ein und zwanzigstes Geschlecht, mit höckerigter Schale.
Gattungen. Num. 171 = 179.

Alle diese hundert und neun und siebenzig Gattungen werde ich in folgenden neun Kapiteln beschreiben.

I) Anmerkungen und Beschreibung der Muscheln. Num. 1 = 25.
II) = = = = = der Patellen. Num. 26 = 29.
III) = = = = = der Neriten. Num. 30 = 37.
IV) = = = = = der Ammonshörner. Num. 38 = 61. A.
V) = = = = = der erdschneckenförmig gewundenen Schnecken. Num. 62 = 77.
VI) = = = = = der Kahn= und Ohrschnecken. Num. 78 = 84.
VII) = = = = = der Kräuselschnecken. Num. 85 = 87.
VIII) = = = = = der Trompetenschnecken. Num. 88 = 141.
IX) = = = = = der Schraubenschnecken. Num. 142 = 179.

Das erste Kapitel.
Von den Muscheln der süssen Wasser.

Allgemeine Anmerkungen über die Flußmuscheln.

§. 82.

Die einzelnen Theile der Muscheln habe ich schon im andern Abschnitte dieses Buches beschrieben, das ich jetzo nicht wiederhole, ich kann mich daher in dieser Einleitung zu den Muscheln desto kürzer fassen. Die Muscheln haben den allgemeinen Geschlechtscharakter, daß sie aus zwey Schalen oder Hälften bestehen, die bey den Flußmuscheln sich ganz gleich sind, dergestalt, daß die eine gerade so gebaut und gezeichnet ist als die andre, und diese beyden Schalen sind bald durch ein blosses lederartiges Band verbunden, und haben keine Zähne, oder sie haben Zähne, und gleichwohl auch, wenigstens die mehresten, lederartige Bänder auf den beyden Seiten ihrer Schnäbel. Mir ist unter allen Flußmuscheln noch keine einzige vorgekommen, wo die eine Hälfte der Schale von der andern merklich unterschieden wäre, unter den Seeconchylien sind inzwischen mehrere Beyspiele vorhanden, wo man bey einzelnen Schalen fast nicht glauben sollte, daß sie zusammengehörten. Freylich ist die Familie der Muscheln unter den Seeconchylien viel zahlreicher an Geschlechten und Gattungen, als unter den Flußconchylien; allein ob wir hier gleich nur wenige Geschlechte aufweisen können, so fehlet es gleichwohl nicht an verschiedenen Gattungen, die sich durch Grösse, durch Bau und durch Farbe unterscheiden. So groß und so schön sind nun freylich unsre Flußmuscheln nicht, als die Seemuscheln sind, allein was man auch von beyden sagen kann, das muß man immer nur unter gewissen Einschränkungen sagen. Unsre Gienmuscheln sind freylich sehr klein, sie werden von den Gienmuscheln der See unendlich überwogen, aber die gröste Teichmuschel, die auf meiner ersten Kupfertafel ihre ganze Familie anführt, ist ansehnlich und groß genug, eine grosse Menge der Seemuscheln weit hinter sich zu lassen. Eben so ist es mit der Farbenmischung. Freylich erreichen sie die Schönheit mancher Seemuscheln nicht, allein meine Kupfertafeln, die von einem geschickten Künstler ganz nach der Natur gezeichnet sind, werden hoffentlich die Ehre der Flußmuscheln retten. Besonders wollen wir diesen Umstand nicht übersehen, daß die grüne Farbe, eine bey den Seemuscheln so seltene, und fast gar nicht bekannte Farbe, unsern Flußmuscheln fast eigen zu seyn scheinet; ja unter der gehörigen Politur betrachtet, die man auch bey den Seemuscheln nicht übersehen darf, erhöhen sich die Farben der Flußmuscheln gar sehr, und auch sie beweisen die längst bestätigte Wahrheit, daß eine jede Gegend ihre eigentlichen Schönheiten und Seltenheiten habe. Was die Natur den Flußmuscheln fast ganz versagt hat, das ist der innre weisse Perlenmutterglanz, der bey manchen Seeconchylien bis zum Erstaunen schön ist; doch nähert sich Glanz, Farbe und Schönheit bey der Perlenmuschel der süssen Wasser der Perlenmutter der See gar merklich. Inwendig betrachtet ist dieses die schönste unter allen Flußmuscheln, dafür aber hat ihr die Natur die äussern Schönheiten fast alle versagt, welche andere Muscheln der ersten Classe haben.

Da ich eben der **Perlenmuschel** gedenke, so merke ich bey dieser Gelegenheit an, daß auch unsre Flußmuscheln des würdigen Herrn Pastor **Chemnitz** zu **Kopenhagen neue Theorie über den Ursprung der Perlen** [h]) bestätigen. Er hält die Perlen für Verwahrungsmittel der Muschelthiere gegen feindliche Anfälle auf ihre Schalen, und für Heilpflaster, die Verwundungen ihrer Schale damit zu verbinden und zu heilen. Jede Schale ist eines solchen feindlichen Angriffs verschiedener Würmer und Schnecken nicht nur fähig, sondern auch denselben würklich unterworfen jedes Muschelthier muß also ein Vermögen haben, sich gegen solche Anfälle zu schützen, ein Vermögen haben, Perlen zu verfertigen, und ein jedes Muschelgeschlecht, und eine jede Gattung muß Perlen in sich enthalten können. Ich sage, diese Theorie wird durch unsre Flußmuscheln sehr gut bestätiget. Ich will jetzo nicht von der eigentlichen **Perlmuschel** der Flüsse reden, denn über diese entstehet kein Zweifel, sondern nur von unsern grossen Teich- und von den kleinen Mahlermuscheln. In diesen entdeckt man nicht nur so genannte Perlenansätze ziemlich häufig, sondern auch würkliche Perlen, ob ich gleich eingestehe, daß sie unter die Seltenheiten gehören. Ich habe dergleichen bey dem verstorbenen Herrn Hofrath **Günther** zu Cahla gesehen, der sie von den gemeinen Wassermuscheln gewonnen hatte, auch vor kurzem selbst in einer grossen Teichmuschel (Mytilus cygneus Linn. Abschn. III. n. IV.) eine Perl gefunden, die nicht in der Schale, sondern zwischen dem Mantel und dem Thier befindlich war. Zu diesem, was mein Auge gesehen hat, setze ich noch an dem Herrn D. **Martini** einen gültigen Zeugen. Er sagt [i]): „die meisten süssen Wasser sind oft ebenfalls fruchtbar an Perlen. Es ist fast keine Art von Flußmuscheln, welche nicht oft würkliche Perlen oder Spuren derselben enthalten sollte. Indessen hat man die grossen Teichmuscheln, (Mytilus cygneus Linn. Num. 4. und tab. III. fig. 1.) in dieser Absicht als die vorzüglichsten anzusehen. Die kleinen Flußmuscheln verdienen kaum geöffnet zu werden. Der kürzlich verstorbene Nordische Plinius, Herr **von Linné**, hat nicht allein von den grossen Perlenmuscheln, dergleichen die **Lappländischen** sind, welche mit denen in der **Elster im Voigtlande** und in andern deutschen Flüssen übereinkommen, sondern auch von sehr gemeinen kleinen Flußmuscheln, (vermuthlich meynet hier Herr **von Linné** die **Mahlermuscheln**, Mya pictorum Linn. Num. 7. tab. III. fig. 2. 4. 5.) reife Perlen erhalten." In den Ephem. nat. curios. Dec. I. Ann. II. Observ. 228. p. 329. wird von **Perlen** aus dem **Küchteiche** bey **Weimar** geredet, folglich hat auch meine Gegend diesen Vorzug, ob ich gleich für meine Person noch keine würkliche Perle gefunden habe, ob ich gleich genug Muscheln, und unter diesen viele aus unserm Küchteiche geöffnet habe, die obige aber, von der ich die Perle erhielt, war aus dem grossen Teiche zu **Belvedere**, einem nahe bey **Weimar** gelegenen Herzoglichen Lustschlosse. In der Histoire de l'Acad. des Scienc. de Paris 1769. p. 23. 24. wird erzehlt, daß in den Schloßgräben zu **Maulatte**, nahe bey **Houdan**, einige Teichmuscheln gefischt worden wären, in denen man, bey Eröffnung derselben, viele kleine und grössere Perlen gefunden habe. Die gröste hatte ein Steinchen zum Kern, welches mit der Perlmaterie war überzogen worden [k]).

Die

h) In den Beschäftigungen der Gesellschaft naturforschender Freunde, I. Band S. 344.

i) In der allgemeinen Geschichte der Natur, IV. Band S. 488.

k) Siehe das Bernerische Magazin, I. Stück S. 10. und **Martini** am anges. Orte.

Die Schalen unsrer Flußmuscheln sind nicht alle von einerley Art. Einige unter ihnen haben eine überaus dünne Schale. Das gilt nicht blos von den kleinsten unsrer Flußmuscheln, von der kleinen Gienmuschel; sondern auch von den grössern Muscheln. Die gröste **Teichmuschel**, Num. 1. und 4. der grosse und der kleine **Entenschnabel**, Num. 2. und 5. die **breite Mahlermuschel**, Num. 7. a. die Mya corrugata, Num. 7. b. und die **schmale Flußmuschel**, Num. 9. möchten doch wohl unter unsern Flußmuscheln diejenigen seyn, welche die dünnsten Schalen haben. Unter ihnen gerade die grösten unserer Muscheln, die wir haben, zum Beweise, daß die Stärke der Schale weder von ihrer Grösse, noch von ihrem Alter, sondern von ihrer Natur abhange. Einige Muscheln sind also gewohnt, sich mit einer überaus starken Schale zu versehen, andere begnügen sich mit einer schwächern. Unter den Flußmuscheln hat die **Perlenmuschel**, Mya margaritifera Linn. Num. 6. eine überaus starke Schale, beynahe aber ist die Schale der ungleich kleinern **dickschaligen Flußmuschel** Num. 8. noch stärker. Man frage mich nicht: **zu was für einem Endzweck die Natur manchen Muscheln eine so starke, andern aber eine ungleich schwächere Schale gegeben habe?** In dieses Geheimniß hat mich die Natur noch nicht schauen lassen. Sie thut aber auch nichts umsonst. Vielleicht macht dies ihre eigne Lebensart nothwendig! Vielleicht sind sie mehrern und mächtigern Feinden ausgesetzt! Wenigstens habe ich keine Schale der Flüsse also verletzt, und wenn ich so sagen darf, so zerstöhrt und angefressen gesehen, als die **Perlmuschel** und die **dickschalige Flußmuschel**.

Von den mehresten unsrer Flußmuscheln ist es entschieden, daß sie unter die lebendig gebährenden, das ist, unter diejenigen gehören, die sogleich mit ihren beyden Schalen aus dem Ey hervorkriechen, oder aus ihrer Mutter Leibe also hervorkommen. Ueber die **grössere Flußmuschel** hat schon der Graf **Ginanni** diese Beobachtung angestellet [l]). Im Monat Merz öffnete er diese Muscheln und fand sie voller Eyer. Aber nur beym ersten Anblick schienen sie ihm mit Eyern erfüllt zu seyn, da er hingegen, als er das Vergrösserungsglas kaum zur Hand genommen hatte, schon anfieng, daran zu zweifeln, und sie für kleine Muscheln halten muste. Noch mehr wurde er aber davon überzeugt, als er sich Mühe gab, sein Vergrösserungsglas mit mehrerer Sorgfalt zu gebrauchen, indem sie die Gestalt der Mutter, und allbereits ihre zwo Schalen hatten.

Von der **kleinen Gienmuschel** der süssen Wasser, Tellina cornea Linn. Num. 11. kann ich ausser meiner eignen Erfahrung noch verschiedene Zeugen aufstellen. Herr D. **Martini** [m]) besaß unter einer Menge anderer kleinen Schalen dieser Art eine Duplette aus der **Mark**, eines Kupferpfennigs groß, in deren innern Höhlung nahe am Schlosse über 15. junge sehr kenntbare **Breitmuscheln** gleichsam mit einem gelben Leim zusammengekittet, über einander liegen. Die kleinste gleicht einem Senfkorn, die meisten einer kleinen Linse. Ihre Schalen sind ganz weiß und durchsichtig, und er schloß daraus, daß der Bewohner seine Jungen lebendig gebähren müsse. Herr **Geoffroy** [n]) gieng in seinen Beobachtungen noch weiter. Er hat diese Muscheln in einem Glas voll Wasser beobachtet, und unter andern Merkwürdigkeiten auch diese beobachtet, daß diese Thiere in eben diesem Glase oft ihre Jungen lebendig gebähren, und daß daher das Breitmuschelthier folglich zu den lebendig gebährenden gehöre. Eben das hat der verstorbene Herr

l) Siehe den Naturforscher, II. Stück S. 114. m) Berlinisches Magazin, IV. Band S. 453.
n) Von den Schnecken um Paris, deutsch S. 120.

Herr Hofrath **Günther** in Cahla erfahren. Wenn er solche Muscheln öffnete, fand er darin die jungen Muscheln, er sahe sie aber mehrentheils erst alsdann, wenn das Muschelthier verfault war. Ich selbst besitze dergleichen Muscheln mit den lebendigen Jungen in guter Anzahl, und habe sie in mehrern gefunden, die fest verschlossen waren, nachdem ich sie geöffnet habe. Dadurch, deucht mir, widerlegt sich der Einwurf von selbst, den mir ein Freund darüber machte, daß diese jungen Schalen vielleicht nur so von ohngefehr in die ältern wären zu liegen gekommen.

Herr **Geoffroy** *) versichert, daß unter unsern Flußmuscheln sich auch eyerlegende befänden, und behauptet dieses besonders von dem Mytilus cygneus und der Mya pictorum des Herrn **Linne**. Wäre die vorhergehende Beobachtung des Herrn Graf **Ginanni** richtig, so irret Herr **Geoffroy**, ich wünschte daher, daß diese Sache möchte genauer untersucht werden. Ich habe zwar mehrere Bewohner von dem Mytilus cygneus zerschnitten, aber in ihnen weder Eyer noch junge Muscheln gefunden, vielleicht hatte ich gerade die Jahrszeit nicht in Acht genommen, wo man dergleichen in den Muschelthieren suchen darf. Denn daß ich zu einer andern Zeit Eyer in derselben gefunden habe, davon werde ich unten Nachricht geben.

Unter den Gienmuscheln sind diejenigen gestreiften die seltensten, deren Streifen den Kammzinken gleichen. Ich habe zwar dergleichen von einem Freund aus **Hamburg** mit der Versicherung erhalten, daß sie in den dasigen Flüssen wären gefunden worden. Allein bey genauerer Untersuchung fand ich, daß sie kleine ausgebleichte Beyspiele von dem Cardium edule des **Linne**, und vermuthlich durch Fluthen von den Ufern der **Ostsee** in die Flüsse gekommen wären. Ich habe ihnen daher in meiner Liste keinen Platz eingeräumet. Ich befürchte, dies Schicksal dürfte mehrern Flußconchylien begegnen, die aus **Asien**, **Africa** und **America** zu uns kommen, wenn wir Gelegenheit haben, sie genauer zu untersuchen. Es wird aber auch der Erdboden und die See manchen Bürger verlieren, den man in den Kabinetten bisher unter sie legte, der aber unter die Bürger der süssen Wasser gehöret. In der Folge dieser Abhandlung werden meine Leser davon mehrere Beyspiele finden.

§. 83.

Es ist wohl ganz gleichgültig, ob wir bey der Beschreibung der Flußconchylien **den Anfang mit den Muscheln, oder mit den Schnecken machen; Lister, Martini, Geoffroy** und **Müller** haben unterdessen die **Muscheln** zuletzt beschrieben, und den Anfang mit der Beschreibung der **Schnecken** gemacht. Ich glaube, es sey ganz gleichgültig, man thue dies oder jenes; ich habe unterdessen den Anfang mit der Beschreibung der Muscheln gemacht. **Warum ich das gethan habe?** Die Natur gehet immer von dem Einfachern auf das Zusammengesetzte, und von dem minder Vollkommnern auf das Vollkommnere fort. Der Naturforscher ist verbunden, ihr auf dem Fusse nachzufolgen. Die **Muschelschalen** sind viel einfacher gebauet als die **Schneckenschalen**, und die **Muschelthiere** haben weniger die wahre Gestalt eines Thiers als die Bewohner der Schnecken, wenigstens gilt dieses von unsern Flußmuscheln durchgehends. Ihre Schalen gleichen ausgehöhlten Näpfen oder Schüsseln, die anfänglich nur

*) Von den Schnecken um Paris, deutsch S. 116. 123.

nur durch ein lederartiges Band zusammenhängen, an welche die Natur in ihren folgenden Progreßionen Zähne angebauet hat, die sich am Ende bey der Flußarche in unzähligen Zähnen endigen. Die Schnecken haben mehr Kunst in ihrem Gebäude. Die Napfmuschel ist die einzige, die fast noch einfacher ist, als die eigentliche Muschel, allein dafür hat ihr die Natur einen Bewohner gegeben, der einen Kopf, Fühlhörner und Augen hat, welches das Thier unsrer Flußmuscheln nicht aufweisen kann. Die Patelle stehet mit Recht zwischen den Muscheln und den Schnecken in der Mitte, sie hat eine Schale wie eine Muschel, und ein Thier wie eine Schnecke. Die übrigen Schnecken, wie so schön, wie so regelmäßig, wie so abwechselnd ihr Bau! Sie bauet um eine Spindel herum, welche dem Pfeiler einer Wendeltreppe gleicht, und nun drehet sie sich in mehrern oder wenigern Windungen, und bauet gleichsam ein Haus mit vielen Stockwerken, die sie alle braucht zur Bequemlichkeit ihres Lebens. Das Thier der Schnecke ist gleichsam ganz Thier, da man dem Thier der Flußmuscheln gar nicht unrecht thut, wenn man es einen unförmlichen Klumpen nennet, welches man nicht für ein Thier halten würde, wenn man nicht offenbare thierische Bewegungen an demselben erblickte. Welch ein träges und unbehülfliches Thier ist nicht das Muschelthier, welches gleichsam immer auf einem Fleck liegen muß, und sich nur sehr langsam bewegen, nie aber auf die Oberfläche des Wassers schwingen kann! Aber das Schneckenthier, es kann schnelle Bewegungen hervorbringen, sich leicht durch das Wasser hindurch auf dessen Oberfläche arbeiten, und eben so leicht wieder auf den Grund des Wassers hinabsenken. Es gehet auf dem Bette des Wassers eben so leicht, als an dem Ufer, es kann sich an den Wasserkräutern hinaufschwingen, aber sich auch in die Höhlen der Ufer verkriechen. Kurz, das Schneckenthier hat unendliche Vorzüge für dem Muschelthiere, und wenn hier die Natur sich in einer mehrern Vollkommenheit zeigt als bey den Muscheln, so glaube ich es verantworten zu können, wenn ich die Muscheln unter die einfachern Körper der Natur zehle, und mit der Beschreibung derselben den Anfang mache.

Alle Flußmuscheln haben den gemeinschaftlichen Character an sich, daß sie aus zwey Schalen bestehen, die sich von Aussen und von Innen durchgehends gleich sind. Der äussere Bau der Schale bestimmt eigentlich die Classen der Familie, und da einige derselben lang und schmal sind, d. i. vom Schlosse herunter gerechnet, sind sie viel kürzer, als wenn man ihre beyden Endflächen ausmißt: andere aber mehr rund sind, so haben wir ganz natürlich zwey Classen von Muscheln, davon die eine bey den mehresten Schriftstellern Musculus, die andere aber Chama genennet wird. **Linne'** und **Müller** haben bey der ersten Classe einigen den Namen Musculus, wo sich die beyden Hälften ganz schliessen, andern den Geschlechtsnamen Mya gegeben, und das sind diejenigen, wo die eine Seite beyder Schalen klaffet, und daher von dem Thier nicht ganz verschlossen werden kann. Da ich bey meiner Eintheilung die Geschlechter der Muscheln nach der Beschaffenheit ihres Schlosses bestimmt, und daher aus den ungezahnten und den gezahnten zwey Geschlechte gemacht habe, so kann es mir ganz gleichgültig seyn, ob man das Geschlecht der Musculorum weitläuftig nehmen, und darunter zugleich die Myas begreifen, oder ob man beyde trennen will? Das, was verschiedne Schriftsteller **Gienmuscheln**, Chamas, nennen, das nennen andere Tellinas, ein jeder nach dem Begriffe, den er sich von dem Worte macht. Die Classe der runden Muscheln ist unter den Flußconchylien eben so zahlreich nicht, daß man deswegen eben Verwirrungen besorgen

gen dürfte, doch sollte, die Kennzeichen von der Beschaffenheit des Schlosses hergenommen, der Name Chama unter den Flußmuscheln nicht mehr seyn, obgleich der aufgeblasene oder gewölbte Bau dieser kleinen Muscheln auf die bekannten Tellmuscheln der See gar nicht passet.

Bey der **ersten Classe** der **Muscheln**, welche breit und kurz sind, habe ich das Geschlecht der ungezahnten nothwendig **nach dem verschiedenen Bau der Schale** in Gattungen und Untergattungen eintheilen müssen, und hier befürchte ich um so viel weniger Vorwürfe, da ich mich hier durchgängig an äussere Kennzeichen halte, und aus Ueberzeugung glaube, daß diese Methode die beste sey. Bey den gezahnten Muscheln aber finden sich noch weniger Schwierigkeiten, da die Anzahl und der Bau der Zähne immer entscheidende Kennzeichen sind. Merkwürdig genug ist immer die Flußmuschel mit dem vielgezahnten Schlosse, die ausser mir niemand sonst als **Martini** ν), neuerlich aber auch Herr Etatsrath **Müller** in **Kopenhagen** bekannt gemacht hat, ob sie gleich **Martini** mit der Mya corrugata des Herrn Etatsrath **Müller** verwechselt, und ihr diesen Namen gegeben hat. Nach dem Herrn von **Linne´** heissen alle Muscheln, die ein vielgezahntes oder vielgekerbtes Schloß haben, **Archen**, sie kann also den Namen der **Flußarche** mit Grunde führen.

Die **zweyte Classe** der runden Muscheln, oder die Gien- oder Tellmuscheln verrathen ihre verschiedenen Geschlechte durch die Oberfläche ihrer Schale, die bald glatt, bald gestreift, bald gerunzelt ist. Man kann gar nicht in die Versuchung gerathen, die Gattungen dieser Classe mit den Gattungen der vorhergehenden Classe zu verwechseln. Ihre runde Form allein unterscheidet sie hinlänglich, ausserdem sind sie mehrentheils, und für **Deutschland** und unser **Thüringen** gerechnet, allezeit viel kleiner als jene, und übersteigen nicht leicht die Grösse einer Haselnuß. Zwar führet **Lister** in seiner Historia Conchyliorum tab. 157. fig. 12. tab. 158. fig. 13. und tab. 160. fig. 16. drey Gattungen unter den Flußmuscheln an, die, besonders die beyden ersten, eine ansehnliche Grösse haben. Er nennet die erste tab. 157. pectunculus tenuis, subruber ex interna parte, rostro recurvo; die andere tab. 158. pectunculus subviridis, crassissimus rostratus; und die dritte tab. 160. pectunculus subviridis triquetrus. Allein da es Herr Etatsrath **Müller** nicht gewagt hat, diese drey Schalen unter die Flußmuscheln aufzunehmen, so habe ich es ebenfalls nicht thun wollen, und ich bekenne es aufrichtig, ihre Grösse macht sie mir verdächtig, **Lister** bemerket keinen Fluß, wo diese ungeheuren Schalen liegen sollen, führt bey der dritten gar an, daß sie aus der Naturaliensammlung von **Orfurth** sey, und so wäre ein kleiner vorgegangener Betrug wohl möglich, und die beyden ersten, wenn sie **Lister** auch aus dem Wasser gezogen hätte, könnten doch wohl nur von ohngefehr aus dem Meer in nahe Flüsse getreten seyn.

Eigentliche **Tellinen** und **Mytuli** findet man in den Flüssen gar selten, und wenn wir eine einzige Gattung, die der fleißige und glückliche Herr Prof. **Pallas** in Rußland gefunden hat, und die er Mytilus polymorphus nennet, ausnehmen, so sind sie alle verdächtig. Ich habe ihnen daher den allgemeinen Namen: **zweifelhafte Geschlechter und Gattungen**, gegeben.

ν) Beschäftigungen der Gesellschaft naturforschender Freunde, III. Band S. 297. und tab. VII. fig. 17. 18.

Von den Bewohnern der Flußmuscheln.

§. 84.

Das Thier von der grossen bauchigten Teichmuschel (Mytilus cygneus Linn. n. 4. und Tab. III. fig. 1.) habe ich vielmal zu beobachten Gelegenheit gehabt, und so, wie ich es gesehen habe, will ich dasselbe hier beschreiben. Was den Arm des Thiers anlangt, so haben ihn die Schriftsteller deutlich genug beschrieben und beschreiben können, weil ihn das Thier bisweilen herausstreckt. Wenn gleich das Thier diesen Arm selten länger als einen Zoll lang aus der Schale ziehet, so geschiehet es doch zuweilen, daß man denselben über zwey Zoll lang sehen kann. Mit diesen schleppt es seine Schale von einem Ort zum andern. Zu dieser Absicht thut es seine Schalen auf und streckt erst die untere Spitze desselben heraus, den Weg auszuforschen, sich an einer Stelle festzuhalten, und dann die Schalen nach sich zu ziehen [q]). Noch einen mit Franzen umgebenen Theil kann man von Aussen sehen, doch nur einen Theil desselben. Daher ist es vermuthlich gekommen, daß man diesen Theil für die **Saugrüssel** des Thiers gehalten, und sich den Arm und diesen Theil als zwey hohle mit Franzen umgebene Canäle gedacht hat, und so sind sie z. B. in dem **Berlinischen Magazin** abgebildet. Ich habe diese zwey Röhren oder Canäle nicht gesehen, wohl aber genau und mehr als einmal genau beobachtet, daß dieser Theil des Thiers ein ganzer Theil über ein Zoll die länge an der Schale herunter gehet, und auf beyden Seiten mit Franzen, die aber auch fleischigte Theile sind, besetzt ist. Man kann diesen Theil nicht für den **Mund** des Thiers halten, denn er gehöret zum Mantel, mit welchem die Schale umgeben ist, ob er gleich der Canal ist, der dem Muschelthier die Gelegenheit macht, seine Nahrung einzuziehen, diese Franzen stehen wohl vierfach hinter einander und sind kolbigt. Die darneben befindliche Oeffnung, die vielleicht der Auswurfsort ist, länglich rund oder oval. Gleich an diesem Theil des Mantels, der zum Munde führt, habe ich eine Spalte bemerket, einen halben Zoll lang, die das Thier öffnen und verschliessen konnte. Wenn das Thier dieselbe öffnete, so warf sie aus derselben Unreinigkeiten, doch in ganz kleinen Stückchen heraus, ich glaube, in dieser Gegend sey der After des Thieres. So viel konnte ich von dem Thier von Aussen bemerken. Da ich dasselbe dergestalt tödtete, daß ich auf die Muschel siedendes Wasser goß, und sie dann in kaltes Wasser einige Minuten legte, so konnte ich die Schale lösen, ohne das Thier zu verderben. Der **Mantel**, damit beyde Schalen ausgekleidet sind, ist eine dünne durchsichtige Haut. In der Mitte dieses Mantels liegt das Thier, welches auf beyden Seiten der Schale mit zwey starken Muskeln, die man sich am besten mit dem Haarwachs am Kalbfleisch vergleichen kann, und die nicht gar einen halben Zoll breit, und einen viertheils Zoll dicke sind, befestiget ist. Man kann an völlig gereinigten Schalen die Gegend, wo diese Muskeln ehedem sassen, an einer doch fast unmerklichen Vertiefung, und an dem mehrern Glanze der Schale ganz deutlich erkennen. Die Farbe dieser Muskeln war röthlich gelb, die übrige Farbe des Thieres aber war viel weisser. Ausser diesem Mantel habe ich noch zwey **Lappen** an jeder Seite bemerkt, mit welchen das Thier umgeben ist, die nicht an dem Mantel befestiget sind, die es folglich frey bewegen kann, und die dem Thier vielleicht zu Segeltüchern gereichen, und ihm das

[q]) Berlinisches Magazin, IV. Band S. 461. tab. XI. fig. 64., wo gezeigt wird, daß die Mahlermuschel eben so verfahre.

das Fortschreiten im Wasser erleichtern. Gerade hinter diesen **Lappen** ist der Mund des Thiers, und folglich scheinet ein zweyter Nutzen dieser **Lappen** der zu seyn, daß vermittelst derselben die aufgefangene Speise näher zum Munde geführet werden kann. Ich habe diesen Mund gleichwohl nicht beobachten können, und ich vermuthe, daß er in einem ganz engen Canal bestehe, den das Thier fest verschliesset, wenn es stirbt. Unten am Thier sahe ich wieder an jeder Seite zwey Lappen, die aber kleiner und an Farbe heller waren, als jene. Das Thier selbst ist ein unförmlicher Klumpen Fleisch, dem ich keine Vergleichung geben kann, ich habe aber oben, wo ich mir den Mund des Thiers gedachte, die Franzen noch deutlich bemerken können, ob sie gleich durch den Tod des Thiers eine veränderte Gestalt bekommen hatten, und einem ausgezackten Hahnenkamm nicht unähnlich waren. Das Fleisch des Thiers war überaus zart, ließ sich mit dem Messer leicht stechen und schneiden, und könnte vielleicht zur Speise eben sowohl als die Seemuscheln dienen. Unter dem Thier lag ein ziemlich grosser dünner häutiger Sack von kohlschwarzer Farbe, der, als ich ihn aufschnitt, mit Teichschlamm ausgefüllt war, zum Beweise, daß sich das Thier von Teichschlamm nähre.

Nun auch etwas von der **Fortpflanzung dieses Muschelthiers.** Schon **Ginanni** (§. 42.) beobachtete im Monat Merz eine Menge kleiner jungen Muscheln in der Schale dieser grossen Teichmuscheln. Diese habe ich zwar nie gefunden, ob ich gleich zu verschiedenen Jahreszeiten viele dieser Muscheln geöffnet habe, aber was ich in dem vorigen Jahre einigemal gesehen habe, das bestätiget nicht nur den Ausspruch des Grafen, sondern es läßt uns auch einen etwas tiefern Blick in das Zeugungsgeschäfte der Muschelthiere thun. Ich habe nemlich in mehrern geöffneten Muschelthieren den Eyerstock derselben ganz deutlich gesehen, und ich bewahre sogar in meiner Sammlung ein getrocknetes Thier mit seinem Eyerstocke, so wie ich ein andres Thier mit seiner geöffneten Schale in Weingeist für die **herzogliche Sammlung** aufbewahret habe. Unten fast am Ende des fleischigten Theils dieses Thiers liegt der Eyerstock, doch so, daß er noch einen Theil des Fleisches einschließt, auf allen Seiten aber von dem Mantel eingeschlossen werden kann, er hat fast eine herzförmige Figur, doch unten etwas schmäler als oben. Er ist völlig gleichsam in zwey Aeste getheilt, die aber auf der innern Seite, wo der Schlammsack des Thiers befindlich ist, weiter aus einander stehen, als auf der äussern. Jeder dieser Aeste ist in seiner grösten Breite ein Zoll, die Stärke aber beträgt nicht gar einen halben Zoll. Unten am schmälern Ende sind beyde Aeste zurückgebogen, und bilden fast einen Schnabel. Die länge des Eyerstocks, der in einer zarten Haut liegt, ist drey Zoll. Wenn ich nun sage, daß diese Eyer meiner geöffneten Muscheln noch nicht so groß als Mohnsaamen sind, so kann man selbst urtheilen, daß eine einzige Muschel **einige tausend Eyer** auf einmal in sich fasse. Wie aber diese Eyer befruchtet werden, das getraue ich mir nicht zu entscheiden: da aber doch der Eyersack da liegt, wo der Fuß des Thiers, oder derjenige fleischigte Theil liegt, den das Thier herausstrecken und sich damit fortheisen kann, so frage ich: **ob nicht auf dieser Seite eine Begattung zweyer Muscheln und also eine Befruchtung möglich sey?**

Das Thier von dem kleinen **Entenschnabel**, Mytilus anatinus Linn. und Müll. Tab. I. fig. 2. 3. kommt, ausser in folgenden Stücken, die mir wesentlich zu seyn scheinen, mit dem Thier der grossen bauchigten Teichmuschel, das ich vorher beschrieben habe, überein. 1) Die Franzen, die den Mantel besetzen, stehen auf jeder Seite nur zwey-

zweyfach, und sind spitzig; und 2) die Oeffnung, die vielleicht zur Abführung des Unraths dienet, ist völlig rund.

Ich habe nicht viel Unterscheidendes unter dem vorher beschriebenen Thier der grossen bauchigen Teichmuschel (Mytilus cygneus) n. IV. und der Mahlermuschel (Mya pictorum) n. VII. gefunden. Da es scheinet, als wenn beyde Muschelarten einerley Bedürfnissen unterworfen wären, und einerley Lebensart gewohnt sind, obgleich die Mahlermuschel sich mehr in Flüssen als in Teichen aufhält; so hat auch die Natur beyden einerley Bestandtheile gegeben. Daß bey einer ungleich kleinern Schale auch alle Theile des Bewohners kleiner sind, als bey jener ungleich grössern Schale, das brauche ich kaum zu bemerken. Martini Berl. Mag. IV. tab. XI. fig. 64. A. stellet unter b. den Eingang der Nahrung und zugleich die Luftröhre, allein mit Franzen besetzt, vor; allein diese Franzen gehen weiter hinauf und herunter. Den Fuß strecket dieses Thier beym Fortschreiten gemeiniglich weiter heraus, als das Thier des Mytili cygnei, und das ist der einzige Unterschied, den ich unter beyden Thieren bemerkt habe, der aber mehr dessen Lebensart als Bestandtheile betrifft.

Das Thier von der kleinen Breitmuschel, Tellina cornea Linn. Num. 11. und Tab. IV. fig. 3. 4. 5. hat Herr Geoffroy [r]) und aus ihm Martini [s]) beschrieben. Der erste sagt: „Wenn man die Schalen mit dem Thier in ein Glas voll Wasser bringt, streckt dieses von der einen Seite alsbald einen verlängerten Arm oder Fuß aus der Schale hervor, und von der andern zwey Saugrüssel mit glatten Rändern, deren Höhlungen sich in einander vereinigen. Durch diese Saugrüssel siehet man sie das Wasser an sich ziehen und wieder ausspritzen. Mit eben demselben zieht es zugleich einige Spitzchen von Moos oder kleinen Wasserpflanzen nach sich, die ihm zur Nahrung dienen.„ Was dieser und andre Schriftsteller von dem Saugrüssel unsrer Flußmuscheln sagen, das muß nach den Beobachtungen, die ich oben beym Mytilus cygneus angegeben habe, verbessert werden.

Beschreibung der verschiedenen Flußmuscheln.

§. 85.

Die Tabelle, die ich §. 81. über die sämmtlichen Flußconchylien gegeben habe, kann meinen Lesern ein Leitfaden seyn, nachdem sie sich die Flußmuscheln systematisch zu gedenken haben. Ich will nur kürzlich wiederholen, daß sich diese Familie in zwey Classen theile, und daß in der ersten diejenigen stehen, die lang und schmal sind, und den allgemeinen Namen Musculi oder Mytuli oder Mytili, einige beym Linne' Myae führen. Diese theilen sich in zwey Geschlechter, wovon das erste am Schlosse keine Zähne hat, sondern blos mit einem lederartigen Bande befestiget ist; das andere aber hat Zähne. Es gehören hieher die Gattungen von Num. 1. bis 10. A. Die andre Classe fasset die breiten oder runden Muscheln in sich, die den Namen Chamae oder Tellinae führen, deren Geschlechte von der Beschaffenheit der Schale abhangen, die bald glatt, bald gestreift, bald queergestreift ist. Es gehören hieher die Gattungen von Num. 11. bis 22. Num. 23. bis 25. aber sind Beyspiele, die ich zweifelhafte Geschlechte nenne, weil ihr Daseyn noch nicht ganz entschieden ist.

I. Die

r) Von den Schnecken um Paris, deutsch S. 110.

s) Berl. Magaz. IV. Band S. 451. und Tab. XI. fig. 63. A.

I.

Die gröste flache grüngestrahlte Teichmuschel. *Musculus maximus planior viridescens edentulus. Schr. Tab. I. fig. 1.*

Gemeiniglich verwechseln die Schriftsteller diese ansehnliche Muschel unserer Flüsse mit derjenigen **Teichmuschel**, die ich Num. IV. beschreiben werde: denn ich glaube, daß alle die Schriftsteller, welche von **ungewöhnlich grossen Teichmuscheln** reden, die gegenwärtige meynen [t]). Allein sie kann sich als eine eigne Gattung hinlänglich rechtfertigen. Sie hat zwar mit jenen die Beschaffenheit des Schlosses völlig gemein, der Hauptbau der Schale ist ebenfalls eben derselbe, allein das thut, wie mich dünkt, nicht mehr dar als dieses, daß beydes Gattungen eines Geschlechtes sind; der Gattungsunterschied bestehet 1) darin, daß jene viel bauchigter sind als diese, und 2) daß sie an den Seitenkannten viel weniger ausgedehnt, sondern enger zusammengefaßt sind, als diese; daher jene fast rund genennet werden können, welches man von der gegenwärtigen nicht sagen kann.

Mein Tab. I. fig. 1. abgezeichnetes Exemplar ist 8¼ Zoll breit, 5½ Zoll hoch, und beyde Schalen zusammen 3½ Zoll tief, sie ist also im Grunde nicht tiefer, als der Mytilus cygneus, folglich nach der Beschaffenheit seiner beträchtlichen Grösse ungleich flächer als jener. Ihre Oberfläche ist nicht sowohl gefalten als gerippt, und alle diese Rippen sind nicht scharf, sondern abgerundet. Die Anzahl dieser Rippen ist sehr groß, und erstrecket sich wenigstens auf vierzig, die sich aber in Ansehung ihrer Stärke ganz ungleich sind. Immer befinden sich zwischen einer grössern mehrere kleinere, aber auch diese beobachten gerade keine strenge Ordnung. Oben nach dem Schlosse zu sind sie am wenigsten erhaben, im Mittelpuncte am grösten und gegen das Ende der Muschel nicht viel kleiner. Die grössesten dieser Rippen sind auch von Innen sichtbar, ebenfalls durch Erhöhungen, derer ohngefehr 12-16. seyn möchten. Wenn diese Rippen, wie einige dafür halten, jährige Ansätze des Thiers, und folglich ein Wink von ihrem Alter seyn sollen, so würde ich dieses nur von den grössern Rippen annehmen, und dieser Muschel ein Alter von 12. bis 16. Jahren beylegen. Von dem Mytilus cygneus habe ich einige Beyspiele, die sich in Ansehung der Rippen eben so verhalten, und ich glaube auch daher erweisen zu können, daß beyde nicht einerley Muscheln sind. Ihre beyden **Schnäbel** sind beynahe gar nicht zu sehen, und sind nur dadurch ein wenig deutlicher geworden, daß der **Wirbel**, wie man bey allen Muscheln findet, abgerieben ist. Derjenige Theil, den **Herr von Linne'** an den Muscheln Vulvam nennet, ist nach dem Schlosse zu auf beyden Seiten merklich erhöhet, nach der Seitenfläche zu aber vertieft, und durch eine weit dunklere Farbe von dem übrigen Theil der Schale merklich getrennt, seine gröste Breite beträgt 2¼ Zoll. Hier ist das lederartige Band, das beyde Hälften verbindet, so stark, als die stärkste Spule vom Welschenhahn; und hat eine schwarze glänzende Farbe. Da ich diese Muschel erhielt, trug sie noch ihre natürliche Unreinigkeit an sich, sahe grau, schmutzig und unansehnlich aus. Aber durch die Reinigung hat sie alle die Schönheiten erhal-

t) J. B. Martini Berl. Magaz. IV. Band S. 419. Der Herr D. Feldmann besitzt eine Duplette aus einem Teich bey Neuruppin, die mit dem lebenden Thier 1 Pfund und 10 Loth gewogen. Die Schalen sind 3½ Werkzoll hoch, 7¼ Zoll breit, beyde 3 Zoll tief und deutlich gefalten, aber dennoch sehr dünne, äusserlich blaßgelb und grün, inwendig sayen perlmutterfarbig.

erhalten, die sich in der Abbildung deutlich darlegen, und einen Glanz, dem kaum der Glanz der Seeconchylien gleich ist. Unten ist sie gelbbraun, oben grün mit weiß und gelb melirt, und schwächere und stärkere, breitere und schmählere grüne Strahlen laufen vom Schloß auf den Rücken herunter, und erhöhen die Schönheiten dieser ansehnlichen Muschel. Inwendig hat sie einen schönen vielfarbigen Perlenmutterglanz. Ich habe zwey dieser Schalen, doch beyde ohne Thier aus dem Schwansee, einem grossen Teiche zum Herzogthum Eisenach gehörig, erhalten, vermuthe aber, daß sie in mehrern grossen Seen dürfte angetroffen werden.

II.

Tab. I. fig. 2. 3.

Der kleine Entenschnabel Linn. und Müll. Die breite dünnschalige Teichmuschel Mart. *Mytilus anatinus Linn. et Müll. Tab. I. fig. 2. 3.*

Lister *Histor. Conchyl. tab. 153. fig. 8. Musculus tenuis, minor, subfuscus, latiusculus.* Hebenstreit *Mus. Richter. p. 285. Musculus tenuis, subfuscus, latiusculus.* die dünnschalige, breite braune Flußmuschel. Linne' *Faun. Suec. 1746. p. 380. §. 1332. Concha testa oblonga, ovata, longitudinaliter subrugosa, postice compresso — prominula.* Klein *Method. ostracol. p. 129. §. 332. n. 2. tab. 9. fig. 26. Musculus fluviatilis tenuis, minor subfuscus, latiusculus, cardine laevi.* Argenville Conchyliol. deutsch *tab. 27. fig. 10. a. p. 282. 285. Musculus cum maculis fuscis,* die braune gefleckte Keilmuschel. — — Die erste ist aus dem Fluß der Gobeline, und macht bey ihrem Schloß einen sehr spitzigen Winkel. Sie ist ausserordentlich dünn und leicht, und an Farbe hellgrün. Sie kommt der Gattung der Napfmuscheln ziemlich nah. Anm. Ich kann das Uebereinstimmende mit den Napfmuscheln nicht finden; muß auch bemerken, daß der Name, den Herr von Argenville S. 282. dieser Muschel giebt, die gröste grünlich braune Teichmuschel, falsch sey, der einer andern Muschel gehöret. Petiver *Gazophyl. tab. 93. fig. 8. 9.* Pontoppidan Naturhist. von Dännem. *p. 195. Mytilus anatinus.* Linne' *Syst. nat. XII. Gen. 315. sp. 258. Mytilus anatinus testa ovali compressiuscula, fragilissima, margine membranaceo, natibus decorticatis. (Similis myae pictorum, sed fragilior et cardine distinctissimus, anatum cibus.)* Müller Natursyst. *VI.* Th. S. 337. die Entenmiesmuschel. Martini Berl. Mag. *IV.* Band S. 457. *n. III. tab. XI. fig. 64. A.* die breite dünnschalige Teichmuschel: die dünnschalige breite und braune Flußmuschel. Müller *Hist. Verm. P. II. p. 207. n. 393. Mytilus anatinus testa ovali, antice compressa, natibus decorticatis.* Fischer Naturgesch. von Lievland, S. 175. die Entenmiesmuschel. Dänisch: Ande-Musling. Schwed. Siö-Musla. Franz. la Moule de riviere: Engl. Horse-Muscle. Müller Verm. l. c.

Herr von Argenville und Herr Etatsrath Müller halten dafür, daß diese Muschel und der Mytilus cygneus n. 4. nicht leicht von einander zu unterscheiden wären, und daß es eben so wenig entschieden wäre, daß es würklich zwey verschiedene Muschelgattungen seyn dürften, denn das gegebene Ausmaaß, sagt der letztere, beweise es, daß man von der Grösse den Unterschied nicht hernehmen dürfe. Ich glaube auch nicht, daß dies das Unterscheidungszeichen von beyden sey, sondern blos die flache Schale, die dieser auch fast bey der Grösse des Mytilus cygneus noch immer eigen ist, und der merkliche Unter-

Unterschied des Bewohners, den ich vorher beschrieben habe, unterscheidet, deucht mir, beyde hinlänglich von einander. Ich habe aber noch einen Unterschied gefunden, den wir nicht übersehen dürfen. Der Theil am Schlosse, den der Ritter von Linne' Vulvam nennet, ist bis an das entgegenstehende Ende der Schale bey dem kleinen Entenschnabel allezeit klaffend, bey dem Mytilus cygneus aber allezeit verschlossen; folglich halte ich dafür, man dürfe beyde Muscheln für zwey verschiedene Gattungen annehmen, um so viel mehr, da sich beyde in den Wassern gleich häufig finden.

Der Herr Ritter von Linne' vergleicht unsern kleinen Entenschnabel mit der Mahlermuschel, gestehet aber den grossen Unterschied des Schlosses bey beyden zugleich ein. Dieser Unterschied ist auch einleuchtend genug, da die Mahlermuschel ein gezahntes Schloß hat, welches dem kleinen Entenschnabel fehlt. Ausserdem darf man nur beyde Gattungen in guten und ausgewachsenen Beyspielen vor Augen haben, wenn man es einsehen will, daß beyde unter sich eine gar geringe Aehnlichkeit haben. Sonst sagt uns der Ritter, daß diese Muschel eine gewöhnliche Nahrung der Enten sey; hat sie vielleicht daher ihren Namen, den sie führt? Ich glaube, sie habe diesen Namen mißbrauchsweise. Rumph hat unter seinen Flußmuscheln auch einen kleinen Entenschnabel, den ich unten Num. 9. A. beschreiben werde, dieser hat die wahre Gestalt eines Entenschnabels, die der unsrigen gänzlich fehlt. Da unser kleiner Entenschnabel ausser seiner viel breitern Form noch ein ungezahntes Schloß hat, Rumphs Entenschnabel aber ein gezahntes, so wird man dadurch beyde leicht von einander unterscheiden können.

Die Beschreibungen, welche die von mir angeführten Schriftsteller von dem gegenwärtigen kleinen Entenschnabel gegeben haben, kann man bey ihnen selbst nachlesen; ich halte mich an die Beyspiele, die ich aus der Churmark, aus der Saale, aus Hamburg, von Weimar und von Zelle vor mir habe. Ein Beyspiel von Weimar ist Tab. I. fig. 2. und ein andres aus der Saale Tab. I. fig. 3. abgezeichnet, und diese Beyspiele haben unter alle denen, die ich vor mir habe, die schönsten Farben.

Der Bau der Schale ist bey allen Beyspielen ganz gleich. Die gröste Muschel dieser Art, die ich vor mir habe, hat eine Breite von 4 Zoll, und gleichwohl ist die Höhe beyder Schalen kaum ein Zoll; ihre länge aber 2¼ Zoll. Die Schalen sind uneben, mehr aber geschilfert, als mit Rippen versehen, die grösten dieser Erhabenheiten sind auch von Innen durch Erhabenheiten sichtbar. Die Schnäbel stehen nicht in dem Mittelpuncte der Schale, sondern nach dem einen Ende zu, und auf dieser Seite ist die Muschel kaum halb so breit, als auf der entgegengesetzten Seite. Der Theil, den Linne' Vulva nennet, ist zwischen zwey Einbeugungen sehr erhöhet, und hier ist das lederartige Band der Muschel viel länger und stärker als auf der entgegengesetzten Seite; der übrige Theil der Schale klaffet, sonst ist die Schale auf allen Seiten verschlossen. Inwendig hat die Muschel einen schwachen Perlenmutterglanz, auch habe ich in derselben häufige Perlenansätze, nie aber eigentliche runde Perlen gefunden. Diese Muschel ist wegen der überaus grossen Zartheit ihrer Schalen, dem Schicksal zu zerspringen, wenn sie an der freyen luft liegt, und nicht bald von ihrer äussern Haut befreyet wird, mehr als alle Muscheln unterworfen, und unter zehen habe ich kaum eins erhalten können, das mir nicht gesprungen wäre.

Die Farbe dieser Muschel wird von den Schriftstellern ganz verschieden angegeben, und das thut dar, daß sie sich uns in verschiedenen Farbenzeichnungen darstelle. **Lister** sagt, sie sey bräunlich; **Hebenstreit** nennet sie geradezu braun; **Argenville** braungefleckt; und Herr Etatsrath **Müller** sagt, sie sey grünlich und glänzend, die länge herunter feingestrahlt, und unter diesen Strahlen wären einige schwärzlich. Das Beyspiel, das ich aus der **Churmark** besitze, ist auf der breitern Hälfte der Schale braungelb, auf der andern Hälfte grau: die aus der Saale sind am Wirbel bräunlich, der übrige Theil der Schale ist mattgrün mit gelb vermischt, mit hellgrünen deutlichen Strahlen, welche die länge herablaufen; die von **Hamburg** sind grau, auf beyden Seiten, zumal auf der einen längern Seite, viel dunkler, mit schwärzlichen schwachen Strahlen; die aus **Weimar** strohgelb und grün, mit starken, deutlichen und zum Theil sehr breiten Strahlen; und die von **Zelle** gelb, grau und grün abwechselnd, ohne alle Strahlen.

In **Thüringen** werden sie, wenn wir die Saale ausnehmen, in den Flüssen gar nicht, sondern allemal in den **Teichen** gefunden. Hier bey **Weimar** sind die Teiche ihr gewöhnlicher Aufenthalt, wo sie häufig genug liegen. In andern Gegenden **Europens** sind sie fast allenthalben zu finden, wo grössere Teiche sind, und in Flüssen kommen sie zwar auch, aber sparsamer vor.

III.

Die gedoppelt gestrahlte Flußmuschel, Schr. *Mytilus radiatus Müll.*

Lister *Histor. Conchyl. tab. 155. fig. 10. Musculus latior, ex flavo subviridis, duplici striatura ad cuneum.* **Ginanni** *Op. posth. Tom. 2. p. 51. tab. 3. fig. 15. Conca lunga.* **Müller** *Hist. Verm. P. II. p. 209. n. 395. Mytilus radiatus testa ovali, antice compressiuscula, postice radiata.* **Dän.** Straale-Musling.

Ich habe diese Muschel nicht gesehen, und diejenigen, die ich selbst besitze, und für diese Gattung halte, sind mir doch noch zweifelhaft; ich kann daher weiter nichts thun, als daß ich die Beschreibung des Herrn Staatsrath **Müller** wiederhole und nach der **Listerischen** Figur erläutere. So wie die Figur im **Lister** vor meinen Augen liegt, so hat diese Muschel fast ganz die Gestalt der vorhergehenden, nur daß sie etwas länger und abgerundeter und daher beynahe oval ist. Sie ist fast 4 Zoll breit und 1¾ Zoll lang. Ihre Schale ist überaus zart, durchsichtig, gelblich, und hat viele ungleiche die länge herunterlaufende grüne Strahlen, unter welchen zwey bis drey vorzüglich breit und dunkelgrün sind. Die Schalen sind auf der einen Seite gedrückt, und die Muschel hat einen scharfen Rand. Herr **Müller** setzet sie zwischen die vorige und folgende mitten inne, und hält alle drey für blosse Spielarten. **Lister** giebt den Ort ihres Aufenthaltes nicht an, und **Müller** sagt nur, daß er sie in dem Gräflich **Moltkischen** Kabinet gefunden habe. Ob sich diese Gattung hier bey Weimar finde, darüber werde ich bey der folgenden Figur meine Meynung sagen.

IV.

Tab. III. fig. 1.

Die gröste grünlich braune Teichmuschel, Mart. Die gemeine grosse Teichmuschel, Schr. *Mytilus cygneus Linn. et Müll. Tab. III. fig. 1.*

Conrad Geßner *Hist. animal. Lib. IV. p. 258. edit. Tigur.* **Ebend.** *Nomenclator aquatil. animant.* **Heidelb.** 1606, *p. 236.* **Lister** *Histor. animal. angl. tit. 29. p. 146.*

p. 146. tab. 2. fig. 29. *Musculus latus testa admodum tenui, ex fusco viridescens, interdum rufescens.* Lister *Histor. Conchyl. tab. 156. fig. 11. Musculus latus, maximus et tenuissimus, e caeruleo viridescens fere palustris.* In verschiedenen Schriftstellern wird Fig. 4. oder 14. angegeben, es ist aber nach der neuen völlig berichtigten Ausgabe, die ich besitze, die eilfte Figur. Fig. 4. ist die Perlenmuschel, Fig. 14. aber ist eine kleine Flußtelline. Gualtieri *Index testar. tab. 7. fig. F. Musculus fluviatilis, maximus, profunde striatus, latus, testa admodum tenui, ex fusco viridescens, interdum rufescens, intus argenteus.* Hebenstreit *Mus. Richter. p. 285. Musculus latus, maximus et tenuissimus, e caeruleo viridescens.* Die dünnschalige, grosse, blau und grünliche Flußmuschel. Lesser Testaceotheol. 1744. §. 89. *c. p. 417.* Eine breite Wassermuschel, welche grünbraun ist, von dünner und glatter Schale, von verschiedener Grösse. Inwendig ist die Schale silberfarbig mit blaulichem vermischt. Die hintere Seite, wo das Schloß ist, ist nicht, wie bey den vorigen, bäuchigt. Hanov Seltenh. der Nat. Th. *I.* S. 546. f. die grosse Art von Teichmuscheln. Argenville Conchyliol. deutsch *tab. 27. fig. 10. e. f. g.* S. 282. 285. *Musculus magnus et subtilis, longus et aculeatus, ex toto albidus.* Die grosse dünnschalige Teichmuschel; die lange und spitzige Flußmuschel; die ganz weisse Teichmuschel. — Die erste ist sehr groß und dünn, innen perlenmutterartig, von Aussen braun und glänzend. Man bedienet sich derselben, um den Raam von der Milch abzunehmen: die andere ist von der nehmlichen Farbe, aber etwas kleiner und länger. Die dritte ist gelblicht, sehr leicht und innen perlenmutterartig. Argenville Zoomorph. *tab. 8. fig. 12.* S. 60. Geoffroy von den Schnecken um Par. deutsch S. 124. *Musculus latissimus cardine laevi. La grande Moule des etangs.* Linne *Syst. nat. Gen. 315. sp. 257. Mytilus cygneus testa ovata, antice compressiuscula, fragilissima, cardine laterali.* Müller Naturs. *VI.* B. S. 336. die Schwanenmiesmuschel. (der übersetzte Linnäische Name.) Martini Berl. Mag. *IV.* B. S. 455. *n. 110.* die gröste grünlich braune Teichmuschel. Müller *Hist. Verm. P. II. p. 208. n. 394. Mytilus cygneus testa ovata, antice convexa, natibus integris.* Naturforscher *II.* St. S. 213. f. Kundmann *promtuar. p. 130. Concha fluviatilis maxima internae substantiae argenteae.* Ebendas. *Concha fluviatilis Maslensis Silesiaca maxima.* Dänisch: Suane-Musling. Französ. La Moule d' etang.

Vermuthlich sahe Herr von Linne bey seiner Benennung auf die innre weisse glänzende Farbe, um sie mit einem Schwan zu vergleichen, und diese Benennung scheinet mir immer natürlicher zu seyn, als der deutsche Müllerische, der deutschen Ohren gar nicht behagen will; die Schwanenmiesmuschel. In den Teichen der Stadt Weimar ist diese Muschel ziemlich gemein, und sie erlangt zugleich eine ansehnliche Grösse. Mein gröstes Exemplar ist 6½ Zoll breit, 4 Zoll lang und 2 Zoll tief. Sonst erscheinen sie auch kleiner, und von der Art habe ich sie von Hamburg, Erlangen und Kahle. Herr Hofrath Günther in Cahle schrieb mir, daß man diese Muschel bey Hummelshayn wohl viermal grösser, und weit schöner grün von Farbe finde; ich vermuthe, dies sey nicht die gegenwärtige, sondern diejenige Muschel, die ich bey der ersten Nummer beschrieben habe. Der gegenwärtige Mytilus cygneus hat fast ganz den Bau von dem kleinen Entenschnabel, (vorher Num. II.) ich kann also in der Beschreibung der-

derselben kürzer seyn. Zwey Stücke unterscheiden diese Muschel von jener. Einmal ist sie viel bauchiger, und fast ganz oval, wie der vorhergehende Mytilus radiatus des Listers. Hernach hat sie mehrere und grössere Queerrunzeln, oder Falten, die in der Gegend des Schlosses concentrisch zusammenlaufen. Ihre Schale ist fein und gegen das Licht einigermassen durchsichtig, aber ungleich stärker als die Schale des kleinen Entenschnebels. Sie hat inwendig einen feinen Perlenmutterglanz, der aber zugleich kalchigt weiß und daher matt ist. Man findet in dieser Muschel häufige und zuweilen sehr grosse Perlenansätze. Einmal habe ich sogar eine Perle darin gefunden, die nicht in der Schale saß, sondern in den Mantel des Thiers eingehüllet war, und nahe an dem einen Befestigungsnerven lag. Der äussere Bau ist bey allen Beyspielen, die ich in grosser Menge vor mir gehabt habe, fast ganz einerley, ausser daß einige ungleich bäuchiger sind als andre. Die äussere Farbenzeichnung ist desto verschiedener. Lister und Gualtieri sagen, daß sie zuweilen braun und röthlich gefunden wird. Eben dieser Lister sagt an einem andern Orte, und Hebenstreit wiederholet es, daß sie blau und grünlich sey. Argenville giebt die eine ganz braun, die andre gelblich an; die mehresten Schriftsteller sagen, sie sey braun mit grün vermischt. Meine Beyspiele, die ich in meiner Sammlung aufhebe, wechseln folgendergestalt ab. Ein Beyspiel von Kahle ist hellbraun, fast gelb mit grün vermischt, und hat einige ganz schwache und fast unmerkliche grüne Strahlen. Ein Beyspiel von Hamburg ist strohgelb und blaßgrün, am Wirbel ocherfarbig, und hat gar keine Strahlen. Ein Beyspiel von Erlangen, aus einem so genannten See nahe bey Erlangen, ist schmutzig braun mit dunkelgrün vermischt, aber ganz ohne Strahlen. Von Weimar hebe ich drey Beyspiele aus dem so genannten Küchsteiche auf. Das eine ist strohgelb mit häufigen breitern und schmälern grünen Strahlen von matter Farbe. Das andre ist hellbraun mit häufigen hellgrünen Strahlen, und das ist das Beyspiel, das ich Tab. III. fig. 1. habe abbilden lassen. Das dritte ist blaßgelb, hat auf der ganzen Schale schwache aschgraue Strahlen, in der Gegend des Schlosses aber drey breite und dunkelgrüne Strahlen. Sollte das nicht der Mytilus radiatus des Listers (vorher Num. III.) seyn? Wenigstens kömmt diese Muschel mit Listers Zeichnung und der Müllerischen Beschreibung ganz überein, nur daß sie nicht dünnschalig ist. Wäre diese Muthmassung, wie ich glaube, gegründet, so muß ich Herrn Etatsrath Müller allerdings beyfallen, daß der Mytilus radiatus des Listers keine eigne Gattung, sondern eine blosse Abänderung von dem Mytilus cygneus sey. Nach der Zeit habe ich diese Muschel in dem grossen Teiche zu Belvedere noch einigemal gefunden, und nun beobachtet, daß ihre Schale bey eben der oder wohl gar bey geringerer Grösse mit dem Mytilus cygneus verglichen eine mehr als noch einmal so starke Schale hat, dergestalt daß ich diese Muschel durch das blosse Gefühl erkennen konnte. Sollte dieser Umstand auch etwas zufälliges seyn? Ich überlasse es grössern Kennern.

In den Teichen Sachsens ist diese Muschel gemein, in Dännemark findet sie sich seltener, in Paris fand sie Geoffroy, in England Lister, in der Churmark ist sie auch zu Hause, in Franken und bey Hamburg wird sie ebenfalls gefunden, und wenn man mehrere Gegenden untersuchen wird, so wird man sie daselbst zuverläßig nicht vermissen. Daß man sie in Frankreich dazu gebrauche, den Rahm von der Milch abzuschöpfen, das hat uns Argenville gesagt, sie muß also in Frankreich ganz gemein seyn. Das Thier habe ich oben beschrieben.

V.

Der grosse Entenschnabel. *Mya arenaria Linn. Mactra lutraria Linn?* *Tab. II. fig. 1.* Tab. II. fig. 1.

Rondeletius *aquatil. Hist. P. II. cap. 41. p. 214. Musculus aquae dulcis.* Rumph Amboin. Raritätenk. *tab. 45. fig. N.* holländ. *p. 149. n. 2. Rostrum anatis. Eende-bekken. — De eerste of grootste Eende-bek is dikker van schaal, en breeder, langs de Kanten geribt, en als vol scheuren, niet bruin, maar aschgrauw.* deutsch *p. 143. Rostrum anatis,* oder Entenschnabel. Diese sind ebenfalls eine Art zweyschaligter Schienenmuscheln. — Die erste und grösste hat eine dickere, breite und am Rande gerippte Schale, als ob sie voller Risse wäre. Die Farbe ist nicht braun, sondern aschgrau, und die Mündung, deren Lefzen etwas ausgebogen sind, klaffet oben sehr weit, ist aber an dem untersten Ende mehr geschlossen. Schynvoet zum Rumph, holländ. *p. 150.* deutsch *p. 144.* Die zweyte Art *lit. N.* führet bey uns den Namen, immerwährende Gaffer, *eeuwigduurende Gapers*, weil sie sich niemals zuschliessen können. Chemnitz Zusätze zum Rumph *p. 112.* der grosse Entenschnabel. *Musculus laevis compressus Langii.* Lesser Testaceotheol. 1744. *§. 89. d. p. 407.* der grosse Entenschnabel, ist eine breite Muschel von dicker Schale, und dem Rande gleich gestreift. Sie ist aschgrau von Farbe und schliesst an einer Seite nicht zu. woselbst die Schale etwas auswärts gekrümmt ist. Pontoppidan Naturh. von Dännem. *p. 195. Mya arenaria.* Linné *Syst. nat. Gen. 303. sp. 27. Mya arenaria, testa ovata postice rotundata, cardinis dente antrorsum porrecto rotundato denticuloque laterali.* Linné Westgothländ. Reis. schwed. S. 187. deutsch S. 216. *Concha subarenacco-marina.* Müller Naturs. *VI.* Th. *p. 218.* der Sandkriecher. Linné *Syst. nat. Gen. 307. sp. 101. Mactra lutraria, testa oblongo ovata, cardinis dente depresso parallelo rotundato denticuloque erecto emarginato. Habitat in Oceano Europaeo ad ostia fluviorum.* Müller Naturs. *VI.* Th. S. 256. die Schlammmuschel. Martini Berlin. Magaz. *IV.* B. S. 470. *n. 115.* der grosse Entenschnabel. Man hält diese Muschel insgemein für eine Meermuschel, die nur noch zuweilen an den Mündungen solcher Flüsse, in welche sich die See ergiessen kann, entdeckt würde. Sie scheint also hier unter den Flußmuscheln an einem zweifelhaften Orte zu stehen. Weil aber doch Rumph unbestimmt sagt, sie halte sich im Sande oder Schlamm auf, und der Hofmedicus, Herr Taube, in einer Commentatione epistolari, welche im Jahr 1765. auf 14. Quartseiten als eine Nachricht von seiner Naturaliensammlung erschien, ausdrücklich behauptet, daß die Mya lutraria Linn. (in der 12ten Ausgabe heißt sie Mactra lutraria) im Zellischen Stadtgraben sich befinde, und zuverläßig mit Perlen versehen sey; so habe ich dieser Muschel die Stelle unter den Conchylien der süssen Wasser nicht gänzlich versagen können, woferne nicht etwan in der angeführten Benennung derselben ein kleiner Irrthum begangen worden. Taube *Commentatio epistolaris ad C. W. Voigt p. 10. Quae Linnaeo myae lutrariae dicuntur, in fossa quoque, castrum nostrae urbis cingente, et in iis margaritas reperiri, testimoniis omni exceptione majoribus probare possum.*

Ich habe nicht ohne überlegte Gründe hier des grossen Entenschnabels des **Rumphs** gedacht, und die Schriftsteller, die dessen zugleich gedenken, angeführt, weil ich glaube, daß der Herr **Hofmedicus Taube zu Zelle** eine Abänderung von dem grossen Entenschnabel des **Rumphs** in dem **Stadtgraben der Stadt Zelle** gefunden habe. Durch dessen Güte besitze ich selbst ein Beyspiel davon, und das ist eben dasjenige, was ich Tab. II. fig. 1. habe abzeichnen lassen, und wo besonders bey den Buchstaben a. b. die klaffende Seite deutlich abgebildet ist. **Linne'** ist in der zehnten Ausgabe seines Natursystems S. 670. sp. 18. selbst zweifelhaft, ob die **Rumphische** Figur tab. 45. N. seine Myam lutrariam ausdrücke, der sich auf **Bonanni** Recreat. Class. 2. fig. 19. beruft, daher ich auch seine Myam arenariam mit angeführt habe, weil sie mit **Rumphs** Beschreibung auch so ziemlich übereinkömmt, und **Rumph** ausdrücklich versichert, daß sich sein grosser Entenschnabel im Sande aufzuhalten pflege; und vielleicht gehöret die Mya arenaria mehr für die Flüsse als für die See, von der lutraria kann ich keine Nachricht geben, weil ich sie nicht besitze. Mich dünkt, **Rumph** sey hier derjenige Schriftsteller, der die Sache eigentlich entscheiden müsse, was der grosse Entenschnabel eigentlich für eine Muschel sey. Er sagt:

1) Der grosse Entenschnabel hat eine dickere, breitere Schale, als die Messerscheide, von der er kurz vorher geredet hatte, am Rande ist die Schale gerippt, als ob sie voller Risse wäre.
2) Die Lefzen der Mündung sind etwas ausgebogen.
3) Sie klaffet oben sehr weit, ist aber an dem untersten Ende mehr geschlossen.

Dieses alles passet auf die Myam arenariam des Herrn **Linne'** sehr gut, die ich durch meines wohlthätigen **Chemnitz** Güte selbst besitze, und also kann ich hier als Augenzeuge reden. Aber auch alle diese drey Kennzeichen passen auf den grossen Entenschnabel aus **Zelle**, der sich noch ausserdem durch seine ansehnliche Grösse empfiehlt; nur muß man dabey mehr auf das äussere Gebäude, als inwendig auf den Zahn sehen, denn da gehöret die Muschel aus **Zelle** zuverläßig nicht hieher. Ich will sie beyde beschreiben, doch von der Muschel aus Zelle den Anfang machen. Die Schale dieser Muschel ist zwar nicht so stark als die Schale der Myae arenariae und lutrariae, allein man muß auch den grossen Unterschied nicht vergessen, der sich unter den See- und Flußmuscheln findet, und fast durchgängig ist die Schale der Seeconchylien stärker, als der Flußconchylien einer Art. Der Entenschnabel von **Zelle** ist 7½ Zoll breit, 4 Zoll lang und 2 Zoll hoch, und folglich ziemlich bäuchig; doch ist er in der Mitte am bäuchigsten. Hierin kommt er der zweyten Gattung des **rumphischen** Entenschnabels am nähesten, von der **Rumph** in der deutschen Ausgabe S. 143. sagt: sie ist kürzer und hat eine dünne fast durchsichtige Schale, diese ist in der Mitte bäuchig und klaffet oben. Die ganze Schale von **Zelle** ist voller Querrippen, die sich am Rande wie Runzeln oder Blätter zeigen, und hier findet sich gerade in dem Mittelpuncte der Schale eine merkliche Einbeugung, welche auf beyden Seiten Erhöhungen bildet, und das trifft mit der **Rumphischen** Abbildung seines grossen Entenschnabels genau überein, und darnach ist sein Ausdruck zu erklären: **die Lefzen der Mündung sind etwas ausgebogen**; welches nach dem **Holländischen** besser so ausgedrückt werden könnte: **die Lefzen sind ein wenig gekrümmt.** An der einen Seite klaffet sie sehr stark, da sie an der entgegengesetzten

Seite

Seite fast ganz verschlossen ist, und dieser klaffende Theil beträgt vier Zoll, folglich mehr als die Hälfte von der Breite der ganzen Muschel. Ich dächte, diese grosse Uebereinstimmung der Hauptcharaktere gäbe Herrn **Hofmedicus Taube** und mir ein gegründetes Recht, diese Muschel den **grossen Entenschnabel der süssen Wasser**, den **Rumphischen** aber den **grossen Entenschnabel des Meers** zu nennen. Nun wird auch hoffentlich die Bedenklichkeit wegfallen, daß der **Rumphische** Entenschnabel ein gezahntes Schloß hat, das unsrer Muschel fehlt. **Rumph** sahe bey seiner Abtheilung nicht auf das Schloß, sondern auf die klaffende Schale, und setzte daher der Messerscheide seinen Entenschnabel an die Seite. Und selbst nach dem **Linne´** haben die Messerscheiden kein eigentliches gezahntes Schloß, weil der Zahn nicht in die zweyte Schale eingreift: Cardo Dens subulatus, sagt er, non insertus testae oppositae. Sonst könnte man auch die Beschaffenheit des Schlosses zum Unterscheidungskennzeichen machen, dergestalt, daß der grosse Entenschnabel des Meers ein gezahntes, der grosse Entenschnabel der süssen Wasser aber ein ungezahntes Schloß haben. Inwendig hat diese Muschel einen schönen Perlenmutterglanz, und Herr **Hofmedicus Taube** versichert ausdrücklich, daß in derselben Perlen gefunden würden. Meine Schalen haben nicht nur verschiedene Perlenansätze, sondern ich sehe auch in der einen Schale ein goldgelbes cirkelrundes Fleckchen von der Grösse einer Erbse, und dieses ist entweder die Grundlage zu einer Perle, oder, welches mir noch wahrscheinlicher ist, hier hat ehedem eine grosse Perle gesessen. Nun auch einige Nachricht von der *Mya arenaria* des **Linne´. Linne´** sagt zwar von ihr überhaupt, daß sie in dem **europäischen Ocean** wohne; da mich aber Herr **Pastor Chemnitz** ausdrücklich versichert hat, daß er dieselbe in Menge von der **Insel Föhr bey Schleßwig** erhalten habe, die Schalen auch für eine Seemuschel in der That zu unscheinbar sind, und inwendig einen schlechten Perlenmutterglanz haben, so glaube ich, daß sie sich an den Mündungen der Flüsse und an den Gränzen der See aufhalten.

Mein **grôstes** Exemplar ist beynahe 4 Zoll breit und 2¼ Zoll lang, folglich von der einen äussersten Seitenkannte bis zur andern betrachtet vollkommen oval. Die Schale ist an ausgewachsenen Exemplaren, nach der Grösse beurtheilet, überaus stark, an jüngern Beyspielen ungleich dünner. Von Aussen ist die Schale mit lauter Queerfalten, die bald stärker, bald schwächer sind, umlegt, die an jüngern Beyspielen viel feiner sind, als an ältern, und sich also mit dem Alter vergrössern. Die Farbe ist braunroth, oder gelblich oder grau, dies ist aber blos die äussere Haut, denn wenn man diese abreibet, so wird die Schale weiß, aber nicht feiner, und vielleicht nicht so fein, als unsre Flußmuscheln werden, wenn man sie abziehet und polirt. Die Muschel klafft auf beyden Seiten, doch auf der einen, die ungleich schmäler als die entgegengesetzte ist, mehr als auf der andern. Die Schnäbel stehen gerade im Mittelpuncte der ganzen Schale. Der **einzige Zahn**, den diese Muschel hat, tritt bey grossen Beyspielen einen halben Zoll hervor, ist auch beynahe so breit, unten etwas abgerundet; auf der einen Seite eingebogen, auf der andern aber hat er nahe an der Muschel zwischen zweyen Einkerbungen, einer grössern halbmondförmigen und einer kleinern vertieften, gleichsam einen Seitenzahn. Unten ist dieser Zahn ganz glatt und glänzend, oben aber mit verschiedenen Furchen und Einkerbungen versehen. Die entgegengesetzte Seite des Schlosses gleichet völlig einem abgerundeten vertieften Napfe, und in dieser liegt ein schwarzbrauner leder- oder hornartiger

artiger Knorpel, der nun zugleich die entgegengesetzte mit Furchen und Einkerbungen versehene Seite des Zahns ausfüllet, und nun beyde Schalen verbindet und befestiget, welche Vorsicht hier für das Thier desto nothwendiger war, weil die Schalen von Aussen mit einem ganz schwachen lederartigen Bande verbunden sind.

Eine Abänderung, die 3 Zoll breit ist, hat ganz den Bau der Schale und des Schlosses, wie die vorhergehende; aber die Schale ist ungleich dünner als die übrigen, und auf der bräunlichen Oberhaut mit feinen weissen Strahlen, an den Seiten aber mit schmutzigbraunen Zickzacklinien, ohngefehr einen halben Zoll breit übermahlet.

Ich besitze eine Duplette mit dem getrockneten Thier. Ob es nun gleich von der Art ist, daß man dessen Gestalt daraus nicht erkennen kann, so ersehe ich doch daraus so viel, daß das Thier weniger fleischigte Theile hat, und einen ganz andern Bau haben muß, als unser grosser Entenschnabel aus Zelle, und die übrigen Muscheln unsrer süssen Wasser. Der Ritter Linné nennet diese Muschel Myam arenariam, weil sie sich gern in Sand vergräbt; wie sie das thue, das hat der Herr Prof. Müller im linnäischen Natursystem Th. VI. S. 219. folgendergestalt beschrieben. „Wenn sie oben auf dem Sande liegen, so fangen sie an zu klaffen, ihr Füßchen allenthalben herauszustrecken und sich durch Anhalten im Sande in die Höhe zu wälzen, daß sie mit klaffender Schale und in die Höhe gekehrtem Schlosse auf dem Sande stehen. Wenn dieses geschehen ist, machen sie ihr Füßchen spitzig, und bohren eine runde Oeffnung, geben alsdann dem Füßchen eine breite keilförmige Gestalt, und machen die Oeffnung breit, endlich wird aus dem Füßchen eine Schaufel, wodurch der Sand weggeräumet wird, bis das Thier tief genug darinne steckt; und da sie das Wasser etliche Schuhe hoch spritzen können, so scheinen die in dem über ihnen zusammengefallenen Sande befindlichen Löcher dadurch immer gemacht und im Sande erhalten zu werden, denn sie liegen mehrentheils ein bis zwey Schuhe senkrecht unter diesen Löchern.„

In der zehnten Ausgabe des Linné war unter der Mya arenaria und lutraria ein geringer Unterschied, den der Ritter folgendergestalt angiebt: Cardo vtriusque testae (in ventre jacentis) non attollitur, sed horizontalis est (quo a praecedente differt) cum accessorio dente sursum rigente plicato. Da er sie aber in der XII. Ausgabe unter seine Mactras gesetzt hat, so muß er andre Unterscheidungskennzeichen gefunden haben, und wenn das ist, so muß ich meinen obigen Gedanken, daß die Mya arenaria und lutraria blosse Abänderungen einer Gattung sind, wieder zurücknehmen.

VI.

Tab. IV. fig. 1. **Die Perlenmuschel.** Die schwarze dickschalige Flußmuschel mit gebogener Peripherie. *Mya margaritifera Linn. et Müll. Tab. IV. fig. 1.*

Conrad Geßner *Hist. animal. Lib. IV. p. 314. ed. Tigur. Conchae longae species in dulcibus aquis.* Lister *Histor. Conchyl. tab. 149. fig. 4. Musculus niger, omnium longe crassissimus, conchae longae Species gesn. aldrov.* Hebenstreit *Mus. Richter. p. 285. Musculus niger, omnium longe crassissimus, Margaritas ferens, Elystri fluvii Noriscorum.* Die dickschälige, Perlentragende Elsternmuschel, mit ansitzenden Perlen. Klein *Method. ostracol. p. 129. §. 332. n. 5. Musculus lacustris et fluviatilis suevicus, fluminis Elster et Gedanensis; margaritiferi; ex flavo subviridis, it. p. 146.*

p. 146. §. 371. n. 5. tab. 10. fig. 47. *Diconcha sulcata crassissima; musculus niger, omnium crassissimus; conchae longae species.* Es erhellet daraus, daß Klein die Concham longam des Gesner von der eigentlichen Perlenmuschel trennt, und aus ihnen zwey verschiedene Gattungen macht. Man ist es aber schon gewohnt, daß dieser sonst verdiente und claßische Schriftsteller die Gattungen ohne Noth vervielfältiget hat. Pontoppidan Naturh. von Norweg. Th. *II. tab. ad pag. 306. fig 1.* Dänisch S. 265. Deutsch S. 309. f. die Perlenmuschel. Argenville Conchyliol. Deutsch S. 282. *Musculus cum unione,* die Perlenmuschel. Knorr Vergnüg. der Aug. Th. *IV. tab. 25. fig. 2.* S. 40. 41. die Elsterperlenmuschel. Linne' *Fauna p. 380. §. 1331. Concha testa oblonga, medio antice contracta, Suecis Pärla Musla.* Linne' *Syst. nat. Gen. 303. sp. 29. Mya margaritifera testa ovata antice contracta, cardinis dente primario conico, natibus decorticatis.* Müller Naturs. *VI.* Th. S. 220. die Perlenmuschel. Martini Berl. Mag. *IV.* B. S. 462. *n. 112. tab. XII. fig. 65. A. B.* die schwarze dickschalige Flußmuschel, die Perlenmuschel. Martini übersetzter Geoffroy, S. 130. die Perlenmuschel, oder die schwere schwarze Flußmuschel. Martini allgemeine Geschichte der Nat. *IV.* B. S. 493. f. Mylius *Saxonia subterranea* Th. *II.* S. 20. mit einer sehr guten Abbildung von der innern Seite. Neuer Schauplatz der Nat. nach dem Plüsche, *I.* Th. S. 105. Neuer Schauplatz der Nat. *VI.* B. Leipzig 1778. S. 417. die Perlenmuschel aus dem Geschlechte der Klaffmuscheln. Müller *Hist. Verm. P. II. p. 210. n. 396. Mya margaritifera testa ovali oblonga, apertura sinuata, natibus decorticatis.* Kundmann *promtuar. p. 130. Concha fluviatilis margaritifera.* Fischer Naturgesch. von Lievland S. 170. die Perlenmuschel. Dänisch Perle-Migen; Perle-Musling; Perle-Skiael. Schwed. Pärle-Musla. Franz. Mere des Perles.

Wenn gleich, wie ich schon einigemal bemerkt habe, mehrere Muscheln der süssen Wasser Perlen erzeugen, und nach den neuern Beobachtungen eines Linne' und Chemnitz alle Muscheln Perlen erzeugen können; so gehöret doch unsrer gegenwärtigen Muschel der Name einer Perlenmuschel vorzüglich, weil sie unter allen Flußmuscheln die mehresten Perlen giebt, und vorzüglich auf diesen Vortheil benutzt wird. Unter den Muscheln mit einem gezahnten Schlosse aber stehet sie billig oben an, weil sie nur einen einzigen Zahn hat. Ich muß hiebey sogleich die Anmerkung machen, daß, wenn ich von den Zähnen der Flußmuscheln rede, ich immer nur die eine Schale, nicht aber zugleich das entgegengesetzte Schloß oder die Vertiefungen meyne, in welche der Zahn oder mehrere Zähne eingreifen. Unsere Perlmuschel hat im Grunde nur einen einzigen Zahn, aber die Vertiefung in der zweyten Schale hat auf beyden Seiten spitzige Hervorragungen, welche verschiedene Schriftsteller auch mit Zähnen verglichen, und der Perlmuschel drey Zähne beygelegt haben; unter diesen und unter mir ist kein Widerspruch. Linne' nennet daher den Zahn, von dem ich rede, dentem primarium.

Unter allen unsern Flußmuscheln ist die Perlenmuschel ihres Nutzens wegen zwar die vorzüglichste, ihrem äusserlichen Schmuck nach aber die unansehnlichste, und ihrer Schale nach die stärkste. Sie hat eine sehr schwere schwarze oder schwarzbraune Schale, die sich durch keine Kunst verschönern läßt, und die voller Runzeln und mithin ganz schilfricht oder blättricht, fast wie eine Auster ist. Mein gröstes Beyspiel aus der Elster ist $5\frac{1}{2}$ Zoll breit, $2\frac{1}{2}$ Zoll lang, und $1\frac{1}{4}$ Zoll tief, und von eben der Grösse besitze ich sie aus Franken, kleiner aber von Zelle. Ich zweifle gar nicht daran, daß sie noch grösser, aber auch noch kleiner gefunden werden. Ihr Schloß ist ziemlich stark, hornartig, halbdurchsichtig und glänzend. Der Seitenrand klafft auf beyden Seiten, doch auf der einen stärker als auf der andern, aber unten hat die Schale fast in ihrem Mittelpuncte eine ziemlich starke, auf beyden Seiten gleich grosse Einbeugung, und diese hat sie mit dem grossen Entenschnabel unsrer Flüsse gemein, von welchem sie aber die starke Schale und das gezahnte Schloß hinlänglich unterscheiden. Fast durchgängig ist die Schale von Würmern angefressen, und öfters noch übler zugerichtet als die Seemuscheln, und noch härter verwundet, als man an andern Flußmuscheln zu beobachten gewohnt ist. Man darf sich also darüber gar nicht wundern, daß diese Muschel zum Geschäfte der Perlenbereitung vorzüglich geschickt ist, da nach der gründlichen Theorie Herrn Pastor Chemnitzens die Perlen Verwahrungsmittel gegen tödtliche Verwundungen und Heilpflaster bey erhaltenen Wunden sind. Alle Schriftsteller legen dieser Muschel einstimmig eine schwarze Farbe bey, die bey manchen schwarzbraun ist, und nur Klein sagt, daß die Farbe derselben gelbgrün sey.

Was dieser Muschel an der äussern Schönheit abgehet, das hat ihr die Natur an der innern Seite hinlänglich ersetzt. Bey keiner Muschel der Flüsse nähert sich der Perlenmutterglanz, der ächten Perlemutter der See mehr, als bey dieser. Der ganze Rand dieser innern Perlenmutterhälfte ist mit einem braunen Saum eingefaßt, und dieses sind vermuthlich die letzten Ansätze, die das Thier baute, damit die Schale ihre ganze Wachsthumsgrösse erlangte. Daher kommt es, daß dieser Rand bey jungen und unausgewachsenen Schalen nicht so sichtbar als bey ältern ist. Der ganze übrige Theil der Schale hat einen ungemein schönen Perlenmutterglanz, der so gut ist, daß man sogar aus dem Zahn der Muschel Perlen drehet, und sie, obgleich wohlfeiler, als die eigentlichen Perlen verkauft. Der Ort, wo das Thier mit seinen Nerven an die Schale befestiget ist, ist sichtbar vertieft, durch geschlängelte Querbogen gestreift und sehr glänzend. Da, wo der Zahn eingreift, ist dieser Ort in beyden Schalen kürzer als auf der entgegengesetzten Seite. Der Zahn ist überaus stark, oben mit 1. 2. oder 3. Einkerbungen, die aber nicht tief sind, versehen, und hier siehet man in der Vertiefung der andern Schale eben so viele Erhöhungen. Unter allen Perlemuscheln, die in meiner Sammlung liegen, und die ich sonst gesehen habe, hat die Perlenmuschel aus Zelle den spitzigsten Zahn. Bey den mehresten hat die Vertiefung, worein der beschriebene Zahn schliesset, zwey spitzige Hervorragungen, wo sich in jeder Spitze eine kleine Kerbe befindet, nur die Perlenmuschel von Zelle hat eine einzige Hervorragung. Daß verschiedene Schriftsteller diese Hervorragungen unter die Muschelzähne rechnen, habe ich schon bemerket. Dieser Seitenzahn greift ebenfalls in eine gerade an dem Hauptzahne befindliche Vertiefung ein. Dieses hat vor mir Herr D. Martini schon beobachtet, Herr Etatsrath Müller an den seinigen nicht gefunden.

Man hat mehrere Flüsse, wo sich diese Perlenmuscheln aufhalten, die uns Herr D. Martini im IV. Bande seiner allgemeinen Geschichte der Natur S. 490. f. ziemlich vollständig erzehlet. Ich kann aber behaupten, daß die Perlenmuscheln in Norwegen, in Lappland, in Liefland, in der Elster, bey Erlangen und bey Zelle die berühmtesten sind, von denen ich vor andern reden muß.

Die Schriftsteller u) gedenken der Perlenmuscheln hin und wieder, die sich in **Norwegen** befinden, besonders versichert **Pontoppidan**, daß in den **Norwegischen** Flußmuschelschalen bisweilen Perlen sind, die reifer und besser sind, als diejenigen, die man in den Austern findet. Besonders ist es die **Westküste**, wo Flüsse und Bäche dergleichen geben. **Pontoppidan** scheinet hier mehr von eigentlichen Flußmuscheln als von der Perlmuschel zu reden. Aber er fähret nun fort: der eigentliche Perlenfang, der unter königlicher Aufsicht und Veranstaltung unternommen wird, ist blos im Stifte **Christiansand**, wo es die meisten Perlenflüsse giebt. Die ächten Perlen, die jährlich um Johannis und nachher, in diesen Flüssen gefischt werden, gehören als eines der Regalien des Königreichs **Norwegen** der Königin alleine, welche zur Aufsicht und Beförderung des Perlenfanges allezeit einen besondern Aufseher ernennet. Die Perlen, die man daselbst fischt, sind gröstentheils weiß und silberglänzend, sie haben also, mit den Juwelenhändlern zu reden, nicht das **Wasser** der **orientalischen** Perlen; doch trifft man unter denselben auch einige an, die an Grösse und Schönheit ihres Glanzes den **ostindischen** Perlen wenig oder gar nichts nachgeben. In **Schweden** hat man Perlenmuscheln gefunden, die eine Viertelelle lang, und einer vollständigen Manneshand breit waren.

In **Lappland** x) sind die Perlenmuscheln groß und schön, und denen im **Voigtlande**, und folglich der von mir hier beschriebenen Gattung völlig gleich. Sie werden daselbst in einigen Flüssen gefunden, daher auch einige von den **Lappländern** dazu gesetzt sind, daß sie dieselben auffischen. Ihre Perlen sind, wie sich **Scheffer** ausdrückt, nicht zu verachten. **Olaus Magnus** behauptet zwar, daß sie blässer wären als die ächten **ostindischen** Perlen, und schreibet dieses der dasigen Kälte des Landes zu. Allein **Scheffer** gestehet dieses nicht ganz ein. Man kann es, sagt er, nicht leugnen, daß den mehresten diejenige Schönheit mangelt, welche man an den **orientalischen** siehet und lobt. Es werden aber doch dergleichen gefunden, welche jenen an der Schönheit und Güte nichts nachgeben. Denn an der Grösse und genauen Rundung übertreffen sie jene mehrentheils völlig. Wenn sie nur reif sind, so haben sie eine völlige sphärische Figur, aber freylich sind die mehresten unreif, und diese sind auf der einen Hälfte rund, auf der andern platt, auf der runden Seite schön und glänzend, auf der platten Seite aber gelb, oder erdfarbig, braun und dunkel. **Scheffer** bezeugt, daß er eine Perle gesehen habe, die von **Bothnia** nach **Stockholm** gebracht wurde, welche so groß, so vollkommen rund, und so schön an der Lebhaftigkeit der Farbe war, daß eine vornehme Dame diese einzige mit 120 Kaisergulden bezahlen wollte. Ein Edelsteinhändler versicherte, wenn er noch eine Perl von gleicher Grösse hätte, so würde er sie unter 500 Kaisergulden niemand abgeben. Die Perlen, die noch nicht reif sind, sind in der Schale befestiget, die reifen aber liegen darin frey, und fallen sogleich heraus, wenn die Schale geöffnet wird.

u) Pontoppidan Naturgesch. von Norwegen, II. Th. S. 309. f. Worm Mus. Lib. I. Cap. 19. p. 110. Kundmann rar. nat. et art. S. 451. Martini allgemeine Gesch der Natur, IV. Th. S. 487. 490. Neuer Schauplatz der Nat. VI. Band S. 418.

x) Scheffer Lapponia S. 378. davon ich in meinem Journal III. Band S. 124. f. einen Auszug geliefert habe: Olaus Magnus Lib. II. Cap. 21. Martini l. c. S. 488. 489.

Es ist zu beklagen, daß Herr **Fischer**, da er von **Lieflands** g) Naturseltenheiten redet, und die dortigen Perlenmuscheln beschreibt, nichts mehr thut, als aus dem **Mylius** und **Jetze** excerpirt, und ihre damals irrige Meynungen mit wiederholet. Seine Entschuldigung, daß er weder Gelegenheit gehabt, die Muscheln und ihre Perlen an ihrem Orte selbst zu untersuchen, noch auch bey aller angewendeten Mühe Nachricht davon habe einziehen können; diese Entschuldigung scheinet mir darzuthun, daß die Perlenfischerey in **Liefland** eben nicht die ergiebigste seyn müsse. Von der Geschichte dieser Perlenfischereyen will ich aus meinen Quellen folgendes bemerken. **Mylius** berichtet, daß man schon zu Anfang dieses Jahrhunderts einen Inspector über die Perlenfischerey gehabt habe; da aber **Jetze**, dessen Buch 1749. gedruckt wurde, sagt, daß man erst vor drey Jahren in **Liefland** angefangen habe, Perlen aufzusuchen, so muß diese erste Perlenfischerey eingegangen seyn. Folglich müssen diese Fischereyen nicht ergiebig genug gewesen seyn, obgleich nach **Jetzens** Aussage die **Liefländischen** Perlen an Grösse und Glanz den **orientalischen** ziemlich nahe kommen. **Kelch** meldet in seiner liefländischen Chronik, daß schon vor seiner Zeit, er lebte aber zu den Zeiten des **Königes Carl des Eilften in Schweden**, im **Meetzischen Bache** Perlen wären gefunden worden, allein man habe deswegen keine besondere Fischerey angestellt. Nach der Zeit aber brachte es ein **Schwede, Hedenberg**, dahin, daß man die Perlen sorgfältiger aufsuchte. Dieses geschahe ohngefehr im Jahr 1742, doch bezeuget Herr **Fischer**, daß man diese Perlenfischerey nach der Zeit wieder habe liegen lassen. **Martini** sagt aus dem **Mylius**, daß man daselbst in keinen andern Bächen Perlen finde, als in solchen, die ein helles und frisches Wasser haben, in welchem Schmerle und Forellen sich aufhalten. Man findet aber da die Perlen blos von der Mitte des Julius bis zur Mitte des Augusts. So viel ist bekannt, sagt Herr **Fischer**, daß der **Schwarzbach im Wendischen Kreise** wegen der Perlenfischerey immer der berühmteste gewesen ist, den Herr Pastor **Hupel** im ersten Theil seiner liefländischen Topographie S. 134. einen perlenreichen Bach nennet. Herr **Hupel**, mein Landsmann, sagt ferner, daß wohl auf vierzig Seen und Bäche Perlen geben, aber bey den mehresten belohnet es kaum die Mühe, sie zu fischen. Inzwischen sind aus einigen, sonderlich aus dem **Schwarzbache**, bisweilen vortrefliche Perlen einer Erbse groß gefischet worden, aber die meisten unreif. Nächst dem **Schwarzbache** ist wohl die Tirse der merkwürdigste Fluß, in welchem Perlen gefischt worden sind. Eine alte Baurenschenke unter dem Gute **Druenen** im Tirsenschen Kirchspiele hat von undenklichen Jahren her den Namen **Perlekroghs**.

Die **Elster im Voigtlande** i) ist schon längst als ein reicher Perlenbach bekannt, und sie gehöret in der That unter die berühmtesten Perlenbäche. Schon die ältesten Schriftsteller gedenken derselben, und sagen fast einstimmig, daß unter unsern europäischen Flüssen dieser die schönsten Perlen gebe, obgleich **Boodt** behauptet, daß die Perlen in einigen **Böhmischen** Flüssen die **Voigtländischen** noch an Schönheit übertrafen.

g) Fischer Naturgesch. von Liefland S. 170. f. Mylius Saxon. subterran. Th. II. S. 21. Jetze von den weissen Haasen in Liefland S. 49. Martini allgemeine Gesch. der Natur Th. IV. S. 491.

i) Boodt gemmar. et lapid. hist. Lib. II. Cap. 37. p. m. 170. Titius Wittenbergisches Wochenbl. vom J. 1768. 20 Stück S. 169. Lesser Lithotheol. §. 158. S. 257. Martini am angef. Orte S. 493. Neuer Schaupl. der Natur VI. B. S. 411. f. Entwurf der Königl. Naturalienk. in Dresden S. 76.

träfen. Man nennet im Voigtlande die Perlenmuscheln Perltröge. Ohnweit Oelsnitz fallen in diesem Flusse Perlen von solcher Schönheit und Grösse, daß der vormalige König Augustus von Pohlen ordentliche Strandreuter gesetzet, die genau Acht haben musten, daß niemand, als die dazu bestimmten Leute, fischen durften. Sowohl die damalige Herzogin von Zeitz, als die Königin von Pohlen, haben einen eignen Halsschmuck davon getragen. Sie sind dieser Achtung werth, da es wahr ist, was in dem Entwurf der königlichen Naturalienkammer in Dresden gesagt wird: „daß die Perlen des Elsterflusses in Ansehung der Grösse, Rundung und des Glanzes so schön gebildet sind, als die kostbaren Perlen im Morgenlande. Die Muschel selbst habe ich beschrieben, und die Tab. IV. fig. 1. abgezeichnete ist eine Perlenmuschel aus der Elster. In dieser sitzet gerade da, wo die Einbeugung der Muschel von Aussen ist, eine grosse Perle, die in der Schale noch halb verwachsen ist, die aber zuverläßig unter der Hand des Künstlers die Schönheit einer orientalischen Perle erreichen muß. Daß nicht alle Perlen zu ihrer gehörigen Reife gelangen, und also nicht alle den Glanz, oder wie man zu reden pfleget, das Wasser, das ihnen gehört, bekommen, das darf ich kaum anmerken. Gute reife Perlen aber stehen gewiß nahe an den orientalischen; und wenn ja unter beyden noch ein Unterschied vorhanden ist, so ist es dieser, daß die Perlen aus der Elster, so wie die mehresten guten Perlen unserer inländischen Flüsse, ein wenig in das Blaue spielen.

Von den Perlenmuscheln in Franken a) ist zwar in den fränkischen Sammlungen ein eigener Aufsatz befindlich, den ich aber nicht nützen kann, weil ich dieses Buch nicht besitze und hier in keinen Händen eines Freundes weiß. Aber einen Auszug aus einem Briefe eines Freundes aus Erlangen will ich mittheilen, der die mehresten meiner Leser befriedigen wird. Die Gelegenheit, hier eine Perlenfischerey anzulegen, hat ein Bauer gegeben, der einige Perlen gefunden, und sie an einen Juden für Bänder und allerley Kleinigkeiten vertauscht hat. Dadurch hat es die Obrigkeit erfahren, und es dem Landesherrn gemeldet. Man findet die Perlenmuscheln mit ihren Perlen in dem Oberlande an zwey Orten: bey Himmelkron, und bey einem kleinen Orte, der Rehau heißt, doch ist an dem letzten Orte die stärkste Bank, wo auch die schönsten Perlen gefangen werden. Der Fluß bey Himmelkron wird der weisse Main, bey Rehau aber nur schlechthin der Perlenbach genennt; vermuthlich aber wird dieser und jener Fluß ein Arm von dem Ursprung des Mains seyn. Vor ohngefehr funfzig Jahren ist es erst entdecket worden, daß diese Muscheln Perlen enthalten. Es hält jetzt sehr schwer, eine Perlenmuschel für auswärtige Freunde und Kabinette zu erhalten, noch schwerer aber zu einer guten Perle zu kommen, denn alle gefangene Perlen müssen an den Landesherrn abgeliefert werden. Man findet sie bisweilen ganz fürtreflich, und die verstorbene Frau Marggräfin von Bayreuth hat sie recht auserlesen gehabt, und kostbare Arm- und Halsbänder davon getragen, welche jetzo die Herzogin von Würtenberg besitzet. Andere Menschen müssen zufrieden seyn, wenn sie nur geringere bekommen können. Alle Perlenmuscheln in Franken sind von Würmern angefressen. Ich bin so glücklich, drey Stück Rehauischer Perlen von der ersten Grösse zu besitzen. Die eine ist ganz braun, und da ich mit der Feile einen Einschnitt in sie machte, war sie durchgängig braun, aber überaus fest. Ich getraue mir also nicht zu behaupten, daß sie unreif sey, und daß sie jemals eine bessere Farbe würde bekommen haben, sondern sie ist, wie ich glaube, von unrei-

a) Fränkische Sammlungen VIII. B. S. 506. Vom Rehauischen Perlenbache.

unreinern Säften vielleicht von einem zu alten oder kranken Muschelthier erzeugt worden. Diese ist kugelrund. Die andere ist länglichrund, und bereits unter der Hand des Künstlers gewesen, der sie bearbeitet und durchbohret hat. Sie hat die schönste Perlenfarbe, die man nur an guten Perlen erwarten kann, ausser daß sie in der Mitte ein weisses mattes Band hat, welches vermuthlich würde verschwunden seyn, wenn der Künstler die Perl weiter hätte abdrehen, und dadurch merklich verkleinern wollen. Die dritte hat ein noch schöneres Wasser, die Grösse von einer Zuckererbse, und diese ist die kleinste unter meinen dreyen, und sie würde einen sehr hohen Werth haben, wenn sie nicht unten, wo sie nemlich in der Muschel befestiget war, noch einen braunen und unreifen Theil hätte, der es aber bey mehrern Beyspielen gar nicht hindern könnte, sie einzufassen, und dadurch ihren unansehnlichern Theil zu verbergen.

Von den Perlenmuscheln bey Zelle b) will ich einige Anmerkungen des Herrn Hofmedicus Taube wiederholen. Sie finden sich in allen Bächen, die keinen zu reissenden Strom, und einen harten, sandigen und etwas steinigten Boden haben. In solchen Bächen hingegen, welche im Herbst und Frühjahr zu reissend fliessen, im Sommer aber mehrentheils vertrocknen, wird man sie allemal vergeblich suchen. Die gewöhnlichste Zeit, sie zu fischen, ist, wenn das Wasser einen Theil seiner Kälte verlohren hat, und dem Perlenmuschelfischer erträglich wird. Dieser versiehet sich mit einem Beutel, den er um den Hals knüpfet, und mit einem Stocke, der stark genug ist, sich im Fall der Noth daran zu halten. Den Fang unternimmt er am liebsten bey hellem Sonnenschein und stillen Wetter, und gehet allezeit dem Strome entgegen. Die Fischer glauben, eine Muschel, die Perlen führet, verändere ihr Lager höchst selten. Und wenn die Muschel beym Ausheben aus ihrem Lager nicht gar zu leicht losgehet, sondern fest eingegraben zu seyn scheinet; wenn sich an der Muschel etwas ungewöhnliches, als eine Vertiefung, Furchen, ein breiter Streif von anderer Farbe, unnatürliche Krümmung beyder Schalen, oder mehrere Rundung der einen bemerken läßt; so vermuthen die Fischer in derselben Perlen. Ob sie reif sind oder nicht, das hat man durch äussere Kennzeichen noch nicht ergründen können, sie schliessen aber aus gewissen Furchen oder Gruben, die von dem Schlosse der Muschel auswärts mit jedem Jahrwuchs grösser werden, daß sich die Perlen von den Häuten des Thiers abgesondert haben, und nun mit der Schale verwachsen sind: selten aber ist eine solche Perle brauchbar. Eine nicht verwachsene Perle ist gewöhnlich zwischen die Häute des so genannten Bartes der Muschel dergestalt eingeschlossen, daß, wenn die Schalen geöffnet sind, und das Schloß gegen die linke Hand stehet, sie etwas unterwärts, und gegen das breite Ende zu, womit sie allemal im Sande stecken, uns zu Gesichte kommen. Allein oft sitzt die Perle auch ganz an einem andern Ende, oft zwischen den innern Häuten. Zuweilen finden sich zwey, auch wohl mehrere in einer Schale, aber selten sind sie alle rein und reif, sehr oft sind sie alle trübe. Eine Perle aus den dortigen Flüssen, die 18. Gran am Gewichte, auch eine vollkommene Rundung und Reife hatte, ist zuverläßig ein wahrer Schmuck der dortigen Gewässer, und eine grosse Seltenheit für unsre Flüsse.

Ich würde weitläuftiger seyn müssen, als es mein Zweck ist, wenn ich alle die Meynungen, die zum Theil sehr abgeschmackt und lächerlich sind, wiederholen wollte, die

b) Taube Beyträge zur Naturgeschichte des Herzogthums Zelle I. Th. S. 79. II. Th. S. 116. Martini l. c. S. 494.

die man von jeher über den Ursprung der Perlen geäussert, und sogar hartnäckig vertheidiget hat. Die beyden neuesten Meynungen will ich nur wiederholen, doch unter dem aufrichtigen Geständniß, daß mir unter allen bekannten die Theorie des Herrn Pastor **Chemnitz** (§. 82.) die mehreste Genugthuung leistet. Nach dieser Theorie sind die Perlen **Verwahrungsmittel** gegen die Anfälle der Feinde, und Heilpflaster, wenn die Schale tödlich verwundet ist. Der Einwurf, daß man auch Perlen in dem Thier selbst verschlossen finde; ist, wie mich dünkt, gar nicht von der Wichtigkeit, als man vielleicht glaubt. Hat das Muschelthier so viel Kraft, zu wissen, wenn es verletzt ist, und nun zu arbeiten, daß es dieser Verletzung zuvorkomme, so ist es ja gar nicht ungereimt zu glauben, daß das Thier auch eine oder mehrere Perlen vorräthig haben könne, die es auf den Ort sogleich legen kann, wo die Verwundung geschehen ist. Und was sind nun die Perlenansätze? Jeder Mensch siehet, daß die wenigsten eine Anlage zu wahren Perlen haben, sie sind also im Fall der Noth gemacht, weil das Thier keine Perle vorräthig hatte, die sie hier einschieben konnte. Ich habe einmal eine gemeine Auster in meinen Händen gehabt, wo die ganze eine Hälfte der innern Schale einen keulenförmigen erhabenen Wulst hatte, der inwendig ganz hohl war, und den das Thier dazu bauete, und hohl bauete, damit dem äussern Feinde in der Geschwindigkeit Einhalt geschehen möchte. Die andre **Meynung** über den Ursprung der Perlen hat Herr Gißler in den Abhandlungen der schwedischen Academie vom J. 1762. [c]) vorgetragen. Ich wiederhole einen Theil seiner Gedanken, wer sie erklären kann, mag es thun. „Eine gute Perle ist ein in der Muschel untersten Theile zuerst angefangenes und mit derselben schalartigen Natur übereinstimmendes, rund zubereitetes, ganz kleines und klares Perlenmutterstück, das von der Lebensbewegung des Thiers, besonders dem Athenholen, zugleich mit den feinen Fäserchen zur glänzenden Schale zwischen die Schichten der lebendigen Schalhaut getrieben wird, und unterwegens schichtweise jährlichen Zuwachs erhält, bis es an eben der Schalhaut äussersten Rande stehen bleibt, oder unter seinem Fortgange von einem Scheibchen der Schalhaut zurückgehalten wird, und mit ihm an die Schale festwächset, und so da künftig sitzen bleibt.„ So viel scheinet richtig zu seyn, daß die innern Lagen der Schale aus einerley Bestandtheilen mit der Perle bestehen, und daß die Perle aus lauter über einander gelegten Blättern bestehet. Die Perle entstehet daher nur nach und nach aus den feinsten Bestandtheilchen, die noch feiner sind, als die Bestandtheile der Schale. Auch diese Erfahrung bestätiget Herrn **Chemnitzens** Theorie, denn eben darum nimmt das Thier zur Perle die besten Theilchen, die es hat, damit die Perle recht fest werde: eben darum legt sie aber ein so festes und undurchdringliches Pflaster auf die Wunde, damit es seinem Feinde alle fernern Versuche auf diesen verletzten Ort vereitle [d]).

Den **Werth** unserer inländischen Perlen setzen einige, deucht mir, zu weit herunter, andere hingegen erhöhen denselben ebenfalls allzusehr [e]). Wenn die Frage von der Grösse ist, so muß man sagen, daß die grösten Perlen, dergleichen z. B. die Perle der

c) Neuer Schauplatz der Natur VI. Band S. 316. f.

d) Eine Menge Schriftsteller, welche von dem Ursprunge der Perlen handeln, hat **Martini** in der mehr angeführten allgemeinen Geschichte der Natur IV. B. S. 467. f. angeführet.

e) **Martini** l. c. S. 497. Neuer Schaupl. der Natur VI. B. S. 411. 412. **Eberhard** vom Ursprung der Perlen S. 141.

der Cleopatra war, immer in der See, oder in grossen Flüssen nahe an der See, gefunden werden. Allein was die mittlere Grösse bis zur Grösse einer Zuckererbse anbetrifft, so liefern unsre Flüsse dieselben eben so wohl, als die See. Was die Menge ausgesuchter Perlen anlangt, denen nemlich weder Form noch Farbe oder Wasser fehlt, so ist es wieder entschieden, daß die See oder grosse Flüsse nahe an der See derselben mehr liefert als das süsse Wasser, allein es ist auch entschieden, daß in unsern süssen Wassern Perlen gefunden werden, die keiner orientalischen nachstehen. Man muß sich also bey dieser Frage für Wortstreit hüten. Wir haben in unsern Flüssen Perlen, die den orientalischen vollkommen das Gleichgewichte halten, die also mit jenen auch einerley Werth und Kaufpreis haben sollten. Ich sage **haben sollten**, allein Vorurtheile machen es, daß man die indianischen Perlen den unsrigen immer vorziehet, und diese nicht so theuer bezahlen will als jene. Es ist Vorurtheil, daß wir immer den entfernterern Sachen einen grössern Werth beylegen als den unsrigen, und ich wette darauf, daß unter den fremden Perlen, die wir theuer bezahlen müssen, manche liege, die in unsern Flüssen gefunden worden ist; und Tavernier, dieser grosse Juwelenkenner versichert, daß einige ausgesuchte Stücke Baierischer Perlen wohl auf 1000 Gülden zu schätzen wären.

So wie die Farbe der Perlen überhaupt gar sehr verschieden ist, so muß man dieses auch von unsern Flußperlen sagen. Die schönsten Perlen müssen schönes Wasser und einen rechten Fluß haben, das ist, **sie müssen schön weiß und glänzend, und halb durchsichtig** wie Alaun seyn. Diese nennet Plinius exaluminatos vniones. Aber freylich sind dis die wenigsten. Mehrere sind blos weiß, ohne allen Glanz, andere sind zwar glänzend, aber ihre Farbe ist nicht weiß genug, oder sie sind wohl gar braun, oder nicht durchgängig von einer Farbe. Nur die ersten sind es, welche einen vorzüglichen Werth haben, alle die übrigen bestimmt man entweder für die Kabinette, oder man verfertiget aus ihnen allerley Werke der Kunst. So haben wir auf unserm hiesigen Herzoglichen Naturalienkabinet eine braune Perle von ziemlicher Grösse, die zu einem kleinen Schlößchen umgearbeitet ist.

Ob man es einer Perlenmuschel von Aussen ansehen könne, daß sie inwendig Perlen habe? Zu wünschen wäre es allerdings, denn das würde der sichre Weg seyn, wodurch man dem Untergange so vieler Perlenmuscheln vorbeugen könnte. Allein ich glaube, es sey immer noch kein sichres äusseres Kennzeichen vorhanden, woraus man dieses ohne alle Gefahr zu irren schliessen könnte, wenigstens kann man es der Muschel nicht von Aussen ansehen, ob sie gute reife Perlen in sich schliesse? Ich will inzwischen einige angegebene Kennzeichen über diese Sache wiederholen. Wie es die Perlenfischer in Zelle zu errathen glauben, daß eine gefundene Muschel nicht ohne Perlen sey, das will ich nicht wiederholen. Fischerstein f) giebt folgende Kennzeichen an: 1) wenn die Muschel auf einer Seite fünf, sechs oder mehr schief heruntergehende Streifen hat, 2) wenn sich Hübel an der Seite finden, 3) wenn sich eine Seite ungewöhnlicher Weise nach dem schmalen Ende beuget oder krümmet, und wenn 4) eine tiefe Furche queer über die Schale gehet. Allein diese Kennzeichen, wenn sie auch richtig wären, passen mehr auf die Perlenmuschel der See und grosser Flüsse nahe an der See, als auf unsre Fluß-

f) Abhandlungen der Schwedischen Academie 21, Band S. 136. f. Neuer Schaupl. der Natur l. c. S. 316.

Flußmuscheln. Jetze g) redet zwar von dieser Sache mit vieler Zuversicht, allein ich brauche erfahrenen und denkenden Lesern nicht zu sagen, daß alle sein Vorgeben falsch sey, wenn sie es nur werden gelesen haben. „Der erste Erfinder hat durch öftere Versuche und Bemerkungen endlich die Kennzeichen des Unterschiedes entdeckt. Er hat, wie ich aus dem Munde seines Bruders habe, bemerket, daß die Perle zu der Zeit, wenn sie recht reif ist, aus ihrem Lager sich abwärts nach dem Bauche der Muschel senke, der sich denn öffne und die Perle herauswerfe. Wenn dies vorgehe, so flösse von der Perle ein purpurrother Saft herunter zu dem Orte, wo sie ausgeworfen wird, den man alsdann deutlich bemerken könne, ohne die Muscheln ganz zu öffnen. Was aber eigentlich den Unterschied der Muscheln betrifft, worin Perlen befindlich sind, von denen, die keine Perlen haben, so führt er davon Kennzeichen an, denen nicht widersprochen werden kann, weil sie die Erfahrung bestätiget. Es werfen nemlich die in den Muscheln befindliche Thiere ihre alte Muscheln ab, und bekommen ganz neue, welche allgemählig unter den alten wachsen h). Alsdann wird die alte ganz mürbe und brockicht, und siehet eben so aus, wie die über einander liegenden Schichten in Schieferbrüchen. Zu der Zeit nun, wenn sie neue Muscheln bekommen, wächset die Perle, welche zu der besten Grösse und Reife gedeyet, wenn man an etlichen Orten die neue Muschel schon durch die alte hervorscheinen siehet. Wenn sie nun solche Muscheln finden, und daran zugleich das vorige Kennzeichen erblicken, so öffnen sie dieselben, und bekommen die schönsten Perlen.„ Auch hier empfiehlet sich die Theorie des Herrn Pastor **Chemnitz** über den Ursprung der Perlen. Wenn wir voraussetzen dürfen, daß die Perlen Verwahrungsmittel und Heilpflaster sind, so müssen ganz unversehrte und undurchlöcherte Schalen der grösten Wahrscheinlichkeit nach unfruchtbar an Perlen seyn. Schalen hingegen, die grosse Verletzungen erlitten haben, sind nun eben so wahrscheinlich fruchtbar an Perlen. Wie sehr wäre es doch zu wünschen, daß man bey der Perlenfischerey auf dieses Merkmal aufmerksam seyn möchte, um es entweder zu bestätigen, oder durch unleugbare Erfahrungen zu widerlegen.

Die Lage der Perlen ist ebenfalls gar sehr verschieden. Sie sind entweder in der Schale befestiget, oder sie liegen noch in dem Thier frey und ohne Befestigung. Vorher lehrte uns Herr **Hofmedicus Taube**, daß sie in dem letztern Falle zwischen die Häute des so genannten Bartes eingeschlossen wäre, daß sie aber eben so oft an einem andern Orte, zwischen den innern Häuten des Thieres liegen. Ist aber die Perle in der Schale verwachsen, und sitzet ganz fest, so ist sie sehr an dem untern verborgenen Theile nicht ganz reif, aber eben das siehet man an Perlen, die in der Schale frey liegen. Ob es also richtig sey, daß die Perle, wenn sie zu ihrer völligen Reife gelangt sey, aus ihrem Lager in der Muschelschale falle, das kann ich weder bejahen noch verneinen. Neuere Zeugnisse und eigne Erfahrungen fehlen mir, und die Zeugnisse älterer Schriftsteller sind in dieser Sache nicht sicher. Mehrentheils liegt nur eine, höchstens zwey Perlen in unsern Flußmuscheln, doch kommen auch Beyspiele von mehrern Perlen in einer Muschel vor.

g) Von den weissen Haasen in Liefland, S. 52. f.

h) Ein Vorgeben, das aller Erfahrung widerspricht, und das, wenn wir an die Befestigung des Thiers mit seiner Schale, und die Auskleidung der Schale selbst gedenken, ganz unmöglich ist. Folglich sind auch alle darauf gegründete Folgen falsch.

vor. Das können wir uns freylich von unseren Perlenmuscheln der süssen Wasser nicht rühmen, was **Amerikus Vespuzius** und **Caspar Morales** erfuhren, wo der erste Muscheln mit 130, und der andere mit 120 Perlen gefunden haben will.

Ich könnte noch sehr viel von den Perlen sagen, wenn ich nicht blos von Flußmuscheln und ihren Perlen redete, wer die Arbeit des Herrn **D. Martini**, die ich so oft angeführt habe, und die von ihm angeführten Schriftsteller nachschlagen will [i]), der wird genugsame Befriedigung finden. Ich will nur Herrn **Grills** [k]) Nachricht wiederholen, wie die **Chineser** ächte **Perlen** künstlich nachzumachen, oder zu vergrössern pflegen. „Wenn die Perlenmuscheln, sagt Herr **Grill**, im Anfange des Sommers an die Oberfläche des Wassers kommen, und geöffnet an der Sonne liegen; so haben die **Chineser** schon aufgezogene Schnuren, von fünf oder sechs Perlenmutterperlen an jeder, die am Faden mit Knoten von einander abgesondert sind. In jede offenstehende Muschel pflegen sie dann eine Schnur solcher Perlen zu legen, die Muschel aber, mit dieser fremden Bürde beladen, sich ins Wasser zu senken. Ueber Jahr und Tag werden die Muscheln heraufgeholt, und man findet nach ihrer Eröffnung, daß jede der eingelegten Perlen sich mit einer neuen Perlenhaut überzogen und völlig das Ansehen einer ächten Perle hat.“ Was hier Herr **Grill** sagt, das hat Herr **Professor Murray zu Upsal** vor einigen Jahren in meinem Hause gegen mich bestätiget, doch unter ein wenig veränderten Umständen erzehlet. Er versicherte, daß sich die Perlenmuscheln in den chinesischen Flüssen zuweilen der Oberfläche des Wassers näherten, und diesen Umstand machten sich die **Chineser** zu Nutze, sie näherten sich diesen geöffneten Muscheln, und würfen in jede offne Muschel ein aus Perlmutter gedrehetes rundes Kügelchen mit einer ausserordentlichen und bewunderungswürdigen Fertigkeit. So bald die Muschel dieses Kügelchen in sich habe, so sinke sie zu Boden, und im folgenden Jahre finde der **Chineser** in jeder Muschel für seine kleine Kugel eine schöne Perle. Ob sich hier das Muschelthier vielleicht eine Verwundung gedenkt, und durch seine Kunst vorzubeugen sucht?

VII.

Tab. III. fig. 2. 4. 5.

Die dunkel- oder hellgrüne Flußmuschel, Mart. Die Mahlermuschel.

Mya pictorum Linn. et Müll. Tab. III. fig. 2. 4. 5.

Plinius *Hist. nat. Lib. II. cap. 103. (106.) tom. I. p. 104.* der **Müllerischen** Ausg. **Lister** *histor. animal. tit. 30. musculus angustior, ex flavo viridescens, validus, umbonibus acutis, valvarum cardinibus velut pinnis donatis sinuosis. p. 149. tab. 2. fig. 30.* **Lister** *histor. Conchyl. tab. 146. fig. 1. tab. 147. fig. 2. 3.* **Bonanni** *recreat. ment. Class. II. fig. 40. 41. p. 104. Solenis, hoc est concha longa a Tellinis sola longitudine diversa, intus margaritarum nitore pellucida, foris vero sub cortice fulvo oleaginoque latet — fig. 41. Concha pictorum dicta, non e colore, quem Priscis suppeditabat alia n. 15. descripta, sed ab usu pictorum, qui colores, argenti aurique pigmenta, ut plurimum in ea reponunt.* **Bonanni** *Mus. Kircherian. Class. II. fig. 39. 40.* **Gualtieri** *Ind. test. tab. 7. fig. E. Musculus fluviatilis, striatus, angustior, umbonibus acutis, val-*

varum

i) Martini am angeführten Orte S. 498.

k) Abhandlungen der königl. schwed. Academie der Wissensch. 34. Band S. 88. Martini l. c. S. 515. Neuer Schaupl. der Natur VI. Band S. 415.

varum cardinibus veluti pinnis donatis, sinuosis, ex flavo viridescens, intus argenteus. Hebenstreit *Mus. Richter. p. 255. Musculus, ex flavo viridescens, medio dorso leviter radiatus, admodum crassus.* Die dünnschalige grünlichte, am Rücken gestreifte Muschel. Lesser Testaceotheolog. 1744. §. 89. *b. p. 407.* Eine breite Wassermuschel von gelblich grünlicher Farbe. Sie ist ohngefehr 3½ Zoll breit und vom Schlosse nach dem Rande zu anderthalb Zoll lang von dicker Schale. Inwendig sind die Mittelgattungen silberfarbig und etwas blaulich angelaufen, die grössern aber röthlich, *it. §. 89. K. p. 408.* Die Mahlermuschel ist eine breite Wassermuschel von brauner und grüner Farbe, inwendig aber perlenmutterfarbig. Schwammerdamm Bibel der Nat. *p. 572. tab. 10. fig. 6. 7.* eine holländische Muschel, welche in süssen Wasser gefunden wird. Klein *method. ostrac. p. 145. §. 371. n. 1. Diconcha sulcata margaritica. — Valvae crassae sub cortice scabro margariticae, qualis et interior testa, nisi sit ex argenteo caerulea.* Pontoppidan natürl. Hist. von Norwegen Th. *II. tab. ad pag. 306. fig. 7.* Argenville Conchyliol. deutsch *tab. 27. fig. 10. b. c. d. p. 282. 285. Musculus e fulvo nigrescens et multum elongatus.* Die dunkelgraue Teichmuschel, die lange Teichmuschel, (beyde Namen falsch.) — Die zweyte aus der Loire ist glänzend mit braunen Flecken; die dritte aus der Marne dunkelgrau; die vierte aus der Seine von gleicher Farbe, nur um vieles länger. Argenville Zoomorphose *tab. 8. fig. 11. p. 60.* Ginanni *opere post. P. II. tab. 4. fig. 17. p. 53.* Geoffroy Conchyl. um Paris, deutsch *p. 2. Musculus fluviatilis angustior. La Moule des Rivieres.* Linne *Syst. nat. Gen. 303. sp. 25. Mya pictorum, testa ovata, cardinis dente primario crenulato, laterali longitudinali alterius duplicato.* Müller Natursyst. *VI. B. p. 219.* die Mahlermuschel. Martini Berlin. Magaz. *IV. B. p. 465. n. 113. tab. 12. fig. 66.* die dunkel- oder hellgrüne Flußmuschel. Müller *Hist. Verm. P. II. p. 211. n. 397. Mya pictorum testa ovata, apertura natibusque integris.* Fischer Naturgesch. von Lievland S. 170. die Mahlermuschel, die Klaffermuschel. Charleton *de differentiis et nominibus animal. 1677. de piscibus p. 65. n. VII. Concha aspera pictorum.* Dänisch: Maler-Migen; Maler-Skiael.

Die angeführten Nachrichten und Benennungen der Schriftsteller thun es entscheidend dar, nicht nur daß diese Muschel eine der gemeinsten, sondern auch daß sie von jeher ein Vorwurf der Betrachtung der Naturforscher gewesen sey. Schon Plinius kannte diese Muschel, denn seine aquatiles musculi sind zuverläßig unsre Mahlermuscheln, wenn gleich Herr Prof. Denso das Wort durch Seemuscheln übersetzt hat. Die Gewohnheit, die vielleicht alt zu seyn scheinet, die einzelnen Hälften dieser und ähnlicher Muscheln zur Aufbewahrung der Farben zu gebrauchen, hat ihnen den Namen der Mahlermuscheln gegeben, den sie führen. Wenn sie Herr Fischer Klaffermuscheln nennet, so vermengt er wahrscheinlich mit unsrer gegenwärtigen Muschel den kleinen Entenschnabel der süssen Wasser (n. II.), denn die Mahlermuschel schliesset ihre Schalen fest zu, es sey denn, daß sie fortschreiten oder Nahrung suchen wollte, wo sie, wie es eine jede andre Muschel thut, ihre Schalen zu öffnen pfleget. Man hätte sie nicht die grüne Flußmuschel nennen sollen, denn diese Farbe ist beynahe allen Flußmuscheln, sogar der grösten Teichmuschel, eigen, und hier ist die Natur bey dieser Farbe viel freygebiger gewesen, als ben den Seeconchylien, und vorzüglich bey den Seemuscheln, wo diese Farbe ausserordentlich selten ist.

Die Gattungscharactere bey dieser Muschel sind: 1) daß sie einen spitzigen und einen breiten Zahn haben, und 2) flach und kurz gebauet, und 3) mit einer zarten Schale versehen sind. Ihre höchste Grösse giebt Herr D. Martini bis zu 3½ Zoll an, von welcher Grösse ich sie aber in unsern Thüringischen Flüssen nicht gefunden habe, wo die grösten ohngefehr 2½ Zoll waren. Ihre Höhe beträgt höchstens 1½ Zoll, sie sind also lang und schmal; an der Seite, wo die Schnäbel sind, abgerundet, an der entgegengesetzten Seite spitzig. Die ganze Schale bestehet aus Queerfalten oder Runzeln, die aber nicht stark, und vielleicht die Merkmale des jährigen Ansatzes sind. Inwendig sind sie ganz glatt, ihr Perlemutterglanz ist sehr matt, und die weisse Farbe desselben fällt in das Blaue. Neben dem spitzigen Zahne, der unten breiter zugehet, und ein kleines Dreyeck bildet, befindet sich eine merkliche Vertiefung, in welcher sich die eine Sehne befindet, welche das Thier mit seiner Schale verbindet, und es an ihr befestiget. Die Schnäbel befinden sich ganz an der einen Seite, sie sind zurückgebogen und flach, allemal aber abgerieben. Die äussern Farben der Schale sind sehr verschieden. Bey einigen ist sie gelblich, und nur sparsam mit grünen Strahlen versehen, bey andern ist sie strohgelb mit häufigern grünen Strahlen und auf der längern Seite mit vielem Grün gemischt. Von der Art sind die Thüringischen Mahlermuscheln. Noch andre sind braun ohne Strahlen, dergleichen ich hier bey Weimar gefunden habe, und noch andre sind braun mit matten und sparsamen grünlichen Strahlen. Wenn die Schale nicht allzusehr veraltert und mit Scheidewasser behutsam abgezogen ist, so erscheinen dann ihre schönen Farben, die man durch das Reiben mit einem wollenen Tuche, oder mit Filz sehr erhöhen kann, zumal wenn man dazu Kreide oder Röthel gebraucht. Diese Farben liegen eben nicht gar zu stark auf der Schale. Wenn man sie mit Bimstein abziehet, oder auf einem klaren Sandstein abreibet, so verschwinden sie bald, und erscheinen nun weiß oder gelb, aber gerade nicht mit dem schönsten Perlemutterglanz. Herr D. Martini bemerkt, daß, wenn man die Schalen dieser Muscheln in einer scharfen Lauge kocht, sich die äussere Beinhaut und die darunter gelegene kalkartige Rinde leicht abnehmen lasse.

Unsre Mahlermuscheln gehören unter die perlentragende Muscheln. Das hat schon Bonanni in seiner Recreatione S. 104. bemerkt. Lister fand in einer dieser Muscheln 16. Perlen von der Grösse eines Mohnsaamenkerns bis zur Grösse der Pfefferkörner. Die kleinsten waren ganz rund, die grössern aber uneben und rauh. Ich besitze selbst in meiner Sammlung mehrere Beyspiele mit artigen Perlenansätzen. Bey dem Herrn Hofrath Günther in Calah habe ich dergleichen Perlen ausser den Muscheln gesehen, die zwar mehrentheils klein, aber in der That zum Theil schön rund waren und ein gutes Wasser hatten. Wenn er einen Haufen solcher Muscheln in einem Topfe reinigte, so fand er dergleichen Perlen zuweilen in dem Bodensatze.

Herr Staatsrath Müller in Kopenhagen hat die Mahlermuscheln in folgenden Abänderungen angegeben.

1) Testa crassa rudi fusca. Schwammerdamm tab. 10. fig. 6. 7. Lister Histor. animal. tab. 2. fig. 30. Berl. Magaz. tab. 12. fig. 66. Ginanni Tom. II. tab. 4. fig. 17.

2) Testa

2) Testa elongata crassa fusca. **Gualtieri** tab. 7. fig. E. **Bonanni** Mus. Kircher. Class. II. fig. 39. 40. **Bonanni** recreat. Class. II. fig. 40. 41.

3) Testa crassa radiata, flavo virente. **Lister** Histor. Conchyl. tab. 146. fig. 1. tab. 147. fig. 2. 3. Berl. Mag. tab. 12. fig. 67.

4) Testa tenui subfusca subtilissime transversim striata. Diese seltene Abänderung befindet sich in der fürtreflichen Sammlung des Herrn **Kunstverwalter Spenglers in Kopenhagen.**

Eigentlich ist Num. 3. diejenige Gattung, die ich hier beschrieben habe, und welche im eigentlichen Verstande den Namen der Mahlermuschel führet.

Eigentlich sind die Flüsse der wahre Aufenthalt der Mahlermuscheln, und unter den Flüssen **Thüringens** ist es sonderlich die **Ilm** und besonders die **Saale**, die sie häufig führen. Bey **Waltersleben**, einem gräflich **Hatzfeldischen** Dorfe, habe ich sie auch in einem Teiche gefunden. Diejenigen, die ich von **Hamburg** erhalten habe, sind gelb und grün gestrahlt, aber weniger schön gezeichnet, als die **Thüringischen.**

Von dem Thier der Mahlermuscheln habe ich in der allgemeinen Einleitung über die Flußmuscheln Nachricht gegeben.

VII. a.

Die breite Mahlermuschel aus Grönland. *Tab. IX. fig. 1.*

Tab. IX. fig. 1.

Ich habe diese seltene Muschel von dem Herrn Pastor **Chemnitz** in **Kopenhagen** erhalten. Sie scheinet eine blosse Abänderung von der Mahlermuschel zu seyn, aber sie hat doch viel eignes und unterscheidendes. Ihre Schale ist überaus dünne, und viel zärter, als ich sie an irgend einer Schale dieser Art gesehen habe. Der breite und besonders der spitzige Zahn ist nicht stärker als das feinste Papier, und die Vertiefung unter diesem Zahne ist kaum merklich. Die Schale ist flach und wenig gewölbt, $2\frac{1}{2}$ Zoll breit, $1\frac{1}{2}$ Zoll lang. Aeussere Schönheiten empfehlen die Schale gar nicht, denn sie ist schmutzig braun, ohne weitere Zeichnung. In der einen dieser Schalen habe ich Perlenansätze, an einer andern aber von Aussen mancherley Anfälle von Würmern gefunden. Diese Muschel ist in **Grönland** zu Hause

VII. b.

Die Flußmuschel mit gerunzelten Schnäbeln, Schr. Die gerunzelte Mahlermuschel, Müll. *Mya corrugata Müll. Tab. IX. fig. 3.*

Tab. IX. fig. 3.

Müller *Histor. Verm. P. II. p. 214. n. 398. Mya corrugata, testa rhombea viridi, natibus rugosis.* Dänisch Rynke-Migen. **Müller Beschäftig. der Gesellsch. naturf. Freunde in Berlin Th.** *IV.* **S. 55. f.** *Tab. III. b. fig. 7. 8.* **die gerunzelte Mahlermuschel.**

Herr Etatsrath **Müller in Kopenhagen** ist der erste und einzige Schriftsteller, der dieser Flußmuschel aus den Flüssen der Küste **Coromandel** gedacht hat. Zwar führet auch nach ihm Herr D. **Martini** in den Beschäftigungen der Gesellschaft naturforschender Freunde in Berlin Th. III. S. 297. und tab. VII. fig. 17. 18. eine Conchylie unter der Benennung Mya corrugata an, allein sie ist es nicht, sondern vielmehr

mehr die Flußarche, die ich hernach Num. X. a. beschreiben werde, und die ich tab. 9. fig. 3. habe abzeichnen lassen.

Meine Beyspiele, die ich besitze, sind von Tranquebar, und ich habe sie der freygebigen Güte meines Chemnitz und Spenglers zu danken, der sie ausdrücklich die wahre Myam corrugatam nennet. Sie ist es um so viel zuverläßiger, da sie mit der Beschreibung des Herrn Müllers und mit der nun gegebenen Zeichnung auf das genauste übereinstimmt. Ihre Grösse kann man aus der Abbildung sehen. Herr Müller giebt ihre Länge 11:16. Linien, ihre Breite aber 8:11. Linien an. Mein gröstes Beyspiel dieser Art ist 1½ Zoll lang und 1 Zoll breit, sie nähert sich also sehr der Form der runden Tellmuscheln, oder der Chamen. Ihre beyden Schnäbel stehen fast in der Mitte, doch mehr nach der einen Seite zu, sie sind verhältnißmäßig stark, übergebogen und gerunzelt, und diese Runzeln, die eben Herrn Müllers Namen erzeugten, gehen fast noch einen viertheils Zoll über den Rücken hinweg, sie sind an beyden Schalen, doch immer an der einen deutlicher als an der andern zu sehen. An einigen grössern Exemplaren sind die Runzeln verschwunden, und haben nur eine schwache Spur hinter sich gelassen. Das sind aber Beyspiele, wo die Schnäbel, wie ihr Perlenmutterglanz zeigt, abgeschliffen sind. Der Rücken ist ziemlich stark gewölbt, die beyden Seiten sind etwas eingebogen, besonders die Gegend an der längern Seite, welche ebenfalls gerunzelt ist, und unter beyden Schalen betrachtet eine längliche herzförmige Figur bildet. Ein angenehmes Grün, bisweilen mit einer schwachen gelben Farbe untermischt, oder eine Olivenfarbe nimmt den ganzen Rücken dieser Schale ein, und manche Schalen sind mit ganz zarten dunklern Streifen häufig besetzt. Der lange Zahn ist dem Zahn der Mahlermuschel ganz gleich, der spitzige Zahn aber ist eben und an der obern Seite fein eingekerbt, in der Mitte aber gespalten, und diese Spalte findet sich auch an der entgegengesetzten Vertiefung. Die für die eine Nerve des Thiers bestimmte Vertiefung unter dem Zahn ist vorzüglich an der einen Seite sehr tief. Die Schale hat inwendig einen schönen Perlenmutterglanz, die eine Menge zarter herablaufender Streifen noch mehr erhöhen; und eben so schön, und so schön gestrahlt, wird die äussere Schale, wenn man ihre grüne Decke und die darauf folgende fleischfarbene Lamelle hinweg arbeitet. Diese Beschreibung lehret, daß diese Muschel von Tranquebar ganz mit der Mya corrugata von der Küste von Coromandel übereinstimmt, bis auf einen einzigen Umstand. Herr Etatsrath Müller leget seiner Mya corrugata eine testam pellucidam bey; die unsrige ist ganz undurchsichtig, und das scheinet mir darzuthun, daß man von dieser Muschel zwey Abänderungen, eine dünnschalige und eine dickschalige annehmen müsse.

VIII.

Tab. II. fig. 2. **Die dickschalige Flußmuschel.** *Mya testa crassa Schr. Tab. II. fig. 2.*

Marsigli *Danube Tom. IV. p. 89. tab. 31. fig. 5.* Scheuchzer Kupferbibel oder *Physica sacra*, Abtheil. *III.* S. 712. eine gemeine Flußmuschel, *tab. 565. fig. 1.*

Gemeiniglich verwechseln die Schriftsteller diese seltenere Muschel der Flüsse bald mit der Perlmuschel (n. VI.), bald mit der Mahlermuschel (n. VII.), von denen sie sich hinlänglich unterscheidet. Die Perlmuschel hat 1) nur einen einzigen spitzigen Zahn,

Zahn, und statt des langen Seitenzahns erblickt man nur eine Schwüle, und in derselben nur selten einen dünnen fast unmerklichen Einschnitt; aber der Seitenzahn unserer dickschaligen Flußmuschel ist hervorragend und scharf, und passet in der andern Schaale in eine tiefe Rinne. 2) Die Perlmuschel hat unten an der Schale dem Schloß gegen über allemal eine tiefe Einbeugung, die dieser dickschaligen Flußmuschel gänzlich mangelt. 3) Die Perlenmuschel ist viel länger und schmäler als die dickschalige Flußmuschel, die sich in ihrem Bau ganz der Mahlermuschel nähert.

Von der **Mahlermuschel** unterscheidet sich diese dickschalige Flußmuschel vorzüglich durch zwey Kennzeichen; durch die Stärke der Schale, die auch mehr gewölbt ist, und durch den Bau des Zahns. Dies, hoffe ich, soll deutlich werden, wenn ich nun diese Muschel ausführlich beschreibe.

Die Beyspiele, die ich von dieser dickschaligen Flußmuschel vor mir liegend habe, sind aus der **Churmark**, von **Zelle**, von **Hamburg**, aus der **Saale** und aus einem Teiche von **Wandersleben** in der **Grafschaft Blankenhayn**. Alle diese Schalen kommen darin überein, daß sie vorzüglich schwer und stark sind, und unter diesen ist die dickschalige Muschel aus der **Churmark** die schwerste. Man könnte bey dem ersten Blick auf dieselbe würklich auf die Gedanken gerathen, sie für eine Perlenmuschel auszugeben, dafür sie auch mein verewigter **Martini**, der sie mir überschickte, hielt, wenn nicht der Bau der Schale und die Beschaffenheit des Schlosses sie beyde hinlänglich trennte. Ihre Grösse übersteigt die Grösse der Mahlermuscheln weit. Ihre Breite beträgt 3 bis 3½ Zoll, und ihre Länge 1¾ bis 2¼ Zoll. Die dickschalige Muschel aus der Churmark hat vorzüglich starke Falten, bey den übrigen allen aber sind sie eben nicht stärker als bey der gemeinen Mahlermuschel, und dadurch glaube ich dem Gedanken vorzubeugen, daß es veralterte Mahlermuscheln wären. Sie sind vorzüglich bauchigt und stark aufgeblasen, viel stärker als die Mahlermuscheln. Ihre Farbe ist sehr abwechselnd. Einige sind ganz einfärbig, dunkel- oder hellerbraun; andre sind von vermischten Farben; braun mit gelb, braun mit gelb und grün gemischt, doch findet man unter ihnen selten solche, welche grüne Strahlen haben, die doch gemeiniglich ganz matt ausfallen. Ihr Umriß ist ganz scharf, ohne Einbeugungen, und die Schalen sind ganz fest verschlossen. Inwendig ist ihr Perlenmutterglanz wie bey der gemeinen Mahlermuschel, aber ihr dreyeckigter stärkerer Zahn, tab. II. fig. 2. a. der sich an den ältesten Beyspielen ganz dem Zahne der Perlenmuschel nähert, an jüngern Schalen aber schwächer, allemal aber mehr abgerundet und stark eingekerbt ist, unterscheidet sie abermals von den Mahlermuscheln. An dem einen Beyspiele von Zelle ist der Zahn ungewöhnlich breit und durch zwey tiefe Einschnitte gleichsam in drey besondre Zähne abgetheilt, und dergleichen Einkerbungen befinden sich auch in der entgegengesetzten Schale. An einem andern Beyspiele von **Wandersleben** ist der Zahn inwendig vertieft, fast wie der Zahn von der Mactra des **Linne'**. Der breite Zahn ist tab. II. fig. 2. b. abgezeichnet.

Woher ich meine Beyspiele erhalten habe, das habe ich bereits angezeigt, ich zweifle aber gar nicht daran, daß sich diese Muschel auch in andern Flüssen aufhalten sollte, wie sie denn der Graf **Marsigli** würklich in der **Donau** angetroffen hat.

IX. Die

IX.

Tab. III. fig. 3. Tab. IV. fig. 6. **Die ganz schmale gelblich oder grüne Flußmuschel, Mart.** *Mya angusta subflava seu citrina. Tab. III. fig. 3. Tab. IV. fig. 6.*

Klein *Method. ostracolog. p. 146. §. 371. n. 6. Diconcha sulcata angusta.* Lister *Histor. Conchyl. tab. 147. fig. 3. Musculus angustus subflavus seu citrinus.* Lister *Hist. animal. angl. App. tab. I. fig. 4. p. 20. Musculus ex viridi pallidus, omnium angustissimus cardinis altero denticulo, quasi continuo serrato.* Martini Berl. Magaz. *IV.* B. *p. 467. n. 114. tab. 12. fig. 67.* **die ganz schmale gelbliche oder grünliche, zuweilen schön gestrahlte Flußmuschel.** Forskål *Descript. animal. quae in itinere oriental. observavit p. 123. n. 56. Mya pictorum. Arab. Mahar. Ad ripas Nili. Dens cardinis anterior triangularis, erectus, acutus; posterior longior, crassior, dentato-serratus. Valvae breviores quam Myae pictorum Europeae. Intus colore albo violascente.* Gualtieri *Index testar. Tab. 7. fig. D. Musculus fluviatilis, striatus, umbonibus rotundioribus, fuscus, intus argenteus.* Müller *Hist. Verm. P. II. p. 212. lit. V. Mya pictorum, V. testa crassa, radiata, flavo virente.*

Die Conchylienbeschreiber sind gar nicht einig, ob sie diese Muschel von der Mahlermuschel trennen, oder mit ihr vereinigen sollen. **Lister** siehet sie für eine besondere Muschelgattung an, **Müller** und **Martini** für eine Spielart von der Mahlermuschel. Jeder Schriftsteller hat nach seinem angenommenen System gehandelt, und jeder nach diesem Grundsatze recht gethan. Die Anzahl der Zähne hat sie mit der Mahlermuschel gemein, aber der Bau der Zähne, sonderlich des einen, und der Bau der Schale unterscheiden sie von der Mahlermuschel hinlänglich. Diese Muschel ist überaus breit und kurz, mein gröstes Exemplar $3\frac{1}{4}$ Zoll breit und $1\frac{1}{4}$ Zoll lang, ein Umstand, den man an der eigentlichen Mahlermuschel nie finden wird. Ihre Farbe ist bald braun, heller oder dunkler, bald von gemischter Farbe, gelblich mit untermischten Grün, gelb und auf der Seite grün, selten mit einigen Strahlen. Der lange breite Zahn ist eben der, den die Mahlermuschel hat, allein der andere kürzere Zahn ist von dem Zahne der Mahlermuschel ganz unterschieden. Bey der Mahlermuschel bildet er ein Dreyeck und ist ziemlich dicke, bey dieser schmalen Muschel gehet er gerade fort, und ist dünne und schwach, daher ich oben sagte, daß diese Muschel zwey schmale Zähne habe. Siehe tab. III. fig. 3. a. b., wo diese beyden Zähne abgebildet sind. Sollte ich nicht Grund haben, diese Muschel von der Mahlermuschel zu trennen?

Die Beyspiele, die ich besitze, sind theils aus der **Churmark**, theils von **Erlangen**, theils aus der **Saale**, theils von **Wanderoleben** aus der Grafschaft **Blankenhayn**. **Lister** fand sie in **England** und **Forskål** am Ufer des **Nilflusses**, und es ist kein Zweifel, daß sie auch in mehrern Flüssen wohne.

Das Beyspiel, das **Forskål** vom **Nilfluß** beschreibt, kommt dem Bau nach mit der beschriebenen Muschel genau überein, nur der dreyeckigte spitzig hervorragende Zahn, und die in das Blauliche fallende inwendige Farbe, unterscheiden sie, als eine merkwürdige Abänderung, die es vielleicht gar verdienet, als eine eigne Gattung angesehen und beschrieben zu werden. Denn auch dieses, daß der längere Zahn gezähnelt ist, verdienet angemerkt zu werden. Wenn ich diese Schale selbst besehen könnte, so wäre ich vielleicht vermögend, darüber ein bestimmtes Urtheil zu fällen.

Aus

Aus dem Gräflich **Moltkischen** Kabinet zu **Kopenhagen** beschreibet der Herr Etatsrath **Müller** ein hieher gehöriges Beyspiel, das eine starke Schale hat und gestrahlt ist; beydes sind seltenere Erscheinungen bey dieser schmalen Flußmuschel.

Das Beyspiel, das Gualtieri anführt, ist ebenfalls eine seltene Abänderung, davon ich eine einzelne Schale von Wandersleben besitze. Sie ist in ihrem Umriß etwas mehr abgerundet, als man bey dieser Muschel sonst zu erblicken pflegt; was aber Gualtieri gestreift nennet, das sind Queerstreifen, und das eigentlich nicht einmal, sondern es sind, wie man an beyden Seiten siehet, die Lamellen, woraus die Schale sonst zu bestehen scheinet, die hier enger bey einander liegen, als sonst zu geschehen pflegt. Ich sehe diese nemliche Erscheinung an einem kleinen Beyspiele aus der **Churmark**, welches mit unsern schmalen Flußmuscheln den ganzen Bau, mit dieser seltenen Abänderung des Gualtieri aber die Queerstreifen gemein hat. Wäre dieses nicht, so würde ich dergleichen Schalen für jung und unausgewachsen erklären.

IX. A.

Der kleine Entenschnabel des Rumphs. *Solen anatinus Linn. Tab. IX. fig. 17.* Tab. IX. fig. 17.

Rumph Amboinische Raritätenk. holl. *p. 150. tab. 45. fig. O. Het tweede slach is korter, en zoo dun van schaal, dat het schier doorschynend is, in 't midden buikachtig, boven zeer gapende, en van 't zelfde vleesch; de schaal is vuilwit of grauwachtig, en ruig als een Haaije-vel. — Een derde soorte hier van is en kleine vinger lang en breed, wiens schaal overdwars wat gestreept of geribt is.* **Deutsch S. 143.** Die zweyte Art ist kürzer, und hat eine dünne fast durchsichtige Schale. Diese ist in der Mitte bäuchigt und klaffet oben. Das Fleisch ist eben so, wie an der ersten Art, beschaffen. Die Farbe ist schmutzig weiß, oder etwas grau, auch rauh wie eine Seehundshaut. — Man findet sie in groben Sande, unter welchem ein wäßigter oder morastiger Boden ist. Eine dritte Art ist so lang und breit, wie ein kleiner Finger, und die Schale ist queer über etwas gestreift oder geribbt. Chemnitz Zusätze zum Rumph *p. CXIII.* Der kleine Entenschnabel. Der ewig daurende, oder immer offen stehende Gaper. Klein *Method. ostracol. p. 166. §. 413. n. 1. b. Concha longa uniforis. Rostrum anatis breve, fere transparens; ventricosum; altero extremo valde patulo, super griseo pilosum.* Linné *Syst. nat. ed. X. p. 673. sp. 30. Solen anatinus, testa ovata membranacea inflata pilosa, cardinis costa falcata.* Müller Linnäisches Natursyst. Th. *VI.* S. 229. *sp.* 40. der Entenschnabel, holländ. Eende-Bek.

Zuförderst muß ich mich rechtfertigen, warum ich diesem kleinen Entenschnabel einen Ort unter den Flußconchylien anweise. Der Herr von Linné sagt geradezu, daß er in dem Ocean wohne. Rumph erklärt sich darüber zweydeutig. Wenn ich aber bedenke, daß er behauptet, diese Muschel halte sich in solchem Sande auf, worunter Morast liegt, und nun damit meine so gar unscheinbare Schale zusammenhalte, so glaube ich, Rumph rede nicht von der See, sondern von morastvollen und mit Sand überdeckten Gegenden, und so wäre dieser Körper unter den Muscheln das, was die **Rothschnecke** (Helix ampullacea Linn. unten Num. LXII. und tab. VI. fig. 2.) unter den Schnecken ist. Ich werde inzwischen von Kennern gern Belehrung annehmen, schmeichle mir aber, Dank damit zu verdienen, daß ich hier von einer Muschelart Nachricht gebe, die eben von nicht so gar viel Schriftstellern beschrieben, von gar keinen aber abgebildet ist, da mein Entenschnabel mehr die dritte als die zweyte des Rumphs ist.

Ueberhaupt kommt mir die Abbildung des Rumphs verdächtig vor, sie ist wenigstens dunkel und zweydeutig, und ich habe noch kein Urbild gesehen, das ich mit ihr vergleichen könnte. Da ich aber bereits erinnert habe, daß meine Abbildung die dritte Art des Rumphs zu seyn scheine, so will ich diese nach dem Original aus meiner Sammlung ausführlicher beschreiben.

Wenn gleich die Farbe meines Exemplars schmußig weiß ist, so lehren doch verschiedene Reste, die noch übrig sind, daß eine grünliche Haut diese weisse überdeckt. Die Schale bestehet aus lauter Querfalten, die vermuthlich durch die jährlichen Ansäße der wachsenden Schale entstanden sind. Die Muschel ist zwey Zoll breit und einen Zoll lang, und auf beyden Seiten, sonderlich aber auf der einen Seite klaffend. Fast wird man keine Schnäbel gewahr, wohl aber auf beyden Seiten schwache Einbeugungen, die man in der innern Seite fast noch deutlicher siehet, als auf der äussern. Die Farbe dieser innern Seite ist innig weiß, aber ohne allen Glanz, man bemerket kaum diejenigen Gegenden, wo die Befestigungsnerven des Thiers befindlich waren. Die Schale ist ziemlich tief, aber nicht tiefer als an den Tellinen. Die Zähne sind zwey spitzige Hervorragungen, die sich an beyden Schalen befinden, ganz enge bey einander stehen, und daher wechselsweise in einander eingreifen.

Aeussere und innere Schönheiten empfehlen diese Muschel gar nicht, die auch einen ganz einfachen Bau hat, sie ist aber sehr selten, ob es gleich möglich ist, daß sie auf Amboina häufiger vorkommen kann. Der Peripherie nach ist die Muschel auf beyden Seiten abgerundet, hat scharfe Kannten, und eine dünne, aber ganz undurchsichtige Schale. Wenn ich nun das alles, was ich gesagt habe, unter einander vergleiche, und mit den unleugbaren Seemuscheln zusammenhalte, so bin ich für meine Person gewiß überzeugt, daß dieser kleine Entenschnabel nicht für die See, sondern für Flüsse oder Moräste gehöre.

X.

Tab. II. fig. 3. **Die rhomboidalische Flußmuschel, Schr.** *Mya rhomboidea. Tab. II. fig. 3.*

Ich finde in keinem Schriftsteller eine Abbildung oder eine Beschreibung, von der ich sagen könnte, daß sie mit der gegenwärtigen rhomboidalischen Muschel verglichen werden könnte; die sich durch ihren Bau und durch die Beschaffenheit des Schlosses von alle den vorhergehenden Muscheln hinlänglich unterscheidet. Die Beschaffenheit ihrer Länge zu ihrer Breite, welche die angegebene Figur genau angiebt, giebt ihr ein Recht auf den Namen, den ich ihr gegeben habe. Ihre Farbe scheinet eine Mischung von braun, grüngelb und aschgrau zu seyn, die kaum der Pinsel des geschickten Künstlers nachahmen konnte. Ihr Rücken ist voll von Runzeln und Falten, wo aber die stärksten und häufigsten unten dem Schloß gegen über angetroffen werden, die doch auf der einen Seite viel stärker und aufgesprungen sind, als auf der entgegengesetzten Seite. Ueberhaupt nähert sich die Figur dieser Schale sehr der Figur der Flußmuschel mit gerunzelten Schnäbeln, Mya corrugata, (n. VII. b. tab. 9. fig. 2.) von der sie doch wesentlich unterschieden ist. Sie hat eine recht schöne Politur angenommen, und giebt darin in keiner einzigen Flußmuschel etwas nach. Einige matte doch dunklere Strahlen, die sich sonderlich auf der einen Seite zeigen, erhöhen die Schönheit dieser Muschel. Ihr innrer Perlmutterglanz ist nicht stärker und nicht schöner als bey andern gemeinen Muscheln, nicht so schön als bey der Perlmuschel, aber ihre Schale würde stärker als bey der Perlenmuschel seyn, wenn sie die Grösse von jener erlangte. Unter allen übrigen Flußmuscheln übertrifft sie kaum die **dickschalige Flußmuschel** (n. VIII. tab. II. fig. 2.) an Stärke. Einige deutliche Perlenansätze, die ich in meiner Schale sehe, überzeugen mich aufs neue davon, daß eine jede Flußmuschel Perlen erzeugen könne.

Das Merkwürdigste und Characteristische dieser Muschel sind ihre beyden Zähne. Der stumpfe Zahn tab. II. fig. 3. a. ist in vier ungleiche Hervorragungen, die kleinen Knoten gleichen, aber nicht in gerader Richtung stehen, abgetheilet, und er hat einige Aehnlichkeit mit einem abgebrochenen Backenzahn eines Menschen. Der schmale Zahn aber tab. II. fig. 3. b. ist kurz, aber ausgeschweift. Wie die Bauart dieses Schlosses und dieser Zähne auf der entgegengesetzten Seite beschaffen sey, das kann ich nicht sagen, weil ich von dieser merkwürdigen Muschel nur eine einzelne Hälfte besitze.

Diese einzelne Schale lag unter einer grossen Menge Mahlermuscheln, die ich durch einen Freund aus dem schon mehr genannten Teiche bey **Wandersleben** in der **Grafschaft Blankenhayn** erhielt. Ob diese Muschel sich blos in den Teichen nähre? oder ob sie auch in Flüssen wohne? und wohnen könne? diese Frage kann ich nicht beantworten.

X. A.

Die Flußarche, Mart. Die Schinkenarche, Müller. *Arca fluviatilis Schr. Arca Pernula Müll. Tab. IX. fig. 2.* Tab. IX. fig. 2.

Martini in den Beschäftigungen der Gesellschaft naturforschender Freunde in Berlin, Th. *III.* S. 297. f. *tab. VII. fig. 17. 18.* Die Coromandelische Flußarche verdienet aus mancherley Gründen unsre Aufmerksamkeit. Der Herr Etatsrath **Müller** nennet sie *Mya corrugata*. Sie findet sich in den Flüssen der Küste von Coromandel, und ist mir von meinem Chemnitz überschickt worden. In ihrer zarten, vorne breiten, zugerundeten, vom Schloß an in schräger Abnahme schmaler und fast spitzig zulaufenden Figur hat sie viel Aehnliches mit den so genannten Bankerschinken oder *Pinette* der Franzosen. Auf dem Rücken beyder zusammengepaßten Schalen findet sich vom Schloß bis gegen das schmalere Ende hin eine gedruckte Fläche, die von einem scharfen Rand umschrieben wird, und ein langes gedrucktes Oval vorstellet. Sehr merkwürdig sind an dieser Tellmuschelförmigen Flußarche die starken, regelmäßigen und überaus zierlichen Einkerbungen, mit welchen beyde Schalen am ganzen obern Rand aufs genaueste zusammenschliessen, als welche sowohl an der vordern kurzen, als an der hintern verlängerten Seite vom spitzigen Wirbel gerechnet, sich wahrnehmen lassen, also zusammen die zwey Schenkel eines geschobenen Dreyecks bilden. Inwendig sind diese Schalen weiß und glatt, auswendig hellgrün, mit einer dunkeln Olivenfarbe gemischt, und mit starken Queerfalten belegt. Unter der Oberhaut haben sie eine mattschimmernde Perlenmutmutter. Meine Dupletten sind einen halben Zoll hoch, vom Wirbel an bis am vordern Rand gerechnet, und gerade einen Zoll lang. Müller Beschäftig. der Gesellsch. naturf. Freunde in Berlin, *IV. B.* S. 55. 57. *Arca Pernula testa oblonga striata, apice subtruncato, natibus incurvis approximatis, margine integerrimo clauso.*

Ich habe zu dieser Beschreibung des Herrn D. Martini, die mit einer guten Abbildung versehen ist, nicht viel hinzuzuthun. Der Name Mya corrugata, welchen der sel. Martini dieser Flußarche gab, gehöret ihr nicht, sondern ich habe die wahre Myam corrugatam, vorher unter dem Namen der Flußmuschel mit gerunzelten Schnäbeln (n. VII. b. tab. IX. fig. 2.) beschrieben. Hingegen verdienet diese Muschel den Namen der Arche vollkommen, weil der Herr Ritter von Linné das alles Archen nennet, was ein vielgezahntes Schloß hat, der Bau mag übrigens noch so verschieden seyn. Nimmt man das Schloß weg, so hat die Schale die mehreste Aehnlichkeit mit einer Tellmuschel. Herr Etatsrath Müller thut noch hinzu, daß die vom Schlosse bis an das schmale Ende hin gerückte Fläche bey seinem Exemplar nicht nur von einem deutlichen Rande umschrieben wird; sondern daß auch der erhabene scharfe Rand der beyden Schalen in der Mitte der gedrückten Fläche einen Kiel bildet; daß die Schalen dem blossen Auge der Breite nach fein gestreift erscheinen; und daß sich die blaßgrüne Oberhaut leicht abschälet, und sich die Schalen alsdann weiß mit Blau vermischt darstellen.

Die Wasser der Küste von Coromandel sind ein Aufenthalt dieser Flußarchen. Und nun muß ich meinen Lesern eine merkwürdige Nachricht mittheilen, die mir mein lieber Chemnitz aus Kopenhagen überschrieben hat. „Diese drey Stücke, die ich ihnen überschicke, lagen in dem Magen eines einigen Meerfisches der hier den Namen *Kürbütter* führet, er hatte wohl noch 50 Stück zerbrochen in sich. Da dies nun Muscheln der süssen Wasser sind, die in unsern hiesigen Wassern gar nicht zu finden sind, wie kommen die Meerfische dazu? Diese sonderbaren Muscheln findet man auch in Leibern und Eingeweiden der Klipfische oder Schelfische, so in unsern hiesigen Seewassern gefangen werden: wie kommen nun diese Seefische zu solchen hier bey uns ganz unbekannten Flußmuscheln? Welche weite Reisen thun daher nicht die Schelfische, daß sie bis dorthin gehen, und diese Muscheln vermuthlich an den Mündungen der Flüsse verschlucken!„ Herr Etatsrath Müller hat sie einmal in dem Magen eines Dorsches, und zweymal in dem Magen der Butten angetroffen. Er schließet daraus, daß sie zu den dänischen Meermuscheln gehöre, gestehet aber, daß er nicht eigentlich wissen könne, aus welchen Gewässern sie herkomme. Folglich kann der Gedanke meines lieben Chemnitz immer bestehen, daß sie aus entferntern Flüssen, vielleicht aus solchen Flüssen herkommen, deren Mündungen in die See gehen. Bisher haben wir noch keine Beyspiele, als aus dem Magen einiger Fische, die sich in der See aufhalten, die aber wohl bey ihren weiten Reisen, die sie in ihrem Elemente ohne Mühe und ohne Gefahr thun, an solche Mündungen kommen, und daselbst diese kleinen Muscheln verschlucken können. Meine beyden Freunde, Herr Müller und Herr Chemnitz, fanden diese Muscheln zum Theil fest verschlossen, aber inwendig ganz leer, keine Spur mehr von dem Bewohner. Es ist nicht wahrscheinlich, daß sie da Fische in einem solchen Zustande sollten verschluckt haben, und ich darf vielleicht daraus folgern, daß sie

lange

lange genug in dem Magen dieser Fische gelegen haben, und daß also die weite vorgehabte Reise, davon oben geredet worden, keine ungegründete Erdichtung sey. Vielleicht würde das Muschelthier durch einige Kennzeichen entscheiden, ob man diese Schalen unter die Fluß- oder Seemuscheln setzen müsse? Mir wenigstens scheinet die Schale für eine Seemuschel nicht fein genug. Noch bemerke ich, daß der Herr Pastor **Chemnitz** mir diese Muschel zusandte, und diese Nachrichten überschrieb, nachdem Herr **Martini** den Irrthum mit der *Mya corrugata* längst begangen hatte, an dem, wie es scheinet, Herr **Chemnitz** gar keinen unmittelbaren Antheil hat.

Diese Nachricht war von mir schon eine geraume Zeit entworfen, als mir der Herr **Kunstverwalter Spengler in Kopenhagen** über diese Muschel ein grosses Licht gab. Als er mir einige Beyspiele derselben gütigst sandte, begleitete er sein Geschenk mit der Nachricht: **daß er eine ganze Schachtel voll dieser kleinen Archen aus Norwegen erhalten habe. Norwegen** ist also der Ort des Aufenthaltes dieser Archen, und aus **Norwegen** kamen die Fische, in deren Magen man diese Muschel fand.

XI.

Die kleine Gienmuschel. Mart. Die Breitmuschel, die Telline der Flüsse, Müll. Die hornfarbige Tellmuschel, Linne'. *Tellina cornea Linn. Tellina rivalis Müll. Tab. IV. fig. 3. 4. 5.* Tab. IV. fig. 3. 4. 5.

Lister *Histor. animal. angl. tit. 31. Musculus exiguus, pisi magnitudine, rotundus subflavus, ipsis valvarum oris albidis, p. 150. tab. 2. fig. 31.* **Gualtieri** *Index testar. tab. 7. fig. C. Musculus fluviatilis, aequilaterus, laevis, rotundus, pisiformis, ex rubro flavescens, ipsis valvarum oris albidis.* **Linne'** *Fauna 1746. p. 381. §. 1336. Concha testa subglobosa, glabra, cornei coloris, sulco transversali.* **Klein** *Method. ostracol. p. 140. §. 364. II. c. Nomen Listeri; testa laevis tenuis, pellucida quasi cornea, figurae subrotundae; junctura gomphosis.* **Argenville Conchyliol. deutsch** *tab. 27 fig. 9. a. b. d. p. 282. 285. Chama albida; cum maculis rubris; cinerea.* **Die ganz weisse Gien- oder Breitmuschel; die Gienmuschel mit rothen Flecken; die ganz kleine Gienmuschel, 1. aus der Seine, 2. aus der Marne, 4. aus der Gobelme. Argenville Zoomorphose** *tab. 8. fig. 10.* **deutsch** *p. 60.* **Geoffroy Conchyl. um Paris, deutsch S. 118.** *Chama fluviatilis; Came des ruisseaux.* **Linne'** *Syst. nat. Gen. 305. sp. 72. Tellina cornea globosa glabra, cornei coloris, sulco transversali.* **Müller Naturfyst.** *VI.* **Band S. 242. die Sumpftelline. Martini Berlin. Magaz.** *IV.* **B. S. 449.** *tab. XI. fig. 63.* **die kleine Gienmuschel, Breitmuschel der Flüsse. Müller** *Hist. Verm. P. II. p. 202. n. 387. Tellina rivalis testa globosa, gibba, glabra, umbone obtuso.* **Fischer Naturgesch. von Livland S. 175. die Sumpftelline. Dänisch:** Back - Tellinen. **Französ.** Came des ruisseaux.

Mit dieser kleinen Gienmuschel fängt sich die **andre Classe** der Muscheln an, die ich runde Muscheln genennet habe, weil sie einen mehr runden als langen Umriß haben. Man muß sich daran gar nicht stossen, daß die Schriftsteller diese Muschel bald Musculum, bald Chamam, bald Tellinam nennen, denn jeder handelt hier nach seinem System, das er angenommen hatte. Die Alten begriffen unter dem Namen Musculus

 alle

alle Flußmuscheln, bey verschiedenen neuern heissen alle runde und etwas bauchigte Muscheln, die das Schloß in dem Mittelpuncte haben, Chamen: und wenn man die Beschaffenheit der Zähne mit dem Herrn von Linne' zum Grunde legt, so ist unsre kleine Muschel eine wahre Telline.

Die Bauart ist sich bey dieser kleinen Muschel völlig gleich, ob sie gleich sonst in Rücksicht auf ihre Grösse und Farben sehr von sich abweicht. Es ist eine fast runde, stark aufgeblasene Muschel, die ihre Schnäbel gerade im Mittelpuncte hat. Die Schnäbel sind zurückgebogen, passen beyde genau an einander an, sind aber ganz stumpf. Da sich die Muschel, wenn sie fortschreitet, auf diesen Schnäbeln fortschiebet, so sind sie in den mehresten Fällen abgerieben, und gleichen zwey weissen Augen. Ein Umstand, den man an andern Flußmuscheln ebenfalls bemerket, den also Lister nicht unter die characteristischen Züge derselben hätte setzen sollen. Der Rücken beyder Schalen ist queergestreift; bey kleinern und bey Beyspielen von mittler Grösse sind diese Streifen so fein, daß man ein gewaffnetes Auge braucht, wenn man sie sehen will, bey grössern Beyspielen aber kann man diese Streifen auch mit dem blossen Auge erkennen. Die Schale ist überaus dünne bey den Beyspielen von der gewöhnlichsten Grösse, die ganz grossen aber haben eine stärkere Schale. Ihre Farbe ist sehr verschieden. Am gewöhnlichsten ist sie hornfarbig, und da die dünne Schale zugleich so durchsichtig ist, wie Horn, so sahe vermuthlich der Ritter von Linne' bey seiner Benennung darauf. Man hat sie aber auch von andern Farben. Bey Thangelstedt habe ich sie in Muschelsande häufig weiß und glänzend wie Perlmutter gefunden. Diese sind ganz klein. Bey Calah sind sie theils hornfarbig, theils braun mit einigen hellern Queerstreifen. An andern Orten liegen sie dunkelbraun, gelblichbraun, gelb, und aschgrau. Eine bey uns ganz unbekannte Gattung ist die rothgefleckte, deren Herr von Argenville gedenket. Unter dieser gefärbten Haut lieget die weisse in das Blauliche spielende Schale, die inwendig an guten und nicht so gar sehr veralterten Beyspielen stärker in das Blaue fällt. In Rücksicht auf ihre Grösse besitze ich dieselben von der Grösse der kleinsten Linse bis zur Grösse von ½ Zoll, doch übersteigen die gemeinsten in Thüringen die Grösse einer grossen Zuckererbse nicht. Ihr spitziger Zahn ist so fein, daß man bey kleinern Beyspielen ein recht gutes Vergrösserungsglas braucht, wenn man ihn erkennen will, aber nun siehet man auch, daß er gewissermassen dreyeckigt und ausgehöhlt ist, fast wie bey der Mactra des Linne'. Die Seitenzähne sind leichter zu erkennen, sie sind breit, gehen aber in eine scharfe Spitze aus.

Es kann durch unverwerfliche Zeugen dargethan werden, daß diese Muschel unter die lebendig gebährenden gehöre, die ihre Jungen gleich mit ihrer Schale zur Welt bringt. Herr Geoffroy sey der erste Zeuge, der dergleichen Muscheln in Gläsern aufbewahrte, und ihnen oft ihre Jungen lebendig gebähren sahe. Herr D. Martini sey der andre Zeuge. Er besaß eine Duplette aus der Mark, eines Kupferpfennigs groß, in deren innern Höhlung nahe am Schlosse über funfzehen junge Breitmuscheln, gleichsam mit einem gelben Leim zusammengeküttet, über einander lagen, die kleinste glich einem Senfkorn, die meisten einer kleinen Linse. Der sel. Hofrath Günther hat diese Entdeckung ebenfalls gemacht, er fand in solchen Muscheln, wenn er sie öffnete, kleine junge Muscheln, die ich durch ihn selbst besitze, und diese junge Brut entdeckten er und ich, wenn wir die fest verschlossenen Muscheln öffneten, und das Thier verfault war. Durch diese Erscheinung wird der Einwendung, die mir einst ein Freund aus Straßburg

burg machte: „es könne durch einen Zufall geschehen seyn, daß, da die grössere Muschel leer und offen da lag, kleinere hineingeriethen, und darin starben,„ hinlänglich beantwortet. Denn alle die Schalen, die ich aus Calah erhielt, waren frisch, waren fest verschlossen, und gleichwohl fand ich darin junge Muscheln, wenn ich sie öffnete. Bey einigen lagen diese Muscheln in der Gegend des Schlosses, bey andern an den Seiten, bey noch andern in dem Mittelpuncte. Die fruchtbarste, die ich besitze, hat derselben etwa fünf bis sechs.

Die Beyspiele, die ich besitze, sind aus der Saale, von Thangelstedt, wo ich sie aber nur in Muschelsande gefunden habe, aus der Churmark und von Dännemark. In England fand sie Lister, bey Paris Geoffroy, in verschiedenen französischen Flüssen Argenville, in Schweden Linne', und in Liefland Fischer. Sonst bemerket noch Herr D. Martini: daß man sie in Thüringen, um Frankfurth an der Oder, im Ruppinischen auch Tegelschen See, auch in allen Wassern um Berlin antreffe: daß sie Herr Schulze im Graben des Dresdner Schloßgartens, auch Herr Professor Denso in der pommerischen See Maddum gefunden hätten. Sie liegen vermuthlich noch in mehrern Gegenden.

Der Bewohner dieser Muschel hat gewissermassen einen eignen Gang, wenn er gehet. Herr Staatsrath Müller beschreibt ihn auf folgende Art: „Organum, quo progreditur vermis, iusto nomen pedis meretur, cum et usu et figura pes sit; affigitur vltra suum medium alio corpusculo, quod *tibiam* mentitur, vtrumque et tibiam et pedem animal, quoties incedit, extra testam porrigit. Incessus hoc modo peragitur: pes primum extra testam parum protenditur, dein loca vicina circumcirca tentat, tum vltra duplicem testae latitudinem extenditur, deinque corpus et testa ope tibiae ad medium pedis vsque attrahitur, et sic vnus passus perficitur; pes rursus extenditur et ita pergendo gressu sat celeri movetur.„

Warum der verstorbene Herr Prof. Müller diese Muschel die Sumpftelline nennet, da sie sich, so viel ich weiß, in eigentlichen Sümpfen gar nicht aufhält, das kann ich nicht erklären.

XII.

Die Telline der Teiche und Tümpfel. *Tellina lacustris Müll.*

Müller *Hist. Vermium P. II. p. 202. n. 388. Tellina testa rhombea, planiuscula, glabra vmbone acuto.* Berlin. Magaz. *IV.* Band *tab. XI. fig. 63. A.?* Dänisch: Söe-Tellinen.

Ich kenne diese Schale weiter nicht, als aus der Beschreibung, welche der Herr Etatsrath Müller davon giebt, und die ich hier in seiner Sprache unverändert mittheile. Testa rhombea, oris oppositis subaequalibus, glabra, subfusca, dorso valvularum cinereo, marginibus albidis, tenuior et fragilior Tellina rivali, intus alba. Vmbones acutiusculi, minores et minus ventricosi, quam in praecedente (Tellina rivali), testa licet major sit. Valvulae minus convexae, versus oras complanatae, seu depressae. Cardinis dentes obsoleti sex; in altera nempe valvula duo vtrinque, in altera vnicus; denticuli medio cardinis nulli. Vivipara est, plures enim pullos testa tectos in matre reperi. Ausserdem also, daß die Muschel nicht so bauchigt ist als die vor-

vorhergehende, hat sie noch zwey besondre Unterscheidungskennzeichen von der vorhergehenden:

1) Die rhomboidalische Figur der Schale.
2) Die sechs Seitenzähne in beyden Schalen, und der Mangel eines Zahns in der Gegend der Schnäbel.

Herr Müller sagt nicht, daß die aus dem Berlinischen Magazin angeführte Figur diese Tellina lacustris sey, sondern daß sie nur ihre Gestalt einigermassen abbilde. Sie ist selten.

XIII.

Die gestreifte Gienmuschel. *Chama striata triangularis, Schr.*

Argenville Conchyliologie, deutsch *tab. 27. fig. 11.* S. 285. Num. 11. ist eine etwas ungestalte Kammmuschel ohne Ohren von beyden Seiten abgezeichnet. Sie ist ursprünglich aus der Marne, und sehr gemein. Doch könnte sie wohl auch dem Fluß nicht eigentlich (eigen), sondern aus dem Meer hineingeführet worden seyn.

Herr von Argenville ist selbst zweifelhaft, ob er diese Muschel unter die Flußconchylien zehlen dürfe, sondern er vermuthet, daß sie aus der See in die Marne übergetreten seyn könne. Gleichwohl sagt er, daß sie sehr gemein sey, und ich weiß nicht, wie ich diese beyden Gedanken vereinigen soll. Denn, ist diese Muschel in der Marne gemein, so muß sie in diesem süssen Wasser leben können, und nun gehört ihr das Bürgerrecht unter den Einwohnern der süssen Wasser unstreitig. Hat sie Argenville in der Marne ohne Bewohner gefunden, wie sich bey Hamburg in süssen Wassern das Cardium edule oft findet, welches bey Ueberschwemmungen von den Ufern der See gar leicht geschehen kann; so hätte er dies bemerken sollen, und ihr wird dann in keiner Rücksicht einiges Recht für die Flußconchylien eingestanden werden.

Die Schale ist stark, die länge herunter geribbt, und gewissermassen dreyeckigt, doch sind die Hervorragungen der Seite abgerundet, aber schärfer und schmäler als der untere Theil, dem Schloß gegen über, dessen Beschaffenheit ich aus der schlechten und undeutlichen Zeichnung nicht beurtheilen kann.

XIV.

Die rothe Erbse, Müller. Die bauchigte inwendig purpurfarbene Telline, Schr. *Tellina pisiformis Linn.*

Linne' *Systema nat. ed. X. p. 677. sp. 54. ed. XII. sp. 69. Tellina pisiformis testa subglobosa laevi intus incarnata oblique substriata: striis antice angulo acuto reflexis.* Müller Naturf. Th. *VI.* S. 242. die rothe Erbse.

Ich kenne diese Flußmuschel nicht, die vielleicht aus eben dem Grunde Herr Staatsrath Müller übergangen hat, ich kann daher nichts thun, als die Beschreibung des Herrn von Linne' zu wiederholen, die Herr Prof. Müller nicht richtig genug übersetzt hat. Linne' beschreibet sie von der Grösse einer Erbse, und sagt, daß sie ein wenig aufgeblasen sey, und auch darin die Form einer Erbse habe. Von Aussen ist sie weiß, von Innen aber blos in der Vertiefung purpurfarben. Sie ist in die Quere gestreift, aber so fein, daß das blosse Auge die Streifen kaum erkennen kann, diese Streifen laufen endlich in einem Winkel zusammen, und sind folglich bogenförmig. Das Schloß bestehet, ausser den Seitenzähnen, aus einem einzigen Zahn. Manchmal, doch selten, erscheinet sie ganz weiß. An den Mündungen der europäischen Flüsse ist diese Muschel zu Hause.

XV.

Die gestreifte gelbe durchsichtige Telline, Schr. *Tellina striata subflava pellucida.*

Gualtieri *Ind. testar. tab. VII. fig. CC. Musculus fluviatilis striatus, subflavus, pellucidus.*

Vermuthlich ist diese Telline eine blosse Abändrung von der kleinen Gienmuschel, (n. XI. tab. IV. fig. 3. 4. 5.) wenigstens kömmt die Zeichnung im **Gualtieri** mit der Zeichnung auf meiner vierten Kupfertafel Fig. 5. sehr genau überein, ausser daß die **Gualtierische** Muschel weniger bauchigt als die meinige zu seyn scheinet. Er nennet sie gestreift, seine Zeichnung scheinet aber die feinen Queerstreifen anzuzeigen, die unsre Gienmuschel ebenfalls hat, die aber mehr Lamellen als wahre Streifen zu seyn scheinen. Er sagt, daß ihre Farbe gelblich, die Schale aber durchsichtig sey; alles dieses aber trifft an unsern Gienmuscheln auch ein, zumal wenn sie ein wenig gelblich und nicht gar zu alt sind.

XVI.

Die queergestreifte Herzmuschel, Schr. *Tellina fluviatilis Müll. Tab. IV. fig. 2. a. b.* Tab. IV. fig. 2. a. b.

Müller *Hist. Verm. P. II. p. 206. n. 392. Tellina testa triangulari, transversim rugosa.* Dänisch: Elv-Tellinen.

Herr Etatsrath **Müller** ist der erste, und, so viel ich weiß, der einzige, der dieser chinesischen Flußmuschel unter dem Namen der Flußtelline gedenket, von der ich hier die erste Abbildung in ihrer natürlichen Grösse mittheile. Die Schale ist bauchigt, am sichtbarsten in der Mitte, läuft oben etwas spitzig zu, und dehnet sich nun immer regelmäßig weiter aus, dergestalt, daß sie beynahe ein wahres Dreyeck bildet, die Schnäbel sind gebogen, aber kurz und stumpf, und stossen auf beyden Seiten fast ganz zusammen, die Seitenkannten sind wie bey den Venusmuscheln ein wenig eingebogen, die Kannte aber, die dem Schloß gegen über liegt, ist scharf, und beyde Schalen passen ganz genau zusammen. Ausser dem innern Schlosse, das ich gleich näher beschreiben werde, hat die Muschel noch, wie mehrere, ein horn- oder lederartiges äusseres Band, welches sich aber nur auf der einen Seite befindet, und nicht grösser als ein Hirsenkorn ist. Es hat eine braune Farbe. Die Schale ist nach dem Verhältniß ihrer Grösse überaus stark, und die Farbe ist Grün, das ein wenig in das Gelbe spielt. Der ganze Rücken ist mit starken ein wenig ausgeschweiften Queerribben belegt. Der Wirbel ist an meinen beyden Beyspielen abgerieben, und nun an dem einem fleischfarben, an dem andern violetblau. Inwendig ist die Schale ganz weiß, doch ohne einen sonderlichen Glanz zu haben. Das Schloß bestehet aus zwey kleinen stumpfen Zähnen, neben welchen zwey Grübchen sitzen, in welche die entgegenstehenden beyden Zähne einpassen. Gerade an diesen Zähnen stehet der einen vierthel Zoll lange Seitenzahn auf beyden Seiten, der, weil er sich nach dem Bau der Schale richten muß, ausgeschweift ist. Er ist, wie leicht zu erachten, an der einen Schale erhöhet und scharf, und schliesset nun auf der andern Seite in eine vertiefte ebenfalls ausgeschweifte Rinne. Diese Muschel ist in **China** zu Hause.

XVII.

Die gefurchte Flußtelline, Schr. *Tellina amnica Müll.*

Müller *Hist. Verm. P. II. p. 205. n. 389. Tellina testa subcordiformi, transversim sulcata, umbone obtuso.* **Dänisch**: Aae-Tellinen. Diam. 1-5. lin.

Ich kenne diese Flußmuschel nur aus der Beschreibung des Herrn Etatsrath **Müller**. Es ist folgende: Testa minus globosa, umbonesque minus globi, quam in Tellina rivali (n. XI.) quam maxime refert; alba, fusca, et lutea variat; costa nigricans similiter in hac, in quibusdam duplex, simplex vel nulla; lineis transversim elevatis quasi imbricata, intus glabra, subcaerulea.

Cardinis denticuli sex vel octo cum fossulis excipientibus, in altera nempe valvula utrinque dens solitarius, ac medio cardine denticuli duo, approximati; in altera utrinque denticuli duo. Testae juniorum candidae, pellucidae.

Ihre Bildung kömmt demnach der kleinen Gienmuschel am nächsten, die ich oben Num. XI. beschrieben habe. Drey Stücke aber unterscheiden sie davon als Gattung. 1) Der Bau der Schale, die nicht so bauchigt ist; 2) die Runzeln, welche aus erhöheten Queerribben entstehen; 3) die Beschaffenheit des Schlosses, welches aus sechs bis acht Zähnen bestehet. Herr Etatsrath **Müller** sagt, daß man diese gefurchte Flußtelline zuweilen bey der kleinen Gienmuschel der süssen Wasser finde.

XVIII.

Tab. IV. fig. 7. a. b.

Die kleine ovale queergestreifte Flußmuschel, Schr. *Chama fluviatilis transversim striata subovata. Tab. IV. fig. 7. a. b.*

Ich habe diese kleine niedliche Schale aus **Hamburg** erhalten, die ich einmal in ihrer natürlichen Grösse und einmal vergrössert habe abbilden lassen. Aeusser Schmuck empfiehlet sie gar nicht, denn sie ist schmutzig weiß. Eben so wenig kann sie die Grösse empfehlen, denn sie ist überaus klein. Ihr Rücken ist mit deutlichen Queerstreifen belegt, die, ohnerachtet die Schale so gar klein ist, doch das blosse Auge erkennen kann. Die Schale ist dünne und zart, und gleichwohl gegen das Licht gehalten nur halbdurchsichtig. Die Muschel ist sehr bauchigt und aufgeblasen, und ungleich breiter als sie lang ist, sie bekommt dadurch eine eyförmige Gestalt, die ich mir aber nicht von der Seite des Schlosses, sondern von der Seite beyder Enden gedenken muß. Inwendig ist die Schale weiß und glänzend, was aber das wunderbarste dabey ist, das ist das Schloß. Die beyden Seitenzähne desselben erkennet auch das blosse Auge, sie stehen nicht in einer geraden Richtung gegen über, sondern der eine Seitenzahn stehet viel weiter oben als der andere. Das, was man den Mittelzahn zu nennen pfleget, der nemlich in der Mitte der Schale in der Gegend der Schnäbel sitzt, der mitten inne bey den Seitenzähnen liegt,

so

so scheinet es dem Auge, als wenn dieses ein einziger Zahn wäre; nimmt man aber ein gutes Vergrösserungsglas zu Hülfe, so liegen hier zwey Winkel neben einander, oder dieser Zahn ist so gebauet, als wenn zwey lateinische V neben einander liegen, die aber ein wenig verschoben sind. Auf der entgegengesetzten Seite hingegen finde ich gar keine Spur von einer oder mehrern Vertiefungen, wo hinein diese Zähne passen könnten.

XIX.

Die queergestreifte Giemmuschel mit schwarzen Bändern, Schr. *Chama transversim striata, lineis nigris cincta. Tab. min. A. fig. 8.* Tab. minus A. fig. 8

Gualtieri *Index testar. tab. VII. fig. b. Musculus fluviatilis aequilaterus, transversim striatus, fuscus, et duabus vel tribus lineolis nigris cinctus.*

Ich habe diese Flußmuschel auf der ersten meiner kleinern Kupfertafeln, die mit A. bezeichnet ist, Fig. 8. nachzeichnen lassen, weil mir ihr Bau in mehr als einer Rücksicht merkwürdig schien. Ihre Figur nähert sich mehr dem Dreyeck, als daß sie rund wäre, und hierin unterscheidet sie sich von der gemeinen kleinen Giemmuschel der süssen Wasser; (oben n. XI.) die Queerstreifen hat sie zwar mit mehreren beschriebenen gemein, aber noch keine ist vorgekommen, welche mit Bändern geschmückt wäre. Gualtieri nennet es schwarze Linien, man kann auch bey einer so kleinen Muschel bennahe nichts erwarten, als blosse zarte Linien, von welcher der aufmerksame Gualtieri sagte, daß einige derselben zwey, andere aber drey hätten.

XX.

Die rauhe queergestreifte Tellmuschel, Schr. *Tellina gibba transversim striata. Tellina fluminalis Müll.*

Müller *Hist. Verm. P. II. p. 205. n. 390. Tellina testa triangulari, gibba, transversim striata.* Dänisch: Ström-Tellinen. Long. 12. lin. lat. 13. lin.

Ausser dem Herrn Etatsrath Müller hat dieser Flußmuschel niemand gedacht. Er giebt von ihr folgende Beschreibung. Testa crassa, dura valde gibba, opaca, antice versus cardinem latior, quam postice, extus viridis crebro striatim imbricata, striae aperturae parallelae. Intus cyanea; cardinis dentes medii sex cum fossulis, tres nempe in quavis valvula, vtriusque ligamento proximus emarginatus est; laterales vtrinque elongati, sulcique excipientes, crenulati sunt. Was also diese Flußmuschel von andern queergestreiften Flußmuscheln unterscheidet, ist 1) die Beschaffenheit der Schale. Sie ist stark und rauh, fast ziegelförmig, oder sie bestehet aus regelmäßigen Schuppen. 2) Die Beschaffenheit des Schlosses. Jede Schale hat, die Seitenzähne ausgenommen, drey Zähne. Herr Etatsrath Müller sagt, daß sie in Asien im Fluß Euphrat gefunden werde.

XXI.

Die rauhe queergeribbte Tellmuschel, Schr. *Tellina gibba, transversim costata. Tellina fluminea Müll.*

Müller *Hist. Verm. P. II. p. 206. n. 391. Tellina testa triangulari, gibba transversim costata.* Dänisch: Flod-Tellinen. Long. 6 - 8. lin. Lat. 6 - 8. lin.

Auch bey dieser Flußmuschel kann ich weiter nichts thun, als die Beschreibung des Herrn Etatsrath **Müller** wiederholen. Testa gibba, opaca, antice et postice versus cardinem fere aequalis; extus viridis, costis latis transversis quasi circulis doliaribus circumdata: intus albida semicirculo nigro notata. Cardinis dentes et fossulae, vti in praecedente. Wenn gleich die Beschaffenheit des Schlosses diese Muschel von der vorhergehenden gar nicht unterscheidet, so sind doch andre Merkwürdigkeiten und Unterscheidungskennzeichen übrig. Ich will den schwarzen Halbcirkel, der sich in dem Innern dieser Schale befindet, nicht in Anschlag bringen, den die Natur gewiß nicht umsonst angebracht hat; sondern ich will nur bemerken, daß die Queerribben, die weit aus einander stehen, und die Rauhigkeit der Schale sie von ihren Anverwandten hinlänglich unterscheiden. Sie wird in **China** im **Muschelsande** gefunden.

XXII.

Die flache gerunzelte Perlmuschel, Schr. *Ostrea margaritifera fluviatilis. Huitre perliere.*

Reise nach den Inseln Frankreich und Bourbon, Altenb. 1774. S. 115. eine andere Perlenauster, aber noch weit plätter, und von einem dunkeln Violet; sie hängt sich wie die Muschel durch Fasern an, und ist am südöstlichen Hafen sehr gemein; sie wird an der Mündung der Flüsse gefunden, ihre Perlen sind violet.

Mehr sagt uns dieser reisende Officier nicht, und er sagt noch lange nicht genug, wenn wir diese Muschel, die übrigens reich genug an Merkwürdigkeiten zu seyn scheinet, hinlänglich kennen wollen. Schon ihre platte Form muß uns aufmerksam machen, womit sie sich der eigentlichen Perlmuschel der See (Mytilus margaritiferus Linn.) zu nähern scheint. Ihre Farbe ist dunkelviolet, eine Farbe, die man bey den Perlenmuscheln nicht sucht, und so sind auch ihre Perlen. Sie werden also wohl zum Schmucke nicht gesucht werden, aber merkwürdig genug ist diese Erscheinung immer, denn sie scheinet darzuthun, daß das Perlenzeugen keine Folge einer Krankheit des Muschelthieres sey. Sie hängt sich wie die Muschel durch Fasern an, was ist das für eine Muschel? ist es die Pinna oder eine andre? Sie liegt an der Mündung der Flüsse, und gehöret also unter die Flußconchylien. Warum ich sie aber gerunzelt nenne? weil ihr der Verfasser den Namen einer Auster giebt.

XXIII.

Die eigentliche Flußtelline, Schr. *Tellina fluviatilis proprie sic dicta.*

Wenn hier von den Tellinen die Rede ist, so werden solche Muscheln verstanden, die nicht die runde Form der Gienmuscheln haben, denn in diesem Falle haben wir ja bisher mehrere Muscheln kennen gelernt, denen die Schriftsteller den Namen der Tellinen gegeben haben. Die Rede ist von eigentlichen Tellmuscheln, deren Breite ihre Höhe weit übersteigt. Von solchen Tellmuscheln ist bey den Schriftstellern fast ein allgemeines Stillschweigen. Nur der verstorbene Herr Licentiat Schulze versichert in den neuen gesellschaftlichen Erzehlungen I. B. S. 266., daß er in einem Bache des Dresdner Lustgartens einige kleine Tellmuscheln gefunden habe, welche dem kleinen Schinken, oder

oder Panquetschinken, Tellina rostrata Linn. die unter andern Rumph tab. 45. fig. L. und Gualtieri tab. 88. fig. T. abbilden, ganz ähnlich gewesen wären. Herr D. Martini sagt in dem IV. Bande des Berl. Magaz. S. 473. hierüber folgendes. „Diese rare Tellinen wären allerdings eine eigenthümliche Seltenheit der Sächsischen Gewässer. Ich erinnere mich nicht, in einem einzigen Schriftsteller die mindeste Spur von dergleichen Flußmuscheln gefunden zu haben. Wie viele Liebhaber der Naturgeschichte werden nicht mit mir eifrigst wünschen, eine so rare Art von Flußmuscheln zu sehen und selbst zu besitzen!„ Unterdessen hat es sich doch noch nicht bestätiget, ob sich in dem gedachten Flusse bey Dresden dergleichen Tellinen aufhalten. In Herrn Schulzens Zeugniß setze ich keinen Verdacht, aber ich wünsche doch selbst, über eine so wichtige Entdeckung gewisser zu seyn.

XXIV.

Die kleine aschfarbige Miesmuschel, Mart. *Mytilus fluviatilis cinereus.*

Gualtieri *Ind. testar. tab. VII. fig. AA. Musculus fluviatilis minimus, intortus, cinereus, aquis innatans.* Martini Berlin. Magaz. *IV.* B. S. 472. *tab. XII. fig. 68.* a) in natürlicher Grösse; b) aber vergrössert.

Wieder eine zweifelhafte Flußmuschel, die ich doch nicht ganz übergehen konnte, weil ihrer Gualtieri gedenket, weil er sie so gar abbilden ließ, und ausdrücklich versichert, daß sie sich in den süssen Wassern aufhalte. Aber nun in keinem Schriftsteller weiter ein Wort davon, selbst Herr Etatsrath Müller hat sie übergangen, und Martini sagt nur, daß er sie aufmerksamen Conchylienſammlern zur Nachricht mit angezeigt habe. Also allenthalben Dunkelheit und Zweifel. Wahr ist es, ihre Figur kommt unsern Miesmuscheln der See überaus nahe, aber das ist auch das einzige, was ich von derselben mit einiger Zuverläßigkeit sagen kann.

XXV.

Die vielkammerigte Miesmuschel, Schr. Die rußische Miesmuschel, Müll. *Mytilus polymorphus fluviatilis*, Pallas.

Pallas Reisen, Auszug *I.* Th. Anhang S. 26. *n. 85. Mytilus polymorphus — fluviatilis saepe quadruplo major, subfuscus, latior, valvulis exacte semiovatis argute carinatis, latere incumbente plano excavatis; natibus acutis deorsum inflexis. Cavum commune testae versus nates obsolete quinque loculare, dissepimentis brevissimis. — In lapidibus majoribusque testis copiose conglomeratur, penicillis radiatis affixae uti Mytulus edulis.* Müller Natursystem Supplements- und Registerband, S. 370. *n. 262. c.* die Rußische Miesmuschel.

Unter andern wichtigen Entdeckungen, die der Herr Prof. Pallas auf seinen Reisen durch das Rußische Reich für alle Fächer der Naturgeschichte machte, fand er auch das erste ungezweifelte Beyspiel einer eigentlichen Miesmuschel für die süssen Wasser: fand diese Muschel sogar häufig an Steinen und grössern Conchylien, wo sie sich durch Fasern befestiget hatte, wie es die gemeine Miesmuschel der See zu thun pflegt. Er fand zugleich eine ähnliche Muschel in der See, und theilte nun seinen Mytulum polymorphum in marinum und fluviatilem ein. Herrn Pallas Beschreibung habe ich ganz mit-

mitgetheilet. Sie ist ihrer Farbe nach bräunlich, und wird oft wohl viermal grösser gefunden, als der Mytulus polymorphus der See. Die Schalen derselben sind beynahe oval, und die Schnäbel sind scharf, aber zurückgebogen. In der Gegend dieser Schnäbel befindet sich eine Art von Scheidewänden mit überaus kurzen Zwischenkammern. Vermuthlich hat dieser merkwürdige Umstand dem Herrn **Pallas** die nähere Veranlassung zu der Benennung gegeben, die er dieser Muschel beylegte, und ich habe sie aus eben dem Grunde die **vielkammerige Miesmuschel** genennet, weil mir der Name der **Rußischen Miesmuschel** nicht gefallen wollte. Denn, wenn nun eine ähnliche Entdeckung in einem andern, als dem rußischen Reiche gemacht würde, so wäre diese Benennung unzureichend. Auch die Namen der Naturproducte sollten uns wenigstens ein unbezweifeltes Kennzeichen des Körpers, den wir damit benennen, an die Hand geben; wie viele Erleichterung würde dieses bey der Erlernung der Naturgeschichte seyn!

Das zweyte Kapitel.
Von den Patellen der süssen Wasser.

Allgemeine Anmerkungen über die Flußschnecken überhaupt, und über die Flußpatellen insonderheit.

§. 86.

Der andere **Hauptzweig** der Flußconchylien, die **Schnecken**, theilet sich freylich in mehrere Nebenzweige, als die Muscheln, weil hier die Natur schon die ganze Anlage so einrichtete, daß sie in der Ausführung derselben viel mehr Hauptveränderungen vornehmen konnte, als eben bey den Muscheln. Die Schale sollte in vollkommene Windungen ausgehen. Da nun die Natur keinen so grossen Sprung thut, daß sie von einer Schale, die zwey Klappen hat, und ganz einfach gebauet ist, sogleich eine andre bauen sollte, die ganz regelmäßig, entweder um den Mittelpunct, oder in die Höhe gewunden ist, und ausserdem noch viele Verzierungen hat, so ist sie gleichsam nur nach und nach zu der Vollkommenheit gestiegen, zu welcher sie es bringen wollte. Sie machte also erst einen schüsselförmigen, bald runden, bald ovalen, und für die Flußconchylien gedacht, einen ganz einfachen Körper, den sie doch so einrichtete, daß sich das Thier in denselben ganz verbergen konnte. Man nennet diese Körper **Patellen**. Sie, die geschäftige Natur, bildete einen andern Körper, der eine Anlage zu einer Windung, eine kleine an die Seite gedrückte Windung hatte, wo der ganze übrige Theil der Schnecke hohl und eine geräumliche Wohnung für das Thier war. Diese Schneckenart nennen die Schriftsteller **Neriten**, **Schwimmschnecken**, obgleich einige neuere Schriftsteller diesem Namen eine weitläuftigere Bedeutung gegeben haben. Nun machte sie bey einem neuen Geschlechte eine vollkommene Windung, aber sie drückte sie auf beyden Seiten ganz platt, zog diese Windungen um einen Mittelpunct herum, und brachte dabey mancherley Veränderungen an. Dieses Geschlecht nennen wir **Ammonshörner**, oder **Tellerschnecken**. Dann fieng die Natur an, ihre Schalen in die Höhe zu winden. Erstlich ganz unvermerkt, und nur sanft gehoben. Diese Schnecken habe ich **erdschneckenförmig**

förmig gewundene Schnecken genennet, weil ihr Bau dem Bau mancher Erdschnecken ganz gleich ist. Ein Ausdruck, der mir selbst nicht gefällt, weil er seine gewisse Dunkelheiten und Zweydeutigkeiten hat, den ich aber beybehalten muste, weil ich keinen bequemern wuste und finden konnte. Nun wollte sich die Natur ganz in eine gerade Richtung bey ihrem Bau halten, gerade in die Höhe bauen. Sie versuchte dieses auf mancherley Art. Erstlich setzte sie auf einen bauchigen runden oder ovalen Körper eine kleine aber scharfe Spitze, und bey diesem Schneckengeschlecht machte die erste Windung den grösten Theil aus, das sind die Kahnschnecken und die Ohrschnecken. Dann baute sie einen zugespitzten erhöheten Körper gleichsam auf eine runde Grundfläche; das sind die Kräuselschnecken. Endlich streckte sie alle Windungen der Schnecke gerade in die Höhe, und baute einen völlig gerade ausgestreckten Körper. Dabey verfuhr sie auf eine gedoppelte Art. Bey der einen machte sie die erste Windung überaus groß, und ungleich grösser als die nächstfolgende. Diese Schnecken werden Trompetenschnecken genennet. Bey der andern aber ließ sie alle Windungen in einer verhältnißmäßigen Abnahme fortgehen, dergestalt, daß die folgende Windung immer etwas kleiner ist, als die vorhergehende, und das sind die Schraubenschnecken. Hier zugleich ein Wink von der Kette, nach welcher ich die Schnecken abhandeln werde.

Sollte das Gebäude einer Schnecke regelmäßig und dauerhaft werden, so muste dasselbe von Innen eine Stütze haben, daran sich alle Windungen lehnen konnten. Diese Stütze wird die Spindel genennet. Alle bekannte Flußschnecken haben dieselbe, und ich habe zu dem Ende auf der einen meiner kleinen Kupfertafeln Tab. min. C. einige aufgeschnittene Flußconchylien vorgelegt, an denen man den innern Bau der Schnecken und besonders ihre Spindeln erkennen kann. In die nähere Beschreibung derselben lasse ich mich jetzo nicht ein, da ich bey einem jeden Geschlecht dessen innern Bau näher beschreiben werde.

Stellen wir eine Vergleichung unter den Fluß- und Seeschnecken an, so werden wir unter beyden eine grosse Aehnlichkeit finden, obgleich die Schönheit der Farben an den Schnecken immer mehr für die Seeconchylien als für die Flußconchylien gehöret. Nur wenige Flußschnecken kommen hierin den Seeschnecken nahe, diese aber sind fast alle ausländisch, halten sich in grossen Flüssen, sonderlich in solchen auf, die nahe an der See liegen, und die sich wohl gar in die See ergiessen. Aber die Bauart der Conchylien ist unter beyden überaus übereinstimmend, nur die Grösse gehet ihnen fast bey allen Gattungen fast gänzlich ab. Einige Geschlechter gehen uns unterdessen aus den Flüssen noch gänzlich ab. Wir haben keine schaligten Wurmröhren, keine Seeohren, keine eigentlichen Kahnschnecken, keine eigentlichen Tonnen, keine Feigen, keine Purpurschnecken, keine Flügelschnecken, keine Voluten u. d. g. Mich dünkt, das thue dar, daß man die Flußconchylien nicht von den Seeconchylien trennen dürfe. Die ächte Wendeltreppe hat inwendig keine Spindel; ein gleiches Beyspiel können wir unter den Flußconchylien nicht aufweisen.

Auch das Thier der Flußschnecken unterscheidet sich von dem Thier der Flußmuscheln, und auch hier zeiget sich eine mehrere Vollkommenheit der erstern für den letztern. Unter unsern Flußmuscheln ist auch nicht eine einzige, wobey das Thier die Gestalt eines wahren Thieres hätte. Keinen Kopf, kein Maul, keine Augen, obgleich einige Werkzeuge, die wir doch noch nicht genau genug kennen, die Stelle von allen diesen ver-

vertreten. Aber an den Flußschnecken siehet man einen von dem Halse und Leibe ganz unterschiedenen Kopf, siehet einen Mund, siehet Fühlhörner und Augen. Ich werde den Unterschied, der sich hier zeigt, bey jedem Geschlecht insonderheit beschreiben. Bey einzelnen Gattungen wird es sich entwickeln, daß einige Flußschnecken Eyer legen, andere aber lebendige Junge gebähren. Eben bey dieser Gelegenheit werde ich noch manche nützliche Anmerkung erzehlen, die ich hier um der Kürze willen übergehe.

Allgemeine Anmerkungen über die Flußpatellen.

§. 87.

Unter den Seeconchylien machen die **Schüsselmuscheln** ein überaus ansehnliches, schönes und weitläuftiges Geschlecht aus; desto enger und magerer ist dieses Geschlecht unter den Flußconchylien. Uns fehlet dieses Geschlecht zwar nicht gänzlich, allein nur vier Gattungen sind es, die ich von diesem ganzen Geschlecht aufweisen kann. **Martini** und **Geoffroy** haben nur eine einzige, Herr Etatsrath **Müller** aber zwey Gattungen.

Die Namen, die man den **Patellen** überhaupt, und unsern **Flußpatellen** insonderheit giebt, sind vorzüglich von ihrem Bau hergenommen. Der Name **Klippkleber** gehöret für unsre Flußpatellen gar nicht, er wird auch von ihnen nicht gebraucht, denn sie setzen sich hier nicht an Klippen, sondern blos an Steine. Der gewöhnlichste Name ist, daß man sie **Patellen, Schüsselmuscheln** und **Napfmuscheln**, lat. Patella, lepas, franz. Patelle, Lepas, nennet, weil sie würklich die Form einer Schüssel oder eines Napfs haben. Herr **Geoffroy** nannte sie die **convexe Schnecke**, Ancylus, Ancile, von dem griechischen Worte ἀγκύλος, welches convex bedeutet, und hierin hat er an dem Herrn Etatsrath **Müller** einen Nachfolger bekommen. Er sagt: „weil die Bewohner der Seepatellen von den Bewohnern der Flußpatellen durch einige Charactere merklich unterschieden sind, so haben wir geglaubt, daß wir der unsrigen auch einen andern Namen geben müßten.„ Ich habe lieber den gewöhnlichern Namen beybehalten wollen, weil ich nicht sehe, daß der Name Ancylus mehr sage, und den Körper deutlicher beschreibe, als der überall angenommene Name Patelle.

Die **Schale** der gewöhnlichen Flußpatelle gleichet einem etwas zugespitzten Trichter, und ist inwendig ganz hohl. Die Spitze, die man den **Wirbel** (vertex, sommet) nennet, ist bey manchen übergebogen, und gleichet einem kleinen Haaken, der doch an manchen Beyspielen eine grössere, bey andern eine geringere Einbeugung hat, die an der rothgefleckten **Dragonermütze** ganz unmerklich, und noch unmerklicher an der **ovalen Patelle** ist. Nie stehet bey unsern Flußpatellen der **Wirbel** gerade in dem Mittelpuncte. Der **Rücken** (dorsum, dos) ist bey diesen Patellen glatt, an manchen Beyspielen aber mit einigen Queerringen versehen, die auch vielleicht Anwachs der Schale seyn können. Der **Rand**, oder die **Grundfläche**, (basis, margo, les bords) ist bey der gemeinen Patelle nicht ganz rund, sondern länglich, daher man sie auch mit einem kleinen Kahn vergleichen könnte, denn sie ist in der Gegend des übergebogenen Wirbels schmäler, als an der entgegengesetzten Seite; die **ovale Patelle** hingegen ist völlig eyförmig, doch an beyden Enden abgerundet, und hat fast durchgängig ein gleiches Maaß ihrer Breite. An allen Flußpatellen ist der Rand glatt. Die innre Fläche ist bey den Fluß-

Flußpatellen ganz hohl, und so tief, daß sich das Thier ganz darunter verbergen kann, und es wird dadurch zugleich für allen Gefahren und Nachstellungen hinlänglich geschützt, wenn es sich an die Stengel der Schilfe, oder an Steine ansetzt.

Der **Geschlechtscharacter der Flußpatellen**, den Herr Etatsrath **Müller** in der Historia Vermium P. II. S. 199. festgesetzt, ist folgender: Vermis cochleatus, tentaculis binis truncatis, oculis ad basin interne. Herr **Geoffroy** in der Abhandlung von den Schnecken um Paris, deutsch S. 108. Das Thier hat zwey Fühlhörner. Die Augen sitzen unten an der innern Seite derselben. Die einfache Schale ist hohl und glatt. Beyde Naturforscher gründen ihr System auf die Beschaffenheit des Bewohners, und da sagt Herr **Geoffroy**: „Das einzige Merkmal, welches dieses Geschlecht von dem Geschlecht der Tellerschnecken und aller übrigen unterscheidet, ist die Form ihrer Schale. Herr Etatsrath **Müller** weichet dieser Unbequemlichkeit dadurch aus, daß er der **Patelle** tentacula truncata, der **Tellerschnecke** aber Tentacula setacea beylegt. Da die Patelle eine ganz hohle und ungewundene Schale ist, so kann man nicht leicht in die Versuchung fallen, sie mit andern Schnecken zu verwechseln.

Da ich bey meiner Eintheilung nur nach äussern Kennzeichen verfahre, und damit Sammlern zuverläßig eine grosse Erleichterung mache, so habe ich die Patellen in **runde** und **ovale** abgetheilet. Die **runden** haben entweder einen scharfen und übergebogenen, oder einen stumpfen Wirbel; bey den **ovalen** ist der Wirbel entweder ganz unmerklich, oder ebenfalls übergebogen. Da dieses Geschlecht so gar wenig Gattungen hat, so kann ich hier desto kürzer seyn.

Der Herr Ritter **von Linne'** und der Herr Etatsrath **Müller** nehmen nur zwey Gattungen von Patellen an, und nennen die eine Patella seu ancylus lacustris, die andre aber fluviatilis. Die erste ist die **gemeine Dragonermütze**, die erste Patelle, die ich beschreiben werde. Da sich aber diese Patelle gewiß auch in Flüssen aufhält, Herr Etatsrath **Müller** auch sogar dieselbe an den Conversen aus der See gezogen hat, so sind beyde Benennungen allerdings unrichtig. Ich setze noch die Anmerkung hinzu, die mir der Herr **Hofmedicus Taube** in Zelle im Jahr 1776. überschrieb. Die beygelegten Flußpatellen, es war Patella s. ancylus lacustris, finden sich in einem Strom bey **Zelle**, **Oerze** genannt, der wegen seines **gesalzenen Wassers** merkwürdig ist. Zu **Wolthausen** ist ein beträchtlicher Lachsfang, welcher die ganze Breite dieses Flusses besetzt, und über demselben finden sich diese Napfmuscheln nicht. Sie kleben an Steinen, welche vom Strome bedeckt sind, und auf dem sandigen Grunde bedeckt und fest liegen. Niemals setzen sie sich an solche, welche durch den Strom irgend in Bewegung gesetzt werden. Sie kleben allezeit an den Seiten der Steine, mit dem Strome aber niemals gegen den Strom; wo das Wasser sich stemmt, sind auch keine. Da sie im Herbst am größten, im Frühjahr aber am kleinsten sind, so vermuthe ich, daß der mehreste Theil derselben im Winter entweder verlohren gehen, oder sich tiefer hinunter senken.„

Herr Etatsrath **Müller** und Herr Hofmedicus **Taube** versichern demnach als zwey gültige Zeugen, daß unsre Flußpatelle in süssen und in salzigen Wasser zugleich leben können, wir werden in der Folge noch einige Beyspiele anführen können, die man in der See, aber auch in salzigten Wassern findet.

Von dem Bewohner der Flußpatellen.

§. 83.

Die Conchylienbeschreiber, **Lister**, **Argenville**, **Geoffroy**, **Martini** und **Müller** haben das Thier der kleinen Dragonermütze (num. XXVI.) einstimmig, und auch beynahe auf einerley Art beschrieben, von den übrigen Patellen aber, die ich noch beschreiben werde, finde ich in keinem einzigen Schriftsteller, den ich besitze, nur die geringste Nachricht, und mir hat es auch nicht geglückt, einen andern, als diesen Bewohner zu sehen. **Argenville** hat diesen Bewohner in der Zoomorphose, deutsch tab. 8. fig. 1. in einer vergrösserten Figur vorgestellt, und diese Abbildung hat **Martini** im Berlinischen Magazin IV. Band tab. VII. fig. 3. a. a. wiederholet. **Argenville** sagt S. 58., „es geht aus einer sehr dünnen ovalrunden und graufarbigen Schale ein Kopf hervor, welcher sich in zwey sehr kurze Hörner endiget, an deren Ursprung zwey schwarze Puncte sitzen, welche die Augen sind. Der übrige Theil des Körpers ist ein schleimigtes Wesen, woran man keine von einander abgesonderte Theile wahrnimmt. Wenn man diese Conchylie umkehret, so siehet man unten zwey Arten von Scheidewänden, hinter welche sich der Kopf zurücke ziehet.„ **Argenville** hat die Fühlhörner und den Körper des Thiers ausgestreckt vorgestellt, welches dem Herrn Etatsrath **Müller**, nach seinem eignen Geständniß, zu sehen niemals hat glücken wollen. **Martini** erkläret uns, was Argenville nicht angemerkt hat, daß neulich die Augen des Thiers unten an der innern Seite der Fühlhörner sitzen, und daß die Fußsohle des Thiers, welches zuweilen seiner Nahrung nachkriechen muß, rund, und zum Ankleben sehr bequem sey. Nach Herrn **Müllers** Beobachtung gehet das Fortschreiten des Patellenthiers überaus langsam.

Ich habe dieses Thier einigemal zu beobachten Gelegenheit gehabt. Die Farbe desselben ist grau, die Fühlhörner desselben aber sind schmutzig weiß, vollkommen conisch, und viel stärker, als sie bey der eigentlichen Flußnerite zu seyn pflegen, und die Augen, die man wegen ihrer grossen Schwärze mit blossen Augen erkennen kann, sitzen unten an der innern Seite der Fühlhörner. Es ist falsch, was **Argenville** vorgiebt, der Leib des Thiers sey ein blosses schleimigtes Wesen. Er ist Fleisch, aber mit vielen Nerven versehen, und dieser Fuß ist mit einer Art eines schleimigten Wesens überzogen, welches dem Thier vermuthlich den Fortgang erleichtert. Das, was **Argenville** Scheidewände nennet, dahinter das Thier den Kopf verbirgt, das ist ein Theil des **Mantels**, den das Thier also ausdehnen und hernach über den Kopf schlagen kann, daß derselbe damit ganz bedeckt wird, und darunter verborgen ist. Manchmal hat der Bewohner auch eine ganz weisse Farbe, und nur ein Theil seines Rückens vom Kopfe an ist grau und weiß gefleckt. So habe ich das Thier an den Patellen befunden, die ich in den Canälen der Stadt **Weimar** entdeckte. Die Fühlhörner waren länger, als man sie bey einem so kleinen Thier erwarten sollte. Der Befestigungspunct für den **Mantel** ist in der Hälfte der Schale, in dem übergebogenen Wirbel aber ist der **Sipho** befestiget, der einem dünnen schwarzen Faden gleicht.

Die Art der **Zeugung** hat bey diesem Thier blos **Lister** beobachtet. Er fand im Monat Septembris, und zwar beym Ausgang desselben, seinen Laich häufig an den Steinen kleben. Dieser Laich bestund aus runden Kügelchen, die ein gallerichtes Ansehen hatten, und die auf den Steinen zerstreut lagen. Mit blossen Augen konnte er in einem jeden dieser Kügelchen eine kleine Napfschnecke sehen. Die Patellen gehören dem-nach unter die Eyerlegenden Schneckenthiere. Ueber ihre Begattung macht Lister folgende Anmerkung. In coitu altera alterius verticem scandit insidetque, pluresque sic copulatas tunc temporis notavi. Histor. animal. Angliae Sect. III. titulo 32. p. 151.

Beschreibung der verschiedenen Flußpatellen.

§. 89.

Ich berufe mich hier auf meine systematische Tabelle (§. 81.), wenn man die nähere Abtheilung der Patellen der süßen Wasser wissen will, und beschreibe nun die wenigen Gattungen, die mir davon bekannt sind.

XXVI.

Die kleine Dragonermütze, Mart. Die runde Patelle mit scharfen übergebogenen Wirbel, Schr. *Patella lacustris Linn. Ancylus lacustris Müll. Tab. V. fig. 1. 2. 3.* Tab. V. fig. 1. 2. 3.

Lister *Hist. animal. Angl. Tit. 32. p. 151. Patella fluviatilis, fusca, vertice mucronato inflexoque. tab. II. fig. 32.* **Lister** *Histor. Conchylior. tab. 141. fig. 39.* (unzuverläßige Zeichnung) *Patella fluviatilis, exigua, subflava, vertice mucronato inflexoque.* **Gualtieri** *Index testar. tab. 4. fig. B. B. Patella fluviatilis fusca, vertice mucronato, incurvo inflexoque.* **Linné** *Fauna Suec. 1746. p. 369. §. 1792. Patella testa membranacea ovali* (weil sich der Bau der Schale würklich dem Oval nähert) *mucrone reflexo.* **Klein** *Method. ostracol. p. 118. §. 292. n. 3. Calyptra patella fluviatilis fusca, vertice mucronato, inflexoque.* **Argenville Conchyliol.** *tab. 27. fig. 1.* **die Flußpatelle. Argenville Zoomorphose, deutsch** *tab. 8. fig. 1.* **S. 58. die Flußnapfmuschel.** Ginanni *opere post. P. II. p. 50. tab. 2. fig. 11. Patella piccolissima.* (allegante Müllero.) **Geoffroy Conchyl. um Paris, deutsch S. 110.** *Ancylus, Lepas, Ancile, Patelle.* **Linné** *Syst. nat. Gen. 331. sp. 769. ed. XII. Gen. 296. sp. 672. Patella testa integerrima ovali membranacea, vertice mucronato reflexoque.* (*adhaerens plantis aquae dulcis.*) **Müller Natursyst.** *VI.* **Band S. 612. die Morastpatelle.** (Aus was für einem Grunde, kann ich nie begreifen, da sie nie im Morast gefunden wird.) **Martini Berl. Magaz.** *IV.* **B. S. 230.** *n. 51. tab. VII. fig. 1.* **die kleine Dragonermütze, die Napfmuschel mit übergebogenem Wirbel, die convexe Schnecke. Müller** *Histor. Verm. P. II. p. 199. n. 385. Ancylus lacustris testa membranacea, mucrone verticis subcentrali apertura oblonga.* **Fischer Naturgesch. von Liefland S. 177.** *n. 481.* **die Morastpatelle. Dänisch:** Söe-Skaellet.

Mehrere Schriftsteller, vorzüglich aber **Lister**, versichern, daß man diese Patelle da, wo man sie findet, gemeiniglich häufig finde, die Farbe derselben aber geben sie verschieden an. **Lister** nennet sie das einemal braun, ein andermal gelblich. Meine Beyspiele, die ich aus der **Saale**, von **Straßburg**, aus dem **Ilmsande**, von **Bibra**, von **Zelle**, von **Jena** und aus dem **Rudolstädtischen** besitze, sind sich an Farbe gar nicht gleich. Einige, als die von **Bibra**, sind schwarz; die von **Straßburg** sind dunkelbraun; aus dem **Ilmsande** habe ich sie grau hervorgesucht; bey **Zelle** und **Jena**

 sind

sind sie weißgrau; und die Rudolstädtischen gleichen einem weissen Pergament, und sind glänzend; die bey Weimar hingegen sind ganz weiß und durchsichtig. Ihr Bau unterscheidet sie nur in zufälligen Umständen von einander. Alle sind rund, doch so, daß sie gegen die Seite des übergebogenen Wirbels etwas schmäler werden; von den Patellen bey Zelle aber kann man beynahe sagen, daß sie ganz rund sind. Alle haben einen übergebogenen Wirbel, er ist aber bey einigen so unmerklich gebogen, daß man ihn stumpf nennen kann. Ihre Schale ist überaus dünne, zerbrechlich und durchsichtig, aber bey manchen fehlet die Durchsichtigkeit fast gänzlich, und das nicht blos an ausgebleichten und calcinirten, sondern auch oft an Beyspielen, welche frisch aus der Saale gezogen werden. Manche sind schön glänzend, und ich muß es besonders von den Patellen bey Zelle sagen, daß ihr innrer Glanz dem Glanze der Seepatellen gleich kommt. Ich habe vorher aus einem Briefe des Herrn Hofmedicus Taube angemerkt, daß die Oerze bey Zelle, wo die Patellen bey Zelle liegen, ein gesalznes Wasser sey, das in der Rücksicht dem Seewasser gleich kommt, und dies scheinet einen Einfluß in die Schönheit der Patellen gehabt zu haben. Aber freylich andre Schönheiten der Seepatellen, und die Grösse derselben fehlen unsern Flußpatellen gänzlich. Die grösten, die ich besitze, sind ohngefehr einen Viertheilszoll lang, die mehresten sind kleiner, und oft so klein, daß sie kaum das blosse Auge erkennen kann. Durch das Vergrösserungsglas entdeckt man an ihnen gewisse ringförmige Abschnitte, welche die Schale in die Queere durchschneiden, und diese Abschnitte sind an den Patellen von mittlerer Grösse am sichtbarsten. Ich vermuthe, es sind neue Ansätze der Schale, die man darum an ganz kleinen Beyspielen gar nicht siehet, weil sie noch keine Ansätze haben, und an grössern Beyspielen wieder nicht siehet, weil sie nach und nach verwachsen.

Von der Abbildung des Listers glaube ich, daß sie nicht zuverläßig sey, und daß er, um den umgebogenen Wirbel recht kenntlich zu machen, die ganze Figur der Schale verdorben haben. Argenville und Martini haben diese unzuverläßige Abbildung nachgezeichnet, und der erste vermuthet ganz ohne Grund, daß diese Patelle vielleicht aus der See herstamme, und daß seine an dem Schilf gefundene Patelle mit niedergedrückten Wirbel die einzige Patelle der süssen Wasser sey; und Martini ziehet daraus die Folge, daß die so genannten Dragonermützen, die nemlich einen übergebogenen haakenförmigen Wirbel haben, in den süssen Wassern seltener, als die Napfmuscheln mit niedrigen Wirbel wären. Alle diese Anmerkungen gründen sich auf die falsche Abbildung des Listers, denn die Napfmuscheln, die ich aus den angeführten Flüssen besitze, haben alle einen übergebogenen scharfen Wirbel, und nur bey einigen Beyspielen ist er kürzer und stumpf.

Lister fand diese Dragonermützen in England in den Flüssen Air, Ouse und Wharse, die Patellen aus dem erstern Flusse waren die kleinsten; Geoffroy fand sie bey Paris, Argenville in der Marne, Linne' in den schwedischen Pfützen; Müller in Dännemark, der sie sogar mit der Conversa aus der See zog: Fischer in Liefland; Taube bey Zelle. Aus der Saale besitze ich dergleichen von Jena und Cahla, aus kleinern Flüssen bey Rudolstadt und bey Bibra. Sie sind auch in der Ilm zu Hause, ob ich gleich den eigentlichen Ort ihres Aufenthalts noch nicht weiß, denn die Beyspiele, die ich besitze, habe ich aus Sande ausgelesen, den man von den Ufern der Ilm in unsre Gärten bringt. Hingegen habe ich sie in der Stadt Weimar selbst in den Canälen der Stadt häufig gefunden. Bey **Dresden** hat man sie auch in einem Graben, der vor der **Dresdner** Fasanerey vorbey fliesset, gefunden.

Ihr Aufenthalt sind die Blätter der Stratiotis, Schilf, Binsen, Steine, und die Reiser mit ihren Blättern, die sich in den Wassern zu Boden senken. Den Bewohner habe ich vorher beschrieben.

XXVII.

Die rothgefleckte Dragonermütze, Schr. *Patella fluviatilis maculis rubris vertice modice depresso. Tab. V. fig. 3.* Tab. V. fig. 3.

Martini Berlin. Magaz. *IV. B. p. 231. Tab. VII. fig. 2.? Patella fluviatilis membranacea, integra; ovata, vertice modice depresso? Feldm.*

Die angeführte Beschreibung, die der verstorbene Herr **Doctor** und Physicus **Feldmann** dem auch verstorbenen Herrn D. **Martini** mittheilte, kommt meiner rothgefleckten Dragonermütze näher, als die mitgetheilte Zeichnung, die es mir wahrscheinlich macht, daß es die vorhergehende kleine Dragonermütze sey, die zuweilen auch mit niedergedrückten Wirbel erscheint.

Diese rothgefleckte Dragonermütze hat beynahe einen ganz runden Umfang. Ihr Wirbel ist zwar übergebogen, aber gedrückt und stumpf, an allen meinen Beyspielen weiß, vermuthlich abgerieben. Sie ist rosenroth und weiß gefleckt, doch ist die rothe Farbe bey ihr so reich aufgetragen, daß man die weisse Farbe nur schwach durchschimmern siehet. Ihre Grösse übersteigt die Grösse der vorhergehenden nicht. Von Aussen ist ihre Schale rauh und schilfrig, inwendig aber weiß und glatt, und hier schimmert die rothe Farbe hindurch, welches der Patelle ein sehr schönes Ansehn giebt. Hierin kommt sie vielen Flußpatellen nahe, bey welchen die innre Seite die äussere an Schönheit und Glanz der abwechselnden Farben weit übertrifft.

XXVIII.

Die ovale Patelle ohne merklichen Wirbel, Schr. *Ancylus fluviatilis Müll. Patella fluviatilis ovalis mucrone fere nullo, Schr. Tab. V. fig. 4. a. b.* einmal vergrössert. Tab. V. fig. 4. a. b.

Müller *Histor. verm. P. II. p. 201. n. 386. Ancylus fluviatilis testa subcornea, mucrone verticis marginali, apertura ovali.*

Herr Etatsrath **Müller** führet verschiedene Abbildungen an, aus dem **Lister**, **Gualtieri**, **Argenville**, und dergleichen, aber keine unter denselben ist von der Art, daß ich sie mit dieser Patelle, die ich jetzt beschreibe, nur in den geringsten Umständen vergleichen könnte; ich habe daher geglaubt, behutsamer zu verfahren, wenn ich diese Schriftsteller unter die erste Gattung der Patellen (n. 26.) verweise; da sie sämmtlich nachgezeichnete Figuren der **Listerischen** falschen Abbildung sind. Ich war so glücklich, diese Patelle bey **Thangelstedt** in Sande zu entdecken, der neben einem kleinen Bache liegt. Froh über die Entdeckung einer ganz neuen und unbekannten Gattung theilte ich sie meinen damaligen Freunden mit, von denen ich wußte, daß sie Conchyliologen waren. Herr Professor **Hermann** in Straßburg war der erste, der sie durch mich sahe. Er glaubte in in ihr das Steinchen zu sehen, welches die nackten Erdschnecken unter dem Mantel tragen, und verwies mich auf das Berlinische Magazin II. Band S. 351. III. Band S. 337. und Tab. VI. fig. 70. Herr Hofrath Günther in Calah, ein grosser Conchylienkenner, der sich besonders mit den Flußconchylien ein stetes Geschäfte machte, glaubte an ihr durch sein Vergrösserungsglas die eine Schale eines Mytuli zu sehen, und er freute sich schon im Voraus auf die Ehre, daß wir in Sachsen einen Mytilum der süssen Wasser aufweisen könnten. Herr Etatsrath Müller hingegen erwies dieser Schale die Ehre, die ihr gebühret, nahm sie unter die Patellen auf, und sagt ausdrücklich, sie sey eben dieselbe, die ich in Sande gefunden hätte, in einem Flusse, der sich endlich in die Ilm ergiesset, aber nicht im Sande an dem Ausflusse.

Man darf nur diese kleine Schale, die höchstens einen Viertheilszoll lang, und einen halben Viertheilszoll breit, und folglich ganz oval mit abgerundeten Flächen ist, mit andern Schalen vergleichen, so wird man nicht in die Versuchung gerathen, sie mit dem Beinchen der nackten Erdschnecken in eine Parallele zu setzen. Man darf sie ferner nur in der getreuen Abbildung betrachten, die ich von derselben gegeben habe, oder sie mit der Beschreibung vergleichen, die ich davon gebe, so wird man sie nicht für eine Mytul, sondern für eine wahre Patelle halten. Ihr länglicher Bau nähert sich den bekannten Kahnpatellen der See, nur unterscheidet sie sich von denselben durch ihre überaus flache Vertiefung, wodurch sie mehr einer Molte als einem Kahne gleicht. Ihr Umriß ist ganz glatt, und fast durchgängig von einem gleichen Ausmaaß. Ihr Wirbel ist so unmerklich, daß man ihn nur durch ein Augenglas sehen, durch ein gutes Vergrösserungsglas aber deutlich unterscheiden kann. Er ist überaus kurz und stumpf. Ihre Farbe ist schmutzig weiß, und nur an einem einzigen Beyspiele habe ich den Rand der Schale rothgedüpfelt gefunden, aber diese kleinen Flecken nur durch ein sehr gutes Vergrösserungsglas gesehen.

XXIX.

Tab. minor A. fig. 10. **Die ovale Patelle mit übergebogenem Wirbel, Schr.** *Patella fluviatilis ovata mucrone recurvo, Schr. Tab. min. A. fig. 10.*

Gualtieri *Index testar. tab. IV. fig. A. A. Patella fluviatilis minor candida, vertice mucronato, incurvo, ore ovali.*

Ich habe die Figur des Gualtieri auf der angeführten Kupfertafel nachzeichnen lassen, und diese Abbildung lehret auf das deutlichste, daß dieser Patelle nicht allein die Ehre gehöre, eine eigne Gattung zu seyn, sondern daß ich auch derselben hier unter den ovalen Patellen den rechten Ort angewiesen habe. Gualtieri ist in seinen Zeichnungen viel zu genau, als daß man auch nur den geringsten Verdacht auf ihn werfen könnte, Spielarten für Gattungen auszugeben.

Der Umriß der Schale ist vollkommen oval, der Wirbel ist groß, scharf, hakenförmig, und über die Schale hinweg gebogen. Dadurch unterscheidet sie sich von der kleinen Dragonermütze (n. 26.) hinlänglich. Der Rücken bestehet aus unterbrochenen Queerstreifen, die von Streifen durchschnitten werden, welche in die Länge herunter gehen, die Schale scheinet schuppigt zu seyn. Ihre Grösse ist den grösten Beyspielen von der kleinen Dragonermütze gleich.

Das

Das dritte Kapitel.
Von den Neriten der süssen Wasser.

Allgemeine Anmerkungen über die Flußneriten.

§. 90.

Der Name der **Neriten** war in den vorigen Zeiten nicht so zweydeutig, als er in unsern Tagen geworden ist. Man hielt sich an die Form der Schale, und verstund unter den **Neriten solche Schnecken, welche gedrückte Windungen ohne Zopf, und zwar solche Windungen haben, welche an die Seite gedrückt sind.** Bey ihnen macht also das erste mit einer halbmondförmigen Oeffnung versehene Gewind beynahe die ganze Schale aus. **Adanson, Geoffroy** und **Müller** fiengen aber an, die Schalengehäuse nach den Bewohnern abzutheilen, und fanden nun freylich die Kennzeichen des **Neritenthiers** mit andern Thieren völlig übereinstimmend, sie musten also das Wort Nerita weitläuftiger nehmen, und Schalen hieher bringen, die mit dem Bau der Neritenschale auch nicht in der geringsten Verbindung stehen.

Die Gattungscharactere, die **Geoffroy** von den Schnecken um Paris S. 93. zu den Neriten fordert, sind: Sie haben zwey Fühlhörner. Die Augen sitzen unten, an der äussern Seite derselben, und das einfache Gehäuse hat einen Deckel, und ist beynahe kegelförmig gewunden. Herr Etatsrath **Müller** hingegen in Histor. Verm. P. II. p. 170. giebt folgende Kennzeichen an: Vermis cochleatus, tentaculis binis setaceis, oculis ad basin externe. Man kann diesen Gebrauch des Worts **Nerite** den **allgemeinen und weitläuftigen** nennen.

Im **besondern** und engern Verstande hält man sich bey dem Gebrauch des Worts **Nerite** blos an den äussern Bau der Schale. Redete ich in dieser Abhandlung von den Conchylien überhaupt, so würde es Pflicht seyn zu zeigen, daß man in der Anwendung dieser Benennung nicht durchgängig übereinstimmend sey. Ich rede aber nur von den Flußconchylien, daher glaube ich, daß es hinreichend sey, über den engern Gebrauch dieses Wortes nur ein paar Zeugen aufzustellen. **Klein** hat Methodo ostracologica p. 19. §. 54. den Neriten den Namen *Vitta* gegeben, weil er keine Namen ausser den seinigen leiden konnte, und da giebt er von ihnen folgende Beschreibung: Est cochlis elliptica depressa; ore semilunari diducto, edentulo; Anodontes vocata. Die **elliptische gedrückte Schale** und die **halbmondförmige ausgeschweifte Mundöffnung** waren daher die zwey Kennzeichen für die Neriten. Nur das hätte er nicht mit unter die Geschlechtskennzeichen setzen sollen, daß die Mundöffnung **zahnlos** sey, denn unter den Schwimmschnecken, sonderlich der See, fehlet es gar nicht an Neriten mit **gezahnter** Mundöffnung. Bestimmter beschreibet der Herr D. **Martini** im Berlinischen Magazin IV. Band S. 269. §. 116. die **Schwimmschnecken.** „Ihr Character ist, sagt er, daß die dicke Schale eine halbmondförmige Oeffnung und eine von derselben nach dem Wirbel zu weit ausgebreitete Lippe oder Saum hat. Das erste Gewind macht fast die ganze Schale aus, die übrigen sind kaum merklich.„

Unter

Unter den gewundenen Schnecken der süssen Wasser machen die **Neriten** bey mir den Anfang. Ich glaube, daß ich mich damit hinlänglich rechtfertigen kann, daß bey den gewöhnlichsten Gattungen die wenigen Windungen fest angedrückt, und daher beynahe unsichtbar sind. Nennet man bey den Conchylien die hervorragenden Windungen den Zopf, so muß man sagen, daß die Neriten keinen Zopf haben, und das ist für die Flußconchylien ein so fester Character, daß unter allen Geschlechten und Gattungen ihm keins entgegensteht. Ganz kurz könnte man also die Neriten **gewundene Schnecken ohne Zopf** nennen.

Die gewöhnlichsten Namen, die unsre Conchylien führen, sind, daß sie **Neriten, Halbemondschnecken, Fischmäuler, Lefzenschnecken, Schwimmschnecken**, Neritae, Cochleae valvatae, Cochleae semilunares, le Nerite, Limaçons à bouche demironde genennet werden. Ueber die Ableitung des Worts Nerita hat **Jonston** de exanguibus p. 36. folgende Gedanken. Nerita, seu vt Scaliger loquitur, Narita, Graecis νηρίτης, ἀνηρίτης et ἀνάρτης apud Athenaeum, Hesychio νήριτες dicitur. Nomen a Nereo Deo marino sortitos videtur, quod is forte tali concha tanquam elegantiore buccinae loco vsus esse fingatur: sicut et Triton, quem visum auditumque in quodam specu Olyssiponensis orae concha canentem Plinius refert. Nereis war ausserdem bey den Dichtern ein Name der Wassernymphen, vermuthlich hat man also diesen Conchylien den Namen der Schwimmschnecken gegeben, weil sie sich im Wasser aufhalten, und sich vielleicht mehr oder leichter mit Schwimmen, als andre Schnecken, abgeben. Wegen ihrer übergeschlagenen Lippen werden sie **Lefzenschnecken**, und wegen ihrer halbmondförmigen Mundöffnung **halbe Mondschnecken** genennet. Warum sie gerade **Fischmäuler** heissen, das kann ich nicht errathen, wenigstens kenne ich keinen Fisch, dessen Maule die Nerite ähnlich wäre.

Die **Mundöffnung** der Schwimmschnecken ist halbmondförmig ausgeschweift, hervorragend und platt. Die äussere Lefze ist sehr scharf und schneidend, und hier ist auch die Schale gerade am dünnsten. Die **innre Lefze** hat sich wie ein starkes Blatt an die erste Windung angelegt, sie ist breit, und nimmt von der Windung gerade so viel Raum ein, als es die Grösse der Mundöffnung nöthig macht. Die Schale ist ganz elliptisch, oval und gebogen, und ist im Verhältniß zu der Grösse der Schale überaus stark. Die zwey oder drey übrigen Windungen liegen ganz an der Seite, und bilden ein mehr oder weniger erhöhetes Knöpfchen. Der Rücken ist bey manchen glatt, bey andern gestreift, und noch bey andern gerunzelt oder gefalten. Eine einzige Gattung hat Stacheln oder Dornen, und daher auch den Namen des **Flußdornchens** oder der **dornigten Nerite** erhalten. (n. 37.) Der Farbe nach sind sie einfärbig oder bunt. Die einfärbigen sind weiß, oder grün, oder grüngelb. Die bunten haben auf weissen Grunde rothe, blaue, auch braune Flecken, und erscheinen in mancherley Abänderungen, die sich am besten beschreiben lassen, wenn ich auf die Beschreibung der einzelnen Gattungen komme.

Den innern **Bau** der Neriten habe ich auf der einen meiner kleinern Kupfertafeln tab. min. C. fig. 8. abzeichnen lassen. Da die Windungen ganz an die Seite gedruckt sind, so brauchten sie auch keine eigentlich so genannte Spindel, es reichte hier eine blosse Wand zu, und dergleichen findet man für eine jede der obern Windungen. Da aber auch die ganze Schale elliptisch, und gleichsam gedrehet ist, so muste auch der ersten

Win-

Windung eine solche Wand gegeben werden, und diese bildet die innre Lefze. Aber diese drey oder vier Wände, welche die Nerite hat, schliessen nicht auf allen Seiten der Schale an, sonst würden es Zwischenwände seyn, sondern sie ragen nur etwa so weit, als die Hälfte der Schale betrifft, hervor, über sie gehet der Sipho des Thiers hinweg, und es kann also sein Haus sicher bewohnen und dasselbe regieren. Wie weislich hat doch der gütige Schöpfer alles geordnet! Wie hat er nicht für die Bequemlichkeit und Sicherheit der kleinsten seiner Geschöpfe gesorgt!

Die Neriten gehören unter diejenigen Schnecken, welche ihr Gehäuse mit einem **steinschaligten Deckel** zu verschliessen pflegen. Einen solchen Deckel von unsern inländischen Flußneriten habe ich tab. 9. fig. 5. abzeichnen lassen. Er hat völlig die Form der Mündung, die er genau verschliesset, ist hochgelb, oben mit einem orangenfarbenen Bande eingefaßt, unten aber mit einem spitzigen Dorn bewaffnet. Das ist der Deckel von Num. XXXIII., den ich habe etwas vergrössern lassen. Er ist an der Fußsohle des Thiers angewachsen. Wenn das Thier herauskriecht, so bekommt der Deckel eine solche Richtung, daß er über der halbmondförmigen Lefze zu liegen kommt. Herr **Adanson** glaubt, und Herr **Geoffroy** giebt ihm Beyfall, daß die Nerite darum, weil sie einen Deckel habe, sich den zweyschaligen Conchylien nähere. Aber da die mehresten Seeschnecken aus allerley Geschlechten mit Deckeln versehen sind, so ist dieser Schluß zu übereilt. Man sehe meine Abhandlung von den Schneckendeckeln, vorzüglich von den Deckeln der Seeschnecken, im V. Band meines Journals S. 396. f.

Der Deckel vom **Rothauge**, *Nerita pulligera* Linn. (n. 36.), wird vom **Rumph** in der amboinischen Raritätenkammer, deutsch S. 31. n. X. beschrieben. Der Deckel, sagt **Rumph**, ist wie ein halber Mond, glatt und glänzend, oben mit einer hervortretenden Ecke, gleich einem Zahne, versehen, und hat schwarze, rothe und schmutzig gelbe Adern, welche wie Ringe mit dem Bogen des Randes herumlaufen, und das Ansehen eines Achates geben, zumal da der Deckel glatt und glänzend ist. Zuverläßig gehöret daher dieser Deckel seiner Farbenmischung wegen unter die schönsten Deckels, die wir haben. Von dem Deckel vom Flußdornchen werde ich Nachricht geben, wenn ich unten (num. XXXVII.) das Flußdornchen beschreiben werde.

Wenn die Anzahl der Flußneriten so ansehnlich als die Anzahl der Seeneriten wäre, so dürfte man vielleicht eine Claßification derselben wagen. Allein acht Beyspiele, die wir bisher kennen, belohnen die Mühe nicht. Man könnte sie aber in **glatte** und **dornigte** eintheilen.

Von dem Bewohner der Flußneriten.

§. 91.

Von dem Bewohner des **Rothauges** (n. 36.) sagt uns **Rumph** weiter nichts, als daß er eine gute Speise sey, daß er aber seine Jungen auf den Rücken der äussern Schale trage, davon ich unten mehr sagen werde. Das **Flußdornchen** ist zwar in den amboinischen Gewässern nach dem Zeugnisse dieses Schriftstellers sehr gemein, aber von dem Bewohner desselben hat er gleichwohl nichts gesagt. Was wir also von dem Bewohner der Flußneriten wissen, das betrifft blos inländische Gattungen.

Der Bewohner sieht weißlich aus, sagt **Martini** im Berlin. Magaz. IV. B. S. 274. und tab. VIII. fig. 28. der Leib ist etwas stumpf wie die Figur des Gehäuses.

Unten an der äussern Seite der beyden spitzigen Fühlhörner sitzen die Augen.„ Ich habe dieses Thier einigemal zu beobachten Gelegenheit gefunden, und da sahe dasselbe blaß strohgelb, die Fühlhörner sind wie dünne Fädens, und fast ganz weiß, die Augen sitzen unten an der äussern Seite derselben, auf einer Hervorragung.

Was noch Herr Geoffroy von den Schnecken um Paris S. 93. f. von dem Neritenthier bemerkt, das verdienet wiederholt zu werden. „Diese Thiere, sagt er, sind keine Zwitter, wie die Schnecken, Spitzhörner und Tellerschnecken, sondern sie sind dem Geschlecht nach unterschieden. Einige sind Männchen, andre Weibchen. Der männliche Geschlechtstheil ist auswärts nahe am Halse, immer ein wenig sichtbar; daher bey den Männchen dieser Gattung ein Fühlhorn immer dicker ist, als das andre, wodurch man sie beym ersten Anblick von ihrem Weibchen unterscheiden kann. Alle diese Neriten legen Eyer (oviparae).„ Der Herr Professor Rappolt in Königsberg merkt als etwas besonders von den Neriten an, daß sie ihre Eyer und Jungen auf dem Rücken trügen und ausbrüteten, wie die grosse Surinamische Kröte Pipa. Seine Schrift, in welcher er diese Entdeckung bekannt macht, führet die Aufschrift: **Der grossen Königin von Preussen, Sophia Dorothea, opfert bey ihrem 52sten Geburtsfeste zu Dero himmlischen Vergnügen an Gottes Geschöpfen einige Preussische Schnecken, so ihre Jungen auf dem Rücken ausbrüten, Jhro Königl. Majestät allerunterthänigster Knecht, Rappolt. Königsberg 1738. gr. 4to.**

Beschreibung der bekannten Flußneriten.

§. 92.

Ich komme nun auf die verschiedenen Flußneriten, und beschreibe sie.

XXX.

Tab. V. fig. 5-10. Tab. minor C. fig. 8. **Die kleine schuppigt gefleckte Schwimmschnecke, Mart.** *Nerita fluviatilis Linn. et Müll. Tab. V. fig. 5. 6. 7. 8. 9. 10. Tab. min. C. fig. 8.*

Lister *Histor. animal. Tit. 20. p. 136. tab. 2. fig. 20. Nerita fluviatilis e caeruleo virescens, maculatus, operculo subrufo lunato et aculeato datus.* Lister *Histor. Conchyl. tab. 141. fig. 38. Nerites fluviatilis e caeruleo virescens, maculatus operculo suberoceo aculeatoque donatus.* Rappolt von einigen Preußischen Schnecken ꝛc. Königsberg 1738. *Cochlea dorsifera.* Gualtieri *Index testarum Tab. 4. fig. LL. MM. Nerita fluviatilis parva fragilis subnigra, candidis punctis aspera vivit prope celebre Balneum Tettuccianum, degens in consimili aqua salsa, et calida, loco vulgariter dicto Bagno tondo. — Neritarum fluviatilium varietates, quae vel ex caeruleo, viridi, candido, roseo, fusco et pullo colore diversimode sunt maculatae, nebulatae, punctatae, undatim vel reticulatim pictae etc. operculo subrufo, lunato, et aculeato donatae.* Linne' *Fauna Suec. 1746. p. 377. §. 1318. Cochlea, nerita fluviatilis dicta.* Lesser Testaceotheol. 1744. §. 46. *b. e. f.* S. 135. Eine halb zugeschobene halbmondförmige Schnecke ganz klein, so groß als Erbsen, finden sich in süssen Wassern einiger Teiche, als im Schwansee — dergleichen kleine Schnecklein einer Erbsen groß. Sie haben rundum weisse schuppenförmige Flecken, zwischen welchen in der Queere blaurothliche Strichlein als Schatten

ten gehen. — Eben dergleichen Schneckchen, welche zwischen den weissen schuppenförmigen Flecken einen blauen Grund haben. Schwammerdamm Bibel der Nat. S. 80. 371. *tab. 10. fig. 7.* die gemarmelirte Nabelschnecke. Klein *Method. ostracol. p. 20. §. 55. II. Vitta e coeruleo virescente; operculo suberoso.* Geve monatl. Belustig. *tab. 24. fig. 258 - 265.* Argenville Conchyl. deutsch *tab. 27. fig. 3. p. 280. 284.* die Flußnerite. Bey der Zahl 3. findet man drey Schwimmschnecken, wovon die erste grau gefleckt ist und aus der Marne herkommt. Die andern beyden sind aus der Seine, die eine roth, und die andre sehr regelmäßig gegittert. Argenville Zoomorph. *tab. 8. fig. 3.* S. 58. Petiver *Gazophyl. tab. 91. fig. 3.* Geoffroy Conchyl. um Paris, deutsch S. 104. *Valvata fluviatilis elegans. La Nerite des Rivieres.* Linné *Syst. nat. ed. X. p. 777. sp. 632. Nerita fluviatilis testa rugosa, labiis edentulis. ed. XII. Gen. 329. sp. 723.* Müller vollständ. Natursyst. *VI.* Th. S. 589. die Flußnerite. Martini Berl. Magaz. *IV.* B. S. 271. *n. 73. tab. 8. fig. 27.* die kleine schuppigt gefleckte Schwimmschnecke, die Flußnerite. *Nerita s. Platystoma fluviatile exiguum, pennatum, Cochlea dorsifera Rappolti dictum.* Handbuch der Naturgesch. *IV.* Th. S. 307. die kleine marmorirte Nabelschnecke, die ein *Operculum* hat. (welch eine zweydeutige Beschreibung!) Müller *Histor. Verm. P. II. p. 194. n. 381. Nerita fluviatilis testa dilatata, convexa, albis maculis reticulata.* Fischer Naturgesch. von Livland, S. 177. *n. 477.* die Flußnerite. Dänisch: Flod-Neriten.

Man kann schon aus der grossen Anzahl der Schriftsteller, die ich angeführet habe, den Schluß machen, daß diese Schwimmschnecke gerade nicht unter die seltenen Flußconchylien gehöre, ob man gleich zugleich sagen muß, daß sie ihrer Farbenmischung nach unter die schönsten inländischen Conchylien der süssen Wasser gehöret. Sie hält sich gerade nicht in einem jeden Flusse auf, wie ich sie denn in der Ilm nie gefunden habe; wo sie aber gefunden wird, da liegt sie gemeiniglich häufig. Meine obige allgemeine Beschreibung der Neriten habe ich vorzüglich auf diese Nerite gegründet. Geoffroy glaubt, diese Nerite habe ausser ihrer ersten grossen Windung nur noch eine einzige kleine an die Seite gedrückte, sie hat aber derselben in der That zwey, obgleich die zwote eigentlich einem erhöheten Knöpfchen gleicht. Die Schale ist sehr stark, uneben und rauh. Ihre Farbenmischung aber ist sehr verschieden. Fast scheinet Herr Geoffroy zu behaupten, daß die Schale von Natur einfärbig sey, und daß die netzartigen Flecken durch das Abreiben entstünden. „Wenn man sie im Wasser mit dem lebendigen Thier aufnimmt, ist sie von dunkelschwarzblauer Farbe, zuweilen auch grünlich. Wenn sie aber im Sande zuweilen herumgetrieben worden, wie man sie in den Gärten antrifft, so hat sie einen Theil ihrer Farbe verlohren, und es bleibt nur noch ein artig Netz übrig, welches bald braun, bald roth, zuweilen grau aussiehet, oder sie ist mit andern Schattierungen auf einem weissen Grunde gezieret.“ Ich habe sie aus der Unstrut ganz frisch erhalten, wo sie gleichwohl schon ihr buntes Kleid hatte. Man findet, doch selten, einfärbige Beyspiele dieser Art. So gedenket Argenville einer rothen Schwimmschnecke aus der Seine, und eine grüngelbe aus Pisa besitze ich. Die mehresten sind zweyfarbig, und da bildet ihre Farbenmischung bald regelmäßige oder unregelmäßige Flecken, bald aber auch ein wahres Gitter. Sie erscheinen ausser der weissen Farbe dunkel- oder hellblau, röthlich, ganz roth, bräunlich, grünlich, gelblich, und dergleichen. Bey manchen läuft

auch

auch ein dunkleres oder helleres Band über den Rücken hinweg, welches selten weiß, mehrentheils von einer andern Farbe ist. Herr Etatsrath **Müller** hat dergleichen mit drey rothen Bändern gesehen. Ihre Grösse ist sehr verschieden, und wird von den Schriftstellern verschieden angegeben. Herr Etatsrath **Müller** giebt ihre Länge 4 Linien und ihre Breite 2 Linien an. Herr D. **Martini** sagt, man findet sie so klein als Mohnsaamen, aber auch so groß, daß sie vom äussersten Rande der Mündung bis gegen über gerechnet ½ und in der Breite bis zu ⅜ Zoll ausmachen, die gewöhnlichen sind 2 Linien hoch und 5 Linien breit. **Lesser** sagt, sie hätten die Grösse der Erbsen. Die grösten, die ich aus der Unstrut besitze, sind gerade einen halben Zoll lang und ¼ Zoll in ihrer grösten Breite.

Von dem innern Bau, dem Bewohner und dem Deckel dieser Schwimmschnecke habe ich schon das nöthigste in den allgemeinen Anmerkungen über dieses Geschlecht bemerkt.

Lister fand diese Schwimmschnecken in **England**; in **Frankreich** fand sie **Geoffroy** bey **Paris**, und **Argenville** in der **Marne** und **Seine**. Von **Pisa** her besitze ich sie selbst; in **Dännemark** fand sie Herr Etatsrath **Müller**; in **Schweden** Herr von **Linne'** in den Flüssen bey **Upsal**; und in **Liefland** Herr **Fischer**. **Schwammerdamm** fand sie in der **Vecht** auf Kieselsteinen. Auch bey **Benako** in **Italien** sind sie zu Hause, und bald weiß und schwarz gewölbt, bald gelb gefedert. In den nähern Gegenden fand sie Herr Prof. **Rappolt** und Herr D. **Feldmann** bey **Königsberg**; **Martini** in der Unstrut; **Lesser** in dem **Schwansee**, und im Sande des Ufers am **Seeburgischen Salzsee**, bey **See-Reblingen**; **Feldmann** am Ufer der **Ruppinischen See** an denen mit gallerichter Feuchtigkeit überzogenen Steinen, und in der See zwischen **Rumrow** und **Farkow**, eine Meile von **Demin**, welche gelb waren und dunkle Federn hatten. Herr Prof. **Denso** fand sie im **Pommerischen See**, **Madduie** genannt, und Herr D. **Martini** im **Tegelschen See** bey **Spandau**. Ich selbst habe sie an den Ufern der **Saale** gefunden. Diese Schwimmschnecken wohnen daher nicht allein in Flüssen, sondern auch in grössern Teichen und Seen, ja es scheinet, daß sie das **gesalzne** Wasser eben so wohl vertragen können als das **süsse**.

Wenn **Schwammerdamm** und der Verfasser des Handbuchs der Naturgeschichte unsre Neriten **Nabelschnecken** nennen, so weiß ich nicht, was sie sich damit für einen Begriff verbinden müssen, da diese Gattung auch nicht die geringste Spur eines Nabels oder eines Nabellochs aufweisen kann. Unter den Schwimmschnecken der See giebt es dergleichen, denen man gleichwohl den Namen der Nabelschnecken noch nie gegeben hat.

XXXI.

Tab. V. fig. 11. a. b. **Die grüne gezahnte längliche Nerite, Schr.** *Nerita fluviatilis subviridis dentata. Tab. V. fig. 11. a. b.*

Müller beschreibt die Nerita fluviatilis des **Linne'** in seinem vollständ. Naturs. Th. VI. S. 589. als eine runzliche bläulichgrüne Nerite mit Flecken, etwa einen Viertheilszoll groß. Allein er meynet damit nicht diese, sondern die vorige Gattung, von der er, wie bey mehrern, nicht Originale und Kenntnisse genug hatte, sie in ihrer eigent-

eigentlichen Gestalt und nach ihren verschiedenen Abwechselungen zu beschreiben. Meine gegenwärtige grüne gerunzelte längliche Nerite hat so viel Eigenes, daß ich mir nicht einmal getraue, sie für eine Abänderung von der vorhergehenden, oder von der Nerita fluviatili des Linne' auszugeben. Ihrem Bau nach ist sie völlig länglich, und viel länglicher und gedruckter als die vorhergehende. Sie ist im Kleinern fast das nemliche, was die Seenerite beym Gualtieri tab. 67. fig. C. im Grossen ist. Die grösten unter ihnen sind einen Viertheilezoll lang, die Grundfarbe ist grün, die übergeschlagene Lefze weiß, und die Mundöffnung gezahnt. Sechs feine Zähnchen im Mittelpuncte der Mundöffnung, die ein blosses Auge nicht erkennet, unterscheiden sie von der vorhergehenden wesentlich. Ihre Grundfarbe ist grün; einige blos ohne alle Veränderungen, andere haben zwey auch drey weisse Perlenschnuren über ihren Rücken hinweg, wo die einzelnen weissen Perlen einem kleinen Puncte gleichen, wozu man ein Augenglas braucht, wenn man sie in ihrer ganzen Schönheit betrachten will; und noch andre sind mit braunen etwas gekrümmten linien, welche die länge herablaufen, ausgeschmückt. Ueberhaupt gehören diese Neriten unter die schönsten, die ich aus den Flüssen kenne, und selbst ihre Schale ist viel feiner, als sie bey unsern gewöhnlichen Schwimmschnecken der süssen Wasser zu seyn pflegt. Ich kann den Ort ihres Aufenthaltes und ihrer Herkunft nicht angeben, glaube aber auf ihre Feinheit, damit sie sich den Seeconchylien gar sehr nähert, den Schluß gründen zu dürfen, daß sie in ausländischen Flüssen zu Hause sey.

XXXII.

Die queergerunzelte oder queergefaltene Schwimmschnecke aus der Donau.

Tab. minor B. fig. 4.

Nerita fluviatilis plicata aut rugosa. Tab. min. B. fig. 4.

Marsigli *Danube P. IV. p. 89. tab. 31. fig. 6. Cochlea pressa parva.*

Ich habe schon oben (§. 14. S. 22.) angemerkt, daß der Graf zu seinen Abbildungen von Flußconchylien sehr magre, und ich möchte sagen, gar keine Beschreibungen geliefert habe. Zu der angeführten Nerite hat er weiter nichts, als die Worte: Cochlea pressa parva, gesetzt, die doch in aller Rücksicht eine bessre Beschreibung verdiente. Schon die Windungsart ist bey dieser Nerite eigen, denn sie hat eine gedehntere und sichtbarere Endspitze als die übrigen zu haben pflegen, auch ist die Mundöffnung ausgeschweifter als sie sonst bey den Neriten unsrer Wasser zu seyn pflegt. Queerrunzeln oder Falten gehen über den ganzen Rücken hinweg, welche durch feine die länge herablaufende Streifen durchschnitten werden, und ein eigentliches Gitter bilden. Ob sich diese Nerite auch durch ihre Farbe von ihren Geschwistern unterscheide? ob sie einfärbig oder bunt sey? von dem allen sagt der Graf Marsigli kein Wort. Sie ist aus der Donau.

XXXIII.

Die gelblich grüne Flußnerite mit schwarzen Wellenlinien, Mart.

Tab. IX. fig. 4. 5.

Nerita ex flavo viridis lineis nigris undatis. Tab. IX. fig. 4. 5.

Klein *Method. ostracol. p. 20. §. 55. IV. Vitta subviridis, lineis capillaceis nigris obliquis.* Lister *Histor. Conchyl. tab. 605. fig. 35.? Nerita subviridis, lineis capillaceis nigris subrecte diductis exaratus?* Lesser Testaceotheol. §. 46. oo. S. 141.

eine

eine dickschalige Schnecke, wie eine kleine Haselnuß groß, so sich in süssen Wassern aufhält. Sie ist grüngelb mit schwarzen Strichen, wie mit einem Netz überzogen. (Aus den italiänischen Salzwassern Bagno tondo.) Martini Berlin. Magaz. *IV.* B. S. 276. *n.* 74. die gelblich grüne Flußnerite, mit schwarzen Wellenlinien. *Nerita f. valvata fluviatilis major ex flavo viridis, lineis undatis nigris eleganter picta, labro interiore crenulato.*

Es giebt von dieser Nerite vermuthlich verschiedene Abänderungen. Es kann seyn, daß die aus dem Lister angeführte Zeichnung unter die Schwimmschnecken der See gehöret, so nahe sie auch der Beschreibung nach der unsrigen kommt; es kann aber auch seyn, daß sie sich in ausländischen Wassern aufhält, wie denn Lesser die seinige aus Italien erhalten hat. Ihre Grösse empfielet sie. Martini beschreibet diese Schnecke also: Der Grund der Schale ist grünlich gelb. Vom äussern Rand der weissen Mündung laufen schrege schwarze Wellenstriche bis an das Auge der Schnecke, welches aus zwey Windungen bestehet, die eine ganz schwarze Einfassung haben. Die innre Lefze ist fein eingekerbt.

Die Abänderung, die ich aus der Saale bey Jena besitze, ist Tab. IX. fig. 4. abgezeichnet, und Fig. 5. a. ist ihr Deckel, den ich Fig. 5. b. vergrössert habe abbilden lassen, und den ich oben beschrieben habe. Die Grundfarbe dieser Nerite ist grün, die Zeichnung aber verschieden. Alle kommen darin überein, daß zwey schwärzliche Bänder, das eine unten in der Gegend der Mundöffnung, das andre oben gegen den Wirbel, über die Schale hinweglaufen. Manche haben schmußig weisse Federflecken, andre weisse unordentlich stehende Puncte, und noch andre sind grün, und die Bänder ausgenommen, ohne alle Zeichnung. Die untere Seite ist ganz so, wie bey der gemeinen Schwimmschnecke. (n. XXX.) Die Farbe ist ebenfalls grünlich, ausser der übergeschlagenen Lefze, welche weiß ist. Da es blos die Farbe, und der rothgelbe Deckel ist, der diese Nerite von n. XXX. unterscheidet, so kann man diese gelblich grüne Nerite für eine blosse Abänderung halten. Das Thier habe ich oben beschrieben, so wie den Deckel.

XXXIV.

Die kleine weisse Schwimmschnecke, Mart. *Albula fluviatilis, Schr.*

Lesser Testaceotheol. *§. 46. b.* S. 135. ganz kleine (weisse und glatte) Schneckchen, so groß als Erbsen, finden sich in den süssen Wassern einiger Teiche, als im Schwansee. Martini Berl. Magaz. *IV.* B. S. 277. *n.* 75. die kleine weisse Schwimmschnecke. *Albulae laeves, Valvatae albae f. Cochleae niveae minores pisi magnitudine.*

Weder Herr D. Martini, noch ich, haben diese kleinen weissen Neriten gesehen, ich kann also von ihnen so wenig eine nähere Beschreibung geben, so wenig ich entscheiden kann, ob sie ausser der weissen Farbe noch sonst etwas an sich tragen, was sie von andern Neriten wesentlich unterscheidet?

XXXV.

XXXV.

Die hornartige Nerite, Linn. *Nerita lacustris, Linn. Nerita cornea, Schr*

Linne' *Syst. nat. ed. X. p. 778. sp. 634. Nerita lacustris testa laevinscula cornea, apice exquisito, labiis edentulis. ed. XII. sp. 725.* Müller vollst. Natursyst. Th. *VI.* S. 590. die Sumpfnerite. Fischer Naturgesch. von Livland S. 177. *n. 479.* die Sumpfschwimmschnecke.

Ich habe diese Nerite nie gesehen. Linne' sagt von ihr, daß sie der Nerita littoralis gleich sey, sie ist also mehr rund und kugelförmig, als oval oder länglich. Das unterscheidende von derselben setzt er darin, daß sie hornartig sey, entweder der Farbe nach, oder daß ihre Schale so durchscheinend wie Horn ist; und daß ihr Wirbel ganz unbeschädiget sey, da der Wirbel der Neritae littoralis mehrentheils angefressen oder abgerieben ist. Die Schale ist ziemlich glatt, und die Lippen sind ungezahnt. Von dieser Beschreibung des Linne' gehet die Müllerische gänzlich ab. „Es kommt diese mit der vorigen Art, (nemlich der Nerita littorali) ziemlich überein, hat aber einen höhern Wirbel, ist schwarz und mit weissen Puncten besetzt, dünnschalig, und oft nicht grösser als ein Pfefferkorn. Sie kommt in europäischen Sümpfen vor.„ Ist diese Beschreibung nach einem würklichen Original verfertiget, so ist dies eine merkwürdige Abänderung von der hornartigen Nerite des Linne'. Herr Fischer beschreibet sie als eine kleine Schnecke von schwärzlicher Farbe, die eine dünne etwas durchsichtige Schale hat, und sich in den stehenden Wassern aufhält. Der weissen Flecke gedenket Fischer nicht. Wider den Linnäischen Namen kann man mit Grunde einwenden, daß auch die Nerita fluviatilis zuweilen in stehenden Wassern wohnet.

XXXVI.

Das Rothauge, Mart. *Nerita pulligera, Linn. Nerita rubella, Müll.*

Lister *Histor. Conchyl. tab. 143. fig. 37.* ohne Namen und Beschreibung. Rumph Amboin. Raritätenk. *tab. 22. fig. H.* holländ. *p. 76. n. X. Valvata decima fluviatilis sive rubella. Maleits Bia matta cou, dat is, roodoog. — Zy heeft het fatzoen van gemeene Alykruiken, dan van schaal, buiten zwartachtig en doodsch, met eenen wyden mond, die aan de kanten rot is, waar van ze den naam hebben. —* Deutsch S. 31. Die zehnte Art, Maleisch *Bia mattacou*, das ist, Rothauge. — Sie ist von Gestalt wie die gemeinen Oehlkrüge beschaffen, hat eine dünne Schale, eine todte und schwärzliche Farbe, und einen weiten Mund, welcher an dem Rande röthlich ist, und woher sie den Namen Rothauge hat. Chemnitz Zusätze zum Rumph S. *XLI.* Gualtieri *Index testar. tab. 4. fig. HH. Nerita fluviatilis maxima, leviter striata, superne obscure ex nigro viridescens, ore citrino, labio interiori plumbeo, et denticulato.* Knorr Vergnügen der Augen und des Gemüths, Th. *VI. tab. 13. fig. 3.* die gelbmünder Schwimmschnecke. *Geelmond Neriet; Nerite à bouche jaune.* Seba *Thesaur. P. III. tab. 41. fig. 23-26. Valvata nigra, alias rubella et Erythrophthalmos dicta. Valvata nigra, aliis etiam rubella, quum subtus labio interno corallini ruboris gaudeat, oculi figuram referente. In testa superiore atro-nigra rotundi ocelli, tanquam ovula erucarum, haerent*

rent acreti, vno tantum gyro, nulloque, vt aliae, gaudet apice turbinato. Petiver *Gazophyl. tab. 11. fig. 4.* Linne' *Syst. nat. ed. XII. Gen. 329. sp. 726. Nerita pulligera testa laevi rudi spirula excavato-oculata, labio interiori laevi crenulato.* Müller vollständ. Natursyst. *VI.* B. S. 590. der Junghecker. Martini Berlin. Magaz. *IV.* B. S. 279. *n. 77. tab. 8. fig. 31.* das Rothauge, *Rubella.* Müller *Hist. Verm. P. II. p. 195. n. 382. Nerita rubella testa dilatata, convexa, nigricante, labio interiore crenulato.* Dänisch Röd-Neriten. Englisch Rednerit.

Zuverläßig ist diese Schwimmschnecke unter allen Neriten der süssen **Wasser** die gröste, obgleich gerade nicht die ansehnlichste. Herr Etatsrath **Müller** giebt ihre Länge 14 bis 16 Linien, und ihre Breite 10 bis 12 Linien an, sie ist also fast eben so breit als lang, und das mag wohl den **Rumph** bewogen haben, sie mit den **Oehlkrügen** zu vergleichen. Ihre Schale ist sehr dünne und queergestreift, daher sie gegen das Licht gehalten durchscheinend ist. Ihr Mund ist sehr weit, mondförmig und hat einen scharfen Rand, die innre Lefze aber ist zart gekerbt oder mit schwachen Zähnen besetzt, oder, wie sich der Ritter von **Linne'** ausdrückt, fein gekerbt. Eigentlich bestehet diese Nerite nur aus zwey Gewinden, davon das erste die ganze Schale ausmacht, und sich oben in einen spitzigen Zahn endiget, das andre aber liegt gleichsam in dieser spitzigen Endung des erstern, wird von demselben gleichsam eingeschlossen und verborgen. Die Mündung ist gemeiniglich citronengelb oder auch weiß, und hat eine rothe Schattirung, welche fast die Figur eines Auges hat, daher sie auch den Namen des **Rothauges** führet. Von Aussen ist die Farbe gemeiniglich schwarz oder grau.

Es scheinet, daß sich diese Schwimmschnecke in mancherley Abänderung zeige. Das Beyspiel aus dem **Knorr** will ich nicht hieher zehlen. Es wird gesagt, daß es weiß sey, aber Herr Prof. **Müller** gestehet ein, daß ihm diese Schale polirt zu seyn scheine. **Rumph** hingegen gedenket einer wahren Abänderung, die man in schlammigten Flüssen findet, diese haben an der Mündung nichts rothes, ob sie sich gleich auch an Steine hängen. **Gualtieri** beschreibet die seinige schwarzgrün, es wäre aber freylich zu untersuchen, ob auch der Bau dieser drey Beyspiele abweiche; denn wo das nicht ist, kann man dieselben für nichts anders als für blosse Spielarten ausgeben.

Das Merkwürdigste an dieser Schnecke sind **gewisse kleine Körner, die sich sehr oft auf ihren Rücken befinden.** Diese Körner giebt Rumph für die Behältnisse der jungen **Rothaugen** aus, und das scheinet die Ursache zu seyn, warum sie **Linne'** *pulligeram*, die ihre Jungen auf den Rücken trägt, nennet. Hier sind **Rumphs** Worte: „Auf dem Rücken sind sie öfters mit schmutzig weissen Warzen, als mit Körnern besetzt, für welchen man kaum die Schale sehen kann. Diese Körner sind ihre Jungen. Wenn man diese Körner ausdrückt, findet man bereits schleimige Thiere darinnen. (Herr Prof. **Müller** drückt sich darüber also aus: wenn man diese Wärzchen zerdrückt, so kommt eine Feuchtigkeit heraus, in welcher man schon die jungen Schneckchen siehet.) Wenn sie etwas grösser geworden, verlassen sie die Schale der Mutter und kriechen an die Klippen. Man findet auch solche, an denen diese Warzen abgerieben sind, an deren Stelle viele gelbliche Ringe sitzen, die der Schaale zur Zierde dienen.„ Diesen merkwürdigen Umstand erzehlen viele Schriftsteller, allein wenn wir ihre Zeugnisse genau untersuchen, so beziehen sie sich alle auf das einzige Zeugniß des

Rumphs.

Rumphs. Nun war zwar wohl Rumph ein überaus aufmerksamer Beobachter der Natur, es ist auch in der Sache selbst weder Unmöglichkeit noch Widerspruch, allein die Sache verdiente doch von einem neuern Naturforscher untersucht zu werden. Wenigstens hat der Zweifel des Herrn Etatsrath Müller ein grosses Gewicht. Er zehlte auf einer einzigen Nerite dieser Art 305 solcher Körner, und setzt hinzu: Nisi obstaret autoritas exactissimi Rumphii, ovula peregrini animaleuli putarem.

Den Deckel dieser Nerite habe ich in den allgemeinen Anmerkungen über dieses Neritengeschlecht aus dem Rumph beschrieben.

Eben dieser Rumph giebt uns von dem Aufenthalte dieser Nerite folgende Nachricht. „Diese Schnecke hält sich in süssen Flüssen auf, wo sie ihren Ausfluß in das Meer haben, und klippigt sind; oder man findet sie auch an solchen klippigten Stranden, wo aus dem Grunde süsse Quellen hervorkommen, dergleichen man viele bey Mangi Mangis antrifft. Man findet sie an den Mündungen der Flüsse in ziemlichen Ueberfluß, jedoch mit diesem Unterschied, daß die rechten Rothmünder an harten und rothen Klippen wachsen, als auf der Insel Hitoe; diejenigen aber, die man in schlammigten Flüssen findet, haben an der Mündung nichts rothes. Man trifft sie auch in Gruben von harter rother Erde, an den Ufern der Flüsse an.„

Wenn gleich nach Rumphs Zeugnisse die Rothaugen in den Indianischen Flüssen ziemlich häufig angetroffen werden, so sind sie doch in den entferntern Gegenden, wo wir wohnen, selten genug, und ich kann mich nicht rühmen, eine solche Nerite gesehen zu haben.

XXXVII.

Die dornigte Nerite, das Flußdornchen, Mart. *Nerita corona, Linn. et Müll.*

Rumph amboin. Raritätenkammer *tab. 22. fig. O.* holländ. *p. 78. n. 9. Valvata spinosa: Neerd: Rivier doorentjes. Dit zyn doorenachtige Alykruikjes,* deutsch S. 35. *Valvata spinosa.* Die dornigte Klappenschnecke. Holländisch Flußdornen. Diese sind dornigte Oehlkrüge, von zweyerley Art. Chemnitz Zusätze zum Rumph S. *XLII.* Hebenstreit *Museum Richterian. p. 328. Valvata spinosa fluviatilis. Rivier Doorentjes;* die dornigte Valvate. Lesser Testaceotheol. 1744. §. 46. *num.* S. 141. eine gestreifte Schnecke mit Stacheln besetzt, welche in den süssen Wassern sich findet, auf Amboin. Klein *Method. Ostracolog. p. 47. §. 137. n. 13. Vreeus ore integro, subrotundo, ad dextram labiato, spinosus; Valvata spinosa Rumphii, major terrei coloris, minor nigra.* Argenville Conchyliol. deutsch *tab. 7. fig. 2.* S. 166. *Nerita spinosa,* die dornigte Nerite oder Klappenschnecke, das Flußdornchen. von Linne *Mus. Reg. Ludov. Vlricae p. 676. n. 387. Nerita corona testae anfractibus coronatis spinis, labiis edentulis.* Petiver *Gazophyl. tab. 3. fig. 4. Voluta spinosa.* Linne *Syst. nat. ed. X. p. 777. sp. 629. Nerita corona testae anfractibus coronatis spinis, labiis edentulis. ed. XII. Gen. 329. sp. 720.* Müller vollständ. Natursyst. Th. *VI.* S. 588. der Flußdorn. Martini Berlin. Magaz. *IV.* B. S. 277. *n. 76. tab. 8. fig. 30.* die dornigte Nerite oder Kappenschnecke, das Flußdornchen. *Rivier Doorntje.* Müller *Hist. Verm. P. II. p. 197. n. 383. Nerita corona testa dilatata convexa, striata, fusca, aculeis longis nigris.* Walch im Naturforscher *IV.* Stück S. 52. *tab. 1. fig.* 1. 2. Spengler im Naturforscher *IX.* Stück S. 160. f. Dänisch Torne-Krone-Neriten. Amboinisch Hehul. Englisch Thorney-Shell.

Diese Nerite bedarf eigentlich keiner Beschreibung, da die Stacheln, die sie an ihren Windungen trägt, sie von allen Neriten der süssen Wasser und der See unterscheiden, aber sie gehöret demohnerachtet unter die wahresten Seltenheiten der Flüsse, und in so fern ist sie es werth, daß ich die Nachrichten der Schriftsteller von dieser Nerite sammle. Es wird sich in der Folge zeigen, daß dieses Flußdornchen in verschiedenen Abänderungen erscheinet, welche vielleicht zum Theil wahre Gattungen bestimmen. Sie kommen darin unter sich alle überein, daß ihre erste Windung groß ist, und den grösten Theil der Schale ausmacht, die übrigen Windungen sind erhaben, und nicht wie bey andern Neriten an die Seite gedruckt. Das Aeussere der Schale ist der Breite nach zart gestreift, und diese Falten geben nicht undeutlich den Fortwachs der Schnecke zu erkennen, so wie auch inwendig die Spuren der vorhergehenden Oeffnungen der Zungenröhre, die eben in der Folge die Dornen bildet, ganz sichtbar sind. Zwischen den Windungen, die deutlich von einander abgesetzt sind, finden sich dann die Dornen, welche bald stumpf und cylindrisch, bald aber länger sind. Linne hat von diesen Dornen zehen gezehlet, andre haben mehr, andre weniger. Rumph bemerket zwey Arten, die sich vorzüglich nur durch ihre Grösse unterscheiden. Die grösten sind nach seiner Aussage wie der Nagel eines Daums, erdfärbig und von blasser Farbe, an der obern Seite der Windungen stehen stumpfe Dornen, die andern sind viel kleiner, und so groß wie der Nagel eines kleinen Fingers. Der Farbe nach sind sie sehr verschieden. Klein und Rumph versichern, daß ihre Farbe erdfahl, oder erdenfarbig sey. Die Argenvillische ist olivenfarbig. Davila Catalog. Tom. I. p. 121. hatte zwey Flußdornchen; das eine war schmutzig weiß, grau schattirt, und mit wellenförmigen Querstreifen belegt; das andre weiß mit blaßgelben Binden, die in die Länge herunter laufen, und mit zarten gegitterten Streifen: Walch und Martini reden von schwarzen Flußdornchen, und ersterer sagt, daß das seine nicht gegittert, wohl aber höchst fein die Länge herunter gestreift sey, die Mündung ist blaß rosenfarben, zwar nicht gezähnt, aber stark gebogen und an sich klein. Herr Etatsrath Müller legt dem Flußdornchen eine braune Farbe bey. Grösse und Farbe unterscheiden also das Flußdornchen unter sich hinlänglich genug; aber auch ihr Bau. Herr Etatsrath Müller sagt, daß sie kaum zwey Windungen habe, aber die angeführten Zeichnungen lehren zum Theil, daß einige mehr Windungen haben. Sehr schöne Nachrichten giebt uns über diese Sache der in der Conchyliologie so erfahrne Herr Kunstverwalter Spengler in Kopenhagen. Die dornigte Nerite, sagt er, wird insgemein von den Franzosen aus der Magellanischen Strasse, und eine noch doppelt so grosse Art aus Mauritien nach Europa gebracht. Die Rumphische und Dargenvillische sind von einer ganz andern Geschlechtsart, ihre Wirbel sind mehr erhöhet, die Stacheln kürzer, die Farbe marmorirt. Diese kommen aus Westindien. Die Magellanische und Mauritische hingegen sind ganz schwarz mit zarten hohlen Stacheln. Diese Stacheln rühren von der Lage des Thiers her, indem es vorne an der Mündung seine Zunge in einen langen Canal füget. Daher ist an eben diesem Orte die Mündung eingeschnitten, die äussern Ecken abgerundet, welcher Einschnitt längst mit dem Canal fortgehet, und schliesset wieder dicht zusammen, und machet

also

also eine hohle Röhre aus. So wie die Schale fortwächset, so läßt sie immer einen solchen stachelgleichenden Canal hinter sich zurück, und auf diese Art entstehen also diese so genannten Stacheln. Vielleicht daß hier das Thier mit seiner ausserordentlich langen Zunge die andern Schnecken und Muschelschalen durchbohret, und sich von ihrem Saft nähret, so wie die langschnäblichten Purpurschnecken zu thun gewohnt sind, deren Zunge eben eine solche Scheide umgiebt. So sind also diese Dornen eigentlich keine Vertheidigungswaffen, sondern sie waren ehedem, da sie noch offne Canäle waren, dem Thier zu seiner Nahrung unentbehrlich.

Von dem Deckel, dessen **Rumph**, **Martini** und **Müller** ebenfalls gedenken, giebt Herr **Spengler** ebenfalls die bestimmteste Nachricht. Er ist auf seiner Oberfläche glatt und glänzend, der Farbe nach violet, halb vertieft und halb aufgehoben, da hingegen die Neritendeckel der Seeschnecken auf ihrer Fläche gerade, und gleich einer Chagrinhaut mit kleinen Knöchen besetzt sind.

Daß man dieses Flußdornchen auf der **Magellanischen Strasse**, und in **Mauritien**, auch in **Westindien** finde, hat uns vorher Herr **Spengler** gelehret. **Rumph** sagt von **Amboina**, daß sie daselbst an den Mündungen der Flüsse gefunden würden. Sie sind in allen Flüssen, wo sie auf den Steinen ansitzen, sehr gemein, daher vorbeygehende Personen grosse Hinderniß haben, denn wenn man auf solche Steine tritt, so bleiben die Dornen dieser Schnecken in den Füssen stecken, und dieses trägt sich am meisten zu, wenn bey trocknen Wetter ein unerwarteter Regen fällt.

Den Amboinensern dienet das Thier des Flußdornchens zur Speise. **Rumph** sagt, daß sie in allen Flüssen in **Amboina** sehr gemein wären; hingegen behauptet **Argenville**, daß sie äusserst selten wären. Da beyde, wie es scheinet, von zwey verschiedenen Gegenden reden, so können beyde recht haben. Wir deutsche, die wir so gar selten Gelegenheit nach **Amboina** finden, müssen sie allerdings unter die Seltenheiten zehlen, so wie sie selbst in **Holland** unter die Seltenheiten gehören und gut bezahlt werden. Ein einziges aber vorzüglich schönes Stück Mus. Leersianum n. 129. p. 17. wurde mit 13. fl. und die übrigen nicht unter 5. fl. bezahlt. Die erste war schwarz mit langen Dornen.

Das vierte Kapitel.

Von den Ammonshörnern oder den Posthörnern.

Allgemeine Anmerkungen über die Posthörner der süssen Wasser, oder die Tellerschnecken.

§. 93.

Das Geschlecht der **Posthörner** ist eins der weitläuftigsten Geschlechter unter den Flußconchylien, und da ich hier das Wort in seiner eigentlichen Bedeutung nehme, so darf ich behaupten, daß die Erdschnecken von diesem Geschlechte sehr wenige, die Seeschnecken aber gar keine aufweisen können. Denn daß die ächten Ammonshörner, und manche so ziemlich regelmäßig gewundene **Wurmgehäuse** nicht hieher gehören,

ren, das ist leicht zu erweisen. Die ächten Ammonshörner, die sich wenigstens im Kleinern häufig finden, haben inwendig Zwischenkammern, die von Scheidewänden entstehen, unsre Posthörner aber sind inwendig ganz hohl. Die Wurmgehäuse, die zuweilen ziemlich regelmäßig um den Mittelpunct gewunden sind, haben doch bey aller ihrer scheinbaren Regelmäßigkeit immer sichtbare Unregelmäßigkeiten; entweder eine gefaltene oder runzlichte Schale, oder eine verunstaltete Mundöffnung, oder sonst etwas, wobey man es dem Gehäuse ansehen kann, daß sich der Bewohner bey seinen Bedürfnissen nach gewissen Gegenständen richten, und darnach den Bau seines Gehäuses ordnen muste. Nun haben zwar einige grosse Conchyliologen ein Geschlecht der Posthörner, Post-Ryders, Cornets de Postillons, in die Zahl der Seeconchylien mit aufgenommen, aber unter ihnen sind keine, die ganz um den Mittelpunct gewunden, und zwar dergestalt gewunden wären, daß man die Windungen auf beyden Seiten sehen kann; und was man ja von der Art unter ihnen findet, das sind Conchylien ausländischer Flüsse, welche sich noch immer in den Sammlungen unter die Seeconchylien versteckt, und unter ihnen, zwar als unächte Kinder, einiges Bürgerrecht erlangt haben. Die süssen Wasser haben sich dieses Geschlecht vorzüglich zugeeignet, und es ist, wie es die Folge lehren wird, ein überaus weitläuftiges Geschlecht, unter dem sich sogar verschiedene linksgewundene befinden.

Ich sage, daß ich den Namen Posthorn oder Ammonshorn in seiner eigentlichen Bedeutung nehme, und da setze ich zum Geschlechtscharacter folgende Eigenschaften fest:

1) **Der Bau der Schale ist Tellerförmig, folglich gedrückt und platt, und dieses auf beyden Seiten.**
2) **Die Windungen gehen ganz um den Mittelpunct herum, und sind auf beyden Seiten sichtbar, doch so, daß sie in dem einen der Hauptzweige, gleichsam in einem tiefen Nabelloche zu sehen sind.**
3) **Sie sind in keiner Rücksicht erhöhet, wohl aber haben sie auf der obern Seite eine bald merklichere, bald unmerklichere Vertiefung, unten aber sind sie ganz platt.**
4) **Ihre Mundöffnung ist bey denen, die einen runden Rücken haben, ebenfalls rund, bey denen aber, deren Rücken scharf ist, oval.**

In diesem Verstande haben die ältern Schriftsteller die Posthörner oder die Tellerschnecken genommen, daß sie allemal solche platte Conchylien verstunden, die um den Mittelpunct gewunden sind. Ich will es mit Zeugnissen darthun. Lister hat sie in seiner Historia animalium Angliae Membro III. p. 143. ff. beschrieben, und von ihnen folgendes gesagt: De cochleis fluviatilibus, turbinatis, figura depressa. Harum cochlearum notae characteristicae sunt: 1) habere cornicula rubra capillacea; 2) ipsa animalia colore pullo esse; 3) Coccum fundere.

Eben dieser Lister hat in seiner Historia conchyliorum Lib. II. Part. I. Section. III. tab. 136-140. die Tellerschnecken der Flüsse, de cochleis fluviatilibus compressis abgehandelt, doch aber das Wort gerade nicht in der strengsten Bedeutung genommen. Denn einige seiner Abbildungen gehören mehr zu dem folgenden meiner Geschlechte, als zu diesem.

Gualtieri

Gualtieri hingegen hat die Bedeutung des Wortes auf das strengste genommen. Pars I. Class. II. Sect. II. führet die Ausschrift: Testae fluviatiles turbinatae, Gen. I. Cochlea fluviatilis depressa; und hieher gehören die Abbildungen tab. IV. fig. DD, EE, FF, GG.

Auch Argenville hat in seiner Conchyliologie, deutsch tab. 27. fig. 8. S. 281. 285. die Tellerschnecken, denen er den Namen *orbis* giebt, in der eigentlichsten Bedeutung genommen. Eben dieses thut Herr D. Martini im IV. Bande des Berlinischen Magazins S. 249. §. 115. er nennet sie Tellerförmige oder solche Schnecken, deren Gewinde sich um sich selbst herumdrehen, und sagt von ihnen, daß sie unter den Flußschnecken in nicht geringer Anzahl zum Vorschein kommen.

Da man aber in den neuern Zeiten die Geschlechtscharactere nicht so wohl auf den Bau der Schale, sondern auf die Beschaffenheit des Bewohners zu gründen anfieng, so konnte man schon im Voraus vermuthen, daß sich nun Kinder in diese Familie einschleichen würden, deren Bau von dem Bau der Tellerschnecken ganz abweichet.

Geoffroy hat in seiner Abhandlung von den Schnecken um Paris, deutsch S. 75. von den Tellerschnecken folgende Charactere festgesetzt: dieses Geschlecht hat zwey fadenförmige Fühlhörner. Die Augen sitzen unten an der innern Seite derselben: das Gehäuse bestehet aus einer einzigen gewundenen, und gemeiniglich platten Schale. Darüber sagt Geoffroy noch folgendes. „Die Tellerschnecken unterscheiden sich von den Spitzhörnern durch die Gestalt der Fühlhörner. Bey den Spitzhörnern sind diese sehr breit und platt, wie Ohren, bey den Tellerschnecken hingegen sind sie dünne, rund und fadenförmig. — Ueberhaupt sind die Tellerschnecken gemeiniglich platt — indessen ist diese Figur der Schale nicht so wesentlich bey den Thieren dieses Geschlechts, daß es darunter nicht sehr abweichende Gestalten geben könnte. Wir kennen zwey dergleichen Thiere, wovon das eine eine schraubenförmige Schale hat, das andre trägt ein gewölbtes eyförmiges Gehäuse. Geoffroy nimmt daher in dem Geschlechte der Tellerschnecken drey Familien an. 1) Tellerschnecken mit niedergedrückter platter Schale. Das sind eigentlich unsre Posthörner. 2) Tellerschnecken mit verlängerter Schale. 3) Tellerschnecken mit eyförmiger oder bauchigter Schale.

Eben so verfährt der Herr Etatsrath Müller in seiner Historia Vermium P. II. S. 152. Sein Geschlechtscharacter ist: Vermis cochleatus, tentaculis binis setaceis, oculis ad basin interne. Er theilet seine Planorbes ein, 1) testa depressa, 2) testa conica; und folglich hat er das Geschlecht der Tellerschnecken etwas mehr als Geoffroy eingeschränkt.

Ich habe, wie ich schon erinnert habe, in das Geschlecht der Tellerschnecken weiter keine aufgenommen, als solche, welche wegen ihrer platten Schale diesen Namen verdienen. Da ich aber doch immer der Meynung derer beygetreten bin, welche die Anzahl der Geschlechter nicht allzusehr gehäuft wissen wollen, so habe ich dieses Geschlecht in zwey Familien abgetheilt. Beyde Familien haben eine platte und also eine Tellerförmige Schale, allein nur bey der einen siehet man die Windungen auf beyden Seiten frey da liegen, da sie bey der andern blos in einem tiefen Nabelloche zu sehen sind. Ich habe mich darüber schon oben bey meiner Geschlechtstafel hinlänglich erkläret, und ich erwarte darüber von Kennern und von billigen Kunstrichtern keine Vorwürfe. Man kann dieser Familie den Namen Cornua ammonis vmbilicata, genabelte Tellerschnecken,

cken, oder Tellerförmige Nabelschnecken geben. Sie sind augenscheinlich eingeschobene Gattungen, davon die Natur auf die eigentlichen Nabelschnecken fortgehet. Die eigentlichen Posthörner haben entweder ungleich abnehmende Gewinde, oder die erste Windung ist vorzüglich groß, ungleich grösser als das nächstfolgende, oder sie haben gleich abnehmende Windungen, diese sind entweder links- oder rechtsgedrehet, und sonst noch auf manche Art unterschieden.

Die Namen, die diesem Geschlechte zukommen, sind, daß man sie Tellerschnecken, Tellerförmige Schnecken, Posthörner, St. Hubertshörner, falsche oder unächte Ammonshörner nennet. Man hat dabey auf ihren platten Bau gesehen, und sie nun bald mit einem Teller, bald mit einem Posthorn, bald mit einem Ammonshorn verglichen. Eben diese platte Form brachte ihnen den Namen, den Lister und Gualtieri haben, Cochleae depressae, den von Geoffroy und Müller gebrauchten Namen, Planorbis, und den Argenvillischen Orbis zuwege. Sonst heissen sie noch Cornua ammonis spuria, wegen ihrer Aehnlichkeit mit den ächten Ammonshörnern. Im Französischen heissen sie Planorbe, Cornet de St. Hubert, Cornet de Postillon, fausses cornes d'Ammon, und im Holländischen Posthoorntjes, of Cornua Hammonis.

Viele und beynahe die mehresten der gewundenen Schnecken beschliessen die Arbeit an dem Gebäude ihres Hauses mit einem Saum, womit sie ihre Mündung einfassen. Von den ächten Ammonshörnern will Herr Guettard einige bemerkt haben, an welchen sich oben ein zurückgeschlagener Wulst befindet, und er will daraus beweisen, daß es die letzte Windung des Ammonshorns sey. Siehe die Mineralogischen Belustigungen VI. Th. S. 260. An unsern Ammonshörnern der Flüsse hat man dergleichen noch nie bemerkt, und man nimmt es so gar für eine untrügliche Wahrheit an, daß sie nie einen übergeschlagenen Wulst oder einen Saum haben.

Da doch die Schriftsteller unter den eigentlichen Posthörnern linksgewundene annehmen, so muß man die obere Seite von der untern unterscheiden können. Man wird finden, daß das Posthorn auf der einen Seite eine grössere Vertiefung hat, als auf der andern, diese mehr vertiefte Seite nennen die Conchyliologen die obere, die weniger vertiefte aber die untere Seite des Ammonshorns. Ausserdem wird man auch finden, daß der Rand der Mundöffnung oben allemal etwas kürzer ist, als unten, doch passet dieses letztere nicht auf alle Posthörner.

Der Grösse nach sind die Posthörner gar sehr verschieden, man hat sie von der Grösse einer Linse bis zur Grösse eines Guldens. Die gröste Conchylie dieses Geschlechts aus unsern Wassern ist die Coccinellschnecke, Helix cornea Linn. (n. XLV.) unter den Tellerschnecken ausländischer Wasser ist das Widderhorn, Helix cornu arietis Linn. (n. XLIII.) die gröste unter allen Flußconchylien, und übertrifft sogar unsre Coccinellschnecke an Grösse sehr weit. Mannichfaltigkeit und Schönheit der Farben empfehlen eben dieses Geschlecht nicht, doch verdienet das Widderhorn unter den auswärtigen Flußconchylien, und die Coccinellschnecke unter den inländischen, nächst den Seeschnecken den ersten Rang. Manchmal kommen auch in diesem Geschlechte Ausartungen und Mißgeburthen vor, die ausserdem unter allen Conchyliengeschlechten gefunden werden. Es sind Ausartungen, ein Druck oder Stoß, eine Beugung

gung oder Bruch nöthigten den Bewohner sein Haus auszubessern, und da er sich dabey oft nach zufälligen Umständen richten muste, so enstunden daher mancherley Anomalien.

Von dem innern Bau verschiedener Posthörner habe ich auf der einen meiner kleinern Kupfertafeln, Tab. min. C. fig. 4. 7. deutliche Abbildungen veranstaltet. Wenn gleich das Gebäude der Tellerschnecken nur einem Hause mit einem einzigen Stockwerke gleich ist, so hat es doch die Klugheit und die Nothwendigkeit dem Bewohner angerathen, in den Mittelpunct eine zarte Spindel zu setzen, die einer feinen Stecknadel gleicht und hohl ist. Um diese Spindel herum drehen sich die Windungen, und es gleicht daher eine jede Windung von Innen einer runden Keule, die einen schwachen Stiel hat.

Von dem Bewohner der Posthörner oder der Tellerschnecken.

§. 94.

Ueberhaupt macht Herr Geoffroy S. 76. 77. über den Bewohner von der Tellerschnecke folgende Anmerkung. „Diese Thiere haben nur zwey Fühlhörner, an deren innern Seite unten die Augen zu sehen sind, allein diese Fühlhörner sind dünne, rund und fadenförmig. Alle Tellerschnecken sind Wasserschnecken, und können nirgends als im Wasser leben. Sie sind Zwitter, und ihre Begattung ist eben dieselbe, wie bey den Spitzhörnern. Wenn ihrer nemlich nur zwey sind, ist die Befruchtung nur einfach. Ein Thier vertritt alsdann die Stelle des Männchens, die andre die Stelle des Weibchens. Kommt aber ein drittes Thier dieser Art dazu; so bemächtiget es sich desjenigen, welches die Pflicht des Männchens übernommen hatte, paart sich mit ihm, und unterzieht sich eben derselben Pflicht, so daß das mittlere Thier alsdann die Pflichten des Weibchens und des Männchens zugleich, aber mit zwey unterschiedenen Thieren seines Geschlechts verrichtet. Ueber die Zeugung des **gelblichen platten Posthörnchens mit vier Windungen und einem scharfen Rande**, Helix planorbis Linn. (n. XXXIX.) macht Herr Etatsrath **Müller** S. 158. folgende Anmerkung: in copula alter massam carneam informem a sinistro latere, pone tentaculum hoc quinquies crassiorem exsertam in aperturam pallii alterius insert, ibique varie tentat; massa haec annulato-rugosa est, corporeque limacis pallidior, lumbriciformis. Alterius genitalis vestigium nullum videre potui. Wäre dieses auch nicht vorhanden, wie es denn einem scharfsehenden **Müller** gewiß nicht entwischt seyn würde, so litte die vorige Anmerkung des Herrn Geoffroy eine merkwürdige Ausnahme. Vermuthlich gehören die Tellerschnecken zu den eyerlegenden Thieren, und ich schliesse dieses aus dem allgemeinen Stillschweigen der Schriftsteller über diese Sache.

Es hat den Naturforschern und mir geglückt, die Thiere mancher Posthörner zu beobachten, und von diesen Beobachtungen will ich eine kurze Nachricht geben.

Der Bewohner von dem **kleinen weissen Posthörnchen**, Planorbis albus Müll. (n. XXXIIX.) ist überaus klein, hat eine castanienbraune Farbe, die fadenförmigen Fühlhörner sind ganz weiß. Herr Etatsrath **Müller** S. 164. nennet die Farbe dieses Thierchens grau, giebt ihm eine Länge von $1\frac{1}{4}$ Linie, und versichert, daß die weißlichten Fühlhörner fast eben so lang, die Augen aber ganz allein schwarz wären.

Bey

Bey dem schwarzen linken Ammonshorn mit sechs Windungen (n. XLII.) ist der Bewohner ebenfalls ganz schwarz, und die fadenförmigen Fühlhörner, die nur ein wenig heller sind, sind ziemlich lang. Die Augen übertreffen das Thier an Schwärze, und sind leicht zu erkennen. Das Thier kann sein Gehäuse senkrecht halten, und das geschiehet oft, wenn es ruhet; so bald es aber schwimmt, liegt dasselbe platt, und wird gleichsam hinter dem Bewohner hergezogen.

Den Bewohner des Widderhorns, Helix cornu arietis Linn. (n. XLIII.) hat Geve in seinen monatlichen Belustigungen beschrieben. Ich besitze sie nicht; aber Herr Etatsrath Müller sagt S. 154., daß er sonderbar genug gebauet sey, wenn man dem trauen dürfe, was Geve ohne Zeugen sage.

Von dem Bewohner der Coccinellschnecke, Helix cornea Linn. (n. XLV.) sagen Geoffroy und Müller, daß er schwarz sey, und so habe ich denselben ebenfalls gefunden. Martini beschreibet es schwärzlichroth, und sagt: im Wasser kriecht es aus seinem Gehäuse heraus, und streckt seine zwey rothe (Herr Müller nennet sie schmutzig grau) haarförmige, unten dickere Fühlstangen hervor. Vorne am Kopfe hat die Schnecke zwo an einander hangende Lippen, unter denselben steht der Mund. Den Fuß streckt sie oft so weit heraus, daß sie damit Lippen und Mund bedeckt. Etwas höher im Kopfe, am Grunde der beyden Fühlhörner, an der innern Seite stehen zwey schwarze Augen. Nahe an der Mündung sieht man bey der ausgestreckten Schnecke einen Theil des Cranzes, den sie, um Luft zu schöpfen, zum Wasser herausstrecken kann. Noch merket Herr Müller an, was ich alles auch beobachtet habe, daß man die Augen des Thiers sehr schwer erkennen könne, weil sie fast eben so schwarz sind als das Thier selbst. Das Thier ist überaus furchtsam, ziehet sich bey dem geringsten Geräusche in sein Gehäuse ganz zurück, und kommt dann erst wieder hervor, wenn es keine Gefahr mehr befürchtet. Von der Coccinellfarbe dieser Schnecke werde ich unten reden.

Von dem Bewohner der ziegelförmigen Tellerschnecke, Turbo nautileus Linn. (n. L.) sagt Herr Müller S. 166., daß er weiß sey, und daß seine Fühlhörner nicht viel länger als der Kopf wären, sie müssen also bey einem so kleinen Thierchen kurz genug seyn.

Der Bewohner vom *Helix complanata* Linn. (n. LI.) ist nach der Versichrung Herrn Müllers S. 160. schwarz, und seine Fühlhörner sind roth.

Von dem Bewohner des genabelten wachsförmigen Posthörnchens (n. LIII.) sagt Herr Müller S. 163., daß er schwarz, in seinen jüngern Jahren aber ganz weiß sey; die Fühlhörner aber hätten eine weisse Spitze.

Das kleine sechsfach gewundene falsche Posthörnchen, Helix contorta Linn. (n. LV.) ist grau, die Fühlhörner, die kaum eine halbe Linie lang sind, sind grau mit einem weissen Rande. Müller S. 162.

Der Bewohner von dem durchsichtigen feingestreiften Posthörnchen (n. LVIII.) ist von Herrn Müller und Martini beobachtet worden. Der letztere sagt im Berlinischen Magazin IV. Band S. 266: der Bewohner sieht rothbraun oder schwärzlich aus. Nach Maaßgebung seiner Grösse hat er unter allen Flußschnecken die längsten und feinsten Fühlhörner, an deren äussersten Seite unten die Augen sitzen. Unter

ter dem Halse, an der rechten Seite des Leibes, streckt er oft einen langen häutigen Fortsatz hervor, welcher die Farbe der Fühlhörner hat, vorne so breit als am Ursprung ist, und dessen eigentlichen Nutzen ich noch nicht zu bestimmen wage.

Beschreibung der verschiedenen Tellerschnecken.

§. 95.

In was für einer systematischen Ordnung die verschiedenen Tellerschnecken folgen, das zeiget meine Geschlechtstafel. Es sind folgende Gattungen und Abänderungen.

XXXVIII.

Das kleine (weisse) Posthörnchen mit drey runden Gewinden, Mart. Tab. V. fig. 12.
Planorbis albus, *Müll.* *Tab. V. fig. 12.* *Cornu ammonis spurium nautiliforme*, *Schr.*

Petiver *Gazophyl. tab. 92. fig. 7. Planorbis minima duorum orbium.* **Martini Berlin. Magaz.** *IV.* B. S. 253. *n. 61. tab. 8. fig. 23.* **das kleine Posthörnchen mit drey runden Gewinden.** *Cornu ammonis spurium, trium spirarum, sine limbo.* **Müller** *Hist. Verm. P. II. p. 164. n. 350. Planorbis albus testa alba, utrinque umbilicata, apertura dilatata.* **Dänisch:** Den huide Skive.

Wenn wir von der geringen Anzahl Schriftsteller, die dieses Posthörnchens gedenken, auf dessen Seltenheit schliessen dürften, so gehörte dasselbe unter die seltenern Conchylien der süssen Wasser. In der That ist es auch nicht gar zu gemein, ob ich es gleich in dem Muschelsande bey **Thangelstedt** häufiger als in dem Wasser, und hier bey **Weimar** nur ein einzigesmahl unter einer grossen Menge Ohrschnecken, Helix auricularia Linn. (n. LXXXI.) gefunden habe. Die Windungen dieses Posthörnchens sind ganz rund, das erste Gewind aber ist ungleich grösser als das nächstfolgende, und es hat daher darin einige Aehnlichkeit mit einem Nautilus. Man siehet die Windungen auf beyden Seiten vollkommen, doch habe ich einzelne Beyspiele, wo die Gewinde auf der untern Seite versteckter sind, als auf der obern, die ich doch um dieses geringen Umstandes willen nicht zu einer besondern Gattung machen möchte. Die Mundöffnung ist fast ganz rund, aber sie raget unten, wie bey der Coccinellschnecke, weiter hervor als oben. Es gehöret unter unsere kleinsten Ammonshörner, die kaum eine Breite von 3. bis höchstens 4. Linien erhalten. Gemeiniglich hat es eine weisse Farbe, seltner ist dessen Farbe hornartig, und in diesem Falle ist es durchsichtig und glänzend. Ganz junge und unausgewachsene Beyspiele haben völlig gerade abnehmende Windungen, und das ganz natürlich darum, weil nur das erste Gewind ungleich grösser ist, als die folgenden. Ueberhaupt hat es nur vier Windungen. Herr Etatsrath **Müller** fand dieses Posthörnchen an den Wasserkräutern eines Flusses in **Friedrichsthalen**; Herr D. **Martini** in den Gräben bey **Berlin** unter andern Posthörnchens, besonders an den Blättern der Wasserrose; ich habe es aus den süssen Wassern bey **Calah** erhalten, bey **Thangelstedt** aber in dem Muschelsande nahe an einem kleinen Bache, und hier bey **Weimar** in einem kleinen Wasser in der Gesellschaft der Ohrschnecke gefunden. Den Bewohner habe ich vorher beschrieben.

XXXIX.

Tab. V. fig. 13. Das gelbliche platte Posthörnchen mit vier Windungen und einem scharfen Rande, Mart. Die kleine platte Schnecke, Müll. *Helix planorbis Linn. Planorbis carinatus Müll. Tab. V. fig. 13.*

Lister *Histor. animal. tit. 27. p. 145. tab. 2. fig. 27. Cochlea fusca altera parte planior, et limbo insignita, quatuor spirarum.* Lister *Hist. Conchyl. tab. 138. fig. 42. Cochlea fusca limbo circumscripta.* Gualtieri *Index testar. tab. 4 fig. EE. Cochlea fluviatilis depressa, altera parte complanata, et limbo insignita, quatuor spirarum.* Linne' *Faun. Suec. 1746. p. 373. §. 1306. Cochlea testa plana fusca supra concava, anfractibus quatuor, margine prominulo.* Lesser Testaceotheol. 1744. §. 41. *w.* S. 116. ein kleines Posthörnchen, eines Groschens groß, mit niedergedrückten Gewinden, welches am äussersten Umfange des grösten Gewindes eine Leiste hat. Die Schale ist durchsichtig, daß man das ganze Thier, so darin wohnet, sehen kann, wenn man sie gegen die Sonne hält. Schwammerdamm Bibel der Natur S. 81. 371. *tab. 10. fig. 5.* die kleine platte Schnecke. Klein *Method. ostrac. p. 5. §. 12. n. 2. tab. 1. fig. 8. Cornu Hammonis spurium: Cochlea fusca limbo circumscripta.* Geve monatl. Belustig. *tab. 4. fig. 21. a. b. fig. 23.* Pontoppidan Naturhist. von Dännem. S. 196. *Helix planorbis.* Geoffroy Conchyl. um Paris, deutsch S. 82. *Cornu ammonis spurium, marginatum spiris quatuor. Le planorbe à quatre spirales arête.* Linne' *Syst. nat. ed. X. p. 769. sp. 578. Helix planorbis testa subcarinata umbilicata plana: supra concava, apertura oblique ovata. ed. XII. Gen. 328. sp. 662.* Müller Natursyst. *VI.* B. S. 565. die Scheibenschnecke. Martini Berl. Magaz. *IV.* B. S. 254. *n. 62. tab. 8. fig. 18.* das gelbliche platte Posthörnchen mit vier Windungen und einem scharfen Rande. Handbuch der Naturgesch. Th. *IV.* S. 307. die marmorirte Schnecke, (sie ist es nur, wenn der Bewohner noch darin liegt, und also nicht für sich) wo die Muschel (die innern Windungen) auf einer Seite eingedruckt ist. Müller *Hist. Verm. P. II. p. 157. n. 344. Planorbis carinatus testa pallida pellucida supra umbilicata, carina marginali media.* Fischer Naturgesch. von Liefland S. 176. die Scheibenschnecke. Dänisch Kiöl - Skiven. Französisch Le Planorbe à arete.

Die Schriftsteller geben die Grösse dieses Posthörnchens gar verschieden an; Geoffroy im Durchmesser 6 Linien, Martini beynahe einen halben Zoll, Müller 7½ Linie, Lesser die Grösse eines Groschens. Vermuthlich kommt es darauf an, ob die Beyspiele ihre völlige Wachsthumsgrösse erreicht haben oder nicht, doch versichert der Herr Etatsrath Müller, daß sie in Italien grösser gefunden würden als bey uns, und wenn das Beyspiel, das Lister in der Hist. Conchyl. abgebildet hat, aus England ist, so wird es daselbst ebenfalls von einer ansehnlichen Grösse gefunden. Und wenn es nun auch in seiner grösten Grösse erscheinet, so hat es doch nur vier bis höchstens fünf Windungen. Man kann daraus selbst die Folge ziehen, daß die erste Windung von einer ansehnlichen Grösse sey, und daß die folgenden sehr schnell abnehmen müssen. Die Farbe des Posthörnchens spielet in das Gelbe. Der obere Theil hat in seinem Mittelpuncte einen kleinen vertieften Nabel, der durch die letzte eingedrückte Windung entstehet, und diese

diese obere Seite ist ein wenig gewölbt. Die Schale ist überaus fein in die Queere gestreift. Unten ist die Schale ganz platt, und alle Windungen, die erste ausgenommen, sind ein wenig vertieft. Die Windungen haben einen scharfen Rand, der in einer solchen Richtung stehet, daß man ihn auf beyden Seiten sehen kann. Eben dieser scharfe Rand macht, daß die Mundöffnung zwar eyförmig ist, aber oben eine scharfe Kaunte macht. Man findet den scharfen Rand auch an den jüngsten Beyspielen.

Den Bewohner beschreibt Herr D. **Martini** folgendergestalt. Der Leib des Bewohners siehet schwärzlich aus, die beyden fadenförmigen Fühlhörner aber, an deren innern Seite unten die Augen sitzen, sind von röthlicher Farbe. Das Thierchen giebt einen Purpursaft von sich. Wenn man die aus der Schale gekrochne Schnecke mit einer feinen Nadel durchsticht, und dann die Nadel gleich wieder auszieht, so kriecht sie wieder tief in das Gehäuse zurück, und läßt aus der Wunde den Purpursaft gemächlich aussiepern. **Schwammerdamm** schließt hieraus, daß das Blut dieser Thiere roth sey. Als einen besondern und in der That merkwürdigen Umstand merket Herr Etatsrath **Müller** an, daß sich das Thierchen gewöhnlich in den innern Windungen aufhalte, und daß man daher die erste grössere Windung immer leer antreffe. **Lister** hat ihre Paarung im **May** beobachtet, die Art der Paarung aber habe ich vorher beschrieben.

Geoffroy versichert, daß diese Schnecke in Morästen, Teichen und Flüssen wohne. Sie ist in mehrern Weltgegenden zu Hause. In **England** fand sie **Lister**, in **Frankreich Geoffroy**, in **Holland Schwammerdamm**, in **Dännemark Müller**, der uns zugleich versichert, daß sie auch in **Italien** zu Hause sey; und Herr **Martini** sagt, daß sie in stehenden Wassern, als Gräben, Teichen, Seen, Pfützen und Flüssen allenthalben gemein sey. Indessen habe ich sie in meinen Gegenden noch nicht entdeckt, wohl aber eine undurchsichtige Abänderung, die ich nun gleich anzeigen werde.

XL.

Das undurchsichtige platte Posthörnchen, Schr. *Helix planorbis crassa. Tab. V. fig. 14. 15.*

Tab. V. fig. 14. 15.

Ich habe schon vorher gesagt, daß dieses Posthörnchen eine blosse Abänderung von dem vorhergehenden ist, aber es verdienet doch eine besondre Anzeige. Es hat ganz den Bau des vorhergehenden. Da aber doch alle Schriftsteller von dem vorhergehenden sagten, daß es gelb von Farbe, zart von Schale, und daher auch ganz durchsichtig sey; so findet man an diesem das Gegentheil von dem allen. Diejenigen Beyspiele, welche ich besitze, sind theils aus dem **Schwarzburg-Rudolstädtischen**, theils von **Hamburg**. Sie haben alle eine stärkere Schale und sind ganz undurchsichtig. Auch die Queerstreifen sind viel stärker, als bey dem vorhergehenden, und an dem einen Beyspiel vorzüglich enge. In ihrer Farbe sind sie sehr verschieden. Einige sind ganz weiß, vermuthlich ausgebleicht und calcinirt, andre sind grau, und das scheinet ihre gewöhnliche natürliche Farbe zu seyn. Ein Beyspiel ist weiß und röthlich marmoriet, man braucht aber ein Augenglas, wenn man dies sehen will. Das Beyspiel aus **Hamburg** ist schwarz, der scharfe Rand aber auf beyden Seiten eingefaßt.

XLI.

Tab. V. fig. 16. 17. **Das Posthörnchen mit fünf bis sechs Gewinden und scharfen Rande, Matt. Das linke platte Ammonshorn, Schr.** *Helix vortex Linn. Planorbis vortex Müll. Tab. V. fig. 16. 17.*

Lister *Histor. animal. tit. 28. p. 145. tab. 2. fig. 28. Cochlea exigua subfusca altera parte planior, sine limbo, quinque spirarum.* Lister *Hist. Conchyl. tab. 138. fig. 43. Cochlea exigua quinque orbium.* Gualtieri *Index testar. tab. 4. fig. GG. Cochlea fluviatilis depressa exigua, altera parte planior subflava, sine limbo, quinque spirarum.* Linne' *Fauna suec. 1746. p. 374. §. 1307. Cochlea testa plana fusca, supra concava, anfractibus quinque, margine acuto.* Lesser Testaceotheol. 1744. §. 41. *a. d.* S. 114. *tab. n. 5.* ein weiß Posthörnchen mit an einander gefügten gleichförmigen Gewinden, welche Gewinde oben rundlich, und unten platt sind, ohne einen Rand. — Ein Posthörnchen mit zusammengefügten und gleichförmigen Gewinden, welche am äussersten Rande scharf sind. Klein *Method. ostracol. p. 5. §. 12. n. 3. tab. 1. fig. 9. Cornu hammonis spurium: cochlea exigua quinque orbium.* Geve monatl. Belustig. *tab. 4. fig. 22.* Petiver *Gazophyl. tab. 92. fig. 6. Planorbis polygyrata minor.* Geoffroy Conchyl. um Paris, deutsch S. 84. *Cornu ammonis spurium marginatum 6. orbibus absolutum. Planorbe á six spirales, à arete.* Linne' *Syst. nat. ed. X. p. 770. sp. 583. Helix vortex testa carinata plana, supra concava, apertura ovali. ed. XII. Gen. 328. sp. 667.* Müller Natursyst. *VI.* B. S. 566. der Schlangenschnirkel. Martini Berl. Mag. *IV.* B. S. 256. *n. 63. tab. 8. fig. 19* das hellgraue oder weißliche Posthörnchen mit fünf bis sechs Gewinden und einem scharfen Rand. Müller *Hist. Verm. P. II. p. 158. Planorbis vortex testa flavo fusca, supra concava, subtus plana.* Dänisch Hvirvel-Skiven.

Ueber einen gedoppelten Umstand sind die Schriftsteller bey diesem kleinen artigen Posthörnchen gar nicht einig. Ich nenne es **linksgewunden**, andre schweigen davon oder widersprechen gar. Einige geben dieser Conchylie einen **scharfen**, andre einen **runden** Rand. Ich gestehe es, bey dieser und der folgenden Gattung fällt es überaus schwer, die obere Seite von der untern zu unterscheiden. Bey beyden ist die Vertiefung in dem Mittelpuncte gleich groß, aber nach der hervorragenden Lippe zu urtheilen, ist dieses Posthorn würklich **linksgewunden**. Inzwischen will ich die Sache grössern Kennern zur Beurtheilung überlassen. Aber wenn andre dieser Schnecke den scharfen Rand absprechen, so muß man sagen, daß sie entweder eine ganz andre Schnecke, vielleicht die folgende meynen, oder daß sie, wie ich glaube, den Rand ganz übersehen haben. Unter allen Posthörnern, die ich kenne, ist das gegenwärtige das niedrigste. Seine Höhe betrifft noch nicht eine halbe Linie, und bey fünf bis sechs Windungen, die es hat, hat es doch kaum den höchsten Durchmesser von vier Linien. Es hat einen scharfen Rand, der sich aber nicht in dem Mittelpuncte der Windung befindet, sondern mit der platten Seite eine Linie ausmacht, da die andre Seite ein wenig gewölbt ist, so hat man auf diese Art den scharfen Rand leicht übersehen können. Der Farbe nach besitze ich sie schmutzig weiß, vermuthlich veraltert, oder ausgebleicht, weiß wie Pergament, aber durchsichtig, hell- und dunkelgrau und schwarz.

Von

Von den vorher beschriebenen Posthörnern mit einem scharfen Rande kann man unser kleines Posthörnchen durch drey Kennzeichen leicht unterscheiden.

1) Bey dem gegenwärtigen befinden sich alle Windungen in einer gleichen verhältnißmäßigen Abnahme, da bey dem vorhergehenden das erste Gewind überaus groß war. Unser Posthorn hat demnach, ob es gleich kleiner ist, doch mehrere Windungen.
2) Die vorherigen Posthörner sind viel grösser, und die kleinern von gleicher oder wohl geringerer Grösse, merklich höher als das gegenwärtige.
3) Der scharfe Rand befand sich bey den vorhergehenden Posthörnern just im Mittelpunkte der Windungen, hier aber am Ende derselben. Unterdessen ist bey beyden Gattungen die Mundöffnung auf einerley Art gebauet.

Von dem Thier bemerket Herr Etatsrath **Müller**, daß es roth sey und weisse Fühlhörner habe; Herr D. **Martini** aber sagt, daß es unter diejenigen Thiere gehöre, die einen purpurrothen Saft in sich halten. Die Schriftsteller sagen, daß man dieses Posthorn in stehenden Wassern, Teichen, Gräben und Flüssen finde, und daß es sehr gemein sey. Die Rede ist aber vermuthlich von Gegenden, wo es sich aufzuhalten pflegt, denn weder bey **Thangelstedt** noch bey **Weimar** habe ich es zur Zeit finden können, so wenig es Herr Hofrath **Günther** bey aller seiner Sorgfalt bey **Calah** entdecken konnte. Unterdessen fand es **Lister** in **England**, **Geoffroy** bey **Paris**, **Müller** in **Dännemark**, **Feldmann** bey **Neuruppin**, **Martini** bey **Berlin** in Sümpfen, in einigen Armen der **Spree** und dem **Tegelschen See**, und **Lesser** bey **Brettleben** in der **Unstrut**; ausserdem besitze ich es noch aus **Hamburg** und von **Zelle**.

XLII.

Das sechsfach gewundene runde Ammonshorn, Schr. *Cornu ammonis 6. gyris rotundis circumscriptum. Tab. V. fig. 18.* Tab. V. fig. 18.

Dem ersten Anschein nach sollte man dieses Ammonshorn mit dem vorhergehenden ganz für einerley halten, da es beynahe mit demselben eine Grösse und eine Höhe hat. Es bestehet aus sechs verhältnißmäßig abnehmenden Windungen. Allein es hat

1) keine platte Seite, sondern es ist auf beyden Seiten gleich rund;
2) keinen scharfen Rand, sondern völlig gleiche runde Windungen;
3) keine ovale, sondern eine runde Mundöffnung.

Bey der vorhergehenden Numer redeten einige Schriftsteller auch von einem runden Ammonshorn mit gleich abnehmenden Windungen; allein sie sagen doch ausdrücklich, daß die eine Seite platt sey, ich kann daher sicher behaupten, daß keiner derselben dieses Ammonshorn meyne, und daß ich folglich der erste bin, der es bekannt macht. Zuverläßiger als bey dem vorhergehenden kann ich behaupten, daß es **linksgewunden** sey. Denn wenn ich die mehr vertiefte Seite und die hervorragende Lippe zur Richtschnur annehme, und dieses Ammonshorn mit dem folgenden Widderhorn vergleiche, so hat es mit demselben Einen Gang der Windungen.

Ich habe dieses Ammonshorn weiß an den Ufern der **Saale** und bey **Thangelstedt** gefunden. Anfänglich fand ich dasselbe blos im Sande, da war es weiß und hatte natürlich keinen Bewohner. Hernach entdeckte ich dasselbe in einem ausgestochenen Graben, der das ganze Jahr stehendes Wasser hat, an den Wassergräsern und dürren Reisern, die in diesem Graben lagen. Die Farbe der ersten Windung ist hornartig und durchsichtig, die folgenden aber sind ganz schwarz. Den Bewohner habe ich oben bey den allgemeinen Anmerkungen über dieses Geschlecht beschrieben.

XLIII.

Tab. IX. fig. 13. **Das bandirte linksgewundene Posthorn, Schr. Das Widderhorn, Linn.** *Helix cornu arietis Linn. Planorbis contrarius Müll. Tab. IX. fig. 13.*

Geve monatliche Belustig. *tab. 2. fig. 9. 11. 12.* Knorr Vergnüg. Th. I. *tab. 2. fig.* 4. 5. S. 3. das bandirte Posthorn. Anm. Herr D. Martini sichet in dem Berlin. Mag. Th. II. S. 615. 616. diese Abbildung des Knorr für das unächte gelbe Posthorn, Helix citrina Linn. an; sie ist es aber nicht, sondern unser gegenwärtiges Widderhorn, welches vom Helix citrina, der nur im uneigentlichen Verstande ein Posthorn genennet werden kann, wesentlich und sichtbar unterschieden ist. Seba *Thesaurus Tom. III. tab. 39. fig. 1-8. 14. 15. p. 118. Num. 1. Cochlea est umbilicata, ex pallide citrino flava, binis supra dorsum taeniis, saturate fuscis, inter quas ex dilutiore Arantii colore pictura regnat, exornata. Species haec pertenuibus semper et admodum laevibus gaudet testis, etc. Num. 2. eadem subtus conspicua, dilute crocea, binas illas taenias fuscas, tertiamque albam visui offerens. N. 3. haec supra ex dilute cinereo albicans, per dorsum cinereo grisea, spiram ostendit ex dilute flavo pictam. N. 4. saturate Arantii est coloris, latiore alba, binisque spadiceis taeniolis ornata. N. 5. eadem supina, coloris Arantii paulo dilutioris. N. 6. ruffo cinerei, ex albo mixti, haec est coloris, binis lemniscis angustis, spadiceis, gyrisque albis fimbriata. N. 7. supra spadiceus huic color est; et flava eam taenia ambit. N. 8. eadem supina. N. 14. Cochlea major umbilicata, taeniis ex ruffo luteis circulata. N. 15. alia ejusmodi, nigris luteisque taeniis eleganter circumdata, sulcis dilute purpureis distincta.* Lister *Histor. Conchyl. tab. 136. fig. 40. cochlea maxima* (und nicht marina, wie es im Klein heißt) *compressa fasciata.* Klein *Method. ostracol. p. 5. §. 12. n. 1. et tab. I. fig. 7. Cornu hammonis spurium; maximum fluviatile corrugatum transversim.* Linne' *Mus. reg. Ludov. Ulr. p. 166. n. 367. Helix cornu arietis testa umbilicata planiuscula apertura ovali.* Petiver *Gazophyl. tab. 92. fig. 4. Planorbis maximus fasciatus.* Pontoppidan Naturh. von Dännem. S. 196. *Helix cornu arietis.* Linne' *Syst. nat. ed. X. p. 771. sp. 590. Helix cornu arietis testa umbilicata planiuscula, apertura ovali. ed. XII. Gen. 328. sp. 674.* Müller Natursyst. *VI.* B. S. 568. das Widderhorn. Argenville Conchyliol. deutsch *tab. 8. fig. E.* (citante Linnaeo.) *Trochus lineis albidis et rufis distincta.* Ein Elephantenrüssel, im Texte S. 175. eine Lampe der Alten. Müller *Hist. Verm. P. II. p. 152. n. 342. Planorbis contrarius testa sinistrorsa, supra umbilicata, fasciis diversicoloribus.* Meuschen *Mus. Gronovianum p. 129. n. 1369. Helix cornu arietis, Ramshooren.* Gronov *Zoophylacium Fasc. III. n. 1543. Helix testa utrinque umbilicata: anfractibus contrariis.* Dänisch Links-Skiven.

Herr Etatsrath Müller ist der erste Schriftsteller, der es bey diesem Posthorn beobachtete, daß es linksgewunden sey, obgleich der verstorbene Gronov, wie dessen vorige Beschreibung ausweiset, eben diese Beobachtung gemacht, und unsrer Conchylie *anfractus contrarios* beygelegt hat. Die Sache ist hier ganz ausser Zweifel gesetzt, und man wird sich davon am ersten überzeugen können, wenn man diese Schnecke mit der Coccinellschnecke, mit der sie eine grosse Aehnlichkeit hat, vergleichen will. Unter den Posthörnern der süssen Wasser ist dieses Widderhorn das gröste, und wegen der Bänder, die dessen Rücken umgeben, eins der schönsten. In seinem Bau bleibt es sich immer gleich, Grösse und die Farbenmischung der Bänder sind gar sehr verschieden. Es bestehet gemeiniglich aus fünf bis sechs Windungen, und erlangt dabey eine Grösse von 1½ Zoll und drüber, seine Höhe erreicht beynahe ½ Zoll, doch sind die Windungen nicht ganz rund, sondern oval, gewölbt, und ein wenig gedruckt, daher auch die Mundöffnung oval ist. Auf der obern Seite hat die Conchylie einen tiefen Nabel, welcher daher entstehet, daß sich die Windungen in ihrer Fortschreitung merklich senken. Die untere Seite hat diesen Nabel nicht. Bey den gewöhnlichsten Beyspielen ist die Schale ganz glatt. **Klein** aber, dessen Abbildung doch **Linne** anführt, will ein Beyspiel mit gerunzelter Schale kennen. Bey den gewöhnlichsten Beyspielen ist die Farbe weiß, etwas schmutzig, und spielet oben ein wenig in das röthliche. Der Rücken ist mit Bändern belegt, deren Zahl und Bau verschieden ist, diese Bänder aber schimmern durch die Schale hindurch, und sind auch von innen sichtbar. Die Schale ist stark, und ungleich stärker als beym Helix citrina, die auch der ganze Bau von unserm **Widderhorn** unterscheidet, und der nur im ganz uneigentlichen Verstande ein Posthorn heissen kann. Farbe und Bänder erscheinen bey dem Widderhorn in vielen Abwechselungen, die zum Theil schon aus den vorigen Beschreibungen aus Schriftstellern deutlich sind. Herr Etatsrath **Müller** giebt folgende an:

1) Alba fasciis quinque subaequalibus.
2) Alba fasciis quatuor inaequalibus.
3) Alba fasciis tribus; suprema latissima.
4) Alba fasciis quinque; penextimis latioribus.
5) Alba fasciis tribus, suprema angustissima.
6) Alba fasciis tribus, media latissima.
7) Diversicolor fasciis septem.

Bey dem einen meiner Exemplare sind das erste und dritte der fünf Bänder ganz schwach, und das zweyte und fünfte die stärksten.

Das andre meiner Beyspiele, und das ist dasjenige, das ich Tab. IX. fig. 13. habe abzeichnen lassen, unterscheidet sich von allen andern dadurch, daß es sechs Bänder hat, eine Spielart, die Herr Etatsrath **Müller** nicht beobachtete. Das erste und sechste Band sind ganz schmal, das zweyte, vierte und fünfte sind breiter, und sich ganz gleich, das dritte aber ist sehr breit, beynahe einen vierthels Zoll. Ausserdem sind das dritte und vierte Band gelbbraun eingefaßt. Wollte man diese Einfassung als eigne Bänder betrachten, so würde dieses Widderhorn acht Bänder haben, und also auch in dieser Rücksicht eine noch unbekannte Abänderung seyn.

Wenn gleich das Widderhorn gar nicht unter die seltenen Conchylien gehöret, so herrschet doch in den Schriftstellern darüber noch mancherley Verwirrung.

Wenn

Wenn mich nicht die entschiedenen Kenntnisse des Herrn Etatsrath **Müller** zurückhielten, so würde ich die Figuren im **Seba** tab. 39. fig. 1 - 8. lieber zum Helix citrina rechnen, zumal da diese Schalen in der Beschreibung als überaus dünne beschrieben, und bey einigen weniger als drey Bänder angegeben werden. Wie Argenville darauf verfallen konnte, unser Posthorn unter die **Kräusel** zu zehlen, und unter die **Lampen** der Alten zu setzen, das begreife ich auch nicht. Am allerwenigsten aber ist entschieden, ob dieses Posthorn unter die Flußconchylien gehöre? **Seba** hat es unter die Erdschnecken gesetzt, beym **Argenville** liegt es unter den Seeconchylien. Unterdessen findet man es beym **Lister** unter den Flußconchylien, und die Frage des Herrn Etatsrath **Müller**, an fluviatilis? hat in meinen Augen ebenfalls ein groß Gewicht, dergestalt, daß ich überzeugt glaube, es sey eine wahre Flußconchylie. Warum ich das glaube? Nach den Kennzeichen meines lieben **Spenglers** in **Kopenhagen**, die er in dem IX. Stück des Naturforschers S. 165. angegeben hat, ist es keine Erdschnecke, denn dazu ist die Schale zu stark; auch keine Seeschnecke, denn dazu ist die Schale nicht fein, glänzend und perlenmutterartig genug; folglich muß es eine Flußschnecke seyn.

Den Bewohner hat, wie ich schon oben gesagt habe, **Geve** beschrieben, doch setzet Herr Etatsrath **Müller** in die Richtigkeit seiner Beschreibung noch einigen Zweifel. Das Widderhorn gehöret eben nicht unter die grösten Seltenheiten. Meine beyden schönen Exemplare, davon ich das eine tab. IX. fig. 13. habe abzeichnen lassen, kosten mich in der **Gronovischen** Auction in Holland einen Gulden. **China** ist ihr Vaterland.

XLIV.

Das kleine linksgewundene Senegallische Posthörnchen mit vier Windungen, Mart. *Planorbis testa vtrinque plana, spiris quatuor sinistris.*

Adanson *Hist. du Senegal P. I. p. 7. 10. tab. 1. Le Coret, Coretus.* **Bonnet von den organisirten Körpern, deutsch Th.** *II.* **S.** 117. Martini Berlin. **Magaz.** *IV.* **B. S.** 263. *n. 65. A. tab. 8. fig. 24.* **das kleine linksgewundene Senegallische Posthörnchen mit vier Windungen.** *Planorbis seu Cornu ammonis spurium exiguum, testa plana vtrinque, spiris quatuor sinistris, apertura subrotunda, M.*

Ich kann hier weiter nichts thun, als die Nachricht des Herrn D. **Martini** über dieses Ammonshorn wiederholen. „Herr **Adanson** hat in den Flüssen um **Senegall** zwar eine grosse Menge ähnlicher kleiner Schnecken gefunden; diejenige aber, die er Coretus nennet, und seiner Aussage nach nirgends beschrieben ist, macht bey ihm ein eignes Geschlecht aus. Die Schale ist auf beyden Seiten gleich flach, und im Durchmesser nicht über $1\frac{1}{2}$ Linie breit. (Die **Martinische** Abbildung ist also vergrössert.) Ihre vier Windungen sind rund, in ihrem Umfange aufgeblasen, und von der Rechten nach der linken gedrehet. Die Schnecke gehöret also zu den so genannten seltenen **Linksschnecken.** (Les Vniques. Sine pari.) Die Mündung ist beynahe Cirkelrund, mit einem einfachen schneidenden Rand, der durch das erste Gewinde unterbrochen wird, welches sich in die Mündung hineindrehet. Die Schale ist dünne, durchsichtig, auswendig glatt, glänzend, und von gelbbrauner Farbe. Der Kopf des Thiers ist cylindrisch. Den Mund siehet man unten gegen die Mitte des Kopfs, und wenn die Lippen verschlossen

sind,

sind, hat er das Ansehen eines lateinischen T, dessen Querlinie sich oben in einen Bogen krümmt. Die beyden Fühlhörner sind noch einmal so lang als der Kopf, fadenförmig, oben sehr spitzig, und nach allen Seiten sehr beweglich: unten sitzen die beyden Augen als schwarze Puncte an der innern Seite der Fühlhörner. Die Fußsohle ist nicht breiter als der Durchmesser des Gehäuses, an beyden Enden stumpf, und wenn das Thier fortkriecht, dehnt es sich so weit aus, daß der Kopf ganz darin verborgen liegt. Sie ist fast zweymal so lang als breit. Die Farbe des Thieres ist schwarzbraun, und das Thier gehöret zu der Art von Zwittern, die von einer zweyten Schnecke befruchtet werden, wenn sie eine dritte selbst befruchten."

XLV.

Die Coccinellschnecke, Mart. Die Purpurschnecke der Flüsse. *Helix cornea, Linn. Planorbis purpura, Müll. Tab. V. fig. 16. 20. 21. Tab. min. C. fig. 7.* Tab. V. fig. 16. 20. 21. Tab. minor C. fig. 7.

Lister *Historia animal. tit. 26. p. 143. tab. 2. fig. 26. Cochlea bulla, ex vtraque parte circa vmbilicum cava.* Lister *Hist. Conchyl. tab. 137. fig. 41. Purpurae lacustres coccum fundentes. Cochlea bulla quatuor orbium.* Lister *tab. anatom. 7. fig. 1. 2. 3.* Lister *exercit. anatom. II. de buccin. tab. 3. fig. 1-4.* Bonanni *recreat. Class. III. fig. 316. p. 157. Cochlea cujus testa turbinatum Bovis cornu colore repraesentat. Vmbilicus marinus vocari potest ex figura: ita autem turbinatur, vt vtrinque cava sit in centro anfractuum, quod tamen minus est in parte superiore (inferiore melius) quam in inferiore, et orbes in sinistram partem convolvuntur.* Bonanni *Mus. Kircher. Class. III. fig. 312.* Gualtieri *Ind. testar. tab. 4. fig. DD. Cochlea fluviatilis depressa, pulla, ex vtraque parte vmbilicata.* Marsigli *Danube Tom. IV. p. 89. tab. 31. fig. 3.* Linne' *Faun. Suec. 1746. p. 373. §. 1304. Cochlea testa plana pulla, supra vmbilicata, anfractibus 4. teretibus.* Lesser Testaceotheol. 1744. §. 41. *g. p. 115.* Ein vertieftes Posthörnchen, welches sich in süssen Seen aufhält, und die Coccinellfarbe von sich giebt. Es ist von dunkler Farbe. Schwammerdamm Bibel der Natur S. 81. 371. *tab. 10. fig. 3. 4.* die platte Wasserschnecke. Klein *method. ostrac. p. 9. §. 21. n. 1. Serpentulus quatuor orbium; Purpura lacustris; Cochlea pulla quatuor ordinum, coccum fundens.* Geve monatl. Belustig. *tab. 3. fig. 18. 19.* S. 27. 29. Argenville Conchyl. deutsch *tab. 27. fig. 8.* S. 281. 285. *Orbis fusca cinerea; colore Achatae.* Die braune Tellerschnecke. — Die grossen Tellerschnecken mit runden Gewinden; die aschgraue; die achatfärbige Tellerschnecke. Aus dem Rheine, der Gobeline und der Marne. Argenville Zoomorphose, *tab. 8. fig. 7.* S. 60. Knorr Vergn. der Augen Th. *V. tab. 22. fig. 6.* S. 35. das Europäische Posthorn, *Europisch Posthoorntje, Cornet de Postillon d'Europe.* Seba *Thesaurus P. III. tab. 39. fig. 17. Cochlea limacum minor dilute caerulescens.* Linne' *Mus. reg. Lud. Vlricae p. 665. n. 366. Helix cornea testa supra vmbilicata plana nigricans, anfractibus quatuor teretibus.* Petiver *Gazophyl. tab. 92. fig. 5. Planorbis fluviatilis major, vulgaris.* Pontoppidan Naturh. von Dännemark S. 196. *Helix cornea.* Geoffroy Conchyl. um Paris, deutsch S. 78. *Cornu ammonis spurium maximum, Le grand Planorbe à spirales rondes.* Linne' *Syst. nat. ed. X. p. 770. sp. 587. Helix cornea testa supra vmbilicata plana nigricante, anfractibus quatuor teretibus. ed. XII. Gen. 328. sp. 671.* Müller

Naturfſt. *VI.* Band S. 567. das Waldhorn. Martini Berlin. Magaz. *IV.* B. S. 249. *n. 61. tab. 8. fig. 17.* das vertiefte Posthorn, welches die Coccinellfarbe von sich giebt. Die grosse Tellerschnecke mit runden Gewinden. Handbuch der Naturgesch. Th. *IV.* S. 307. die marmoritte Schnecke, wo die Muschel (die innern Windungen) auf beyden Seiten eingedrückt ist. Müller *Hist. Verm. P. II. p. 154. n. 343. Planorbis purpura testa opaca, supra umbilicata immaculata.* Lange Briefe über verschied. Gegenst. der Naturgesch. S. 45. *Cornu hammonis fluviatile.* Fluß-Ammonshorn ist eine *Species nautili,* und wird in Flüssen und Teichen auf dem Grunde gefunden. Die grösten haben selten über 2 Zoll im Durchschnitt. Die äussere Fläche ist dunkel olivenfarbig. Fischer Naturgesch. von Lievland S. 176. *n. 474.* das Waldhorn. Dänisch Purpur-Skiven; Purpur-Sneglen; Posthornet. Italiänisch Corn-Amone Maggiore.

Dieses in den süssen Wassern ganz gemeine Posthorn ist das gröste unter unsern inländischen Posthörnern, doch geben die Schriftsteller dessen Grösse ganz verschieden an, nachdem nemlich die Beyspiele beschaffen waren, die sie vor sich hatten. Geoffroy nennet den Durchmesser desselben 8 Linien, Herr D. Martini einen Zoll, Herr Müller bis 15 Linien; Lange will sie gar zwey Zoll im Durchmesser gesehen haben, welches mir fast unglaublich ist, doch ist mein gröstes Beyspiel aus Zelle vom Durchschnitt 1¼ Zoll, man findet sie aber oft kleiner. Ausgewachsene Beyspiele haben, das letzte Knöpfchen nicht mit gerechnet, fünf vollkommene Windungen. Die Windungen sind ganz rund, und ganz um den Mittelpunct gewunden, und die Höhe meines grösten Exemplars beträgt an der Mundöffnung gerade einen halben Zoll. Auf der obern Seite sind die Windungen sehr vertieft, daher die Endspitze ein tiefes Nabelloch von mehr als ¼ Zoll bildet; die untere Seite hingegen ist platt, und die folgenden Windungen sind nur ein wenig vertieft. Die Mundöffnung ist rund und nur ein wenig gedrückt, und ihr Rand raget auf der obern Seite mehr hervor als auf der untern. Der Rand der Mundöffnung ist sehr scharf, und die an dem zweyten Gewinde anliegende und etwas hervorragende Lefze ist dünne, wie Papier. Die Schale ist fein gestreift, die Streifen laufen queer über, und sind an den letztern Windungen viel feiner als an der erstern, wo die Streifen besonders an der Mundöffnung in der That den Runzeln gleichen. An jungen Coccinellschnecken siehet man die Streifen nur durch ein Augenglas. Man kann diesem Posthorn seine eigenthümlichen Schönheiten nicht absprechen, doch muß man frische und wohl gereinigte Beyspiele vor sich haben. Eine schmutzig braune in das Röthliche spielende Haut umgiebt diese Schnecke im Wasser und verhüllt ihre eigenthümlichen Schönheiten; wenn man diese Haut nur zum Theil abreibt, so wird die Schnecke roth, braun, weiß, gelblich und bläulich wie marmorirt. Man kann ihr aber dann nicht ihren vollen Glanz geben. Ist aber diese Haut völlig abgezogen, so erscheinet nun die Conchylie in ihrer eigenen Schönheit, wovon ich folgende Abänderungen besitze:

1) Leberfarben, unten weiß, aus Straßburg.
2) Rothbraun mit einer grünen Mundöffnung, auch aus Straßburg.
3) Hornfarbig, aus Hamburg.
4) Bläulich mit Weiß und Hornfarbe untermischt, aus der Churmark.

5) Blau

5) Blau und röthlich marmorirt, unten weiß, aus **Weimar.**
6) Blau mit Weiß melirt, wie im Schatten, aus **Zelle.**
7) Weiß und hornfarbig mit eingemischten bläulichen Flammen, auch aus **Zelle.**
8) Schmutzig grau mit bläulichen Schatten, aus **Leipzig.**
9) Hornfarbig mit rothbraunen Schatten, auch aus **Leipzig.**

Die Schale ist überaus zart und dünne, und daher gegen das Licht durchsichtig, wie Horn. Ihr innrer Bau ist gerade derjenige, den ich oben in meinen allgemeinen Anmerkungen beschrieben habe. In einer Abbildung habe ich ihn Tab. min. C. fig. 7. vorgelegt.

Herr D. **Martini** versichert, daß man diese Coccinellschnecke auch zuweilen linksgewunden finde. Herr Etatsrath **Müller** thut hinzu, daß schon **Bonanni** einer solchen linksgewundenen Coccinellschnecke Erwehnung thue, und S. 314. fig. 316. eine Abbildung davon aus dem Kabinet eines Mathematickers aus **Naumburg** vorlege. Herr **Müller** wünscht gar sehr, daß man so glücklich seyn möchte, darüber neue Untersuchungen anzustellen, denn man werde dadurch zugleich in den Stand gesetzt werden, zu entscheiden: **ob die Linksschnecken einer Gattung von den rechtsgewundenen eben dieser Gattung durch gar nichts als die verkehrte Windungsart unterschieden wären?**

Von dem **Bewohner** der Coccinellschnecke habe ich schon oben Nachricht gegeben, dort aber zugleich versprochen, hier von ihrem Purpursafte zu reden, der ihr eben den Namen der **Coccinellschnecke**, oder der **Purpurschnecke der süssen Wasser** zuwege brachte. Ganz gehöret ihr freylich dieser Name nicht, da ich schon einige Posthörner, die einen rothen Saft haben, beschrieben habe. Sie hat aber doch diesen Saft vorzüglich bey sich, daher ich hier Herrn D. **Martini** Nachricht wiederholen darf. Das merkwürdigste an diesem Thier ist, daß es, wenn man etwas Salz, Pfeffer oder Ingwer in die Mündung streuet, eine coccinellfarbige Feuchtigkeit ausschäumet, welche **Lister** nicht so wohl für das Blut, als für den um den Schlund und Magen befindlichen Speichel oder für einen besondern Saft hält, der in seinem eignen Behältniß verwahrt liegt. Man bemerkt diesen Saft an der gereitzten Schnecke das ganze Jahr hindurch, besonders aber im **April** und **September.** Wenn man ihn zu Versuchen häufig sammlen will, schmeißt man eine Menge solcher Thierchen in ein leinen Beutelchen, streut etwas Salz hinein, und lockt ihn dadurch in Menge aus denselben hervor. Durch aufgestreutes Alaunpulver, Eßig, Salzlacke oder Weingeist setzt sich der gefärbte Theil dieses Saftes gleich zu Boden, und der übrige Theil stehet wie klares Wasser darüber. Wird die Farbe beym Durchseigen in Löschpapier aufbehalten, so verwandelt sich die schöne Röthe in ein schmutziges Braun. Ueberhaupt scheint die Farbe dieses Safts zum Gebrauch nicht beständig genug zu seyn. Ich setze hinzu, daß es doch wohl möglich wäre, ihr eine bessere Dauer zu geben, wenn man nur verschiedene Versuche damit anstellen wollte; und was für ein Vortheil würde dieses für Mahlerey und Färbekunst seyn, wenn wir in der Zukunft dem so kostbaren Purpur eine wohlfeilere Farbe an die Seite setzen könnten.

Die Purpurschnecke ist allenthalben gemein, sie hält sich eben so gern und fast noch lieber in Teichen als in Flüssen auf; wo sie aber auch wohnen mag, da sitzt sie gern auf dem Boden und kömmt nicht so oft an den Rand, oder auf Kräuter und Gräser, die ausser dem Wasser stehen, als viele andre Flußconchylien zu thun gewohnt sind. In England fand sie **Lister**, in **Holland Schwammerdamm**, der uns zugleich versichert, daß sie sich sowohl in süssen als gesalznen Wassern zwischen den Wiesen und Wegen sehr häufig aufhalten; in **Frankreich** hat sie **Geoffroy** bey **Paris**, und **Argenville** in der **Gobeline** und **Marne** gefunden; in **Schweden** entdeckte sie der Herr **von Linne'**; in **Dännemark Pontoppidan** und **Müller**, und letzterer versichert, daß sie auch auf der Küste von **Coromandel** gefunden werde. In **Liefland** hat sie **Fischer** gefunden, in der **Donau Marsigli**, in dem **Rhein Argenville**. In der **Churmark** fand sie **Martini**, bey **Helmstedt Lange**, bey **Zelle** Herr Hofmedicus **Taube**, in **Straßburg** Herr Prof. **Hermann**. Ausserdem besitze ich sie noch von **Leipzig** und von **Hamburg**. Hier bey **Weimar** habe ich sie nirgends als in einem grossen Teiche auf dem Lustschlosse **Belvedere** entdeckt, wo sie aber wegen der hohen Ufer sehr schwer zu erhalten sind.

XLVI.

Das kleine Posthörnchen mit drey runden Gewinden, Mart.
Planorbis trium spirarum sine limbo.

Martini Berlin. Magaz. *IV.* **B. S.** 253. *n. 61. Tab. VIII. fig. 23.* **das kleine Posthörnchen mit drey runden Gewinden.** *Cornu ammonis spurium trium spirarum, sine Limbo.*

Ich kenne dieses kleine Posthörnchen blos aus dem **Martini**. Es ist hornfarbig und durchsichtig. Die erste Windung ist breit, rund und ohne Rand, nach der Zeichnung zu urtheilen viel grösser als das nächstfolgende Gewind. Die übrigen Windungen bilden an der obern convexen Fläche eine kleine Vertiefung. Man findet dieses Posthörnchen bey **Berlin** in den Gräben bey andern Posthörnchen, besonders an den Blättern der Wasserrose.

XLVII.

Das kleine platte Posthörnchen mit fünf Gewinden ohne Rand, Mart.
Helix spirorbis Linn. Planorbis spirorbis Müll.

Linne' *animal. Suec. Acta Vpsal. 1736. p. 40. n. 2. Cochlea testa depressa vtrinque subaequali spira tereti.* **Linne'** *Faun. suec. 1746. p. 373. §. 1305. Cochlea testa plana alba vtrinque concava, anfractibus quinque teretibus.* **Geoffroy Conchyl. um Paris, deutsch S. 80.** *Cornu ammonis spurium minus. Le petit Planorbe à cinq spirales rondes.* **Linne'** *Syst. nat. ed. X. p. 770. sp. 588. Helix spirorbis testa vtrinque concava plana albida, anfractibus quinque teretibus; magnitudine seminis Anethi. ed. XII. gen. 328. sp. 672.* **Müller Natursyst. Th.** *VI.* **S. 568. der Tillsaame, holländisch** *Dillzaadje.* **Martini Berl. Magaz.** *IV.* **B. S.** 258. *n. 64. tab. VIII. fig. 20.* **das kleine platte Posthörnchen mit fünf Gewinden ohne Rand.** *Cornu ammonis spurium exiguum, orbium quinque teretium, sine limbo.* **Müller** *Hist. Verm.*

P. II.

P. II. p. 161. n. 347. Planorbis spirorbis testa flavescente, vtrinque concava aequali; anfractibus teretibus. Dänisch Brikke-Skiven.

Dieses Posthörnchen gehöret unter die kleinsten Gattungen seines Geschlechts. **Linne'** sagt, es habe die Grösse des Tillsaamens, **Martini** in seinem ganzen Umfange die Grösse einer Erbse, **Geoffroy** nennet $1\frac{1}{2}$ linie, und **Müller** 2 linien die Grösse ihres grösten Durchmessers. Es hat fünf runde und glatte Gewinde, und ob es gleich platt ist, so hat es doch keinen Rand, folglich sind die Windungen auf beyden Seiten convex. Die Mundöffnung ist rundlich oder eyrund, und der äusserste Rand ist inwendig weiß, und etwas stärker als die übrige Schale, daher ihr Herr Etatsrath **Müller** aperturam sublabiatam beyleget. Die Windungen sind sich auf beyden Seiten ganz gleich, und nur in dem Mittelpuncte ein wenig vertieft. Die Schale ist dünne, durchsichtig, und so fein gestreift, daß man die Streifen auch kaum durch das Vergrösserungsglas erkennen kann. Es hat eine gelbliche, zuweilen weißliche Farbe. Herr Etatsrath **Müller** hat dieses Ammonshorn lange für eine blosse Abänderung vom Planorbis vortex (n. XLI.) gehalten, aber die convexen Windungen und die beschriebene Beschaffenheit der Mundöffnung haben ihn davon überzeugt, daß es eine eigne Gattung sey.

Es gehöret dieses Posthörnchen unter die seltenern Flußconchylien. Herr **Geoffroy** fand es bey **Paris** in Teichen, Herr **Müller** in **Dännemark** in sumpfigten Gegenden, Herr D. **Feldmann** in dem See bey **Neuruppin**, und Herr D. **Martini** in den Wassern bey **Berlin**. In **Schweden** hat es der Herr Ritter von **Linne'** entdeckt; in meinen Gegenden aber ist es mir noch nicht vorgekommen.

XLVIII.

Das kleine viermal gewundene Posthörnchen. *Helix contorta, Linn.*

Linne' *Animal. Suec. Acta Vpsal. 1736. p. 40. n. 5. Cochlea testa depressa, spira arctissima vix perforata.* **Linne'** *Faun. Suec. 1746. p. 374. § 1309. Cochlea testa plana vtrinque aequali, vmbilicata, apertura semilunari.* **Linne'** *Syst. nat. ed. X. p. 770. sp. 589. Helix contorta testa subumbilicata plana utrinque aequali, apertura lineari arcuata. ed. XII. Gen. 328. sp. 673.* **Müller Natursyst.** *VI.* **B. S.** 568. **der Kohlsaame. Martini Berl. Magaz.** *IV.* **B. S.** 261. *n. 66.* **das kleine viermal gewundene Posthörnchen.**

Es wird sich unten bey n. LV. zeigen, daß Helix contorta Linn. und Planorbis contortus Müll. zwey ganz verschiedene Conchylien sind. Von dem gegenwärtigen kann ich nur mich an die angeführten Schriftsteller, von **Linne'** und **Martini**, halten, denn die Conchylie selbst habe ich nicht gesehen. Das Posthorn bestehet aus vier Windungen, die fest an einander anschliessen. Beyde Flächen sind sich ganz gleich, und beyde haben in der Mitte eine Vertiefung, folglich ist auch die Windungsart auf beyden Seiten eben dieselbe. Die Mündung gleichet einem lateinischen C. Herr von **Linne'** fand dieses Posthörnchen in den Gräben an den Wurzeln der Hottonia, auch oft auf den Wiesen bey **Upsal**. Es hat die Grösse des Kohlsaamens. Das schwarze Thierchen hat zwey lange spitzige Fühlstangen. Wenn es aus dem Gehäuse hervorkriecht, und auf dem Wasser schwimmt, siehet die Schale gegen das Licht goldfarbig aus.

XLIX.

Das kleine Schlängelchen mit drey Gewinden, Mart. *Planorbis s. Cornu ammonis trium spirarum.*

Martini Berl. Mag. *IV.* B. S. 267. *n. 69. Tab. VIII. fig. 25.* das kleine Schlängelchen mit drey Gewinden. *Serpentulus exiguus trium spirarum ex lacu Ruppinensi, Feldm.*

Zu Neuruppin fand Herr D. Feldmann und bey Berlin Herr D. Martini dieses kleine Ammonshorn von drey Gewinden. Die Schale hat ohngefehr einen Durchmesser von 1½ Linie, und eine weisse Farbe. Das erste Gewind ist stark und rund, und die Mundöffnung ist auch rund; die übrigen aber drehen sich nach unten immer enger zusammen, und daraus entstehet auf der obern Seite ein tiefes Nabelloch und unten ein erhöhetes oder hervorragendes Auge. Eine und eine halbe Linie ist ihr gröster Durchmesser, sie ist aber oft viel kleiner. Herr D. Martini versichert, daß dieses Posthorn in der Gegend um Berlin gar nicht selten sey, aber nur zu klein sey es, um leicht und oft bemerkt zu werden.

L.

Die ziegelförmige Tellerschnecke, Mart. *Turbo nautileus Linn. Nautilus crista Linn. Planorbis imbricatus Müll.*

Rösel Insectenbelustigungen Th. *III.* S. 599. *tab. 97. fig. 6. 7.* einmal vergrössert. Dieses Ammonshorn ist nicht nur gleichsam mit Reifen umlegt, sondern es hat auch an seinem Rücken auf jedem Reif eine Stachelspitze. Hofer *Observat. zoologica* in den *Actis Helveticis P. IV. p. 212. Cornu hammonis spurium testae superficie costis crebris in medio dorsi in spinam acutam abeuntibus notata, tab. IX. fig. 21. 22.* einmal vergrössert. Geoffroy Conchyl. um Paris S. 87. *Cornu ammonis spurium imbricatum. Le Planorbe tuilé.* Linne' *Syst. nat. ed. X. p. 709. Nautilus crista testae apertura orbiculata, anfractibus contiguis articulis annulatis dorso spinosis. ed. XII. Gen. 327. sp. 654. Turbo nautileus.* Müller Natursyst. *VI.* B. S. 560. die Nautilusschraube. Martini Berl. Magaz. *IV.* B. S. 269. *n. 72.* die ziegelförmige Tellerschnecke. *Planorbis testa plana, subtus concava, anfractibus tribus, plicis transversis fimbriatis.* Müller *Hist. Verm. P. II. p. 165. n. 351. Planorbis imbricatus testa alba, umbilicata, carina dentata.* Schröter Journal *V.* B. S. 190. *n. 3.* Dänisch Tegel-Skuiven.

Es glückt nur sehr wenigen Naturforschern, diese Flußconchylie zu sehen, die Herr D. Martini für selten erklärt, die aber vermuthlich darum, weil sie gar zu klein ist, leicht übersehen werden kann. Herr Geoffroy nennet sie 2 Linien lang und ⅘ Linien breit, Herr D. Martini giebt ihren Durchmesser 2½ Linie an, Herr Etatsrath Müller aber versichert, daß er sie über ⅘ Linien nicht gefunden habe. Wie die vergrösserten Abbildungen aus dem Rösel und Hofer darthun, wäre dieses eine der prächtigsten Flußconchylien, wenn ihr nicht die Natur die Grösse versagt hätte. Sie hat nur drey Windungen, unter welchen die erste ungleich grösser ist als das folgende, und hierin hat sie eine Aehnlichkeit mit einem Nautilus. Oben ist die Schale ganz platt, unten ist sie eingedrückt. Ihre Schale ist durchsichtig, gemeiniglich hornfarbig, manchmal weiß. Das

äussere

äussere Gewinde bestehet aus erhabenen Queerstreifen, die eine Art von verlängerten Blättern vorstellen, welche nach dem Rande zu noch grösser werden, und wie die Ziegeln auf den Dächern über einander liegen. In dem Mittelpuncte des Rückens endiget sich ein jedes dieser Blätter in einen scharfen Dorn oder Spitze. Herr Prof. **Müller** beschreibt diese Schnecke sehr dunkel und unvollständig, wenn er von ihr sagt, sie führe auf dem Rücken erhabene Puncte als ein Kamm, und die Gewinde wären geringelt. Die Mundöffnung ist abgerundet, und im **Hofer** besser als im **Rösel** abgebildet. Manchmal geschiehet es, daß die Blätter abgerieben werden, und die Dornen verlohren gehen, daher die Schale ganz kahl erscheinet. Aus solchen Beyspielen macht **Rösel** nicht genau genug eine eigne Gattung, wie der Herr Etatsrath **Müller** bemerket.

Beym Herrn Ritter von **Linne'** stund dieses Posthorn erst unter seinem Geschlecht Nautilus, dahin es freylich nach seinen angenommenen Geschlechtskennzeichen nicht gehören konnte, weil es keine Zwischenkammern hat. Hernach brachte er es unter seine Turbines, und sogar unter die turritos, dahin es nun noch weniger gehöret, sondern eigentlich unter seine Helices.

Bey **Paris** fand Herr **Geoffroy** dieses Posthorn in dem kleinen Fluß **Bievre**; in **Dännemark** Herr Etatsrath **Müller** in einem Bache bey **Friedrichsthalen** auf den Blättern der Nymphaeae und Potamogetonis; bey **Mühlhausen** Herr **Hofer** in dem Fluß **Elle** an den stehenden ruhigen Oertern an dem Ceratophyllo caespitibus densis, Linn.; und Herr **Rösel** bey **Nürnberg**. Wenn man ein solches Kraut aus dem Wasser ziehet, so scheinet es, als wenn kleine Sandkörner auf demselben sässen, so klein ist diese Conchylie, von deren Bewohner ich oben Nachricht gegeben habe.

LI.

Das Posthorn mit gleich abnehmenden Gewinden und scharfen Rande, Schr. *Helix complanata Linn. Planorbis umbilicatus Müll. Tab. V. fig. 22-25. Tab. min. C. fig. 4.*

Tab. V. fig. 22-25. Tab. minor C. fig. 4.

Pontoppidan Naturhist. von Dännemark, S. 196. *Helix complanata.* **Linne'** *Syst. nat. ed. X. p. 769. sp. 579. Helix complanata testa deorsum carinata umbilicata convexa; subtus plana, apertura semicordata. ed. XII. Gen. 328. sp. 663.* **Müller Natursyst. Th.** *VI.* **S. 565. das Ammonshörnlein. Geoffroy Conchyl. um Paris. deutsch S. 85.** *Cornu ammonis spurium marginatum 3. orbium. Planorbe à 3. spirales à arête.* **Müller** *Hist. Verm. P. II. p. 160. n. 346. Planorbis umbilicatus testa fusca, opaca, utrinque subumbilicata, carina marginali infera.* **Fischer Naturgesch. von Lievland, S. 176.** *n. 473.* **das Ammonshörnlein. Dänisch** Navle-Skiven.

In dem Vorhergehenden habe ich bereits ein Ammonshorn mit einem scharfen Rücken (n. XXXIX.) und eine Abänderung davon (n. XL.) beschrieben; allein jenes unterscheidet sich von dem gegenwärtigen hinlänglich dadurch, daß bey jenem die erste Windung ungleich grösser ist, als das nächstfolgende, bey diesem aber sich alle Windungen in einer verhältnißmäßigen Abnahme befinden. Bey jenem gleicht der Bau einem Nautilus, bey diesem einem Ammonshorn. Ich hoffe, durch diese Bemerkung meinem Freunde, Herrn Etatsrath **Müller**, genugzuthun, wenn er sagt: Satis diu haesito,

an

an hic Helix Planorbis Linnaei, an complanatus autorum dicatur, et descriptiones me dubium adhuc relinquunt; quid quod, hunc et Planorbem confudisse videntur et sequens (Planorbis spirorbis n. XLVII.) forte erit eorum complanatus. Es ist freylich hier nichts so leicht möglich als irren, zumal wenn man nicht mit hinlänglichen Exemplaren versehen ist; aber da der Planorbis spirorbis keinen scharfen Rand hat, so kann man auch bey diesem nicht in die Versuchung gerathen, ihn mit unserm gegenwärtigen Posthorn zu verwechseln.

Unser Posthorn hat zwey Hauptcharactere, wodurch es sich von allen Posthörnern unterscheiden läßt, die völlig gleiche und regelmäßige Abnahme der Windungen, und den scharfen Rand. Geoffroy legt diesem Ammonshorn zwar nur 3 bis 3½ Windungen bey, allein völlig ausgewachsene Exemplare, die ich aus verschiedenen Flüssen vor mir liegend habe, haben deren 5 ohne das Knöpfchen des Mittelpuncts. Eben so ist die Sache in Ansehung der Grösse beschaffen. Mein kleinstes Exemplar hat kaum drey Linien, das gröste aber neun Linien. Ich habe es schon gesagt, daß hier alle Windungen verhältniß- und ganz regelmäßig abnehmen, sie sind, wenn das Posthorn auf der untern platten Seite liegt, gewölbt, vertiefen sich aber nach und nach, und bilden solchergestalt eine Art von Nabel, zwischen denen Gewinden sind tiefe Einschnitte. Der scharfe Rand befindet sich nicht in dem Mittelpuncte, sondern er bildet eben die untere platte Fläche, auch diese ist ein wenig, aber in der That so unmerklich vertieft, daß man diese Vertiefung sehr uneigentlich mit einem Nabel vergleichen darf. Die Mundöffnung ist würklich eyförmig, die obere Lippe aber raget vor der untern merklich hervor. Ich besitze dieses Ammonshorn von verschiedenen Farben; weiß etwas perlmutterartig, weisgrau, hornfarbig, wachsfarbig, hellbraun, oder braungelb, dunkelbraun, braunroth und schwarz. Bey manchen ist die Farbe gemischt, und bey einigen hat die erste halbe Mündung eine andere, mehrentheils hellere Farbe, als die folgenden Windungen.

Herr **Müller** und **Pontoppidan** haben dieses Posthorn in **Dännemark**, Herr **Geoffroy** bey **Paris**, und Herr **Fischer** in **Liefland** gefunden. Ich besitze es aus der **Churmark**, von **Hamburg**, von **Straßburg**, von **Zelle**, von **Cahla** und von **Hassel** im **Schwarzburg-Rudolstädtischen**.

Das Thier habe ich oben beschrieben, den innern Bau der Schale aber tab. min. C. fig. 4. abbilden lassen, welche Abbildung vorzüglich dazu dienen kann, die abgesetzten Windungen, die sich alle um eine gemeinschaftliche Axe drehen, deutlich zählen zu können.

LII.

Tab. V. fig. 26. A. B.

Das genabelte Posthorn, dessen Thier einen Federbusch trägt, Schr.

Valvata cristata, Müll. Tab. V. fig. 26. A. B.

Linne' *Fauna Suec. 1746. p. 380. §. 1331.* **Müller** *Histor. Verm. P. II. p. 198. n. 384. Valvata cristata.* **Dänisch** Plumas-Neriten.

Mit dieser kleinen Conchylie fängt sich die zweyte **Hauptgattung** der Posthörner an, die in der That nur den halben Namen der Posthörner verdienen; denn sie haben zwar von oben her den Bau eines Posthorns, gewölbte Windungen, die in sich selbst gewunden sind; allein von der entgegengesetzten Seite her betrachtet gehen sie von den

den Ammonshörnern ganz ab, sie haben keine sichtbaren Windungen mehr, sondern nur ein tiefes Nabelloch, in welchem man bey einigen nur die Windungen sehen kann. Eine dieser Gattungen hat Herr Etatsrath **Müller** mit dem Namen *Valvata cristata* belegt. Valvata ist bey ihm ein Geschlecht, welchem er folgende Kennzeichen gab: Vermis cochleatus, tentaculis binis setaceis, oculis ad basin postice. Hier ist die Valvata cristata die einzige Gattung. Wie der Bau dieser Schale ist, so habe ich unter meinen Flußconchylien mehrere gefunden, die man genabelte Ammonshörner, Cornua ammonis vmbilicata im eigentlichen Verstande nennen könnte.

Das genabelte Posthorn, dessen Thier einen Federbusch trägt, ist eine überaus kleine Conchylie von 1¼ Linie im Durchschnitt. Vier Windungen machen ihr Ganzes aus, und diese sind in sich gewunden gewölbt, doch ist die erste Windung mehr oval als würklich rund; die letzten zwey Windungen sind ein wenig eingedrückt, und wenn man Lust hätte technisch zu reden, so könnte man sagen, daß die Conchylie auf beyden Seiten genabelt wäre. Die Mundöffnung ist cirkelrund, und schliesset an das näheste Gewind an. Unten hat die Schnecke einen tiefen Nabel, den die Windungen dadurch bilden, daß sie sich nach und nach einwärts senken, daher man auch bey dieser Schnecke in diesem Nabelloche alle Windungen sehen kann. Die Schale ist hornfarbig, zart und durchsichtig. Von dem **Deckel** sagt Herr Etatsrath **Müller**, daß er tellerförmig und durchsichtig, von Aussen convex, von Innen concav sey, und daß er aus lauter concentrischen Linien bestehe. Dieser Deckel ist von Innen an zwey Bändern befestiget, und wenn das Thier aus seiner Schale herausgehet, so trägt es denselben auf seinem Rücken. Eben dieser grosse Naturforscher hat auf manchen Schalen häufige eyförmige Puncte bemerkt.

Vom Thier, das diese Schale bewohnet, hat er folgendes gesagt: Limax grisens a dextro latere instruitur spiculo, tentaculum mentiente, quod, quoties testa exit, exseritur, retrorsumque aliquantum curvatur. Hoc a tertio tentaculo Neritae Reaumurii et Planci, ac a lingula Trochi et Turbinis Adansonii diversum est; teres enim, acuminatum rectaque plerumque extensum sistitur. Limax praeterea a latere sinistro crista pennacea branchiali insignitur; hanc rarius conspiciendam praebet. — Crista pulcherrima, pellucida, radiis vtrinque duodecim decrescentibus pinnata est. Pes limacis antice in duos lobos acuminatos fissus est, quod non in caeteris obtigit, proboscisque pede angustior in dimidiam antennarum longitudinem porrigitur. Sonst bemerket noch Herr **Müller** von diesem Thier, daß es sehr selten aus seiner Behausung herausgehe, das er lange im Wasser aufbehalten, und für todt gehalten habe, ehe es ihm glückte, dasselbe zu sehen.

Merkwürdig ist an diesem Thier der **Federbusch**, den es trägt. In der Folge werden wir einen von Herrn **Geoffroy** benamten **Federbuschträger** beschreiben. (n. LXXXV.) Dieser aber hat einen kräuselförmigen Bau, und kann also mit dem gegenwärtigen Ammonshorn gar nicht verwechselt werden, und selbst bey dem Thier haben bey der einen Conchylie die Augen einen ganz andern Sitz, als bey der andern. Diese Schnecke hält sich gern in sumpfigten Gegenden auf, und die Larven der Phryganeen überziehen gern ihre Häuser mit dergleichen Schnecken, wie man aus dem Gesner de aquatilib. paralip. p. 21. sehen kann. Tab. V. fig. 26. b. ist diese Schnecke vergrössert.

LIII.

Tab. V. fig. 27. **Das genabelte wachsfarbige Posthörnchen, Mart.** *Planorbis nitidus, Müll. Tab. V. fig. 27.*

An? Linne' *Faun. Suec. 1746. p. 374. §. 1305. Cochlea plana supra convexa, subtus concava, anfractibus quatuor deorsum marginatis. In fluviis et paludibus frequens in Hottonia.* Martini Berlin. Magaz. *IV.* B. S. 262. *n. 67. tab. 8. fig. 22.* **das genabelte wachsfärbige Posthörnchen.** *Cornu ammonis spurium cerei coloris s. Planorbis testa subtus plana umbilicata, supra convexa in medio foveata, spiris tribus, ore depresse acutangulo, Mart.. Nerita fluviatilis exigua laevis cerea Frisacensis, Feldm.* Müller *Hist. Verm. P. II. p. 163. n. 349. Planorbis nitidus testa polita flavescente supra convexa, umbilicata, subtus plana perforata.* **Dänisch** Glands-Skiven.

Dem ersten Anblicke nach sollte man dieses Posthörnchen mit dem vorhergehenden ganz für einerley halten, aber wenn wir auch nicht auf die gar zu verschiedenen Bewohner sehen wollten, so gehöret nur eine geringe Aufmerksamkeit dazu, dieses von dem vorhergehenden zu unterscheiden. Die Windungen gehen auch um den Mittelpunct herum, und bilden in der Mitte eine Vertiefung, sie ist aber nicht so merklich als bey dem vorhergehenden Posthörnchen. Der Bau der Schale ist auf der obern Seite ganz convex, und die erste Windung endiget sich unten in einem scharfen Rand. Unten ist die Schale concav, und der Nabel ist grösser als an jenem. Herr D. Martini nennet es zwar eine kleine Vertiefung, aber gegen die kleine Schale, die höchstens drey Linien im Durchschnitt hält, ist der Nabel in der That groß, in welchem die Windungen ganz deutlich vor Augen liegen. Drey, vier, auch fünf Windungen machen das ganze Gebäude aus, an welchem die Schale überaus fein, durchsichtig, braun oder gelblich, und wenn der Bewohner noch darin liegt, schwarz ist. Die Mundöffnung ist herzförmig, und an manchen Beyspielen weißlich.

Martini führet in seinem übersetzten Geoffroy S. 85. das kleine Posthörnchen mit drey Gewinden als das nemliche an, was Geoffroy die dreyfach gewundene Tellerschnecke mit einem Rande nennet, und verwechselt also das gegenwärtige Posthorn mit dem Posthorn mit gleich abnehmenden Gewinden und scharfen Rande. (n. LI.) Den Bewohner habe ich vorher beschrieben.

LIV.

Tab. V. fig. 28. **Das Posthorn mit aufgeblasenen Windungen, Schr.** *Planorbis albus gyris rotundis globosis. Tab. V. fig. 28.*

Auf der Kupfertafel habe ich dieses Posthorn in seiner natürlichen Grösse abgebildet, das ich von einem Freunde aus Hamburg erhalten habe. Es bestehet aus sechs Windungen, davon die erste rund und aufgeblasen ist, die folgenden Windungen nehmen schnell ab, und erhöhen sich sanft, daß also dieses Posthorn in der That eine Nebengattung ist, unter den Ammonshörnern, und der folgenden Classe besonders, mit denen, wo die Gewinde verhältnißmäßig abnehmen. (n. LXVII. LXVIII.) Unten bildet diese Schnecke ein tiefes Nabelloch, wie die eigentlichen Nabelschnecken, und man kann nicht nur alle Windungen ganz deutlich, sondern auch dieses sehen, wie sie sich unter einander senken, und das kann man, wie bey der Perspectivschnecke, bis in das obere Knöpfchen hinein-

hineinsehen. Die Mundöffn ng ist beynahe ganz rund, und schliesset sich an der Windung auf beyden Seiten an, ohne auch nur die geringste Spur eines Saums, oder einer Lefze zu hinterlassen. Die Schale ist zwar undurchsichtig, aber dünne und zerbrechlich, ganz weiß, doch laufen auf dem Rücken hinweg noch weissere Bänder, die nur ein aufmerksames Auge gewahr wird, und solcher Bänder zehle ich an meinem Exemplar achte.

LV.

Das kleine sechsfach gewundene falsche Posthörnchen, Mart. *Planorbis contortus, Müll. Tab. V. fig. 29.* Tab. V. fig. 29.

Petiver *Gazophyl. tab. 92. fig. 8. Planorbis minima crassa.* **Geoffroy Schnecken um Paris, deutsch S. 81.** *Cornu ammonis spurium exiguum spiris 6. ad proximam compressis. Le petit Planorbe à six spirales rondes.* **Martini Berlin. Magaz.** *IV.* **B. S. 259. f.** *tab. 8. fig. 21.* **das kleine sechsfach gewundene falsche Posthörnchen.** *Cornu ammonis spurium exiguum spiris sex ad proximam compressis.* **Müller** *Hist. Verm. P. II. p. 162. n. 348. Planorbis contortus testa fusca supra plana, subtus umbilicata, apertura arcuata.* **Dänisch** Tobaksrulle-Skiven.

Die Schriftsteller geben die Grösse dieser Tellerschnecke gar verschieden an; **Geoffroy** und **Martini** $1\frac{1}{4}$ Linie, **Müller** bis 2 Linien, ich aber besitze sie von drey Linien, und das kann vermuthlich vom Alter abhangen. Sie hat daher auch nach der Beschaffenheit ihrer Grösse bald mehr bald weniger, höchstens aber sieben Windungen, diese Windungen sind genau unter sich verbunden und fest an einander gedrückt, daher es scheinet, als wenn die Schnecke, wenn man sie auf ihrer obern Seite betrachtet, aus blossen Cirkellinien bestünde. Die erste Windung ist zwar gewölbt, dabey aber zugleich zusammengedrückt, und die Oberfläche ist ganz platt, ausser daß sich in dem Mittelpuncte eine kleine Vertiefung befindet, die aus den zwey letzten Gewinden bestehet. Unten hat die Schnecke einen grossen vertieften Nabel, in welchem man 4 bis 5 Windungen auf das deutlichste sehen kann. Die Mundöffnung gleichet dem zunehmenden Monde. Ganz weisse Beyspiele sind aus Sande und von Ufern, und also ausgebleicht; im Wasser sehen gute Beyspiele goldfarbig, sonst aber ausser dem Wasser braun oder braungelb.

Sie gehöret unter die seltenern Flußconchylien, doch fand sie Herr **Geoffroy** bey **Paris** unter andern Ammonshörnern, Herr D. **Feldmann** bey **Neuruppin**, und Herr D. und Hofrath **Günther** bey **Cahla**, woher die meinigen sind, häufiger im Sande und ohne Bewohner als mit dem Bewohner, von dem ich oben Nachricht gegeben habe.

Linne' beschreibet seinen Helix contorta als eine halbgenabelte auf beyden Seiten platte Schnecke. Diese habe ich vorher (n. XLVIII.) beschrieben, und diese Beschreibung lehret, wenn sie mit der gegenwärtigen verglichen wird, daß beyde Tellerschnecken wahrhaftig und wesentlich von einander unterschieden sind. Folglich sind Herrn von **Linne'** Helix contorta und Herrn Etatsrath **Müller** Planorbis contortus zwey von einander zu trennende Gattungen.

Herr D. **Martini** sucht diese Tellerschnecke mit einer Erdschnecke in Vergleichung zu setzen, die **Schlotterbeck** Act. Helv. Vol. V. tab. III. A. fig. 16. abbildet, und Cochleam foveatam complanatam limace albicante nennet. Ich habe diese Teller-

 schnecke

schnecke ehedem bey **Thangelstedt** häufig gefunden, und ... in meiner Abhandlung über die Erdconchylien S. 194. beschrieben, und sie Tab. II. fig. 24. abbilden lassen. Einige Aehnlichkeit ist unter beyden, aber die Windungen, die doch nicht so enge an einander passen, die dreyeckigte Mundöffnung, der haarige Ueberzug, und die beträchtlichere Grösse unterscheiden diese Erdschnecke von unsrer Flußschnecke gänzlich.

LVI.

Tab. V. fig. 30. **Der mit Reifen umlegte Planorb, Schr.** *Planorbis umbilicatus costatus. Tab. V. fig. 30.*

Ich habe diese seltene und für die Flußconchylien ungewöhnlich gebaute Conchylie in Muschelsande gefunden, den mir ein Freund verehrte, aber nicht wuste woher er war. Man wird bey dem ersten Anblicke ungewiß, wohin man diese Schnecke legen soll, und ob ihnen unter den Ammonshörnern auch nur im uneigentlichen Verstande eine Stelle gehöre? Die Schnecke scheinet in die Höhe gewunden zu seyn, sie ist es aber in der That nicht. Sie hat kaum einen Durchschnitt von zwey Linien, und beynahe auch eine gleiche Höhe. Die erste Windung ist groß, nur halb platt, folglich ein wenig aufgeblasen. Oben nicht gar zu weit von der zwoten Windung liegt ein erhöheter Reif, und der zweyte ist gerade am Ende dieser Windung. Die zwote Windung ist glatt, und ein wenig erhöhet, die dritte und vierte aber sind vertiest. Folglich bildet diese Schnecke bey allen ihren Unebenheiten und scheinbaren Unregelmäßigkeiten gleichwohl eine platte Oberfläche. Dieser Umstand hat mich bewogen, sie hieher in diese Classe zu setzen. Ausserdem könnte man sie, ihrem ganzen Bau nach betrachtet, bald eine **Bauchschnecke**, bald eine **Nerite**, mit einem allgemeinen Namen aber eine **Nabelschnecke** nennen. Unten hat sie würklich ein tiefes aber enges Nabelloch, in welchem man nur den Anfang der zwoten Windung sehen kann. Die Mundöffnung ist eyförmig, nach der Beschaffenheit der kleinen Schnecke würklich recht groß, von Aussen da, wo die erste Ribbe liegt, nur ganz gelinde unterbrochen; von Innen aber wird man von den Ribben selbst nicht die geringste Spur gewahr. Die Conchylie ist ganz weiß, aber, wie der Augenschein lehret, verkalcht.

LVII.

Tab. V. fig. 31. a. b. **Der Planorb mit gebrochenem Rande, Schr.** *Planorbis umbilicatus margine interrupto. Tab. V. fig. 31. a. b.*

Diese seltene Conchylie aus dem **Rheinfluß** war es allerdings werth, auf beyden Seiten abgezeichnet zu werden. Ihr Bau ist eben so sonderbar, als ihre Seltenheit groß ist. Die obere Seite ist ganz platt, fünf Windungen sind in einander gerollt, schliessen an einander an, und nur die braune Endspitze, die sich auf einer weissen Schale sehr gut ausnimmt, verschönern die Schale eben so sehr, als die feinen Querstreifen, die wie das feinste Haar sind, und die ganze Oberfläche überdecken. Der Rand ist schneidend scharf. Von oben her siehet man die erste Windung weiter gar nicht, als in einem blossen daliegenden Blatte. Kehret man aber die Schale um, so siehet man, daß diese Windung wenigstens einen Viertheilzoll hoch ist, aber allmählig abnimmt, und so nach und nach immer schwächer wird. Da daher dieser Planorb oben einen Durchmesser von

von 5 ⸗ 6 Linien hat, so ist der untere Durchmesser kaum 2 ⸗ 3 Linien, die Streifen sind viel feiner, und man glaubt überhaupt von der untern Seite eine ganz andre Conchylie zu sehen, als von der Oberseite. Man siehet von unten blos die erste Windung, und alle die folgenden wälzen sich in ein tiefes Nabelloch hinein, wo sie, die beyden kleinsten ausgenommen, alle sichtbar sind. Die Mundöffnung ist zwar dreyeckig, aber der gebrochene und weit oben stehende Rand macht dieses Dreyeck so unvollkommen, daß der gröste Theil der Mundöffnung vollkommen oval ist. Ob diese Conchylie der Rhein häufig liefre? und was sie für einen Bewohner habe? das kann ich nicht beantworten. Man hat sie mir als eine grosse Seltenheit zugeschickt.

LVIII.

Das durchsichtige feingestreifte Posthörnchen, Mart.
Planorbis similis, Müll.

Martini Berlin. Magaz. *IV.* B. S. 265. *n. 68. B. tab. XI. fig. 64. B.* das durchsichtige feingestreifte Posthörnchen mit drey Windungen. *Serpentulus major, tenuis, pellucidus, ore largo, rotundo, spiris tribus teretibus, in longitudinem striatis, vtraque superficie excavata, Mart. Semi-nautilus fluviatilis, lucidus, albus, laevis, Feldm.* Müller *Histor. Verm. P. II. p. 166. n. 352. Planorbis similis testa pellucida, supra vmbilicata, punctis striata.* Dänisch: Ligedan-Skiven.

Ausser der zierlichen crystallinischen Schnecke (n. CXXVII.), sagt Herr D. Martini, halte ich diese Schlange für die seltenste in unsern hiesigen Wassern. Ich habe sie von der Grösse einer jungen Erbse bis zur Grösse einer Haselnuß gefunden. Ihre Schale ist so fein als Papier; ohne den Bewohner sieht sie hell, glatt und durchsichtig, mit diesem aber schwarz und gestreift aus. Sie ist sehr zart und regelmäßig nach dem Lauf der Windungen gestreift; der Mund ist weit und rund; das zweyte Gewinde dreht sich in die Mündung hinein, und bildet auf beyden egalen Flächen ein enges Nabelloch. Man entdeckt an der ganzen Schnecke nicht mehr als drey Windungen. Der Bewohner siehet rothbraun oder schwärzlich aus. Nach Maaßgebung seiner Grösse hat er unter allen Flußschnecken die längsten und feinsten Fühlhörner, an deren äussersten Seite unten die Augen sitzen. Unter dem Halse, an der rechten Seite des Leibes, streckt er oft einen langen häutigen Fortsatz hervor, welcher die Farbe der Fühlhörner hat, vorn so breit als am Ursprung ist, und dessen eigentlichen Nutzen man noch nicht bestimmen kann. In eben dem sandigen Graben, welcher die Nebengattung der crystallinischen Schnecke nähret, (n. CXXVI.) fand Herr D. Martini auch einige Stücke des gegenwärtigen seltenen Posthorns bey Berlin. Die Thiere dieser Art sind im Kriechen sehr hurtig, und machen mit ihren langen fadenförmigen Fühlhörnern so wohl, als mit dem häutigen Fortsatz, die seltsamsten Bewegungen. Der Herr Hofr. Vehr hat diese Schnecke auch im Ruppinischen See und Fehrbellinischen Amtsteich gefunden.

Herr Etatsrath Müller entdeckte eben dieselbe im Jahr 1770 in den sumpfigten Gegenden des Waldes Spurreskul zu Friedrichsthalen. Er beobachtete an derselben zuförderst eine grosse Aehnlichkeit mit der Coccinellschnecke, (n. XLV.) ausser, daß an jener der obere Nabel nicht so deutlich ist, als an dieser. Er fand ferner, da er ein gutes Vergrösserungsglas zu Hülfe nahm, daß die Streifen der Schale auf das feinsie punctirt sind; ja wenn man diese Schale auf ihre Mundöffnung stellet, so ruhet sie, welches die Coccinellschnecke nicht thut. Wenn man die Coccinellschnecke in dem Wasser siehet, so ist die Farbe ihrer Schale röthlich, da die Schale des gegenwärtigen durchsichtigen feingestreiften Posthörnchens schmutzig gelb ist; wenn sie noch naß ist, so siehet man die Streifen auch mit blossem Auge; der Bewohner gleicht völlig dem Bewohner der Purpurschnecke. Bey solchen Umständen ist der Herr Etatsrath Müller noch zweifelhaft, ob er diese Conchylie für eine Abänderung von der Purpurschnecke, besonders in ihrem jugendlichen Alter, oder für eine eigne Gattung von Posthörnern halten dürfe? In meiner Gegend ist mir diese Schnecke noch gar nicht vorgekommen, daher ich auch über diesen Umstand nichts sagen kann.

LIX.

Das kleine genabelte Schlängelchen, Mart. *Nerita pusilla, Müll.*

Martini Berlin. **Magaz.** *IV.* B. S. 268. *n. 70. tab. VIII. fig. 26.* das kleine genabelte Schlängelchen mit vier flachen Gewinden. *Serpentulus fluviatilis exiguus 4. spirarum teretium, umbilicatus. Ex lacu Ruppinensi, Feldm.* **Müller** *Histor. Verm. P. II. p. 171. n. 357. Nerita pusilla testa globosa, virescente, perforata, apertura circinnata.* **Dänisch:** Ert-Neriten.

Herr D. **Martini** hat weiter keine Beschreibung dieses kleinen Schlängelchens geliefert; Herr Etatsrath **Müller** aber hat uns mit einer Beschreibung desselben beschenkt. Die Schale, sagt er, ist aufgeblasen, und wenn sie noch frisch ist, von einer hornigten grünlichen Farbe. Sie hat vier Windungen, und ihr Mittelpunct ist nicht vertieft, die Mundöffnung aber rund oder cirkelförmig. Nach der Abbildung des Herrn **Martini** zu urtheilen, sind die Windungen auf beyden Seiten sichtbar, und so hat dieses Schlängelchen die Kennzeichen eines Posthorns, ich vermuthe aber aus der aufgeblasenen oder bauchigten Form der Schale, daß man diese Windungen nur durch ein tiefes Nabelloch sehen kann, daher sie unter den Posthörnern hier am rechten Orte stehet. Der Bewohner hat kleine dünne, fadenförmige Fühlhörner. Diese kleine Schale gehöret unter die seltenern Flußconchylien, die nur noch zu **Neuruppin** in dem dortigen See sind gefunden worden.

LX.

Die rauhe sammtartige Tellerschnecke, Mart. *Planorbis hispidus.*

Geoffroy Conchyl. um Paris, deutsch S. 86. *Cornu ammonis exiguum hispidum. Le Planorbe velouté.* **Martini** Berlin. **Magaz.** *IV.* B. S. 268. *n. 71.* die rauhe sammtartige Tellerschnecke. *Planorbis testa plana subvillosa, subtus concava, anfractibus tribus in medio marginatis.*

Unter den Seeschnecken finden sich mehrere Gattungen, welche die Gewohnheit an sich haben, ihre eigentlichen Schönheiten unter ein rauhes haariges sammtartiges und mehrentheils unansehnliches Kleid zu verbergen, welches sich nur mit vieler Mühe und Sorgfalt abarbeiten läßt. Die **Mohrenbinde**, Murex morio Linn., das **Weinfaß** mit hohen knotigten Ribben, Murex cutaceus Linn., und mehrere haben diese Gewohnheit an sich. Unter den Erdschnecken sind besonders zwey Gattungen bekannt,

die

die haaricht und rauh sind. Die eine ist die **Sammtschnecke mit dreyeckigtem Munde**, die Herr D. **Schlotterbeck** in den Actis Helvet. Vol. V. p. 280. tab. III. A. fig. 16. und ich in meiner Abhandlung über die Erdconchylien S. 194. tab. 2. fig. 24. beschrieben und abgebildet haben. Die andre ist die **Sammtschnecke**, La Veloutée, von welcher **Geoffroy** S. 47. f. **Martini** im Berlin. Magaz. II. B. S. 607. n. X. und ich in meiner genannten Abhandlung S. 186. tab. 2. fig. 21. gehandelt haben. Nun macht uns Herr **Geoffroy** und aus ihm Herr D. **Martini** mit einer Sammtschnecke der süssen Wasser bekannt, welches bis jetzo noch das einzige mir bekannte Beyspiel ist. Bey unsern Sammtschnecken der süssen Wasser und der Erde herrscht unterdessen noch dieser grosse Unterschied, daß es eigentliche Haare sind, die sich viel sparsamer auf der Schale befinden, als der haarige Ueberzug der Seeschnecken, welche man füglicher mit Seide als mit Haaren vergleichen kann.

Die rauhe sammtartige Tellerschnecke hat nur 2 Linien im Durchmesser. Man zehlt an ihr drey Windungen. Sie ist oben platt und unten vertieft, mit leichten Strichen in die Länge und in die Queere gestreift. Das äussere Gewinde hat einen Rand, der sich gerade in der Mitte befindet. Dieses äussere Gewind ist viel stärker als die beyden andern, die sehr klein in die Augen fallen. Die Mündung ist eyförmig und schräg. Sie dehnet sich mehr nach der untern Seite. Als etwas sonderbares bemerkt man an dieser Schnecke, daß sie etwas rauh und mit kurzen Haaren besetzt ist; daher sie niemals glatt und glänzend aussiehet. Herr **Geoffroy** hat sie bey **Paris** in dem Wasser gefunden. Man darf übrigens bey dieser Conchylie nicht befürchten, daß es vielleicht eine oder die andre der vorher angezeigten sammtartigen Erdschnecken sey. Nein! der Reif im Mittelpuncte der ersten Windung unterscheidet sie von beyden überhaupt, insonderheit aber die eyförmige und schräge Mündung von der Sammtschnecke mit dreyeckigter Mundöffnung, und die platte Oberfläche von der andern Sammtschnecke. Sie ist folglich eine eigne Gattung unter den Flußconchylien.

LXI.

Das rothbraune bauchige Posthorn. *Nerita piscinalis, Müll.*

Müller *Hist. Verm. P. II. p. 172. n. 358. Nerita piscinalis testa globosa, perforata, rufofusca.* **Dänisch**: Dam-Neriten.

Ausser dem Herrn Etatsrath **Müller** hat dieser Conchylie niemand gedacht. Sie hat eine Länge von 2 bis 3 Linien, und $1\frac{1}{2}$ bis $2\frac{1}{2}$ Linie sind das Maaß ihrer Breite. Die Schale ist abgerundet und kugelförmig hart, und dergestalt undurchsichtig, daß sie gegen das Licht gehalten nur schwach durchscheinend ist, ihre Farbe ist schmutzig braun oder roth, und sie ist in die Queere fein gestreift. Sie hat nur vier Windungen, die abgerundet sind. Die Mundöffnung ist cirkelförmig, inwendig ist sie weiß oder perlenmutterartig. Unten ist sie gleichsam genabelt, doch also, daß man keine Windungen siehet. Nie hat sie Herr **Müller** mit dem Bewohner entdecken können, ob er sie gleich in dem Teiche in dem Garten zu **Friedrichsthalen** häufig, sonst aber nirgends gefunden hat.

LXI. A.

Die glatt gewundene braune Nabelschnecke mit sechs Gewinden, Argenv.
Planorbis vmbilicatus spiris 6. teretiusculis, Schr.

Argenville Conchyliologie, deutsch *tab. 27. fig. 2. u. b.* S. 280. 284. die plattgewundene braune Nabelschnecke mit sechs Gewinden. *Helix vmbilicata. Limaçon brun, et petit, avec un umbilique.* Martini Berl. Magaz. *IV.* B. S. 247. *n. 58. tab. VII. fig. 15.?* die plattgewundene braune Nabelschnecke mit sechs Gewinden.

Wenn Argenville diese Conchylie nicht ausdrücklich plattgewunden genennet hätte, so würde ich es nicht gewagt haben, sie in diese Classe zu setzen, denn nach der Zeichnung zu urtheilen gehöret sie zuverläßig zu der folgenden Classe. Herr D. Martini hat zu Frankfurth an der Oder in einem kleinen See, und in Thüringen einige dergleichen fahle genabelte Flußschnecken mit fünf nicht merklich erhabenen Gewinden, einer runden Oeffnung, in welche sich die erste Windung hineindrehet, und mit einem bis in die Höhle durchsichtigen Nabel gefunden, bey welchen die Schalen leicht und queer über die Gewinde fein gestreift waren. Allein diese gehöret noch weniger zu diesem Geschlechte. Ich habe inzwischen diese Conchylie, die Argenville in der Seine fand, hier an die Gränze zweyer Geschlechte setzen wollen, der Leser behält dabey seine Freyheit, sie entweder hier stehen zu lassen, oder in das folgende Geschlecht überzutragen.

Das fünfte Kapitel.
Von den Erdschneckenförmig gewundenen Schnecken.

Allgemeine Anmerkungen über die erdschneckenförmig gewundenen Schnecken.

§. 96.

Diejenigen Flußconchylien, welche ich unter dieses Geschlecht gelegt habe, sind, in so fern ihrer andre Schriftsteller ebenfalls gedenken, bald hie bald dorthin geworfen worden. Der mehresten gedenken die Schriftsteller entweder gar nicht, oder es sind nur einzelne Gelehrte, die ihrer Erwehnung thun. Ich habe ihnen den allgemeinen Character gegeben, daß sie im Gegensatz mit den Ammonshörnern zwar in die Höhe gewunden sind, aber sie haben einen stumpfen Zopf, ihre Windungen steigen nicht merklich in die Höhe, und darin haben sie mit unsern gewöhnlichen Erdschnecken, z. B. mit der grossen Weinbergsschnecke, (Helix pomatia Linn.) und mit den gemeinen Waldschnecken, unter denen die gemeinsten mit Bändern umlegt sind, (Helix nemoralis Linn.) eine grosse Aehnlichkeit. Ich glaube daher nicht gesündiget zu haben, wenn ich ihnen den Namen **erdschneckenförmig gewundene Schnecken** gegeben habe, so wie man den Lithologen deswegen nicht tadelt, daß er von Trochitenartigen Cochliten redet. Der Geschlechtscharacter dieser erdschneckenförmig gewundenen Schnecken bestehet darin, daß

1) ihre

1) ihre erste Windung groß und mehrentheils aufgeblasen ist. Nur bey einigen Gattungen ist sie unmerklicher aufgeblasen, etwa so wie bey den Posthörnern mit runden Windungen, und diese haben allemal einen grossen und tiefen Nabel. Diejenigen hingegen, welche runde und aufgeblasene Windungen und eine kuglichte Form haben, haben entweder gar keinen, oder höchstens nur einen halb offnen Nabel.
2) ihre folgenden Windungen erhöhet, doch so erhöhet sind, daß sie einen stumpfen Zopf bilden. Das ist, die Windungen laufen gewissermassen um den Mittelpunct, doch dergestalt, daß das folgende Gewind vor dem vorhergehenden nur ein wenig hervorragt, daß also alle zusammengenommen einen stumpfen Zopf bilden, oder wenn man sich die erste grosse Windung halb weg gedenkt, einer halben Kugel gleichen.
3) ihre Mundöffnung allezeit halbmondförmig, und nur in wenigen Fällen eyförmig ist, folglich sind sie das unter den Flußschnecken, was die Mondschnecken unter den Erdschnecken sind.

Die Schlamm- oder Kothschnecke, (Helix ampullacea Linn.) n. LXII. die gröste Kothschnecke, die Herr Etatsrath Müller mit Grunde von der vorhergehenden trennet, und Nerita vreeus nennet, (n. LXIII.) und das so genannte Ammonsauge (n. LXIV.) sind allerdings die drey ansehnlichsten Gattungen dieses Geschlechtes, die übrigen sind kleiner, unansehnlicher, und wie ich in der Folge darthun werde, gröstentheils ganz und gar verdächtig. Ueber die Bewohner dieses Geschlechtes kann ich aus eignen Wahrnehmungen gar nichts, und aus Schriftstellern sehr wenig sagen, mit Muthmassungen mag ich mich nicht behelfen, daher werde ich die wenigen Anmerkungen, die mir die Schriftsteller anbieten, bey jeder Gattung unmittelbar mittheilen.

Beschreibung
der verschiedenen erdschneckenförmig gewundenen Schnecken.

§. 97.

Nach meiner obigen Geschlechtstafel sind die Gattungen dieses Geschlechtes entweder genabelt oder ungenabelt, und bey den ersten ist entweder das erste Gewind sehr groß und aufgeblasen, oder alle Windungen befinden sich in einer verhältnißmäßigen Abnahme. Es gehören nachfolgende Gattungen hieher:

LXII.

Die Schlamm- oder Kothschnecke, Mart. *Helix ampullacea Linn. Nerita ampullacea Müll. Tab. VI. fig. 2. Tab. IX. fig. 14.* Tab. VI. fig. 2. Tab. IX. fig. 14.

Lister *Histor. Conchylior. tab. 130. fig. 30. Cochlea e viridi subflava, clavicula leviter compressa, fasciis angustis donata.* Rumph amboin. Raritätenk. *tab. 27. fig. Q.* holländ. *p. 92. n. 15. Cochlea lutaria, of Slyk-slekken, zyn tweederlei, groot en klein.* deutsch *p. 56. f. Cochlea lutaria.* Holländisch *Slyk-Slek*, diese ist zweyerley, nemlich die grosse und die kleine. Schynvoet zum Rumph, holländ. S. 93. deutsch S. 60. die funfzehente bey *Lit. Q.* führet den Namen vandirte Zwiebelschale, (*gebande Ajuin-Schil.*) Chemnitz Zusätze zum Rumph S. *LVII.* Gualtieri *Index testar. tab. I. fig. R. Cochlea terrestris vulgaris; eadem ore candido et nullis fasciis distincta.* Hebenstreit *Museum Richter. p. 313. Cassis, quae cochlea lutaria terrestris.* Die *Slyck Slekke* des Rumphs. Lesser Testaceotheol. 1744. §. 44. 7. S. 128. die grosse Kothschnecke. Sie ist dünne von Schalen, dunkelgrün mit braun gemengt, und oben herab laufen schmale gelbliche Aederchen. *it. §. 47. f.* S. 142. die grosse Kothschnecke hält sich im Morast der Reißfelder in *Macassar* auf ꝛc. *it. §. 55. d.*** S. 228. eine kleine Kothschnecke, so sich in *Macassar* im Kothe der Reißfelder aufhält. Sie ist dunkelgrün und braun gemengt. Klein *Method. ostracol. p. 57. II. 1. Galea fasciata, cochlea lutaria, sive Pomatia major; Sisso Salombe; nigra ad lucem transparens, fasciata.* Geve monatl. Belust. *tab. 27. fig. 289. a. b. fig. 291.* Knorr Vergnüg. der Aug. Th. *V. tab. 5. fig. 2.* das Ochsenauge, *Osse Oog, Oeil de Boeuf.* S. 20. an diesem Exemplar trifft man ausser besagten Farben, daß sie nemlich bräunlich grün, und mit gelben Strichen durchwebt sey, auch noch violette Striche an, welche die Länge herunter gehen. Die Spitze hat eine schwärzliche Purpurfarbe. Linné *Mus. Reg. Ludov. Ulricae p. 666. n. 368 Helix ampullacea testa subumbilicata subrotunda glabra anfractibus supra ventricosioribus, umbilico obtecto, apertura ovato-oblonga.* Linné *Syst. nat. ed. X. p. 771. sp. 592. ed. XII. Gen. 328. sp. 676.* eben dieser Name, und gleiche Beschreibung. Müller Natursyst. Th. *VI.* S. 569. das Ochsenauge, holl. *Osse of Kalvs-Oogen.* Martini Berlin. Magaz. *III.* B. S. 152. *n. 44. tab. 6. fig. 68.* die Schlammschnecke. Müller *Hist. Verm. P. II. p. 172. n. 359. Helix ampullacea testa perforata, ventricosa, supra depressa, apice obtuso, apertura larga.* Meuschen *Mus. Gronovian. p. 130. Helix ampullacea, Ossen-Oog* Dänisch Krukke-Neriten. Englisch Smooth Girdled Snail-Shell.

Die Nachrichten, die Rumph von dieser Kothschnecke ertheilet, würden ganz widersprechend seyn, wenn man nicht voraussetzen dürfte, daß er von den Kothschnecken verschiedener Gegenden redete. Er sagt überhaupt, daß man zweyerley Schlammschnecken habe, nemlich die grosse und die kleine. Die grosse siehet wie eine gemeine Schnecke, oder wie die Eyerdotter (Nerita vitellus) aus. Die Schale ist dünne, dunkelgrün, mit untermengter brauner Farbe, queer über laufen dünne gelbliche Adern. Die Mündung ist weit und rund. Die zweyte Art ist kleiner, hat aber die nemliche Structur, nur daß sie etwas mehr zugespitzt ist. Er sagt, auf der Insel Makasser werde die Schlammschnecke Sisso genennet, man habe aber davon dreyerley Arten. Die erste und grösseste, welche man daselbst Sisso salombe nennet, ist so groß wie eine kleine Faust, glatt und schwarz, hält man sie aber gegen das Licht, so siehet man, daß zwey bis drey schwarze Striche durch die Schale gehen. Die andre Art heisset Sisso capong, und ist von mittlerer Grösse. Die dritte Art aber ist die kleinste, und heisset Sisso potir, diese hat einen spitzigen Schnabel. So wie Rumph in der Beschreibung der Kothschnecke ziemlich zweydeutig ist, so sind es viele seiner Nachfolger, die von dem Bau derselben in allgemeinen Ausdrücken reden, und sich nur an die Verschiedenheit der Farbe gehalten haben. Ich kann es verantworten, wenn ich sage, daß Herr Etatsrath Müller der einzige Schriftsteller ist, dem wir eine sorgfältige Beschreibung dieser Schnecke zu danken haben. Mit völligem Grunde unterscheidet er die gröste Kothschnecke von den kleinern, und macht sie zu einer eignen Gattung, die ich bey der folgenden Numer beschreiben werde. Jene aber, die sich nur durch eine mindere oder mehrere Grösse unterscheiden, siehet er billig nur für eine einzige Gattung an. Ich will nach den Beyspielen, die ich aus dem herzoglichen Kabinet und aus meiner Sammlung vor mir liegend habe, diese Schnecke deutlich beschreiben.

Die Kothschnecke bestehet überhaupt aus fünf Windungen, und hat in ihrem Bau einige Aehnlichkeit mit unsrer grossen gemeinen Erdschnecke, der Weinbergsschnecke, Helix pomatia des Linne'. Ihr erstes Gewind ist folglich groß und aufgeblasen, und hat den Bau einer Tonnenschnecke, fast wie das grossgefleckte Weinfaß, Buccinum dolium des Linne'. Diese erste grosse aufgeblasene Windung ist bey manchen etwas mehr gestreckt, oder länglich, und in diesem Falle ragen die obern Windungen mehr und sichtbarer hervor. Von der Art ist das von dem Gualtieri abgezeichnete Beyspiel, für dessen Richtigkeit ich desto zuverläßiger Bürge seyn kann, da ich selbst zwey Beyspiele dieser Art vor mir liegend habe, davon das eine Tab. VI. fig. 2. abgebildet ist. Bey andern, und in den mehresten Beyspielen, sind die vier kleinern Windungen zusammengedrückt, und bilden einen stumpfen niedergedrückten Wirbel. Die Mundöffnung ist oval, doch ebenfalls ein wenig gepreßt, oben nach den kleinern Windungen zu enger als unten, und sie hat beynahe die Bildung des menschlichen Ohrs. Diese Mundöffnung hat keinen Saum, aber eine übergeschlagene Lippe an der linken Seite, die sich an die erste Windung angelegt hat. An manchen Beyspielen gleicht sie einem blossen dünnen Blättchen, ist auch wohl zuweilen unterbrochen, vielleicht wenn der Bewohner seine Arbeit noch nicht vollendet hat, zuweilen aber ist sie auch sehr stark. Da, wo sich die Mundöffnung unten in einen länglichen Bogen ausschweifet, streichet sie neben der Spindel vorbey, und hinterlässet eine Oeffnung, die bald grösser, bald kleiner, bald fast ganz überdeckt ist, niemals aber ein eigentlicher Nabel, oder ein rundes Nabelloch genennet werden kann. Um dieser Ursache willen nennet sie Linne' subumbilicatam, der sie ampullaceam nennet, weil er sie sich unter dem Bilde eines dickbauchigen Kruges gedachte. Unterdessen habe ich doch ein Beyspiel vor mir, wo man in die Oeffnung eine Rabenspule bringen kann. Die Schale der Kothschnecke ist dünne, doch immer an einem Beyspiele stärker als an dem andern, dabey ist die Schale glatt, und nur dann und wann finden sich an der Mundöffnung einige Runzeln, welche aber Ueberbleibsel der neuen Ansätze sind. Die äussere Farbe ist verschieden, doch hängt auch diese Verschiedenheit mit davon ab, ob die Schale frisch ist, oder durch die Luft manche Veränderungen erlitten hat. Herr Etatsrath Müller sagt, sie sey gelb, schwärzlich oder grüngelb. Rumph nennet sie dunkelgrün mit untermengter braunen Farbe; eine andre nennet er bräunlichgrün mit gelben Strichen durchwebt; an dem Knorrischen Exemplar findet man aber noch violette Striche, welche die Länge herunter gehen. Klein nennet die seine schwarz; und Müller sagt in seinem Natursystem, die Farbe sey bläulich, und etwas runzlich gestreift. Das eine meiner Beyspiele, das ich Tab. VI. fig. 2. habe abbilden lassen, ist grünlich mit gelb und weiß gemischt, ein anderes ist braun, inwendig aber sind fast alle Kothschnecken braunroth. Diese Farbe aber ist nicht sowohl der Conchylie selbst, als vielmehr ihrer Beinhaut eigen. Wenn man diese behutsam abziehet, so erscheinet die Schale weiß; der Wirbel aber ist mehrentheils anders gefärbt als die übrige Schale, bräunlich oder röthlich, schwärzlich Purpurfarben, und dergleichen. Ueber die erste grosse Windung laufen braune oder braunrothe Bänder hinweg, deren Lage und Anzahl verschieden ist. Bey einigen liegen diese Bänder inwendig, und schimmern von Aussen durch, bey andern liegen sie auswendig, und schimmern von Innen durch, welches desto füglicher geschehen kann, weil die Schale dünne, und gegen das Licht halbdurchsichtig ist. Die Anzahl der Bänder ist sehr verschieden. Das Tab. VI. fig. 2. abgezeichnete Beyspiel hat deren einige zwanzig, sie liegen dicht an einander, sind mehrentheils ganz dünne, und nur untermischt etwas stärker, und von der Art scheinet mir auch das Beyspiel im **Gualtieri** zu seyn. Ich habe noch ein Beyspiel von ohngefehr 20 Bändern vor mir, die man von Aussen nur dann siehet, wenn man die Schale gegen das Licht hält. Das ist das Beyspiel, das ich tab. IX. fig. 14. habe abzeichnen lassen. Die mehresten haben neun Bänder, wo allemal drey bey einander stehen, und dann einen breiten Zwischenraum haben, doch findet man selten zwey Beyspiele von gleicher Zeichnung. Selten gehen die Bänder weiter als zur dritten Windung fort. Wenn die Bänder inwendig liegen, und die Farbe der äussern Beinhaut ist dunkel, so scheinet es zuweilen, als wenn die Schnecke gar keine Bänder hätte. Wenn es wahr wäre, was **Martini** S. 154. vorgiebt, daß die im **Knorrischen** Muschelwerke Th. I. Tab. XXI. fig. 3. abgebildete Conchylie eine Abänderung der **Rumphischen** Kothschnecke wäre, so hätten wir auch eine braune Kothschnecke mit weissen Queerbändern, allein ich zweifle sehr daran, daß man dieses Vorgeben erweisen kann, zumal da nach Herrn Prof. **Müllers** Aussage, der sie übrigens auch eine **Kothschnecke** nennet, diese einen erhabenen weissen Wulst um die weite Mündung, und nur vier Windungen hat.

Den Deckel dieser Kothschnecke beschreibet **Rumph** Kap. XVII. n. IX. S. 50. er zehlet ihn unter die wohlriechenden, folglich unter die hornartigen Deckel, die man zum räuchern braucht, sagt, daß er dünne und flach, kaum so lang wie ein Glied eines Fingers, auswendig grau, inwendig silberfärbig und glänzend sey, daß er aber einen schlechten Geruch habe, und wenig gebraucht werde. Freylich eine sehr magre Beschreibung von einem Manne, wie **Rumph** war, der so viele Gelegenheit vor sich sahe, von solchen Gegenständen, die uns so fremd sind, und so selten vorkommen, die ausführlichsten und besten Nachrichten zu geben. Ja wenn die Deckel, womit Schnecken ihr Haus verschliessen, alle auf eine und eben dieselbe Art gebauet wären! so wäre allenfalls das Allgemeine, **der Deckel ist hornartig, oder er ist schalenartig**, genug gesagt. Allein wer mehrere Deckels der Conchylien gesehen, wer sie unter sich verglichen hat, der wird den grossen Unterschied sehen, den sie unter sich haben. Ich habe dazu die Bahn gebrochen in der Abhandlung von den Schneckendeckeln, die ich dem fünften Bande meines Journals einverleibet habe; vor mir hat es Herr **Adanson** in seiner Histoire de Senegal gethan. Aber **Rumph** war in der That in diesem Fall zu nachläßig.

Was den Deckel der **Kothschnecke** anbetrifft, so habe ich Hoffnung, meinen Lesern noch vor dem völligen Abdrucke dieser Abhandlung eine befriedigende Nachricht zu geben. Ich erwarte in wenig Tagen von meinem wohlthätigen **Spengler** aus **Kopenhagen** ein ansehnliches Geschenke von Flußconchylien, unter denen auch eine Kothschnecke mit ihrem Deckel befindlich ist. In einem eignen Anhange zu dieser Abhandlung werde ich diesen Deckel und alle das Neue beschreiben, was ich durch meinen Freund erhalte.

Vom

Vom Thier giebt uns Rumph S. 56. einige Nachricht. Wenn das Thier fortkriecht, sagt er, so strecket es, wie die andern Landschnecken, zwey Hörner vorne heraus, und träget alsdann dieses Schildlein auf dem Rücken. Unten hat das Thier einen runden Mund, womit es den Schlamm und das Wasser einsaugt.

Die Grösse dieser Schale steigt bis auf 19 Linien im Durchmesser, doch sind sie auch oft viel kleiner, und da sagt Herr Prof. Müller, daß die grössern Ochsenaugen, die kleinern aber Kalbesaugen genennet würden. In ihrem Werthe lassen sie sich so gar deutlich nicht bestimmen, es kommt gar zu viel auf ihre Grösse und Schönheit an, daher sie mit einem, aber auch mit mehrern Gulden in den holländischen Auctionen bezahlet werden. Rumph sagt, daß sie mehrentheils in den Reißfeldern von Macasser bey Marus gefunden würden; Herr Etatsrath Müller giebt die sumpfigten Gegenden in Asien überhaupt zu ihrem Vaterlande an, Herr Professor Müller aber will wissen, daß man sie in dem ost- und westindischen Meer finde, daß sie aber auch in den morästigen Reißfeldern in Indien ausgegraben, und daselbst als eine gute Speise gegessen würden. Man kocht sie nach Rumphs Aussage in Wasser, und nimmt ihr Fleisch mit einer Stachel von Limonienbäumen heraus, oder saugt sie auch nur aus, weil ihre Spitzen gemeiniglich abgebrochen sind.

Ueber den Ort, wohin man die Kothschnecke zu legen hat, sind die Naturforscher gar nicht einig. Herr Prof. Müller war der einzige Schriftsteller, der die Kothschnecken auch im Meere, und zwar in Ost- und Westindien finden wollte. Die mehresten Schriftsteller, Linne, Gualtieri, Martini u. d. g. setzen sie unter die Erdschnecken; Lister hingegen und Herr Etatsrath Müller unter die Flußschnecken. Letzterer beruft sich auf Rumphs Beschreibung und auf den Deckel. Man kann dieses noch weiter treiben:

1) Da sich die Kothschnecke allemal in morastigen Gegenden und nie auf dem trocknen Lande aufhält, so kann man sie unmöglich unter die Erdschnecken zehlen, zumal da Rumph ausdrücklich sagt, daß das Thier seinen runden Mund unten habe, und damit Schlamm und Wasser einsauge.
2) Rumph legt der Kothschnecke nur zwey Fühlhörner bey, alle Erdschnecken aber haben deren vier.
3) Vom Deckel sagt Rumph, er sey ein Onyx und diene zum räuchern, das gehöret aber nicht für die Deckel der Erdschnecken, zumal da die Erdschnecken ihre Deckel nur zu mancher Zeit behalten, und sie dann abstossen und von sich werfen; das Thier von der Kothschnecke aber trägt den Deckel wie die Fluß- und Seeschnecken mit sich fort.
4) An meinem abgeschliffenen Beyspiele sehe ich, daß die weisse Farbe der Kothschnecke zwar nicht so schön weiß und perlenmutterartig, als bey den Seeschnecken ist, aber doch feiner als man sie von einer Erdschnecke erwarten kann.

LXIII.

Die grosse Kothschnecke. *Nerita vrceus, Müll.*

Lister *Histor. Conchyl. tab. 125. fig. 25. Cochlea maxima e viridi nigricans.* Rumph amboin. Raritätenk. holl. *p. 92. De eerste en grootste* (*Slyk-slekken*) *genannt naamt Sisso salombe, heeft de grootte van een kleine vuist, is glad en zwart, doch tegen het licht gehouden ziet men twee of drie zwarter streepen daar door gaan.* deutsch S. 57. die erste und grösseste, welche man in Makasser *Sisso salombe* nennet, ist so groß wie eine kleine Faust, glatt und schwarz; hält man sie aber gegen das Licht, so siehet man, daß zwey bis drey schwarze Striche (Streifen oder Bänder) durch die Schale gehen. Lesser Testaceotheol. 1744. §. 44. n. S. 129. die größte Kothschnecke ist so groß als eine Faust, glatt und schwarz, und so man sie gegen das Licht hält, schimmern zwey oder drey schwarze Binden durch. Klein *Method. Ostracol. p. 57. II. 2. Galea fasciata maxima; Pomatia Surinamensis.* Müller *Hist. Verm. P. II. p. 174. n. 360. Nerita vrceus testa subumbilicata, ventricosa, rugosa, fusca; apertura effusa alba.* Dänisch Öse-Neriten; französisch Idole.

Ausser Herrn Etatsrath Müller ist mir kein einziger Schriftsteller bekannt, der diese grosse Kothschnecke von den eigentlichen Kothschnecken getrennet, und sie als eine eigne Gattung betrachtet hätte. Sie findet sich zwar mit der eigentlichen, oder mit Rumph zu reden, kleinern Kothschnecke an einem Orte, aber daraus folget gar nicht, daß sie auch mit derselben eine Gattung ausmachen und bestimmen müste. Man weiß, daß in den Flüssen, in der See und auf der Erde oft mehrere Conchyliengattungen bey einander wohnen, und es sind demohngeachtet verschiedene Gattungen. Diese Kothschnecke hat ausserdem so viele eigenthümliche Kennzeichen an sich, die Herrn Müller und mich rechtfertigen, sie für eine eigene Gattung anzunehmen.

Der Hauptbau dieser Schnecke ist zwar beynahe der nemliche wie bey der kleinern Kothschnecke. Ihre erste Windung ist groß und aufgeblasen, die folgenden Windungen sind eingedrückt und bilden einen stumpfen Zopf. Was sie aber von derselben unterscheidet, das ist zuförderst ihre Grösse, denn sie ist wohl dreymal grösser als die vorher beschriebenen Kothschnecken. Sie hat sieben Windungen, und einen eigentlichen Nabel, ob man gleich durch denselben kaum zwey Windungen sehen kann. Sie hat eine harte, dicke, glänzende, dunkelbraune, gestreifte und gerunzelte Schale, die ganz einfärbig ist und weder Flecken noch sichtbare Bänder hat. Die Mundöffnung ist fast wie die Mundöffnung der kleinen Kothschnecke gebauet, nur ist sie, nach Listers Zeichnung zu urtheilen, mehr ausgeschweift, und die linke Lefze hat sich stark und breit an die erste Windung angelegt. Die Mundöffnung oder der Schlund der Schnecke ist ganz weiß. Wenn man die Schale gegen das Licht hält, so siehet man zwey bis drey dunklere Bänder, von welcher Herr Etatsrath Müller glaubt, daß es keine eigentliche Bänder sind, sondern blosse Spuren des ehemaligen Anbaues der Schale.

Rumph giebt von dieser grossen Kothschnecke noch folgende Nachricht. „Der Deckel von der grossen Cochlea lutaria oder Schlammschnecke ist länglich, wie ein abgestumpfter halber Mond, und so dicke wie ein Messer. Auswendig ist die Farbe schmuzig grau, und inwendig glänzet er wie weisses Silber, das nicht poliret ist. Die Schnecke sinket in schlammigten Flüssen so tief in den Morast hinein, daß sie bis auf dem harten Boden zu liegen kömmt, wiewohl man sie auch an solchen Klippen antrifft, die sich in dergleichen schlammigten Oertern befinden. Man findet sie überall auf Celebes, Java, Baly und Sumatra, in den schlammigten Reißfeldern, woselbst sie so groß wie eine Faust sind. Wenn die Reißfelder eintrocknen, so verbergen sie sich so lange in dem

dem dürren Schlamme, bis die Regenzeit wieder angehet. Sie sind in Wasser gesotten, oder auf Kohlen gebraten, gut zu essen; da man die Spitze an der Mündung zuförderst entzwey schlägt, um sie gemächlich auszusaugen, oder sie mit einem Limoniendorn herauszuziehen. Man hält sie in Wasserbehältern am Leben, schicket sie über das Meer, und pflanzt sie in andern Teichen fort. Man hält sie insbesondre für fieberhafte Personen, oder die einen Ansatz zur Schwindsucht haben, recht dienlich.„

Rumph widerspricht sich offenbar, wenn er diese grosse Kothschnecke eine Erdschnecke nennet, und doch von derselben vergiebt, daß sie sich in schlammigten **Flüssen** tief in den **Morast** hineinsenke, daß man sie in **Wasserbehältern** über das Meer fahren, lebendig erhalten, und in **Teichen** fortpflanzen könne. Kann man wohl eine einzige dieser Erscheinungen von einer Erdschnecke sagen? die größte Kothschnecke ist dennach eine ungezweifelte Flußschnecke.

So gemein auch diese Conchylie für einige indische Inseln ist, so gehöret sie doch in deutschen und vielleicht sogar in manchen **holländischen** Kabinetten unter die wahren Seltenheiten. Ich kenne sie blos aus der Zeichnung des **Listers**, und Herr Etatsrath **Müller** hat seine Beschreibung nach einem Exemplar verfertiget, das sich in dem fürtreflichen Kabinet des Herrn **Grafen von Moltke in Kopenhagen** befindet.

LXIV.

Das Ammonsauge, Geve. Das Bocksauge, Geve. *Nerita effusa, Müll.*

Lister *Hist. Conchyl. tab. 129. fig. 29. Cochlea e viridi subflava, fasciata vmbilicata.* **Gualtieri** *Index testar. tab. 2. fig. T. Cochlea terrestris vmbilicata, in dorso dilute subflava, subtus candida, vmbilico amplissimo et profundissimo, in quo anfractus spirarum omnes obseruantur, vsque ad extimam partem dorsi fere producti, quinque spirarum.* **Geve monatliche Belustig.** *p. 30. tab. 3. fig. 20. Oeil d' Ammon, ou Oeil de Bouc.* (Das Ammonsauge, das Bocksauge.) **Seba** *Thesaurus P. III. p. 141. tab. 40. fig. 3. 4. 5. Species maxima cochlearum vmbilicatarum terrestrium, quae ceparum quasi colore conspicua, variis circulata fasciis fuscis, inferna parte geminatis, apice gaudet cinereo griseo, amplum hians os et labra carnei coloris, infra late propendentia ostendens.* **Davila** *Catal. systen. P. I. p. 438. Limaçon rare à bouche ovale, à zones alternatives marron et blanches nuées de bleu à six orbes peu élevés, dont le premier est trés - bombé, à large et profond umbilic et à lévres bordées d' orangé.* **Müller** *Hist. Verm. P. II. p. 175. n. 361. Nerita effusa, testa vmbilicata ventricosa, fasciata, supra depressa, apice acuto, apertura effusa.* **Martini allgem. Gesch. der Natur Th. II. S. 404. f.** *tab. 79. fig. 1.* (die man aber im dritten Bande suchen muß.) **Das bandirte weitmündige, stark genabelte Posthorn;** *Cochlea lunaris vmbilicata fasciata, basi fere plana, ore largo et ovali.* **Meuschen** *Mus. Leersianum p. 12. n. 89. Cornets de Postillon fasciés de blanc et de brun. Wit en bruyn gebandeerde Posthooren.* **Deutsche Encyclopädie** *II.* **Band S. 303.** *n. 4.* **das Ammonsauge. Dänisch** Navle-Neriten.

Die ausführlichste Beschreibung dieser seltenen Flußconchylie haben wir dem Herrn D. **Martini** zuzuschreiben, von dessen Abänderungen aber redet der Herr Etatsrath **Müller** am ausführlichsten. Diesen beyden Anführern werde ich dermalen folgen. Das äussere Gewind dieses Posthorns, sagt Herr **Martini**, ist ungemein viel grösser

und

und weiter, als die folgenden. Sie liegen alle so hart an einander, und sind, wo sie sich berühren, dermassen gedrückt, daß die Oeffnung dadurch eyförmig, und zwar, wenn sie auf den flachen Windungen liegen, von oben bis unten länglich ist. (Sie ist vollkommen elliptisch.) Sie haben daher einen etwas gedrückten Mund, welcher oben einen übertretenden Fortsatz der Lippen bildet. Die fünf kleinern Windungen lassen zwischen sich eine schmale Auskehlung, und drehen sich in beständiger Abnahme ihrer Breite so um einander, daß die letzten auf dem sonst flachen Boden in eine kleine Spitze hervortreten, die aber nicht hindert, diese Schnecke gerade vor sich zu stellen, um auf der entgegengesetzten Seite das weite Nabelloch wahrzunehmen, und in demselben die folgenden Umdrehungen der Gewinde mit den Augen bequem verfolgen zu können. Die Schale des Horns ist von beträchtlicher Stärke und Härte. Die geschobene eyförmige Mündung, welche inwendig einen gelbröthlichen Saum mit hinter demselben durchschimmernden Banden hat, (bey einigen Beyspielen schimmern die Bänder gar nicht durch) wird mit einem auswendig weißlicht rothen, knotigten und glänzenden Deckel verschlossen. Die äussere Grundfarbe der Schale ist veränderlich, fleischfarbig, grauweiß, ins bräunliche und gelbe abweichend. Die äussere Mündung ist am Munde dunkler und in die Queere mit feinen Streifen oder Falten bezeichnet, aus welchen sich die neuen Ansätze der Mündung erkennen lassen. Sonst finden sich auf der äussern Fläche der Schale sechs auch wohl mehrere braune, zuweilen ins Blauliche spielende Bänder von ungleicher Breite, die vom äussern Rande der Lefzen über den ganzen Körper bis in die Mündung hinein laufen, und sich auf den folgenden Windungen gröstentheils verlieren. Die Abwechselungen der Bänder hat Herr Etatsrath **Müller** sehr genau angegeben. Er zehlet sie folgendergestalt: 1) sieben Bänder, unter welchen das vierte am breitesten ist; 2) acht Bänder, wo das dritte das breiteste, das sechste und achte die schmälsten sind; 3) neun Bänder, wo das zweyte und sechste die breitesten, die übrigen fast von gleicher Stärke sind; 4) eilf Bänder, wo das zweyte, dritte und sechste die breitesten, das 1ste, 4te, 5te, 8te und 11te aber am schmälsten sind; 5) dreyzehn Bänder, hier sind das 2te, 3te, 5te und 11te die breitesten, das 12te das schmälste, die übrigen von gleicher Stärke. Bey Num. 4. 5. hat Herr Etatsrath **Müller** noch das Besondere angemerket, daß sie oben weniger eingedrückt sind, und unten einen weit engern Nabel als die übrigen haben. Das Beyspiel, das Herr D. **Martini** besaß, hatte im Durchmesser vom Rücken bis an den äussern Lefzenrand 2 Zoll, in der Höhe von der Spitze bis an den obern Lefzenrand $1\frac{1}{4}''$ und in der Ausdehnung seiner Mündung $1\frac{1}{2}$ Zoll. Es hatte sechs Bänder, wovon das erste eine Linie stark, das 2te noch einmal so breit, das 3te anderthalb Linien, das 4te sehr schmal, das 5te doppelt, aber ungemein schmal war. Man findet sie bis zu den Durchschnitten von $2\frac{1}{2}$ Zoll, aber auch ungleich kleiner, welches bey ihnen vermuthlich Wachsthumsgrösse ist.

Ueber einen gedoppelten Umstand sind die Naturforscher gar nicht einig. Der eine, zu welchem Geschlecht man das Ammonsauge zu rechnen habe? Herr Legationsrath **Menschen** und Herr D. **Martini** zehlen es unter die Posthörner, Herr Etatsrath **Müller** aber unter die Neriten, ein Geschlechtsname, der bey ihm weitläuftig genommen wird, und mehr als die eigentlichen Neriten unter sich begreift. Da doch diese Conchylie ein wahres und weites Nabelloch hat, und ausserdem mit einem Deckel versehen ist, ein gedoppelter Umstand, den man an den eigentlichen Posthörnern nicht gewahr

wahr wird, so habe ich es nicht gewagt, das Ammonsauge unter die Posthörner zu setzen. Bey dem Orte, dahin ich es gesetzt habe, habe ich vorzüglich auf die äussere grosse Windung gesehen, und so wie Herr Müller diese und die beyden vorhergehenden Conchylien unter seinen Neriten neben einander gesetzt hat, so habe ich geglaubet ein Recht zu haben, das Ammonsauge an die Kothschnecken zu hängen, ob es gleich seines sonderbaren Baues wegen allerdings verdiente, ein eigenes Geschlecht zu bestimmen.

Der andere Umstand, worüber die Naturforscher nicht einig sind, ist dieser: ob das Ammonsauge eine Erd- oder Flußconchylie sey? Aldrovand und Geve setzen es unter die Seeconchylien, und behaupten, es werde in den ostindischen Meeren gefunden. Seba, Gualtieri und Davila setzen es unter die Erdschnecken; Lister, Müller und Martini aber unter die Flußschnecken. Herr D. Martini glaubt, daß in Flüssen, die nahe bey der offenbaren See liegen, ihr Aufenthalt am wahrscheinlichsten sey, weil er die Posthörner immer sichrer in Flüssen als auf dem Lande gefunden habe. Ich setze hinzu, daß die stärkere Schale, und der Deckel, damit diese Conchylie ihre Mundöffnung verschliesset, diese Meynung fast ausser Zweifel setze.

Was Geve unter einem Bocksauge und dieser Conchylie für eine Aehnlichkeit müsse gefunden haben? das kann ich nicht entwickeln; glaube aber, daß die Aehnlichkeit dieser Conchylie mit den Ammenshörnern, vorzüglich der süssen Wasser, so gering sie auch immer seyn mag, und der vertiefte Nabel ihm den ersten Gedanken eingeflösset habe, dieselbe das Ammonsauge zu nennen.

Dieses Ammonsauge gehöret unter die seltensten Flußconchylien, davon zwey Beyspiele in der Leersischen Auction in Holland mit 13 Gulden 10 Stüber bezahlt worden sind.

LXV.

Die Warze, Schr. *Helix mammillaris, Linn.*

Linne' *Syst. nat. ed. XII. Gen. 328. sp. 685. Helix mammillaris.* Müller Natursyst. Th. *VI.* S. 572. Num. 685. der Warzenschnirkel.

Da ich bey dieser Conchylie weiter keine Quelle habe, daraus ich schöpfen kann, so muß ich blos die Nachricht des Herrn Prof. Müller wiederholen, für deren Richtigkeit ich übrigens nicht Bürge seyn kann, weil dieser Schriftsteller in seinen Beschreibungen so gar unzuverläßig ist. Er sagt: die Schale ist genabelt, eyrund, führet drey gestreifte Gewinde, und eine sehr weite ovale Oeffnung, welche ihr das Ansehen einer Nerite giebt, und mit der innern Lippe vorne an den Gewinden angewachsen ist. Sie ist in die Länge und in die Queere gestreift, die Queerstriche stehen dichte, und die Striche, welche die Länge herablaufen, stehen weit von einander. Man findet diese Art in den afrikanischen Flüssen.

LXVI.

Der Morastschnirkel, Müll. *Helix lutaria, Linn.*

Linne' *Syst. nat. ed. X. p. 772. sp. 600. Helix lutaria, testa umbilicata ovato oblonga: interne coloratiore, apertura subovata, ed. XII. Gen. 328. sp. 687.* Müller Natursyst. *VI.* Th. S. 573. der Morastschnirkel.

Nach der Anzeige des Linne' ist diese Schnecke, die ich ausserdem nicht kenne, eyförmig, doch länglich, die Mündung ist fast eyförmig, die Schale aber mit einem Nabelloche versehen. Inwendig hat sie mehr oder wenigstens frischere Farbe als von Aussen. Was nun aber dies für Farbe sey, die dieser Schnecke eigen ist, und wo man ihr Vaterland zu suchen habe? davon schweigt der Ritter gänzlich. Folglich ist es auch noch nicht entschieden, ob sich diese Conchylie im leimigten Kothe aufhalte, oder ob vielleicht das Beywort Lutaria ihre Farbe bezeichne? Wenn dieses gegründete Zweifel sind, so ist es eben so wenig entschieden, ob diese Conchylie unter die Flußschnecken gehöre oder nicht.

LXVI. A.

Tab. IX. fig. 6.

Die kleine Grönländische Flußtonne, Schr. *Cochlea globosa fluviatilis. Tab. IX. fig. 6.*

Unter einer grossen Anzahl Grönländischer Flußconchylien, die mir mein wohlthätiger Chemnitz verehret hat, fand sich auch diese kleine fast ganz runde und kugelförmige Schnecke, die ich tab. IX. fig. 6. habe abzeichnen lassen. Man darf nur diese Zeichnung mit den Abbildungen Tab. IX. fig. 16. 18. 19. zusammenhalten, wenn man diese Tonne von dem castanienbraunen Buccinum aus Grönland, das bald glatt, bald gestreift, bald geflammt ist, (n. CXXXVI. a.) unterscheiden will. Die Farbe der Schale ist eine Mischung von Braun und Grün, die zärtesten Streifen, dazu man beynahe ein gewaffnetes Auge braucht, laufen über den Rücken der ganzen Schale hinweg, und eben so die feinsten grünen Bänder, die man aber nur in der Gegend der Mundöffnung siehet. Die erste Windung ist sehr dick aufgeblasen und rund, die folgenden vier ragen ganz unmerklich hervor, und die letzten zwey sind ganz eingedruckt. Die Mündung ist halbmondförmig, der Rand scharf, die Lefze, die sich über den Bauch herschlägt, ganz dünne und beynahe ganz unmerklich. Inwendig ist die Farbe dieser Flußtonne dunkelbraun, spielet aber zugleich in eine violetblaue Farbe. Die Lefze ist röthlich, und die Grösse der Schnecke, wie sie abgebildet ist, oder die Grösse einer Zuckererbse.

LXVII.

Tab. V. fig. 32.

Die dünnschalige hornfarbige Nabelschnecke, Schr. *Cochlea terrestriformis umbilicata testa cornea pellucida. Tab. V. fig. 32.*

Ich habe diese kleine Nabelschnecke nicht in dem Wasser, sondern in Muschelsande bey Thangelstedt gefunden, und ich kann es daher nicht zuverläßig entscheiden, ob es eine würkliche Flußconchylie sey? oder ob sie unter die Erdschnecken gehöre? Wäre das letztere, so müßte sie kurz zuvor in den Sand gerathen seyn, da ich sie fand, denn ihre Schale ist noch so fein und so gut erhalten, als wenn sie erst neuerlich gefunden und ihres Bewohners beraubt worden sey. Sie hat ganz den Bau einer kleinen Erdschnecke, die **Martini** Berlin. Magaz. II. B. S. 607. tab. III. fig. 34. **Lister** Histor. animal. angl. p. 125. tab. 2. fig. 12. **Schröter** von den Erdconchylien S. 188. n. 61. b. tab. II. fig. 21. abgebildet und beschrieben haben, und die beym Ritter von **Linne'** den Namen Helix hispida führet. Diese Schnecke hat sechs Windungen, welche verhältnißund also regelmäßig abnehmen. So wie die Gewinde nach und nach abnehmen, so erhöhen sie sich auch nach und nach, und bilden folglich keinen eigentlichen Zopf. Die Mündung ist völlig halbmondförmig; der Nabel ganz offen, und bis an die Endspitze durchbohrt. Die Schale ist in die Queere fein gestreift, hornfarbig, dünne und ganz durchsichtig. Ihr Durchmesser ist 4 bis 5 Linien.

LXVIII.

LXVIII.

Die erdfarbige undurchsichtige Nabelschnecke, Schr. *Cochlea terrestriformis umbilicata testa lutea crassa.*

Diese Conchylie hat ganz den Bau der vorhergehenden, und auch die Grösse derselben. Nichts unterscheidet sie als die stärkere Schale und die Farbe. Sie ist ganz undurchsichtig, schmutzig weiss oder erdfarbig. Ich habe sie aus Hamburg erhalten, wo sie der Freund, der sie mir gab, an den Ufern der Flüsse, ohne Bewohner, nie aber in den Flüssen selbst fand. Sie ist also ebenfalls verdächtig, und vielleicht noch verdächtiger als die vorhergehende.

LXIX.

Die kleine genabelte Flußschnecke, Mart. *Cochlea umbilicata quatuor spirarum teretium. Tab. V. fig. 33.* Tab. V. fig. 33.

Martini Berlin. Magaz. *IV.* **B. S.** 249. *n. 60. tab. VII. fig. 16.* **die kleine genabelte Flußschnecke mit vier Gewinden.** *Serpentulus fluviatilis exiguus quatuor spirarum teretium umbilicatus.*

Dem ersten Anschein nach könnte man diese Schnecke mit den beyden vorhergehenden verwechseln, und für unausgewachsene Schalen halten. Allein die erste Windung ist ungleich grösser als das gleichfolgende, und die Mundöffnung ist mehr abgerundet, das Nabelloch kleiner und die Windungsart mehr erhöhet. Die Schale ist überaus fein, und noch feiner gestreift, und die Farbe ist an einigen Beyspielen hornfarbig, an andern wachsfarbig, und noch an andern braungelb. Bey allen glänzet die dünne durchsichtige Schale wie das feinste Gold.

Das Beyspiel, welches Herr D. **Martini** beschreibt, hat Herr D. **Feldmann** am Ufer des **Ruppinischen Sees** gefunden. Meine Beyspiele habe ich theils aus Hamburg, theils von Calah erhalten, an welchem letztern Orte sie der verstorbene und auf die Flußconchylien so aufmerksame Herr Hofrath **Günther** aus den Flüssen und stehenden Wassern herausgezogen, sie aber nur einzeln gefunden hat. Es sind also wahre, obgleich seltene Flußconchylien.

LXX.

Die perlenfarbige ganz durchsichtige Nabelschnecke, Schr. *Cochlea umbilicata margaritifera mucrone plano. Tab. V. fig. 34.* Tab. V. fig. 34.

Wenn die Natur dieser kleinen Schnecke nicht die Grösse versagt hätte, so würde sie eine der schönsten Flußconchylien seyn. Sie ist weiss und glänzend, und unter ihrer und der Farbe der Perlenmutter ist in der That ein geringer Unterschied. Aber ihr Durchmesser ist kaum eine Linie. Sie hat fünf gerade abnehmende Windungen, die fest an einander schliessen, fast um den Mittelpunct gewunden sind, beynahe eine ganz unmerkliche Erhöhung, folglich einen platten Wirbel bilden, und dadurch die Conchylie den eigentlichen Ammonshörnern ähnlich machen. Dadurch unterscheidet sie sich von den drey vorhergehenden, wie durch die Farbe. Die entgegengesetzte Fläche aber unterscheidet sie von den Ammonshörnern und von den vorhergehenden Conchylien. Ich habe in der angezeigten Figur diese Seite abbilden lassen. Sie hat einen ganz kleinen, aber völlig runden offnen Nabel, durch den man vermittelst eines guten Vergrösserungsglases einige der folgenden Windungen sehen kann. Die Mundöffnung ist völlig rund, und die zwote Windung gehet in diese Mundöffnung hinein, wie beym Nautilus, man könnte sie also auch *Cochleam fluviatilem umbilicatam nautiloideam* nennen. Ich habe sie bey Thangelstedt in einem kleinen Bache ein einzigesmal an den Wasserkräutern gefunden..

LXXI.

Tab. V. fig. 35. **Die röthliche Flußschnecke mit einem Bande, Schr.** *Cochlea subumbilicata fasciata subrufa. Tab. V. fig. 35.*

Diese Schnecke, die vier bis sechs Linien im Durchmesser und fünf Windungen hat, ist stark aufgeblasen, doch nicht rund. Die erste Windung ist sehr groß, und grösser als alle die folgenden, aber sie ist ein wenig gedrückt, und daher von der Seite betrachtet oval. Die folgenden Windungen erhöhen sich ein wenig nach Art der Erdschnecken. Auf dem ersten Gewinde liegt ein braunrothes Band, aber nicht im Mittelpuncte desselben, sondern oben in der Gegend der folgenden Windungen. Die Mundöffnung ist halbmondförmig und der Nabel an manchen Beyspielen halbverdeckt, an einigen aber ganz verschlossen. Die Farbe ist röthlich, bey einigen Beyspielen heller, bey andern dunkler, einige haben weisse Flecken, und sehen wie marmorirt aus. Die Schale ist durchsichtig und dünne.

Diese Conchylie hat viele Aehnlichkeit mit den neritenähnlichen Mondschnecken, die den Garten- oder Weinbergsschnecken gleichen, (Helix pomatia) und vielleicht auch junge Weinbergsschnecken sind. Ich habe sie in meiner Abhandlung über die Erdconchylien S. 153-161. n. 16-24. beschrieben. Allein die gegenwärtige Flußschnecke unterscheidet sich von jenen durch zwey Kennzeichen:

1) Sind die Neritenähnlichen Mondschnecken bey gleicher Grösse mehr rund und aufgeblasen, da die erste Windung der röthlichen Flußschnecke oval ist.
2) Haben die Neritenähnlichen Mondschnecken allemal einen ganz offnen Nabel, da der Nabel der röthlichen Flußschnecke halb verdeckt, und manchmal gar verschlossen ist.

Ich habe diese Conchylie aus Hamburg erhalten, unter der ausdrücklichen Versichrung, daß sie daselbst in den süssen Wassern wohne. Wenigstens ist ihre Farbe noch ganz frisch und unverletzt, und das macht mir das Zeugniß meines Freundes unzweifelhaft, zumal da ich unter allen Erdschnecken keine einzige kenne, die dieser völlig gleich wäre.

LXXII.

Tab. V. fig. 36. **Die gelbliche oder perlenfarbige bauchige Schnecke mit Bändern, Schr.** *Cochlea globosa fasciata mucrone elato. Tab. V. fig. 36.*

Die Grösse dieser Conchylie beträgt kaum zwey bis drey Linien. Ihre erste Windung ist groß und bauchigt, und die Mundöffnung halbmondförmig, ausgeschweift und weit hervorragend, dergestalt, daß ich unter allen Flußconchylien keine kenne, die in Rücksicht auf die Mundöffnung dieser ganz gleich wäre. Wenn sie nicht bauchigt und mehr rund wäre, so würde sie der kleinen bunten Flußnerite (n. XXX.) so ziemlich gleich

gleich seyn, doch ragt an der angeführten Nerite die Mundöffnung noch mehr hervor Die folgenden drey Windungen ragen in eine scharfe Spitze hervor, doch bildet eigentlich die letzte Windung ganz allein die Spitze, da sich die vorhergehenden zwey nur sanft erhöhen. Die Schnecke ist ganz ohne Nabel. Die Schale ist dünne, wie das feinste Papier, und ganz durchsichtig, bald wachsfarbig, bald perlenfarbig; auf der ersten Windung liegen ein auch zwey braune Bänder. Sie ist ebenfalls von Hamburg.

LXXIII.

Die Dünnschale, Müll. *Helix fragilis, Linn.*

Linne' *Syst. nat. ed. X. p. 774. sp. 613. Helix fragilis testa imperforata ovato subulata tereti pellucida apertura ovato oblonga. ed. XII. Gen. 328. sp. 704.* Linne' *Fauna suec. §. 1311.* Müller Natursyst. Th. *VI.* S. 580. die Dünnschale.

Wir haben unter den vorher beschriebenen Flußconchylien mehrere gesehen, welche eine dünne und zerbrechliche Schale haben, und ich muß daher sagen, daß weder der Linnäische noch der Müllerische Name bestimmt genug sey. Selbst die Beschreibung des Linne' ist von der Art, daß man sie auf mehrere dünnschalige Conchylien anwenden kann; so wie uns auch der Ritter, wenigstens in der zehenten Ausgabe seines Natursystems, ungewiß läßt, ob diese Conchylie zu den Erdschnecken oder zu den Flußschnecken gehöre. Er sagt blos, habitat in Europa, es sey eine europäische Schnecke. Zwar hat er sie gleich an das grosse Spitzhorn der süssen Wasser (Helix stagnalis, n. XCIX.) angehängt, aber es folgt auf sie doch unmittelbar die so genannte Amphibien- oder Kahnschnecke, (Helix putris) von welcher es entschieden ist, daß sie zu den Erdschnecken gehöre. Herr Professor Müller sagt unterdessen, daß sich seine so genannte Dünnschale in den schwedischen Morästen aufhalte, und diesem Zeugniß wollen wir einstweilen trauen, da sie Linne' auch in seiner Fauna anführt, und ich nicht entscheiden kann, was hier eigentlich für eine Schnecke gemeynet sey. Herr Müller übersetzt den Linne' schlecht genug, wenn er von dieser Conchylie sagt, daß sie die Gestalt der Gartenschnecken habe, aber dreymal kleiner, und sehr zerbrechlich sey. Linne' sagt, sein Helix fragilis sey ganz ohne Nabel, habe eine ovale doch abgerundete Form, die sich in eine Spitze endige, die Mundöffnung sey länglich oval und die Schale durchsichtig.

LXXIV.

Der Morastkriecher, Müll. *Helix limosa, Linn.*

Linne' *Syst. nat. ed. X. p. 774. sp. 615. Helix limosa testa imperforata oblongiuscula pellucida, apertura ovata. ed. XII. Gen. 328 sp. 706.* Linne' *Fauna suec. §. 1314.* Müller Naturſyst. Th. *VI.* S. 581. der Morastkriecher.

Auch diese Flußconchylie beschreibt der Ritter zweydeutig und ungewiß. Er sagt nur von derselben, daß sie ohne Nabelloch, ein wenig länglich, und durchsichtig sey, und eine eyförmige Mündung habe. Herr Müller setzt noch hinzu, sie bestehe aus drey bis fünf Windungen, allein alles dieses läßt mich nicht mit Zuverläßigkeit entscheiden, ob diese Conchylie bereits unter den vorhergehenden zu suchen, oder ob sie eine eigne Gattung sey? Der Ritter, der sie auch insonderheit in Schweden fand, sagt, daß sie in den europäischen Sümpfen wohne.

LXXV.

Tab. VI. fig. 14.

Die gelbe bauchichte Flußschnecke, Schr. *Cochlea fluviatilis citrina globosa. Tab. VI. fig. 14.*

Diese Conchylie unterscheidet sich von der röthlichen Flußschnecke mit einem Bande (n. LXXI.) vorzüglich dadurch, daß ihre erste Windung bauchigter, und die Farbe gelb ist. Die Schale ist ebenfalls dünne und durchsichtig, die erste Windung ist sehr groß und dick, die drey folgenden von einer dunklern Farbe, und sind nur ganz unmerklich erhaben; und die Mundöffnung ist halbmondförmig. Diese Conchylie hat ganz die Gestalt und die Farbe einer dünnschaligen Erdschnecke, die ich in meiner systematischen Abhandlung der Erdconchylien S. 158. n. 22. 23. Tab. I. fig. 11. die gelben neritenähnlichen **Mondschnecken** genennet habe, und die ich nach erhaltenen richtigern Kenntnissen für **junge unausgewachsene gelbe Waldschnecken** (Helix nemoralis Linn. meine Abhandl. über die Erdconch. S. 206. n. 75. 76. tab. II. fig. 27.) halte. Und eben für solche unausgewachsene gelbe Waldschnecken sehe ich auch die gegenwärtige gelbe bauchigte Schnecke an, ob sie mir gleich von **Hamburg** unter der ausdrücklichen Versichrung geschickt wurde, daß sie eine Flußschnecke sey. Sie kann es um so viel weniger seyn, da das eine meiner zwey Exemplare noch das zarte weisse pergamentartige Deckelchen auf seiner Mundöffnung hat, womit die Erdschnecken ihre Mundöffnung zu verschliessen pflegen, wenn sie entweder ihren Winterschlaf antreten, oder sonst gereitzt werden, sich in ihre Wohnung zurückzuziehen. Dann will ich aber diesen Gedanken gern zurücknehmen, wenn es einmal einem Naturforscher glücken wird, eine solche gelbe dünnschalige bauchigte Schnecke mit ihrem Bewohner im Wasser zu finden.

LXXVI.

Die gelbe französische Flußschnecke, Mart. *Limax flavida, Argenv.*

Argenville Conchyliologie, deutsch S. 280. 284. *tab. 27. n. 2.* **die vierte Figur.** *Limax flavida,* **ist von gelber Farbe, sehr groß und ohne Nabel, aus dem Flusse der Gobeline, oder dem Bievre.** *Limaçon jaunâtre tiré de la riviere des Gobelins. Il est assez grand, sans umbilique.* **Martini Berlin. Magaz.** *IV.* **B. S. 242.** *Tab. VII. fig. 10.* **die gelbe französische Flußschnecke. Die Grundfarbe dieser Flußschnecke ist gelblich, das erste ihrer fünf Gewinde sehr gewölbt und die runde Mündung gesäumt.**

Diese Französische Flußschnecke ist in mehr als einer Rücksicht merkwürdig. Argenville nennet sie sehr groß, er kann sie also in seiner gegebenen Abbildung nicht in ihrer natürlichen Grösse vorgestellet haben, und grosse Flußschnecken, zumal aus dem gegenwärtigen Geschlechte, sind für die Flüsse in **Europa** immer eine grosse Seltenheit. Auch der Saum, den diese Schnecke an ihrer Mundöffnung hat, gehöret nicht unter die gemeinen Erscheinungen unter den Flußconchylien. Herr von Argenville hätte die eigentliche Grösse dieser Schnecke angeben, und überhaupt in seinen Beschreibungen sorgfältiger und bestimmter seyn sollen. Die gegenwärtige gelbe französische Flußschnecke hat fünf Windungen, die einen etwas hervorragenden Zopf bilden. Die erste Win-

Windung ist sehr bauchigt, fast rund, die Mundöffnung ist halbmondförmig, oder sie bildet einen halben Cirkel, und ist gesäumt.

LXXVII.

Die achatfarbige Flußschnecke mit weissen Bändern, Mart.

Limax fasciata et exerta, Argenv.

Argenville Conchyliol. deutsch S. 280. 284. *tab. 27. n. 2.* die fünfte Figur. *Limax fasciata et exerta.* Die gewölbte Flußschnecke mit Banden. — die fünfte ist aus dem Rhein mit weissen Banden auf achatfarbigen Grunde. *Limaçon fascié et elevé. Le Rhin a donné ce Limaçon qui est fascié de blanc et de couleur d'agathe, avec une clavicule assez élevée.* Martini Berl. Magaz. *IV.* B. S. 243. *n. 55. Tab. VII. fig. 11.* die achatfarbige Flußschnecke mit weissen Banden.

In Ansehung der Bauart unterscheidet sich diese Conchylie des Rheins von allen Gattungen dieses Geschlechtes der erdschneckenförmig gewundenen Schnecken, das ich nun beschliesse. Ihre fünf Windungen bauen sich allmählig in die Höhe, wie das Buccinum, ohnerachtet es zum Geschlecht der Trompetenschnecken in keiner Rücksicht gehören kann, weil sonst die erste Windung länger und schmäler, und der Zopf spitziger seyn müste. Sie gehöret unter die Mittelgattungen, welche die Natur gern zwischen zwey Geschlechter oder Gattungen setzt, damit ihre Kette desto vollständiger sey, und nirgends eine Lücke angetroffen werde. Herr D. Martini vergleicht sie mit der lebendig gebährenden Flußschnecke; Helix vivipara Linn. (n. CXXVI.) aber beyde unterscheiden sich

1) durch die Mundöffnung, welche an der lebendig gebährenden Flußschnecke rund, an der gegenwärtigen achatfarbigen Flußschnecke länglich oder oval ist.
2) durch den Bau der Windungen, welche sich bey der lebendig gebährenden in einer verhältnißmäßigen Abnahme befinden; bey dieser Rheinschnecke aber ist das erste Gewind ungleich grösser als das nächstfolgende. So sind auch die fünf Windungen an der lebendig gebährenden stark abgesetzt, und ausgekehlt, welches bey dieser achatfarbigen Flußschnecke mit Bändern abermals nicht angetroffen wird.

Diese Schnecke des Rheins hat fast einen kegelförmigen Bau. Die erste Windung ist groß, und bauchicht, aber länglicht, die folgenden vier aber bilden einen etwas gedrückten Zopf. Die Grundfarbe der Conchylie ist achatfarbig, und auf diesem Grunde liegen drey Bänder in der Argenvillischen Zeichnung. Ob andre Beyspiele deren mehr oder weniger haben? das kann ich nicht sagen, weil Herr von Argenville davon ganz schweigt.

Das

Das sechste Kapitel.
Von den Kahnschnecken und Ohrschnecken.

Allgemeine Anmerkungen über die Kahn- und Ohrschnecken.

§. 98.

Das Geschlecht der **Kahnschnecken** ist für die Conchylien der süssen Wasser ein überaus eingeschränktes Geschlecht, und es scheinet, als wenn es sich die See ganz allein vorbehalten hätte, dieses Geschlecht zu einer zahlreichen Familie zu machen, dessen Kinder mit entschiedenen Schönheiten, und viele derselben mit einer ansehnlichen Grösse sollten geschmückt werden. Das kann man nun freylich von den **Kahnschnecken der süssen Wasser** in keiner Rücksicht sagen. Diese Familie ist sehr arm an Kindern, und diese Kinder halten auf nichts weniger als auf Schmuck, sie gehen in einer wahren ländlichen Unschuld einher, tragen ein ganz einfaches Kleid, und sind dabey überaus klein.

Was die Kahnschnecken der See von allen andern Conchylien unterscheidet, das ist die lange schmale doch runde Form ihrer Schale, welche also gebauet ist, daß, wenn man sie auf dem Rücken legt, sie einen Kahn, oder eine Molle, oder einen Backtrog so ziemlich genau vorstellen. Daher haben sie auch bey den Conchyliologen den Namen der **Kahnschnecken**, der **Gondeln**, der **Mollen**, der **Backtröge**, und dergleichen, erhalten. Bey dieser langen Form der Schale kann man sich auch keine andre als eine lange Mündung gedenken, die aber eyförmig, weit und geräumlich ist. Die Windungen, die auf dieser weiten Schale aufsitzen, gleichen einer Brustwarze vollkommen, und doch sind unter dieser Warze fünf bis sechs Windungen versteckt, die man von Aussen kaum gewahr wird, und nur durch das Anschleifen entdeckt und gesehen werden können. Die letzte Windung der Kahnschnecken, welches ich hier beyläufig bemerke, ist ohne Spindel oder Stütze, die sie auch nicht braucht, weil sie die Form einer Halbkugel und eine ziemlich starke Schale hat. Diese Kennzeichen der Kahnschnecken der See passen freylich ganz genau auf die **Kahnschnecken der süssen Wasser**, besonders fehlet beynahe an allen die Warze, die Windungen sind von Aussen alle sichtbar, und endigen sich sogar bey einigen in einen spitzigen Zopf; allein sie haben doch einen langen Bau ihrer Schale, eine lange eyförmige weite und geräumliche Mundöffnung und drey bis fünf Windungen. Man kann ihnen also den Namen der **Kahnschnecken** wohl lassen, den sie bey einigen Schriftstellern führen. Sie führen sonst auch den Namen der **Wasserblasen**, der **Kugelförmigen** oder **Bauchschnecken**, der **Tonnen**, Cochleae globosae, Bullae, Coques sphériques, Bulles, aber diese Namen sind durch die verschiedene Anwendung der Schriftsteller auf diese oder jene Gattungen so zweydeutig geworden, daß ich es fast nicht wagen darf, sie als bestimmte Geschlechtsnamen anzuführen. Ueberhaupt sind wir in der Geschichte der Flußconchylien noch gar nicht dahin, daß wir uns bestimmter Geschlechtsnamen rühmen könnten. Eine einzige Conchylie führet den eigentlichen Namen der **Kahnschnecke**, von der ich aber gleich darthun will, daß sie keine Flußconchylie sey, sondern unter die Erdschnecken gehöre. Die **Ohrschnecken** habe

habe ich von den Kahnschnecken getrennet, weil es der Bau ihrer Schale nothwendig macht, wie ich bald zeigen will.

Wenn gleich die Natur den Kahnschnecken der süssen Wasser viele Vorzüge entzogen hat, die sie den Kahnschnecken der See reichlich zuwarf, so haben doch unsre Flüsse einen Vorzug für der See darin, daß sie uns eine linksgewundene Kahnschnecke an der so genannten Wasserblase, Bulla fontinalis Linn. (n. LXXVIII.) schenken, die inzwischen, wenigstens für viele Gegenden, selten genug ist. Auch diese Wahrnehmung bestätiget die Beobachtung meines lieben Freundes, des Herrn Pastor Chemnitz in Kopenhagen, im VIII. Stück des Naturforschers S. 164., daß die mehresten Linksschnecken mehr für die süssen Wasser, und für die Erde, als für die See gehörten.

Man hat, wie ich oben schon gesagt habe, einer Conchylie vorzüglich den Namen der Kahnschnecke gegeben. Sie führet sonst auch die Namen der gelben durchsichtigen Bauchschnecke, der Beydlebigen, der Bernsteinfarbigen Kahnschnecke, Helix putris Linn. Helix succinea Müll. Sie haben Müller in der Histor. Verm. P. II. p. 97. f. Martini im Berlin. Magaz. IV. Th. S. 360. f. und Schröter von den Erdconchylien S. 128. f. am ausführlichsten beschrieben. Zeichnungen von derselben haben geliefert: Lister Hist. animal. Angl. tab. 2. fig. 24. Lister Histor. Conchyl. tab. 123. fig. 23. Gualtieri Ind. testar. tab. 5. fig. H. Argenville Conchyl. tab. 27. n. 6. die letzte Figur. Schwammerdamm Bibel der Natur tab. 8. fig. 4. Martini Berl. Magaz. Th. IV. tab. XI. fig. 6. Schlotterbeck Acta Helv. Vol. V. tab. III. A. fig. 22. Schröter von den Erdconchyl. tab. I. fig. 2. Man hat sie die Beydlebige genennet, weil man von derselben vorgab, daß sie im Wasser eben so sicher leben könnte, als auf dem trocknen Lande, daher auch Herr D. Martini sagt: das Thier verlasse im Sommer öfters die Teiche und Flüsse, weide sich im Gras, und krieche bis auf die Gipfel der höchsten Weiden. Das ist auch die Ursache, warum sie alle mir bekannte Schriftsteller unter die Flußschnecken gezehlet haben, und davon sind nur Herr Etatsrath Müller, und ich auszunehmen, die wir sie beyde unter die Erdschnecken gesetzt haben. Und das ist der wahre Ort für sie. Niemand wird sie je im Wasser gefunden haben, ob sie sich gleich an den Ufern der Flüsse und Teiche und auf den Wiesen gern aufzuhalten pflegt. Die Ursache, daß man sie in ein Gefässe mit Wasser setzen könne, ohne zu befürchten, daß sie ersticken werde, beweiset deswegen nichts, weil nach der Beobachtung des Herrn Etatsrath Müller, die ich mehrmalen wiederholt habe, sich diese Erscheinung auch an Landschnecken beobachten läßt, die aber endlich im Wasser eben so wohl umkommen, als die Amphibienschnecke, wenn man sie beständig im Wasser lassen will. Ausserdem hat die Beydlebige vier Fühlhörner, wie alle Landschnecken, und obgleich Lister derselben nur zwey beygelegt hat, so hat er doch zuverläßig falsch gesehen, und sich übereilt. Ich habe also Gründe genug vor mir, diese Conchylie hier unter den Flußconchylien zu übergehen.

Das Geschlecht der Ohrschnecken nehme ich etwas weitläuftiger, als alle meine Vorgänger gethan haben, ob ich gleich, wenn ich das einzige Beyspiel n. LXXXII. ausnehme, keine einzige Gattung hieherzehle, die nicht alle Schriftsteller mit einem Munde Ohrschnecken nennen sollten. Die Aehnlichkeit, welche die Ohrschnecken mit einem Ohr, und vorzüglich nach der Beobachtung der Holländer mit einem Mäuseohr haben, hat den Schriftstellern die Gelegenheit zu dieser Benennung an die Hand gegeben. Ihre erste Windung ist wie bey den Kahnschnecken sehr lang, aber ungleich mehr ausgeschweift, als wie bey den Kahnschnecken, daher sich verschiedene Schriftsteller den Umfang der äussern Lippe als einen Flügel gedacht haben, welches aber eigentlich zu reden nur einigen Gattungen dieser Art eigen ist. Der Rücken ist bauchigt, allemal bauchigter als bey den Kahnschnecken, an manchen Beyspielen aber vorzüglich dicke und rund, und das mag wohl manchen Schriftstellern Gelegenheit gegeben haben, sie unter die **Tonnen und Bauchschnecken** zu zehlen. Die folgenden drey Windungen ragen bald in eine scharfe Spitze aus, bald aber ist diese Spitze stumpf, und an manchen Beyspielen gar an die Seite gedrückt. Die Schale ist wie die Schale der Kahnschnecken überaus zart und zerbrechlich, und ihre Farben weichen eben nicht so gar sehr von einander ab. Sie sind alle einfärbig, nemlich gelblich oder hornfarbig, oder schmutzig weiß, und nur ein Beyspiel ist schwarz. Wenn der Bewohner noch in der Schale lebt, so schimmern seine äussern Theile durch die zarte Schale hindurch, und die Schale siehet nun gefleckt wie ein Marmor. So bald aber das Thier herausgenommen ist, so erscheinet die Schale einfärbig, und wenn man an ihnen doch zuweilen eine schwarze oder schwarzgraue Endspitze siehet, so ist das einem Ueberbleibsel vom äussersten Sipho zuzuschreiben, den man nicht allemal so glücklich herausziehet, daß gar nichts davon zurückbleiben sollte.

Nach diesen Anmerkungen über den Bau der Ohrschnecken, und nach der angestellten Vergleichung derselben mit den Kahnschnecken, wird man es nicht läugnen können, daß sie vieles unter sich gemein haben, man wird aber auch das Abweichende nicht verkennen, und daher die Kahn- und die Ohrschnecken zwar als zwey wahre, aber würklich verwandte Geschlechte annehmen.

Die grosse Menge verschiedener Ohrschnecken, die ich aus verschiedenen Gegenden vor mir habe, haben mir einen **gedoppelten Unterschied** an ihnen auf das deutlichste gelehret. An einigen habe ich die äussere Lippe der Mundöffnung so hervorstehend angetroffen, daß ich keinen Widerspruch befürchte, wenn ich mir dieselbe als einen wahren **Flügel** gedenke, und sie **geflügelte Ohrschnecken**, oder **Flügelschnecken** nenne. Man sehe die Figur Tab. VI. fig. 4. Bey einigen ist die Spitze stumpf und eingedrückt, bey andern spitzig und hervorragend, und dieses bestimmt zwey Gattungen der Flügelschnecken. **Andern** fehlet dieser **Flügel**, und diese kommen nur in zwey Abänderungen vor, davon ich die schwarze schmale Ohrschnecke (n. LXXXII.) als eine neue Gattung bey **Thangelstedt** gefunden habe.

Argenville redet in seiner Zoomorphose, deutsch S. 59. f. von einem Deckel der Ohrschnecke. Dieses Thier sagt er, entblösset sich vor den Augen des Beobachters vermittelst seiner schleimigten Sohle, **die an ihrem Ende einen Deckel hat.** Und bald hernach spricht er: der Mund ist sehr breit, **und an der Seite derselben erscheinet ein Deckel.** Fast glaube ich nicht, daß Herr von Argenville hier einen eigentlichen Deckel, damit manche Conchylien ihre Mündung verschliessen, verstehen sollte. Denn sonst müsten nach seiner Anzeige die Ohrschnecken gar zwey Deckel, einen an dem Munde, und den andern an der Fußsohle haben. Er muß gewisse fleischigte Theile des Bewohners verstehen. Ich habe an den Ohrschnecken nie einen eigentlichen Deckel gesehen, ob ich gleich einige hundert zu verschiedenen Jahreszeiten aus dem Wasser gezogen und genau beobachtet habe.

Die

Die Conchyliologen nennen diese Schnecken **Ohrschnecken**, **Mäuseohren**, **Wurzeln**, **weitmündige durchsichtige Bauchschnecken**. Helix auricularia Linn. Buccinum auricula Müll. Auricula stagnorum Klein. Conque sphérique ou Tonne. Buccin ventru, le Radix. Holländisch, Muizen Oortje.

Von den Bewohnern der Kahn- und Ohrschnecken.

§. 99.

Vom Thier der **Wasserblase** (n. 78.) haben uns **Adanson**, **Müller** und **Martini** manche brauchbare Nachrichten überliefert, die ich, weil sich diese **Linksschnecke** in meinen Gegenden nicht findet, wiederholen muß. Herr Etatsrath **Müller** sagt, daß es weiß oder grau sey, und seinen Mantel in verschiedene Falten legen könne, daß es damit gleichsam seine Schale öffne, und daß dieser Mantel wie zerrissen aussehe. Herr D. **Martini** beschreibt den Kopf des Thiers als halb cylindrisch, oben convex, unten platt, und mitten auf demselben stehen zwey cylindrische Fühlhörner, welche sich nicht wohl einziehen lassen; die Augen erblickt man unten an der innern Seite derselben. Der Fuß ist am vordern Ende breit, am hintern ganz spitzig, und das Thier hat das ganz eigne, daß es beständig auf dem Wasser schwimmt, und gemeiniglich auf dem Schlamm oder Teichlinsen in den Morästen oder Seen vom **Pedor** lebt. Herr **Adanson**, der in seiner Histoire naturelle du Senegal, Coquillages S. 57. f. dies alles wiederholet, hat noch insonderheit von dieser Wasserblase bemerkt, daß ihre Begattung die nemliche wie bey dem Posthorn sey. (§. 94.) Er hat sie daher in seine **vierte** Classe gesetzt, welche diejenigen Conchylien begreift, welche sich, da sie beyderley Geschlechte zugleich haben, bey der Begattung wegen der unbequemen Lage ihrer Geburtsglieder auf einander setzen müssen. Man sehe auch **Bonnets** Betrachtung über die organisirten Körper, Th. II. S. 117. nach der deutschen Ausgabe des Herrn Pastor **Götze**, Lemgo 1775. in 8.

Von dem Thier der **gelben durchsichtigen Bauchschnecke**, oder der **geflügelten Kahnschnecke**, (n. LXXX.) sagt Herr D. **Martini** im Berl. Magaz. IV. B. S. 360. folgendes. Das Thier ist gelblich gefleckt, und hat ganz breite eyförmige, oben rundzugespitzte Fühlstangen, an deren innern Seite man unten die Augen sehen kan. Wenn man es mit einer Nadel verwundet, so giebt der ausfliessende Saft dem Wasser eine sehr veränderte Farbe. Im April werfen diese Schnecken ihren Laich, den sie gemeiniglich an die Wasserpflanzen ankleben. Man entdeckt darinne unzehlbare bräunliche Körnchen, woraus die jungen Schnecken entstehen. **Lister** hat im **May** gesehen, daß dieser Laich dicke über ½ Zoll lang, so durchsichtig als Crystall, und in dessen Mitte viel kleine Schneckchen von der Grösse eines Mohnsamens gewesen, deren Gestalt und Figur er deutlich unterscheiden können. Diese Schnecken gehören zu den Zwittern, derer drey zu einer gedoppelten Befruchtung erfordert werden.

Das Thier von der **eigentlichen Ohrschnecke** (n. LXXXI.) haben viele Schriftsteller beschrieben, keiner aber mit der gehörigen Sorgfalt und Ausführlichkeit. Ich will es nur mit einigen Zeugnissen bestätigen, und dann meine eignen Beobachtungen hinzuthun. **Argenville**, der in der Zoomorphose tab. 8. n. 6. eine schlechte Zeichnung von der Ohrschnecke und dessen Thier liefert, giebt S. 59. f. der deutschen Ausgabe keine bessere Beschreibung des Thiers. Dieses Thier, sagt er, entblösset sich vor den Augen des Beobachters vermittelst seiner schleimigten Sohle, die an ihrem Ende einen Deckel hat. Von dieser Sohle oder Platte gehet ein langer Hals hervor, nebst einem Kopf, an welchem zwey sehr kurze Hörner, und an der innern Seite zwey schwarze Punkte sind, welche statt der Augen dienen. Der Mund ist sehr breit, und an der Seite derselben erscheinet ein Deckel. Herr D. **Martini** siehet im Berl. Magaz. IV. B. S. 356. 358. die gelbe durchsichtige Bauchschnecke mit 3. Gewinden (n. LXXX.) und die Ohrschnecke (n. LXXXI.) für blosse Spielarten an, und beschreibet den Bewohner so, wie ich es vorher aus ihm ausgezeichnet habe; und Herr Etatsrath **Müller** sagt Hist. Verm. P. II. p. 128 nur folgendes: Limax albus punctis parvis cinereis; testam fractam, vti terrestres, restituit; oculi nigri vti in omnibus mihi notis limacibus, non albicantes.

Ich habe dieses Thier zu wiederholten malen beobachtet, und meine Beobachtungen sind folgende. Das Thier ist schwarzbraun, und auf dem Kopfe würklich schwarz, manche Thiere sind ganz schwarz, aber unter 50. Beyspielen findet man eins von dieser Farbe. Der Kopf des Thiers gleicht einem ausgeschweiften Kragen, der in der Gegend des Mundes eine Einbeugung hat, und ein wenig über den Leib des Thiers hinausragt. Der Mund ist im Mittelpuncte, und hat die völlige Gestalt einer so genannten Hasenscharte. Die Fühlhörner bilden einen Triangel, und sind bey ausgewachsenen Thieren hellgrau und durchsichtig, bey jüngern Thieren aber weiß. Die Augen sind so klein, wie die Spitzen einer Nadel, und sind mit blossem Auge kaum zu bemerken, sie liegen unter den Fühlstangen, und sind ganz schwarz. Bey den jüngern Thieren aber, deren Schale ohngefehr die Grösse einer Zuckererbse hat, sind die Fühlstangen so fein und durchsichtig, daß man die Augen so gar durch ein mittelmäßiges Vergrösserungsglas durch die Fühlstangen beobachten kan. Diese Fühlstangen kan das Thier zwar ein wenig zurück, aber nie ganz in den Kopf hineinziehen, es legt sie aber, wenn man das Thier beunruhiget, fest an seinen Kopf an. Unterdessen hat es doch diese Hörner also in seiner Gewalt, daß es dieselben vor- und rückwärts bewegen kan, wie es nur will. Die Luftröhre hat, wenn sie sich ganz öffnet, die Grösse einer Rabenspule. Wenn sich das Thier wo ansetzt, so kan es sich so fest halten, daß man es nur mit Mühe losreissen kan. Wenn das Thier fortschreitet, so ist es, als wenn es schwämme, allein man siehet ganz deutlich, daß es bald den vordern, bald den hintern Theil seines Leibes ausdehnet und zusammenziehet, und auf diese Art kan es ziemlich hurtig gehen. Betrachtet man das Thier durch die zarte durchsichtige Schale, so scheinet es schwarz und gelb gefleckt zu seyn, es ist aber nichts weniger als dieses, wenn sich das Thier ausser der Schale befindet. Der Mantel des Thiers ist schwarz und weiß gezeichnet, die weissen Zeichnungen sind bald weisse Tüpfeln, bald Striche, ganz vorn siehet es wie marmorirt aus, und ist da, wo es an das Thier unmittelbar anschliesset, mit einem weissen Saum eingefaßt; der Sipho hingegen ist bis an die Endspitze ganz schwarz. In einem Glase, wo ich zu Ende des Aprils dieses Jahres einige Ohrschnecken im Wasser einige Tage aufbewahrte, fand ich eine weisse wie Krystall durchsichtige Gallerte auf den Boden und an die Seite des Glases aufgeleimt. Das eine von zweyen Beyspielen hatte eine unbestimmte längliche und nicht so gar breite Bildung, das andre aber war über zwey Zoll lang, nicht gar zwey Linien breit, an beyden Enden spitzig, und hatte ganz die Bildung eines Regenwurms. Das ist der Laich

des

des Thiers, denn in dem kleinern Beyspiel von ohngefehr ½ Zoll lang, habe ich mit blossen Augen die länglichrunden Eyer, und durch das Vergrösserungsglas in diesen Eyern die jungen Schnecken von einer hellbraunen Farbe ganz deutlich gesehen. Eben solchen Laich gaben diese Schnecken zu einer andern Zeit im Junius von sich.

Der Bewohner von der schwarzen schmalen Ohrschnecke (n. LXXXII.) hat den völligen Bau des vorher beschriebenen Thiers der eigentlichen Ohrschnecke, nur daß die dreyeckigten Fühlhörner oben sehr spitzig ausgehen, und der ganze Körper des Thiers schwarz ist.

§. 100.

Die bekannten Kahn- und Ohrschnecken der süssen Wasser sind folgende.

LXXVIII.

Die linksgewundene Kahnschnecke, Schr. Die Wasserblase. *Bulla fontinalis, Linn. Planorbis bulla, Müll. Tab. VI. fig. 16. a. b.* Tab. VI. fig. 16. a. b.

Lister *Hist. animal. angl. tit. 25. p. 142. tab. 2. fig. 25. Buccinum exiguum trium spirarum a sinistra in dextram convolutarum.* Lister *Hist. Conchyl. tab. 134. fig. 34. buccinum fluviatile a dextra sinistrorsum tortile, triumque orbium, sive Neritoeides.* Linne' *animal. Suec. Acta Upsal. 1736. p. 41. n. 23. Cochlea testa flava pellucida, acuminata, rictu obliquo.* Gualtieri *Ind. Testar. tab. 5. fig. CC. Buccinum fluviatile, testa fragili, pellucida, albida, prima spira admodum elongata, et ventricosa.* Linne' *Faun. Suec. 1746. p. 372. §. 1302. Cochlea testa pellucida flava ovato oblonga longitudinali, spira introducta.* Adanson *Hist. du Senegal, Coquillages. P. I. p. 5.? le Bulin, Bulinus?* Bonnet von den organisirten Körpern, deutsch Th. *II.* S. 117. Geoffroy Conchylien um Paris, deutsch S. 90. *Bulla fontinalis, la Bulle aquatique.* Linne' *Syst. nat. ed. X. p. 727. sp. 340. Bulla fontinalis testa ovata pellucida sinistrorsa, spira obsoleta, apertura ovato oblonga, ed. XII. Gen. 321. sp. 386. Bulla fontinalis etc. vulgo Fontinalis.* Müller Natursyst. Th. *VI.* S. 411. die Perlenblase. Linne' Reisen durch Wesigothl. schwed. S. 49. deutsch S. 59. *Bulla fontinalis,* wurde auf den Blättern des *Stratiotes* in Menge angetroffen, und war an Gestalt, Grösse und Helle den Perlen ähnlich. Martini Berl. Mag. *IV.* B. S. 364. *n. 105. tab. 11. fig. 61.* Die kleine linksgewundene Bauch- oder Kahnschnecke, mit drey Windungen. Die Wasserblase. Müller *Hist. Verm. P. II. p. 167. n. 353. Planorbis bulla testa fragili sinistrorsa, vertice obtuso, apertura ovata.* Dänisch Boble-Perlen.

Die Schriftsteller geben die Grösse dieser Linksschnecke gar verschieden an, von 2. bis zu 4. Linien. In den Gegenden Deutschlands übersteigt sie die Grösse von 2. Linien selten, allein Herr Professor Hermann aus Straßburg hat mich ausdrücklich versichert, daß man sie in Italien grösser finde, und Herr Etatsrath Müller giebt ihre Höhe bis auf vier Linien an. Ihre äussere Gestalt kömmt der Bildung der Blasenschnecken ziemlich nahe, und man hat ihr durch den Namen Bulla eben keine unschickliche Benennung beygelegt. Durch ihre ausgeschweifte Mundöffnung, und durch den kurzen Zopf hat sie aber auch eine Aehnlichkeit mit den Kahnschnecken, und ich bin daher einigen

Schriftstellern, besonders Herrn D. **Martini** gefolgt, und habe sie als eine Kahnschnecke der süssen Wasser angesehen. Ihre Schale ist überaus dünne und zerbrechlich, und ich kenne fast keine einzige Flußschnecke, deren Schale noch dünner und zerbrechlicher wäre. Wenn der Bewohner noch in der Schale liegt, siehet sie von dem durchschimmernden Bewohner schwärzlich aus; wenn sie aber von dem Bewohner befreyet ist, so wird die Schale weißgelblich, oder hornartig, doch von ganz heller Farbe. Die Schale ist eyförmig, die erste Windung bildet beynahe das ganze Gehäuse, sie ist groß und ziemlich aufgeblasen, fast wie bey dem Kibitzey. Die Mundöffnung ist weit und oval, oben enge, im Mittelpuncte am weitesten, gerade wie bey dem Kibitzey. Selbst die erste Windung ist in der Mitte am stärksten, die Mündung aber ragt unten über die Windung hervor. Die drey folgenden Windungen sind überaus klein, an den mehresten Beyspielen ganz stumpf wie eine Warze, an einigen, davon ich selbst ein Beyspiel besitze, mehr hervorstechend. Daher ich die Abbildung im **Gualtieri** gerade nicht tadeln will, weil er vielleicht ein Beyspiel mit hervortretender Spitze kann besessen haben. Selbst Herr D. **Martini** legt dieser Wasserblase eine scharfe Spitze bey.

Die Schriftsteller bezeugen beynahe einstimmig, daß diese **Linksschnecke** häufig genug vorkomme. So bezeugt es **Linne** von **Westgothland**, und Herr Etatsrath **Müller** von **Dännemark**. In meinen Gegenden habe ich sie noch nicht entdecken können, und die zwey Beyspiele, die ich besitze, sind aus **Straßburg**. **Lister** fand sie in **England**, **Linne** in **Schweden**, **Geoffroy** bey **Paris** in den Bächen und Morästen; **Martini** in der **Churmark**, der uns meldet, daß man sie nur vom Monat **September** bis zum **Januar** in den Sümpfen, welche im **Junius** bis zum **September** vom **Regenwasser** entstehen, finde; wenn diese aber austrockneten, so verschwänden sie wieder. Sie erscheinen, sagt er ferner, oft in solcher Anzahl, daß man mit einem Griff viele tausende aufnehmen kann. Fast eine ähnliche Beobachtung erzehlet uns der Herr Etatsrath **Müller**, daß er sie nemlich im **Julius**, **Augustus** und **September** überaus häufig, vor dem Solstitium aber nie gefunden habe. Daß diese Schnecke auch in **Italien** zu Hause sey, habe ich schon oben bemerket. Den Bewohner habe ich oben beschrieben.

Die Naturforscher sind nicht einig: ob der *Bulin* des Herrn **Adanson** unsre Wasserblase sey? Herr **Etatsrath Müller** leugnet es; Herr D. **Martini** aber sagt, daß er mit diesem Bläschen ziemlich genau übereinkomme. Ich besitze den **Adanson** nicht, nach der **Martinischen** Zeichnung tab. XI. fig. 62. darf man auch nicht gehen, sonst würde es uns gewiß nicht beyfallen, den Bulin für unsre Wasserblase zu halten. Ich kann daher nur die Beschreibung wiederholen, welche die Verfasser der Onomatologiae historiae naturalis im zweyten Bande S. 343. f. davon geben, und wenn diese richtig ist, so glaube ich doch den Bulin als eine seltene **Abänderung der Wasserblase** betrachten zu dürfen. Es heißt daselbst: „Das Gehäuse dieser Schnecke ist eins der allerkleinsten, die bekannt sind, da es kaum 1½ Linie lang und kaum ¾ Linien breit ist. Sie ist eyförmig, in ihrem Umfange rund, oben ganz stumpf, gegen ihre Spitze zugespitzt, und in 4. bis 5. Windungen gewunden, welche in dem Herabsteigen sehr schief von der linken zur Rechten gehen. Diese Windungen sind dergestalt aufgeblasen, daß sie da, wo sie sich mit einander vereinigen, eine sehr tiefe Furche unter sich zu machen scheinen. Ueberdieß gehet noch eine grosse Zahl sehr feiner und nahe beysammenstehender Runzeln nach der ganzen länge der Oberfläche von dem Gehäuse hinweg, welches glänzend, ausserordentlich fein und durchsichtig ist. Die Mündung ist auf der linken Seite, und stellet eine nach der länge herabgehende eyförmige Figur vor, die oben stumpf, unten aber spitzig ist. Der grosse Durchschnitt derselben ist mehr als noch einmal so groß, als der kleine, und ist gerade so lang, als die Spitze des Gehäuses. Der Rand an derselben ist ganz einfach, schneidend, und da wo die erste Windung ist und den untern Theil der Mündung bildet, abgesetzt. Die Farbe ist dunkelroth, bisweilen mit schwarzen Puncten gegen der Mündung zu, schön gesprengt.„ Ausser der Verschiedenheit der Farbe, die bey Conchylien oft sehr zufällig ist, ausser der hervortretenden Spitze, und ein paar Windungen mehr, und ausser den Streifen, kömmt doch die Bildung des **Bulins** unsrer Wasserblase sehr nah, die man als eine Abändrung betrachten, und die rothe gestreifte Wasserblase nennen könnte.

LXXIX.

Die bauchige rechtsgedrehete Kahnschnecke, Schr.

Buccinum glutinosum, Müll.

Müller *Hist. Verm. P. II. p. 129. n. 323. Buccinum glutinosum, testa ventricosa, diaphana, mucrone obtuso, apertura ampla.* **Dänisch** Slüm - Hornet.

Diese Conchylie, die höchstens eine länge von 4. linien, aber eine Breite bis zu drey linien erhält, kenne ich nicht, und kann daher nur die Beschreibung des Herrn Etatsrath **Müller** wiederholen. Sie hat nach seiner Aussage eine sehr zarte, zerbrechliche, gelbe Schale, und fast den Bau der vorherbeschriebenen Wasserblase, sie ist aber mehr ausgedehnt und rechtsgewunden. Sie hat nur zwey bis drey Windungen, die erste ist sehr groß, die übrigen bilden eine stumpfe Spitze. Die Mundöffnung ist weit und abgerundet.

Den Bewohner beschreibt Herr **Müller** schlüpfrig und zähe, weiß mit einzelnen grauen Puncten bestreuet. Mit seinem Mantel kann er seine ganze Schale bedecken, und sich dadurch wider alle Verletzungen schützen. Wenn man ihn aus dem Wasser herausziehet, so läßt er seinen Mantel herabhängen, und die Schale zeigt sich dann glänzend und trocken. Herr Etatsrath **Müller** fand diese Conchylie auf den Blättern der Nymphacae luteae.

LXXX.

Die geflügelte Kahnschnecke, Schr. *Bulla alata mucrone elato.*

In dem Muschelsande bey **Thangelstedt** habe ich einige Schalen gefunden, welche halb wie die Amphibienschnecken, und halb wie die Ohrschnecken gebaut, und würklich ein Uebergang der Natur von der einen Gattung auf die andre sind. Die lange gestreckte Figur haben sie mit der Kahnschnecke gemein, eben so wie die drey bis vier hervortretenden Windungen, die sich in eine scharfe Spitze endigen. Hingegen ist die erste grosse Windung bauchiger als bey der genannten Conchylie, die lippe tritt weiter hervor, und man kann ihr den Namen einer geflügelten Kahnschnecke nicht absprechen, so wenig als die entscheidenden Kennzeichen, die sie von der folgenden Ohrschnecke unterscheiden. Ihre Farbe ist hornartig und glänzend, zuweilen weiß und glänzend, den Bewohner aber habe ich nicht gesehen.

LXXXI.

LXXXI.

Tab. VI. fig. 1-6. tab. min. C. fig. 2.

Die Ohrschnecke, Mart. Das Mäuseohr, Meuschen. *Helix auricularia, Linn. Buccinum auricula, Müll. Tab. VI. fig. 3-6. tab. min. C. fig. 2.*

Lister *Hist. animal. angl. tit. 23. p. 139. tab. 2. fig. 23. Buccinum pellucidum, subflavum, quatuor spirarum, mucrone acutissimo, testae apertura omnium maxima.* Lister *Hist. Conchylior. tab. 123. fig. 22. Buccinum subflavum, pellucidum, quatuor orbium, ore amplissimo, mucrone acuto.* Lister *Exerc. anatom. II. de buccinis tab. 2. fig. 3.* Bonanni *recreat. ment. Class. III. fig. 54. p. 119. Supra modum tenuis ac tener est hujus turbinis testa, adeoque admodum pellucida et laevis est. Ei ingens apertura ovalis, color est ex flavo albescens, interdum vinosus. Intra tres spiras finitur, quarum duae inferiores ad mucronem admodum exiguae.* Gualtieri *Ind. testar. tab. 5. fig. G. Buccinum fluviatile pellucidum, subflavum mucrone acutissimo et brevi; prima spira insigniter ventricosa, testae apertura omnium maxima.* Linné *Fauna Suec. 1746. p. 376. §. 1315. Concha testa diaphana, anfractibus quatuor, mucrone acuto brevissimo, apertura amplissima.* Argenville Conchyl. deutsch. *tab. 27. fig. 7. tab. 28. fig. 22.* S. 281. 285. *Globosa cinerea; fulva; cum acumine retuso; lactea.* Die aschgraue Tonne, die rothe, die Tonne mit abgebrochner (stumpfer) Spitze, die milchweisse Kahnschnecke. Die Wurzel, die Ohrschnecke. Die erste Kugelschnecke ist grau und aus dem Fluß Huines. Die zweyte ist röthlich und kommt aus der Marne, so wie auch die dritte, deren Spitze abgebrochen ist. Die vierte Kugelschnecke findet sich in dem Fluß des Gobelins, ist milchweiß, und hat eine sehr feine Spitze. Einige nennen es das bauchiche Spitzhorn. Argenville Zoomophose *tab. 8. fig. 6.* S. 59. (schlechte, dunkle Abbildung.) Ginanni *opere post. P. II. tab. I. fig. 3.* Hofmann *de concha sphaerica*, in den *Actis ac. elect. Mogunt. Tom. II. p. 1. Concha sphaerica fluviatilis alata ex badio et nigro colore variegata.* Schlotterbeck *Act. Helv. Vol. V. p. 283. n. 5. tab. 3. fig. 27. 28. Turbo fluviatilis ventricosus, nonnihil globosus, mucrone brevissimo et acutissimo.* Geoffroy Conchyl. um Paris, S. 72. *Buccinum ampullaceum radix dictum. Le Radix. Le Buccin ventru.* Linné *Syst. nat. ed. X. p. 774. sp. 617. Helix auricularia testa imperforata ovato obtusa, spira acuta brevissima, apertura ampliata. ed. XII. Gen. 328. sp. 708.* Müller Naturfyst. Th. *VI.* S. 581. Das Mäuseohr, holl. *Muizen-Oortjes.* Martini Berl. Mag. *IV.* B. S. 356. *n. 106. tab. XI. fig. 59.* Die weitmündige durchsichtige Bauchschnecke mit 3. oder 4. Gewinden, die Wurzel, die Ohrschnecke. Murray *Fundament. testaceol. p. 36. tab. 1. fig. 4. Helix auricularia. Testa ovata, obtusa; venter inflatus, spira acuta, brevissima, labrum dilatatum, rotundum, plica unica labii, apertura ampliata.* Müller *Hist. Verm. P. II. p. 126. n. 322. Buccinum auricula, testa ampullacea, cornea, mucrone acuto brevi; apertura amplissima.* Meuschen Mus. *Gronovian. p. 128. n. 1362. Muizen-Oortje.* Gronov *Zoophylacium Fasc. III. n. 1568. Helix testa imperforata ovata obtusa; spira acuta brevissima: apertura ampliata.* Dänisch: Radiis Hornet; öre Hornet.

Man findet diese Ohrschnecken beynahe in allen Gegenden der Welt, wo nur Flüsse sind, oder Teiche und Tümpfel, und wo man sie findet, da wohnen sie mehrentheils

theils in grosser Anzahl beysammen. Es fällt daher aufmerksamen Sammlern und Beobachtern auch nicht schwer, sie in allen möglichen Wachsthumsgrössen zu finden. Ich habe sie hier bey **Weimar** nicht unter drey Linien gefunden, weil sich vielleicht diese Schnecke in ihrem ersten Alter auf dem Bette der Wasser aufhält, und dadurch dem Nachforschen des Sammlers entwischt. Hingegen habe ich sie hier von der Grösse von 15 Linien gefunden, eine Grösse die vor mir noch kein Schriftsteller angegeben hat, denn das gröste Maaß des Herrn Etatsrath **Müller** ist 12 Linien. Drey bis fünf Windungen machen die ganze Conchylie aus. Die erste Windung ist überaus groß und gemeiniglich dreymal so groß als alle die folgenden, sie ist bauchigt und aufgeblasen, und die äussere Lippe, die hervorragend ist, bildet gemeiniglich einen Flügel, der aber weit kürzer ist als der Flügel der eigentlichen Flügelschnecken. (n. LXXXIII. LXXXIV.) Die obern Windungen gehen spitzig zu, doch ist die zwote im Verhältniß gegen die folgenden noch bauchicht und groß. Die äussere Lefze ist ganz ohne Saum, folglich scharf und schneidend, bey ausgewachsenen Beyspielen siehet man an derselben in der Gegend der Mundöffnung etwa 3 bis 4 Linien in die Breite herablaufende Runzeln, die aber von dem Anbau der Schale herrühren. Die Mündung ist oval, aber sehr ausgebogen, und in der Gegend der Hälfte der ersten Windung übergeschlagen, daraus denn weiter oben eine Lefze entstehet, die sich über den Bauch herlegt. Durch diese übergeschlagene Lefze entstehet bisweilen ein halboffner, bisweilen ein ganz verdeckter Nabel, niemals aber ein eigentlich sogenanntes Nabelloch. Den innern Bau dieser Schnecke habe ich auf der einen meiner kleinern mit C. bezeichneten Tafeln fig. 2. abzeichnen lassen. Die bauchigte Form der ersten Windung hindert gar nicht, daß nicht die Spindel, die übrigens überaus dünne ist, ganz gerade vor unsern Augen da liegen sollte, da, wo sich die linke Lippe überschlägt, siehet man von Innen eine Einbeugung in der Spindel, und so ist es bey der zwoten und dritten Windung, zum Beweise, daß hier ehedem Mundöffnung war, ehe die Schnecke ihre Grösse erreichte.

In diesen angeführten Umständen sind sich alle mir bekannte Ohrschnecken gleich, so wie darinne, daß sie alle aus einer dünnen und zerbrechlichen Schale bestehen. In manchen Stücken aber weichen die Ohrschnecken merklich von einander ab. Erstlich in Rücksicht auf die Farbe, die sich überhaupt betrachtet von Aussen und von Innen ganz gleich ist. Herr Etatsrath **Müller** tadelt daher den Ritter von **Linne'** mit Grunde, der in seiner Fauna der Ohrschnecke inwendig eine schneeweisse Farbe beylegt, weil ihr diese Farbe nicht natürlich ist, sondern von der Ausbleichung durch Luft und Sonne herrühret. Sonst dürfte man auch braune, erdfarbige, ja röthliche Ohrschnecken annehmen, welches doch blos ausgebleichte und calcinirte Beyspiele sind; ja man dürfte von bunten Ohrschnecken reden, weil, so lange das Thier noch in der Schale ist, dasselbe durch die Schale hindurchschimmert, und sie dem gefleckten Marmor gleich macht. Was aber nun die eigentlichen Farben dieser Ohrschnecken anlangt, so habe ich sie in folgenden Veränderungen vor mir liegend:

1) Weiß perlenfarbig und glänzend, aus **Straßburg** und **Dännemark**. Die erstern sind klein, und könnten daher leicht junge Ohrschnecken seyn, und die Farbe dieser jungen Schälchen verstellen, wenn ich nicht das grössere fast ganz ausgewachsene Beyspiel aus **Dännemark**, und kleine, aber anders gefärbte vor

mir liegend hätte. Auch hier bey Weimar habe ich ein ausgewachsenes Beyspiel von einer solchen Farbe gefunden.

2) Hornfarbig, doch so, daß die Farbe sanft in das Gelbe schielt. Das sind die gemeinsten.

3) Wachsfarbig fast röthlich mit einem wahren Silberglanz, von Jena. Diese sind die seltensten, davon mir nur ein einziges Beyspiel von mittlerer Grösse vorgekommen ist. Die Schale ist unter diesen Gattungsarten die feinste, und so fein, wie bey der Wasserblase.

In Rücksicht auf den Bau der Schale kommen zwar alle der oben gegebenen Beschreibung bey. Einige aber sind bey gleicher Grösse mehr bauchicht und rund, andre aber mehr gestreckt. Besonders sind die Ohrschnecken von Weimar die gestrecktesten und schmälsten, die ich gesehen habe. Die obern Windungen gehen zwar bey allen Ohrschnecken spitzig hervor, aber sie nehmen bey manchen viel schneller ab, als bey andern, und es scheinet bey verschiedenen Beyspielen, wie sich Geoffroy und Martini ausdrücken, als wenn die drey obersten Windungen auf den dicken Bauch der Ohrschnecke gleichsam eingepfropft wären.

Drittens finde ich zwar die Schale an allen vor mir liegenden Ohrschnecken glatt, hier bey Weymar aber habe ich einige Beyspiele gefunden, die mit vier bis acht Querrippen versehen sind, die man in der Gegend der Mundöffnung am deutlichsten siehet, und die sich in der Nähe der zwoten, und auf allen folgenden gänzlich verlieren.

Ich habe schon gesagt, daß diese Ohrschnecke allenthalben wo Flüsse, Teiche, kleine Bäche und stehende Tümpfel sind, zu Hause sey, wenn sie gleich der verstorbene Herr D. Hofmann speciem non vbiuis obuiam nennet. Lister fand sie ja in England, Linne' in Schweden, Argenville und Geoffroy bey Paris, Müller in Dännemark, Schlotterbeck in der Schweiz, Martini in der Churmark, Hofmann bey Sangerhausen, ich bey Weimar. Ausserdem besitze ich dergleichen von Straßburg, von Hamburg, von Jena, von Hasel bey Rudolstadt im Schwarzburgischen, und einige Beyspiele, die ich aus Holland in der Gronovischen Auction als Zugaben erhielt, sind vermuthlich in Holland selbst gefunden worden. Hier bey Weimar liegen sie so häufig, daß man sie in einer kurzen Zeit zu Hunderten aus dem Wasser hervorziehen kann. Das Thier habe ich oben weitläuftig beschrieben.

Einige Anmerkungen des Herrn Etatsrath Müller muß ich bey dieser Gelegenheit wiederholen. Er sahe, daß diese Conchylie vom Junius bis in den October in reinem Wasser lebte, ohne daß er ein sichtbares Erhaltungsmittel gesehen, oder das Wasser, worinne sie sich aufhielt, verändert hätte. Daß sich aber diese Thiere gleichwohl nähren mußten, bewiesen die Excrementen derselben, die sich auf den Boden des Gefässes häufig gesetzt hatten. Um doch einigermassen zu erfahren, wodurch sich diese Thiere nähren, und was wohl eine solche Menge von Excrementen bewirken könne, so brachte er einige Tropfen dieses Wassers, worinne sie so lange gelebt hatten, unter ein Vergrösserungsglas, und sahe unzehlige schwarze Kügelchen, die noch kleiner als der Staub der Schwämme waren. Infusionsthierchen fand er nicht in diesem Wasser, ausser dasjenige was er Cyclidium bullam genennet hat, welches doch sparsam genug

nug darinne anzutreffen war. Folglich muß sich das Thier diese lange Zeit blos von diesen kleinen Körnern genähret haben; die vielleicht ein Saame, oder Monaden waren.

Herr Hofmann sagt, und **Lister** sagt es vor ihm, daß das Thier der Ohrschnecke zuweilen aus dem Wasser gehe, vermuthlich Nahrung zu suchen; Herr **Müller** aber hat dies nicht erfahren, ob er sie gleich Monate lang in einem Gefässe mit Wasser aufbewahrte. Ich habe es aber sehr oft gesehen, und es war gleichgültig, ob ich diese Thiere in einer thönernen Schüssel oder in einem Glase aufbewahrte. Ich habe gesehen, daß sie sich in diesen Gefässen bald weit über das Wasser setzten, und also auf dem Trocknen lebten; ja ich habe gesehen, und mehr als einmal gesehen, daß sie ganz aus ihrem Gefässe heraus giengen, und auf dem Tische lagen. Aber daß diese wieder zurück gegangen wären in ihr Gefäß, das habe ich nicht gesehen, so wenig als ich sagen kann, daß sie ihr Element darum verlassen hätten, daß sie Nahrung suchen möchten.

Argenville hat tab. 27. fig. 7. die Ohrschnecke unter den Flußconchylien und tab. 28. fig. 22. unter den Erdschnecken. Ich muthmasse, dieser Irthum komme daher, daß er auf dem Lande einige Ohrschnecken gefunden hat, die vielleicht durch Ueberschwemmungen dahin geführet worden sind. Mit dem Bewohner wird man zuverläßig diese Schnecke auf dem trocknen Lande nicht finden.

LXXXII.

Die schwarze (oder hornfarbige) schmale Ohrschnecke, Schr. *Buccinum peregrum Müll. Tab. VI. fig. 7. tab. min. C. fig. 3.* Tab. VI. fig. 7. tab. min. C. fig. 3.

Gualtieri *Index testar. tab. 5. fig. ee. Buccinum fluuiatile, testa fragili, pellucida, albida, prima spira admodum elongata et ventricosa.* Müller *Hist. Verm. P. II. p. 130. n. 324. Buccinum peregrum testa cornea subconica, mucrone acuto, apertura ouata.* Dänisch: *Vandringe-Hornet.*

Diese Conchylie, die höchstens acht Linien lang wird, hat einige Kennzeichen von der vorherbeschriebenen Ohrschnecke, und andere von dem kleinen Spitzhorn von fünf Gewinden (n. CI.) an sich; doch mehr von der ersten, als von dem letzten. Man darf nur die Zeichnungen der gegenwärtigen tab. 6. fig. 7. und des kleinen Spitzhorns tab. 7. fig. 9. 10. gegen einander halten, und der Unterschied wird sich sogleich zeigen, da das kleine Spitzhorn noch lange nicht so bauchigt, und der Zopf viel gestreckter ist, als bey der gegenwärtigen schmalen Ohrschnecke. Man findet auch das kleine Buccinum wohl noch einmal so lang als die schmale Ohrschnecke. Hingegen mit der eigentlichen Ohrschnecke kömmt die gegenwärtige genauer überein. Man darf sich dieselbe nur etwas schmäler, folglich auch die erste Windung weniger bauchigt gedenken, so hat man das ganze Characteristische, das Uebereinstimmende, und das Abweichende auf einmal. Die schmale Ohrschnecke hat auch nur vier Windungen, die erste ist mehr als noch einmal so groß als die folgenden, aber weniger bauchigt, daher auch der Zopf mehr gestreckt, gleich abnehmend, und nicht so spitzig ist, als bey der Ohrschnecke. Die Mundöffnung ist weit, aber nicht so ausgeschweift als bey der Ohrschnecke, sondern sie bildet ein wahres längliches Oval. Die linke Lippe ist ebenfalls übergeschlagen, aber nicht so stark und merklich; in so fern sie sich aber an den Bauch anlegt, ist sie breiter und merklicher. Man siehet keine Spur eines Nabellochs, sondern der Nabel ist von der Lefze völlig überdeckt.

Auch der innre Bau, den ich auf den kleineren Tafeln Num. C. fig. 3. abgebildet habe, ist dem innern Bau der Ohrschnecke tab. min. C. fig. 2. fast ganz gleich. Ich habe den einzigen Unterschied bemerket, daß der untere Theil der Spindel, der in die Mundöffnung führet, an der schmalen Ohrschnecke länger ist, als an der eigentlichen Ohrschnecke, das kömmt aber lediglich von der mehr gestreckten ersten Windung und von der längern und schmälern Mundöffnung her.

Herr Etatsrath **Müller** und Gualtieri beschreiben diese Gattung von hornartiger oder weißlicher Farbe, diejenige aber, die ich hier beschreibe, und die ich tab. VI. fig. 7. habe abbilden lassen, ist ganz schwarz. Es sind unterdessen blosse Abänderungen. Nicht nur der Bau ist bey beyden völlig eben derselbe, sondern da ich an der meinigen die schwarze Beinhaut mit Bimstein abrieb, so wurde sie hornfarbig, doch mehr gelb und durchsichtig, da sie vorher ganz undurchsichtig, auch gegen das Licht gehalten, war.

Herr Etatsrath **Müller** erkläret diese Schnecke für ein wahres Amphibium, von der er doch versichert, daß er sie nie mit dem Thier, sondern allemal mit Leimen überzogen gefunden habe. Ich habe meine schwarze Abänderung bey **Thangelstedt** in einem Graben mit stillstehenden Wassern am häufigsten im Herbste, wenn dieser Graben, der weiter keinen Zugang als das Regenwasser hatte, ausgetrocknet war, im Schlamme gefunden. Das Thier, das ich oben beschrieben habe, hat ein solches zähes Leben, daß es nicht starb, wenn gleich der Graben und der Schlamm völlig ausgetrocknet war. Ich durfte die Schale nur in Wasser legen, und es kam nach einer kurzen Zeit der Bewohner zum Vorschein.

LXXXIII.

Tab. VI. fig. 4.

Die grosse Flügelschnecke der süssen Wasser, Schr. *Helix auricularia alata, mucrone depresso. Tab. VI. fig. 4.*

Bey der Vergleichung der Ohrschnecken der süssen Wasser werden aufmerksame Naturforscher mit mir gefunden haben, daß sie sich in ihrem Bau gar nicht gleich sind, ob man gleich die eigentlichen Gattungskennzeichen bey allen findet. Besonders wird man gewahr werden, daß einige eine mehr cylindrische, andre aber eine kuglichte und vorzüglich merklich gedruckte Form haben. Was mir vorzüglich auffiel, ist dieses, daß ich doch hier bey **Weimar** unter einer unzehlbaren Menge von Ohrschnecken auch nicht eine einzige gefunden habe, die nicht cylindrisch wäre, etwa wie tab. VI. fig. 4. 5. nicht eine einzige also gebaute. Hingegen aus andern Gegenden habe ich bald cylindrische, bald kugelförmige erhalten, nie aber beyde Gattungen aus einem und eben demselben Wasser. Ich habe also geglaubt ein Recht zu haben die cylindrischen Ohrschnecken von den kuglichten zu trennen, und da bey den letztern die äussere Lippe hervortritt, und in der That eine Art eines Flügels bildet, sie **Flügelschnecken**, oder, wenn man lieber will, **geflügelte Ohrschnecken** zu nennen. Und wenn keine einzige diesen Namen verdiente, so verdienet sie gewiß diejenige, die ich tab. VI. fig. 4. abgebildet habe, und die ich nunmehro beschreiben will. Ich habe sie von **Straßburg** erhalten.

Unter

Unter allen Ohrschnecken, die ich je gesehen habe, ist diese die dickste und aufgeblasenste, die für vielen andern den Namen einer Globose, einer Kugelschnecke verdienet. Ihre Grösse, welche in der Abbildung genau vorgestellet wird, macht sie desto schätzbarer, da sie für die Ohrschnecken und für viele unsrer innländischen Flußconchylien eine ansehnliche Stelle behaupten kann. Ich kann von ihr sagen, daß ihre erste Windung die ganze Conchylie ausmacht, denn die folgenden zwey Windungen sind ganz an die Seite gedruckt, wie bey den gewöhnlichen Neriten, sie sind ganz niedergedruckt, und kaum eine Linie erhöhet, und nur die Endspitze raget in der Form einer kleinen Warze hervor. Daraus entstehet ganz natürlich ein runder, aufgeblasener und dickbauchigter Bau der ganzen Schale. Doch diese Kugelform trift nur die halbe Schale. Die Mundöffnung, die beynahe rund ist, ist auf allen Seiten überaus stark ausgeschweift, und wenn man die Schale auf die Mundöffnung legt, so ist die hervortretende Lippe durch eine kleine Einbeugung von der ersten bauchichten Windung gleichsam abgeschnitten, und bildet einen wahren ausgedehnten Flügel. Die linke Lippe ist sehr unmerklich übergeschlagen, legt sich zwar an den Bauch an, aber so, daß sie einen tiefen Nabel bildet. Die Schale ist fein, wie das beste Papier, weißgelb, doch schmutzig und ganz durchsichtig.

Zeigt nicht alles dieses, daß man diese Conchylie nicht unter die gemeinen Ohrschnecken setzen dürfe, sondern daß ihr der Rang gebühre, den ich derselben angewiesen, und ihr der Name gehöre, den ich ihr gegeben habe? Sogar der innre Bau derselben rechtfertiget meinen Schritt. Der weite Weg von Straßburg zu mir, und die so gar feine Schale haben dieser seltenen Schnecke einige Beschädigungen zugezogen, die aber um des innern Baues willen mehr Vortheil als Schaden waren. Die Spindel ist überaus kurz, und mehr gedrehet als bey den übrigen Ohrschnecken, und sogar überaus dünne. Weil die folgenden zwey Windungen kaum die Grösse und Höhe einer kleinen Linse haben, so ist der Fortgang der Spindel ganz unmerklich.

Ich kann es nicht sagen, ob diese Gattung bey Straßburg eben häufig vorkomme. Ich habe davon ein einziges Beyspiel in meiner Sammlung, und das ist auch das einzige, das ich je gesehen habe. Dadurch, daß es einen weit hervortretenden Flügel und eine niedrige gedruckte Endspitze hat, unterscheidet sie sich von den eigentlichen Ohrschnecken, durch das zwote Kennzeichen aber des gedruckten oder besser des Mangels eines eigentlichen Zopfes von der folgenden Gattung.

LXXXIV.

Die gelbe durchsichtige Bauchschnecke, Mart. Die spitzige Flügelschnecke, Schr. *Helix auricularia alata mucrone elato. Tab. VI. fig. 5.* Tab. VI. fig. 5.

Lister *Hist. animal. Angl. p. 140. tab. 2. fig. 24. Buccinum subflavum pellucidum trium orbium.* Bonanni *Mus. Kircher. p. 452. fig. 54.* Klein *Method. ostracol. p. 55. §. 159. tab. III. fig. 70. Neritostoma vetula.* Gualtieri *Index testar. tab. 5. fig. F. Buccinum fluviatile subflavum pellucidum ore ad planum aperto, trium spirarum.* Lesser Testaceotheologie *§. 58. ffff. p. 273* ein gelb = weißlich Rinckhorn, von überaus zarter und zerbrechlicher Schale, welche glatt und durchsichtig ist, von eyförmiger Oeffnung. Das erste Gewinde ist sehr groß, her=

hernach folgen zwey kleine. Martini Berlin. Magaz. *IV.* B. S. 358. *n.* *106. a.* die gelbe durchsichtige Bauchschnecke mit drey Gewinden.

Herr D. Martini hat die spitzige Flügelschnecke, oder seine gelbe durchsichtige Bauchschnecke mit drey Gewinden, an die eigentliche Ohrschnecke angehängt, beyden eine gemeinschaftliche Beschreibung gegeben, und folglich die letztere für eine blosse Abänderung der Ohrschnecke gehalten. Wenn aber doch einige Ohrschnecken einen wahren cylindrischen Bau, andre aber eine weiter hervortretende Lippe, eine mehr kugelförmige Bildung, ein Gewinde weniger, und also einige wesentliche Merkmale haben, wodurch sie von andern Schnecken dieser Art unterschieden werden, und sogar in mehreren einzelnen Beyspielen gefunden werden, so darf ich sie sicher von jenen trennen und unter die Flügelschnecken setzen. Die gegenwärtige Conchylie, die ich aus der Churmark, aus Hamburg und aus der Saale vor mir habe, ist der vorigen grossen Flügelschnecke fast ganz gleich, nur daß sie durch folgende Merkmale unterschieden wird:

1) Ist sie nie so groß. Die grösten, die ich in Holland erstanden habe, sind wenigstens nur einen Theil kleiner, und das sind doch die grösten, die ich gesehen habe.
2) Ihr Flügel oder die hervortretende Lippe ist kleiner.
3) Die Mundöffnung ist mehr eyförmig als rund
4) Sie haben keinen offnen Nabel, sondern er ist entweder völlig bedeckt, oder halb offen.
5) Sie haben eine scharfe hervortretende Spitze.

Ihre Schale ist dünne, doch stärker als bey der vorhergehenden Flügelschnecke, und ihre Farbe ist weiß und glänzend, oder grau, oder hornfarbig.

Das siebente Kapitel.
Von den Kräusselschnecken der süssen Wasser.

Allgemeine Anmerkungen über die Kräusselschnecken der süssen Wasser.

§. 101.

Freylich sind das die Kräussel der süssen Wasser nicht, was die Kräusselschnecken der See sind, ein so weitläuftiges mit so manchen schön gezeichneten Gattungen geschmücktes Geschlecht; inzwischen ist es doch hinreichend, ähnliche Körper aufweisen zu können, die man mit einigen Kräusselschnecken der See vergleichen kann, und die es erlauben, den Namen der Kräusselschnecken auch auf das Volk der Flußconchylien überzutragen. Ein eigentlicher Kräussel, dessen Grundfläche breit ist, dergestalt daß die Schnecke auf demselben, und folglich aufrecht stehen kann, wo die folgenden Windungen mit geraden Seiten fest an sich angeschlossen in eine Endspitze in die Höhe gehen, und der ganze Körper einer Pyramide gleicht; wo also, wie sich Linné ausdrückt, Testa spiralis subconica ist; einen solchen Kräussel haben uns die süssen Wasser

noch

noch nicht hergegeben. Aber wir haben doch einige Gattungen, davon ich diejenigen, die mir bekannt sind, eine einzige ausgenommen, die ich aus Holland erhielt, da meine Kupfertafeln bereits fertig waren, tab. VI. fig. 10. 11. 12. habe abzeichnen lassen, die wir, wo nicht im eigentlichen Verstande Kräussel, doch gewiß Kräusselartige nennen können. Sie haben gestreckte Windungen, einen kurzen Zopf und eine runde Mundöffnung zu ihrem allgemeinen Character, und einen solchen Bau ihrer Schale, der sie von den vorhergehenden und folgenden Geschlechtern hinlänglich unterscheiden kann.

Da die **Kahnschnecken** eine lange und schmale, die **Ohr**- und **Flügelschnecken** aber eine ovale Mündung haben, so sind die Kräusselschnecken schon durch ihre runde Mundöffnung von ihnen unterschieden, noch mehr aber dadurch, daß ihre erste Windung bey weiten nicht so groß, so lang und so dickbauchigt ist, als bey jenen. Bey den Trompeten finden wir nicht nur einen völlig gestreckten Zopf, der in eine scharfe Spitze ausgehet, sondern wir finden auch an ihnen die erste Windung sehr groß, und mehrentheils länglich. Keins von diesen Kennzeichen passet auf unsre Kräusselschnecken. Bey den Schrauben stehen alle Windungen in einer verhältnißmässigen Abnahme, sie sind dabey gestreckt, und folglich allemal wie ein Kegel gebaut; aber auch das findet man nicht an unsern Kräusseln, sondern bey ihnen ist die erste Windung grösser als das folgende, alle die folgenden aber sind gedruckt, und die Conchylie gleicht mehr einer Pyramide, als einem Kegel. Das eigentliche characteristische unsrer Kräussel ist also

1) die kurze und gedruckte pyramidenähnliche Form ihrer Schale.
2) die runde Mundöfnung, wodurch sie sich den Schrauben nähern.
3) die grosse aber abgerundete erste Windung, wodurch sie einiges Recht auf das Geschlecht der Trompeten erhalten.
4) die geringe Anzahl ihrer Gewinde, die sich höchstens bis auf fünfe erstreckt.

Ausserdem haben die mehresten Kräussel ein eigentliches **tiefes Nabelloch**, davon nur einige ausgenommen sind; man könnte sie also in **genabelte** und **ungenabelte** abtheilen.

Wenn diesem Geschlechte der Name der **Kräussel** gehöret, so kann man ihnen auch den **lateinischen** *Trochus*, oder *Cochlea trochiformis*, den **französischen**, *Sabots ou Toupies*, und den **holländischen** *Tollen* of *Pyramiden* nicht absprechen.

Von dem Bewohner der Kräusselschnecken.

§. 102.

Von den Bewohnern der Kräusselschnecken kann ich sehr wenig sagen, da keine einzige derselben aus meiner Gegend ist. Nur von dem Bewohner des **Federbuschträgers** (n LXXXV.) kann ich die Nachricht wiederholen, die Herr **Geofroy** in seiner Abhandlung von den Conchylien um Paris S. 102. der Uebersetzung von ihm gegeben hat. Das allgemeine Kennzeichen, daß das Thier zwey Fühlhörner hat, und die Augen unten an der äussern Seite derselben sitzen, hat der **Federbuschträger** mit dem ganzen Geschlechte gemein, das **Geofroy** Meriten nennet. Das Eigne aber? Herr **Geofroy** erzehlet es folgendergestalt: „Wenn man das lebendige Thier beob-

beobachtet, und ihm zusiehet, wenn es in einem Glas voll Wasser herumschwimmet; so entdeckt man, ausser den zwey Fühlhörnern am Kopfe, die es mit den Thieren dieses Geschlechts und vielen andern gemein hat, ein drittes Fühlhorn (zuverlässig kein Fühlhorn, sondern ein zu einer andern Absicht, vielleicht zur Begattung bestimmtes Werkzeug) an der einen Seite, welches nicht, wie die übrigen, aus dem Kopf hervorragt, sondern aus der Seite, und welches viel länger und zarter als die beyden andern ist. Das Thier hebt dieses dritte Fühlhorn in die freye Luft und bewegt es hin und her. Ueberdies hat es an der rechten Seite des Kopfs einen grossen Federbusch, der noch länger ist als seine Fühlhörner, und welcher von beyden Seiten wellenförmige Zasern zeigt. Dies sind die Fischohren dieses Thiers, welche ihnen zu eben der Absicht dienen als den Fischen; nemlich zum Athemholen. Nichts kann artiger aussehen als dieser Federbusch, welcher sich ausstrecken und zurückziehen läßt, und den diese Schnecke, wie einen Blumenstrauß, an der Seite des Kopfes trägt.„

§. 103.

Ich komme nun zu der Beschreibung der wenigen Beyspiele, die ich mit dem Namen der Kräusselschnecken belegt habe. Es sind folgende:

LXXXV.

Tab. VI. fig. 11. **Der Federbuschträger, Geofr. und Mart.** *Cochlea depressa cristata, Geofr. Trochus cristatus, Schr. Tab. VI. fig. 11.*

Geofroy von den Conchylien um Paris, franz. S. 115. deutsch S. 102. *Cochlea depressa cristata. Le Porte-Plumet.* Martini Berlin. Magaz. *IV.* B. S. 247. *n. 59.* der Federbuschträger. Die genabelte Flußschnecke mit eyförmiger gelbbrauner und durchsichtiger Schale und drey Windungen. *Nerita testa ouata, liuida, pellucida, subtus perforata, anfractibus tribus* Martini übersetzter Geofroy l. c. die mit Federn gezierte Nerite.

Ausser Herrn Geofroy hat diese merkwürdige und ausser Paris und Straßburg nirgends entdeckte kleine Flußschnecke noch Niemand beschrieben, denn die Beschreibung des Herrn D. Martini ist aus dem Geofroy genommen. Diejenigen Beyspiele, die ich besitze, sind aus Straßburg, und Herr Professor Hermann, der mir sie gütigst ertheilet hat, sandte sie mir unter dem Namen des Federbuschträgers, doch mit einigem Zweifel, ob es nicht Helix tentaculata Lin. sey? eine Frage, die ich hernach beantworten werde. Die Beschreibung des Herrn Geofroy, der hier mein eigentlicher Anführer seyn muß, paßt auf meine Beyspiele genau. Herr Geofroy sagt, die Schale ist etwas erhaben, sehr breit, von dunkler durchsichtiger Farbe. Sie hat nur drey Windungen, und unten ist sie gegen die Mitte von einem kleinen Nabelloch durchbohrt. Im Verhältniß ihrer Grösse hat sie eine weite Mündung, die durch einen gewundenen Deckel verschlossen wird. Er giebt ihre Länge eine Linie und ihre Breite $1\frac{1}{2}$ Linien an, und sagt, daß sie bey Paris in Teichen und kleinen Flüssen, am meisten in dem kleinen Fluß Bievre angetroffen werde.

Es ist entschieden, daß die Breite dieser kleinen Conchylie ihre Höhe übersteigt, und daß sie nur ein wenig erhaben ist. Die drey Windungen sind rund, und die

die obere etwas, die Endspitze aber völlig eingedruckt. Jede Windung ist fast wie bey der Wendeltreppe durch eine tiefe Rinne von der folgenden abgeschnitten, und die Farbe ist dunkel, bey meinen Beyspielen aber ganz undurchsichtig. Die Mundöffnung ist völlig rund, wie ein Cirkel, und ganz ungesäumt. Das Nabelloch ist für eine so kleine Schnecke ziemlich groß, doch verhindert der Bau der Schale, daß man die folgenden Windungen nicht durch das Nabelloch sehen kan. Diese Conchylie unterscheidet sich durchgängig vom Helix tentaculata des Linne' oder dem Thürhüter, (n. CXX.) und das kan man schon aus den Zeichnungen vom Federbuschträger Tab. VI. fig. 11. und vom Thürhüter tab. VII. fig. 19-22. erkennen, wenn man beyde Schalen unter sich vergleichen will. Denn der Thürhüter ist viel länger gestreckt, als unser Kräussel, und es passet auch auf den letzten das Kennzeichen nicht, daß es testa ovata imperforata sey; denn unser Federbuschträger ist weder eyförmig, noch auch ohne Nabel.

Der merkwürdige Umstand, daß das vorherbeschriebene Thier eine Art eines Federbusches trägt, hat Herrn Geoffroy die Veranlassung gegeben, diese Schnecke Le Porte-Plumet, den Federbuschträger zu nennen. An einer andern Conchylie machte der Herr Etatsrath Müller eine ähnliche Beobachtung, er nannte sie Valvata cristata, ich habe sie das genabelte Posthorn, dessen Thier einen Federbusch trägt, genennet, sie vorher (n. LII.) beschrieben, und zugleich angezeigt, daß man jene Conchylie mit dieser in keiner Rücksicht verwechseln könne.

LXXXV. A.

Der aufgeblasene Kräussel mit drey zugespitzten Windungen. *Trochus globosus anfractibus tribus acuminatis.*

Ich habe diese kleine aber noch nirgends beschriebene Conchylie in einer holländischen Auction erhalten, die ich mit keiner unsrer mir bekannten Erd- und Flußconchylien vergleichen kann, und die zu spät in meine Hände kam, als daß ich sie hätte können abzeichnen lassen. Sie hat mit den sogenannten Oelkrügen unter den Seeschnecken einige Aehnlichkeit, noch mehr aber mit dem Turbo olearius des Linne', Gualtieri tab. 68. fig. A. Argenville deutsch tab. 17. fig. B. Klein method. ostrac. tab. 7. fig. 125. nur daß die Hohlkehlen zwischen den Windungen nicht so gar merklich sind, als bey dem Turbo olearius.

Die Schale dieses Kräussels ist sehr dünne und zerbrechlich, und die Farbe derselben ist wie Wachs. Das erste Gewind ist groß, aber nicht rund; sondern da die überaus weite, grosse und fast ganz runde Mundöffnung sich an der linken Seite an die Windung legt, an der rechten Seite aber die Spindel ganz überdeckt, so gehet die Hälfte der ersten Windung in die Mundöffnung hinein, die andre Hälfte aber gehet zur folgenden zwoten Windung über. Ganz natürlich ist also der vordere Theil bey der Mundöffnung am grösten, und der folgende nimmt merklich ab, und bildet also beynahe die Form vom Helix janthina des Linne'; die Gualtieri tab. 64. fig. O. besser abgebildet hat, als Rumph tab. 20. fig. 2. Fast in der Mitte der ersten Windung liegt ein schmales braunes Bändchen, das sich aber in der Mundöffnung verliehret. Die zwey folgenden Windungen und die Endspitze ruhen gerade im Mittelpuncte der Conchylie, sind klein, aber hervorstechend und spitzig, und dadurch bekömmt die Schnecke einige Aehn-

 lichkeit

lichkeit mit einem Kräussel. Wo diese Conchylie zu Hause sey, kann ich nicht sagen, ich vermuthe aber, daß sie aus den holländischen süssen Wassern sey.

LXXXVI.

Tab. VI. fig. 10. **Die Kräusselschnecke mit erhöhetem Wulst. Die mit einem Reif umlegte Kräusselschnecke.** *Trochus elongatus carinatus et umbilicatus. Tab. VI. fig. 10.*

In einer guten Partie Muschelsande, den mir ein Freund aus Bayreuth verehrte, fand ich auch den gegenwärtigen Kräussel in guter Anzahl. Seine höchste Grösse bildet die Zeichnung genau ab, und sein Bau ist ganz der Bau einer Pyramide. Die vier erhöheten Windungen sind so wenig abgesetzt, daß man sie wie bey den Pyramiden unter den Seeschnecken nicht von einander würde unterscheiden können, wenn nicht der Wulst, der auf der ersten Windung liegt, am Ende aller der folgenden eine kleine Rinne bildete. Die Endspitze ist stumpf; die Mundöffnung halb mondförmig, oben schmal und unten ausgeschweift, und der Nabel ist rund, und ganz offen.

LXXXVII.

Tab. VI. fig. 12. **Der gestreckte genabelte Kräussel, Schr. Der kleine Kräussel, Argenv.** *Trochus elongatus et umbilicatus absque carina. Tab. VI. fig. 12.*

Argenville Conchyliologie, deutsch *tab. 27. fig. 4.* S. 280. 284. *Trochilus.* Der kleine Kräussel. Die vierte Figur stellet einen sehr kleinen grauen Kräussel aus dem kleinen Fluß Hunnes in Perche für.

Der gegenwärtige Kräussel hat fast ganz den Bau des vorhergehenden, nur daß er länger gestreckt ist, und auf seiner ersten Windung keinen Wulst hat. Ich bin lange zweifelhaft gewesen, ob ich die Figur des Argenville hieher, oder zur vorhergehenden Figur rechnen, oder zu einer eignen Gattung machen solle. Sie drückt unterdessen den gegenwärtigen Kräussel ziemlich gut aus, hat die Anzahl der Windung, nur daß dieser Kräussel des Argenville grösser als der meinige ist, und daher auch eine grössere Grundfläche und Breite hat. Den meinigen habe ich mit dem vorhergehenden in Muschelsande gefunden, und weiß also den Ort seiner Herkunft nicht. Argenville hat den Seinigen in dem kleinen Fluß Hunnes in Perche gefunden, und ich kann es daher nicht begreifen, wie der Uebersetzer des Argenville auf die Vermuthung kommen konnte, dies könne auch eine Erdschnecke seyn. Wenigstens hätte er uns einen Ort angeben sollen, wo eine ähnliche aber ungezweifelte Erdschnecke zu Hause ist.

Anmerkung.

Lesser beschreibet in seiner Testaceotheologie §. 55. g. S. 229. eine kräusselförmige Schnecke einer Welschennuß groß, an der Farbe zwischen schwarz und weißlich im Braunen unterschieden. Wenn er das so geradezu sagte, würde ich sein Zeugniß angenommen, und diese Conchylie eine Gattung unter den Flußkräusseln genennet haben. Aber er beruft sich auf Frischens Beschreibung von allerley Insecten Th. XIII. S. 3. wo keine andre Flußschnecke vom Frisch gemeinet ist, als die sogenannte lebendig gebährende. (n. CXXVI.) Was also Lesser meint, ist eine junge Schnecke dieser Art, eine Anmerkung, die schon vor mir Herr D. Martini im IV. Bande des Berl. Mag. S. 246. gemacht hat. Es gehöret ihr folglich auch keine eigentliche Anzeige.

Das

Das achte Kapitel.

Von den Trompetenschnecken.

Allgemeine Anmerkungen über die Trompetenschnecken.

§. 104.

Das Geschlecht der **Spitzhörner**, oder der **Trompeten**, und das Geschlecht der **Schrauben**, sind ohnstreitig die beyden weitläuftigsten unter allen Geschlechten der Flußconchylien, zu denen viele Gattungen und Abänderungen gehören, die sich aber durch wesentliche und in die Sinne fallende Kennzeichen von einander unterscheiden. Bey den **Trompeten** ist die erste Windung die grösseste, bey den **Schrauben** befinden sich alle Windungen in einer verhältnißmäßigen Abnahme, beyde hingegen haben einen gestreckten Zopf. Folglich ist auch unter alle den vorhergehenden Geschlechten kein einziges, und unter allen beschriebenen Gattungen keine einzige, die man mit den Trompeten oder Schrauben verwechseln könnte, man müßte denn die Geschlechtskennzeichen der Conchylien gar nicht inne haben, und in der Vergleichung mehrerer Gattungen unter sich und mit andern zu vergleichen, zu gar keinen Erfahrungen gelangt seyn. Ich will also die Unterscheidungszeichen der Trompetenschnecken so deutlich, als es mir möglich ist, zu entwickeln suchen.

In der Conchyliologie ist zwar der Name *Buccinum* der grösten Zweydeutigkeit unterworfen, und man darf nur einige Schriftsteller unter einander vergleichen, wenn man sich davon überzeugen will. Ich rede blos von den Flußconchylien, und überschlage daher alles, was nicht auf meinen Vorwurf passet.

Beym Ritter **von Linne'** darf man das Wort *Buccinum* oder **Trompetenschnecke** für die Flußschnecken gar nicht aufsuchen. Es ist bey ihm ein überaus weitläuftiger Name, aber gar nicht für unsre Flußconchylien geschaffen, sondern diese alle hat er unter seinem Geschlechtsnamen *Helix*, folglich müssen auch auf unsre Trompeten die allgemeinen Geschlechtscharactere passen: Animal limax; Testa univalvis spiralis, subdiaphana fragilis; Apertura coarctata, intus lunata s. subrotunda: segmento circuli demto. Was nun freylich nicht zu diesen Kennzeichen paßte, zum Beweis n. XCVIII. und CXXVIII. dem wies der Ritter ein ander Plätzchen an, wie er denn beyde angeführte Trompeten unter sein Geschlecht *Bulla* gesetzt, und die erste *Bulla achatina*, die zwote aber *Bulla virginea* genennet hat.

Lister nahm in seiner Historia animalium Angliae p. 137. die Trompetenschnecken nicht nur unter die Flußconchylien auf, sondern sie machten auch bey ihm einen eignen Abschnitt aus: Membrum II. de cochleis fluviatilibus admodum tenui testa donatis, longioreque figura, sive de *buccinis* fluviatilibus, quorum aperturae amplissimae semper patent. Die Geschlechtskennzeichen des Listers waren demnach für die Trompetenschnecken folgende: a) eine dünne Schale, b) eine lange oder gestreckte Figur, c) eine weite Mundöffnung, wo folglich die erste Windung die grösseste ist, d) kein Deckel für der Mundöffnung. Daß das erste und letzte Kennzeichen Ausnahmen leiden, wird die Folge lehren.

In der Historia Conchyliorum hat freylich Lister den Leitfaden fast ganz verschwiegen, nach welchem er bey seiner Abhandlung gieng. Mit dem zweyten Buche gehet die Abhandlung der Flußconchylien an, und das hat die Ueberschrift: de Turbinibus et Bivalvibus aquae dulcis. Folglich faßte er unter das Wort *Turbo* alle Flußschnecken, doch nahm er es gleich im ersten Theil, der de turbinibus handelt, enger, und faßte darunter von Tab. 108. bis 124. alle Trompeten und Schrauben zusammen, die ihm bekannt waren, und gab nun jeder Gattung, die er abgebildet hatte, den Namen *Buccinum*. Folglich sind in seinem System die beyden Worte *Buccinum* und *Turbo* ganz gleichgeltend. Er hat die Ohrschnecke und die Amphibienschnecke mit unter seine Trompeten gebracht, so wie er die Wasserblase und verschiedene andre Schnecken unter seine Cochleas setzt, und ihnen doch den Namen Buccinum giebt. Es ist fast schwer zu errathen, was sich Lister unter seinen *Turbinibus* und *Buccinis* müsse für einen Begriff gemacht haben.

Argenville hat in der deutschen Ausgabe seiner Conchyliologie tab. 27. unter Num. 6. sieben Körper abgebildet, denen er den Namen *Buccinum* gab, und die, wenn wir die fünfte und siebente ausnehmen, alle diesen Namen verdienen. Ohneracht er sich über die eigentliche Bedeutung dieses Wortes nicht erkläret hat, so siehet man doch aus seinen gegebenen Abbildungen, daß er das Wort *Buccinum*, oder Trompetenschnecke, in der eigentlichen Bedeutung nehme, die ich hernach etwas genauer entwickeln werde.

Eben so nimmt Gualtieri das Wort *Buccinum*, der Tab. 5. fig. A - Q. und Tab. 6. fig. A - D. die eigentlichen Trompetenschnecken abbildet, und sie von den *Turbinibus*, oder den eigentlichen Schrauben trennet. Nur die Ohrschnecken haben, deucht mir, wegen ihrer bauchigten Form hier den rechten Ort allerdings nicht gefunden.

Auch der Herr D. Martini nimmt das Wort in dieser Bedeutung. Denn in dem Berlinischen Magazin III. B. S. 116. setzet er von den Trompeten folgende Kennzeichen feste. Bey den Trompetenschnecken findet man das erste Gewind für allen übrigen dickbäuchig und lang, die folgenden drehen sich nach der Spitze zu immer enger und schmäler zusammen, und bilden einen bald längern bald kürzern gewundenen Zopf, welcher von einigen auch der Schwanz genennet wird. Ihre Mündung ist weit und länglich, und hat eine fast eyförmig geschobene Figur. Die Gewinde sind merklich gewölbt, und stossen alle nahe an einander.

Herr Geoffroy und Herr Etatsrath Müller haben, wie ich schon mehrmalen erinnert habe, ihre Claßificationen zugleich für die Bewohner eingerichtet, daher bey beyden einige Körper unter den Neriten stehen, die ich unter die Trompeten gesetzt habe, und hingegen stehen sonderlich bey den letzten verschiedene Gattungen unter den Trompeten, denen ich einen andern Ort angewiesen habe. Herr Geoffroy blieb seinem Endzweck gemäß nur bey den Conchylien um Paris stehen, wo er nur wenige Gattungen fand, unter denen gleichwohl die Ohrschnecke mit einbegriffen ist. Seine Geschlechtskennzeichen sind S. 65: Das Thier hat zwey platte ohrenförmige Fühlhörner. Die Augen sitzen unten an der innern Seite derselben; und das Gehäuse bestehet aus einer einzigen kegelförmigen Schale, oder wie er sich S. 67. ausdrückt: Die Gehäuse

häuse der Spitzhörner sind alle durch schneckenförmige Windungen länglich gedrehet. Die Kennzeichen, die der Herr Etatsrath **Müller** S. 126. Historiae vermium P. II. angiebt, sind folgende: Vermis cochleatus, tentaculis duobus triangularibus, oculis ad basin interne.

In so fern ich bey meiner Abhandlung blos den äussern Bau der Schale zum Grunde meiner Eintheilungen lege, so glaube ich, daß es hinlänglich sey, die Trompetenschnecken von allen andern durch folgende zwey Kennzeichen zu unterscheiden:

1) Daß ihre erste Windung ungleich grösser ist als die nächstfolgende, wenigstens noch einmal so groß.

2) Daß die folgenden Windungen einen verlängerten Zopf bilden.

Die Mundöffnung ist bey ihnen sich nicht allezeit gleich, doch in den mehresten Fällen ist sie entweder oval, aber länglich, oder sie ist lang und schmal.

Man hat diesem Geschlechte verschiedene Namen gegeben, die sich größtentheils auf ihre Gestalt gründen. Sie heissen daher **Spitzhörner**, weil sie mehrentheils in eine scharfe Spitze ausgehen. Sonst heissen sie **Trompetenschnecken**, **Blasehörner**, **Posaunenschnecken**, **Kinkhörner**, und **Sausehörner**, und dadurch hat man, wie mich dünkt, den lateinischen Namen *Buccinum* ausdrücken wollen. Herr Hofrath **Walch** erkläret dieses Wort in der Naturgeschichte der Versteinerungen Th. II. Abschn. I. S. 109. folgendergestalt. *Buccina* war bey den Alten ein krummes Horn, auf welchem man blasen konnte, und dessen sich ganz zu alten Zeiten die Hirten bedienten, ein Horn quo bubus canebatur, daher es auch seinen Namen erhalten. Dieses Horn war anfangs ein natürliches, von Stieren genommen, nachher machte man eben dergleichen von Erz, und ließ ihnen den nemlichen Namen. **Plinius** setzt für *Buccina*, *Buccinum*, und bedienet sich dieses Worts, um damit eine Schnecke zu bezeichnen, welche die Gestalt eines solchen Horns haben soll. Da nun aber unter den gewundenen Schnecken keine ist, welche die Gestalt eines solchen krummen Horns hat, so scheinen die Alten blos auf die allmählige Abnahme der Weite und Dicke eines Püffelhorns bis zu seiner Spitze bey dieser Benennung gesehen, und unter diesem Namen hochgewundene allmählig abnehmende Schnecken, folglich auch die **Turbiniten** und **Strombiten** mit begriffen zu haben." Der **französische Name**, *Buccins* und *Trompes*, und der **holländische**, *Trompetten*, sagen eben dieses.

Die von mir angegebenen Geschlechtskennzeichen, wenn wir sie auf einzelne Beyspiele anwenden, überzeugen uns hinlänglich, daß die Trompetenschnecken ein zahlreiches Geschlecht sind, das viele Gattungen unter sich begreift. Der Gattungsunterschied läßt sich ebenfalls aus dem Bau der Schale erkennen. Oben an habe ich die **linksgedreheten** gesetzt, und ich glaube, sie verdienen um ihrer Seltenheit willen den obersten Rang, der ihnen angewiesen ist. Bey den **rechtsgedreheten** Trompetenschnecken habe ich theils auf die Beschaffenheit der Schale, ob sie glatt, oder dornigt oder gestreift ist, theils auf die Beschaffenheit der Mündung, ob sie lang oder oval, zahnlos oder gezahnt ist. Nach diesen äusserlichen und in die Sinne fallenden Kennzeichen wird es keinem Sammler schwer fallen, meiner oben (§. 81.) mitgetheilten Geschlechtstafel, auch in Rücksicht auf die Trompetenschnecken, auf dem Fusse nachzufolgen, und jedes einzelnes Beyspiel dahin zu legen, wohin es gehöret.

Das Geschlecht der Trompeten hat ausserdem noch manche Vorzüge zur Ehre der süssen Wasser. Unter ihnen giebt es vorzüglich grosse, schön gezeichnete und selten gebaute Gattungen. Das *Buccinum achatinum*, oder wie es Linne lieber nennet, *Bulla achatina*, (n. XCVIII.) empfehlen Grösse und Schönheit zugleich; denn das Tab. VI. fig. 1. abgezeichnete Beyspiel hat nur seine mittlere Grösse erreicht. Das *Buccinum fasciatum*, n. 124. und die *Bulla virginea*, n. 128. wenn sie gleich die Grösse der vorigen Gattung nicht erreichen, so ist doch ihre Schönheit zuverläßig entschieden. Und wenn gleich die Pabstkrone der süssen Wasser (n. XCVI.) von eigentlicher Schönheit ganz entblösset ist, so ist doch ihr Bau wunderbar genug. Selbst unter den inländischen Flußconchylien ist das grosse Spitzhorn (n. XCIX.) zwar gar nicht schön, aber doch von einer ansehnlichen Grösse. Bey der Beschreibung der Trompetenschnecken werden mehrere vorzügliche Beyspiele vorkommen.

Von den Bewohnern der Trompetenschnecken.

§. 105.

Einige allgemeine Anmerkungen über die Bewohner der Trompetenschnecken hat uns Herr Geoffroy in seiner Abhandlung über die Conchylien um Paris S. 66. f. gesammlet, die ich zuförderst wiederhole. Die Bewohner dieser Gehäuse sehen den Erdschnecken ziemlich ähnlich; anstatt aber daß die eigentlichen Schnecken vier Fühlhörner an ihrem Kopfe zeigen, so haben die Trompetenschnecken nur zwey Fühlstangen, die auch in Ansehung der Gestalt merklich von den Fühlhörnern der Erdschnecken abweichen. Sie sind nicht rund, wie bey diesen, sondern breit und platt, fast wie die Ohren der vierfüßigen Thiere. Man könnte sagen, daß die Bewohner der Spitzhörner zwey kleine Ohren am Kopfe hätten. Der andre Unterschied bestehet darinne, daß die Augen der Spitzhörner nicht oben an der Spitze der Fühlhörner sitzen, wie bey den Erdschnecken; sondern unten an der innern Seite ihres Ursprungs. Herr Geoffroy glaubt, daß die Erdschnecken wegen der Lage ihrer Augen viel besser sehen können, als die Spitzhörner, und daß ihnen ihre breiten Fühlhörner den Anblick der Gegenstände ganz unmöglich machen müssen. Unterdessen haben auch die Spitzhörner im Wasser viele Gefahren nicht zu fürchten, die den Erdschnecken immer gegenwärtig sind; nicht zu gedenken, daß, da bey den Erdschnecken die Augen oben auf den Fühlhörnern sitzen, diese Thiere eine Menge von Gegenständen ebenfalls nicht sehen können.

Die Spitzhörner sind Zwitterthiere, wie die Erdschnecken; doch geschiehet ihre Begattung nicht auf gleiche Art. Wenn ihrer nur zwey sind, so ist die Befruchtung nur einfach. Ein Thier vertritt alsdann die Stelle des Männchens, das andre die Stelle des Weibchens. Die Lage ihrer Geschlechtstheile erfordert es also, und macht bey ihnen die wechselsweise Befruchtung unmöglich. Kömmt aber ein drittes Thier dieser Art dazu; so bemächtigt es sich desjenigen von den zwey erstern, welches die Pflicht des Männchens übernommen hatte, paart sich mit ihm, und unterzieht sich eben derselben Pflicht, so daß das mittlere Thier alsdann die Pflicht des Weibchens und des Männchens zugleich, aber mit zwey unterschiedenen Thieren seines Geschlechtes verrichtet. Zuweilen findet man in den Bächen eine beträchtliche Gesellschaft von Spitzhörnern auf solche Weise gepaart, die alle die Stelle des Männchens und Weibchens mit zween Nachbarn zugleich ausfüllen, da indessen die beyden letztern, die sich an beyden Enden

dieses

dieses Rosenkranzes befinden, nur als Männchen oder Weibchen allein sich betragen können.

Von den Bewohnern der linksgewundenen Spitzhörner kan ich sehr wenige Nachrichten geben, da kein einziges derselben in meinen Gegenden zu Hause ist. Auch die Schriftsteller, die ich bey dieser Abhandlung zu Rathe ziehen kan, haben mir nicht viel Stoff zu dieser Materie gegeben. Herr Etatsrath **Müller** ist der einzige, der die Bewohner zweyer linken Spitzhörner, davon er das eine Planorbis turritus, (n. XCI.) das andre Planorbis gelatinus (n. XCII.) nennet, beschrieben hat.

Findet man junge Schalen von dem *Planorbis turritus*, so siehet der Bewohner aschgrau, der, wenn er seine ganze Grösse erreicht hat, kohlschwarz ist. Die Fühlhörner sind nicht ohrenförmig oder platt, sondern fadenförmig, wie bey den Tellerschnecken, und das ist auch die Ursache, warum dieses und das folgende Spitzhorn bey diesem würdigen Schriftsteller unter den Tellerschnecken stehen. Die Augen sind noch schwärzer als das Thier, die Spitzen der Fühlhörner aber sind weiß. Ein Thier hat Herr **Müller** beobachtet, dem das linke Auge gänzlich mangelte. Im Winter hatte er verschiedene dieser Thiere in dem Gefäße, worinne er sie zum Beobachten aufbewahrte, einfrieren lassen, dies bewürkte aber ihren Tod nicht, denn so bald das Eis aufthauete, krochen die Thiere aus ihren Gehäusen hervor. Ich glaube, in kleinen stillstehenden Gräben begegne dieses Schicksal manchen Flußconchylien oft.

Der Bewohner von dem *Planorbis gelatinus* ist dreymal grösser als sein Gehäuse, er kan daher sich in demselben nie ganz verbergen. Sein starker, zäher, klebrichter und durchsichtiger Mantel dienet ihm dazu, sich und sein Gehäuse zu schützen. Seine Farbe ist grau, seine Fühlhörner wie bey dem vorhergehenden.

Wenn gleich die **Flußpabstkrone** (n. XCVI.) von vielen Schriftstellern angeführt, abgebildet und beschrieben ist, so kan ich doch keinen einzigen anführen, der das Thier beschrieben hätte. Beynahe ist es dem **Rumph** nicht zu verzeihen, daß er bey alle den nahen Gelegenheiten, die er hatte, von dem Thier weiter gar nichts sagt, als daß die **Indianer** das Thier essen, ob es gleich bitter schmecke.

Den Bewohner des **grossen Spitzhorn**, Helix stagnalis Linn. (n. XCIX.) haben zwar mehrere Schriftsteller beschrieben, aber in der That niemand mit mehrerer Nachläßigkeit als **Argenville**. „Ihr Leib, ihr Mund, ihre Augen, ihr Schleim und ihr Deckel sind wie gewöhnlich beschaffen, aber ihre Hörner sind etwas kürzer.„ Das ist die Nachricht des Herrn von **Argenville**; die noch zu entschuldigen wäre, wenn nicht unter den Thieren der Flußconchylien eine so grosse Verschiedenheit herrschte. Was vorher **Geoffroy** von dem Thier der Trompetenschnecken überhaupt sagte, das gilt vorzüglich von dem Thier unsers grossen Spitzhorns, doch seine Beschreibung ist zu allgemein. Die Beschreibung des Herrn D. **Martini** ist besser, so wie auch seine Zeichnung im Berl. Mag. IV. B. tab. 9. fig. 33. gut ist. Der Einwohner ist schwärzlich, und die Fühlhörner, an deren innern Seite unten die Augen sitzen, sind breit, dünne, oben spitzig, und fast wie die Ohren der vierfüßigen Thiere gestaltet. Die Luftröhre streckt dieses Thier über das Wasser hervor, um frische Luft zu schöpfen, und es kann dieselbe wie einen Trichter ausbreiten. Sie hat mit einigen, z. B. den Ohrschnecken, das gemein, daß es mit niedergesenktem Gehäuse, oben an der Oberfläche des Wassers schwimmt. So hängt sie zuweilen eine gute Zeit, gleichsam als wenn sie ausruhete; wenn sie aber in die Tiefe des Wassers oder auf den Grund eines Gefässes will, so ziehet sich diese Schnecke mit einigem Geräusche in ihr Haus zurück, und sinkt unter. **Lister** will an einigen Thieren des grossen Spitzhorns geweyhförmige, oder mit Zweigen versehene Fühlhörner entdeckt haben, denn er sagt Histor. animal. p. 137. 138. ex his nonnullas vidi, quibus cornicula in exiguos ramos more cervorum diducebantur. Sollte **Lister** recht gesehen haben? könnten sich nicht vielleicht Wassermoose, oder Unreinigkeiten, oder sonst etwas an die Fühlhörner gesetzt, und ihnen eine andre Gestalt gegeben haben? Eben so ist es mir unglaublich, was **Schwammerdamm** vorgiebt, daß er die Augen bey einigen auf der rechten Seite gedoppelt gefunden habe. Sonst hat dieses Thier noch das Eigne, daß es wie ein Blutigel Menschen anfällt, und sich fest anzusaugen pflegt.

Der Bewohner **des kleinen Spitzhorns** (n. CI.) ist von dem Bewohner des grossen Spitzhorns zwar in den wesentlichen Umständen gar nicht unterschieden, allein dadurch unterscheidet er sich doch, daß er grau, und mit kleinen weissen Puncten überstreuet ist. Er gehet zuweilen aus dem Wasser heraus, aber er gehet gar bald in dasselbe zurück.

Das **gelblichrothe Buccinum, dessen erstes Gewind sehr groß und bauchigt ist,** (n. CXIII.) hat einen Bewohner, der dem Bewohner der Ohrschnecke (§. 99. und n. LXXXI.) sehr ähnlich ist, aber er unterscheidet sich durch folgende entscheidende Kennzeichen: 1) Er ist schwärzlich und weiß getüpfelt, 2) seine Fühlhörner bilden zwar auch einen Triangel, aber er ist oben viel spitziger, und unten viel schmäler, sie nähern sich also der Bildung von den Fühlhörnern des grossen Spitzhorns (n. XCIX.) 3) seine Augen sind viel grösser, denn man kan sie bey einer ungleich kleinern Schale und ungleich kleinern Thier mit blossen Augen leicht erkennen. Sie sitzen ganz am Ende der Fühlhörner an der Stirne.

Das Thier von der **kleinen weissen cylindrischen Trompete** (n. CXV.) ist schwärzlich, die Fühlhörner sind weiß und durchsichtig, unten breit und oben spitzig, wie ein Triangel, oder wie die Fühlhörner der Thiere von dem grossen Spitzhorn (n. XCIX.), unten an den Seiten stehen die Augen, welche kohlschwarz, und nach der Beschaffenheit des Thiers ziemlich groß sind. Das Thier kan sich eine Zeitlang auch ausser dem Wasser erhalten, und pflegt sogar an Gräser und Schilfe anzukriechen, und der freyen Luft zu geniessen. Durch die Schale erscheinet das Thier schwarz und weißgefleckt mit runden Flecken, das ist aber eigentlich nicht das Thier selbst, sondern der Mantel und der Sipho.

Vom Thier der **hornfarbigen cylindrischen Trompete** (n. CXVI.) sagt Herr Etatsrath **Müller** Hist. Verm. P. II. p. 136. daß es schwarz sey, und weisse Fühlhörner habe.

Der Bewohner von der **kleinen weissen durchsichtigen und bauchigen Trompete** (n. CXVII.) siehet fahl, seine Fühlhörner sind wie die Fühlhörner aller Trompeten, das Eigne aber ist sein grosses und weites Maul, welches grösser und weiter ist, als man es von einem so kleinen Thier erwarten sollte.

Der Bewohner von der **kleinen bedeckten Wasserschnecke, oder dem Thürhüter** (n. CXX.) siehet schwärzlich aus, ist aber mit feinen orangefarbigen Puncten oder Flecken gezieret. Seine zwey Fühlhörner, an deren äussern Seite unten die

Augen

Augen sitzen, bilden keinen Triangel, wie die Fühlhörner andrer Trompetenschnecken, sondern sie sind dünne und spitzig wie starke Haare, folglich wie die Fühlhörner der Schwimmschnecken. Aus dem Grunde haben sie Geofroy und Müller des Thieres wegen unter die Neriten gesetzt, so wie sie nach dem Bau der Schale beurtheilet unter die Trompeten gehöret. Der Deckel ist an der Fußsohle des Thiers befestiget, den es öffnet, wenn es aus seinem Gehäuse herausgehen will, und stützt darauf seinen Körper wenn es im Wasser schwimmt, oder an Wasserkräutern kriecht. Es ist aber, wie Herr D. Schlotterbeck angemerkt hat, daben so furchtsam, daß es ben dem geringsten Geräusche in sein Gehäuse zurückgehet, und dasselbe mit seinem Deckel fest verschliesset. Darum nannte die Schale Schlotterbeck Janitorem, den Thürhüter. Einen andern Umstand, der Herrn Etatsrath Müller bewog, die Schnecke *Jaculatorem* zu nennen, werde ich unten beschreiben.

Von dem Bewohner derjenigen Trompete, die Herr Müller Hist. Verm. P. II. p. 125. *Carychium* nennet, (n. CXXII.) sagt er, daß man nach dem Bau der Schale zu urtheilen glauben sollte, er müsse, wie die Erdschnecken, vier Fühlhörner haben, er habe derselben aber nur zwey. Sehr schwer gehet das Thier aus seinem Gehäuse; wenn es aber geschiehet, so zeigen sich zwey kurze stumpfe Fühlhörner, die die Augen nicht auf der Endspitze, sondern unten auf der innern Seite haben.

Den Bewohner der lebendiggebährenden Schnecke (n. CXXVI.) hat Lister anatomiret, Martini aber im Berlin. Magaz. IV. B. S. 237. und tab. VII. fig. 7. a. abgebildet und beschrieben. Der Kopf des Thiers ist dicke und vorne abgestumpft, und vorzüglich hart. Die Fühlhörner sind rund, ziemlich dicke, oben spitzig, und nicht allzulang. Einziehen kann das Thier seine Fühlhörner nicht, aber nach allen Seiten zu kann es dieselben bewegen, gewöhnlich sind sie gerade ausgedehnet, und ein wenig nach unten hin gerichtet. Die Augen sitzen unten an der äussern Seite der beyden Fühlhörner, an einem besondern Absatze, wie auf einem Postemente, durch welches die Nerven des Gesichtes gehen. Neben jeder dieser Augenstangen hat die Schnecke eine dünne breite Haut, und darein kann sie die Augen hüllen, und Martini setzt hinzu, sie kann sich derselben zur Bewegung des Wassers und zu ihrer Abkühlung bedienen. Vor dem Kopfe trägt das Thier einen langen, starken und stumpfen Haken, der vermuthlich das Zeugungsglied ist, und den nur die Männchens tragen können, wenn es richtig ist, was Müller sagt, daß die Männchens von den Weibchen leicht zu unterscheiden wären. Sie wären also keine Zwitterthiere, und das wäre eine seltene Ausnahme unter den Trompeten, und vielleicht unter allen Flußconchylien. Das Maul ist eine länglich perpendiculäre Oeffnung, die man vorn und unterwärts am Kopfe sehen kann. Das ganze Thier, seine Fühlhörner nicht ausgenommen, ist schwarz, aber alles am Thier ist mit oranienfarbenen Puncten auf das feinste geschmückt. Die Fußsohle ist auch buntgefleckt, auf welcher das Thier fast wie die Erdschnecke fortkriecht. Es glückt sehr selten das Thier ganz zu sehen, welches gleichsam aus Schüchternheit nur aus seiner Wohnung hervorschickt. Anstatt daß die Flußschnecken sonst Eyer legen, so bringt diese sogleich lebendige Junge zur Welt, und diese sonderbare Erscheinung ist es eben, welche dieser Conchylie den Namen der Lebendiggebährenden zuwege brachte.

Wenn es, wie einige Schriftsteller vorgeben, wahr ist, daß die **wunderbare lebendig gebährende krystallinische Wasserschnecke** (n. CXXVII.) eine junge unausgewachsene Schale der vorhergehenden ist, so kann auch der Bewohner, wenn wir das ausnehmen, was sein junges Alter mit sich bringt, von dem vorhergehenden nicht unterschieden seyn. **Schwammerdam** hat sich unterdessen mit dieser Conchylie ganz besonders abgegeben, und sagt nun von dem Thier desselben folgendes. Sein Kopf, den es zwar ein wenig abkürzen, aber nicht ganz zurückziehen könne, sey kugelförmig; der Mund erscheine als eine kleine runde Oeffnung am äussern Theil des Kopfs, die Fühlhörner wären lang, und vorne etwas stumpf; die Augen sässen als zwo schwarze Puncte auswärts neben den beyden Fühlhörnern; der Leib hange fast ganz aus der Schale heraus, und der kleine dünne hornartige Deckel sey am Schwanze angewachsen; das ganze Thier sey weiß; die Geschlechtstheile erschienen an der rechten Seite hinter den Augen; die Fischohren, die Lippen und der Mantel wären eben so wie bey andern Flußschnecken beschaffen, nur im Bau wären sie ein wenig fester und stärker.

Von dem Bewohner der **Bastart-Seetonne** (n. CXXXIII.) sagt **Rumph** in der deutschen Ausgabe S. 71. weiter nichts als dieses, daß er eßbar sey, und daher häufig gesucht werde. Man gebrauche nemlich ihren Saft, wenn man **Papeda** esse, man müsse sie aber einen halben Tag oder eine Nacht in frisches Wasser legen, damit sie den Sand und Schlamm etwas ausspeye.

Von den Bewohnern derjenigen Flußtrompeten, die ich hier übergangen habe, kann ich aus Mangel eigner Erfahrungen oder anderer Nachrichten keine Erläuterungen geben.

Beschreibung der Trompetenschnecken der süssen Wasser.

§. 106.

Das weitläuftige Geschlecht der Trompetenschnecken fasset folgende Gattungen in sich.

LXXXVIII.

Tab. VI. fig. 9. **Die marmorirte linke Trompetenschnecke, Schr.** *Buccinum sinistrorsum marmoratum. Tab. VI. fig. 9.*

Der grosse Werth, den die **Linksschnecken** in den Augen der Kenner haben, und um ihrer Seltenheit willen allerdings verdienen, giebt mir ein Recht mit der Beschreibung der Linksschnecken unter den Trompeten den Anfang zu machen. Die gegenwärtige, die ich aus **Straßburg** erhalten habe, empfielet zwar die Grösse gar nicht, denn sie wächset höchstens bis zu ¾ Zoll; allein sie hat ihre entschiedenen Schönheiten und Vorzüge. Ihr ganzer Bau bestehet aus fünf Windungen, die gar nicht aufgeblasen sind, sondern sie sind nach Form der Schrauben gebaut. Das erste Gewind ist mehr als zweymal länger als alle die folgenden, es ist in der Mitte nur ein klein wenig bauchig. Die Mundöffnung hat ganz die Form eines oben kolbichten und unten zugespitzten Eyes, folglich ist es oben ausgeschweift, unten in der Gegend der zwoten Windung aber zugespitzt; sie hat keinen Saum, wohl aber eine dünne auf den Bauch gelegte Lefze. Die Windungen sind scharf eingeschnitten, die Einschnitte bilden aber keine eigentlichen Furchen, sondern blos eine merkliche Linie. Die Endspitze ist

ist etwas abgestumpft. Die erste Windung hat keine in die länge herablaufende Streifen, die auch vielleicht von den neuen Ansätzen entstehen konnten. Die ganze Schale hat einen grossen Glanz, und ist weiß, grau und blau wie marmorirt, und dieser Umstand hat mich veranlasset ihr den Namen zu geben, den sie führt. Sie ist aus Straßburg, und wird daselbst in verschiedenen Grössen gefunden, ihre äusserste Grösse habe ich unterdessen angegeben.

Ein Freund aus Bibra meldet mir, daß diese linksschnecke auch in Thüringen zu Hause sey, daß er sie selbst, aber allemal ohne den Bewohner gefunden habe. Das mir zugeschickte Beyspiel ist dem vorhergehenden fast ganz gleich, nur ein wenig abgestumpfter, es hat aber eben so viel Windungen, eben eine solche Mundöffnung, aber keine übergeschlagene lefze. Die Farbe ist weiß, die Schale glänzend, dünne und ganz durchsichtig, fast so wie die Wasserblase. (n. LXXVIII.) Wenn man diese Schale nicht für eine besondere Gattung linker Trompeten will gelten lassen, so kann man ihr doch den Namen einer wahren seltenen Abänderung gar nicht streitig machen.

LXXXIX.

Das achatfarbige linke Buccinum mit kurzem Zopfe, Schr. *Buccinum sinistrorsum achatinum mucrone breui. Tab. VI. fig. 15. a. b.* Tab. VI. fig. 15. a. b.

Dieses linke Buccinum ist von dem vorhergehenden durchaus unterschieden; denn nicht nur die Farbe, sondern auch der ganze Bau unterscheiden beyde von einander. Die Farbe dieser linksschnecke gleichet ganz einem braunrothen Achate, die Schale aber ist fein und durchsichtig, die Windungsart viel enger, nur vier Windungen bilden die ganze Schnecke. Ihr erstes Gewind ist lang und schmal, mehr als dreymal länger als alle folgende Windungen; es ist gar nicht bauchig, sondern ganz gedrängt. Die folgenden drey Windungen sind kaum eine linie lang, und bilden gleichwohl einen gestreckten Zopf, sie stehen aber so genau zusammen, daß man sie nur bey einer aufmerksamen Betrachtung unterscheiden kann. Die Mündung ist fast wie bey der vorhergehenden, nur etwas schmäler, und mehr zusammen gedruckt. Ich finde überhaupt eine grosse Aehnlichkeit dieser Schnecke in Rücksicht auf den Bau mit den bekannten Böttgerbohrern (Bulla terebellum Linn. Lister Histor. Conchyl. tab. 736. fig. 30. Rumph tab. 30. fig. 5. Gualtieri tab. 23. fig. O. Argenville tab. 11. fig. G. Martini tab. 51. fig. 568. 569. Knorr Th. II. tab. IV. fig. 5.) und man könnte daher diese Conchylie auch den linksgedreheten Böttgerbohrer der süssen Wasser nennen. Ich habe ihn tab. VI. fig. 15. a. b. einmal in seiner natürlichen Grösse, und einmal vergrössert abzeichnen lassen. Das Vaterland dieser linksschnecke kann ich nicht angeben.

XC.

Die Säule, Müller. Die gethürmte Linksschnecke, Schr.
Buccinum columna, Müll.

Lister *Histor. Conchyl. tab. 38. fig. 37. tab. 39. fig. 37. b. Buccinum quinque tenuium et valde productorum orbium e rufo radiatum.* Müller *Histor. Verm. P. II. p. 151. num. 341. Buccinum columna testa turrita, alba apice fuluo, anfractibus macu-*

 lati-

latis sinistrorsis; apertura oblonga. Bonanni *Mus. Kircher. p. 475. Class. III. fig. 400. Buccinula quinque spiris contorta et valde in longitudinem extensa, ore oblongo, in mucronem producto, colore albo, supra quem in parte externa maculae castaneae sine ullo ordine serpunt.* Lesser Testaceotheologie 1744. §. 51. *s.* S. 181. eine kleine Schraubenschnecke von weisser Schale, über welche die Länge herab wellichte castanienbraune Binden gehen. Der Mund ist oben offen, und lauffet spitzig zu. Klein *Methodus ostracol. §. 90. n. 3. p. 34. Tuba phonurgica spiris planis flammea, e ruso; spirarum quinque tenuium valde productarum.* Davila *Catalog. syst. Tom. I. p. 449. Vis-buccin tres-rare, grise à flammes longitudinales, rousses et à robe reticulée.* Martini neue Mannigfaltigk. Th. *IV.* S. 421. f. *tab. 2. fig. 15. 16.* dänisch Stötte-Hornet, Lincks-Hornet.

Wenn Lesser diese seltene Linksschnecke eine kleine Schraubenschnecke, und Bonanni sie Buccinula nennen, so scheinet es, daß sie diese Schnecke blos mit Seeschnecken verglichen haben, die freylich zum Theil viel grösser erscheinen. Für die gegenwärtigen Schnecken, die ich in dieser Abhandlung beschreibe, ist sie groß genug. Herr Etatsrath Müller giebt ihr eine Länge von 27½ Linien, die im Martini ist 2¼ Zoll, und die eine im Lister 3½ Zoll lang. In der That eine venerable Grösse für eine Conchylie, die ausser der See lebt.

Die gegenwärtige Linksschnecke ist nicht sehr zugespitzt, sondern ziemlich walzenförmig. Die Schale hat den Glanz und die Farbe des Alauns, sie ist durchsichtig, weiß, glänzend, und hat braune in die Länge herunter laufende Flecken, Striche oder Flammen. Die Anzahl, die Richtung, die Grösse dieser Flammen ist sich nicht durchgängig gleich, sie sind vielmehr manchmal häufig und dicht bey einander, manchmal aber auch sparsamer auf der Schale anzutreffen. Diese Flammen aber laufen nicht über alle Windungen hinweg, sondern nur die drey oder vier ersten sind damit bezeichnet. Alle Windungen setzen unmerklich ab, die erste ist groß, und grösser als die zwey folgenden zusammen genommen. Sie haben sieben Windungen, ohne die Endspitze, und diese Windungen haben das eigen, daß sie in der Mitte, wo die Windungen andrer Schnecken gewölbt zu seyn pflegen, hier ein wenig eingedrückt erscheinen. Martini sagt, daß nur die drey ersten Windungen auf diese Art gebaut wären, aber eigentlich sind sie alle also geformet, nur daß es nach der Endspitze zu immer unmerklicher wird. Ich habe gesagt, daß nur die drey oder vier ersten Windungen geflammt wären, denn die folgenden sind braungelb oder braun, aber oben weiß eingefaßt. Die Mündung ist dünne und scharf, länglich oder vielmehr birnförmig gebaut, sie ist nemlich oben ausgeschweift, und läuft in einer ordentlichen Abnahme spitzig zu. Die Flecken der Schale schimmern hindurch, so wie überhaupt die ganze Schale gegen das Licht durchsichtig und folglich überaus dünne ist. Die Oberfläche der Schale ist rauh, und es scheinet, als wenn sie in die Quere und Länge regelmässig, aber äusserst fein geferbt wäre. Das eine Beyspiel im Lister scheinet seine Endspitze verlohren zu haben; wäre dieses nicht, so wäre der Zopf bey manchen Abänderungen vorzüglich stumpf. — Diese Conchylie gehöret unter die seltenern Kabinetstücke, die man nur in wenig Sammlungen findet. Das Beyspiel, das Herr Etatsrath Müller beschreibt, besitzt mein lieber Spengler in Kopenhagen, und Martini sagt, daß der Herr D. Bolten in Hamburg ein vortrefliches Exemplar hievon besitze.

Lister hat diese linke Trompete unter die Erdschnecken gesetzt; **Martini** thut eben das, und setzet noch hinzu, daß sie aus Guinea, und eine Schraube sey. Herr Etatsrath **Müller** hat nichts entschieden, er hat sie aber doch in die Gesellschaft andrer Flußconchylien gebracht, und ich glaube, die feine durchsichtige Schale rede für diese Meynung.

XCI.

Die linke ovale Trompete mit incarnatrother Lefze. *Planorbis turritus Müll.*

Müller *Hist. Verm. P. II. p. 169. n. 354. Planorbis turritus testa nitida, vertice acuminato, apertura oblonga.* Dänisch Taarn-Perlen.

Von dieser Linksschnecke kann ich nichts thun als die Beschreibung des Herrn Etatsrath **Müller** wiederholen. Die größte Länge dieser Schnecke ist sechs Linien, sie wird aber vielfältig kleiner gefunden. Die Schale ist oval, aber länglich, die Endspitze ist sehr scharf, glatt und glänzend. Wenn sich das Thier noch darinne aufhält, so siehet die Schale schwarz; wenn sie aber vom Thier gereiniget ist, so siehet sie gelb. Sie hat drey bis sechs glatte Windungen. Die Mundöffnung stellet einen umgekehrten Kegel vor; an den vollständigsten Beyspielen ist die in der Gegend der Spindel liegende Lefze incarnatroth. Grössere Schalen fand Herr **Müller** oft von Würmern angefressen.

Herr Etatsrath **Müller** fragt: ob diese Conchylie nicht die *Bulla hypnorum* des **Linne** ed. X. Gen. 286. Sp. 341. p. 727. ed. XII. Gen. 321. Sp. 387. sey? **Linne** nennet sie Testam ouatam pellucidam sinistrorsam, spira prominente, apertura ouato-lanceata; und nach dieser Beschreibung kann man zwar beyden die Aehnlichkeit nicht absprechen, die sie unter sich haben; allein man wird doch auch das Unterscheidende leicht finden, das beyde unter sich haben. Besonders erhellet aus der Beschreibung des **Linne** und **Müller**, daß die Beschaffenheit der Schale und besonders der Mundöffnung beyde hinlänglich unterscheide.

Herr Etatsrath **Müller** fand diese Linksschnecke in den Gräben unter faulenden Blättern zu **Friedrichsthalen** häufig genug; an den Ufern der **Donau** fand mein guter **Chemnitz** ein ausgebleichtes Exemplar. Daß ich es aber in meinen Gegenden gefunden, und Herrn Etatsrath **Müller** sollte geschickt haben, das muß Irthum des Gedächtnisses seyn, weil ich diese Conchylie selbst nicht besitze. Das Thier habe ich oben beschrieben.

XCII.

Die linke Trompete mit zugespitzter Mundöffnung, Schr. *Planorbis gelatinus, Müll.*

Müller *Histor. Verm. P. II. p. 170. n. 355. Planorbis gelatinus testa fragilissima, sinistrorsa, vertice depresso: apertura caudata.* Dänisch Slim-Perlen.

Die gelbe bauchigte, feine, durchsichtige und glänzende Schale ist leichter als eine Feder, und so zerbrechlich, daß man sie kaum berühren kann. Die erste Windung macht gleichsam die ganze Schale aus, sie ist weit und niedergedrückt, die folgenden Windungen sind kaum zu sehen. Die Mundöffnung endiget sich in eine scharfe Spitze. Unter allen Flußconchylien nennet Herr Etatsrath **Müller** diese die seltenste.

XCIII.

Tab. X. tab. min. A. fig. 2. 3.

Die Linksschnecke. Die linke Topschnecke. *Helix peruersa*, Linn. *Helix sinistra*, Müll. Tab. min. A. fig. 2. 3.

Lister *Histor. Conchyl. tab. 9. fig. 4. Buccinum maius septem spirarum, ex ruso radiatum. tab. 34. fig. 33. Buccinum citrinum, sex orbium, ore albo. tab. 35. fig. 34. Buccinum citrinum e ruso radiatum.* Bonanni *Mus. Kircherian. Class. III. fig. 399. 401.* Bonanni *recreat. Class. III. fig. 116?* In keiner von beyden Schriften wird angemerkt, daß diese Schnecke linksgewunden sey. Gualtieri *tab. 5. fig. O. P. Buccinum fluuiatile ventricosum, leue, a dextra in sinistram conuolutum, colore ex albo fuluido, ex ruso radiatum, ore candido, labio exteriore fimbriato, et linea rusa depicto, intus castanei coloris, quinque spiris finitum. — Buccinum fluuiatile idem, colore citrino splendidissimum, sex spiris finitum.* Martini Berl. Mag. *III.* Band S. 122. *Tab. V. fig. 50.* das weisse linksgedrehete Erdbuccinum mit gesäumter Lippe. *Buccinum terrestre Iamaicense album, spiris septem sinistrorsum tortilibus, oris labio externo fimbriato.* Seba *Thesaur. Tom. III. tab. 40. fig. 37.* (aber rechtsgedreht vorgestellt.) *Buccinum vmbilicatum albissimum, sex gyris ambientibus, sinistrorsum obtortis, constans, rarissime obuium, nitidissimum, leue, et testa tenui praeditum. Ima pars pariter iucunde candida est, fossaque gaudet transuersali, amplam supra peripheriam, quae amoene purpurascit, decurrente, atque in os semet expandente. Labium crassum est lateque fimbriatum.* Petiver *Gazophyl. tab. 76. fig. 5.* Linne' *Mus. Reg. Lud. Vlr. p. 669. n. 374. Helix peruersa testa subumbilicata ouato-oblonga saepe contraria sulphurea. α) flaua. β) flaua linea vna alterane purpurea. γ) pallida fasciis transuersis fuscis consertis.* Linne' *Syst. nat. ed. X. p. 772. n. 601. Helix peruersa testa subumbilicata ouato-oblonga contraria sulphurea. ed. XII. Gen. 328. sp. 688.* Müller Natursyst. Th. *VI.* S. 573. der Wirbelschnirkel. Martini neue Mannichfaltigkeiten *IV.* B. S. 406. 418. *Tab. I. fig. 6. 7. tab. II. fig. 10. 11. 12. 13.* das linksgewundene Kinckhorn. Müller *Histor. Verm. P. II. p. 90. n. 288. Helix sinistra testa conica, sulphurea, labro albo reflexo. α) sulphurea immaculata. β) sulphurea, striga obliqua, saturate fusca. γ) sulphurea, maculis diuersicoloribus. ε) sulphurea, macula viridi, fascia rusa. δ) candida, macula rubra. η) candida, maculis diuersicoloribus.* Argenville Conchyliol. deutsch *tab. 9. fig. G.* S. 181. 184. *Unique.* Die Einzige, so sich, in Ansehung ihrer Mündung, von der Rechten zur Linken drehet. Das Linkhorn. — Nun kommt bey *G* eine citrongelbe Trompetenschnecke, welche man die Einzige nennet. — Den Unterschied macht die Mündung aus, die bey der einzigen *G*, wider die gewöhnliche Art der Conchylien, von der Rechten zur Linken gedrehet ist. Knorr *Deliciae naturae selectae Tab. B. II. fig. 6.* Th. *I.* S. 41. f. Knorr Vergnügen Th. *I. tab. 16. fig. 5.* S. 23. Die Xanus-Schnecke. Th. *IV. tab. 28. fig. 4. 5.* S. 44. f. Th. *V. tab. 23. fig. 4. 5.* S. 37. Die grünlichte linksgewundene Schnecke, *Groenagtige linkse Top-slak, Malnommé verdâtre, it.* die braune — *Bruine — brunâtre.* Meuschen *Mus. Leers. p. 30. n. 249. 251. linkse Top-Slak, Buccins legers à bouches gauches ou Malnommés.* Meuschen *Mus. Gronovian. p. 128. n. 1356. gevlamde Tophooren* GRONOV *Zoophyl. Tom. III. n. 1558.*

n. 1558. Geband Tophoorntje; gestreept Tophoorntje; geneepe Topje GRONOV *Zooph. Tom. III. n. 1572. 1569. 1565. Linkse Tophooren* GRONOV *Zooph. Tom. III. 1559.* französisch Buccin leger à bouches gauches, ou Malnommé, holländisch Linkse Tophooren of Tophoorntje of Topje, dänisch Den gute Links-Snekke.

Wenn man gleich von dieser Linksschnecke sagen muß, daß sie unter die seltenern und schätzbaren Kabinetstücke gehöre, so zeigt doch die Anzeige aus Schriftstellern, daß sie in mehrern Cabinetten gegenwärtig, und in mehreren Abänderungen vorhanden sey, und daß eine und eben dieselbe Gattung rechts- und linksgewunden angetroffen werde. Zum Beweise, daß eine jede Schneckenart rechts- und linksgedrehete Gattungen haben kann. Ehedem nannte man sie, wie aus dem Argenville erhellet, die Einzige, *Unique;* wäre sie dieses würklich, so brauchten wir nicht etwa mühsam nach Unterscheidungs-Kennzeichen zu fragen, sondern wir dürften nur auf ihre Windungsart sehen, ob sie rechts oder links sey? Aber ich habe in dem vorhergehenden mehrere linke Trompetenschnecken angeführet, und wir müssen uns also darum bekümmern, diese Schnecken genauer kennen zu lernen.

In der Folge wird es deutlich werden, daß wir uns bey dieser Schnecke auf die Farbe gar nicht verlassen können, denn sie erscheinet in vielen Abwechselungen. Die Grösse würde sie noch ehe unterscheiden, wenn nicht die vorhergehende n. XC. unter dem Namen der Säule beschriebene Linksschnecke eben so groß erschiene; aber von dieser ist die gegenwärtige leicht zu unterscheiden, da jene einen walzenförmigen oder cylindrischen, diese aber einen kegelförmigen Bau hat.

Die Topschnecke hat demnach einen kegelförmigen Bau. Wenn gleich die erste Windung wenigstens zweymal so groß ist, als das folgende, so nehmen doch alle Windungen in ihrer Dicke so regelmässig ab, daß man beynahe einen regelmässigen Kegel vor sich zu sehen glaubt. Ausserdem ist die Schale dicke oder aufgeblasen, und endiget sich in eine stumpfe Spitze. Sechs bis acht Windungen machen das ganze Gebäude aus, welche wider den gewöhnlichen Lauf der Natur linksgewunden sind. Die Mundöffnung ist länglich oval, stark gesäumt, und dieser Saum ist allemal weiß. In dem Gronovischen Verzeichnisse kömmt ein einziges Beyspiel mit einer schnabelförmigen Mundöffnung vor, und dieses verdiente wohl eine eigne Gattung zu seyn, und von dem *Helix perversa* des Linne' getrennet zu werden. Eben das muß ich von der gestreiften Linksschnecke des Gronov und Meuschen sagen, da die übrigen alle eine glatte Schale haben, ausser daß man in der Gegend der Mundöffnung bey den mehresten einige die länge herunter laufende Lamellen oder Striche siehet, die aber durch den jährigen Anbau der Schale entstanden sind. Alte und ganz ausgewachsene Beyspiele haben allemal einen völlig verschlossenen und überdeckten Nabel; wo er nur halbverdeckt ist, so ist es, wie auch Herr Etatsrath Müller richtig bemerket, ein sicherer Beweis, daß die Schale noch jung sey; und solche Beyspiele muß der Herr Ritter von Linne' vor sich liegend gehabt haben, sonst würde er sie nicht *subumbilicatas* genennet haben. Bis zu drey Zoll kann diese Schnecke lang werden, ob sie gleich am gewöhnlichsten unter zwey Zoll gefunden wird.

Die mehresten Abweichungen bey dieser Schnecke findet man in Rücksicht auf ihre Farbenmischungen. Als Farben betrachtet sind es blosse Varietäten und keine Gattungen; wenn es uns aber glücken sollte, alle diese Originale, oder nur die mehresten

sten vor uns zu sehen, so liesse es sich vielleicht näher bestimmen, ob es unter ihnen würklich verschiedene Gattungen gebe? Nach Zeichnungen läßt es sich nur muthmassen, und nicht ohne Gefahr zu straucheln muthmassen. Aus eben dem Grunde kann es auch wohl geschehen seyn, daß unter meinen Citaten sich einige rechtsgedrehete befinden. Von der Verschiedenheit der Farben hat der Herr von Linne' drey, der Herr Etatsrath Müller aber sechs Abänderungen angegeben. Aus den Schriftstellern, die ich bey der Hand habe, kann ich folgende Farbenveränderungen angeben:

1) Gelb. Linne' Mus. Lud. Vlr. α. Lister tab. 34. fig. 33. Gualtieri tab. 5. fig. P. Bonanni Mus. K. fig. 399. Seba tab. 40. fig. 37. Argenville tab. 9. fig. G. Müller Verm. p. 90. α.
2) Gelb mit einer oder mehrern rothen Binden. Linne' Mus. Lud. β.
3) Gelb und buntgefleckt. Lister tab. 35. fig. 34. Gualtieri tab. 5. fig. P. Petiver tab. 76. fig. 5. Müller Verm. p. 91. γ.
4) Gelb mit einer oder mehrern braunen, die länge herab laufenden Binden. Müller Verm. p. 91. β. Knorr Vergn. Th. IV. tab. 28. fig. 4. 5.
5) Gelb, grün gefleckt mit einem rothen Bande. Müller Verm. p. 91. ε. Martini neue Mannichf. IV. tab. II. fig. 12. 13.
6) Gelb mit einem violetten senkrechten Bande. Martini neue Mannichfalt. IV. Th. tab. II. fig. 10. 11.
7) Weiß, ohne Farbenmischung. Martini Berl. Mag. III. B. tab. 5. fig. 50.
8) Weiß mit braunen Binden. Linne' Mus. Lud. Vlr. γ.
9) Weiß und buntgefleckt. Lister tab. 9. fig. 4. Bonanni Mus. K. fig. 401. Müller Verm. p. 91. δ. η. Manche Schriftsteller nennen die Flecken roth, andre reden unbestimmt, ich habe daher beyde zusammen genommen.
10) Weiß und geflammt. Menschen Mus. Gronov. n. 1356.
11) Weiß mit braunen einzelnen die länge herablaufenden geschlängelten Strichen. Davon habe ich in dem Kabinet der Röm. Kayserl. Acad. der Naturforscher zu Erfurt ohnlängst ein sehr schönes Beyspiel gesehen.
12) Violet, bräunlich mit einem bräunlichgelben Bande. Martini neue Mannichf. Th. IV. tab. I. fig. 6. 7.
13) Röthlich mit rothen Flammen und gelblichen Bändern. Knorr Del. tab. B. II. fig. 6. Knorr Vergn. Th. I. tab. 16. fig. 5.
14) Grünlich mit untermischtem roth und gelb. Knorr Vergn. Th. V. tab. 23. fig. 4.
15) Braun mit röthlichen Binden. Knorr Vergn. Th. V. tab. 23. fig. 5.

In den Knorrischen Deliciis werden zwar noch mancherley Farbenveränderungen angegeben; da man aber dem sel. Prof. Müller bey seinen Beschreibungen gar nicht trauen darf, und der sel. Herr Hofr. Walch, besonders bey den Conchylien, die Fehler seines Vorgängers nicht sorgfältig genug ausgemustert hat, so will ich mich darauf lieber gar nicht berufen als unsicher gehen.

Diese Linksschnecken stehen allemal in einem grossen Werthe, der sich aber nach ihrer Grösse und Schönheit sehr erhöhen kann. In der Leersischen Versteigerung wurden zwey dergleichen Schnecken mit vier Gulden, zwey andre mit acht Gulden,

den, zwey gelbe mit 5. Gulden, und noch zwey andre, und zwey rechtsgewundene fleischfarbige mit 25. Gulden bezahlt.

Ob diese Linksschnecken mit Grunde unter die Flußschnecken gehören, darüber sind die Schriftsteller nicht einig. Die mehresten Naturforscher und so gar Lister haben sie unter den Erdschnecken. Argenville hat sie zuverläßig ohne Grund unter die Seeschnecken gesetzt. Hingegen Gualtieri, Knorr in den Deliciis, und Müller in dem Natursystem sagen ausdrücklich, daß sie ihre Wohnung in den Flüssen hätten.

XCIV. und XCV.

Da ich den Entwurf über diese Arbeit machte, und die Körper unter sich und mit den Schriftstellern verglich, so schienen mir die beyden Figuren Gualtieri tab. 5. fig. O. P. zwey besondere Linksschnecken zu seyn, die ich daher auf meinen kleinern Tafeln Tab. min. A. fig. 2. 3. nachzeichnen ließ, und die erste in meiner Geschlechtstafel (§. 81.) das bauchigte linksgedrehete Buccinum; die andre aber das linksgedrehte gelbe Buccinum von sechs Gewinden nannte. Allein bey der Ausarbeitung meines Entwurfs habe ich gefunden, daß beyde Abänderungen der vorhergehenden linken Topfschnecke sind; daher ich sie auch dort mit angeführt und beschrieben habe. Die beyden Nummern 94. und 95. sind also unbedeutend.

XCVI.

Die Pabstkrone der süssen Wasser, Mart. *Helix amarula, Linn. Buccinum amarula, Müll. Tab. IX. fig. 8. 11.* Tab. IX. fig. 8. 11.

Lister *Hist. Conchyl. 133. fig. 33. Cochlea subrufa muricata.* Lister *Mantissa cochlearum terrestrium et aquae dulcis hist. Conchyl. tab. 1055. fig. 8. Buccinum aculeatum.* Rumph Amboin. Raritätenk. *tab. 33. fig. FF.* holl. *p. 106. n. 22. Voluta fluviatilis. Amb. Laholum en Lahorum, en Papeyte, dat is Amarula, heeft een gemengt Fazoen van een Voluta en Pauskroon,* deutsch S. 79. *n. 22. Voluta fluviatilis,* oder die Flußwalze. Amboinisch *Laholum* und *Lahorum*, wie auch *Papeytje*, das ist *Amarula*, oder die bittre Schnecke. Sie ist theils wie eine Walze, und zum Theil wie eine Pabstkrone gestaltet. Die Schale ist dünne, schmutzig grau, hat über den Rücken der Gewinde feine Furchen, und an deren Rande weiche Dornen, die zuweilen auch steif und stumpf sind. Schynvoet zum Rumph, holl. S. 108. deutsch S. 82. *Lit. FF.* ist eine Flußpabstkrone (*rivier-Bousse-Kroon*), gehöret aber keineswegs unter die Tuten. Chemnitz Zusätze zum Rumph S. 76. Rivier Pabstkrone, *Voluta fluviatilis.* Gualtieri *ind. testar. tab. 6. fig. B. Buccinum fluviatile, prima spira satis elongata, mucrone aculeis coronato, ore lato integro, repando, costisque striatis eminentibus exasperatum, colore pullo nigricans.* Hebenstreit *Mus. Richter. p. 322. Buccinum coronatum fluviatile album. Amarula.* Die Flußpabstkrone, das weisse kleine bittre Kronenhorn. Lesser Testaceotheol. 1744. §. 52. *hhhh.* S. 214. Die Pabstkrone der süssen Wasser, ist eine dünnschaligte Kegelschnecke, weißgrau mit feinen Furchen längs den Gewinden, und an den Kanten mit stumpfen Knötchens. Klein *Method. ostrac. p. 36. §. 92 n. XIII. Pseudostrombus amarula. Laholm. Lahorum.* Papeitje, *testa tenuis, subcinerea, spiris ventricosis,*

 coronae

coronae instar per plicas muricatis. Argenville Conchyl. deutsch *tab. 27. fig. 6. f.* S. 281. 284. *Buccinum contignatum et tuberosum.* Das Spitzhorn mit sechs horizontal absetzenden Gewinden und stumpfen Knötchen. Die Pabstkrone der süssen Wasser. — Das sechste ist viel grösser, dünner und schmutzig grau. Seba *Thesaur. P. III. tab. 53. fig. 24. 25. Supra modum rara haec est et singularis, supra ventrem cinereo-flava, laevis, ad gyros superne longis acutisque spinis praedita, latis profundisque liris sulcata, Mitrae Papalis in modum labii, fimbria pertenuis et exigua est, clavicula obtusa.* Linne' *Mus. Ludov. Ulricae p. 672. n. 379. Helix amarula testa imperforata oblonga anfractibus spinoso-dentatis.* Petiver *Gazophyl. tab. 4. fig. 3.* Linne' *Syst. nat. ed. X. p. 774. Gen. 293. sp. 611. Helix amarula testa imperforata oblonga, anfractibus spinoso-dentatis. ed. XII. Gen. 328. sp. 702* Müller Natursyst. *VI.* B. S. 580. Die Flußpabstkrone. Martini Berl. Magaz. *IV.* B. S. 291, *n. 83. tab. 9. fig. 38.* Die Pabstkrone der süssen Wasser. Müller *Hist. Verm. P. II. p. 137. n. 330. Buccinum amarula, testa subovata, nigra, anfractibus sursum muricatis.* Meuschen *Mus. Leers. p. 31. n. 258. 259. Een ongemeene zeldzaame witte Rivier Pause-Kroon. Une tres rare Thiare de Riviere, blanche. Een bruyne gekartelde en gedoornde. Une épineuse striée en long et large.* Meuschen *Mus. Gronov. p. 128. n. 1363. Rivier Pause Kroon.* Gronov *Zoophyl. Fasc. III. n. 1563. Helix testa imperforata laevi fusca turrita: anfractuum marginibus spinoso-dentatis.* Franz. La Tiare ou Thiare fluviatile. Dänisch Pave-Kronen. Englisch River-Miter-Shell. holländ. Rivier Pause-Kroon.

Ich habe von dieser seltenen und schätzbaren Flußconchylie zwey Beyspiele abzeichnen lassen, davon das eine grössere tab. IX. fig. 8. aus dem ausgesuchten Fürstl. Schwarzburg-Rudolstädtischen Naturalienkabinet, das zweyte kleinere aber tab. IX. fig. 11. aus meiner eignen Sammlung ist. Beyde unterscheiden sich vorzüglich dadurch, daß das grössere stumpfe Knoten, das kleinere aber scharfe Zacken hat, und dieser Umstand gab eben die nähere Veranlassung dazu, diese Conchylie die Pabstkrone zu nennen. Sie bestehet aus fünf, höchstens sechs Windungen, und erlangt eine Grösse von 1¼ Zoll, ob sie gleich gemeiniglich kleiner in den Kabinetten angetroffen wird. Die erste Windung ist gerade so groß, als alle die folgenden, bey jungen Beyspielen ist sie länglich oval, bey ältern und ganz ausgewachsenen vollkommen oval. Die vier oder fünf Windungen setzen stark ab, und endigen sich in eine verlängerte Spitze. Am Ende einer jeden Windung, oder da wo die folgende ihren Anfang nimmt, stehen auf einem scharfen Rande bald stümpfere Knoten, bald spitzige und scharfe Dornen, deren Anzahl auf grössern Beyspielen 10., auf kleinern aber 9. ist. Rumph sagt, einige Flußpabstkronen hätten weiche Dornen, bey andern aber wären sie fest und steif. Mir ist es wahrscheinlicher, was Herr Etatsrath Müller sagt, daß die Dornen von Natur alle scharf wären, aber sie könnten leicht abgerieben und zerbrochen werden. Wie die Gewinde an ihrer Grösse abnehmen, so nehmen auch die Dornen an ihrer Grösse ab, sie laufen aber bis in die Endspitze hinein. Die Schale ist in die Queere sehr fein gestreift, doch sind bey meinem Beyspiel die Streifen der drey letzten Windungen viel stärker als die Streifen auf der ersten Windung. Die Mundöffnung ist länglich oval, die äussere Lippe scharf und hervorragend, aber in der Gegend der zwoten Windung unterbrochen, und gleichsam ausgekehlt, weil hier der erste Dorn erscheinet. Die innre Lefze ist über den Bauch hingelegt, und gemeiniglich weiß. Man siehet auch nicht die geringste Spur eines Nabels. Die Farbe dieser Conchylie ist verschieden. Gemeiniglich ist sie schwarz, und die Schale ist auch gegen das Licht undurchsichtig. An meinem Beyspiel ist die Farbe Castanienbraun, die Schale ist ganz dünne und durchsichtig, vielleicht weil es eine junge Schale ist. **Lister** legt ihr eine röthliche Farbe bey, **Rumph** eine schmutzig graue, **Lesser** eine weißgraue, **Seba** eine graugelbe, **Gronov** eine braune, und Herr **Meuschen** nennet uns eine weisse Pabstkrone. Wenn sie **Rumph** unter die Voluten legt, und es ihm **Lesser** nachschwatzt, so haben sich beyde keines Beyfalls zu schmeicheln, und auch würklich keine Nachfolger erhalten; die mehresten Naturforscher setzen sie unter die Trompeten, und das ist auch der rechte Ort, der ihr gehöret. Den Bewohner hat noch niemand beschrieben, doch sagt **Rumph**, daß sich diese Conchylie in den Mündungen tiefer Flüsse aufhalte, und von den **Indianern**, wo sie zu Hause ist, gespeiset werde, ob sie gleich einen bittern Geschmack habe, der ihnen auch den Namen Amarula zuwege brachte. Zwey Abänderungen dieser Flußpabstkrone sind vorzüglich merkwürdig.

1) Eine **gegitterte**, die nemlich die Länge herunter und die Queere hindurch gestreift ist. Ihrer gedenket der Herr Legationsrath **Meuschen** in dem Leersischen Naturalienverzeichnisse S. 31. n. 259. Er nennet sie Une epineuse striée en long et large.
2) Eine **stark gestreifte und gefaltete**, welche **Gualtieri** tab. 6. fig. B. abbildet. Sie hat ausser den Falten und Streifen noch das Eigne, daß ihre erste Windung viel bauchigter und gedrückt, der Zopf aber viel kürzer ist, als er an den andern Pabstkronen der süssen Wasser zu seyn pflegt.

Ob diese Pabstkronen in **Indien** häufig gefunden werden, das kan ich nicht sagen, weiß aber, daß sie in den **holländischen** Auctionen theuer genug bezahlet werden. In der **Leersischen** Versteigerung kostete die weisse acht Gulden 15. Stüber, und die braune gestreifte 3. Gulden 15. Stüber. Die meinige habe ich in der **Gronovischen** Auction mit einem Gulden 10. Stüber bezahlt. Drey Flußpabstkronen aus **Mauritien** habe ich von meinem **Spengler** in **Kopenhagen** zum Geschenk erhalten.

XCVII.

Die queergestreifte Trompete mit geribbten Zopfe, Schr. *Buccinum scabrum*, *Müll.* *Tab. VI. fig. 13.*

Tab. VI. fig. 13.

Müller *Hist. Verm. P. II. p. 136. n. 329. Buccinum scabrum testa acuminata, cinerea transuersim striata, anfractibus muricato-dentatis; strigisque sanguineis.* Dänisch Knort-Hornet.

Diese Conchylie gehöret unter die kleinern Flußconchylien, die man gemeiniglich 5½, seltener 8¼ Linie lang, auch 2, höchstens 3. und eine halbe Linie breit findet. Ihr Bau ist lang gestreckt, nicht aufgeblasen, und endiget sich in eine scharfe Spitze. Die erste Windung ist etwas mehr als zweymal so groß als die folgende, und nur in dem Mittelpuncte ein wenig dicke. Sieben bis acht Windungen machen den ganzen Bau der Schale aus, welche dünne, durchsichtig und fein in die Queere gestreift ist. Die Windungen sind geribbt, diese Ribben aber sind auf den ersten grossen Windungen entweder ganz unsichtbar, oder sie zeigen sich nur in unkenntlichen Spuren, auf der zwoten werden sie sichtbarer, und wie nun die folgenden Windungen an der Grösse abnehmen, so nehmen die Ribben zu, die gerade über die Windung herunter liegen, und die ganze Windung einnehmen. Gemeiniglich hat eine jede Windung derselben zwölfe. Die Mundöffnung ist eyrund, doch ein wenig länglich, die Lippe ist scharf, und an den Bauch hat sich ein ganz dünnes Blättchen angelegt. Wenn diese Trompete aus dem Wasser gezogen wird, so hat sie oft einen schwarzen Ueberzug, der sich aber durch behutsame Anwendung des Scheidewassers leicht wegarbeiten läßt. Nun erscheinet die Schale weißgelb mit braunrothen Flammen, die zuweilen stärker, zuweilen schwächer sind, zuweilen auch gar zarten geschlängelten Puncten gleichen. Die Mündung ist weisser als die übrige Schale, und die braunrothen Flammen schimmern durch die Schale hindurch. Auf der Küste Coromandel in Tranquebar ist diese Flußconchylie zu Hause, wo sie gar häufig gefunden wird.

XCVII. A.

Tab. IX. fig. 12.

Die Flußbischofsmütze. *Helix mitra, Meuschen. Tab. IX. fig. 12.*

Meuschen *Museum Gronovianum p. 128. n. 1363. Helix mitra, Rivier Myter.* Gronov *Zoophylac. Fasc. III. n. 1564. Helix testa imperforata turrita oblonga striata, anfractuum marginibus subdentatis.* Reise eines französischen Officiers S. 114. Die Flußbischofsmütze, (*Mitre fluviale*) sie ist mit einer schwarzen Haut überzogen. Deutsche Encyclopädie Th. *III. voce* Bischofsmütze, *n. 2.*

Diese Flußbischofsmütze, die ich ebenfalls in der Gronovischen Auction in Holland erstanden habe, hat eine überaus grosse Aehnlichkeit mit der vorherbeschriebenen Gattung, und man sollte beyde dem ersten Anschein nach für blosse Spielarten halten. Beynahe eben der Bau, eben die Anzahl der Windungen, eben die Mundöffnung. Allein eine genauere Betrachtung derselben macht es nothwendig, sie für eine eigne Gattung zu erklären. Denn

1) sie ist mehr als noch einmal so groß als die vorhergehende, und dabey kürzer in ihren Windungen gebaut, und sie bildet einen stumpfen Zopf.

2) Ihre Queerstreifen sind ungleich feiner, und dennoch weiter auseinander gesetzt, als bey der vorhergehenden.

3) Ihre Rippen stehen weiter aus einander, daher jede Windung bey einer mehrern Grösse derselben gleichwohl weniger hat. Die Rippen sind auch nicht so scharf.

4) Ihre Mundöffnung ist kürzer und völlig oval, und die über den Bauch hingelegte Lefze fehlet hier gänzlich.

5) Ihre Farbe ist schmutzig weiß, und nur hin und wieder siehet man einige undeutliche rostfarbige Puncte hingestreut. Den Ort, wo diese Bischofsmütze zu Hause ist, kan ich nicht angeben, ich glaube aber gewiß behaupten zu dürfen, daß sie ausländisch sey, so wie in den Reisen eines französischen Officiers die Insel Frankreich für einen der Wohnungsörter dieser Conchylie angegeben, und gesagt wird, daß sie im Wasser mit einer schwarzen Haut überzogen sey.

XCVIII.

XCVIII.

Das grosse dünnschalige ungenabelte Achatkinkhorn, Schr. Der Rosenmund, Meuschen. *Bulla achatina*, *Linn.* *Buccinum achatinum*, *Müll.* *Tab. VI. fig. 1.* Tab. VI. fig. 1.

Lister *Histor. Conchyl. tab. 579. fig. 34. Cochlea ventricosior, fasciis ex nigro purpurascentibus, ad tergum certe undatis, ipsa columella purpurascente. Jamaicense. Buccinum variegatum tenue* νηρειτοειδες. *Fab. Col.* Bonanni *Recreat. ment. Class. III. fig. 192. p. 137. Buccina inter quinas circiter spiras mucronata, quarum prima admodum inflata; lacte videtur imbuta in parte interna, deinde vere jonthino velata. In externa vero sanguineae maculae partim supra albam testam dispersae jacent, veluti Insulae in mari Aegeo. — Invenitur etiam roseo colore, rubescens in parte interna, in externa furva, ut mali persici cortex.* Bonanni *Mus. Kircher. Class. III. fig. 19?.* Eben diese Beschreibung. *Museum Gottwaldianum Caps. X. tab. I. fig. 220.* Gualtieri *Index testar. tab. 45. fig. B. Buccinum parvum integrum, ore obliquo ventricosum, striatum, striis per longitudinem aequaliter percurrentibus, albidum, fulvidis et vinosis maculis undatim depictum, et variegatum.* Klein *Method. ostracol. p. 47. §. 137. n. 6. tab. 3. fig. 60. Urceus ore integro, subrotundo, ad dextram labiato:* Νηρειτοειδες *Fab. Col. ventricosior, fasciis ex nigro purpurascentibus, ad tergum undatis, columella purpurascente.* Argenville Conchyliol. deutsch *tab. 10. fig. E.* S. 185. ein Kinckhorn von sehr schöner Aschfarbe mit rothen auch fahlen Flecken, dessen Mündung sehr weit und ganz glatt ist. Argenville Zoomorphose *tab. XI. fig. L.* S. 75. *l'ane rayé.* Knorr Vergnügen d. Aug. Th. *IV. tab. 24. fig. 1.* S. 39. das Purpurhorn. Knorr *Deliciae Tab. B. V. fig. 1.* Neue Ausg. S. 51. Das breitwellichte Buccinum. Seba *Thesaurus P. III. tab. 71. fig. 1-5. 7-10. Belgae huic Cochleae, quae admodum venusta et oppido rara est, nomen dederunt Fransche Belhorn. Ex tenui apice multis convoluta spiris sensim intumescit, tandemque ultima spira, quae maxima et amplissima est, valde capacem format ventrem. Ex lacteo picta fuscis quasi flammis distinguitur. Spirae tamen apicis rubello mali florum colore gaudent. 2. et 3. ejusdem speciei aliud hic sistimus exemplum, prono ac supino situ, priore tamen minus, flammisque paulo aliter distinctum. 4. 5. haec alia rursus ejusdem speciei varietas est, utraque facie conspicua, cujus maculae strias potius, quam flammas referunt. 7. 8. Haec vulgaria sunt istius familiae specimina — 9. 10. Duo alia minus vulgaria etc.* Linne' *Mus. Reg. Ludov. Ulricae p. 589. n. 225. Bulla achatina testa ovata, apertura obovata apiceque sanguineis, columella laevi.* Linne' *Syst. nat. ed. X. G. n. 286. sp. 343. p. 728. ed. XII. Gen. 321. sp. 391. Bulla achatina etc.* Müller Natursyst. Th. *VI.* S. 414. Die französische Schellenschnecke, holländ. *Fransche Belhoorn; St. Malosche Hooren.* Müller *Hist. Verm. P. II. p. 140. n. 332. Buccinum achatinum testa ovato-oblonga, fasciis longitudinalibus rufo-fuscis; axi truncato canaliculato.* Meuschen *Mus. Leersian. p. 29. n. 233. aschgrauw en wit gestreepte Roose-Monden. Buccins a bouche couleur rose, cendrés fasciés de blanc.* Dänisch Agat-Hornet.

Zuverläsig ist dieses unter allen Schnecken der Flüsse die gröste. Das Beyspiel, das ich auf meinen Kupfertafeln, den Raum zu ersparen, erwählt habe, ist eins der kleinsten, denn aus dem hiesigen herzoglichen Kabinet habe ich jetzo ein Beyspiel vor mir, das acht Zoll lang und 3¼ Zoll in seiner grösten Höhe, dick ist. Ein Beyspiel von einer gleichen Grösse habe ich im Seba abgezeichnet angetroffen. Es hat auch seine entschiedenen Schönheiten, ob es gleich in Rücksicht auf die Farbenmischung in verschiedenen Abänderungen erscheinet. Herr Etatsrath **Müller** giebt folgende an: a) alba, axi apiceque sanguineis. b) alba apice flavo. c) fulva vel candida, axi sanguineo. d) alba fasciis crebris, axi pallido. Der Bau selbst ist bey allen gleich; ich werde daher die Beschreibung nach den sechs Beyspielen machen, die ich jetzo vor mir habe. Die Schale ist eyförmig, dicke und aufgeblasen, und bestehet aus sieben bis acht Windungen. Die erste Windung ist wenigstens zweymal so groß, als alle die folgenden, und diese ist in der Mitte ziemlich stark gewölbt, doch an einigen Beyspielen merklicher als an andern, am merklichsten aber an den ganz grossen Schalen dieser Art. Die folgenden Windungen sind alle auch ein wenig gewölbt, und gehen in eine stumpfe Spitze aus, weil das Knöpfchen, damit sich die ganze Conchylie endiget, in die folgende Windung eingedrückt ist. Zwischen den Windungen läuft ein einer Linie breiter erhöheter Reif, der allemal Einkerbungen hat, die aber bey einigen weiß, bey andern roth, und noch bey andern braun gestreift sind. Mit der dritten Windung höret dieser Reif gemeiniglich auf. Die Mündung ist bey allen Beyspielen oval, doch dergestalt, daß sie in der Gegend der Axe eingebogen ist, und hier legt sich bis an das Ende der Mündung ein breites Blatt, das aber überaus dünne ist, über den Bauch her. An dreyen meiner Beyspiele ist dieses Blatt, oder diese Mündung rosenroth, und diese verdienen den Namen der **Rosenmünder** vorzüglich; an zwey Beyspielen ist sie milchweiß mit einer braunen Einfassung; an dem einen aber ist es braunroth und spielet in das Blauliche, die Axe selbst aber ist schön rosenroth mit gelb untermischt. Inwendig ist die Schnecke ganz weiß, und an jüngern Schalen schimmern die äussern Farben bläulich durch, auch dann, wenn man sie nicht gegen das Licht hält, ältere Schalen aber muß man gegen das Licht halten, wenn man die äussern Farben sehen will. Von aussen ist die Farbe überhaupt gar sehr unterschieden, wenn man die Conchylie mit ihrer Beinhaut, oder ohne dieselbe siehet. Diese Beinhaut ist bey manchen braungelb, und in diesem Falle schimmern die Wolken in ihrer natürlichen Farbe, obgleich nicht in ihrer ganzen Schönheit hindurch; bey andern aber ist sie dunkelbraun, und verdunkelt zugleich einen grossen Theil der Schönheit der gewölkten Zeichnungen. Mit Bimstein kan man indessen diese Haut ohne grosse Mühe, und ohne Gefahr, die Schale zu verletzen, abreiben. Nun erscheinet ein schöner innig weisser und glänzender Grund, auf welchem rothbraune, oder rothe, oder gelbbraune, auch wohl andersgefärbte Wolken die Länge herablaufen, die bald grossen langen und breiten Flecken, bald Schlangenfiguren und Zickzacks gleichen, bald auch durch Hülfe einer guten Einbildungskraft andre Figuren vorstellen können. Auf der ersten Windung sind diese Wolken am grösten, welche auf der zweyten Windung regelmäßiger erscheinen, auf der dritten und vierten aber dünne Schlangenfiguren von hellerer Farbe bilden. Nun hören sie aber gänzlich auf, und die letzten Windungen sind an den mehresten Beyspielen rosenroth, an wenigern weiß gefärbt.

Ich habe diese Conchylie nicht schlechthin das **Achatkinkhorn** nennen wollen, weil wir unter den Seeconchylien drey Gattungen haben, die diesen Namen führen.

1) Das

1) Das genabelte gelbe Achatkinkhorn, das genabelte Orangenbuccinum. Lister tab. 974. fig. 29. Gualtieri tab. 23. fig. T. Argenville tab. 9. fig. G. 2. Knorr Th. II. tab. 16. fig. 4. 5. Martini tab. 122. fig. 117. Martini allgem. Geschichte der Natur Th. I. tab. 10. fig. 3.

2) Das genabelte rothbraungefleckte Achatkinkhorn mit sechs Stockwerken. Der Argus, Buccinum spiratum, Linn. Lister tab. 981. fig. 41. Bonanni Recreat. Class. III. fig. 370. Mus. Kircher. Cl. III. fig. 362. Gualtieri tab. 51. fig. B? Argenville tab. 17. fig. N. Rumph tab. 49. fig. C. D. Seba Th. III. tab. 73. fig. 21-26. Knorr Th. II. tab. 6. fig. 5. Th. III. tab. 3. fig. 4. Kettenfuß Th. I. tab. 10. fig. 41. Martini tab. 122. fig. 1118. 1119. Martini allgem. Geschichte der Natur Th. I. tab. 10. fig. 1.

3) Das genabelte Achatkinkhorn mit gewölbten Windungen. Das bunte Achatspitzhorn mit stark gezahnten Nabel. Buccinum glabratum, Linn. Lister tab. 982. fig. 42. Gualtieri tab. 51. fig. B? Seba tab. 73. fig. 21. Martini allgem. Gesch. der Nat. Th. I. tab. 10. fig. 2. Chemnitz in den Beschäftigungen der Gesellschaft Naturf. Freunde in Berl. Th. III. tab. 8. fig. B.

Dadurch aber, daß ich dasselbe das grosse ungenabelte dünnschalige Achatkinkhorn genennet habe, kan es von allen jenen unterschieden werden. Es ist ungleich grösser, und hat nach seiner Grösse eine viel dünnere Schale, und keine Spur eines Nabels.

Eine Anmerkung des Herrn Etatsrath Müller überlasse ich Kennern zur Beurtheilung. Linnaeus bullae suae achatinae, quam marinam dicit, terrestrem *Adansonii Kambeul* (Helicem flammeam) subjicit, forma, structura, locoque natali diversam; nec *Petiveri* figura achatinae convenit Clariss. *Adanson* Buccinum fluviatile *Gualt.* tab. 6. cum sua *Kambeul* terrestri confundit, quaeque varietates dicit, si figuris allatis exacte respondent, non varietates sed species a sua distinctas censendas puto. Von dem Zeugungsgeschäfte dieser Conchylie lehret uns Lister exerc. I. anatom. de Cochl. p. 133. und Tab. VI, daß sie zu den Eyerlegenden gehöre. Er erhielt aus Surinam ein Ey von der Grösse eines Sperlingseys, oval und zart. Wenn die junge Schnecke aus dem Ey kommt, hat sie nur drey Windungen, es entwickeln sich aber bald die noch übrigen beyden. Siehe den Naturforscher XII. St. S. 31. n. 4.

Man ist nicht einig, ob dieses Achatkinkhorn unter die Flußconchylien gehöre, oder ob man es unter die Seeconchylien zu setzen habe. Die mehresten Schriftsteller setzen es unter die Seeconchylien, wohin es selbst Linne' zehlet. Allein Herr Etatsrath Müller hat es unter den Flußconchylien, ob er gleich eingestehet, daß seine beyden ersten Abänderungen unter die Seeconchylien gehören könnten. Wenigstens von den Beyspielen, die ich vor mir habe, dächte ich aus ihrer dünnen Schale und der milchweissen Grundfarbe behaupten zu dürfen, daß sie zu den Flußconchylien gehörten, und sich in grossen Flüssen, die der See nahe liegen, aufzuhalten pflegen. Man findet dieses Achatkinkhorn in allen Sammlungen, doch behauptet Seba, daß die grossen mehr gewölkten als geflammten Beyspiele unter die Seltenheiten gehörten.

XCIX.

XCIX.

Tab. VII. fig. 1. 2. tab. min. C. fig. 1.

Das grosse Spitzhorn der süssen Wasser, Mart. Die spitzige Flußschnecke, Meuschen. *Helix stagnalis, Linn. Buccinum stagnale, Müll. Tab. VII. fig. 1. 2. tab. min. C. fig. 1.*

Lister *Histor. animal. tit. 21. p. 137. tab. 2. fig. 21. Buccinum longum 6. spirarum, omnium et maximum et productius, subflavum, pellucidum in tenue acumen ex amplissima basi mucronatum.* Lister *Histor. Conchyl. tab. 123. fig. 21. Buccinum subflavum pellucidum, sex orbium, clavicula admodum tenui, productiore.* Lister *exercit. anatom. II. de Buccin. tab. 2. fig. 4.* Bonanni *recreat. ment. Cl. III. fig. 55. p. 119. Longior antecedenti (n. LXXXI.) turbo et levissimus, colore atro cum nitore.* Bonanni *Mus. Kircher. Class. III. fig. 55. id. nomen.* Frisch Beschreibung allerley Insecten Th. *VIII.* S. 14. *tab. VII.* Die Flußschnecke mit dem spitzig zugedreheten Hause. Gualtieri *Ind. testar. tab. 5. fig. I. L. Buccinum fluviatile, testa tenuissima et fragilissima, prima spira notabiliter ventricosa, et elongata, in mucronem aculeatum statim desinens, subflavum pellucidum. — Buccinum fluviatile idem majus, labio interno repando.* Linne' *animal. Suec. Acta Ups. 1736. p. 41. n. 22. Cochlea testa producta acuminata atra. Habitat in fossis, paludibus, fluviis et stagnis passim.* Linne' *Faun. Suec. 1746. p. 374. §. 1310. Cochlea testa producta acuminata, opaca, anfractibus senis subangulatis, apertura ovata.* Lesser Testaceotheol. 1744. §. 58. *nnnn.* S. 272. eine gelbe Flußschnecke, von sehr zarter zerbrechlicher Schale, deren Gewinde in eine lange Spitze ausgehen. Schwammerdamm Bibel der Nat. S. 71. 370. *tab. 9. fig. 4.* die gemeine Wasserschnecke. Klein *Method. ostrac. p. 54. §. 157. n. 1. 2. tab. 3. fig. 69. Auricula stagnorum, subflava, in tenue acumen ex amplissima basi mucronata. an List. tab. 124. fig. 24.?* (Nein, sondern Kleins Figur ist Lister *tab. 123. fig. 21.*) *n. 2. nitide atra.* Hanov Seltenh. d. Nat. Th. *I. tab. I. fig. 5.* S. 575. eine $1\frac{1}{2}$ Zoll länglich und spitz gewundene Schnecke. Argenville Conchyliol. deutsch *tab. 27. fig. 6. a. b.* S. 281. 284. *Buccinum viride aut subrubrum quatuor spiris.* Das grüne oder röthliche Spitzhorn von 4. Gewinden. — Das erste Spitzhorn ist in der Rhone gefangen, und hat vier Windungen. Seine Gestalt läuft sehr spitzig zu, die Mündung ist groß und von grüner Farbe. Das zweyte ist röthlich, und stammt aus der Marne her. Argenville Zoomorphose *tab. 8. fig. 5.* S. 59. Ginanni *opere post. P. II. tab. I. fig. A. B. C.* Seba *Thesaur. P. III. tab. 39. fig. 41-46. 52. 53.* Anm. *N. 41-46.* scheinen mir das kleine Spitzhorn *n. CI.* zu seyn. *41. Cochlea fluviatilis, indigena, ex oblongo acuminata, lineolis veluti taeniata. 42. similis alia, dilute cinerea, postica parte sordide obumbrata. 43. Et haec in nostris fossis atque fluviis reperiunda, crassum continens in coeno degentem limacem, oblongum in acumen terminata, quatuor spiris, minutoque ad finem globulo absolvitur, testa constans tenerrima, et membranae instar, tenuissima. 52. Coclea vesicaria, fluviatilis, oblonga, sordide spadicea.* Schlotterbeck *Act. Helvet. Vol. V. p. 283. n. 4. tab. 5. fig. 25. 26. Turbo fluviatilis major, corpore oblongo ampullaceo, desinente in mucronem acutissimum, et limacem continente fuscum.* Pontoppidan Naturh. von Dännemark S. 196. *Helix stagnalis.* Geoffroy von den Conchyl. um Paris, deutsch

deutsch S. 68. *Buccinum fluuiatile vulgare maius. Le grand Buccin.* Linne' *Syst. nat. ed. X. p. 774. Gen. 293. sp. 612. Helix stagnalis testa imperforata ouato subulata subangulata, apertura ouata. ed. XII. Gen. 328. sp. 697.* Müller Naturs. *VI.* B. S. 578. der Schwimmer, holl. *Dryvertje, Dryshoorntje, it.* S. 580. die Wasserschnecke. Martini Berl. Mag. *IV.* B. S. 282. *n. 79. tab. 9. fig. 33. A.* das gelbliche zarte *Buccinum* der süssen Wasser mit 6 Gewinden. Das grosse Spitzhorn der süssen Wasser. *Turbo papyraceus longus.* Handbuch der Naturgesch. Th. *IV.* S. 305. die gemeine Wasserschnecke mit erhabener oder länglicher Muschel. Müller *Hist. Verm. P. II. p. 132. n. 327. Buccinum stagnale, testa oblonga, subulata ventricosa; apertura ouato repanda.* Meuschen *Mus. Gronov. p. 128. n. 1362. Spitse Waterslak.* Gronov *Zoophyl. Fasc. III. n. 1562. Helix testa imperforata ouato subulata subangulata: apertura ouata.* Dänisch Det Store Spids-Horn.

Wenn die Schriftsteller diese Trompetenschnecke mit dem Namen des grossen Spitzhorns belegen, so haben sie ihre Rücksicht lediglich auf unsre inländischen Flußschnecken genommen; unter diesen ist es zuverlässig das gröste, allein unter den ausländischen Flußconchylien findet man sie viel grösser, wie wir an dem vorigen Beyspiele gesehen haben. Ich habe dieses Spitzhorn aus der Churmark, von Cahla bey Jena, von Hamburg, aus dem Schwarzburgischen, von Straßburg, Zelle und Leipzig vor mir, finde aber an allen einerley Bau, der sich nur in einigen zufälligen Umständen unterscheidet, welche blosse Spielarten bilden. Die Grösse an ihnen ist verschieden, das gröste, das ich besitze, hat eine Länge von 2¼ Zoll oder 27. Linien, und von dieser Grösse hat es vor mir kein Schriftsteller angegeben. Es hat sechs Windungen, ein anders von eben der Grösse hat derselben sieben. Die erste Windung ist sehr groß und aufgeblasen oder bauchigt, bey einigen gerade so groß als alle folgende Gewinde, bey einigen noch etwas grösser. Sie sind nicht gleich bauchigt, sondern einige sind ganz rund, andre ungleich dicker, und noch andre auf dem Rücken ein wenig eingedrückt. Diese erste Windung ist bey einigen ganz glatt, und man siehet nur die jährigen Ansätze der Schale; andere sind die Länge herab fein gestreift; noch andre haben unordentlich laufende Queerstreifen; ein einziges Beyspiel aus Zelle ist fein in die Queere gestreift, und diese feinen Queerstreifen laufen ziemlich regelmässig. Die folgenden 5·6. Windungen laufen in die schärfste Spitze aus, und diese Windungen sind an allen meinen Beyspielen ganz glatt. Die Mundöffnung ist oval, aber sehr weit, und die äussere Lippe ist merklich und bogenförmig ausgeschweift; dieser Theil der Lippe ist scharf, und ganz ohne Saum. Aber in der Gegend der Spindel fängt sich ein Saum an, der in die Mundöffnung hineingehet, und gleichsam die Grundlage zur Spindel macht, in dieser Gegend ist die Mündung halbmondförmig. Am Bauche liegt eine breite übergeschlagene nicht allzustarke Lefze, welche allemal eine unterscheidende entweder weisse, oder in das Graue spielende Farbe hat. Die Schale ist überaus dünne und zerbrechlich, gegen das Licht an allen Beyspielen durchsichtig, an manchen aber, vielleicht an jüngern Schalen, vor sich selbst ganz durchsichtig. Die Farbe dieses Spitzhorns ist sehr verschieden. Verschiedene der angeführten Schriftsteller reden von schwarzen Spitzhörnern. Ich besitze diese Gattung aus dem Schwarzburgischen selbst. Sie ist kohlschwarz und ganz undurchsichtig, obgleich die Schale eben nicht stärker als an andern Beyspielen ist. Argenville redet von einem grünen Spitzhorn aus der Rhone, und von einem röthlichen. Das letztere lasse ich an seinen Ort gestellet seyn; von dem grünen Spitzhorn aber glaube ich, daß die Farbe der Conchylie nicht eigenthümlich zugehöre, sondern daß sie eine blosse Unreinigkeit des Wassers sey. Ich muthmasse hier nicht, denn an einem Spitzhorn aus Hamburg sehe ich auch eine grüne Farbe, die ich an unsern hiesigen Ohrschnecken oft gefunden, aber allemal gesehen habe, daß es Unreinigkeit sey, die sich, wenn die Schale erst aus dem Wasser kömmt und noch naß ist, mit dem Finger abwischen läßt. Gemeiniglich ist die Schale gelblich, oder weiß, oder weißgrau, und nur selten geschiehet es, daß sie hornfarbig ist.

Den innern Bau dieser Conchylie habe ich Tab. min. C. fig. 1. abbilden lassen. Die Spindel ist überaus dünne, und im Grunde ein blosser Fortsatz der oben beschriebenen halbmondförmigen Lefze, daher sie auch in einer geschlängelten Figur fortläuft, in ihrer halbmondförmigen Bildung aber abnimmt, je näher sie der Endspitze kommt. Wegen der dünnen Schale ist es überaus schwer eine solche Conchylie glücklich aufzuschneiden.

Das Thier habe ich oben beschrieben, über ihr Zeugungsgeschäfte aber muß ich die Nachrichten wiederholen, die der sel. Herr Hofrath Walch im XII. Stück des Naturforschers S. 47. f. gesammlet hat. Die Art, wie sie ihre Eyer legen, ist sonderbar. Sie bringen sie im May an etwas, so sie im Wasser antreffen, an ein Stückchen Holz, an eine Baumrinde, Muschelschaale u. s. w. und überziehen sie mit einer zähen Gallerte, so die Gestalt von einer kleinen Wurst, oder eines schmalen Bandes, etwa drey Zoll lang und etliche Linien breit hat. (Berl. Mag. IV. Th. tab. 9. fig. 34. Frisch von den Insecten Th. VIII. tab. VII. fig. 2.) Durch diese Gallerte siehet man die runden Eyerchen, die heller und durchsichtiger sind, und ein feineres Fluidum, als die Gallerte ist, durchschimmern. In jedem Eychen bemerkt man einen schwarzen Punct, und das ist eben der kleine Embryo, der sich in dem Eychen allmälig ausbildet. Eine solche Eyerbinde hält oft zu 100 und mehr Eyer in sich. Vermuthlich bleiben sie, wie die andern Schnecken, in ihrem Eychen, bis der ihnen darinne zugetheilte Nahrungssaft verzehret, und dadurch sie selbst zu derjenigen Grösse und Solidität gekommen sind, daß sie sich nunmehro dem Wasser sicher anvertrauen können. Wie diese kleinen Schneckchen sich durch die zähe Gallerte, die ihre Eyerchen umschließt, durcharbeiten, und das geschiehet 15 Tage darnach, wissen wir nicht. Frisch vermuthet, daß die Mutter im Eyerlegen ihnen einen Weg zum Durchkriechen gelassen, welches freylich zur Zeit nur noch eine blosse Vermuthung ist. Da, nach Frischens Zeugniß, die mehr gedachte zähe Materie im Wasser erweichbar ist, wer weiß, ob nicht das junge Schneckchen selbst, vermittelst des ihm eignen flüssigern Schleims, sich einen Weg durch den zähern oder durch jene Gallerte hindurch arbeiten kann [l]). Hanov will in den Seltenheiten der Natur und Kunst bemerkt haben

l) Lauter Vermuthungen, die wir anders und sichrer erklären können, wenn wir die Natur selbst vor Augen haben. 1) Wie kömmt die Schnecke aus dem Ey, in die sie doch fest eingeschlossen ist? Sie wächset darinne bis sie das ganze Ey ausfüllet, und nun zerspringt das Ey, und die Schnecke findet keinen Widerstand. 2) Wie arbeitet sich die Schnecke durch die Gallerte hindurch? Es ist wahr, diese Gallerte ist zähe, aber zugleich so elastisch und nachgebend,

den Th. I. S. 576. daß das Eyerhäutchen über der Schnecke geblieben, und der erste Ansaß ihrer Schale geworden. Hieraus würde folgen, daß diese Schnecken im Ey selbst noch keine Schale haben, und daß sie sich solche erst nachher aus der Haut, werinne sie mit ihrem Nahrungssaft eingeschlossen liegen, bilden. Da aber der Bewohner dieser Wasserschnecke an seiner Wohnung, vermittelst eines eignen tendinis, nach Frischens Beobachtung befestiget ist, (es ist dies der Sipho,) so fällt Herrn Hanovs Behauptung von selbst weg. Er ist aber zu dieser irrigen Meynung dadurch verleitet worden: Das Ey dieser Schnecke ist rund, die Schnecke hingegen länglich oval, oben verlängert zugespißt. Wächst nun solche, und füllt ihre Eyerhaut aus, so dehnt sich diese nach der Schnecke, und nimmt damit einigermassen ihre Gestalt an. Dies sahe Herr Hanov, und glaubte daher, daß aus diesem Häutchen, welches, wenn die Schnecke ins Wasser kommt, abfällt, die Schneckenschale gebildet würde. Hieraus ersehen wir auch, wie Frisch den Eyern eine runde, der Graf Ginanni eine ovale Gestalt beylegen können. Jener beobachtete sie in den ersten Tagen, nachdem sie gelegt waren, dieser später, nachdem die Schnecke schon beynahe den ganzen innern leeren Raum ihres Eyerhäutchens ausfüllte.

Diese Schnecke ist in Schweden, Dännemark, Frankreich, und in allen Gegenden Deutschlands gemein.

C.

Das schwarze Spitzhorn mit 6 Gewinden, Mart. Der Rabe, Lesser. Tab. VII. fig. 3. 4.

Buccinum testa oblonga minus ventricosa, apertura ouato-oblonga, colore atro-fusco, Schr. tab. VII. fig. 3. 4.

Lister *tab. 124. fig. 24.* ohne Beschreibung. Linne' *Fauna Suec. 1746. p. 375. §. 1310. β. Cochlea testa producta, acuminata, anfractibus senis subangulatis, apertura ouata?* Martini Berl. Magaz. *IV.* B. S. 288. *n. 51. tab. IX. fig. 36.* das schwarze Spitzhorn mit 6 Gewinden. Der Rabe. Lesser Testaceotheol. §. *55. uuu.* S. 273. ein langes Kinckhorn mit Rabenschwarzer Schale? Der Rabe.

Da man das vorherbeschriebene grosse Spitzhorn der süssen Wasser zuweilen von einer kohlschwarzen Farbe findet, so hat dieses nicht nur zu der Benennung des Rabens Anlaß gegeben, sondern auch dazu, daß man die vorhergehende schwarze Abänderung mit der gegenwärtigen Conchylie fast durchgängig verwechselt, und höchstens den Raben für eine blosse Abänderung des grossen Spitzhorns erkläret hat. Ich bin nicht Bürge dafür, daß Linne' und Lesser das grosse schwarze Spitzhorn meynen, und Lister und Martini, ob sie gleich richtige Abbildungen vom Raben liefern, ausser daß in dem Martini die Mundöffnung unrichtig vorgestellet ist, haben gleichwohl beyde diesen Raben für eine blosse Abänderung des grossen Spitzhorns ausgegeben, obgleich Lister hierinne noch zweifelhaft ist.

 Ich

gebend, daß man sie mit einem Nadelkopfe leicht durchbohren kann, ohne sie zu verletzen. Dem Thier also, das doch einen Kopf und einen Mund hat, kann es gar nicht schwer werden, sich durch diese Materie hindurch zu arbeiten, und in das freye Wasser, wo es hinfüro leben soll, überzugehen. Nach dieser Beobachtung muß auch die Anmerkung des Hanovs verbessert werden.

Ich habe aus Hamburg, aus der Churmark und von Cahla Beyspiele vor mir, davon ich die zwey schönsten habe abzeichnen lassen, und ich getraue mir durch Gründe zu beweisen, daß diese Conchylie, der eigentliche Rabe, von dem grossen Spitzhorn unterschieden, und eine eigne Gattung sey. Erstlich wächset diese Conchylie nie zu einer solchen Grösse, wie das grosse Spitzhorn, welches sich zuweilen in einer schwarzen Abänderung zeigt. Und daß dem also sey, beweise ich zum andern daher, weil man diesen Raben, den ich in der gegenwärtigen Numer beschreibe, in Gegenden findet, wo man das eigentliche grosse schwarze Spitzhorn noch nie entdeckt hat. Ich besitze z. B. diesen Raben von Cahla und Hamburg, wo man diese Conchylie nie grösser als halb so groß findet, als das grosse Spitzhorn zu wachsen pfleget, oft aber findet man sie viel kleiner. Wenn aber dieses junge Beyspiele von dem grossen schwarzen Spitzhorn wären, warum findet man sie in eben der Gegend nicht auch ausgewachsen, wo man sie doch jung findet? Endlich unterscheidet sie auch der Bau. Die erste Windung ist nicht so stark gewölbt, die äussere Lippe nicht so hervortretend, und der Zopf nicht so schnell und scharf zugespitzt, und selbst die Farbe ist nicht so schwarz, wie bey dem schwarzen grossen Spitzhorn, sondern sie ist dunkelbraun oder schwarzgrau. Diejenigen Beyspiele, die ich besitze, sind aus der Churmark, von Hamburg und bey Calah her.

CI.

Tab. VII. fig. 9. 10.

Das kleine Spitzhorn, Mart. Die kleine spitzige Flußschnecke.

Buccinum palustre, Müll. Tab. VII. fig. 9. 10.

Lister *Histor. animal. tit. 22. p. 136. tab. 2. fig. 22. Buccinum minus fuscum, sex spirarum ore angustiore.* Linne' *animal. Suec. Acta Upsal. 1736. p. 41. n. 21. Cochlea testa producta acuminata, striata, cinereo alba.* Gualtieri *Ind. testar. tab. 5. fig. E. Buccinum fluuiatile oblongum ore angusto fuscum, sex spirarum.* Linne' *Fauna 1746. p. 374. §. 1310. α. Cochlea testa producta, acuminata opaca, anfractibus senis subangulatis, apertura ouata. Variatio minor.* Geofroy Schnecken um Paris, deutsch S. 71. *Buccinum vulgare minus. Le petit Buccin.* Daß Seba *Thesaur. Tom. III. tab. 39. fig. 41-46.* unser kleines Spitzhorn muthmaßlich sey, habe ich vorher bey Num. XCIX. angemerket. Ist es, so gehören jene Citaten hieher. Martini Berl. Magaz. *IV.* B. S. 289. *n. 82. tab. 9. fig. 37.* Das kleine Spitzhorn mit fünf Gewinden. Müller *Histor. Verm. P. II. p. 131. n. 326. Buccinum palustre testa oblonga, acuminata fusca; apertura ouata.* Dänisch Det Lille Spids-Horn.

Herr von Linne' hält zwar dieses kleine Spitzhorn für eine blosse Abänderung von dem grossen Spitzhorn der süssen Wasser; (n. XCIX.) allein Herr Geofroy, Herr Etatsrath Müller, und Herr D. Martini haben mit guten Gründen erwiesen, daß dies kleine Spitzhorn eine eigne Gattung und von dem grossen Spitzhorn allerdings unterschieden sey. Es ist einmal wohl fünfmal kleiner als das grosse Spitzhorn, und gleichwohl hat es eine viel stärkere Schale als jenes hat. Dabey hat es zweytens allemal eine braune oder bräunliche Farbe, und diese Farbe hat es schon in seiner frühen Kindheit. Weisse Beyspiele, die man zuweilen findet, sind ausgebleicht und verkalcht. Diese Schale ist drittens die länge hinunter und die Queere hindurch auf das feinste gestreift, man muß aber besonders zu den Queerstrei-

fen

fen ein Vergrösserungsglas zu Hülfe nehmen. Ausgewachsene Exemplare haben viertens in der Mandöffnung eine oder zwey blutrothe Binden, die auch von Aussen zuweilen sichtbar sind, und die von dem blutrothen Safte des Thiers herrühren. Endlich fünftens ist dieses kleine Spitzhorn im Verhältniß seiner Grösse nicht so lang gedrehet, und sein Zopf ist weniger spitzig. Hingegen ist der untere Theil desselben nicht so breit, und die eyrunde Mündung, deren linke an den Bauch angelegte Lefze weiß ist, ist nicht so groß als die Mündung des grossen Spitzhorns. Geoffroy führet zwar auch diesen Grund an, daß sie niemals mehr als fünf Windungen habe, und setzet hinzu, Lister habe derselben sechs angegeben, und das habe vermuthlich dem Ritter Linne' die nächste Veranlassung gegeben, sie mit dem grossen Spitzhorn zu verwechseln. Da aber Geoffroy die länge des kleinen Spitzhorns nur auf $3\frac{1}{4}$ linien angiebt, so hatte er zuverlässig junge und unausgewachsene Beyspiele vor sich. Ausgewachsene Beyspiele sind bis 9. linien lang, und von diesen haben Lister, Gualtieri und Müller mit völligem Grunde bemerkt, daß sie sechs Windungen haben; so wie Herr Müller noch besonders anmerket, daß die junge Schale, so wie sie aus dem Ey kommt, nur $\frac{1}{2}$ linien lang sey, und nur zwey Windungen habe. Eben dieser grosse und aufmerksame Naturforscher fand auch einmal ein Beyspiel, das seine Jungen auf seiner äusern Schaale oder auf dem Rücken trug.

Das kleine Spitzhorn gehöret unter die gemeinern Flußconchylien. Lister fand es in England; Linne' in Schweden; Geoffroy bey Paris in Frankreich in Bächen und Teichen; Müller in Dänemark; Martini in der Churmark, nicht nur in Bächen und Teichen, sondern auch in Seen unter den andern Spitzhörnern. Meine Beyspiele, die ich blos der Güte meiner Freunde zuzuschreiben habe, denn in meinen Gegenden habe ich es nicht entdeckt, sind aus der Churmark, von Straßburg und von Hamburg. Martini versichert, daß der Bewohner des kleinen Spitzhorns von dem Bewohner des grossen nicht unterschieden sey.

CII.

Das weisse Buccinum von sehr zerbrechlicher Schale, Mart. *Helix fragilis, Linn. Tab. VII. fig. 8.*

Tab. VII. fig. 8.

Linne' *Animal. Suec. Acta Upsal. 1736. p. 41. n. 24. Cochlea testa alba pellucida acuminata, rictu obliquo.* Bonanni *Mus. Kircher. p. 475. Class. III. fig. 392. Buccinula leuissima, cuius testa exilis 7. spiris absoluitur, quarum prima valde ampla est, vltima vero acutissimum mucronem efformat. Color est offeus.* Linne' *Fauna 1746. p. 375. §. 1311. Cochlea testa producta acuminata pellucida, anfractibus senis, apertura ouato oblonga.* Lesser Testaceotheol. 1744. §. 58. *iiii.* S. 271. weisse Flußschnecken von sehr zarter zerbrechlicher Schale, deren Mund oben zu ist. Sie hat 7. Gewinde. *it. kkkk.* eine glatte goldgelbe Flußschnecke von zarter zerbrechlicher Schale, welche am obersten Gewinde rund um eine weisse Binde hat. Der Mund ist oben zu und innwendig glänzend weiß. Pontoppidan Naturh. von Dännem. S. 196. *Helix fragilis.* Linne' *Syst. Nat. ed. X. p. 774. Gen. 293. sp. 613. Helix fragilis testa imperforata ouato-subulata tereti pellucida apertura ouato oblonga. ed. XII. Gen. 325. sp. 704.* Müller Natursyst. Th. *VI.* S. 580.

S. 580. die Dünnschale. Martini Berl. Magaz. *IV*. B. S. 287. *n. 80. tab. 9. fig. 35.* Das weisse *Buccinum* von sehr zerbrechlicher Schale von 5. bis 6. Gewinden.

Wenn die Schriftsteller bey dieser Trompetenschnecke bald 5. bald 6. bald 7. Windungen angeben, so folgt nur daraus, daß sie die Conchylie in einem verschiednen Alter vor sich hatten. Ausgewachsene Beyspiele haben allemal sieben Gewinde. Wenn aber die angeführten Schriftsteller die Farbe dieser Schale bald weiß bald goldgelb mit einer weissen Binde nennen, so folgt daraus, daß sie in Rücksicht auf ihre Farbe in verschiedenen Abänderungen erscheine. Die Schale derselben ist so dünne, daß man sie ohne Gefahr fast nicht berühren kann. Mein Exemplar ist weiß mit einem wahren perlenmutterartigen Goldglanze und ganz durchsichtig. Es hat eine Länge von 11 Linien. Die erste grosse Windung ist länglich oval und ein wenig bauchig, die letzte Windung, es hat derselben sechs, endiget sich in eine scharfe Spitze, keine Windung aber ist scharf abgesetzt, sondern sie schliessen genau an einander an. Die Mundöffnung ist länglich oval, fast wie die Mündung der Kahnschnecke, (Helix putris Linn.) an der linken Seite, oder am Bauche liegt ein übergelegter Saum, der ohngefehr 1½ Linien betragen möchte. Ueberhaupt hat dieses Spitzhorn eine wahre Aehnlichkeit mit dem grossen Spitzhorn der süssen Wasser, (n. XCIX.) und auch beyde Bewohner sind sich ganz gleich; ich kann mich aber doch nicht überwinden dieses Spitzhorn von zerbrechlicher Schale für ein junges grosses Spitzhorn, oder für eine Abänderung desselben zu halten. Denn die gegebene Beschreibung lehret doch wahre Verschiedenheit, und die Schale ist für die Grösse eines Zolls so fein, die man an jungen grossen Spitzhörnern von eben der Grösse nicht so fein findet. Wenn Lesser sagt, ihr Mund sey oben zu, so meynet er vermuthlich den Deckel mit dem diese Trompetenschnecke ihre Mundöffnung verschliesset, von dem ich aber keine weitere Nachricht geben kann, oder er will damit sagen, daß keine Spur eines Nabels vorhanden sey.

Seba hat in seinem Thesauro P. III. tab. 39. fig. 43. eine Flußconchylie abgebildet, welche der unsrigen ziemlich ähnlich ist. Da er ihr *testam tenerrimam* beyleget, so ist es vermuthlich die gegenwärtige, und also auch in Holland zu Hause. Seine ganze Worte habe ich oben bey Num. XCIX. angeführet.

Linne' fand diese Conchylie in Schweden, und Pontoppidan in Dännemark. Herr D. Martini fand sie bey Berlin in stehenden Wassern und Gräben einzeln an dem Ranunculo fluitante, und sagt daß sie auch zu Frisac an der Gränze der Grafschaft Alt-Ruppin angetroffen werden. Mein Exemplar ist aus Straßburg.

CIII.

Tab. VII. fig. 7. Das braune Spitzhorn mit einer weissen Binde in den Gewinden, Schr. *Buccinum fuscum fascia alba anfractus transeunte. Tab. VII. fig. 7.*

Ich habe dieses Beyspiel unter dem Namen des kleinen Spitzhorns (CI.) erhalten, mit dem es auch eine so grosse Aehnlichkeit hat, daß ich es nur für eine Abänderung desselben halten kann. Aber der weisse Faden, der in dem Winkel aller Windungen bis zur Endspitze fortläuft, macht dieses Beyspiel wenigstens zu einer seltenen Abänderung, die einer besondern Anzeige und einer Abbildung nicht unwürdig war.

Das

Das abgezeichnete Beyspiel ist aus Dänemark, ein anderes, das wohl noch einmal so groß ist, und eine hornartige marmorirte Farbe hat, habe ich nach der Zeit, da meine Zeichnungen bereits vollendet waren, aus Straßburg erhalten.

CIV.

Das weisse gestreckte Spitzhorn von 5. Gewinden, Schr. *Buccinum mucrone valde elongato, colore albo. Tab. VII. fig. 6.* Tab. VII. fig. 6.

Diese kleine Schnecke unterscheidet sich von der vorhergehenden und dem kleinen Spitzhorn der süssen Wasser vorzüglich dadurch, daß die erste grosse Windung nicht aufgeblasen, sondern flach ist, daher ist die Mundöffnung zwar auch oval, aber viel enger. Die folgenden fünf Gewinde gehen in eine scharfe Spitze aus, und der Zopf ist also verlängert. Der ganze Bau hat dieser Trompete den Namen gegeben, den ich ihr beygelegt habe. Ihre Farbe ist ganz weiß, vielleicht verkalchet, und ihre Schale ist undurchsichtig. Ich habe diese Conchylie aus Hamburg erhalten.

CV

Die Flußtrompete mit aufgeblasener Windung, Schr. *Buccinum prima spira ventricosa mucrone breui. Tab. VII. fig. 5.* Tab. VII. fig. 5.

Wenn gleich die erste Windung an dieser Schnecke, wie an allen Trompeten, vorzüglich groß, und hier würklich zweymal so groß als der Zopf ist, so ist sie doch dabey vorzüglich dicke, und die drey folgenden Windungen bilden einen kurzen und stumpfen Zopf. Die Mundöffnung ist weit, und ganz mit einem schmalen Saum umgeben, der sich am Ende fast ganz unmerklich an den Bauch anlegt. Bey dem allen ist der Bau dieser Conchylie dennoch gestreckter, als num. CXVII. wo die Mundöffnung viel ausgeschweifter und ganz ohne Saum, die Schale aber fein und ganz durchsichtig ist. Die Farbe der gegenwärtigen kleinen Trompete ist weiß, die Schale verhältnißmässig stark, und ganz undurchsichtig. Ich habe sie unter andern Schnecken aus der Unstrut erhalten.

CVI.

Die dünnschalige Flußtrompete mit weiter Mündung und Einkerbungen in den Gewinden. *Buccinum exaratum, Müll.*

Müller *Hist. Verm. P. II. p. 148. n. 337. Buccinum exaratum, testa oblonga, acuminata, alba, sulcata; apertura repanda.* Dänisch Refle-Hornet.

Diese seltene Flußtrompete, die über zwey Zoll lang und 14 linien breit ist, befindet sich in dem grossen und ausgesuchten Kabinet des Herrn Kunstverwalter Spengler in Kopenhagen. Herr Etatsrath Müller legt ihr die größte Seltenheit bey; ich kann daher nichts thun als dessen Beschreibung wiederholen. Testa fragilis, pellucida, alba, immaculata, sulcis confertis exarata, costa seu carina anfractum cingente. Anfractus sex vel septem, minores glabri; iunctura crenulata est. Labrum acutum, subreflexum. Axis imperforatus, rectus.

CVII.

CVII.

Die Flußspindel, Müller. *Murex cariosus, Linn.*

Linne' *System. nat. ed. XII. Gen. 325. sp. 548. Murex cariosus.* Müller Naturs. Th. *VI.* S. 510. Die Flußspindel.

Auch diese Flußconchylie habe ich nie gesehen, und finde auch weiter keine Nachricht von derselben ausser im Linne'. Herr Alström fand sie in einer Wasserleitung bey Sevilen in Spanien, ihre Spitze war von den Würmern angefressen, und das gab dem Ritter zu einer freylich sehr schwankenden Benennung Anlaß. Er hat sie unter den Cadigeris muricibus, und also unter den eigentlichen Spindeln, und sagt gleichwohl, daß sie keine hervortretende Lefze habe, vielleicht war aber der Ausgang der Mundöffnung den sogenannten kurzen Spindeln ähnlich, denn sonst hat doch der Ritter in seinem System nicht ohne Gründe gehandelt. Die Grösse der Conchylie war der Grösse einer Bohne gleich, die Schale war aschgrau und durchsichtig, und ihrem Bau nach halbeyrund und zugespitzt.

CVIII.

Das eyrunde zartgestreifte Buccinum. *Buccinum minutissime striatum prima spira oblonga. Tab. min. A. fig. 7.*

Tab. min. A. fig. 7.

Gualtieri *Index testar. tab. 5. fig. N. N. Buccinum fluuiatile, testa tenui, fuscum, prima spira oblonga, mucrone breui, quatuor spiris.*

Dem ersten Anblick nach wird man unter dieser Trompete und unter der Kahnschnecke viele Aehnlichkeit finden, denn die überaus grosse erste Windung, und der darauf sitzende gar kleine Zopf ist gerade der Bau der Kahnschnecke. (Helix putris Linn.) Aber nicht zu gedenken, daß diese Schnecke nach des Gualtieri ausdrücklicher Aussage eine Flußschnecke ist, da die Kahnschnecke, oder wie sie auch sonst unrichtig heißt, die Amphibienschnecke, unter die Erdschnecken gehöret; (§. 98.) nicht zu gedenken, daß dieses zartgestreifte Buccinum grösser ist, als sonst die Kahnschnecken werden, so hat sonst diese Flußconchylie noch ihre entscheidenden Charactere. Sie ist 9 Linien lang und 5 Linien breit, ihre Schale ist dünne, aber die Länge herunter zart gestreift, die erste grosse länglich runde Windung ist die Länge herunter zart gestreift, die folgenden drey Windungen sind zwar gestreckt, aber nicht so schnell als bey der Kahnschnecke, sie nehmen vielmehr allmälig ab, wie bey den Trompeten, die Mundöffnung ist mehr rund als oval, und die ganze linke Seite ist gesäumt, und dieser Saum legt sich ohngefehr einer Linie breit über den Bauch hin. Gualtieri hat nicht angemerkt in welcher Weltgegend sich diese Conchylie in den süssen Wassern aufhält.

CIX.

Das bauchige gedruckte gestreifte Buccinum, Schr. *Buccinum striatum ventricosum. Tab. min. B. fig. 2.*

Tab. min. B. fig. 2.

Gualtieri *Ind. Testar. tab. 5. fig. Q. Buccinum fluuiatile striatum, ventricosum ponderosum, cinereum; labio interno tantillum reflexo, et linea alba notato, sex orbium.*

Wenn gleich die aschgraue Farbe diese Flußconchylie gerade nicht empfiehlt, so hat sie doch Vorzüge genug, die sie empfehlen können, und es ist schon dieses hinreichend, daß

daß sie, für die Flußconchylien gedacht, eine in der That ansehnliche Grösse erlangt. Sie ist beynahe zwey Zoll lang und 14. Linien breit. Sechs Windungen, wie Gualtieri sagt, oder sieben, wie die Abbildung lehret, machen die ganze Grösse des Baues aus. Die Schale ist dicke und gestreift. Die erste Windung ist so groß, als alle die folgenden, sie ist dabey sehr bauchigt und rund; die folgenden nehmen verhältnißmäßig ab, und sind so gebaut, daß sie unter einem gestreckten und unter einem stumpfen Zopfe gerade den Mittelpunct halten. Die Mundöffnung ist oval, und inwendig weiß gesäumt; auf der linken Seite aber schmal über den Bauch aufgelegt. Vom Nabel oder Spindelhöhlung siehet man nicht die geringste Spur, die übergeschlagene Lefze lehret aber, daß an jungen Schalen die Spindel so lange wenigstens halb geöffnet sey, bis nach völlig ausgewachsener Schale die Lefze dieselbe nach und nach ganz überdeckt. Der halbverdeckte Nabel, welchen Linne' mit dem Worte *subumbilicatus* ausdrückt, sollte daher bey Schnecken nie ein Gattungskennzeichen seyn, wie doch der Herr Ritter von Linne' gar zu oft gethan hat; es müste denn seyn, daß dieser Character bey allen Beyspielen einer und eben derselben Gattung, und auch dann, wenn sie ihre völlige Wachsthumsgrösse erreicht hat, beständig wäre. Ich gestehe es, ich habe dieses Kennzeichen ehedem bey den Erdschnecken selbst gebraucht, allein mehrere Kenntnisse und oft wiederholte Erfahrungen haben mich überzeugt, daß bey vielen Gattungen der Schnecken der Nabel halb offen ist, der sich nachher ganz verschließt, wenn die Conchylie ihre Mundöffnung, und mit dieser zugleich ihre Lefze in der Gegend des Nabels vergrössert, und daß man dann gar keine Spur eines ehemaligen Nabels findet, wenn die Conchylie ihre ganze Grösse erreicht hat.

CX.

Das lange zartgestreifte Spitzhorn, Schr. *Buccinum fluviatile minutissime striatum, primo orbe insigniter producto. Tab. min. A. fig. 5.* Tab. min. A. fig. 5.

Gualtieri *Ind. testar. tab. 6. fig. GG. Turbo fluviatilis, per longitudinem minutissime striatus, ore angusto integro, primo orbe insigniter producto, ex fusco nigricans, septem spiris finitus.*

Gleich beym ersten Anblick dieser Conchylie wird man das Unterscheidende von alle den vorhergehenden einsehen. Bey einer Grösse von zwey Zoll in der Länge ist es nur acht Linien in seinem grösten Umfange breit. Die Schale ist in die Länge herunter zart gestreift. Das erste Gewind ist gerade so lang als die folgenden alle, und doch dabey überaus schmal. Die folgenden nehmen verhältnißmäßig ab, und so verlängert sich der lange Zopf in eine scharfe Spitze. Die Windungen sind durch einen merklichen Einschnitt von einander deutlich unterschieden. Die Mundöffnung ist lang, aber eyförmig, gesäumt, doch also, daß sich der Saum an der linken Seite nur ganz unmerklich an den Bauch anlegt. Die Farbe dieser Conchylie ist schwarzbraun. Warum Gualtieri diese Conchylie unter s ine Schrauben setzt, da ihm doch die erste Windung, von der er selbst eingestehet, daß sie sehr lang sey, und die Beschaffenheit der Mundöffnung das Gegentheil lehren könnte? das kan ich nicht begreifen. Vermuthlich sahe er auf den langen schmalen Bau der Schale.

CXI.

Das queergestreifte in den Winkeln der Windungen gezähnelte Spitzhorn, Schr. *Buccinum torridum, Müll. Strombus lividus, Linn.*

Linne' *Syst. nat. ed. X. p. 746. Gen. 289. sp. 442? Strombus lividus testa turrita nodoso spinosa, labro antice soluto. ed. XII. Gen. 324. sp. 517.* Müller Natursyst. Th. *VI.* S. 491. Die Flügelnadel. Müller *Hist. Verm. P. II. p. 149. n. 338. Buccinum torridum testa elongata, fusca, transversim striata, anfractibus muricato dentatis.* Dänisch: Sveden-Hornet.

Diese Flußschnecke, so wie sie in dem Kabinet des Herrn Prof. Fabricius in Kopenhagen liegt, hat eine länge von 14½ linie, und ist 3½ linie breit. Die Farbe der Schale ist hellbraun und durchsichtig, und hat Queerstreifen. Acht bis neun Windungen machen das Ganze der Conchylie aus, und in dem Mittelpuncte jeder Windung zählet man zehen Erhabenheiten, oder Dornen, die aber an den Endspitzen mehrentheils abgebrochen sind. Die Mundöffnung ist weit, die äussere lippe scharf und ausgeschweift, die innere ist weiß und glänzend, und hat sich an den Bauch angelegt.

Herr Etatsrath Müller merket an, daß diese Trompete mit der Pabstkrone (n. XCVI.) und mit der queergestreiften Trompete mit geribbten Zopfe (n. XCVII.) eine Aehnlichkeit habe, und als eine Mittelgattung zwischen beyden anzusehen sey. Denn mit der einen, nemlich der Pabstkrone, habe sie die Mundöffnung, mit der andern aber die Windungsart gemein. Eben so sagt der gedachte grosse Naturforscher, daß die Beschreibung des Strombus lividus des Linne', die rostfärbigen Flecken ausgenommen, auf die gegenwärtige Conchylie passe, und wenn das ist, so gehören auch beyde als Abänderungen zusammen.

CXI. A.

Tab. IX. fig. 10. ### Das Midasohr. *Voluta auris Midae, Linn. Tab. IX. fig. 10.*

1) Das braune Midasohr. Rumph amboin. Raritätenk. holländ. *p. 107. n. 24. tab. 33. fig. H. H. Midas Ooren, is meds een Slykhoorn, met eenen langen smallen mond, over t' lyf zwart bruin: zy vallen in brakke slyk, en men heeft et groote en kleine.* deutsch S. 80. Das Midasohr. Es ist dieses eine Schlammschnecke mit einer langen schmalen Mündung, deren Körper eine schwarzbraune Farbe hat, und die in dem salzigten Schlamm gefunden wird. Es giebt davon grosse und kleine. Chemnitz Zusätze zum Rumph S. 76. Das Midasohr. Petiver *aquat. Amb. tab. 8. fig. 2. Midas-Ear.* Gualtieri *Index testar. tab. 55. fig. G. Strombus integer, ore fimbriato, laevis, ex candido-subroseo colore conspicuus, sed in extremitatibus ex livido albicans.* Hebenstreit *Museum Richter. p. 322. Buccinum auritum, fuscum. Auris Midae.* Das braune Buccinum mit ohrenförmiger Oeffnung. Das Midasohr. Lesser Testaceotheol. 1744. §. 58. *rrrr.* ein castanienbraunes Rinkhorn, dessen erstes Gewinde lang und dickbäuchig, die andern aber kurz und spitzig sind. Der Mund ist inwendig weiß, und hat wunderliche Zähne. Sie wird das Midasohr genennt. Klein *Method. Ostracol. p. 37. §. 96. II. 1. tab. 7. fig. 122. Auris midae ore dentato incarnata; in ventre rugosa; in mucrone ex fasciis adstrictis turbinata, livida*

et

et granulata. Midas Oor. Argenville Conchyliol. *tab. 10. fig. G.* deutsch S. 178. 186. *Auris Midae crassa, columnella dentata. — Auris Midae, colore Achatae.* Das Midasohr mit gezähnter Spindel und noch mit seinem Ueberzug. — Das künstlich abgeschliffene und achatfarbige Midasohr. — Das mit *G.* bezeichnete Rinkhorn wird das Midasohr genennet. Seine Farbe ist ganz braun, wenn es aus dem Meer kommt, es spielt aber in das achatfarbige, wenn es entkleidet ist, wie man es hier siehet. Man bemerkt daran die Dicke und die zwey Säume unten an der Mündung, die sich der Gestalt eines Ohrs nähert. Seba *Thesaur. Tom. III. tab. 71. fig. 21. 22. Auricula Midae, eo quod oris apertura asininam aurem refert. Nec alia de ratione tanquam rara existimatur. Forma non admodum elegans est, color lividus, oris fimbria in ambitu laevis.* Linne' *Mus. Reg. Lud. Vlr. p. 589. n. 226. Bulla auris Midae.* Linne' *Syst. nat. ed. X. p. 728. Gen. 286. sp. 344. Bulla auris Midae, testa ovali oblonga, spira rugosa, columella bidentata. ed. XII. Gen. 322. sp. 392. Voluta auris Midae, testa coarctata ovali etc.* Müller Natursyst. Th. *VI.* S. 416. das Midasohr. Knorr Vergnüg. Th. *VI. tab. 25. fig. 1.* das Midasohr, holl. *Midas-Oor.* franz. *Oreille de Midas.* Martini neues systemat. Conchylienk. Th. *II.* S. 121. f. *tab. 43. fig. 436. 437. 438.* das grosse braune Midasohr. Meuschen *Mus. Leers. p. 30. n. 241. fraaye gekartelde bruinkleurige Midas-Ooren. Oreilles de Midas de couleur brune.*

2) Das dreyzähnigte braune, oder weisse, oder braungeflammte Midasohr. Lister *Histor. Conchylior. tab. 32. fig. 30. Buccinum quatuor orbium, valde crassum et ponderosum, 2. dentibus ad columellam, ore admodum longo et angusto.* Bonanni *Mus. Kircher. p. 476. Class. III. fig. 412. Turbo labrosus, ore valde longo et crassis labris munito. Binos insuper habet dentes, et post primum orbem, quo constat, tribus aliis adeo brevibus terminatur, vt quartam ejus partem vix omnes simul adaequent. Totus est albus et valde ponderosus.* Rumph amboinische Raritätenk. holländ. *p. 120. Cap. 25. n. XII. Cylinder lutarius, Slykrolle, dit is een byzonder fatzoen, nit een Buccinum en een Rolle gemeent, 4. duimen lang, en ruim 2. vingeren breed, van Koleur aardverwig, in den mond Oranje, met eenen dikken lip.* deutsch S. 100. *n. XII. Cylinder lutarius,* oder die Schlammrolle, holländisch: *Slykrolle.* Diese hat eine besondere, und aus einem Rinkhorn und einer ordentlichen Rolle zusammengesetzte Structur, ist vier Zoll lang, und über zwey Finger breit. Sie ist von aussen erdfärbig, und hat eine oraniengelbe Mündung mit einer dicken Lefze. Davila *Catal. system. Tom. I. p. 133. Petite oreille de Midas blanche à bouche garnie de deux dents et à quatre orbes.* Meuschen *Museum Chaisian. p. 23. n. 245. Witte Mydas-Ooren. Oreilles de Midas orient. depouillées de leur robe.* Martini syst. Conchyl. Kab. Th. *II.* S. 128. *tab. 44. fig. 449-451.* Das dreyzähnige braune oder weisse Midasohr. Linne' *Syst. nat. ll. cc. Bulla seu Voluta auris midae.*

Hoffentlich wird es niemand befremden, hier unter den Flußconchylien das Midasohr anzutreffen, wenn er nur diese Schale kennt, und mit den weit schönern Schalen der See vergleichen kan. Wer das nicht kan, dem wird, wie ich glaube, folgendes genugthun. Von dem braunen Midasohr sagt Rumph ausdrücklich, daß es sich in salzigen **Morästen** aufhalte, es hat also mit der Kothschnecke (n. LXII.) ein gleiches Recht unter den Flußconchylien zu stehen: und von dem dreyzähnigten **Midasohr** sagt **Rumph** ausdrücklich: „**Man findet sie in den morastigen Zagu Wäldern von Ceram, oder auch in morastigen Flüssen, daher man sie nicht unter die Seeschnecken rechnen kan.**„ Noch ein Zeuge. **Linne'**, der in der zehnten Ausgabe seines Natursystems noch nicht wuste, wohin er diese Conchylie ihrer Wohnung nach setzen sollte, denn er sagt blos: habitat — setzet sie in der zwölften Ausgabe ausdrücklich unter die Flußconchylien, wo er sagt: *Habitat in Indiae orientalis paludibus.*

Wenn wir bey den **Midasohren** blos auf ihren äussern Bau sehen, so zeigen sich dieselben in verschiedenen Abänderungen, die Herr D. **Martini** am angeführten Orte seines neuen systematischen Conchylienkabinets ziemlich vollständig gesammlet hat. Zwey unterdessen kan man unter ihnen als die vorzüglichsten betrachten, und von diesen habe ich die Namen und Gedanken der Schriftsteller gesammlet, und diese will ich hier beschreiben.

Das braune Midasohr empfiehlet sich sonderlich durch seine ansehnliche Grösse, die zuweilen vier Zoll übersteigt. Es hat dabey einen schmalen Bau, und das mochte wohl die nähere Veranlassung seyn, warum es **Rumph** unter die Voluten setzte, wo es beym **Linne'** noch stehet, der es erst unter den **Bullen** hatte. **Argenville** setzte es unter die **Rinkhörner**, und darunter gehöret es seiner ersten grossen Windung nach allerdings, man müste denn, wie **Martini** gethan hat, aus ihnen eine eigne Gattung machen wollen. Die Farbe des **Midasohr** ist allemal braun, wenn daher **Gualtieri** das seinige von einer weissen und rosenroth melirten Farbe beschreibet, und **Argenville** das seinige achatfarbig nennet, so reden sie beyde von abgeschliffenen Exemplaren, welches auch **Argenville** von dem seinigen ausdrücklich eingestehet. Diese braune Schale ist sehr dicke und schwer, und in die Länge herab gestreift, doch sollte man diese Streifen lieber Runzeln nennen, daher auch die Schale ein ganz unansehnliches Ansehen hat. Die Figur ist ziemlich walzenförmig, sechs bis neun Windungen machen den ganzen Bau dieser Conchylie aus, unter welchen die erste überaus groß, und wohl dreymal so groß ist, als alle die übrigen Windungen. Wo sich die Windungen endigen, da sind sie gekörnt, und weil die langen Streifen durch Querstreifen durchschnitten werden, so sind die obern Windungen durchgängig gegittert. Wenn diese obern Windungen noch unverletzt sind, so sind sie ebenfalls braun, sie erscheinen aber auch zuweilen abgerieben, weiß oder bläulich. An der Fläche, worauf sie liegen, sind sie, besonders oberwärts, stark eingedrückt, und mit einer langen schmalen oder engen Mundöffnung versehen. Man hat sich diese Mündung als ein Ohr gedacht, **Seba** gar als ein **Eselsohr**, und das hat die nähere Veranlassung gegeben, diese Schnecke das **Midasohr** zu nennen, ein Name, den ihr beynahe alle Conchyliologen gelassen haben. Gewiß in der Conchyliologie ein sehr seltener Fall. Die äussere Lippe hat einen dicken breiten fleischfarbigen Saum, der oben in einem engen Bogen fortläuft, die innre Lefze aber hat zwey starke Falten oder Zähne, und diese ziehet sich in Form eines scharfen, schmälichten Randes bis an das unterste schmale Ende der Mündung herab. Unter allen Schriftstellern hat **Martini** das Midasohr am sorgfältigsten und genausten beschrieben, ausser daß er die beyden

beyden in der That verschiedenen Midasohren des Rumphs durchgängig verwechselt hat.

Wenn Herrn Professor Müller zu trauen wäre, bey dem, was er in seinem Commentar zu den Knorrischen Vergnügen sagt, so hätte man auch linksgewundene Midasohren, man lese aber darüber die richtigern Gedanken des Herrn Pastor Chemnitz im VIII. Stück des Naturforschers S. 168. nach, der dieses nur von den Bastartmidasohren zu behaupten scheinet. Daß übrigens die Midasohren wahre Seltenheiten für Kabinette sind, und in einem grossen Werthe stehen, ist daher deutlich, daß in der Leersischen Auction ein Paar derselben mit 14. holländischen Gulden sind bezahlt worden.

Das dreyzähnigte braune oder weisse oder braungeflammte Midasohr ist von dem vorhergehenden in allen Umständen unterschieden. Ich habe davon Tab. IX. fig. 10. eine Zeichnung vorgeleget, die ich in meiner eignen Sammlung aufhebe. Den Hauptbau haben sie mit den vorhergehenden gemein, ausser daß sie sichtbar schmäler sind, und nie zu der Grösse der vorhergehenden steigen. Das ist Rumphs Cylinder Intarius. Die Schale ist ebenfalls stark, vier bis sechs Windungen machen ihren ganzen Bau aus. Sie haben ebenfalls die länge herablaufende Streifen, die aber durch körnigte Queerstreifen durchschnitten werden, eine Erscheinung, die an dem braunen Midasohr gänzlich fehlet. Der Saum ist im Verhältniß ihrer Grösse so stark und breit, als an den grossen Midasohren, und legt sich an der innern Lefze ziemlich weit in Form einer dicken Platte über den Bauch der Schale. Die Mundöffnung ist gezahnt. Die Schriftsteller legen dieser Schnecke zwey Zähne bey, allein Herr D. Martini hat angemerkt, daß er an seinem Exemplare drey Zähne zehle, und eben so viele erblicke ich auch an dem meinigen, wo sich aber der dritte Zahn in einem stumpfen Knoten endiget. Vielleicht entstehet die Irrung, wie Martini sagt, daher, weil der mittlere Zahn durch seine vorzügliche Höhe den obern weit flachern gleichsam zu verbergen scheinet. Der Farbe nach sind diese kleinern Midasohren entweder weiß oder braun, das meinige hat auf einem weissen Grunde braune die länge herablaufende etwas geschlängelte Striche, ich vermuthe aber nicht, daß dies Exemplar abgerieben sey, weil sich an denselben die körnigten Queerstreifen so gut erhalten haben.

Wenn gleich diese kleinern Midasohren den Werth der grössern nicht haben, so sind doch in der Chaisianischen Versteigerung in Holland zwey weisse Midasohren mit sieben holländischen Gulden bezahlt worden.

CXII.

Das schmutzig weisse Spitzhorn, dessen erste Windung aufgeblasen ist, Schr. *Buccinum albo-cinereum prima spira subglobosa. Tab. VII. fig. 11.* Tab. VII. fig. 11.

Mit dem kleinen Spitzhorn der süssen Wasser (n. CI.) hat diese Schnecke, die ich aus Hamburg erhalten habe, eine überaus grosse Aehnlichkeit, aber auch manches Unterscheidendes, das mich zurückhält, beyde für blosse Abänderungen oder Spielarten zu halten. Die ganze Schnecke hat acht Windungen, die erste Windung aber ist nicht nur kürzer, sondern auch bauchiger als bey dem kleinen Spitzhorn, und eben das muß man von der zweyten und dritten Windung sagen. Die folgenden vier sind sehr gedrängt, sie

sie endigen sich aber in eine scharfe Spitze. Die Mundöffnung ist länglich, aber weiter und mehr oval, als bey dem kleinen Spitzhorn. Die rechte Lefze der Lippe ist ganz ohne Saum und sehr scharf, an der linken aber ist der Saum ausgedehnter, er schlägt sich so an den Bauch an, daß er den Nabel nur halbverdeckt, ein Umstand, der aber auch nur zufällig seyn kan.

CXIII.

Tab. VII. fig. 12. **Das bauchige Buccinum mit kurzem spitzigen Zopfe, Schr.** *Buccinum subglobosum mucrone brevi acuminato. Tab. VII. fig. 12.*

Vier bis fünf Windungen sind es, welche diese Trompete überhaupt hat. Die erste Windung ist groß, länglich oval und bauchigt; die folgenden drey Windungen sind kurz, sie endigen sich aber in eine scharfe Spitze. Die Mündung ist oval, und an der rechten Lippe, welche scharf und ganz ohne Saum ist, ausgeschweift, die linke Lippe hat einen übergeschlagenen Saum, der aber sehr klein ist, und sich in einem kurzen und schmalen dünnen Blättchen über den Bauch hinlegt. Die Farbe ist gelbweiß, spielet aber ein wenig in das Rothe. Ich habe diese Trompete in dem einen der Canäle gefunden, welche durch die hiesige Stadt gehen. Mit der Ohrschnecke, (n. LXXXI.) sonderlich mit derjenigen Abänderung, welche länglich und ausgedehnter ist, als die Ohrschnecken sonst zu seyn pflegen, hat die gegenwärtige Trompetenschnecke eine grosse Aehnlichkeit. Beyde aber unterscheidet

1) **die Schale.** Zur Ohrschnecke sind die erste Windung und die Mundöffnung nicht ausgeschweift genug, sondern sie ist hier länger, als sie bey der Ohrschnecke zu seyn pflegt. Sie hat mehr Windungen als die Ohrschnecke, da sie an ausgewachsenen Beyspielen derselben fünfe hat. Die Windungen sind endlich auch gerade also gestreckt, wie sie bey den Trompeten zu seyn pflegen.

2) **der Bewohner.** Ich habe schon oben (§. 105.) davon das nöthigste gesagt, hier merke ich nur zweyerley zur Bestätigung meiner Behauptung an. Die Fühlhörner sind oben viel spitziger und unten schmäler als bey der Ohrschnecke. Die Augen sind viel grösser, die man auch an den kleinsten Beyspielen sogleich erkennen kan, die man an der Ohrschnecke schwerer findet. Sie sitzen auch ganz am Ende der Fühlhörner an der Stirn.

CXIV.

Tab. VII. fig. 13. **Die kleine schwarze Flußtrompete von fünf bis sechs Gewinden, Schr.** *Buccinum truncatulum, Müll. Tab. VII. fig. 13.*

Müller *Histor. Verm. P. II. p. 130. n. 325. Buccinum truncatulum testa ovato-oblonga, anfractibus detruncatis, apertura ovata.* **Dänisch** Stump-Hornet.

Diese Trompete gehöret unter die kleinsten Gattungen unter dem Geschlecht der Trompeten, die ich je gesehen habe; denn ihre höchste Länge ist fünf Linien, und ihre gröste Breite drey, vielfältig aber wird sie kleiner gefunden. Schwarzbraun oder auch würklich schwarz ist ihre Farbe, und die dünne Schale ist nur halb durchsichtig. Dies rühret offenbar von der Farbe ihres Oberrockes her, denn so bald man diese durch das Scheidewasser behutsam abziehet, so wird die Schale weißgelb und ganz durchsichtig. Fünf

bis

bis sechs Windungen hat die ganze Schale, und wenn man die eine Windung gegen die folgende nach der Endspitze zu betrachtet, so scheinet es, als wenn jede Windung abgestumpft wäre, und das gab dem Herrn Etatsrath Müller, der sie durch mich erhalten hat, die Veranlassung, ihr den Namen zu geben, den sie bey ihm führt. Eben darum befindet sich auch zwischen jeder Windung eine tiefe Furche, welche die eine Windung von der andern so zu sagen abschneidet. Die Mundöffnung ist eyrund, alle haben einen halboffnen Nabel, daher die Lippe, die sich an den Bauch geleget hat, oder der Saum überaus schmal ist. An einigen Beyspielen sehe ich die rechte scharfe Lippe etwa $\frac{1}{4}$ Linie breit weiß gefärbt; allein das ist weder Saum noch Einfassung, sondern jähriger Ansatz, der seine eigne Farbe noch nicht erlangt hat.

Ich habe diese Trompetenschnecke ehedem bey **Thangelstedt** gefunden, sie hielt sich in einem Graben stillstehenden Wassers in so unglaublicher Menge auf, daß bey hellem Wasser das Bette des Grabens ganz schwarz war. Dieser Graben wurde erst einige Jahre vorher, ehe ich diese Schnecken darinne fand, aufgeworfen, und hatte gar keinen Zugang von einem Flusse; **woher ist die erste Brut in diesen Graben gekommen, von einer Conchylie, die ich in der ganzen Gegend weiter gar nicht entdeckt habe?** Im Junius oder längstens zu Ende des Julius trocknete dieser Graben alle Jahr aus, besonders in dürren Sommern, und gleichwohl fand ich diese Schnecke mit ihrem lebenden Bewohner alle Frühjahr, wenn der Schnee zerschmolzen war; **wie erhält sich diese Conchylie ohne ihrem Element, und wie erhielt sich die Brut?** Ich gestehe es, diese Fragen getraue ich mir nicht zu beantworten.

CXV.

Die kleine cylindrische Trompete, Schr. *Nerita minuta, Müll. Tab. VII. fig. 14. a. b.* Tab. VII. fig. 14. a. b.

Müller *Hist. Verm. P. II. p. 179. n. 365. Nerita testa cylindracea apertura ovali.* **Dänisch** Lille-Neriten.

Diese kleine Flußtrompete, die nur $1\frac{1}{4}$ Linie lang wird, hat fast einen cylindrischen Bau, nur drey Windungen und eine stumpfe Endspitze, unter denen die erste Windung noch einmal so groß als die folgende ist. Die Mundöffnung ist oval. Ich habe diese Trompete bey **Thangelstedt** und bey **Weimar** der **Farbe** nach in einer **dreyfachen** Abwechselung gefunden. **Einige** hatten eine weisse Farbe, die in das grünliche spielt, die aber der Schale nicht natürlich zu seyn scheinet, weil sie sich leicht abreiben läßt; **andere**, die besonders bey den vorherbeschriebenen lagen, sind schwarz, und die ich bey **Weimar** gefunden habe, waren hornfarbig und ganz durchsichtig. Dem Bau nach sind sie gar nicht unterschieden. Der Bewohner, den ich oben (§. 105.) beschrieben habe, thut es auf das deutlichste dar, daß diese Schnecke nicht unter die Neriten des Herrn Etatsrath **Müller** gehöre, und daß wir also sicherer gehen, wenn wir unsre Eintheilung auf den äussern Bau der Schale gründen.

CXVI.

Tab. VII. fig. 15. **Die hornfarbige cylindrische Trompete, Schr.** *Buccinum glabrum, Müll. Tab. VII. fig. 15.*

Müller *Hist. Verm. P. II. p. 135. n. 328. Buccinum glabrum, testa cylindracea acuminata cornea; apertura ovata.* Dänisch *Glat-Hornet.*

Diese kleine Schale ist nicht über fünf Linien lang, und $1\frac{1}{2}$ Linie breit, folglich würklich cylindrisch gebauet. Sie hat eine braune dünne und durchsichtige Schale, die Windungen nehmen sehr unmerklich ab, endigen sich aber in eine Spitze. Sie hat fast acht Gewinde, und diese sind rund. Nahe an der Mundöffnung siehet man ein schwarzes durchsichtiges netzartiges Band. Die Mundöffnung ist beynahe eyförmig. In feuchten Wiesen, in stehenden Tümpfeln wird diese Schnecke, doch selten gefunden.

So beschreibet der Herr Etatsrath **Müller** sein Buccinum glabrum. Aus Straßburg habe ich eine Conchylie erhalten, welche dieser sehr ähnlich ist, und das ist eben diejenige, welche ich auf der siebenten Kupfertafel fig. 15. habe abzeichnen lassen. Sie ist weniger cylindrisch, hat nur sechs Windungen, ihr fehlet das netzartige Band; die Farbe, den Bau der Windungen, und die Mundöffnung hat sie mit der vorhergehenden gemein. Ich darf sie also für eine Abänderung der vorigen Gattung halten. In Straßburg scheinet sie eben nicht selten zu seyn, weil mir der Herr Professor **Hermann** davon fünf Beyspiele übersendet hat.

CXVII.

Tab. VII. fig. 16. **Das weisse bauchigte Buccinum von vier Gewinden und ausgeschweifter weiten Mündung, Schr.** *Buccinum pellucidum anfractuum 4. ore amplo. Tab. VII. fig. 16.*

Sechs bis sieben Linien ist die Länge dieser Trompete, und drey Linien ihre Breite. Die erste Windung ist grösser als die folgenden alle, und in ihrem Mittelpuncte ist dieselbe überaus bauchigt. Die folgenden drey oder vier Windungen sind an manchen Beyspielen enger zusammengedrängt, bey andern weiter ausgedehnt, sie endigen sich aber in beyden Fällen in eine scharfe Spitze. Die Mundöffnung ist länglich oval, die äusserste Lefze tritt, wie bey dem grossen **Spitzhorn der süssen Wasser** (n. XCIX.) hervor, durchschneidet aber einen völligen halben Cirkel. An der linken Seite legt sich die Lefze in einem dünnen schmalen Blättchen an den Bauch, und nur zuweilen, und vielleicht an unausgewachsenen Beyspielen, siehet man eine geringe Spur vom Nabelloche. Die Schale ist weiß, dünne und durchsichtig, und an guten Beyspielen glänzend. Aus Cahla habe ich diese Trompete von meinem verklärten Freunde, dem Herrn Hofrath **Günther**, zahlreich erhalten. Bey **Thangelstedt** habe ich sie sparsamer in einem kleinen aufgeworfenen Graben, der also ein stehendes Wasser hatte, gefunden. In diesem Graben hatte ich sie einige Jahre zuvor, ehe ich sie entdeckte, ganz vergebens gesucht. Den Bewohner habe ich oben beschrieben.

CXVIII.

Das kleine weisse undurchsichtige Spitzhorn, Schr. *Buccinum album opacum ore angustiore. Tab. VII. fig. 17.* Tab. VII. fig. 17.

Die Stärke der Schale und die engere eyförmige Windung unterscheiden diese Trompetenschnecke von allen ihren Vorgängern und Nachfolgern. Sie hat fünf Windungen. Die erste ist eine Linie grösser als die folgenden alle, zwar nicht schmal, aber auch nicht bauchig, die folgenden Windungen setzen wie eine Schraube scharf ab, und endigen sich in eine scharfe Spitze. Die Mündung ist länglich oval, aber enge. Die äussere Lefze ist scharf, aber nicht hervortretend, die innere macht einen kleinen Saum, und bildet in der Gegend des Nabellochs eine unmerkliche Vertiefung. Alles dieses unterscheidet diese Trompete von einer Abänderung, die ich vorher (Num. CXVI.) beschrieben habe. Die Schale ist, nach der Grösse der Conchylie betrachtet, ziemlich stark, schmutzig weiß, und undurchsichtig. Ich habe sie aus Hamburg erhalten.

CXIX.

Die kleinste weisse Trompete mit runder Mündung, Schr. *Buccinum trochiforme. Tab. VII. fig. 18. a. b.* Tab. VII. fig. 18. a. b.

Die gegenwärtige Trompete ist eine der kleinsten Conchylien der süssen Wasser, die aber in ihrem Bau viel Eignes hat. Sie ist der natürlichste Uebergang auf die Schrauben, ihr erstes grosses Gewind aber giebt ihr ein Recht auf die Trompeten. Sie ist kaum 1½ Linien lang, und ihr Bau ist dem Bau der Kräuselschnecken ähnlich. Die erste Windung ist viel grösser als die folgenden alle, aber nicht verlängert, sondern rund und dicke; die folgenden zwey Windungen sitzen gerade im Mittelpuncte der ersten wie aufgepfropft, und sind stumpf. Die Mundöffnung ist rund, und die Schnecke halb genabelt. Ich habe sie im Muschelsande calcinirt gefunden, und kann daher den eigentlichen Ort ihrer Herkunft nicht angeben. Tab. VII. fig. 18. b. habe ich diese Conchylie vergrössert, a. aber in ihrer natürlichen Grösse abbilden lassen.

CXX.

Der Thürhüter. Die kleine bedeckte Wasserschnecke, Mart. *Helix tentaculata, Linn. Nerita iaculator, Müll. Tab. VII. fig. 19-21.* Tab. VII. fig. 19-21.

Rondeletius *Aquatilium hist. P. II. Cap. 42. p. 244. fig. 1. 2. Cochleae fluviatiles.* Geßner *Histor. animal. Lib. IV. p. 289. ed. Tig.* Lister *Hist. animal. Angl. p. 135. tit. 19. tab. 2. fig. 19. Cochlea parua, subflaua, intra quinque spiras finita.* Lister *Hist. Conchyl. tab. 132. fig. 32. Cochlea parua, pellucida, operculo testaceo cochleatoque clausa.* Eine sehr unzuverlässige Abbildung, die ich nimmermehr für den Thürhüter halten würde, wo sich nicht die Schriftsteller darauf einstimmig beriefen, und der schaligte Deckel, darauf sich Lister beruft, dieses Verfahren rechtfertigte und die Sache wahrscheinlich machte. Linne' *Animal. Suec. Act. Vpsal. p. 41. n. 16. Cochlea palustris, testae hiatu rotundo, contracto, spiris laxis.* Gualtieri *Ind testar tab 5 fig. B. Buccinum fluuiatile paruum, subflauum, lineis transuersis vndique signatum, quatuor spiris finitum.* Linne' *Faun. Suec. 1746. p. 376. n. 1313. Cochlea testa oblonga obtusa, anfractibus quatuor laxis cinereis, opacis, apertura subouata.* Schlotter:

beck *Acta Heluet. Vol. V. p. 281. n. 2. tab. 3. fig. 19. 20. Turbo fluuiatilis minor operculatus*, JANITOR *dicendus*. Geofroy Conchyl. um Paris, deutsch S. 100. *Cochlea operculata minor. La petite Operculée.* Linne' *Syst. nat. ed. X. p. 774. Gen. 293. sp. 616. Helix tentaculata testa imperforata ouata obtusa impura, apertura subouata. ed. XII. Gen. 328. sp. 707.* Müller Natursyst. Th. *VI.* S. 581. Der Hörnerschnirkel. Martini Berl. Mag. *IV* B. S. 243. *n. 56. tab. 7. fig. 17.* Die kleine bedeckte Wasserschnecke. Der Thürhüter. Die kleine gelbbraune Deckelschnecke mit fünf Gewinden. Müller *Hist. Verm. P. II. p. 185. n. 372. Nerita iaculator testa oblonga cornea, vertice acuto.* Dänisch Söe-Neriten. Bombe-Kasteren.

Die Schriftsteller geben die länge dieser Schnecke sehr verschieden an; Müller 4½ linien, Geofroy 5½ linien, ich habe mein gröstes Exemplar nicht über 5. linien befunden. Bey der Beurtheilung der Farbe muß man sich an gute frische Beyspiele halten. Man findet diesen Thürhüter oft an den Ufern ausgebleicht, und da ist seine Farbe kalchicht weiß, und die Schale undurchsichtig; oder erdfarbig, schmutzig braun u. d. g. Eben so oft ist die Schale mit Schlamm überzogen, und wird dadurch unansehnlich und höckerigt. Die ächten Beyspiele sind entweder hornfarbig oder gelblich, oder seltener weiß wie Porcellain und glänzend. Die Schale ist allemal durchsichtig, im letztern Falle aber am durchsichtigsten und überaus dünne und zerbrechlich. Das ist nicht etwa eine Erscheinung für junge und unausgewachsene Schalen, die bisweilen also erscheinen, sondern ich urtheile hier nach einem Beyspiel aus Hamburg von 5. linien, welches also seine völlige Wachsthumsgrösse erreicht hat. Wenn noch der Bewohner in der Schale liegt, oder darinne gestorben ist, ohne herausgezogen zu werden, so ist die Schale weiß und schwarz gefleckt.

Der Bau der Schale ist eyförmig, und verlängert sich in eine stumpfe Spitze. Gemeiniglich hat die Schale fünf Windungen, Herr Etatsrath Müller aber hat an einigen Beyspielen sechs Windungen gezehlet. Die ganze Schale ist einfärbig und glatt, doch hat Herr Müller auch eine seltene Abänderung gefunden, wo weisse Queerbänder über die Schale hinwegliefen. Das erste Gewind ist mehr als noch einmal so groß als das folgende, und bauchigt, und eben also sind die übrigen Windungen, die zwey letzten ausgenommen, merklich aufgeblasen; daraus folgt natürlich, daß sich zwischen jeder Windung ein tiefer Winkel befinde, welcher der Grösse der Conchylie angemessen ist. Die Mundöffnung ist eyrund, beyde lippen sind scharf und ungesäumt, sie fassen aber die ganze Mündung ein, und folglich legt sich kein Blatt an den Bauch an, welches doch sonst bey dem Geschlecht der Trompeten eine ganz gewöhnliche Erscheinung ist. Man siehet an keinen, auch nicht an den jüngsten Beyspielen, nur irgend eine Spur eines Nabellochs, wohl aber an manchen Beyspielen einen kleinen Winkel in der Gegend des Nabels.

Des Deckels dieser Conchylie gedenken zwar alle Schriftsteller, ich kann aber keinem einzigen unter ihnen das Zeugniß geben, daß er ihn deutlich und bestimmt genug beschrieben habe. Eine lücke also, die ich ausfüllen muß. Dieser Deckel ist an dem einen meiner Beyspiele hornfarbig, an dem andern weiß, gegen das licht sind beyde durchsichtig, aber trübe. Er schliesset die Mundöffnung ganz zu, ist daher mehr rund als

als oval, und endiget sich oben, weil die Mündung einen Winkel bildet, in eine doch nicht gar zu sehr hervorragende und merkliche Spitze. Seine äussere Fläche ist im Mittelpuncte etwas vertieft, und bestehet aus lauter concentrischen Cirkeln, diese Cirkel erkennet man blos durch das Vergrösserungsglas. Unterdessen sind die Cirkel des Mittelpuncts, der die Grösse eines kleinen Nadelkopfs hat, auch dem blossen Auge sichtbar. Auf der innern Seite, wo der Deckel an der Fußsohle des Thiers befestiget ist, ist der Deckel convex erhöhet, und diese Erhöhung betrift den ganzen Deckel, ausgenommen einen schmalen erhöheten Rand oder Wulst, der die grössere Hälfte des Deckels umschliesset, und an Farbe viel weisser als das Uebrige des Deckels ist. Ich habe Tab. VII. fig. 22. b. eine Abbildung von diesem Deckel gegeben.

Linne' sahe vermuthlich auf die überaus feinen und dünnen Fühlhörner dieses Thiers, da er es Helix tentaculata, welches **Müller** durch Hörnerschnirkel schlecht genug übersetzt, nannte: und **Schlotterbeck** nannte diese Schale *Janitorem*, den **Thürhüter**, weil das Thier, wenn es seinen Deckel öffnen, und aus der Schale hervorgehen will, mit vieler Behutsamkeit damit verfähret, und bey dem geringsten Geräusche in seine Schale zurückgehet und sie fest verschliesset. Herr Etatsrath **Müller** verwirft beyde Benennungen nicht ohne hinlänglichen Grund. Wir haben mehr Flußschnecken mit dünnen fadenähnlichen Fühlhörnern; und mehrere, die ihr Gehäuse mit einiger Furcht und unter grosser Behutsamkeit öffnen. Und weil wir auch mehrere kleine Flußschnecken mit Deckeln haben, so ist der Name des Herrn **Geofroy**, Cochlea operculata minor, welches **Martini** die **kleine bedeckte Wasserschnecke** übersetzt, ebenfalls nicht adäquat. Herr Etatsrath **Müller** nennet diese Schnecke *Jaculatorem*. Folgende Erscheinung bewog ihn dazu. **Eins dieser Thiere, das er in einem Glase aufbewahrte, satzte sich an die Wand desselben, und öffnete seinen Mantel so weit, daß er mit seinem Auge in das Innre des Thiers eindringen konnte; er sahe nun, daß das Thier von Zeit zu Zeit kleine Kügelchen auswarf, die sich endlich in einen länglichen Körper verwandelten.** Was diese Körper wohl seyn möchten, war Herrn **Müller** Geheimniß, eine Beobachtung des **Schwammerdams** aber brachte ihn auf die Vermuthung, daß es wohl kleine Würmer seyn möchten. Daß ich an dem Thier der **grossen bauchigen Teichmuschel** (Mytilus cygneus n. IV.) eine gleiche Beobachtung gemacht habe, das wird meinen Lesern aus dem vorhergehenden (§. 84.) bekannt seyn. Ich gestehe aber aufrichtig, daß ich jene Körper nicht aufmerksam genug untersucht habe, die ich bey vielen andern gleichen Muschelthieren nie wieder gesehen, aber für einen blossen Unrath gehalten habe. Und wer weiß, ob es nicht bey dem Thier des **Thürhüters** ein Gleiches war?

Dieser **Thürhüter** ist eine der gemeinsten Flußconchylien, die ich aber bey **Weimar** und **Thangelstedt** vergebens gesucht habe. **Lister** fand ihn in **England**, **Linne'** in **Schweden**, **Müller** in **Dännemark**, **Schlotterbeck** bey **Eßlingen** in einem Graben, **Schelz Wasen** genannt, wo er in Wassermoos eingehüllet war; und **Martini** sagt: in stehenden Wassern, in Seen, Sümpfen und fast in allen Flüssen und Gräben ist diese Schnecke anzutreffen. Ich habe die Schale bey **Berlin** und in **Thüringen** an keinem Ufer vergeblich gesucht. Ausser den angeführten Ländern und Gegenden kann ich noch Straßburg, Hamburg, die Churmark, Cahla und die Unstrut nennen, wo sich dieser Thürhüter aufhält, denn von daher besitze ich selbst mehrere Beyspiele in meiner kleinen Sammlung.

CXXI.

Tab. min. A. fig. 4. **Die mit rothen Wellenlinien bezeichnete Trompete, Schr.** *Buccinum ex rufo undatum sex spirarum. Tab. min. A. fig. 4.*

Gualtieri *Index testar. tab. 5. fig. N. Buccinum fluuiatile, candidum, ex rufo undatim depictum, sex spirarum.*

Ich finde von dieser Trompete nirgends einige Nachricht, ausser in dem **Gualtieri**. Er nennet sie ausdrücklich eine Flußconchylie, und ich sage hier alles, was ich sage, auf seine Verantwortung. Ich habe sie unterdessen in der angeführten Abbildung nachzeichnen lassen, um grössere Kenner als ich bin, und die Besitzer grösserer Kabinette aufzumuntern, sich nach dieser Conchylie umzusehen, und nun zu entscheiden, ob ihr der Ort gehöre, den ihr Gualtieri angewiesen hat.

Die Schnecke ist 1¼ Zoll lang, und fast ½ Zoll dicke. Die erste Windung ist dreymal so groß als die folgende zwote, und überhaupt bestehet sie aus 6 bis 7 Windungen. Die Mundöffnung ist oval, und scheinet in der Gegend der Spindel einen Saum zu haben. Auf der ersten und folgenden Windungen siehet man auf der weissen Schale verschiedene rothgefärbte Wellenlinien in die Länge herunter laufen.

CXXII.

Carychium minimum, Müll.

Müller *Histor. Verm. P. II. p. 125. n. 321. Carychium minimum.*

Carychium ist bey dem Herrn Etatsrath **Müller** ein eignes Geschlecht, von dem er folgende Kennzeichen festsetzt: Vermis cochleatus, tentaculis duobus truncatis, oculis ad basin postice. Die Geschlechtsgattung, der er den obigen Namen giebt, beschreibt er folgendergestalt. Die Länge beträgt ½ bis ¾ Linien, und die Breite ⅓ Linie, man wird daher sehr wenige Conchylien aufweisen können, die kleiner als diese wären. Die Schale ist durchsichtig, glatt, etwas konisch, und ganz weiß. Sie hat fünf Windungen. Die Mundöffnung ist eyförmig, hat auf der linken Seite, wo sich das Thier aufhält, zwey kleine Zähnchen, und manche haben auch auf der rechten Seite eine Spur eines solchen Zähnchens, man braucht aber ein bewaffnetes Auge, wenn man diese Zähnchen erkennen will.

Wenn gleich diese kleine Conchylie nicht eigentlich im Wasser lebt, sondern sich nur an feuchten Oertern und unter den faulenden Blättern aufhält, so gehöret sie doch wegen dieses Umstandes, und weil der Bewohner, von dem ich oben Nachricht gegeben habe, wie alle Flußschnecken, zwey Fühlhörner hat, unter die Flußconchylien; die eyförmige Mundöffnung aber hat es mir wahrscheinlich gemacht, daß diese Conchylie, die ich nie gesehen habe, unter die Trompeten gehören möchte.

CXXIII.

Die Zebraschnecke. *Buccinum Zebra*, Müll.

Lister *Histor. Conchyl. tab. 9. f. 4. Buccinum maius septem spirarum ex ruso radiatum. Tab. 10. fig. 5. an idem cum superiore? at minus radiatum. tab. 11. fig. 6. Buccinum radiatum medio primo orbe leuiter acuto. tab. 578. fig. 33? Cochlea strictior, latis fasciis rufescentibus, per longum ductis, distincta, columella alba. tab. 580. fig. 34. a.* ohne Beschreibung. **Petiver** *Gazoph. tab. 44. fig. 7. Cochlea oblonga exotica laeuis.* **Seba** *Thesaur. P III. tab. 39. fig. 50. 51. Curta haec et coacta est, flaua et alba, lineis tenuibus, fuscis, tanquam fasciolis circumdata. fig. 54. 55. Cochlea vesicaria, fluuiatilis, oblonga, sordide spadicea.* Beyde Abbildungen sind im Seba links vorgestellt, ein Verbrechen, dessen man sich in diesem Werke bey den Conchylien oft schuldig gemacht hat. **Klein** *Method. Ostracol. p. 34. §. 89. n. 5. Tuba phonurgica torosa ex ruso radiata. it. p. 34. §. 90. n. e? Tuba phonurgica spiris planis perlonga, lata; ex rubro fasciata, columella alba.* **Müller** *Hist. Verm. P. II. p. 138. n. 331. Buccinum Zebra testa ouato-acuminata, fasciis longitudinalibus fuscis, axi inflexo, integro.* **Dänisch** Zebra-Hornet.

Da wir so wenig Nachrichten von dieser Schnecke haben, so darf ich sicher schliessen, daß sie unter die seltenern ausländischen Flußconchylien gehöret, die nicht in allen, nicht einmal in allen grossen Conchylien-Sammlungen angetroffen wird. Meine Freude war daher groß und gegründet, da ich dieses seltne Stück in meiner eignen Sammlung fand, aber leider erst dann fand, da meine Kupfertafeln bereits vollendet waren; ich würde sonst eine Abbildung davon veranstaltet haben, zumal da ich den **Lister**, **Petiver** und **Seba** gerade in den wenigsten Händen meiner Leser erwarten kann. Inzwischen kann mir doch dieses Beyspiel dazu dienen, daß ich davon eine genauere Beschreibung geben kann, die uns, wenn wir die **Müllerische** ausnehmen, die doch in einer fremden Sprache geschrieben worden ist, noch gänzlich mangelt. Ich werde erst mein Beyspiel genau beschreiben, und dann von den Abänderungen reden, in welchen diese Conchylie erscheinet.

Mein Beyspiel ist 19 Linien und also über 1½ Zoll lang und ¾ Zoll breit, und dieses schon lehret, daß die Schale gewissermassen eyförmig gebaut sey, ob sie gleich in eine ziemlich gestreckte Spitze ausgehet. Sie hat sechs Windungen, doch sagt Herr Etatsrath **Müller**, daß sie bis zu acht Windungen wachse. Die erste Windung ist groß und bauchicht, die folgenden nehmen verhältnißmässig ab, sind aber im Mittelpuncte sämtlich ein wenig gewölbt. Die Endspitze ist stumpf, weil der Ausgang derselben oder das Knöpfchen in die nächst vorhergehende Windung eingedrückt ist. Die Mundöffnung ist oval, aber länglich, gehet auf der rechten Seite bis auf die Hälfte der ersten Windung, und ist ein wenig ausgeschweift; auf der linken Seite ist sie kürzer, und hat in der Gegend der Axe oder des Nabels einen schwachen einen Viertelszoll langen Saum, der sich aber nicht an den Bauch anlegt, sondern in die Mündung hineinlegt. Die Schale ist überaus dünne und weiß, doch dünkt sie mir zu einer **Erdschnecke** zu schön, und für eine **Seeschnecke** nicht schön genug, folglich scheinet sie mir eine **Flußconchylie** zu seyn. Die Mundöffnung ist mit einem ¼ Viertelszoll breiten braunen, die Länge herablaufenden Bande eingefaßt, welches, wie die Beschaffenschaffenheit der Mundöffnung lehrt, nothwendig etwas schräg laufen muß. Dergleichen die länge herunter laufende Bänder finde ich an meiner Schale mehrere, und pflichte dem Herrn Etatsrath **Müller** gern bey, daß diese Bänder Ueberreste der vormaligen Mundöffnungen waren, die das Thier hatte, ehe es zu seiner ganzen Grösse gelangte; daß man folglich von diesem braunen Bande ja keinen Schluß darauf gründen dürfe, daß die Schale ihre völlige Wachsthumsgrösse erreicht habe. Diese Bänder sind auch innwendig in der Mündung zu sehen, wo sie durch die dünne Schale hindurch schimmern. Ueber das erste Gewind laufen drey schwachgefärbte hellbraune Bänder hinweg, die man in der Mündung ebenfalls durchschimmern siehet, von welchen sich zwey in der Mündung verlieren, das dritte aber auf die folgende zwote und einen Theil der dritten Windung fortgehet. Die übrigen Windungen sind ohne alle Zeichnung, und spielen ein wenig in das Blaue, ohngefehr wie dünne Milch. Also gerade so ein Beyspiel wie Seba tab. 39. fig. 50. 51. abgebildet hat.

Nun auch die Abänderungen dieser Conchylie.

1) Einige Zebraschnecken haben nur zwey Bänder, welche über die Windungen hinweg laufen, andern, und nach den Abbildungen zu zehlen, den mehresten fehlen diese Bänder gänzlich.

2) Die braunen Flammen sind bey einigen sparsamer, bey andern häufiger, am häufigsten im **Seba** tab. 39. fig. 54. 55. und **Lister** tab. 580.

3) Herr Etatsrath **Müller** führet auch eine Abänderung an, welche weniger bauchigt und sehr lang gestreckt ist. Vermuthlich siehet er auf das Beyspiel **Listers** tab. 578. und **Klein** §. 90. n. e. p. 34. Ich habe bey beyde Citaten Fragzeichen gesetzt, die einen Wink über meine Zweifel geben sollten. Der ganze Bau der Schale, und vorzüglich der Mundöffnung, wo der übergeschlagene Saum die ganze linke Seite einfasset, haben mich zu der Vermuthung bestimmt, die **Listerische** Figur für eine eigne Conchylie zu halten, und von der **Zebraschnecke** gänzlich zu trennen. Da man aber nach blossen Zeichnungen nicht allemal sicher urtheilen kann, so überlasse ich das Urtheil solchen Kennern, welche das Glück haben, die vom **Lister** abgebildete Schale selbst zu besitzen.

Ob diese Conchylie zuverlässig unter die **Flußconchylien** gehöre? das will ich nun so geradezu nicht entscheiden. **Lister** hat die drey ersten seiner Abbildungen unter den Erdschnecken, die fünfte aber unter den Seeconchylien. **Seba** nennet die eine seiner Zebraschnecken ausdrücklich eine Flußconchylie, obgleich nach der Anzeige seiner unzuverlässigen Beschreibung diese ganze Section von Erdschnecken handeln soll. Herr Etatsrath **Müller** hat den Ort ihres Aufenthalts ganz verschwiegen, und nur angemerkt, daß er seine beschriebenen Beyspiele aus Herrn **Spenglers** Kabinet erhalten habe. Meinen Grund, warum ich diese Schnecke für eine Flußconchylie halte, habe ich oben angegeben.

Eben so wenig kann ich sagen, **wo diese Flußconchylie zu Hause sey?** Mein Exemplar hat mir der sel. **Martini** verehret, und mir dazu die Nachricht geschrieben, daß es aus Jamaica sey.

Wer das **Tiegerpferd** oder **Eselspferd**, das auch **Zebra** oder **Zecora** heißt, kennet, oder die Abbildungen in **Edwards** Seeligmannischen Vogelwerk P. VII.

VII. tab. 27. 28. Kolbens Reisebeschreibung Tab. III. fig. 2. und S. 146. Knorr Deliciae nat. sel. Tab. K. VIII. Th. II. S. 84. betrachtet, der wird unter den braunen Flammen unsrer Conchylie, und unter der Zeichnung des Zebra allerdings eine wahre Aehnlichkeit und die Benennung unsrer Conchylie passend und gut finden.

CXXIV.

Die Binde. Die Staatenflagge einiger Schriftsteller.

Buccinum fasciatum, Müller.

Lister *Histor. Conchyl. tab. 12. fig. 7. Buccinum septem spirarum, cuius superiores spirae fasciatae, inferiores vndatae.* Gualtieri *Ind. testar. Tab. 6. fig. C. D. Buccinum fluuiatile maius, laeue, labio interno repando, ex carneo fuluo, albido et purpurascente colore fasciatum aliquando lineis intersectis punctatum, nebulatum et marmoris instar lucide et eleganter fasciatum. — Buccinum fluuiatile idem minus, candidum et in prima et in secunda spira linea subrubra circumdatum.* Klein *Method. Ostracol. p. 33. §. 86. n. 5. tab. II. fig. 43. Oxy-Strombus laeuis, fasciatus supra; infra septem spiris vndatus; ore subrotundo laeui.* Argenville Conchyliol. *tab XI. fig. M!* deutsch *p. 189. Vitta venulis nigris flauis et rubris discriminata.* Das Band mit schwarzen, gelben und rothen Adern. Eine bandirte Schraubenschnecke, die man den Bind nennet. Das umwundene und gestreifte Erdbuccinum. Anm. Die Abbildung des Argenville scheinet die gegenwärtige zu seyn, aber die Beschreibung gehöret für Num. CXXVIII. Bulla virginea. Hebenstreit *Mus. Richter. p. 323. Buccinum septem spirarum fasciatum et vndatum.* Das umwundene und gestreifte Erdbuccinum. Regenfus *Coix des Coquill. P. I. tab. 10. f. 46.* erste verworfne Ausgabe S. 42. 44. eine ostindische weisse Flußschnecke mit wellenförmigen Windungen und zwey dunkelbraunen Bändern; eine Art Aftertrompetenschnecken. Kratzenstein Ebend. *Buccinodes. Fascia striata. Buccinodes indica fluuiatilis, lactea, clauicula vndulata, zonisque duabus obscure bruniis striata.* Regenfus neue rechtmässige Ausg. S. 68. 72. Das gewundene und gestreifte Erdbuccinum. *Een ostindisch versch Water Bastaert-Kinkhoorn.* Seba *Thesaurus P. III. tab. 39. fig. 62. 74. p. 120. Cochlea vesicaria, elegantissime lemniscata, Americana, cuius spira inferior lata saturate caerulea, dilute caeruleis et flauis fasciis ambitur; altera et reliquae ad finem vsque spirae versicoloribus costis, et profundioribus sulcis quam venustissime distinguuntur. Habentur in hac specie, quae dextrorsum, aliae quae sinistrorsum aperiuntur.* Lesser Testaceoth. 1744. §. 58. *oooo.* S. 272. ein Kinckhorn von weisser Schale, auf dessen zwey obersten Gewinden rundum dunkelbraune schmale Binden gehen. An den untersten Gewunden gehen die Länge herab braunfahle wellichte Wolken. Knorr Vergn. d. Augen Th. *V.* S. 40. *tab. 25. f. 4.* Die Prinzenfahne. *Prinse-Vlag. Pavillon de Prince. Le Ruban.* Müller *Hist. Verm. P. II. p. 145. n. 334. Buccinum fasciatum testa conico-acuminata, fasciis maculisque vndulatis transuersis; apertura alba. α) alba fasciis caeruleis. β) alba fasciis fuscis. γ) alba fasciis variegatis.* Meuschen *Mus. Leersian. p. 30. n. 245. 246. 248. 249. 255. capitaale ligtkleurige Staaten-Vlaggen; tres beaux Pavillons de Hollande.* Dänisch Flag-Hornet. Französisch Pavillon d'Hollande. Holländisch Staaten-Flagge.

Flagge. Dren Namen, welche andre der Bulla virginea Linn. (n. CXXVIII.) beyzulegen pflegen.

Die Schriftsteller haben diese Staatenflagge mit einer andern Conchylie, der sie gleichen Namen beylegen, die Linne' Bulla virginea nennet, und die ich hernach Num. CXXVIII. beschreiben werde, verwechselt, oder wenigstens, wie es mir noch wahrscheinlicher ist, beyde für Abänderungen einer Gattung gehalten. So sagt Linne', daß diese und jene zwey Abänderungen eines Geschlechtes wären, welche nur die Grösse und die Farbe unterschieden könnte. Selbst im Regenfuß hat man sich auf den Bonanni berufen, der doch Class. III. fig. 66. des Mus. Kircher. und der Recreat. nicht diese, sondern jene abbildet und beschreibet. Herr Etatsrath Müller hat sie beyde getrennet, und ich werde bey jener die Gründe angeben, warum man beyde mit Grunde trennet.

Diese Flußconchylie ist ihrer Schönheit und der Mannichfaltigkeit ihrer Farben wegen werth, unter den ansehnlichsten ausländischen Flußconchylien zu stehen; ob ich gleich nicht sagen kann, daß sie, rechtsgewunden betrachtet, gerade unter die grösten Seltenheiten gehörte. Sie kann eine länge von $2\frac{1}{2}$ Zoll erlangen, und daher kann sie auch die Grösse empfehlen, welche für unsre Flußconchylien immer eine Seltenheit ist. Diese Conchylie hat einen völlig conischen Bau, sie gehet aber in eine verlängerte und ziemlich scharfe Spitze aus. Sie bestehet aus acht Windungen, die ziemlich bauchigt, und durch schwache fast unmerkliche Hohlkehlen von einander abgesondert sind. Die erste Windung ist dreymal grösser als die zwote, alle folgende aber von der zwoten an haben eine verhältnißmässige Abnahme. Die Mündung ist eyförmig, aber schmal, und sie würde ganz regelmässig seyn, wenn sie nicht in der Gegend der Axe durch eine Einbeugung unterbrochen wäre. Man siehet nicht die mindeste Spur eines Nabellochs, aber eine übergeschlagne und an den Bauch gelegte schmale und überaus feine und dünne Lefze, welche bald in das Rosenrothe, bald in das Bräunliche spielet. Ausserdem ist die ganze Mündung weiß, obgleich die Bänder, damit die Schale bemahlt ist, hindurch schimmern. Daraus aber folget auch zugleich, daß die ganze Schale dünne sey. Ja sie ist überaus dünne. Die Grundfarbe ist an den mehresten Flaggen weiß: an meinem Beyspiele, das ich besitze, und welches eine seltnere Erscheinung ist, röthlich, fast wie Pfirschblüthe. Auf den zwey ersten Windungen laufen anders gefärbte Bänder weg, die über der Schale herliegen, deren Grösse und Anzahl fast an einem jeden Beyspiel, das man vor sich hat, verschieden ist; und von denen man überhaupt nichts mehr sagen kann, als daß sie bald breit, bald schmal, bald blau, bald braun, bald von verschiedenen Farben sind. Zu der letzten Art gehöret das Beyspiel, das ich besitze, und von dem ich in den angeführten Zeichnungen kein ähnliches gefunden habe. Die Bänder sind nicht stärker als feiner Zwirn, die mehresten dunkelgrün, und nur einige hellbraun gefärbt. Ich zehle solcher Bänder auf der ersten Windung gerade zwölfe, auf der andern nur sieben, alle bräunlich, auf der dritten vier. Mit dieser dritten Windung hat die Flagge weiter keine Bänder, aber auf den folgenden 3 - 4. Gewinden liegen anders gefärbte gemeiniglich bläuliche Wolken, und die zwey letzten endigen sich in eine einfärbige, an meinem Beyspiel rosenrothe Spitze.

Herr Etatsrath Müller merket an, daß das Thier, wenn es eine zerbrochne Schale auszubessern genöthiget sey, nicht gerade in Rücksicht auf die Bänder

der die strengste Ordnung halte, sondern dahin, wo ehedem ein breites Band lag, zwey oder mehr schmale lege.

Ich habe vorher bereits bemerket, daß verschiedene Conchylienbeschreiber diese Flagge und die Bullam virgineam Num. 128. für blosse Abänderungen halten, und daß unter diese sogar der Herr von Linne' gehöre. Er führet den Grund an, Bau und Grösse sey bey beyden einerley, und nur die Farbe unterscheide sie. Es wird sich unten bey Num. 128. entwickeln lassen, daß andre Merkmale diejenigen Schriftsteller rechtfertigen, welche beyde als zwey besondre Gattungen trennen.

Im Seba und im Regenfuß wird gesagt, daß diese Staatenflagge zuweilen linksgewunden erscheine, und ich glaube im Seba fig. 64. ein solches linksgewundenes Beyspiel zu finden, ob man sich gleich in Rücksicht auf die Windungsart auf die Zeichnungen des Seba gar nicht verlassen kan.

So viel ist aus den Schriftstellern entschieden, und Bonanni wuste es schon, daß diese Conchylie in Indien zu Hause sey. Ob sie aber unter die Erd- oder Fluß- oder Seeschnecken gehöre, darüber sind die Schriftsteller gar nicht einig, und jede Meynung hat ihre Stimmen. Mich überzeugt das, was ich im Regenfuß lese, und was Herr Spengler gewiß würde geändert haben, wenn es falsch, oder nur zweifelhaft wäre. „In dem Dargenvillischen Werke ist diese Trompetenschnecke zwar unter die Meerschnecken gestellet worden, in der That aber ist sie eine indianische Flußschnecke. Man kan sich hievon auch durch das allgemeine Unterscheidungszeichen der Flußschnecken von den Meerschnecken versichern, welches darinne bestehet, daß jene von sehr dünner Schale sind, und ihre milchweisse Farbe von der andern scharf absticht.„

Obgleich diese Staatenflaggen gerade nicht die gröste Seltenheit sind, so stehen doch gute und schöngefärbte Beyspiele in einem solchen Werthe, daß in der Leersischen Auction zwey Beyspiele für 10. holländische Gulden, und zwey andre für eilf, noch andre für 10, 7, die schlechtesten für 4. Gulden bezahlt wurden.

CXXV.

Das goldgelbe Spitzhorn mit einer weissen Binde, Mart. *Buccinum aureum zona alba cinctum.*

Lesser Testaceotheol. 1744. §. 58. *kkkk.* S. 271. Eine glatte goldgelbe Flußschnecke, von zarter zerbrechlicher Schale, welche am obersten Gewinde rund um eine weisse Binde hat. Der Mund ist oben zu, und inwendig glänzend weiß. Bonanni *recreat. p. 166. Class. III. fig. 371. Cochlea laevi et subtili materie constans; ob formam buccinä appellanda videtur. Ejus insignis nota est candida zona, qua cingitur maximus spirarum orbis. Os habet fere rotundum, ex quo patet candor internae superficiei. Externa autem est aurea.* Bonanni *Mus. Kircher. p. 473. Class. III. fig. 364.* eben diese Beschreibung. Adanson *Hist. du Seneg. p. 83. le Jamar.* Petiver *Gazophyl. tab. 156. f. 3. Prasil Shell from Bonani.* Martini Berl. Magaz. *IV.* B. S. 281. *n. 78. tab. 8. fig. 32.* Das goldgelbe Spitzhorn mit einer weissen Binde. *Buccinum fluviatile aureum 5. spirarum zona alba cinctum.*

Wenn wir den Adanson, den ich gerade nicht bey der Hand habe, ausnehmen, so gründen sich alle Zeugnisse der angeführten Schriftsteller auf den einzigen Bonanni,

nanni, und die Figur desselben hat Martini nachzeichnen lassen. Die Conchylie hat ganz den Bau eines Spitzhorns, es ist aber bauchigt, 2½ Zoll lang, 1½ Zoll breit, und hat fünf Windungen. Die erste Windung ist grösser als alle die folgenden. Die Schale ist sehr dünne und zerbrechlich, der Länge herab fein gestreift, die Farbe goldgelb, und über die erste Windung hinweg lauft in der Mitte ein weisses ziemlich breites Band. Die zarte Schale ist Bürge genug dafür, daß diese Schnecke unter die Flußconchylien gehöret, wenn gleich Bonanni nichts besonders darüber sagt, so wenig, als über die Gegend, wo man diese Conchylie findet. Wenn inzwischen der Jamar des Adanson eben die Conchylie des Bonanni ist, so hält sie sich auf der Insel Senegall auf; und wenn ich es dem Petiver nachschreiben darf, so ist sie auch in Brasilien zu Hause.

CXXV. A.

Die weisse Trompete mit vier Querstreifen am Fusse der zwo grössern Windungen, Schr. *Buccinum album striis transversis ipsis orbium limitibus positis.*

Ich habe diese Flußtrompete unter dem Vorrathe meiner Conchylien erst entdeckt, da die Abbildungen zu meiner Abhandlung bereits vollendet waren; ich denke aber, sie soll sich auch ohne Abbildung deutlich beschreiben lassen. In allen Conchylienbeschreibern, die ich nachgeschlagen habe, Regenfuß, Seba, Lister, Rumph, Argenville, Bonanni, Knorr und mehrern, habe ich eine Abbildung und Beschreibung vergeblich gesucht, allein ihre leichte und dünne Schale, und die so sehr von den Seeconchylien abstechende weisse Farbe, haben mich überzeugt, daß ich diese Conchylie mit Grunde unter die Flußschnecken setzen darf.

Sie ist ganz einfärbig, weiß, aber ihre weisse Farbe ist gerade nicht die glänzendste und angenehmste. Gerade zwey Zoll ist ihre Länge, und ¾ Zoll ihre Breite. Die erste Windung beträgt just die Hälfte von der ganzen Länge der Schnecke, und diese Windung ist in dem Mittelpuncte ein wenig gewölbt. Die folgenden sechs Windungen nehmen verhältnißmäßig ab, gehen aber in eine scharfe Spitze aus. Die Mundöffnung ist länglich oval, unten aber halbmondförmig ausgeschnitten, und von diesem Ausschnitte an siehet man an der ziemlich starken Lefze einige Falten, die sich endlich in eine dünne fast unmerkliche Lefze, welche weisser als die Conchylie ist, endiget, und diese Lefze gehet in die Mundöffnung hinein. Man siehet nicht die geringste Spur von einem Nabel. Nicht weit von dieser gefalteten Lefze siehet man vier schwache eingeschnittene Linien, die sich in der Mundöffnung verliehren. Aber oben am Fusse der zwoten und dritten Windung siehet man wieder vier solcher Linien, und dieses und die ausgeschweifte Nase unterscheiden diese Conchylie von allen mir bekannten Flußconchylien. Ausserdem ist die ganze Schale glatt, ausser daß sich an der Mundöffnung vier die Länge herabgehende Streifen befinden, welche die Stärke eines Zwirnsfadens haben, und innig weiß sind. Ich halte diese Conchylie für sehr selten.

CXXVI.

Tab. VIII. fig. 1. 2. tab. min. C. fig. 6.

Die lebendig gebährende Wasserschnecke. *Helix viuipara, Linn. Nerita viuipara, Müll. Tab. VIII. fig. 1. 2. tab. min. C. fig. 6.*

Lister *Histor. animal. Angl. tit. 18. p. 133. Tab. 2. fig. 18. Cochlea maxima fusca siue nigricans fasciata.* Lister *Hist. Conchyl. tab. 126. fig. 26. Cochlea viuipara fasciata*

fasciata fluviatilis. Lister *tab. anat. 6.* Lister *exercit. anatom. II. de buccinis tab. 2. fig. 5. 12.* Frisch Beschreib. allerl. Insecten Th. *XIII.* S. 1. und *Tab. I.* Die Flußschnecke mit dem zugespitzten Hause, dessen Thürblatt am Fleisch angewachsen. Linne' *Animal. Suec. Acta Upsal. p. 40. n. 14. Cochlea testa productiore convexa, fluviatilis.* Gualtieri *Ind. testar. tab. 5. fig. A. Buccinum fluviatile fuscum, sive nigricans fasciatum, quinque orbibus praeditum.* Linne' *Fauna 1746. p. 375. §. 1312. Cochlea testa oblongiuscula, obtusa, anfractibus teretibus lineis tribus lividis.* Lesser Testaceoth. 1744. §. 55. g. *p. 229.* Eine kräuselförmige Flußschnecke einer Welschennuß groß, an der Farbe zwischen schwarz und weißlich im Braunen unterschieden. Schwammerdamm Bibel der Nat. S. 371. *tab. 9. fig. 13.* die lebendig gebährende Schnecke. Klein *Method. Ostracol. p. 43. §. 121. II. n. 3. Saccus ore integro: cochlea viuipara, fasciata rugosa.* Physikal. öconom. Abhandlungen 1755. *p. 787.* Argenville Zoomorph. deutsch *tab. 8. fig. 2. p. 58.* Diese rundmäuligte Schnecke kommt aus der Marne. — Man zehlet in allen vier Windungen an ihrem Gehäuse, ohne das Auge derselben. Ihre Farbe fällt in das Aschgraue. Um dieselbe sind einige schwarze Binden herumgewunden, nemlich vier über die erste Windung, zwey über die zweyte, und eine über die dritte. Der Wirbel dieser Schnecke ist sehr erhaben. Ginanni *opere post. P. II. p. 49. tab. 2. fig. 8.* Knorr Vergnüg. Th. *V. tab. 17. fig. 4.* S. 27. die bandirte kräuselartige Schnecke; *gebandeerde Tophoorn. Sabot bandé.* Herr Prof. Müller macht sie ganz unrichtig zur Landschnecke. Petiver *Gazophyl. tab. 99. fig 16. Cochlea vesca, orbibus fere elatis.* Pontoppidan Naturh. von Dännemark S. 196. *Helix viuipara.* Geoffroy Conchyl. um Paris, deutsch S. 97. *Cochlea viuipara fasciata. La Vivipare à bandes.* Linne' *Syst. Nat. ed. X. p. 772. Gen. 293. sp. 605. Helix viuipara testa imperforata subovata obtusa cornea: cingulis fuscatis, apertura suborbiculari. ed. XII. Gen. 328. sp. 690.* Müller Natursyst. Th. *VI.* S. 575. *tab. 18. fig. 4.* der Jungwerfer. Martini Berl. Magaz. *IV.* B. S. 234. *n. 52. tab. 7. fig. 4. 5.* die grosse lebendig gebährende Wasserschnecke mit Banden. Müller *Hist. Verm. P. II. p. 182. n. 370. Nerita viuipara testa ovato-ventricosa, virescente, fasciis tribus lividis obscuris.* Meuschen *Mus. Gronov. p. 128. n. 1364. Jongwerpende Slak.* Gronov *Zoophyl. Fasc. III. n. 1570. Helix testa subovata umbilicata cornea, orificio suborbiculari. it. n. 1571. Helix testa subovata subumbilicata obtusa lapidescens: orificio subrotundo.* Dänisch Foster - Neriten.

Diese Conchylie hat nicht ganz den äussern Bau einer Trompete, denn ihre Windungen sind beynahe von gleicher und verhältnißmäßiger Abnahme, und so scheinet auch ihre runde Mundöffnung ihr ein Recht auf die Schrauben zu geben. Allein dazu ist nun ihr Bau nicht schmal genug, daher sie mit mehrerm Grunde unter den Trompeten stehet, aber eine wahre Zwischengattung unter den Trompeten und den Schrauben zu seyn scheinet. Meine grösten Beyspiele sind beynahe 1½ Zoll lang und einen Zoll breit, und man siehet hieraus, daß diese Conchylie eine ziemlich gedruckte Windungsart habe, daß die Windungen selbst überaus convex seyn müssen, und daß also die Schnecke eyförmig und bauchigt zugleich ist. Sie hat nicht mehr als fünf bis sechs Windungen, diese alle sind gewölbt, und bilden zwischen sich tiefe Einschnitte. Die erste Windung ist etwa wa um den dritten Theil grösser als die folgende, alle Windungen aber gehen in einen Zopf aus, wo die Endspitze bey einigen scharf hervorragend, bey andern aber stumpf und eingedrückt ist. Die Mundöffnung ist völlig rund, der Rand überaus scharf, und dieser gehet neben der Spindel vorbey, und bildet also eine Vertiefung, oder einen Nabel, der an manchen Beyspielen mehr offen ist, als an andern. Die Schale ist überaus dünne, so wie sie aus dem Wasser kommt die längs herab fein gestreift, und da ist die Farbe bald gelblich grün, bald braun, bald schwarz; überhaupt siehet die Schale, so lange der Bewohner darinne lebt, ganz dunkelbraun und schwärzlich. Ueber die erste Windung laufen drey braune Bänder hinweg, die aber gemeiniglich durch die grüne oder schwärzliche Farbe schwach hindurch schimmern. **Argenville** redet von vier Bändern. Ich will es nicht ableugnen; allein andre Schriftsteller zehlen derselben nur drey, und mehrere kan ich an allen meinen Beyspielen auch nicht zehlen. Auf dem zwoten und dritten Gewinde liegen nur zwey Bänder, die sich endlich gar verliehren. Wenn man die grüne oder braune oder schwarze Oberhaut von dieser Conchylie behutsam abschleift, so entstehet eine feine weisse glatte Schale mit dunkelbraunen Bändern, und von der Art ist das eine meiner abgebildeten Beyspiele.

Man hat von dieser lebendig gebährenden Flußschnecke einige merkwürdige **Abänderungen.**

1) Die eine ist ungleich mehr gedruckt und bauchigter, als die gewöhnlichen Schnecken dieser Art zu seyn pflegen. Ihre Mündung ist mehr länglich als rund, und das letzte Gewind raget allemal spitzig hervor. Sie hat sonst alles Uebrige, nicht einmal die Bänder ausgenommen.

2) Die andre hat ganz den Bau der von mir weitläuftig beschriebenen lebendiggebährenden Flußschnecke, nur daß sie keine Bänder hat. Dieser Abändrung gedenket **Lister** Histor. Conchylior. tab. 1055. fig. 6. und nennet sie: Cochlea viuipara altera nostras testa tenuiori, Fluvii Cham. Sie ist vielleicht die bald folgende Nerita dissimilis.

Diese Schnecke verschliesset ihr Haus mit einem Deckel. Da ich in meinen Gegenden diese Conchylie nicht entdeckt habe, so muß ich über diesen Gegenstand aus fremden Quellen schöpfen. Herr D. **Martini** hat diesen Deckel im Berlinischen Magazin Th. IV. tab. VII. fig. 6. und 7. c. abgebildet, und S. 237. folgendermaassen beschrieben. „Die Oeffnung kan der Bewohner mit einem dünnen, durchsichtigen, braunrothen hornartigen Deckel fest verschliessen. Er ist an der Ferse des Thieres angewachsen, und mit lauter ringförmigen Linien gezieret, die daher entstehen, wenn das Thier beym Wachsthum seines Gehäuses und dessen Oeffnung, auch zugleich immer neue Ringe an die Thüre oder den Deckel ansetzt. Wo er am Fleische ansitzt, da hat er eine kleine Erhöhung, welcher auf der andern Seite eine verhältnißmäßige Vertiefung entgegen stehet.„ Dieser Deckel würde ganz rund seyn, wenn es nicht die Beschaffenheit der Befestigung und des Gebrauchs nothwendig machte, sich in der Gegend des zweyten Gewindes in eine kleine Hervorragung zu endigen.

Den innern **Bau** der lebendiggebährenden Wasserschnecke habe ich Tab. min. C. fig. 6. abgezeichnet. Da die Windungen bauchigt und gedruckt sind, so kan man leicht vermuthen, daß ein jeder Theil der Spindel in jedem Stockwerk nicht allzulang

seyn,

sey, auch nicht auf die Spindel des andern Stocks passe. Jeder Theil macht hier sein Besonderes aus, aber durch die Fortschreitung der Schale in ihren Windungen entstehet oben eine trichterförmige Vertiefung, und so hat die ganze Säule eines einzelnen Stockwerks die Gestalt eines weiten flachen Trichters.

Das, was diese Schnecke schon in den ältesten Zeiten merkwürdig machte, ist dieses, **daß sie lebendige Junge gebieret**, daß sie folglich nicht erst Eyer legt, in welchen die jungen Schalen erst nach und nach ausgebildet werden, sondern ihre Jungen kommen sogleich aus dem Leibe der Mutter mit ihrer Schale hervor. Das Thier habe ich oben beschrieben, von ihrem Zeugungsgeschäfte aber will ich das wiederholen, was der Herr Hofrath **Walch** im XII. Stück des Naturforschers S. 44. f. aus dem **Schwammerdamm** und **Lister** ausgezeichnet hat. „Diese Schnecke gebiehrt Junge, und da die meisten andern Schnecken Hermaphroditen sind, so hat bey ihr ein Unterschied des Geschlechts statt. Einige sind männlichen, andre weiblichen Geschlechts. Die junge Brut ist in einem Eyersacke, der an der Mutter zwar befestiget ist, aber ausser ihr hängt, eingeschlossen. Sie ist nach dem Alter und der davon abhangenden Ausbildung sich nicht gleich. Bey einigen Jungen war das zarte Mutterhäutchen, so ein einfaches ist, und worinne jede einzeln nebst ihrer ersten Nahrung schon liegt, bereits gesprengt, sie hatten schon ihr zartes schaliges Gehäuse, an dem man schon im Mutterleibe die andersfarbige Binde, so die Schale dieser Schnecke hat, nicht undeutlich wahrnehmen konnte. Andre lagen weiter hinten im Eyersacke, und diese waren weniger ausgebildet, noch weniger andre, die weiter hinten lagen, und endlich fanden sich noch welche, an denen noch gar nichts deutlich zu sehen war. Sie liegen in gallrichten, dem Froschlaich ähnlichen Kügelchen, und dieses gallerichte Wesen ist ihre erste Nahrung. **Lister** hat es gesotten, wodurch es sich in das gesottene Weisse eines Hühnereyes, jedoch mit einem schönen Perlenmutterglanz verwandelt. Es scheint also derselbe schon in den ersten Nahrungssäften, den die jungen Schnecken von der Mutter erhalten, zu liegen.

Am Ende des **Eyersacks** findet sich eine Art von **Eyerstock**. Die noch unbefruchteten Eyerchen desselben haben zwar eine regelmäßige Lage, aber noch keine runde Gestalt. Thut man sie in klares Brunnenwasser, so erblickt man den ersten Grundstoff des für den Embryo sich bildenden Eychens. Ist der Keim desselben befruchtet, so reißt er sich los, und entwickelt sich nach und nach in dem Eyersack, aus welchem er ohne alle häutige Hülle, jedoch mit seiner noch zarten schaligen Wohnung, wenn er zeitig genug ist, hervortritt.

Lister hat selten in mehrern Schnecken dieser Art eine gleiche Anzahl Eyer entdecken können, allezeit aber solche von ungleichem Grad der Vollkommenheit gefunden. Die höchste Zahl bestund in 10. vollkommenen mit einer schon fühlbaren Schale, in 45. halbvollkommenen, und 34. noch unvollkommenen. Doch hat er bemerket, daß sie schon in dem zarten Mutterhäutchen, worinne jede Schnecke mit ihrer Nahrung liegt, ihre schalige Wohnung erhalten. Wenn sie durch ihre Mutterhäutchen durchgebrochen sind, bleiben sie bis zu mehrerer Erhärtung ihrer Schale in der Mutter, worauf sie denenjenigen, die später befruchtet worden, Platz machen, und aus ihrer Mutter, so wie sie zeitig worden, und also nach und nach hervortreten. **Lister** hat schon im Februar junge vollkommene Schnecken in einigen Müttern gefunden, die vielleicht, seiner Vermuthung nach, im Herbst des vorigen Jahres schon ihre Mutter verlassen haben würden, wenn es die kalte Witterung verstattet hätte. Vielleicht haben sie, wenn sie vermittelst eines ihnen ertheilten Naturtriebes noch in der Mutter zurückbleiben müssen, eine Art eines Winterschlafs, den so viele andre Creaturen haben. Aus dem, daß die im Februar aus der Mutter geschnittene sich frisch und munter bezeigen, läßt sich noch nichts darwider folgern.„

Martini nennet diese Schnecke eine der gewöhnlichsten unter allen Flußschnecken, die man in allen Flüssen, Seen und Pfützen der berlinischen und andern Gegenden Deutschlandes findet. Unterdessen giebt es Gegenden, wo man sie vergebens sucht. Herr Etatsrath Müller bezeugt dieses von Dännemark, obgleich Pontoppidan Helicem viuiparam unter die dänischen Conchylien zehlet. Bey Weimar habe ich sie nicht gefunden. Daß sie unterdessen in England, Schweden, Frankreich und Holland angetroffen werde, bezeugen die vorher angeführten Schriftsteller. Meine Beyspiele, die ich besitze, sind aus der Churmark, von Hamburg und von Straßburg. Sie fällt auch in Tranquebar.

CXXVII.

Die lebendiggebährende crystallinische Wasserschnecke.
Helix viuipara crystallina.

Rondeletius *Aquatil. hist. Cap. 42. p. 214. fig 3. Cochlea depressa aculeis aspera seu echinata fluviatilis.* Geßner *Histor. animal. Lib. IV. p. 259. ed. Tigur. nomen Rondelitii.* Schwammerdamm Bibel der Nat. S. 73. 370. *tab. 9. fig. 5.* eine wunderbare lebendiggebährende krystallene Schnecke. Bonnet Betrachtung über die Nat. S. 62. Bonnet von den organisirten Körpern Th. *I.* S. 246. Martini Berl. Magaz. Th. *IV.* S. 239. *n. 53. tab. 7. fig. 8.* (vergrössert.) Die wunderbare lebendiggebährende crystallinische Wasserschnecke. *Cochlea crystallina viuipara, quinque orbium, setarum seriebus septenis aspera.* Handbuch der Naturgesch. Th. *IV* S. 306. die krystallene Wasserschnecke, welche Junge setzet.

Schwammerdamm hat sich über diese Schnecke unglaubliche Mühe gegeben. Das nöthigste von dem, was er von dem Thier sagt, habe ich oben schon mitgetheilet, jetzo bleibe ich bey dem stehen, was er und aus ihm Martini von der Schale gesagt haben. Sie hat vier bis fünf flache Windungen, die sich immer mehr verkleinern, und in eine stumpfe Spitze auslaufen. Sie hat eine kräuselförmige Gestalt, ist mit einer Beinhaut überzogen, und mit sieben Ringen von borstigen Haaren sehr zierlich besetzt. An der äussern Fläche bemerkt man durchscheinende schwarze Flecke, unterschiedene Reihen Puncte und zarte Streifen. Die Mundöffnung scheinet rund zu seyn, und Herr D. Martini muthmasset, sie gehöre zu den Mondschnecken. Den Namen der crystallinischen Schnecke hat sie von einer Menge durchsichtiger crystallinischer Theilchen erhalten, die einerley Grösse haben, und steinartig sind. Verstehe ich dieses recht, so ist hier die Rede nicht von der Schale, sondern von dem Thier, und wenn das richtig ist, so ist es wie mich dünkt, noch gar nicht entschieden, daß diese Schnecke eine junge Art der vorigen Gattung sey. Die Fühlhörner, der obere Theil des Mundes, und viele andre Theile dieser Schnecke sind so beschaffen, daß sie zwischen der Seere oder

zwischen

zwischen den Zähnen, wenn man sie in den Mund nimmt, knistern, und mit der Vitriolsäure aufbrausen.

Man will angemerkt haben, daß die Borsten, womit die Schale regelmäßig bekleidet ist, an trocknen Beyspielen verschwinden; an verschiedenen haarigten Erdschnecken habe ich eine gleiche Beobachtung gemacht. Allein da doch die Schriftsteller einstimmig schweigen, daß sie die grössere lebendiggebährende, die ich vorher beschrieben habe, nie, auch nicht an den jüngern Beyspielen, die nur halbe Wachsthumsgrösse haben, mit solchen Borsten bewaffnet, aus dem Wasser gezogen hätten; da auch selbst der Bau der crystallinischen, der lebendiggebährenden nicht ganz gleich ist; so glaube ich doch, daß diejenigen nicht ohne Gründe handeln, welche diese von der vorigen trennen, und beyde für zwey verschiedene Gattungen ausgeben.

Schwammerdamm hat diese bey uns so seltene Schnecke in Holland in den Gräben und in den grösten Flüssen ungemein häufig angetroffen. Sie hält sich gern in den Sandgründen und unter den Steinen auf. In den Gräben kriecht sie an den Wasserpflanzen und im Moder herum, welche nebst dem Thon ihre Nahrung ausmachen. Sie besudelt sich im Kothe so sehr, daß bey ihnen der gröste Theil von der Schönheit der Schale verborgen bleibt.

Herr D. Martini meldet, daß er eine Nebenart von dieser Schnecke in einem sandigten Arm der Spree einigemal gefunden habe, die er tab. VII. fig. 8. abgezeichnet hat. Sie kommt an Gestalt und Figur der lebendiggebährenden Wasserschnecke (n. CXXVI.) bey, ist aber kleiner und kürzer gewunden. Ueber die erste Windung laufen drey, über die folgende zwey blaßviolette Bänder, auf welchen eben so viel Reihen zarter, doch sichtbarer Borsten stehen. Der Bewohner stimmt mit der Schwammerdammischen Beschreibung völlig überein.

CXXVIII.

Die eigentliche Staatenflagge. Die Prinzenfahne. Der vielfarbige Bund, Mart. *Bulla virginea, Linn. Buccinum virgineum, Müll. Tab. VIII. fig. 3. 4.* Tab. VIII. fig. 3. 4.

Lister *Hist. Conchyl. tab. 15. fig. 10. Buccinum septem orbium, fasciis fere bicoloribus, interdum tricoloribus, iridis instar depictum. Barbad. it. tab. 844. fig. 72? Buccinum dentatum laeve, tenue, fasciis angustis subrufis depictum.* Bonanni *Recreat. ment. et oculi. p. 121. Class. III. fig. 66. Quinque fasciis cingitur hic aliis caeteris elegantior. Altera colore subnigro est, altera purpurea, vel ad minium accedens, tertia fulva, viridis quarta, ultima ostrina. Omnes ita a summo vertice mucronem usque ita circumvolvuntur, ut intervallo quodam, distinctae inter se, in eo videatur, veluti album indusium, quo turbo tegitur. Valde nitidus est, et laevigatus, et ab Indico mari cum caeteris octo superioribus habetur* Bonanni *Mus. Kircher. p. 453. Class. III. fig. 66.* ganz die vorige Beschreibung. Gualtieri *Ind. testar. tab. 6. fig. A. Buccinum fluviatile, spiris non prominentibus oblongum, ore angustiore, laeve, candidum, fasciis aliquando piceis, aliquando rubris, plumbeis et luteis, iridis instar elegantissime fasciatum. it. tab. 45. fig. D. Buccinum parvum integrum, ore obliquo, umbilicatum, laeve, albidum, duabus lineis rufis circumdatum.* Klein *Method. ostracol. p. 26. §. 70. n. 1. tab. 7. fig. 116. Pseudo-trochus laevis fasciis tricolor, seu Buccinum septem ordinum,*

dinum, fasciis fere bicoloribus, interdum tricoloribus, iridis instar pictum. Argenville Zoomorph. deutsch S. 71. *tab. X. fig. G.* Ein Bund von der Classe der Erdschnecken, sonst das Kind in den Windeln genannt. Lesser Testaceotheol. 1744. §. 51. *hhh.* und Anm. Eine sehr dickbäuchige Schraubenschnecke, von weisser, glänzender und durchsichtiger Schale, ausser daß die beyden zartesten Gewinde ins Röthliche fallen. Rund herum lauft eine braune Linie, welche aber nach den untersten Gewinden zu immer heller wird. Ueber derselben gehet eine fahle matte Linie herum, gleich als ob sie von Innen durchschimmerte. — Eine noch schönere dergleichen aus dem rothen Meer. Sie glänzt sehr, und ist mit gelben, dunkelbraunen, weissen, rothen, grünen und dunkelblauen Linien umwunden. Knorr Vergnüg. d. Aug. Th. *I.* S. 39. *tab. 30. fig. 7.* Ein pyramidenförmigtes Kinkhorn. Seba *Thesaurus P. III. p. 123. n. 38. Tab. XL. fig. 38. Buccinum Aplustre (forsan Palustre) Arantium vocatum ab imo ad summum usque apicem versicoloribus taeniolis, albis, nigris, rubris, luteis, caeruleis, viridibus, fasciatum. Oris, quod Arantii intus coloris est, limbi pertenues sunt et acuminati. In fluviis aeque ac in terra semet multiplicat haec species, quae tamen raro in Museis occurrit. Cornet de Mer.* Martini Berlin. Magaz. Th. *III.* S. 125. *Tab. V. fig. 52.* der vielfarbige Bund. Eine vorzüglich schöne Erdschnecke. Linne' *Mus. Reg. Lud. Ulr. p. 612. n. 267. Buccinum virgineum testa subturrita glaberrima erecta, columella truncata sanguinea.* Petiver *Gazophyl. tab. 22. fig. 11. tab. 151. fig. 1.* Linne' *Syst. Nat. ed. X. pag. 740. Gen. 258. sp. 407. Buccinum virgineum etc. ed. XII. Gen. 321. sp. 390. Bulla virginea testa subturrita, erecta, columella truncata, sanguinea.* Müller Natursyst. Th. *VI.* S. 413. die Prinzenfahne. Müller *Histor. Verm. P. II. p. 143. n. 333. Buccinum virgineum testa conico-acuminata, glabra, fasciis angustis diversicoloribus; apertura purpurea.* Meuschen *Mus. Leers. p. 30. n. 247. Prince-Vlag. Pavillon du Prince.* Dänisch Jomfrue-Hornet.

Die gröste Länge, die diese schöne Conchylie erlangen kan, ist $1\frac{1}{4}$ Zoll, und die gröste Breite ein Zoll, man kan also daraus schliessen, daß sie einen völlig conischen Bau habe. Sie hat acht Windungen, die sich in einer solchen verhältnißmäßigen Abnahme befinden, daß die erste die folgende an der Grösse eben nicht so gar merklich übertrift, und man daher zweifelhaft wird, ob man sie zu den Trompeten, oder zu den Schrauben legen soll? Alle Windungen sind ein wenig bauchigt, daher sich zwischen jeder eine kleine Vertiefung befindet, die lezte Windung aber, oder das Knöpfchen, ist in die vorhergehende Windung eingedrückt, und also nicht hervorragend. Die Schale ist dünne, aber nicht durchsichtig, an den mehresten Beyspielen weiß gefärbt, an einigen seltenern bläulicht. Die drey letzten Windungen sind an manchen Beyspielen rosenroth, an manchen, wie an den meinigen, weiß mit einer rosenrothen Binde und einem braunen Knöpfchen. Ueber die Schale weg laufen viele Bänder, mehreutheils von verschiedenen Farben, von denen ich hernach besonders rede. Die Mundöffnung ist eyförmig, doch wird in der Gegend der Spindel diese Form durch einen kleinen ovalen Einschnitt, auf welchen ein halbmondförmiger folgt, unterbrochen. Man kan also sagen: die rechte Lippe ist oval, die linke aber halbmondförmig. Dieser halbmondförmige Theil ist rosenroth gefärbt, ausserdem ist die Mündung inwendig, wie Herr Müller sagt, purpurartig,

artig, an zweyen meiner Beyspiele aber blau, an dem dritten grössern aber weiß, mit breiten blauen Bändern.

Linne hält diese eigentliche Staatenflagge mit der von mir beschriebenen Binde (n. CXXIV.) für einerley, und siehet beyde für blosse Abänderungen an; und wenn wir die bey beyden Conchylien von mir angeführten Schriftsteller nachlesen, so werden wir finden, daß sie eben das thun. Ich kann eigentlich nur zwey Gelehrte auftreten lassen, welche beyde Conchylien unterscheiden, aber es sind zwey Männer, deren Aussage entschieden ist. Herr Meuschen, der im leersischen Verzeichniß Num. 124. Staatenflaggen, die gegenwärtige aber Prinzenfahnen nennet; und Herr Staatsrath Müller, der beyde ebenfalls getrennet hat. Die Sache läßt sich durch Gründe entscheiden, die ich hier angeben will. Ich will mich nicht auf die Mahlerey von beyden berufen, die doch sichtbar unterschieden ist, denn diese könnte was zufälliges seyn. Sondern der Bau selbst mag hier Richter seyn.

1) Die Binde (n. CXXIV.) ist in ihrer Windungsart ungleich länger gestreckt.
2) Ihre Schale ist bey einer mehrern Grösse ungleich dünner.
3) Die Mundöffnung länger und nicht so sehr oval, und der kleinere ovale Einschnitt und der darauf folgende halbmondförmige fehlen ihr gänzlich.

Unsere eigentliche Staatenflagge erscheinet in vielen Abwechselungen, die aber gar nicht ihren Bau, sondern blos ihre Farbe angehen. Ich will erst die seltenern Fälle erzehlen. Lister gedenket einer gezahnten Gattung mit engen röthlichen Bändern; Lesser einer Abänderung, die nur zwey Bänder, ein braunes und ein fahles hat. Die mehresten haben mehrere Bänder, von denen Herr Etatsrath Müller folgende Abänderungen angiebt:

1) Caerulescens fasciis quinque. 1) gelb, 2) schwarz, 3) roth, 4) schwarz, 5) schwefelgelb.
2) Candida fasciis octo. 1) schwarz, 2) roth, 3) schwarz, 4) roth, 5) blau, 6) schwarz, 7) gelb, 8) himmelblau.
3) Candida fasciis septem. 1) schwarz, 2) gelb, 3) schwarz, 4) roth, 5) grün, 6) schwarz, 7) gelb.

Herr D. Martini sagt, daß Herr D. Feldmann ein $\frac{5}{8}$ Zoll langes Beyspiel über England aus Jamaica erhalten habe, welches mit gelben, schwarzen, grauen, grünen und rothen Bändern bemahlt gewesen sey. Lesser redet von einem Beyspiel, das mit gelben, dunkelbraunen, weissen, rothen, grünen und dunkelblauen Linien umwunden sey. Argenville sagt von seinem Bunde, daß er mit acht breiten Bändern, einem braunen, grünlichen, violetten, blauen, zwey weiß und roth gemischten, und zwey rosenfarbnen, welche die Spitze ausmachen, ausnehmend schön gezieret sey. Ich übergehe mehrere und beschreibe nur die meinigen.

1) Fast zwey Zoll lang mit sieben Bändern. 1) schwarz, 2) schwachgelb, fast unsichtbar, 3) roth, 4) gelb, 5) bläulich, 6) schwarz, 7) gelb.
2) Ein $\frac{1}{2}$ Zoll lang, die Grundfarbe schön weiß und glänzend mit neun Bändern. 1) schwarz, 2) gelb, 3) braunroth, 4) rosenroth, 5) gelb, 6) grün, 7) braun, 8) gelb, 9) grün.

3) Ein $\frac{3}{4}$ Zoll lang, die Grundfarbe schön weiß und glänzend mit neun Bändern. 1) bläulich, 2) gelb, 3) bläulich, 4) rothgelb, 5) hellgelb, 6) dunkelgrün, 7) schwarz, 8) mattgrün, 9) dunkelgrün, 10) schwarzbraun. Die drey letzten Bänder liegen auf grünlichem Grunde. Ich habe, wie billig, nur die Bänder auf der ersten grossen Windung gezehlet.

4) Mit acht Bändern. 1) braun, 2) schwefelgelb, 3) braun, 4) ziegelroth, 5) grün, 6) braun, 7) bläulich, fast nicht zu sehen, 8) schwefelgelb und breit.

Man siehet hieraus, daß die Abwechselungen der Bänder in ihren Farben gar sehr verschieden sind, und daß man vielleicht nicht zwey Beyspiele finden wird, wo sie sich völlig gleich wären. Eben so sind diese Bänder manchmal stärker, manchmal feiner, zuweilen so fein und dünne wie ein Haar.

Die Benennungen, die man dieser schönen Trompete gegeben hat, sind gar verschieden und in der That zweydeutig. Herr Meuschen unterscheidet die Staatenflaggen von den Prinzenfahnen, verstehet aber unter dem ersten die Bunde, (n. CXXIV.) und unter den Prinzenfahnen die gegenwärtige. Argenville nennet beyde Rubans, Bunde, und daß das auch Herr D. Martini gethan habe, ist daher deutlich, weil er sich auf Regenfuß tab. 10. fig. 46. im ersten Theil beruft, wo doch nicht die gegenwärtige, sondern Num. 124. abgebildet ist. Herr Prof. Müller sagt, daß diejenigen Conchylien Prinzenfahnen hiessen, welche viel und schön abwechselnde Bänder hätten; diejenigen aber, welche weniger bandirt, und nicht schön gefärbt sind, hiessen Staatenfahnen, insgemein aber würden sie von den Holländern *Bell Slakken* genennet. Wenn man aber Herrn Müllers Citaten aus dem Knorr betrachtet, so hat er ebenfalls die gegenwärtige und Num. 124. für einerley gehalten. Es wäre freylich zu wünschen, daß die Schriftsteller bey diesen beyden seltenen Conchylien behutsamer verfahren wären und bestimmter gehandelt hätten. Ich denke dadurch alle Schwierigkeiten gehoben zu haben, daß ich beyde Gattungen genau beschrieben, von der gegenwärtigen aber zwey genaue Abbildungen gegeben habe.

Der Name der Staatenflaggen und Prinzenfahnen kommt von ihren verschieden gefärbten Bändern her, darinne sie den Flaggen der holländischen Schiffe gleichen. Eben darauf mag wohl Argenville gesehen haben, da er sie Bunde nennet. Linne' sahe auf das schöne Rosenroth der Mündung, und gedachte sich da die rothe Lippe der Jungfrauen, und nannte nun die Conchylie *Bullam virgineam.*

Ueber den Ort, wo sich diese Conchylie findet, und ob sie dort im Meer oder im Wasser liege? sind die Schriftsteller gar nicht einig. Herr Etatsrath Müller nennet überhaupt Indien. Bonanni das rothe Meer, Lister, Barbados, Martini Jamaica, Prof. Müller die Antillen, u. s. f. Daraus erhellet zugleich daß sie verschiedene, wohin auch Argenville gehöret, unter die Seeschnecken zehlen, andere aber gar nichts entscheiden. Lister und Martini haben sie unter den Erdschnecken. Im Seba wird gar gesagt, daß sie in Flüssen und auf der Erde zugleich wohnen und sich vermehren könne, welches ich für unmöglich halte. Herr von Linne' und Gualtieri legen sie unter die Flußconchylien, und das ist wahrscheinlich ihr rechter Ort, da sie für eine Erdschnecke würklich zu schön sind, für eine Seeschnecke aber nicht das rechte abstechende perlenmutterartige Weisse haben. Halten sie sich aber

viel-

vielleicht an den Mündungen grosser Flüsse auf, so können auch wohl einige in die See übergehen, und dort erhascht werden.

In der Leersischen Auction wurden zwey Staaten- und eine Prinzenflagge mit 14. holländischen Gulden 10. Stüber bezahlt, sie gehören also zuverlässig unter die seltenern Conchylien.

CXXIX.

Die lebendig gebährende Flußschnecke ohne Bänder. *Nerita dissimilis*, *Müll.*

Müller *Hist. Verm. P. II. p. 184. n. 371. Nerita dissimilis testa subovato-acuminata, luteo-albescente; labro nigro.* **Dänisch** Uligedan-Neriten.

Herr Etatsrath **Müller** gestehet es selbst ein, daß man diese Conchylie von der **lebendig gebährenden Flußschnecke** kaum unterscheiden kann. Ich bin durch Herrn **Spenglers** Güte so glücklich dieselbe selbst zu besitzen, und gebe nun Herrn **Müller** ganz meinen Beyfall. Ich nenne sie **die lebendig gebährende Schnecke ohne Bänder**, weil ihr die braunen Binden gänzlich fehlen, die man an der lebendig gebährenden so deutlich siehet; (n. CXXVI.) sie ist also eine seltene Abänderung derselben, die es aber allemal verdienet besonders gelegt und beschrieben zu werden. Sie gehöret also auch dahin wo **Lister** Histor. Conchyl. tab. 1055. fig. 6. die hingestellt hat, die bey ihm Cochlea viuipara altera nostras testa tenuiori, Fluuii Cham genennt wird. Mein Exemplar hat nur eine mittlere Grösse, sie ist ¾ Zoll hoch. Ihre Schale ist überaus fein, aber nicht dünner als die Schale der lebendig gebährenden von gleicher Grösse, das ist, diejenige, die noch nicht ihre völlige Wachsthumsgrösse erreicht hat. Die Farbe der Schale fällt in das Bräunliche. Sie hat sechs Windungen, und unter diesen sind die zwey obersten die dunkelsten, deren Farbe braunroth ist. Der untere Theil des ersten Gewindes ist ohngefehr ¼ Zoll breit, ganz weiß, und folglich wie mit einem weissen Bande umgeben. Man könnte sie um dieses Umstandes willen **die lebendig gebährende Flußschnecke mit einem breiten weissen Bande** nennen. Ein dünner bräunlicher Deckel schliesset die Mundöffnung dieser Conchylie, von dem ich aber keine nähere Nachricht geben kann, weil er an meinem Beyspiele mangelt. Sie ist aus **Tranquebar.**

CXXX.

Die Flußnadel mit gestreiften Bändern. *Nerita lineata*, *Müll.*

Müller *Hist. Verm. P. II. p. 189. n. 376. Nerita lineata testa subulata fusca, lineis septem spiralibus impressis, apertura ouata.* **Dänisch** Linie-Neriten.

Da mir Herr Kunstverwalter **Spengler** die Freude gemacht hat, mich mit dieser Conchylie zu beschenken, so muß ich, ehe ich sie beschreibe, eine gedoppelte Anmerkung machen.

1) Herr Etatsrath **Müller** beruft sich auf **Lister** Histor. Conchyl. tab. 116. fig. 11. die **Lister** ohne Beschreibung hat, **Klein** aber Method. Ostracol. p. 34. §. 90. 2. b. folgendergestalt beschreibt: Tuba phonurgica fluuiatilis, spiris planis carminata in longum, longitudinalibus lineis et fasciis spiralibus insignita; und **Martini** Berl. Mag. IV. B. S. 348. tab. 10. fig. 50. wie **Klein** aus dem

dem Lister entlehnet, und die Flußnadel mit 7. in die Länge gestreiften und durch Querbänder abgetheilten Gewinden genennet hat. Allein diese gehören nicht hieher. Denn der gegenwärtigen fehlet das Querband im Winkel der Windungen, der Listerischen aber die punctirten Querstreifen auf den Gewinden. Den äusern Bau haben übrigens beyde gemeinschaftlich.

2) Diese Flußnadel gehöret nicht unter die Trompeten, sondern unter die Schrauben, und sollte unten nach CLXX. stehen.

Herrn Spenglers Exemplar hat eine länge von 18. linien, mein gröstes ist 1¼ Zoll lang, zwey sind noch etwas kleiner, an allen aber ist der Bau eben derselbe. Diese Conchylie bestehet aus 9. bis 10. Windungen, welche, wie die Windungen der Schrauben, verhältnißmässig abnehmen. Die Windungen sind durch einen tiefen Einschnitt, welcher der Grösse der Schnecke angepaßt ist, von einander unterschieden. Ueber die Windungen hinweg laufen die feinsten Querstreifen, und diese sind in gewissen regelmässigen aber engen Entfernungen mit rothbraunen Puncten oder vielmehr kleinen Strichen ausgeschmückt, und diese Puncte oder Striche machen uns auch die vielen engen die länge herunter laufenden Streifen sichtbar, die wir ausserdem mit einem blossen Auge schwerlich erkennen würden. Durch dieses Gebäude entstehet ein feines punctirtes Gitterwerk, welches der Conchylie ein gutes Ansehen verschafft. An allen meinen Beyspielen ist die Endspitze ganz weiß, das betrift bey dem einen nur zwey Windungen, bey dem andern fünf und bey dem dritten drey Gewinde. Diese Auszierung der Schale ist in dem Wasser mit einer braunen Haut überdeckt, die man behutsam weg arbeiten muß, wenn man die Conchylie in ihrer ganzen Schönheit sehen will. Die Schale ist sehr dünne, die Mundöffnung eyförmig und ungesäumt, doch legt sich ein dünnes Blättchen an die erste Windung an. Sie ist von der Küste **Guinea.**

CXXXI.

Der Korb, Mart. *Buccinum fluuiatile mediis orbibus paululum tumidis.*

Klein *Method. Ostrac. p. 52. §. 147. VI. Canistrum septem orbium.* Lister *Hist. Conchyl. tab. 108. fig. 1. Buccinum septem orbium leuiter vmbilicatum, mediis orbibus paululum tumidis, e Fluuio Rodano prope Viennam Allobrogum.* Lister *Animal. Angl. App. tab. III. fig. 4. (citante Martin.) Cochlea fluuiatilis e Rhodano iuxta Viennam Galliae. an?* Petiver *Gazophyl. tab. 17. fig. 4? Buccinum persicum oliuare?* Martini Berl. Magaz. *IV.* B. S. 346. *tab. 10. fig. 46.* Der Korb. Eine Schraubenschnecke aus der Rhone, mit eyförmigen gesäumten Munde und 7 Windungen. Die erste ist sehr bauchicht.

Martini hat diese Conchylie aus der Rhone gar nicht beschrieben, und seine Abbildung scheinet aus dem Lister entlehnet zu seyn. Die Conchylie ist nicht gar einen Zoll lang, und bestehet aus sieben Windungen. Die erste Windung ist groß und bauchicht, besonders in dem Mittelpuncte, die folgenden sind ungleich kleiner, nehmen verhältnißmässig ab, und sind alle auch ein wenig aufgeblasen; und endigen sich in eine stumpfe Spitze. Die Mundöffnung ist oval, und, nach der Grösse der Schnecke zu urtheilen, stark gesäumt. Auf der linken Seite bedeckt die lippe die Oeffnung der Spindel nicht ganz, und sie erscheinet also halbgenabelt Ein Umstand, der

auch

auch nur zufällig seyn kann. So viel ist entschieden, daß eine mit einem Saum versehene Flußschnecke ihre ganze Wachsthumsgrösse erreicht hat, demohnerachtet aber kann sie ihre linke Lefze so anlegen, daß sie damit die Oeffnung der Spindel ganz bedeckt, oder halb offen läßt. Die Farbe dieser Schnecke hat kein Schriftsteller angegeben, und ich schliesse daraus, daß es eben keine Schönheiten sind, die diese bey uns so seltne Conchylie empfehlen können.

CXXXII.

Die sphärische Trompetenschnecke. *Nerita sphaerica*, *Müll.*

Müller *Hist. Verm. P. II. p. 170. n. 356. Nerita sphaerica testa globosa, cornea, vertice obtuso.* Dänisch Kugle-Neriten.

Herr Etatsrath Müller, der einzige Schriftsteller, der dieser Flußtrompete gedenket, giebt ihren Durchmesser bis höchstens zwey Linien an, und vergleicht sie mit dem Thürhüter, (Num. CXX.) von dem sie aber als eine besondere Gattung unterschieden zu seyn scheinet. Ihre Schale ist etwas bauchicht, hornicht, durchscheinend, weiß oder grau, ohne anders gefärbte Zeichnung, glatt, und hat eine stumpfe Spitze. Darinne gleicht sie dem Thürhüter. Sie hat vier convexe Windungen. Die erste ist bauchicht, zweymal weiter und grösser als alle die folgenden, welches man an dem Thürhüter nicht also findet; dem sie, dieses ausgenommen, ganz gleich ist. Herr Müller fand eine graue Abänderung dieser Trompete, mit weissern Queerstrichen. Sie wird nicht häufig gefunden, und hält sich an der Conferva auf.

CXXXIII.

Die Bastart-Sectonne, Meuschen. Die Sumpfnadel, Rumph. *Strombus palustris*, *Linn.*

Rumph amboin. Raritätenk. holländisch *p. 101. n. 17. tab. 30. fig. Q. Strombus palustris, Amb. Sipot Kitsjil, Makkass. en Maleitsch Borongan, deze is van gedaante als de Marlpriemen, doch korter, leelyker, slykverwig, gemeenlyk met een afgebroken spits, binnen wit en glad, en den mond met een dekzel gesloten.* Deutsch S. 71. *Strombus palustris*, oder die Sumpfnadel. Amboinisch *Sipot Kitsjil*, Makassarisch und Maleitsch *Borangan.* Diese Schnecke ist von der nemlichen Structur wie die obige Stricknadel, (das dicke Tiegerbein: *Buccinum maculatum, Linn.* Rumph *tab. 30. fig. A.*) aber etwas kürzer, unansehnlicher und schlammfärbig. Die Spitze ist gemeiniglich abgebrochen: innwendig ist sie weiß und glatt, die Mündung ist mit einem Deckel verschlossen. Chemnitz Zusätze zum Rumph S. 67. die westindische falsche Pabstkrone. Die ceramische Nadel oder Pfrieme. Klein *Method. Ostrac. p. 27. §. 73. I. A. 7? Strombus acularis laevis s. Subula, subniger, palustris; crassulus. it. p. 28. §. 75. I. B. 4. Strombus acularis asper, palustris; labiosus apice plerumque fracto, spiris dentatis; intus albus.* Hebenstreit *Mus. Richter. p. 324. Strombus palustris. Strombus superiore turbine dentatus inferioribus laevibus.* Das in Sümpfen wohnende Pfriemenhorn, oben gezackt, unten glatt, und mit Linien umwunden. Seba *Thesaurus P. III. tab. 50. fig. 13. 14. 19. Strombus magnus, late expansis labiis gaudens. Noster hic Strombus contortus est, tuberculis inaequalis, et reticulatim fenestratus. Late expansum dentatumque labium os producit amplum hians, curua donatum clauicula.* Linne' *Syst. Nat. ed. XII. Gen. 324. sp. 515. Strombus palustris.* Müller Natursyst. Th. *VI.* S. 490. die Bastart-Seetonne, *Basterd Zeetonn.* Knorr Vergnügen d. Aug. Th. *III. tab. 18. fig. 1.* S. 36. die Sumpfnadel, die Westindische Bastart-Pabstkrone, die Ceramische Pfrieme. *it.* Th. *V. tab. 15. f. 8.* Martini Berlin. Magaz. *IV.* B. S. 339. *n. 85. tab. 9. fig. 40.* die Sumpfnadel, die ostindianische Bastart-Pabstkrone. Die Ceramische Nadel oder Pfrieme. Martini system. Conchyl. Kab. *tab. 156. fig. 1472.* Meuschen *Mus. Leers. p. 26. n. 212. 213. 214. Een bruynkleurige bastert Zee-Ton. Twee grauwkleurige dito. Un faux Telescope.*

Rumph vergleicht die Bastart-Seetonne mit dem dicken Tiegerbein, er kann aber dabey auf nichts weiter als auf den allgemeinen äussern Bau gesehen haben, denn ausserdem sind beyde so weit von einander unterschieden, als nur verschiedene Körper unterschieden seyn können. Diese Conchylie erreicht eine ansehnliche länge bis zu fünf Zoll; und hat zwölf und mehr Windungen, doch findet man selten unversehrte Exemplare, indem an den mehresten die Endspitze abgebrochen ist. Ob dies Zufall sey, oder ob sich diese Schnecke ihre Endspitze, nach der Gewohnheit einiger andern Schnecken m), selbst absprenge? das kann ich nicht sagen. Die erste Windung ist dreymal so groß als die folgende zwote, diese aber und alle die folgenden gehen in gleicher Abnahme, und gleichsam ohne merklich abzusetzen bis zur Endspitze fort, fast wie bey der ächten Seetonne, (Trochus telescopium,) der sie auch an der Mundöffnung einigermassen gleich ist. Wenn wir folglich mehr auf die Windungsart im Ganzen, als auf die erste Windung allein sehen wollten, so würde diese Conchylie zum folgenden Geschlecht der Schrauben gehören, wohin sie auch die mehresten Schriftsteller rechnen; und nun würde sie vielleicht nach Num. CLXVIII. am rechten Orte stehen. Die erste Windung ist an ihrem Fusse ein wenig gekerbt, und queerüber mit zarten linien gestreift. Die Mundöffnung ist halbmondförmig, doch betrift dies nicht die ganze Mündung. Sie ist an der rechten lefze hervortretend, und mit einem breiten gekerbten oder gezahnten Rande versehen. Der untere Theil der Mündung, den einige Conchyliologen die Nase nennen, ist ausgeschnitten, und bildet eine kurze Rinne, und nun legt sich die linke lefze an den Bauch an, welche oben, vermittelst der hervortretenden rechten lippe, eine kleine Rinne oder einen Schnabel bildet.

Was ich jetzt gesagt habe, das betrift den Bau, in so fern er allen Bastart-Seetonnen zukommt. Aber sie erscheinen gleichwohl in verschiedenen Abänderungen, sonderlich in Ansehung der Farbenzeichnung. Klein führet die Rumphische Sumpfnadel zweymal, und zwar als zwey verschiedene Gattungen, an, davon er die eine glatt, die andre rauh nennet; zwey Abänderungen können es wohl seyn, aber Gattungen hätte er sie gleichwohl nicht nennen, oder unter zwey verschiedene Gattungen bringen sollen.

Die mehresten Abänderungen zeigen sich bey der Bastart-Seetonne in Rücksicht auf die Farben. Rumph sagt, sie sey kothfärbig, innwendig aber weiß. Herr Prof.

m) Siehe meine Abhandlungen über verschiedene Gegenst. der Naturgesch. Th. II. S. 245. f.

Prof. Müller beschreibt das Knorrische Exemplar von vermischten Farben. Das untere und gröste Gewind, sagt er im Knorrischen Werke S. 36, ist schwarzbraun, queer über mit zarten Linien in gleicher Entfernung gestreift, und obenher ein wenig gekerbt. Die übrigen Gewinde sind von vermischter, weisser, schwarzer, brauner und gelber Farbe, und die äusserste Spitze ist weiß und grün gefleckt, oder vielmehr etwas verwittert, und gleichsam mit einem Wassermoose überkleidet. In seinem Natursystem sagt er S. 491. daß die Farbe schwarz mit braun untermengt sey. Die Martinische Abbildung ist heller und dunklerbraun gemischt, doch haben die obern Windungen eine hellere Farbe, als die untern. In dem Leersischen Verzeichnisse wird die eine braun-, die andre graufärbig genennet.

Rumph sagt, daß die Sumpfnadel ihre Mündung mit einem Deckel verschliesse, beschreibt aber diesen Deckel weiter nicht, sondern sagt nur noch, daß man das Thier derselben essen könne, und daß sie daher häufig gesucht werde.

Diese Schnecke hält sich nicht in der See, sondern in morastigen Sagorgebüschen auf, sie gehöret also eben sowohl unter die Flußconchylien, als die Rothschnecke. (Num. LXII.) Nach Rumphs Nachricht wird sie auf Ceram, Boero und Celebes häufig gefunden. Sie ist unterdessen in den Kabinetten eine solche Seltenheit, daß in der Leersischen Auction ein einziges Exemplar mit 8. Fl. 15. Stüber bezahlt wurde.

CXXXIV.

Die weitmündige roth gebanderte Trompete. *Buccinum viridescens lineolis subrufis cinctum, ore subouali amplo.*

Lister *Histor. Conchyl. tab. 109. fig. 2. Buccinum subviride, breuibus lineolis subrufis, velut fasciatim depictum.* Klein *Method. Ostrac. p. 34. §. 90. I. d. tuba phonurgica spiris planis, subuiridis, breuibus lineolis velut fasciatim depicta.* Martini Berl. Mag. *IV.* B. S. 347. *n. 93. tab. X. fig. 47.* die weitmündige grünliche Schraubenschnecke aus Jamaica.

Lister hat auf der angeführten Tafel zwey Beyspiele abgebildet, wo dem einen die röthlichen Banden zu fehlen, hingegen durch Streifen, welche die Länge herablaufen, ersetzt zu seyn scheinen. Ich muthmasse, so sehe die Schnecke aus, wenn sie mit ihrem schmutzigen Oberkleide aus den Flüssen kommt. Sie hat ohngefehr 6. Windungen. Die erste ist groß und bauchigt, die übrigen nehmen verhältnißmässig ab, und sind weniger bauchicht. Die Mundöffnung ist oval, aber weit, und auf der linken Seite stark gesäumt. Die Farbe der Schale spielet ins Grüne, und queer über derselben laufen röthliche Striche in regelmässigen Cirkellinien herum. Lister ist der einzige Schriftsteller, der diese Schnecke gesehen und beschrieben hat, und dieser versichert, daß ihr Vaterland Jamaica sey. Sie wird 1½ Zoll lang gefunden.

CXXXV.

Die grünlichgelbe Trompete mit zwey dunkelrothen Bändern. *Buccinum ex viridi subflauum fasciis 2. atro-purpureis.*

Lister *Histor. Conchyl. tab. 115. fig. 7. Buccinum ex viridi subflauum, duabus tantum fasciis atro-purpureis circumdatum, clauicula productiore.* Klein *Method.*

Ostrac. p. 34. §. 90. t. a. Tuba phonurgica spiris planis fasciata: bifasciis: subflava ex viridi; Virginiana, duabus fasciis atro-purpureis cincta. Martini Berl. Mag. *IV.* B. S. 347. *n. 94. tab. 10. fig. 48.* das Virginianische grünlichgelbe Schraubenhorn mit 5. flachen Gewinden, weiter eyförmigen Mündung und 2. dunkelrothen Banden.

Klein und Martini haben ihre Beschreibung, und letzterer auch seine Abbildung dieser Trompete aus dem Lister genommen, der sie in seiner kurzen Beschreibung doch deutlich genug characterisirt. Sie hat fünf Windungen, welche, wenn wir die erste ausnehmen, alle flach gewunden sind; die erste hingegen ist bauchig und erhaben zugleich, und bildet einen Buckel. Auf den Gewinden herab laufen zarte Streifen. Die Mündung ist eyförmig, aber dabey länglich und weit. Die Farbe der Schale spielet aus dem Grünen ins Gelbe, und zwey dunkelrothe Bänder erhöhen ihren Schmuck. Sie ist in Virginien zu Hause, und einen Zoll lang.

CXXXVI.

Aus einem blossen Versehen eines Freundes, der mir einige, und unter diesen auch das Tab. VIII. fig. 5. abgezeichnete Stück, dessen innrer Bau tab. min. C. fig. 5. abgezeichnet ist, unter der Versichrung ertheilte, daß es bey Hamburg in den süssen Wassern gefunden würde; habe ich eine Abbildung davon mitgetheilet, und diesem Beyspiel in meiner Geschlechtstafel den Namen des Bauerjungen der süssen Wasser gegeben. Aber nun sehe ich, da ich es genauer betrachte, daß es der Turbo littoralis des Herrn Linne ist, der vielleicht durch Ueberschwemmungen von den Ufern der See in nahe Flüsse kann geführet werden. Und so mag sich die Sache mit dem gegenwärtigen Beyspiele verhalten. Ich bitte meine Leser diese Numer zu übersehen, die ich ihnen am Schluß dieses Abschnittes durch ein paar Dutzend andre ersetzen will.

CXXXVI. A.

Tab. IX. fig. 16. 18. 19.

Das castanienbraune Buccinum aus Grönland. *Buccinum castanei coloris apertura ovato-circulari. Tab. IX. fig. 16. 18. 19.*

Diese Grönländerinnen gehören zwar unter die kleinern Conchylien, denn die grösten unter ihnen, die man doch seltener antrift, sind nicht viel über einen halben Zoll lang, die mehresten erreichen den halben Zoll nicht, und sind doch über einen Viertelszoll dicke. Folglich ist die erste ihrer fünf Windungen sehr bauchigt, die übrigen bilden einen spitzigen Zopf, sind gedruckt und weniger gewölbt. Ihre Mundöffnung würde einen völligen Cirkel bilden, wenn sich nicht die rechte Lippe weit über die linke hinausdehnte, und auf diese Art die Mundöffnung auf dieser Seite eyförmig machte. Die linke Lippe bildet nicht gar zu weit von der Spindel einen Saum, der aber in sich geschlagen und von Aussen gar nicht sichtbar ist, und dieser Saum legt sich in einem dünnen Blättchen an den Bauch, und da die innre Farbe der Schnecke allemal braun ist, so ist die Lippe bald heller braun, bald braun und weiß melirt, bald ganz weiß.

Die Verschiedenheiten, die ich an dieser Conchylie, die mir mein lieber Chemnitz häufig genug geschenkt hat, gefunden habe, betreffen zuförderst die Farbe. Wie sie

sie aus dem Wasser gezogen werden, so liegt eine grünlichgraue Unreinigkeit über ihnen. So bald man diese abnimmt, so erscheinen die meisten in einer dunkel castanienbraunen Farbe, die schön und glänzend ist. Andere sind heller, oder spielen in das Grünliche, oder sind wohl weiß und hellbraun gefleckt. An einigen ist die Schale ganz glatt, an andern ist sie gestreift, doch sind die Streifen überaus fein und enge, und laufen in den regelmässigsten Richtungen queer über die Schale.

Den innern Bau haben diese Trompeten mit allen Schnecken gemein, deren erste Windung rund und bauchigt ist, die folgenden aber einen gestreckten Zopf bilden. So weit dieser Zopf reicht, eben so weit gehet die Spindel fast ganz gerade in kleinen Absätzen fort; aber die Spindelsäule der ersten Windung ist ganz auf die Seite der Mundöffnung geschoben, und, nach der Grösse der Schale berechnet, sehr dicke, damit das runde kuglichte Gewind eine hinlängliche Stütze hat.

Den **Deckel** dieser Conchylie habe ich Tab. 9. fig. 7. a. b. einmal vergrössert abbilden lassen. Er gehöret unter die hornartigen Deckels, ist aber so dünne wie das feinste Papier, ganz durchsichtig, im Mittelpuncte dunkelbraun, an beyden Seiten heller. Er ist fast ganz rund, ausser oben, wo ich vorhin sagte, daß sich die rechte Lefze über die linke ausdehnte. Von Aussen bestehet er aus den feinsten Linien, die sich in dem Mittelpuncte in eine Schneckenlinie krümmen; die innere Seite ist ganz glatt, doch schimmern die äussern Linien durch. Er ist am Fusse des Thiers befestiget, passet auf die Mundöffnung genau, und das Thier kann ihn weit hinter sich her in die Mündung hineinziehen.

CXXXVII.

Die weisse feingestreifte Flußtrompete. *Buccinum minutissime striatum, candidum. Tab. min. A. fig. 6.*

Tab. min. A. fig. 6.

Gualtieri *Ind. testar. tab. 5. fig. SS. Buccinum fluviatile, aliquantulum umbilicatum, minutissime striatum, candidum.*

Diese Trompetenschnecke hat ganz einen conischen Bau, eine halbmondförmige Mundöffnung, welche gesäumt ist, und eine stumpfe Spitze. Die Windungen sind etwas gewölbt, so die erste gröste, so alle die folgenden. Nach des Gualtieri Anzeige ist sie halb genabelt, worauf man aber bey Conchylien nicht allemal sicher fussen kann, weil es hier blos darauf ankommt, wie das Thier die Lefze an der linken Seite anlegen konnte. Die Schale ist weiß, und auf das feinste gestreift.

CXXXVIII.

Die gestreifte Trompete mit zurückgebogener Mündung. *Buccinum striatulum, Müll.*

Müller *Hist. Verm. P. II. p. 147. n. 335. Buccinum testa conica, alba, striata, axi recto reflexo.* Dänisch Linie-Hornet.

Herr Etatsrath Müller sagt von dieser Trompetenschnecke, daß sie eine Länge von 14. bis 12. Linien, und eine Breite von 6. bis 8. Linien erreiche, und also

 gehö-

gehöret sie unter die Flußconchylien, die nur eine mittlere Grösse erreichen. Der Bau ist conisch, die Schale gestreift, und sie ist auf der rechten Seite ihrer Axe zurückgebogen. In den Winkeln der Windungen findet man feine Streifen, man muß aber ein Vergrösserungsglas zu Hülfe nehmen, wenn man dieselben erkennen will; und nun siehet man auch, daß diese Streifen ein wenig erhöhet sind. Die Mundöffnung ist eyförmig und ohne Saum. Herr Etatsrath Müller sagt uns nicht, wo diese Conchylie zu Hause sey, sondern nur, daß man sie in den Sammlungen hin und wieder finde.

CXXXIX.

Die gelbgeflammte Flußtrompete. *Buccinum strigatum*, *Müll.*

Müller *Hist. Verm. P. II. p. 148. n. 336. Buccinum testa conico-acuminata glabra strigis undulatis fuluis, axi recto reflexo.* Dänisch Flamme-Hornet.

Diese Conchylie erlangt eine Länge von 2¾ Zoll, und eine Breite von einem Zoll. Sie hat, wie die vorhergehende, ebenfalls einen conischen Bau, nur daß sich ihr Zopf in eine scharfe Spitze endiget. Ueberhaupt haben diese und die vorige Trompete fast ganz einen Bau. Die Schale ist weiß und glatt, ohne sichtbare Streifen; aber die Länge herab laufen schlangenförmige gelbe Striche, die in einer gleichen Entfernung von einander abstehen. Die Schale bestehet aus acht Windungen, die aber weniger gedehnt als bey der vorigen sind. Die Mündung ist länglich oval, bläulich, und die Striche, damit die Schale von aussen gefärbt ist, schimmern hindurch. Diese Schnecke bestimmet gleichsam eine Mittelgattung unter der Binde (n. CXXIV.) und der nun gleich folgenden Trompete. Ihren Aufenthalt weiß ich nicht anzugeben, glaube aber daß sie ausländisch seyn.

CXL.

Die geribbte Trompete mit einzelnen gelben Flammen. *Buccinum striatum*, *Müll.*

Müller *Hist. Verm. P. II. p. 149. n. 339. Buccinum striatum testa turrita, conuexe striata, alba, strigis raris fuluis, axi sinuato, inflexo.* Dänisch Stribe-Hornet.

Diese Trompete erreicht eine Länge von 2. Zoll 3 • 7. Linien, und eine Breite von neun oder zehn Linien. Sie hat eine grosse Aehnlichkeit mit der vorhergehenden, von der man sie aber durch folgende Kennzeichen leicht unterscheiden kann. Zuförderst ist ihre weisse Schale zart und durchsichtig. Sie ist ferner die Länge herab deutlich gestreift, und diese Streifen sind erhöht und gleichen also Ribben. In die Länge herab laufen drittens einzelne gelbe Linien, die jedoch keine Ordnung unter sich halten, sie scheinen von dem neuen Anwachs der Schale herzurühren. Eine jede Windung schliesset sich genau an die folgende an, und die Mundöffnung ist länglich oval. Herr Etatsrath Müller sagt, daß er diese seltene Conchylie in dem Kabinet des Herrn Kunstverwalter Spengler gefunden habe.

CXLI.

Die Flußtrompete mit dreyeckigter Mündung. *Buccinum laeue, ore triangulari. Tab. min. A. fig. 9.*

Gualtieri *Index testarum tab. 5. fig. C. Buccinum fluuiatile laeue, fuscum ore triangulari.*

Diese Conchylie, die ohngefehr die Länge von 6-7 Linien und sechs Windungen hat, zeichnet sich besonders durch ihre längliche dreyeckigte gesäumte Mündung aus. Aber eben darum, weil diese Mündung in der Mitte ihres Umrisses auf beyden Seiten ausgebrochen und dadurch dreyeckigt geworden ist, so ist sie oben und unten spitzig, und ihr Bau ist sonderbar genung, eine eigne Gattung unter den Flußconchylien zu bestimmen. Ihre Schale ist glatt und braun gefärbt. Sie gehört unter die seltensten Flußconchylien, die mir nur in dem Gualtieri vorgekommen ist.

Das neunte Kapitel.

Von den Schraubenschnecken.

Allgemeine Anmerkungen über die Schraubenschnecken.

§. 107.

Das Geschlecht der **Schraubenschnecken** beschliesset das ganze Volk der Flußconchylien, unter ihnen aber giebt es nicht weniger viele und seltene Gattungen, ob es gleich der Erfolg lehret, daß die wenigsten Schrauben für unsre innländischen Flußconchylien gehören. Aber eben darum herrschet hier noch grosse Dunkelheit und Verwirrung. Ich muß daher bey diesem Kapitel dasjenige wiederholen und unterschreiben, was der Herr D. **Martini** im IV. Bande des Berlinischen Magazins S. 337. f. sagt: „Die Schraubenschnecken der süssen Wasser sind unsern Gegenden sehr seltsam, und bey denen in den Schriftstellern hin und wieder angeführten habe ich viel Unzuverlässiges entdeckt, die Beschreibungen sehr unvollständig und einige Nachrichten ungemein zweifelhaft gefunden.„ Unter seinen 22. Gattungen, aus denen ich doch einige in das Geschlecht der Trompeten zurückgerufen habe, konnte Herr D. **Martini** keine einzige einheimische aufstellen; ich bin hingegen so glücklich, verschiedene innländische und unter diesen auch eine thüringische aufzuweisen.

Man hat diese Schnecken, die ich jetzo beschreibe, **Schrauben**, **Pfriemen** und **Nadeln**, *Turbines*, *Strombos*, fr. *Vis* genennet, unter denen doch der Name der **Schrauben** der treffendste ist, denn es wird sich in der Folge zeigen, daß man einige Gattungen, welche besonders höckerigt oder bauchigt sind, sehr uneigentlich mit **Nadeln** oder **Pfriemen** vergleichen kann; aber der Gestalt einer Schraube kommen sie näher. Denn ihre erste Windung ist nicht viel grösser als das folgende, vielmehr stehen alle Windungen unter sich in einer gleichen verhältnißmässigen Abnahme; folglich werden die Gattungen dieses Geschlechtes nach und nach dünner, und die mehresten

 laufen

laufen in eine sehr feine, und nur wenige in eine stumpfe Spitze aus. Ihre Mundöffnung ist klein, und bey Conchylien von gleicher Grösse allemal kleiner als bey den Trompeten; mehrentheils rund, ob sich gleich auch solche finden, die an der einen oder an beyden Seiten ausgebogen sind, ja einige, die einen zurückgebogenen hohlen Schnabel haben. Man hat diesen letzten den Namen der **Schnabelschrauben** gegeben. Die Geschlechtskennzeichen der Schrauben sind demnach folgende:

1) Sie haben eine gleiche Abnahme aller ihrer Windungen.
2) Mehrentheils eine runde, wenigstens nie eine lange schmale Mundöffnung.

Unter sich selbst weichen sie gar sehr von einander ab, man findet sich daher genöthiget sie in gewisse Classen abzutheilen. Ich habe geglaubt am sichersten zu verfahren, wenn ich mich blos an die Beschaffenheit der Schale halte, und folglich an solche Kennzeichen, die gleich beym ersten Anblick in die Augen fallen. Da nun einige eine glatte, andre eine gestreifte, noch andre eine queergestreifte, und endlich einige eine höckerichte Schale haben, so hat das in meiner obigen Geschlechtstafel die Classen der Schrauben bestimmt, und mir zugleich den Leitfaden gegeben, nach welchem ich das Geschlecht der Schraubenschnecken zu beschreiben gedenke.

Wenn wir auf die Schönheit der Farben sehen, so suchen wir diese unter den Schraubenschnecken vergeblich. Unter den Trompeten waren doch einige von vorzüglicher Schönheit, aber die Schraubenschnecken können sich eines solchen Vorzugs allerdings nicht rühmen, ob ich gleich auch nicht geradezu sagen mag, daß sie von den Schönheiten verschiedener Farbenmischungen gänzlich ausgeschlossen wären. Was ihnen aber die Natur an dem äussern Reize der Farben versagt hat, das hat sie manchen unter ihnen durch einen merkwürdigen äussern Bau ersetzt. Besonders finden sich in derjenigen Classe von Schraubenschnecken, welche eine höckerichte Schale haben, einige Gattungen von einer ganz besondern Bauart.

Linksgedrehete Gattungen hat man unter den eigentlichen Flußschrauben noch nicht entdeckt, die vermuthlich unter ihnen noch zu entdecken sind. Diejenige Gattung, die ich sogleich unter dem Namen der linksgedreheten Schraube beschreiben werde, ist eine zweifelhafte Gattung, die nur in einem entfernteren Verstande unter die Flußconchylien, und vielmehr zu den Mittelgattungen gehöret, welche die Natur an die Gränzen der Erd- und der Flußschnecken gesetzt hat.

Verschiedene Schriftsteller, und sogar **Lister**, brauchen das Wort Schraube, *Turbo*, gar nicht, sie behalten den allgemeinen Namen Buccinum, und Herr Etatsrath **Müller** setzet einige Schrauben unter seine **Trompeten**, andre unter seine **Neriten**, weil er an einigen Thieren **ohrenförmige** oder **platte**, an andern aber **fadenförmige** Fühlhörner fand, oder wenigstens vermuthete. Diejenigen Schriftsteller, welche sich nach dem Bau der Schale richten, **Lesser**, **Gualtieri**, **Martini** u. d. g., haben die **Schraubenschnecken** unter dem Namen der **Schrauben**, *Turbo*, beschrieben.

§. 108.

Da die mehresten Schrauben unter die auswärtigen Conchylien gehören, die mehresten Conchylienbeschreiber aber auf die Betrachtung der Thiere so gar wenig Sorgfalt gerichtet haben, so kann ich bey diesem ganzen Geschlechte gar wenig von der Zoomorphomorphose der Schrauben sagen. Das wenige, was sich ja vorfinden möchte, will ich bey der Beschreibung derjenigen Conchylie, zu welcher das Thier gehöret, anmerken. Jetzo wende ich mich zu der Beschreibung der verschiedenen Schraubenschnecken.

CXLII.

Die linksgedrehete Schraube. Das Sandkorn, Müll. *Vertigo pusilla.*

Müller *Hist. Verm. P. II. p. 124. n. 320. Vertigo pusilla.* Dänisch Sandkorn - Snekken.

Vertigo ist bey dem Herrn Etatsrath **Müller** ein eignes Conchyliengeschlecht, von dem er folgenden Geschlechtscharacter giebt: Vermis cochleatus, tentaculis duobus linearibus, apice oculatis; und unter diesem Geschlechte ist *Vertigo pusilla* die einzige Gattung. Sonderbar ist es doch immer bey dieser Conchylie, **daß sie sich halb den Erdschnecken, und halb den Flußschnecken nähert.** Sie hält sich nicht in Flüssen, oder Teichen, oder Tümpfeln auf, sondern nur in faulenden feuchten Stämmen; sie hat hingegen nur **zwey** Fühlhörner, und das gehöret sonst nur für die Flußconchylien; daß sie aber die Augen auf den Spitzen ihrer fadenförmigen Fühlhörner trägt, das findet man sonst an keiner Flußschnecke, wohl aber an den Erdschnecken. Diese Schnecke ist also eine wahre Mittelgattung, die man folglich unter die Erdschnecken eben so wohl, als unter die Flußschnecken legen kan. Ich habe das letzte gethan, und befürchte darüber keine Vorwürfe, ich werde aber auch denjenigen keines Fehlers beschuldigen, der sie unter die Erdschnecken stellet.

Diese linke Schraube scheinet in **Dännemark** ganz allein zu Hause zu seyn, und auch dort unter die einheimischen Seltenheiten zu gehören. Nur der Herr Etatsrath **Müller** hat sie beschrieben, dessen Beschreibung ich hier wiederhole.

Sie ist nur eine Linie lang, und $\frac{1}{4}$ Linien breit, und cylindrisch gebauet. Dem ersten Anschein nach hat sie viele Aehnlichkeit mit dem Carychio minimo Herrn **Müllers**; (num. CXXII.) allein sie ist bauchigter, linksgedreht, und ganz dunkel gelb u. s. w. Sie hat fünf glatte Windungen, fast eine viereckigte Mundöffnung, deren äusserster Rand weiß ist. Sechs kleine weisse Zähne, und eine Anlage zum siebenten, davon drey in dem äussern der Mündung, drey aber an der folgenden Windung anliegen, schmücken die Mundöffnung aus.

Das Thier ist von obenher bläulich, unten weiß und durchsichtig. Es trägt seine Schale auf der Mitte seines Rückens perpendicular erhöhet. Obgleich Herr **Müller** drey Beyspiele durch Beyhülfe seines Vergrösserungsglases genau untersuchte, so hat er an diesem kleinen Thier doch nicht mehr als zwey Fühlhörner entdecken können, die er an demjenigen Orte fand, wo man an den Erdschnecken die zwey grössern Fühlhörner zu finden pflegt; sie waren halb so lang, als das Thier selbst, und trugen auf ihrer Endspitze einen schwarzen glänzenden Punct. Das sind die Augen. Von den kleinern Fühlhörnern fand er auch nicht die geringste Spur, ausser daß er an jeder der Gegenden, wo bey den Erdschnecken die beyden kleinern Fühlhörner zu sitzen pflegen, einen schwarzen Strich fand, der aber so fein war, daß man ihn kaum durch das Vergrösserungsglas entdecken konnte.

CXLIII.

Tab. VIII. fig. 6. a. b.

Die Flußnadel. Der Senkel. *Helix octona, Linn. Buccinum acicula, Müll. Tab. VIII. fig. 6. a. b.*

Gualtieri *Index testar. tab. 6. fig. BB. Turbo fluviatilis minimus, oblongus, angustus, fragilis, ore exili, et in acumen acutissimum desinens candidum.* Geoffroy Schnecken um Paris, deutsch S. 58. der Senkel. Die Nadel. *Turbo acutissimus fragilis. l'Aiguilette.* Linne' *Syst. Nat. ed. XII. Gen. 328. sp. 698. Helix octona testa subperforata, turrita anfractibus octo, apertura subrotunda.* Müller Natursyst. Th. *VI.* S. 579. der Achtschnirkel. Holl. *Agtdraay.* Schröter von den Erdschnecken, S. 142. (nur beyläufig angeführt, und nicht unter die Erdschnecken gezehlt und beschrieben.) Müller *Histor. Verm. P. II. p. 150. n. 340. Buccinum acicula testa turrita, glabra, alba, axi inflexo, acuto.* Dänisch Naale-Hornet.

Ich habe die Zufriedenheit gehabt, diese kleine seltene Conchylie bey Thangelstedt in dem Sande nahe an einem kleinen Flusse, nie aber im Wasser selbst, mit dem Bewohner, aber auch nie auf der Erde mit dem Bewohner zu finden, glaube aber zuverläßig, daß sie unter die Flußconchylien gehöre, wohin sie auch Gualtieri und Müller gesetzt haben. Beym Geoffroy, der sie bey Paris fand, stehet sie unter den Erdschnecken. Er sagt, daß man sie an alten Mauern unter den Moosen suchen müsse, daß es schwer sey, sie mit dem Bewohner selbst anzutreffen, und daß man fast allemal nur die leere Schale entdecke. Ich zweifle aber, daß Geoffroy ein einziges Beyspiel mit dem Bewohner entdeckt habe, er würde sonst davon gewiß einige Nachricht gegeben haben. Eben dieser Schriftsteller glaubt, daß sie so fein wie eine Nadel sey, und von diesem Umstande ihren Namen führe. Er hatte freylich nur Beyspiele vor sich, die $1\frac{3}{4}$ Linien lang waren, die ich aber bey Thangelstedt, doch selten, bis zu einer Länge von vier Linien fand, gewöhnlich aber von 2, $2\frac{1}{2}$, auch wohl nur von $1\frac{1}{2}$ Linie entdeckte. Ich glaube daher, daß sie darum die Nadel heisse, warum einige Seeconchylien, die doch ungleich grösser sind, Nadeln genennet werden, weil sie, gegen andre ihres Geschlechtes gehalten, allemal klein sind, und wie eine Nadel von einem dünnen Anfange in eine scharfe Spitze ausgehen. Da sie nach dem Linne' acht Gewinde haben soll, so nennet er sie *Helix octona*, ein Name, der so gleich zweydeutig oder verwerflich wird, wenn man noch eine Schraube von acht Windungen, oder eine Nadel findet, die weniger als acht Windungen hat, und von der Art sind alle meine thüringischen Nadeln, sie haben nicht über sechs Windungen. Ueberhaupt passet die Beschreibung des Herrn von Linne' auf meine Flußnadel nicht ganz genau, denn ihr fehlet der halbe Nabel, und die rundliche, nicht die runde, wie Herr Prof. Müller das Wort subrotunda ganz falsch übersetzt, Mundöffnung. Fand sie übrigens der Ritter in den schwedischen Sümpfen, so sind die seinige und die meinige zwey Abänderungen einer Gattung.

Die Nadel, so wie ich sie bey Thangelstedt gefunden habe, hat nicht mehr als sechs Windungen, die sich in eine stumpfe Spitze endigen. Diese Spitze scheinet wie abgesprengt zu seyn, oder es scheinet, als wenn einige Windungen fehleten. Da ich dieselbe aber doch so zahlreich gefunden habe, daß ich davon allen meinen Freunden mittheilen konnte, und folglich doch auf zwanzig bis dreyßig einzelne Beyspiele sicher rechnen kan, und alle diese Beyspiele immer auf einerley Art, so gar auch in den kleinsten Beyspielen, gefunden habe, so darf ich schliessen, daß dies ihr natürlicher Bau sey, und daß meine Nadel nicht unter diejenigen Schnecken gehöret, die sich ihre Spitze selbst absprengen. Denn auch diejenigen Schnecken, die dieses zu thun gewohnt sind, thun es doch nur in einem gewissen Alter. Die Schale ist ganz glatt, auch wenn man sie durch das Vergrösserungsglas betrachtet, weiß und glänzend, aber ohnerachtet ihrer Zartheit dennoch nicht durchsichtig. Alle Windungen sind ganz flach, und nehmen ganz unmerklich in ihrer Grösse ab, doch ist die erste Windung wenigstens zweymal so groß, als die nächstfolgende. Dies giebt der Flußnadel einiges Recht unter den **Trompeten** zu stehen. Wenn gleich die Windungen gar nicht erhöhet sind, so unterscheidet sie doch ein merklicher Einschnitt deutlich von einander. Die Mundöffnung ist kaum halb so lang, als die erste Windung, länglichrund, in der Mitte am weitesten, folglich gewissermaassen spindelförmig, und an der linken Seite ist die Lippe eingeschlagen, doch siehet man auch nicht die geringste Spur einer geöffneten Spindel, oder eines Nabellochs. Wenn die Schale noch erhalten ist, so ist sie weiß und glänzend wie Elfenbein, das sind aber immer die seltensten Beyspiele, die mehresten erscheinen verkalcht. Derjenige Bach, an dessen Ufern ich diese Conchylie im Sande fand, stehet mit einigen eine und eine halbe Stunde davon entfernten Teichen in Verbindung, und ich muthmaasse, in jenen Teichen sey meine Nadel zu Hause, die ich aber nie zu untersuchen Gelegenheit gehabt habe. Auf der angeführten Kupfertafel habe ich diese Nadel unter b. vergrössert abbilden lassen.

CXLIV.

Die kleinste weisse Flußschraube mit weiten bauchigten Windungen. *Turbo anfractibus quatuor globosis amplis. Tab. VIII. fig. 7. a. b.* Tab. VIII. fig. 7. a. b.

Lesser Testaceotheol. 1744. §. 51. *fff.* S. 188. Ganz kleine Schraube-Schneckgen, und kaum so groß als ein Stecknadelkopf; im Sande an den Ufern der Unstrut, ohnweit Gorßleben in Thüringen.

Vermuthlich meynet Lesser diese kleine Flußschraube, die ich jetzo beschreibe, ob er sie gleich vag genug beschreibet, auch die meinige zwey Linien lang, und daher ein wenig länger ist, als ein gewöhnlicher Stecknadelkopf zu seyn pfleget. Er fand seine Schnecke im Sande an den Ufern der Unstrut, dort mag die seinige wohl zu Hause seyn; ich habe die meinige auch im Sande gefunden, den mir aber ein Freund verehrte, der mir nicht melden konnte, wo er zu Hause sey.

Die gegenwärtige Flußschraube hat nur vier Windungen, die sich in eine stumpfe, oder niedergedrückte Spitze endigen. Alle diese Windungen befinden sich in einer verhältnißmäßigen Abnahme, die zwote ist also nicht viel kleiner als die erste. Alle Windungen sind in ihrem Mittelpuncte stark aufgeblasen, sie machen also unter sich eine starke Vertiefung, welches die Conchylie einer Schraube nur ähnlicher macht. Die Mündung ist rund, und hat einen zarten Saum, den man aber nur durch das Vergrösserungsglas erkennet, stärker ist er an der linken Seite, wo er sich in einem schwachen Blättchen an die Windung anlegt, aber keine Spur eines Nabellochs hinter sich läßt.

CXLV.

Tab. VIII. fig. 8. a. b.

Die kleinste blauliche Flußschraube mit engern bauchigten Windungen. *Turbo anfractibus quatuor subglobosis. Tab. VIII. fig. 8. a. b.*

Unter dieser und der vorhergehenden Flußschraube ist überhaupt betrachtet eine nicht geringe Aehnlichkeit, aber bey genauerer Betrachtung Unterscheidendes genug. Beyde haben eine Grösse, und eine Anzahl der Windungen. Allein diese Windungen endigen sich in eine scharfe Spitze; sie sind zwar auch bauchigt, aber viel enger zusammengepreßt, und haben also zwischen sich eine stärkere Vertiefung, und die Mundöffnung ist mehr länglich als rund. Ihre Farbe ist an gut erhaltenen Beyspielen dunkelviolet, an weniger gut erhaltenen blässer, und an calcinirten Exemplaren weiß. Obgleich ihre Schale fein ist, so sind sie doch ganz undurchsichtig. Unter meinem Vorrathe habe ich zwey Beyspiele mit weißgrauen Bändern in dem Winkel der Windungen. Unter der Sachsenhäuser Brücke zu Frankfurt findet man diese Schrauben in der grösten Menge. Ich habe diese niedliche Schraube unter dem Buchstaben b. vergrössert abbilden lassen.

CXLVI.

Tab. VIII. fig. 9. a. b.

Die kleinste graue Flußschraube mit abgestumpfter Spitze. *Turbo anfractibus quatuor mucrone obtuso. Tab. VIII. fig. 9. a. b.*

Noch ein Beyspiel von dem kleinsten Gute unsrer innländischen Flüsse, alle drey von einer Länge, alle drey von vier Windungen, und doch auch alle drey von einander würklich unterschieden. Die gegenwärtige ist bey gleicher Länge ungleich dicker als die beyden vorhergehenden. Die Windungen sind bauchigt, aber kurz und gedrängt, nur zwischen der ersten und zwoten Windung siehet man eine merkliche Vertiefung, die dritte und vierte hingegen stehen ganz unmerklich da, und sind so in einander gedruckt, daß es scheinet, als wenn sie unter sich und mit dem zwoten Gewind ein Ganzes, eine Windung ausmachten. Die Mundöffnung würde völlig rund seyn, wenn sie nicht an der linken Seite ein wenig eingedruckt wäre; sonst ist der Umriß der Mundöffnung scharf, und ganz ungesäumt. Diese Schraube wird in dem sogenannten Steinthal bey Straßburg gefunden, und der Herr Professor Hermann zu Straßburg, dessen Güte ich sie zu danken habe, meldet mir, daß dem Herrn Pastor Oberlin, der damals der einzige unter den elsaßischen Landgeistlichen, der Geschmack an der Naturgeschichte findet, und ehedem Herrn Hermanns Schüler war, die Ehre gehöre, der Finder dieser Gattung von Schrauben zu seyn. Ich habe sie unter b. vergrössert abbilden lassen.

CXLVII.

Die amboinische Flußnadel, Mart. *Nerita punctata, Müll.*

Lister *Hist. Conchyl. tab. 979. fig. 36. Buccinum brevirostrum claviculatum, striatum, maculatum, orbibus quasi duplicatis distinctum.* Rumph Amboin. Raritätenk. *tab. 30. fig. P.* holländ. *p. 101. n. 16. Strombus fluviatilis, Rivier naalden in 't Amboinsch Sessu, in 't Maleitsch, Sipot aijer, en slecht Sipot. Deze zyn lange smale Naalden.* deutsch S. 70. *Strombus fluviatilis*, Flußnadel. Amboinisch: *Sessu.* Malеuisch: *Sipot ayer*, oder nur blos *Sipot.* Diese Schnecke ist lang und schmal. Schynvoet zum Rumph *Lit. P.* ist ein Schlammschneckenstift. (*Slakke-*

(*Slakke-Pen.*) Chemnitz Zusätze zum Rumph S. 67. Die Fluß- oder Rivier-Nadel. Gualtieri *Index testar. tab. 6. fig. E. F. Turbo fluviatilis obscure striatus, oris vertice paululum sinuato, in mucronem acutissimum et longissimum desinens, atropurpureus quatuordecim spiris finitus. — Turbo fluviatilis similis, novem spiris finitus.* Lesser Testaceotheol. 1744. §. 51. *b.* S. 177. Die Flußnadel, ist eine schmale Schraubenschnecke, so sich auf *Amboina* in den Flüssen findet. Knorr Vergnüg. d. Aug. Th. *I.* S. 13. *Tab. 8. fig. 7.* die punctirte bandirte Nadel. Petiver *Gazophyl. tab. 15. fig. 15. Strombus fluviatilis laevis.* Martini Berlin. Mag. Th. *IV.* S. 338. *n. 84. tab. 9. fig. 39.* die amboinische Flußnadel. Der Schlammschneckenstift. *Slakke-Pen. Rivier-Naald.* Müller *Hist. Verm. P. II. p. 190. n. 377. Nerita punctata testa subulata, lutescente, fascia juxta suturam candida, striis rubris, anfractibus minoribus sulcatis.* Dänisch Liberie-Neriten.

In den angeführten Schriften der Conchylienbeschreiber findet man über diese Conchylie einige Verwirrung, die uns aber bey genauerer Untersuchung lehret, daß man diese ausländische Flußnadel in mehrern als der amboinischen Gegend, und in verschiedenen Abänderungen findet. Ich werde also am sichersten gehen, wenn ich die Schriftsteller nach der Reihe auftreten lasse, und sie dann unter einander vergleiche.

Rumph sollte doch hierinne unser eigentlicher Anführer seyn, denn er lebte in einer Gegend, wo man diese Flußnadel häufig findet. Eigentlich beschreibt er drey Abänderungen. Die erste ist lang und schmal, von dünner und leichter Schale, graugrüner oder morastiger Farbe, ohne Glanz und Zierlichkeit. Sie wird vier bis fünf Zoll lang, hat aber kaum die Dicke eines Fingers. Die andre Abänderung ist kleiner, und hat eine stumpfe mit schwärzlichen Strichen gezeichnete Spitze. Die dritte Abänderung ist in ihren Windungen etwas eckigt, vermuthlich kothigt, oder wenigstens geribbt, denn das Wort hoekig kan das alles anzeigen.

Von dieser Beschreibung des Rumphs und seiner Abbildung, welche Martini hat nachzeichnen lassen, weicht nun freylich die Zeichnung des Lister und des Knorr gewaltig ab. Listers Beyspiel ist die länge herab gestreift, hat in den Windungen ein erhöhetes und geflecktes Band, und ich gestehe es aufrichtig, diese Figur scheinet mir mehr eine Abänderung von dem Buccinum duplicatum des Linne', die unter andern Gualtieri tab. 57. fig. N. abbildet, als von der Flußnadel des Rumphs zu seyn. Man würde die Sache leicht entscheiden können, wenn uns nur Lister einen Wink davon gegeben hätte, ob seine Schale dünne oder stärker sey.

Die Figur im Knorr, die Herr Müller die punctirte bandirte Nadel nennet, hat flache Gewinde, und um die Gewinde herum ein erhabenes Band, oder einen breiten Reif, der überall eingekerbt ist, zwischen den Kerben rothbraune die länge herunter gehende Strichelchen, so breit als das Band ist. Zwischen diesem Bande aber stehen auf jeder Fläche zwey Reihen braune oder röthliche Pünctchen. Herr Prof. Müller sagt ausdrücklich, daß sein Exemplar eine dünne Schale habe. Sie kan also unter die Flußconchylien gehören, wozu noch dieses kommt, daß Herr Etatsrath Müller ausdrücklich versichert, daß dasselbe und sein Beyspiel in den mehresten Stücken übereinkämen: Figura Knorrii nostra major et albior, apexque aperturae diversus.

Das Beyspiel des Herrn Etatsrath Müller hat nach seiner Aussage eine dünne durchsichtige Schale, und eine schmutzig weisse Farbe. In den Windungen läuft eine weisse Binde hinunter, welche in den sechs obern Gewinden glatt, in den übrigen sechs oder sieben kleinern aber gekerbt ist, sie hat ausserdem schwachrothe kurze Striche zwischen den Gewinden, und eine etwas eyförmige Mündung.

Auch die beyden Abbildungen im Gualtieri haben eine weisse Binde in den Windungen, aber keine Einkerbungen, keine Flecken, indem die ganze Schale dunkelroth ist.

Folglich unter alle den angeführten kein einziges Beyspiel, das dem Rumphischen gleich wäre. Gleichwohl halte ich die Beyspiele im Knorr, Müller und Gualtieri für wahre Flußconchylien, und folglich auch für wahre Flußnadeln. Also mehrere Untergattungen, die sich vielleicht folgender Gestalt abtheilen liessen:

1) Flußnadeln ohne Binde und Einkerbungen. Das wären die Rumphischen beyden ersten Arten, oder vielmehr Abänderungen.
2) Flußnadeln ohne Binde mit Einkerbungen in den letztern Windungen. Das wäre Rumphs dritte Art, eine wahre Untergattung.
3) Flußnadeln mit einer Binde, durchgängig mit Einkerbungen. Das wäre das Knorrische Beyspiel.
4) Flußnadeln mit einer Binde, nur an den sechs kleinern Windungen mit Einkerbungen. Das wäre das Beyspiel des Herrn Etatsrath Müller.
5) Flußnadeln mit einer Binde, und ganz ohne Einkerbungen. Das wären die Beyspiele im Gualtieri.

Petivers Zeichnung kan ich nicht beurtheilen, weil ich dieses Buch nicht habe, und auf seine Beschreibung Strombus fluviatilis laevis läßt sich nicht viel fussen.

Rumph erzehlet uns von seiner Flußnadel noch folgendes: Man findet sie an allen Mündungen der Flüsse, wo es schlammigt ist, indem sie unter dem Schlamm verborgen liegen, und daselbst in Menge herausgezogen und zu Markt gebracht werden, weil sie eine gute Speise sind. Ihr Saft wird gebraucht, wenn man Papeda isset. Man muß sie jedoch einen halben Tag, oder eine Nacht vorher in frisches Wasser legen, damit sie den Sand und Schlamm etwas ausspeyen. Sie haben einen süssen Geschmack, wenn man sie aber essen will, so muß man einen ziemlichen Theil von der Spitze abschlagen, alsdann kan man sie aussaugen, oder mit einer Stecknadel herausziehen. Die Mündung wird mit einem schwärzlichen Deckel verschlossen.

CXLVIII.

Die glatte unten abgebrochene Schraube, Mart. *Nerita contorta*, *Müll.*

Argenville Conchyliol. deutsch S. 281. 284. *tab.* 27. *fig.* 5. *c.* *Turbo simplex.* Die einfache Flußschraube. — Die dritte Schnecke ist aus der Seine, und unten abgebrochen. *Eguille toute unie et toute fruste; la Seine l'a donnée.* Martini Berl. Magaz. *IV.* B. S. 343. *n.* 59. *tab.* 9. *fig.* 44. die glatte unten abgebrochene Schraubenschnecke. *Turbo simplex*, *6. spirarum teretium, apice abrupto.* Müller *Hist. Verm. P. II. p.* 187. *n.* 374. *Nerita contorta*, *testa turbinata*, *cinerea*, *perforata*, *vertice truncato.* Dänisch Spirkel-Neriten.

Wir haben auch unter den Erdschnecken eine Schraube, welche die Gewohnheit an sich hat, daß sie in einem gewissen Zeitalter ihres Lebens sich ihre Endspitze selbst absprengt,

absprengt, und das ist diejenige, die der Ritter von **Linne'** *Helix decollata* nennet. Diese ist unter andern vom **Gualtieri** tab. 4. fig. O. abgebildet, und vom Herrn Etatsrath **Müller** Hist. Verm. P. II. p. 114. n. 314. genau und vollständig beschrieben worden. Diese hält sich zuverläßig auf dem trocknen Lande auf. Und ob sich gleich **Linne'** auf die oben angeführte Figur des **Argenville** bey seiner Helix decollata beruft, so ist es doch selbst durch die Vergleichung der Figur des **Argenville**, mit der Figur des **Gualtieri** entschieden, daß beyde als zwey verschiedene Gattungen betrachtet werden müssen, zumal da die eine auf dem festen Lande, die zweyte aber in den süssen Wassern lebt.

Daß unterdessen unter beyden eine grosse Aehnlichkeit herrsche, wer siehet das nicht, wenn er sie beyde kennt? Beyde haben Eine Grösse, von ohngefähr $1\frac{1}{4}$ Zoll, beyde nur vier, höchstens fünf Windungen, beyde eine bauchigte cylindrische Form, und sind also unten an ihrem abgesprengten Theile nicht viel dicker, als oben an der Mundöffnung: bey beyden schliessen die Windungen, die ganz verhältnißmäßig abnehmen, genau an einander, und es ist eine ganz flach eingeschnittene Linie, die die Windungen von einander trennet. Alles dieses haben beyde Schnecken gemein. Was sie aber von einander unterscheidet, das ist die Mundöffnung. Beym Helix decollata ist diese Mundöffnung oval, und ihr Rand ist nirgends unterbrochen, bey der gegenwärtigen Flußschraube ist sie im Mittelpuncte ausgeschnitten, und dieser Ausschnitt ist über zwey Linien lang und länglich oval.

Herr Etatsrath **Müller** hat ein kleines Beyspiel von $2\frac{3}{4}$ Linien lang und $1\frac{1}{2}$ Linie breit gefunden, welches dem **Argenvillischen**, die Grösse ausgenommen, ganz entspricht. Vielleicht ist es eine junge Schnecke dieser Art.

Sonderbar ist immer der Umstand, daß sich diese Flußschraube, wie noch einige andre Schnecken [n]) zu thun gewohnt sind, ihre Endspitze, wenn sie ein gewisses Alter erreicht, oder eine gewisse Anzahl ihrer Windungen erlangt hat, selbst abzusprengen pflegt. Ich glaube nicht, daß dieses blosser Zufall sey: nicht, daß die kleinern Windungen, wenn der Bewohner grössere anbauet, nach und nach unbrauchbar, unkräftig und mürbe werden, sondern ich halte dies mit dem **Linne'** für Gesetz der Natur, weil man doch unter allen Schrauben keine so oft mit ihrem Bewohner und abgebrochener Spitze findet, als diese wenigen Beyspiele, die wir kennen. Schrauben genug mit abgebrochener Spitze finden wir in allen Sammlungen, und was widerstehet der geringsten Gewalt ohnmächtiger als eine so feine dünne Spitze? Allein die übrigen Schrauben ziehen wir unverletzt an ihrer Endspitze aus der See, wenn wir sie mit ihrem Bewohner erhaschen. Aber diese, nur in ihrem jugendlichen Alter mit der Endspitze versehen? Was das für Regel, was für Naturtrieb dieses sey, das kan ich nicht erklären. Das sehe ich an meinem Beyspiel vom Helix decollata, daß der beschädigte Theil sorgfältig verbauet ist, damit sich der Sipho, den das Thier vermuthlich zurückeziehet, ehe es die überflüßigen Windungen absprengt, wieder befestigen, und das Thier nicht nur ohne Gefahr seine Behausung bewohnen, sondern sie auch vermöge des Sipho regieren könne. Denn, wenn es seinen Sipho nicht zurückziehen könnte, so würde ein Theil desselben verlohren gehen, und das Thier würde augenblicklich sterben.

n) Meine Abhandlungen über verschiedene Gegenstände der Naturgesch. Th. II. S. 245. 246. 247.

CXLIX.

Die kräuselartige Schraube mit stumpfer Endspitze. *Nerita trochus, Müll.*

Müller *Hist. Verm. P. II. p. 176. n. 362. Nerita trochus testa trochiformi, carinata, apertura coarctata.* Dänisch Top-Neriten.

Herr Etatsrath **Müller** versichert, daß er diese Schnecke von mir erhalten habe, und daß sie aus der Gegend um **Weimar** sey. Vermuthlich ist hier eine Verwechselung der Namen vorgegangen, unter denen Personen, die es sich zur Lust machten, diesem grossen Naturforscher zu seiner Abhandlung die hieher gehörigen Gegenstände aus ihrer Gegend, oder aus ihren Sammlungen herzugeben. In meiner ganzen Gegend kenne ich keine Flußconchylie, und überhaupt keine Schnecke, auf welche folgende Beschreibung paßte. Testa cretacea crassa, trochiformis, vertice obtuso. Anfractus quinque in planum declinantes, medio carinati, inferne conuexi; vltimus largior. Apertura ad anfractum vicinum in angulum coarctata; centrum vmbilicatum est. Sie ist drey Linien lang und $2\frac{1}{4}$ Linie breit.

CL.

Tab. VIII. fig. 10.

Die umwundene kleine Flußschraube, Mart. *Turbo simpliciter vittatus, ore depresso emarginato. Tab. VIII. fig. 10.*

Argenville Conchyliol. deutsch S. 280. 284. *tab. 27. fig. 5. a. Turbo simpliciter vittatus.* Die Flußschraube mit einem einfachen Band. Die erste Schraube oder Nadel ist aus der Marne, und hat rund um sich einen simpeln Reif. Sie ist ganz weiß. *Vis ou Eguille toute blanche qui n'a qu'un simple listel, régnant tout autour.* Martini Berl. Magaz. *IV.* B. S. 341. 342. *n. 87. tab. 9. fig. 42.* Die umwundne kleine Flußschraube mit 15. Gewinden. *Turbo simpliciter vittatus 13. spiris integerrimis, ore depresso, emarginato.*

Die Argenvillische Figur, die Herr D. **Martini** nachgezeichnet hat, hat ihre entschiedenen Zweydeutigkeiten und Dunkelheiten. Man kan zwar die dreyzehn Gewinde, die nicht in eine stumpfe, wie **Martini** sagt, sondern in eine scharfe Endspitze auslaufen, deutlich zählen, und eben so deutlich sehen, daß die Windungen ohne merkliche Absätze fortlaufen, und endlich sehen, daß die Mündung niedrig ist, und sich in einen kurzen Schnabel endiget. Allein der zarte Reif, der sich um alle Windungen herumlegt, ist nicht deutlich genug ausgedrückt, und dieser ist es doch, der uns diese Schraube kenntlich machen soll!

Ich habe *Tab. VIII. fig. 10.* eine Schraube abzeichnen lassen, welche der Argenvillischen Beschreibung so ziemlich entspricht, von der ich aber gleichwohl zweifle, ob sie es sey? ja gar zweifle, ob es eine Flußconchylie sey? An meinen vier Beyspielen ist die Mundöffnung beschädiget: ob sie sich in einen kurzen Schnabel geendiget habe, kan ich nicht sagen, möglich ist es indessen. Alle meine Beyspiele haben einen Reif, der viel weisser ist, als die übrige Schale, und dieser Reif gehet über alle Windungen hinweg. Er ist ein wenig vertieft; an einigen Beyspielen liegt er zwischen zwey kleinern Reifen, allein das thut zur Sache nichts, es können auch Abänderungen seyn; und eben das behaupte ich von den einzelnen rostfärbigen Flecken, die ich auf dem einen meiner vier Beyspiele finde. Allein was mir den wichtigsten Zweifel gegen diese Conchylie als Flußschnecke macht,

macht, ist dieses, daß die weisse Farbe der Schale eben so schön und glänzend ist, als bey den feinsten Seeconchylien. Also einer von zwey Fällen. Entweder meine Beyspiele sind entschiedene Seeconchylien, und gehören also nicht zu der Gattung des Argenville; oder das Beyspiel des Herrn Argenville ist durch einen blossen Zufall in die Marne gekommen, und also eigentlich auch eine Seeconchylie. Dies ist mir darum wahrscheinlich, weil es mir ausserdem unbegreiflich ist, warum Argenville diese Conchylie nicht mit ihrem Bewohner zu erhaschen suchte, ihn in seiner Zoomorphose zu beschreiben.

CLI.

Die schwärzliche Schraubenschnecke mit weissen Reifen, Mart. Die Treppe, Schr. *Turbo anfractibus quadratis marginatis.*

Geofroy Conchylien um Paris, deutsch S. 88. die schwarze schraubenförmige Tellerschnecke. *Turbo ater circulis albis notatus. Le Planorbe en vis.* Argenville Zoomorphose *tab.* 8. *fig.* 4. franz. *p.* 74. *Cette Vis est de toutes les Coquilles fluviatiles la plus difficile à trouver; cependant il s'en rencontre dans la Seine, dans la Marne et dans la Riviere des Gobelins. La Coquille est faite en escalier formant une pyramide, dont les contours sont simples, marqués seulement d'une ligne blanche.* Deutsch S. 59. Die Schraubenschnecke bey Num. 4. ist unter allen Flußconchylien am schwersten zu finden. Inzwischen trifft man deren doch in der Seine, der Marne und dem kleinen Fluß Bievre an. Die Schale ist wie eine Treppe, die eine Pyramide vorstellet, gebauet. Auf den Windungen ist sie einfärbig, und nur mit einer weissen Linie gestreift. Martini Berl. Magaz. *IV.* B. S. 344. Num. 90. *tab. X. fig.* 45. Die schwärzliche Schraubenschnecke mit weissen Reifen. *Planorbis testa nigricante, producta oblonga, anfractibus septem quadratis, marginatis.*

Herr Geofroy beschreibt diese seltene Flußschraube sehr genau, und viel genauer als der Herr von Argenville. Er sagt, sie sey 2. Linien lang und $\frac{2}{3}$ Linien breit, womit nun freylich die Argenvillische Abbildung nicht übereinstimmet. Diese seltene und sonderbare Gattung ist schwarz von Farbe. Ihre Gewinde, die gerade übereinander stehen, geben ihr das Ansehen einer Schraubenschnecke. Diese Windungen, deren man in allen 7. zehlen kann, sind viereckigt. Sie haben ihren obern und untern Rand und sehr bemerkliche Winkel. Das Ganze der Schale sieht etwas unregelmässig aus, obgleich die Windungen im richtigen Verhältniß abnehmen; weil einige, besonders die beyden obersten und kleinsten, nicht recht gerade übereinander stehen. Unten hat die Schale einen kleinen Nabel, und die schräge Mündung hat etwas von einer weissen Einfassung.

Von dem Bewohner sagt Herr von Argenville, er habe einen etwas platten Mund, der sich neben zur Seite befinde, und dieser unterscheide ihn von den Trompetenschnecken. Man entdecke an ihm einen kleinen Kopf, nebst zwey Hörnern, und zwey oben daran befindlichen Puncten, welche die Augen sind. Er lässet auch eine kleine Platte oder Fußsohle heraustreten. Geofroy sagt, die Abzeichnung des Bewohners in dem Buch des Argenville sey nach der Vorstellung, und folglich nicht nach dem Original gemacht. Ueberhaupt ist unter beyden Schriftstellern einiger Widerspruch. Argenville sagt, diese Treppe werde in drey Flüssen in Frankreich zuweilen gefunden; und Geofroy meldet, daß diese Schnecke bisher nur ein einzigesmal in dem kleinen Fluß Bievre vom Herrn Jussieu gefunden worden sey. Dieser habe es ihm erlaubt, sie abzeichnen zu lassen und eine Beschreibung davon zu machen. Nach eben dieser Zeichnung, die er davon verfertigen lassen, sey sie in dem Werke des verstorbenen Herrn von Argenville gestochen worden.

CLII.

Die schmale braungrünliche Schraubenschnecke, Lesser.

Turbo ex fusco viridis ore arcuato.

Lesser Testaceotheol. 1744. §. 51. *iii.* S. 189. Eine schmale braungrünliche Schraubenschnecke eines Zolls lang, braun gesprückelt, mit einem oben zugewölbten Munde. Sie wird in den süssen Wassern gefunden. Martini Berl. Mag. *IV.* B. S. 345. *n. 91.* eben diese Beschreibung.

Ich kenne diese Flußschraube nicht weiter als aus der Anzeige des Herrn Lessers, dessen Beschreibung zu einer deutlichen Schilderung ihres Baues eine geringe Anleitung giebt. Ich muß es daher bey der blossen Anzeige bewenden lassen.

CLIII.

Die Flußschraube mit gewölbten Windungen, Mart. *Turbo secundum orbes tenuiter striatus spiris leuiter conuexis.*

Lister *Histor. Conchyl. tab. 117. fig. 12. Buccinum longum tenuiter striatum, secundum orbes.* Klein *Method. Ostracol. p. 34. §. 89. 3. Tuba phonurgica torosa fluuiatilis spiris leuiter conuexis.* Martini Berl. Mag. *IV.* B. S. 349. *n. 98.* Die Flußschraubenschnecke mit etwas gewölbten Windungen.

Nach Listers Zeichnung zu urtheilen ist diese Flußschnecke 1¾ Zoll lang, und etwas über einen halben Zoll breit. Ihre 9, 10. Windungen sind in dem Mittelpuncte etwas gewölbt, und machen also auf beyden Seiten sichtbare Vertiefungen. Daraus entstehet ein convexer Bau derselben. Die erste Windung hat das gröste Gewölbe, und unter diesen einen etwas niedergedrückten Kopf. Die Windungen nehmen allmälig ab, und endigen sich in einer stumpfen Spitze. Die Mundöffnung ist oval und gesäumt, vom Nabel siehet man keine Spur, obgleich der Saum in der Gegend der Spindel etwas eingebogen ist. Ueber die Windungen hinweg laufen die feinsten Streifen. Lister giebt Virginien zu ihrem Vaterlande an.

CLIV.

Die grosse Schraube mit erhabenen scharfen Windungen.

Turbo spiris acutis angulosa et vndosa.

Lister *tab. 118. fig. 13.* ohne Beschreibung. Klein *Method. Ostracol. p. 34. §. 89. I. n. 4. Tuba phonurgica torosa spiris acutis angulosa et vndosa.* Martini Berl.

Berl. Magaz. *IV.* B. S. 350. *n. 99. tab. 10. fig. 52.* Das grosse Schraubhorn mit 9. erhabenen scharfen Windungen und wellenförmigen Streifen.

Beyde Schriftsteller haben ihre Anzeige und Beschreibung aus dem Lister genommen. Drey und ein halber Zoll ist die Länge dieser Schraube und 1 Zoll ihre Breite. Sie bestehe aus zehn Windungen. Alle Windungen sind erhaben und scharf, und machen daher zwischen sich tiefe Winkel oder Einschnitte. Sie endigen sich in eine scharfe Spitze. Die Mundöffnung ist länglich oval, sie läuft unten ganz spitzig zu, oben ist sie ausgeschweift, aber nicht völlig rund, in der Gegend der Spindel übergeschlagen und mit einem schwachen Saum versehen. Klein und Martini sagen, sie sey wellenförmig gestreift. Die Listerische Zeichnung entscheidet hier nichts gewisses, ob es eigentliche Streifen sind, oder ob es andere Farben sind, welche die Schale schmücken. Eben so wenig sagt uns Lister ihr Vaterland, und andre Schriftsteller schweigen von derselben gänzlich. Sie gehöret also unter die seltensten Flußconchylien, die wir noch nicht kennen.

CLV.

Die grünlichgelbe virginianische Flußschraube. *Turbo subflauus ex viridi virginianus.*

Lister *Histor. Conchyl. tab. 110. fig. 13. Buccinum ex viridi subflauum breuiore clauicula. fig. 4. Buccinum ex viridi subflauum, tenuiore et longiore clauicula.* Klein *Method. Ostracol. p. 34. §. 59. l. n. 7. Tuba phonurgica torosa subflaua ex viridi, tenuiore et longiore clauicula.* Martini Berl. Mag. *IV.* B. S. 350. *n. 100. tab. 10. fig. 53.* Die grünlichgelbe virginianische Flußschraube.

Klein beruft sich bey seiner Beschreibung auf beyde Figuren des Listers, theilet aber nur die Benennung aus dem Lister von Fig. 4. mit. Auch der Herr D. Martini hat beyde Figuren des Listers nachzeichnen lassen, ihnen aber einen gemeinschaftlichen deutschen Namen gegeben. Man kann beyden Schrauben die Aehnlichkeit untereinander nicht absprechen, aber eben so wenig leugnen, daß sie viel zu sichtbar von einander unterschieden sind, als daß man sie für Abänderungen einer Gattung halten könnte. Ich will sie also nach der Zeichnung des Listers beyde beschreiben.

Fig. 3. im Lister hat ganz die Form einer Trompete, und hätte also eigentlich in das vorige Geschlecht gehöret. Sie hat eine Länge von 8. Linien, und ist vier Linien dicke. Ihre erste Windung, die mehr als noch einmal so groß ist als die drey folgenden, die sich in eine stumpfe Spitze endigen, ist sehr bauchigt, die übrigen aber sind weniger bauchigt und nehmen verhältnißmäßig ab. Die Mündung ist etwas niedergedrückt, länglich oval, und stark gesäumt. Man siehet keine Spur eines Nabels, obgleich der Saum nahe an der Spindel vorbeyschleicht.

Fig. 4. hingegen ist eine wahre Schraube, und sie bestehet aus fünf gestreckten Windungen, die in eine stumpfe Spitze ausgehen. Die erste Windung ist auch bauchigt, aber viel unmerklicher als bey der vorhergehenden Figur, die Mundöffnung ist auch oval, und wenigstens an der linken Seite gesäumt, aber viel schmäler als die Mündung der vorhergehenden. Ihre Länge ist 11. Linien, und 3. Linien ihre Breite. Lister sagt von beyden, daß sie eine grünlichgelbe Farbe hätten, und in Virginien zu Hause wären.

CLVI.

CLVI.

Tab. min. B. fig. 5. **Die bauchigte kurze Schraube mit runder zur Seite gebogenen Mündung, Schr.** *Turbo anfractibus globosis ore ad latus producto. Tab. min. B. fig. 5.*

Marsigli *Danube Tom. IV. p. 89. Tab. 31. fig. 1. Cochlea turbine recto.*

Ich kann diese und die beyden folgenden Schrauben der Donau blos nach den Zeichnungen des Grafen Marsigli beschreiben, da ich sie weiter nicht kenne, und in den Quellen, die ich über die Flußconchylien nachschlagen kann, keine Nachricht von ihnen finde. Sie gehören unterdessen alle drey unter die Flußconchylien von der ersten Grösse, die es wohl werth wären nach Originalen beschrieben zu werden.

Die länge der gegenwärtigen Flußschraube ist 2½ Zoll, und ihre gröste Breite 1¼ Zoll. Sie hat sieben Windungen, welche sämtlich bauchigt sind. Vorzüglich aufgeblasen sind die zwey ersten Windungen, daher sich zwischen denselben eine starke Vertiefung wahrnehmen läßt. Die Mundöffnung ist rund, wird aber an der einen Seite durch die Lefze, welche sich an die folgende Windung anlegt, unterbrochen. Die Schale scheinet ganz glatt zu seyn, was sie aber für Farbe habe, das hat der Graf nicht bemerkt. Wenn diese Schraube in der Abbildung gleich linksgedrehet vorgestellet wird, so glaube ich doch, daß sie den gewöhnlichen lauf der Windungen habe, und unter die rechtsgedreheten Schnecken gehöre.

CLVII.

Tab. min. B. fig. 1. **Die langgestreckte Schraube mit länglichrunder Mündung, Schr.** *Turbo anfractibus elongatis ore subovali. Tab. min. B. fig. 1.*

Marsigli *Danube Tom. IV. p. 89. tab. 31. fig. 2. Cochlea turbinata recta.*

Diese Schraube ist weniger bauchigt und länger gestreckt als die vorhergehende. Ihre länge ist 3¼ Zoll, und ihre Breite 1¼ Zoll. Sie hat neun Windungen, von welchen die zwey grösten vorzüglich bauchigt sind. Nach und nach verlängern sich die Gewinde in eine scharfe Spitze. Die Mundöffnung ist mehr oval als rund, doch ist sie etwas gedrückt, und wenn ich der Abbildung trauen darf, gesäumt. Dieser Saum legt sich in einem schmalen dünnen Blättchen an die zwote Windung an. Weder bey dieser noch bey der vorhergehenden Gattung findet man nur einige Spur eines Nabels oder eines Nabellochs. Auch diese Conchylie ist ganz glatt und einfärbig, doch kann ich die Farbe nicht bestimmen, weil meine Quelle davon schweigt. In der Abbildung ist sie linksgewunden vorgestellt, ich glaube aber durch eine fehlerhafte Abbildung, wie denn überhaupt die zwote Windung breiter vorgestellt wird, als sie vielleicht in der Natur ist. Man findet diese Schraube, so wie die vorhergehende und nachfolgende, in der Donau.

CLVIII.

Tab. min. B. fig. 3. **Die krummgebogene Schraube mit gesäumter Mündung, Schr.** *Turbo curvatus ore fimbriato. Tab. min. B. fig. 3.*

Marsigli *Danube Tom. IV. p. 89. Tab. 31. fig. 4. Cochlea alia turbine curvato.*

Diese Schraube der Donau ist eine der sonderbarsten, die ich je gesehen habe, denn ihre gekrümmte Form, die man an der Tab. min. B. fig. 3. nachgezeichneten Abbil-

Abbildung auf das deutlichste bemerket, ist vielleicht dieser Schraube unter allen ihren Geschwistern und Verwandten eigen. So, wie sie hier abgebildet ist, muß sie der Graf gefunden haben, denn er legt ihr ausdrücklich turbinem curuatum bey, und bezeuget dadurch daß ihr Zopf gekrümmt sey. Es wäre allerdings zu untersuchen, und es würde die Mühe belohnen, wenn man sich bemühete die Schnecken der Donau zahlreich aufzufischen, um nun zu sehen, ob dieses eine eigne Gattung sey? oder ob ein blosser Zufall dieselbe hervorgebracht habe? An der Zeichnung des Grafen siehet man nicht den geringsten Bruch oder Druck, wodurch diese Krümmung des Zopfs hätte können bewürket werden. Gesetzt aber auch, diese Krümmung wäre blos Zufall, und diese Conchylie wäre die einzige dieser Art, so macht sie doch, gerade oder ausgestreckt gedacht, eine eigne Gattung, die von den beyden vorhergehenden wesentlich unterschieden ist, aus. Sie hätte gestreckt mit der vorhergehenden eine grosse Aehnlichkeit, allein ihre Mundöffnung unterscheidet sie hinlänglich. Diese ist oval rund, und hat einen starken breiten Saum, der sich an die zwote Windung anlegt, aber neben der Spindel vorbeystreicht. Dadurch entstehet nun zwar hier kein Nabelloch, aber doch eine tiefe Kerbe, worinne man vielleicht das eine der Gewinde sehen kann. Gekrümmt hat die Conchylie einen Durchschnitt der Länge von 2½ Zoll reichlich, der gewiß 3 Zoll betragen würde, wenn die Conchylie gerade ausgestreckt wäre.

CLIX.

Die Baadschnecke, Müller. *Turbo thermalis*, Linn.

Linne' *Syst. nat. ed. XII. Gen. 327. sp. 629. Turbo thermalis.* Müller Natursyst. Th. *VI.* S. 551. die Baadschnecke, wo es aber durch einen Druckfehler heißt: die Bandschnecke.

Ich habe diese kleine Conchylie nie gesehen, und bin daher genöthiget die Beschreibung des Herrn Prof. Müller zu wiederholen. Sie wird bey den Bädern um Pisa in den süssen Wassern gefunden, ist länglich, stumpf und genabelt. Die Windungen sind rund und glatt, und ihre Farbe ist weiß. Sie hat nur die Grösse des Kohlsaamens, und man braucht daher ein Vergrösserungsglas, wenn man ihren Bau deutlich genug übersehen will.

CLX.

Der Cylinderschnirkel, Müll. Die glatte cylindrische Flußschraube, Schr. *Helix cylindrica*, Linn.

Linne' *Syst. Nat. ed. XII. Gen. 328. sp. 696. Helix cylindrica.* Müller Natursyst. Th. *VI.* S. 578. Der Cylinderschnirkel.

Auch von dieser Flußschraube muß ich Herrn Prof. Müllers Nachricht wiederholen. Nach seiner Anzeige kommt dieses Schneckchen in den süssen Wassern der Nordländer vor, ist etwa so groß wie ein Roggenkorn, cylindrisch lang, und oben mit einer stumpfen Spitze versehen. Es hat nur vier Windungen über einander, ist hornartig blaß, und führet an der Lippe einen umgeschlagenen Rand.

CLXI.

Tab. min. A. fig. 1.

Der schwere glatte Bohrer, Schr. *Turbo terebra laevis, testa ponderosa. Tab. min. A. fig. 1.*

Gualtieri *Index testar. Tab. 6. fig J. Turbo fluuiatilis, maximus laevis, testa ponderosa, ex cinereo subalbidus, nouem orbibus terminatus.*

Unter den Flußschrauben, die Gualtieri in seiner Sammlung besaß, und die er in seinem Indice abbildete und beschrieb, war das freylich der gröste, und in der Rücksicht konnte er sagen: *Turbo maximus.* Allein wenn wir alle bekannten Schrauben der süssen Wasser durchgehen, so wird uns nicht nur unter denen Tab. min. B. abgezeichneten Schrauben der Donau eine von gleicher Grösse beyfallen, sondern wir werden uns auch an die amboinische Flußnadel (n. CXLVII.) erinnern, deren grössere Beyspiele die gegenwärtige noch an Grösse übertreffen. Unterdessen ist die Grösse der gegenwärtigen Flußschraube ansehnlich genug, denn sie hat eine Länge, die beynahe 4. Zoll erreicht, und in ihrem grösten Durchschnitte hat sie mehr als einen Zoll. Ihre neun Windungen nehmen durchgehends verhältnißmässig ab, und endigen sich in einer stumpfen Spitze, und ihre Form ist daher ganz kegelförmig. Ihre Windungsart ist weniger bauchigt, und daher sind die Einschnitte zwischen derselben nicht allzutief. Ihre Schale ist glatt und dicke, eine für die Flußconchylien überaus seltene Erscheinung, und die Farbe ist weißgrau, und folglich unansehnlich, und dadurch scheinet sie ihre Herkunft aus den Flüssen zu verrathen, welches ihre dicke Schale ausserdem zweifelhaft machen könnte. Die Mundöffnung ist völlig oval und ungesäumt, und von einem Nabel siehet man keine Spur. Gualtieri hat noch ein kleineres Beyspiel von 3. Zoll lang abstechen lassen, welches vielleicht eine jüngere Schale ist, denn sie hat mit der grössern Schraube vollkommen einen Bau. Ihre Grösse beweiset, daß sie in einem grossen Flusse zu Hause sey, ob es gleich Gualtieri gänzlich verschweigt, wo?

CLXI. A.

Der bandirte Bohrer, Schr. Der Goldfaden. *Helix terebella, Müll.*

Gualtieri *Index testar. tab. 4. fig. M. Turbo terrestris umbilicatus, basi lata, ore sulcato, candidus, lineis fuluis circumdatus.* Müller *Hist. Verm. P. II. p. 123. n. 319. Helix terebella testa turrita acutissima, perforata, polita, edentula, axi contorto-triplicato.* Dänisch Navre-Snekken.

Die Naturforscher halten diese Conchylie gemeiniglich für eine Erdschnecke, dahin sie Gualtieri ausdrücklich setzt, Herr Etatsrath Müller aber redet davon als von einer zweifelhaften Sache. Mein Spengler schreibt, ich glaube zuverlässig, daß sie aus den süssen Wassern herkomme, und dieses Zeugniß ist für mich genug. Meine Beyspiele, die ich vor mir habe, steigen in ihrer Grösse von einem halben Zoll bis auf 1½ Zoll, von welcher letztern Grösse ein Beyspiel in dem hiesigen herzoglichen Kabinet liegt. Mein grösstes Beyspiel, das ich Herrn Spenglers Güte zu danken habe, ist 1½ Zoll lang. Dieser Bohrer ist ganz rund, hat 8-12. nicht allzumerklich abgesetzte Windungen, die sich in die schärfste Spitze endigen. Die Schale ist glatt, ziemlich dünne, gegen das Licht mehr oder weniger durchsichtig, ganz weiß,

weiß, und mehrentheils mit dünnen gefärbten Bändern bis fast zur Endspitze belegt. Die Mündung ist fast eyförmig, scharf und ohne Saum; an der linken Seite ist ein tiefer Nabel zu sehen, um welchen sich ein Theil der linken Lefze umgeschlagen hat, der aus drey Falten oder Zähnen bestehet. Es ist gleichsam eine Hervorragung der Spindel: denn an zwey kleinen aufgeschnittenen Beyspielen sehe ich, daß diese Falten oder Zähne auf der geraden Spindel bis zur Endspitze fortgehen, doch so, daß in der ersten Windung alle drey Zähne, in den folgenden aber nur zwey Zähne, unter denen der erste allemal der niedrigste ist, zu sehen sind. Diese Kennzeichen haben alle Bohrer gemein, ihr Unterscheidendes betrift

1) **Die Bänder.** Zwey kleine Beyspiele von 7. Linien sind ganz weiß, ohne Band; ein anderes etwas grösseres hat auf der ersten Windung 3, auf den folgenden ein goldgelbes Band auf schneeweissem Grunde; ein anderes hat auf der ersten Windung vier Bänder, die dünne wie ein Faden sind, 3. sind goldgelb, das 4te rothbraun, auf die folgenden Windungen gehen nur zwey Bänder über ein goldgelbes und ein rothbraunes; mein viertes Beyspiel von 1½ Zoll hat 5. Bänder, 4. hellbraune und ein rothbraunes, das dritte Band ist das stärkste, auf die folgenden Windungen gehen nur zwey Bänder fort; das Beyspiel meines **Herzogs** hat auch 5. Bänder, wovon 1. 2. 3. 5. dunkelbraun, 4. aber goldgelb gefärbt ist, auf die folgenden Windungen gehen drey Bänder fort; **Herrn Spenglers** Beyspiel, das Herr **Müller** beschreibt, hat auch 5. Bänder: 1) gelb, 2. 3) roth, 4) hellgelb, 5) roth, auf die folgenden Windungen gehen nur 2. Bänder fort. Bey allen befindet sich das erste Band nahe an der Axe, und gehet in das Nabelloch hinein.

2) **Die rechte Lippe in der Mundöffnung.** Bey einigen, wie beym Gualtieri, hat diese keine Zähne, bey andern hat sie sieben Zähne. Herr Etatsrath **Müller** meynet, daß alle Beyspiele mit gezahnter Mündung noch nicht ausgewachsen wären. Ich bin davon überzeugt. Denn das eine meiner aufgeschnittenen Exemplare hat in der Mündung keine Zähne, und gleichwohl bey alle den vorigen Windungen, die ehedem Mundöffnungen waren, sehe ich diese Zähne. Diese Schnecke kommt aus Westindien, und ist selten, zumal die grössern Beyspiele.

CLXII.

Die netzartige cylindrische Flußschraube, Schr. *Nerita lunulata*, Müll.

Müller *Hist. Verm. P. II. p. 180. n. 366. Nerita lunulata, testa cylindracea alba reticulata; apertura remota.* Dänisch Maane-Neriten.

Diese Flußschraube erreicht eine Länge von sieben Linien, ihre Breite aber beträgt 4½ Linien, folglich ist ihr Bau cylindrisch. Sie hat eine ziemlich dichte Schale, ist gleichwohl durchsichtig. Die Schale ist fein gestreift, oder eigentlich zu reden, **netzförmig**, dergestalt, daß die Streifen, welche die Länge herablaufen, durch Querstreifen durchkreuzt werden. Hierinne kommt sie der feingestreiften Deckelschnecke nahe, (n. CLXX. A.) nur daß ihre Querstreifen weniger convex sind, auch die feingestreifte Deckelschnecke keine netzartigen, sondern nur Querstreifen hat. Sie hat fünf Windungen, und diese sind mit 4. oder 5. röthlichen schlangenförmigen Bändern ausgeschmückt. Die gröste Windung ist bauchigt, aber nicht so sehr als bey den verwandten Gattungen. Zwischen den Windungen, oder vielmehr in dem Winkel derselben, befinden sich kleine Knötchen, und daraus entstehen kleine Kerben in dem Winkel der folgenden Windung. Die Mündung ist cirkelförmig. Herr Etatsrath **Müller**, der diese Flußschraube aus dem Kabinet des Herrn Professor **Fabricius** zum Gebrauch erhielt, sagt uns die Gegend nicht, wo sie zu Hause ist.

CLXIII.

Die braune Flußschraube mit runder breitgesäumter Mündung, Schr.

Nerita labeo, Müll.

Lister *Hist. Conchyl. tab. 25. fig. 23. Buccinum vmbilicatum quinque orbium, admodum tenuiter striatum et cancellatum, ipso ore rotundo.* **Brown** *gam. p. 401. tab. 40. fig. 5.* (cit. Müll.) **Müller** *Hist. Verm. P. II. p. 180. n. 367. Nerita labeo testa oblonga, vmbilicata, fusca, punctis connexis striata, labro albo dilatato.* **Dänisch** Flab-Neriten.

Die länge dieser Schraube ist 15. linien, und ihre Breite eilf linien, folglich ist sie nicht viel höher, als sie breit ist; sie scheinet daher hier unter den Schrauben ganz am unrechten Orte zu stehen. **Listers** Zeichnung ist in diesem Falle nicht entscheidend genug, und wenn ein Beyspiel aus meiner Sammlung diese Conchylie ist, die ich nicht genau kenne, so stehet sie hier zuverlässig am unrechten Orte, und gehöret vielmehr unter die erdschneckenförmig gewundenen Schnecken, die ich im fünften Kapitel von Num. LXII. an beschrieben habe. Die Conchylie gehöret unter die seltensten, welche der Herr Etatsrath **Müller** in dem berühmten Kabinet des Herrn Grafen von **Moltke** fand. Herr **Müller** beschreibt sie folgendergestalt: Die Schale ist durchsichtig, braun, und mit glänzenden Puncten, welche queer über die Schale laufen, ausgezieret. Sie hat fünf aufgeblasene Windungen, eine cirkelrunde Mundöffnung, welche einen breiten, platten, von Innen und von Aussen weissen Saum hat, der sich fest an die zwote Windung anlegt, und gleichsam an dieselbe angewachsen ist. Der Nabel ist groß, und gehet durch die ganze Schale hindurch. Innwendig ist die Farbe braun und glatt.

Mein Exemplar hat die durchsichtige Schale, die aufgeblasenen fünf Windungen, die runde breitgesäumte Mundöffnung, den tiefen Nabel. Aber sie hat, wenn wir uns die hervorragenden Windungen hinwegdenken, den Bau eines Ammonshorn, ob sie gleich wegen der runden gesäumten Mundöffnung unten nicht platt seyn kann. Ihre Farbe ist weiß, aber ihre erste und zwote Windung sind mit einer Menge brauner Bänder umlegt, die sich in der zwoten Windung, nahe an der dritten verlieren, die übrigen Windungen sind hellbraun und glänzend. Der breite Saum ist gestreift, und gehet über die Windung selbst merklich über. Innwendig ist die Conchylie schmutzig weiß, und die Bänder schimmern hindurch.

Ich wünschte von Kennern, sonderlich Dänischen und Holländischen, in dieser zweifelhaften Sache Unterricht. Wäre aber meine Conchylie Herrn **Müllers** Nerita labeo, so könnte ich nun behaupten, daß **Ostindien** ihr wahres Vaterland sey, denn

denn von daher habe ich sie durch einen Freund erhalten. Ich glaube gewiß, daß sie unter die Flußconchylien gehöret, ob sie Lister gleich unter die Erdschnecken setzt.

CLXIV.

Die bandirte kräuselförmige Schraube, Schr. *Nerita ligata*, Müll.

Müller *Histor. Verm. P. II. p. 181. n. 368. Nerita ligata testa ventricosa, acuminata, subumbilicata, fasciis rubris, apertura circulari. α) fasciis duabus subaequalibus. β) fasciis quatuor, infima remota. γ) fasciis quinque, infima remota latiore.* Dänisch Baendel-Neriten.

Ich nenne diese Schraube kräuselförmig, weil sie nicht in die Länge gedehnet, sondern kurz, aber breit ist. Mein gröstes Exemplar ist ¾ Zoll hoch, und eben so breit, die andern sind etwas kleiner. Sie bestehen aus fünf Windungen, ohne das eingedrückte Knöpfchen, das die Windungen beschliesset. Alle Windungen sind stark abgesetzt. Die erste ist groß und ganz rund, die folgenden kleiner, aber alle rund. Die Schale ist ganz glatt, ausser daß sie unten in der Gegend des Nabels fünf halbmondförmige Linien hat, die sich endlich im Nabel ganz verlieren, an meinem grösten Beyspiele fehlen aber auch diese Linien, welches ganz glatt und glänzend ist. Die Mundöffnung ist völlig rund, gesäumt, und ist an die erste Windung angewachsen. Neben dieser Mundöffnung ist ein rundes tiefes Nabelloch, durch welches man bis zur zwoten Windung sehen kann. Die Schale ist zwar dünne, aber überaus fest. Herr Etatsrath Müller nimmt die Abänderungen theils von der Anzahl der Bänder, theils von dem Daseyn oder dem Mangel der halbmondförmigen Streifen in der Gegend des Nabellochs her, und ich habe seine angegebenen Abänderungen vorher angeführt. Man kann sie auch nach der Beschaffenheit ihrer Farbe abtheilen, und da besitze ich folgende Abänderungen:

1) Ganz weiß, ohne Band, nicht ausgebleicht, in der Gegend des Nabels halbmondförmig gestreift.
2) Ganz weiß, mit zwey Bändern, welche in der Mundöffnung durchschimmern, ebenfalls halbmondförmig gestreift.
3) Bräunlich mit 6. dunklern Bändern, wo das erste von den übrigen entfernt und am breitesten ist. In der Gegend des Nabels hat sie halbmondförmige Streifen, und inwendig ist sie wie von Aussen gefärbt.
4) Milchweiß, etwas bläulich, mit fünf Bändern. Das untere bläulich und breit, die folgenden vier zart und bräunlich. Die halbmondförmigen Striche in der Gegend des Nabels fehlen. Innwendig ist die Schale gelbbraun, und die Bänder sind dunkler braun.

Diese seltene Conchylie ist in Tranquebar zu Hause.

CLXV.

Die rothe gestreifte Schraube mit runder gesäumter Mündung, Schr. *Turbo lincina*, Linn. *Nerita Licinia*, Müll.

Lister *Histor. Conchyl. tab. 26. fig. 24. Buccinum tenuissime striatum, ipso ore circinato, cui etiam limbus latus et striatus. Jamaic.* Klein *Method. Ostracol.*

 p. 55.

p. 55. §. 161. II. tab. 3. fig. 71. a. b. Turbo lunaris nimbosus; ore circinnato, limbo lato et striato. **Petiver** *Gazoph. tab. 118. fig. 11.* **Linne'** *Syst. nat. ed. X. p. 765. Gen. 292. sp. 556. Turbo Lincina testa oblonga obtusa rugoso - striata, apertura limbo dilatato plano crenato. ed. XII. Gen. 327. sp. 639.* **Müller Natursyst. Th.** *VI.* **S. 555. der Breitrand. Müller** *Hist. Verm. P. II. p. 178. n. 364. Nerita dicinia testa ovata, incarnata, striata; apertura in puncto adnata.* Anm. **Linne'** führt in der X. Ausg. des Natursyst. noch folgende Schriftsteller an, die ich nicht nachschlagen kan. **Sloane** *iam. 2. tab. 240. fig. 12. 13.* **Brown** *iam. tab. 40. fig. 5.* **Dänisch** Olive-Neriten.

Die Länge dieser Schnecke beträgt acht Linien, und ihre Breite $5\frac{1}{2}$, sie hat folglich einen eyförmigen Bau, der dem Bau der folgenden ganz ähnlich ist. Hier werde ich mich ganz kurz fassen, und bey der folgenden desto ausführlicher seyn. Was die gegenwärtige Schnecke **Eignes** hat, bestehet in folgendem. **Einmal** ist ihre Farbe von Aussen und von Innen roth; **zweytens**, ihre Streifen sind mehr schilfricht, und gleichen feinen Runzeln; **drittens** ist ihre Mundöffnung gesäumt, und dieser Saum, der im Verhältniß zur Grösse der Conchylie betrachtet, breit ist, ist eingekerbt; und **endlich** hat sie zwar ein deutliches Nabelloch, aber es ist nicht tief, und man kan durch dasselbe die folgenden Windungen nicht sehen.

Herr Etatsrath **Müller** hatte bey seiner Beschreibung dieser Conchylie ein Beyspiel vor sich, dem der Saum der Mündung fehlte, allein er gestehet es selbst ein, daß sein Exemplar noch nicht ausgewachsen sey.

Lister hat diese Schraube unter den Erdschnecken, **Linne'** bezeuget eben dieses; allein ich glaube, man finde sie in **Jamaica**, ihrem eigentlichen Vaterlande, in Flüssen, und dieses schliesse ich vorzüglich aus der incarnatrothen Farbe, welche sonst den Erdschnecken gar nicht eigen ist, und aus der feinen Schale. Wären die Schriftsteller auf den Deckel dieser Schnecke aufmerksamer gewesen, denn ich glaube gewiß, daß sie dergleichen habe, so würde dieser Deckel die Sache entscheiden. Man sehe darüber dasjenige nach, was ich bey der folgenden Gattung über ihren Deckel sagen werde.

CLXV. A.

Die feingestreifte Deckelschnecke, Mart. *Nerita elegans*, *Müll.* *Tab. IX. fig. 15. a. b.*

Tab. IX. fig. 15. a. b.

Fabius Columna *de purpura.* **Kiel** 1675. *Cap. IX. p. 27.* **f. mit einer guten Abbildung.** *Cochlea terrestris turbinata et striata.* Anm. Um der grossen Seltenheit dieses Buchs willen will ich **Columnä** ganze Stelle mittheilen. *Quia in modum turbinis producit Volutas, Turbinatam Cochleam appellare libuit. Quinque constat anfractibus: et quia distinctius Orbes percurrit in longum, more Turbinum producitur testa. Umbilicum fere relinquens in centro, et eodem orbium ordine striantur orbes perquam dense, vt elegantissima videatur. Os rotundum habet, quemadmodum orbis desinit, geritque orbem crassum et cochleatum, vt in marinis obseruatur. Colore ex pallido flavicant magis minusve. Terrestres has cochleas, vt ab aliis diuersas, et rariore effigie, relictis aliis multis, huc intrudere, ad excitandum studiosorum animos, et addere visum fuit, qui montes tantum habent propinquos, mare vero longo*

intervallo

intervallo disjunctum et meliora quaerant. Lister *Hist. animal. Angl. tab.* 2. *fig.* 5. *Cochlea cinerea, interdum leviter rufescens, striata, operculo testaceo cochleato donata.* Lister *exercit. anatom. p.* 2. *Tab.* 1. *Cochlea operculata, parva, tenuissime striata, fasciata.* Lister *Hist. Conchyl. tab.* 27. *fig.* 25. *Cochlea terrestris turbinata et striata.* Fab. Col. Listers Zeichnung ist in beyden Schriften schlecht. Gualtieri *Ind. testar. tab.* 4. *fig. A. B. Turbo terrestris striatus, subruber et lineis variegatis obscure punctatus.* — *Turbo terrestris tenuissime striatus, ipso ore circinnato, cui etiam limbus latus albidus.* Geoffroy Conchyl. um Paris, deutsch S. 95. die zierlich gestreifte Nerite. *Cochlea operculo testaceo donata. l'Elegante striée.* Argenville Conchyliol. deutsch S. 288. 292. *tab.* 25. *fig.* 12. *Limax clavicula exerta.* Die Schnecke mit erhabenem Gewinde, die aschgraue oder röthliche feingestreifte Deckelschnecke. — Die Schnecke *Fig.* 12. wird vom *Fabius Columna* Cap. 9. *p.* 15. angeführt, wo er sie *Cochlea terrestris turbinata et striata* nennet. Dieses ist die feingestreifte Deckelschnecke, mit fünf gestreiften Windungen, welche sich in die Höhe erheben. Sie ist stark und dick, und von bleichgelber Farbe. Argenville Zoomorphose S. 67. *tab.* 9. *fig.* 9. (schlechte Zeichnung und kein Wort von dem Thier.) Die schöne gestreifte erscheinet bey Num. 9. mitten zwischen den zwey grossen Schnecken, in ihrer wahren Grösse. Es lassen sich an ihrem Oberrocke vier hellgraue Windungen mit braun gedupften Binden zehlen. Die Gewinde sind bäuchigt und der Mund sehr rund. Martini Berlin. Magaz. *II.* B. S. 604. *n.* 7. *tab.* 1. *fig.* 4. in natürlicher Grösse, *fig.* 6. vergrössert, beyde aus dem Argenville, und eben so unrichtig. Die aschgraue oder röthliche feingestreifte Deckelschnecke. Müller *Histor. Verm. P. II. p.* 177. *n.* 363. *Nerita elegans testa ovata, cinerea, spiraliter convexe striata; apertura adnata.* Dänisch Net-Neriten.

Die gröste meiner feingestreiften Deckelschnecken ist acht Linien lang, und im Gualtieri und Argenville kommen sie noch grösser vor, unterdessen erscheinet diese Conchylie gemeiniglich in einer Grösse von sechs Linien, und vier Linien ist ihre Breite. Ihr Bau ist länglich eyförmig, und fünf oder sechs Windungen ist das Ganze dieser Conchylie. Ihre Windungen sind rund, ziemlich gewölbt, und endigen sich in eine stumpfe Spitze. Ueber die Gewinde himweg laufen feine Querstreifen, die an einigen Beyspielen überaus fein, an andern aber stärker sind. Sie werden von einigen, aber würklich nur einzelnen Querstreifen durchschnitten, welche man an einigen Beyspielen deutlicher als an andern siehet; und diese Querstreifen können auch, wie es mir wahrscheinlich ist, von dem jährigen Anwachs der Schale herrühren. Die Mundöffnung ist völlig rund und ungesäumt, und nur oben ganz leicht an das zwote Gewind angewachsen. Das eine meiner Beyspiele hat zwar eine Mundöffnung, die nicht ganz rund ist, allein man siehet es auch dem ganzen Bau derselben sogleich an, daß der Bewohner durch etwas in seinem Bau gestöhret wurde, und dergleichen Anomalien, davon ich einige an Erdschnecken in meinen Abhandlungen über verschiedene Gegenstände aus der Naturgeschichte Th. II. S. 249-253. angeführt habe, kommen Conchyliensammlern oft vor, und dürfen den Naturforscher nicht irre machen. Neben der Mundöffnung siehet man zwar eine Oeffnung, aber man kan sie in der That kein Nabelloch nennen, denn sie gleicht einer kleinen vertieften Rinne.

In diesen angeführten Umständen ist sich die feingestreifte Deckelschnecke durchgängig gleich; in Rücksicht auf die Farbe aber erscheinet sie nach dem Zeugniß der angeführten Schriftsteller in folgenden Abwechselungen:

1) mehr oder wenig bleichgelb. **Columna. Argenville.**
2) grau. **Lister. Martini.**
3) röthlich. **Lister. Martini.**
4) röthlich mit dunklern punctirten Streifen. **Gualtieri.**
5) aschgrau mit braunen, röthlichen, länglichen Flecken besprengt. **Geoffroy**, der zugleich sagt, daß diese Flecken verschwinden, wenn die Schnecke eine Zeitlang auf der Erde liegt, und daß nun die Conchylie aschgrau erscheine. **Müller.**
6) aschgrau mit braunen gedüpften Binden. **Argenville.**
7) mein abgezeichnetes Exemplar tab. IX. fig. 15. a. hat eine ganz hellgraue sanft in das röthliche spielende Farbe, drey zarte rothbraune aus unterbrochenen Linien bestehende Bänder, die auf der zwoten Windung in zwey breitern fortgehen, und sich auf der dritten Windung ganz verliehren. Die beyden letzten Windungen sind braunroth einfärbig.
8) Ein andres noch der Zeit erhaltenes Exemplar ist auf der untern Windung grau und röthlich geflammt, hat drey Bänder, von welchen das mittelste breitere mit weissen Flecken, welche die Gestalt eines V haben, unterbrochen, das zweyte Gewind hat braun und weisse die Länge herab laufende Flammen, und die folgenden bis zur Endspitze sind ganz braun.

Weil diese Conchylie gewohnt ist, ihre Mündung mit einem **Deckel** zu verschliessen, so heißt sie die **feingestreifte Deckelschnecke.** Dieser Deckel ist es werth, besonders beschrieben zu werden. Ich habe ihn *Tab. IX. fig. 15. b.* abzeichnen lassen. Er ist schaligt, und in der That so fein, und so regelmäßig gebauet, als man kaum von einer Seeconchylie erwarten kan, von welchen ihn nur die schmutzig weisse Farbe unterscheidet. Er ist nicht völlig rund, weil er oben, wo sich ein Theil der Mundöffnung ein wenig an das zwote Gewind anlegt, eine kleine Spitze hat, um die Mundöffnung ganz zu verschliessen. Seine äussere Seite ist ganz platt, und bestehet aus lauter halbcirkelförmigen Linien, die sich endlich in dem Mittelpuncte in eine Schneckenlinie endigen. Diese Schneckenlinie ist inwendig vertieft, und noch feiner und noch regelmäßiger gebaut. Der Rand zwischen dieser Vertiefung bestehet aus feinen Streifen, und der ganze Deckel drückt das Bild eines kleinen aufgeschnittenen Nautilus sehr gut aus.

Aber stehet auch diese Schnecke hier unter den Flußschnecken am rechten Orte? oder gehöret sie unter die Erdschnecken? Vorher haben wir gesehen, daß sie die Schriftsteller beynahe einstimmig unter die Erdschnecken zehlen, nur Herr Etatsrath **Müller** und **Geoffroy** haben sie unter den Neriten, ein nur für Flußconchylien von ihnen bestimmtes Geschlecht, wo der Bewohner nur zwey Fühlhörner hat; und doch sagt **Geoffroy**, **es ist die einzige dieses Geschlechts, die nicht zu den Wasserschnecken gehöret.** Es ist auch wahr, daß **Argenville** sie in seiner Zoomorphose mit dem Thier abgebildet hat, das ihm **Martini** nachstechen ließ, und dies Thier hat augenscheinlich vier Fühlhörner, und die Augen auf der Spitze der obern zwey grössern Fühlhörner Allein ich getraue mir doch zu beweisen, daß sie auf das Volk der

der Flußconchylien viel mehr Ansprüche machen könnte, als auf die Erdschnecken. Hier sind meine Gründe:

1) In die Zeichnung des **Argenville** eines Thiers mit vier Fühlhörnern setze ich ein gegründetes Mißtrauen. Warum gedenket er des Thiers selbst in seiner Beschreibung nicht mit einer Sylbe? und warum setzt es **Geoffroy** nicht gerade unter die Erdschnecken, und zwar unter die 11. Familie der Schnecken mit verlängerter Schale? Gewiß aus keinem andern Grunde, als weil er an dem Bewohner keine vier Fühlhörner entdeckte. Allein da hätte er doch den **Argenville** seines Irrthums überführen sollen und hätte nicht sagen dürfen, daß diese Conchylie nicht zu den Wasserschnecken gehöre. Ich antworte auf das erste, daß **Geoffroy** Gründe haben konnte, den Fehler seines Landsmann zu verschweigen, der ihn bey einer andern Gelegenheit, nemlich bey der Beschreibung der Treppe (n. CLI.), sehr behutsam über ein blos nach der Imagination abgebildetes Thier behandelte. Und sagt denn **Geoffroy** darinne nicht genug, daß er diese Conchylie unter die Neriten setzt, wo nach seinen angenommenen Characteren nur Thiere mit zwey Fühlhörnern stehen können? Daß aber **Geoffroy** sagt, diese Schnecke gehöre nicht unter die Wasserschnecken, darin hat er ganz recht. Sie wohnet auch in keinem Wasser, sondern nur an feuchten Oertern in den Waldungen.

2) Der Aufenthalt dieser Schnecke redet auch für meine Meynung. **Geoffroy** sagt, **in feuchten Waldungen sey ihr Aufenthalt.** Also zwar nicht im Wasser, aber auch nicht auf der trocknen Erde, sondern an feuchten Oertern ist ihr Aufenthalt. Sie liebt also Feuchtigkeiten, und gehöret folglich hieher am rechten Ort, und zwar als eine Mittelgattung unter Erd- und Flußconchylien, wie wir dergleichen Beyspiele an der Kothschnecke und an mehrern gesehen haben. Darum sagt auch Herr Etatsrath **Müller**: Cochlea haec, si, quae tradit *Lister*, exacte vera sunt, *Helicem* et *Neritam* jungit, huic enim tentaculis duobus, oculis ad basin, operculo et sexu diverso, illi vero tentaculis apice globatis, contractilibus ac habitatione terrestri affinis est.

3) Der von mir beschriebene würklich **schalenartige Deckel**, operculum testaceum, ist nicht nur dadurch, daß er schalenartig ist, sondern auch durch seinen regelmäßigen Bau von allen bekannten Deckeln der Erdschnecken auf das sichtbarste unterschieden; aber mit den schaligten Deckeln der Flußconchylien kommt er der Materie und dem Bau nach auf das genauste überein.

Diese Conchylie wird in **England**, **Italien** und **Frankreich** gefunden.

CLXVI.

Die mit drey rothen Bändern auf weissem Grunde umlegte Schraube, Schr. *Nerita fasciata*, Müll.

Gualtieri *Index testar. tab. 5. fig. M. Buccinum fluviatile crassum, sex spiris finitum, laeve albidum, tribus fasciis subrubris per dorsum excurrentibus notatum.* **Ginanni** *opere post. P. II. p. 49. tab. 1. fig. 6. Chiocciola maggiore.* **Mül-**

 ler

ler *Hist. Verm. P. II.* S. 182. *n. 369. Nerita fasciata testa ovato-ventricosa, alba, fasciis tribus rubris splendidis.* Dänisch Baand-Neriten.

In der strengern Ordnung hätte ich diese Schnecke gleich an die lebendiggebährende Wasserschnecke Num. CXXVI. anhängen, oder sie, noch eigentlicher zu reden, mit derselben gar verbinden sollen. Jetzt, da ich Herrn Etatsrath **Müllers** schöne Historiam Vermium nachschlage, und meinen Namen lese, jetzt sehe ich den Fehler ein, den ich dadurch begehe, daß ich diese Schnecke unter die Schrauben lege, und sie als eine eigne Gattung von Schrauben aufstelle, da sie höchstens eine blosse Abänderung von der **lebendiggebährenden Wasserschnecke** ist. Es war ein abgeschliffenes und polirtes Exemplar aus **Hamburg**, das ich meinem Freunde überreichte, und das nemliche, was ich Tab. VIII. fig. 1. habe abzeichnen lassen. Und eben ein solches abgeschliffenes Exemplar hat **Gualtieri** gehabt, und auch von der lebendiggebährenden Wasserschnecke getrennet. Solche abgeschliffene Beyspiele liegen zuweilen in den Kabinetten, wie ich denn zwey dergleichen aus **Holland** erhalten habe, die aber noch nicht fein polirt waren. Solche polirte Beyspiele haben auf weissen Grunde rothe Bänder, und durch die Politur erhält alles einen Glanz, was sonst ohne Glanz war. Ich finde sonst keinen wesentlichen Unterschied unter dieser und jenen. Unterdessen will ich Herrn Etatsrath **Müllers** Beschreibung beyfügen. Long. 9½-15. lat. 7½-10. lin. Testa alba, glabra, pellucida, tenuissime transversim striata, subnitens: fasciis in extimo anfractu tribus, in proximo duabus rubris, splendidis. Anfractus quinque, minus convexi, quam in praecedente (Nerita ligata n. CLXIV.) minus junctura distantes. Mucro verticis acutus. Apertura obovata, minus rotundata, quam in viuipara; (CXXVI.) centrum perforatum foramine minori. Faux albo-caerulescens.

CLXVII.

Die grünliche Flußschnecke mit dreyfacher Kannte auf jeder Windung.

Nerita angularis, Müll.

Lister *Histor. Conchyl. tab. 127. fig. 27. Cochlea virginiana e flavo viridescens non fasciata.* **Müller** *Hist. Verm. P. II. p. 187. n. 373. Nerita angularis testa imperforata, virescente anfractibus spiraliter angulatis, fauce alba.* Dänisch Kant-Neriten.

Wenn **Lister** diese Schnecke *non fasciatam* nennet, so thut er dieses im Gegensatz der **lebendiggebährenden**, (n. CXXVI.) welche bey ihm gerade vor dieser stehet, und die er *Cochleam viuiparam fasciatam* genennet hat. Die gegenwärtige hat auch in der That viele Aehnlichkeit mit der lebendiggebährenden, wenn wir ihren äussern Bau in Erwegung ziehen. Sie hat einen conischen Bau, doch ist ihre Schale undurchsichtig, in die Queere auf das feinste gestreift. Die fünf Windungen, woraus sie bestehet, sind dick, und beynahe perpendikulair, und jede Windung hat drey spiralförmige erhöhete scharfe Streifen. Die Mundöffnung ist abgerundet, neiget sich aber zum eyförmigen, und bildet da, wo sie am nächsten Gewinde anliegt, einen Winkel. Man findet an ihr keine Spur eines Nabels. Ihre Farbe ist grüngelb, ihre Länge 12. bis 16, und ihre Breite 6. bis 8. Linien. **Lister** nennet uns **Virginien**, Herr Etatsrath **Müller** aber den Fluß bey **Canton** in **China**, wo diese Conchylie zu Hause ist. Da so wenige Schriftsteller dieser Schnecke Erwehnung thun, so vermuthe ich, daß sie selten

ten sey, wenigstens für uns Deutsche, die wir von Virginien und China so weit entfernt sind.

CLXVIII.

Die glatte Sumpfnadel, Mart. *Strombus ater, Linn. Nerita atra, Müll.*

Rumph Amboin. Raritätenk. *tab. 30. fig. R.* holländ. *p. 101. n. 18. Strombus palustris laevis is dik van Schaal, hebbende de gedaante van gemeene Naalden etc.* deutsch S. 71. *Strombus palustris laevis*, oder die glatte Sumpfnadel. Diese hat eine dicke Schale, und siehet wie die gemeinen Nadeln aus. In der Ecke der Mündung ist eine kleine Spalte, sonst ist die Schale glatt und schwarz, oder dunkelbraun. Schynvoet zum Rumph, holländ. S. 101. deutsch S. 72. Chemnitz Zusätze zum Rumph S. 67. die glatte Sumpf- oder Morastnadel; weil sie an sumpfigten oder morastigen Oertern gefunden wird. Hebenstreit *Mus. Richter. p. 324. Strombus palustris laevis*, das glatte Pfriemenhorn aus Sümpfen. Lesser Testaceotheol. §. 60. vvvv. S. 304. ein glattes Straubhorn, welches sich in Indien in denen morastigen Flüssen an den Wurzeln der Bäume aufhält. Es hat eine starke glatte und dunkelbraune Schale. holländ. *Gladde Moerasch-Pen.* Seba *Thesaur. P III. tab. 56. fig. 13. 14.* gar keine Beschreibung, sondern folgendes vages Zeug: *Num. 13-49. Omnivarias heic Stromborum vel subularum exhibeo species ex quatuor orbis terraquei partium maribus labore multo collectas, quarum singulis peculiare nomen pro varia figura, qua aliis corporibus accedunt, dare cuilibet liberum relinquimus.* Linne' *Mus. Reg. Lud. Vlricae p. 624. n. 289. Strombus ater testa turrita laevi, labro antice posticeque soluto.* Petiver *Gazophyl. tab. 13. fig. 16.* Linne' *Syst. nat. ed. X. p. 746. Gen. 289. sp. 441. Strombus ater testa turrita laevi, labro antice posticeque soluto. ed. XII. Gen. 324. sp. 516.* Müller Natursyst. Th. *IV.* S. 491. die schwarze Flügelnadel. (weil er diese Conchylie mit einer andern verwechselte.) Martini Berlin. Magaz. Th. *IV.* S. 340. *n. 56. tab. 9. fig. 41.* (aus dem Rumph.) die glatte Sumpf- Pfuhl- oder Morastnadel. Müller *Hist. Verm. P. II. p. 188. n. 375. Nerita atra testa subulata, laevi, apertura antice posticeque sinuata.* Dänisch Sort-Neriten. Englisch Blakish river pig.

Man findet unter den Flußschnecken einige, die eine vorzüglich starke Schale haben, und von der Art ist diejenige, die ich hier beschreibe. Sie erlangt eine Länge von mehr als zwey Zoll, und ihre gröste Breite ist ein halber Zoll, folglich hat sie ganz den Bau der Nadeln. Ihre zwölf Windungen sind nicht erhöhet, sondern platt, schliessen fest an einander, und haben also eine ganz flache Linie zwischen sich. Die Schale hat keine Unebenheiten, und das meynen eben die Schriftsteller, wenn sie ihr einstimmig *testam laevem* beylegen, denn sonst bestehet die Schale würklich aus feinen Queerstreifen. Die Mundöffnung ist unterscheidend, sie hat aber einen eignen Bau. Im Grunde ist sie eyförmig und gesäumt, man muß aber dann ihre beyden Ausgänge übersehen; denn oben, wo sie an dem folgenden Gewinde anliegt, und unten, hat sie vertiefte oder rinnenförmige Schnäbel, von welchen der letzte ein wenig zurückgebogen ist. Die Farbe ist an den gewöhnlichsten Beyspielen schwarzbraun mit einzelnen dunklern Flammen, oder braunroth einfärbig; seltener sind die Beyspiele, welche eine castanienbraune Farbe

 haben,

haben, und inwendig weiß sind. Sie hat nur einen mittelmäßigen Glanz. Indien ist ihr Vaterland, wo sie besonders um Amboina gefunden wird. Wo sie sich aber aufhält, da liebt sie vorzüglich morastige Gegenden, und die Wurzeln der Bäume. Da sie zur Speise taugt, so wird sie von den Indianern aufgesucht und verspeiset.

Einige Schriftsteller rechnen auch **Lister** tab. 115. fig. 10. hieher. Allein ihre Abweichung von der **Rumphischen** Figur ist viel zu groß, als daß man hier Beyfall geben könne. Ich habe sie daher mit Herrn D. **Martini** als eine eigne Gattung betrachtet, und Num. 170. beschrieben. Von der Figur des **Seba** muß ich eben das sagen. Die Schale ist gerunzelt, und die Mundöffnung hervortretend, oder geflügelt. Wenn sich aber der verstorbene Professor **Müller** in seinem deutschen **Linne'** auf **Knorr** Th. V. tab. 13. fig. 8. (nicht 3. wie es durch einen Druckfehler heißt, denn das ist ein Goldmund) beruft, und unter diese Figur **Rumph** tab. 30. fig. 8. setzt, so muß er beyde Abbildungen nicht unter sich verglichen haben. Der hervortretende Flügel der Mundöffnung unterscheidet beyde so sichtbar von einander, daß man, auch nur bey mittelmäßiger Aufmerksamkeit nicht leicht in die Versuchung gerathen wird, beyde mit einander zu verwechseln. Lieber würde ich die Figur im **Knorr** als eine Abänderung von der **Bastart-Seetonne** (Num. CXXXIII.) ansehen.

CLXIX.

Diese Nummer ist aus einem blossen Versehen hieher gekommen. Es ist die **Bastart-Seetonne**, die ich oben Num. CXXXIII. beschrieben, und dort zugleich angemerkt habe, daß, wenn man sie unter die Schrauben setzen wolle, hier der eigentliche Ort für sie sey.

CLXX.

Die virginianische Flußnadel mit weitem Munde. *Strombus atro-purpureus rostro paululum sinuoso.*

Lister *Histor. Conchyl. tab. 115. fig. 10. Buccinum atro purpureum, laeve, oris vertice sive rostro paululum sinuato.* **Klein** *Method. Ostracol. p. 34. §. 90. II. 2. Tuba phoenurgica spiris planis carinata spiraliter, atro-purpurea, oris vertice seu rostro paululum sinuoso.* Martini **Berlin. Magaz. Th.** *IV.* **S.** 348. *n. 95. tab. 10. fig. 49.* (aus dem **Lister.**) **Die virginianische Flußnadel mit neun in schrägen Cirkeln gestreiften Gewinden, weitem Munde und gesäumter innern Lippe.**

Ich habe schon bey Num. CLXVIII. angemerkt, daß einige Schriftsteller diese virginianische Flußnadel des **Listers** für eine Abänderung von der **glatten Sumpfnadel** ansehen, und daß ich sie lieber mit dem Herrn D. **Martini** für eine eigne Gattung der Flußschrauben halten möchte. Es wird sich nun zeigen, ob der Unterschied unter beyden so groß sey, daß sich ein solches Unternehmen rechtfertigen lasse. Eine genaue Vergleichung beyder Conchylien wird uns davon überzeugen.

Die **glatte Sumpfnadel** hat, wenn sie ihre völlige Grösse erreicht hat, zwölf Windungen, da die **virginische Flußnadel** mit weitem Munde nur neun Windungen hat. Bey beyden sind zwar die Windungen nicht erhöhet, allein die **glatte Sumpfnadel** hat die feinsten Queerstreifen, bey der **virginischen Flußnadel** hingegen

gen sind die Queerstreifen stark, und fallen sogleich in die Augen. Die Mundöffnung der Sumpfnadel ist oval, sie hat aber auf beyden Seiten Rinnen, und also zwey Schnäbel; die virginische Flußnadel hingegen hat einen weiten Mund, und diese Mundöffnung ist das vorzüglichste Unterscheidungszeichen dieser von jener. Der Mund ist weit und hervortretend, die rechte Lippe ist scharf und ganz ohne Saum, die linke hingegen ist stark gesäumt, und dieser Saum nimmt noch einen kleinen Theil der rechten Lippe ein, und dieser Ueberschlag bildet im Winkel eine kleine Vertiefung, die aber in keiner Rücksicht eine Rinne genennet werden kann, weil sie verschlossen ist. Eben so ist die Mundöffnung oben. Sie zeigt sich in einer zugespitzten kleinen Hervorragung, die aber ebenfalls verschlossen ist, und daher den Namen einer Rinne in keiner Rücksicht verdienen kann. Also hier eine wahre Gattung, die von der glatten Sumpfnadel ganz unterschieden ist.

Die Zeichnung des **Listers** ist etwas über drey Zoll lang und ½ Zoll breit; die Farbe hat **Lister** in seiner kurzen Beschreibung verschwiegen, aber daß sie in Virginien zu Hause sey, das sagt uns Herr D. **Martini**. Woher er das wisse, das kann ich nicht sagen, denn bey meiner Ausgabe des **Listers** ist nichts davon bemerket, da es bekannt ist, daß **Lister** sonst an die Seite der virginischen Conchylien die Bemerkung *Vir.* zu setzen pflegt.

Anmerkung.

Hieher gehöret die **Flußnadel mit gestreiften Bändern**, Nerita lineata, die ich aus einem Versehen unter die Trompeten gesetzt, und oben n. CXXX. beschrieben habe.

CLXXI.

Die geribbte und queergestreifte Nadel. *Strombus costatus et transuersim striatus. Tab. VIII. fig. 14.* Tab. VIII. fig. 14.

Wenn gleich diese Schraube gerade nicht zu den grösten ausländischen Flußconchylien gehöret, so hat sie doch ihre entschiedenen Vorzüge und Schönheiten. Ihre Länge beträgt ¾ Zoll, und die gröste Breite der ersten Windung ist ein ¼ Zoll. Sie hat 10. Windungen, die sich in einer verhältnißmässigen Abnahme befinden, und sich in eine scharfe Spitze endigen, auch hat die Conchylie eine feine durchsichtige Schale. So wie die Schale aus dem Wasser kommt, hat sie eine schwarzbraune schmutzige Farbe, unter welcher alle die Schönheiten versteckt liegen, die ihr eigenthümlich sind. Wenn man hingegen die Conchylie mit Scheidewasser behutsam abziehet, so wird die Schale hornfarbig, und ist sich in einigen Fällen durchgängig gleich, in andern Beyspielen aber geht sie nur die ersten drey Windungen an, die übrigen alle sind schwarzbraun. Die ganze Schale ist queergestreift, die Queerstreifen aber sind überaus fein. Von der zwoten Windung an liegen in jedem Winkel drey Queerstreifen, die stärker sind, als die übrigen, die nun aber freylich bey den letzten und kleinsten Gewinden immer unkenntlicher werden, so wie da die Queerstreifen überhaupt so fein sind, daß man sie nur durch ein Augenglas erkennen kann. Ueber die Windungen hinweg, und also die Länge herunter, ist die Conchylie geribbt, aber alle Ribben, die übrigens ziemlich enge bey einander stehen, endigen sich mit jeder Windung, sie liegen nur ein wenig schräg, sind auf der ersten Windung am unkenntlichsten, werden aber auf den folgenden Windungen immer kenntlicher, und da siehet man, daß die einzelnen Ribben nicht durchgängig eine Stärke haben, sondern, daß sie in dem Mittelpuncte ein wenig erhöhet sind. Ausser diesen Ribben siehet man auf der Schale noch braunrothe Flammen, die ganz unmerklich gebogen sind, und die Länge herunter laufen. Man siehet, daß sie von den Queerstreifen unterbrochen werden, und um diese drey Erscheinungen, die Queerstreifen, die Ribben und die Flammen zusammen gedacht, entstehet ein ganz artiger Contrast auf einer und eben derselben Schale, wodurch ein ganz eignes Gitterwerk gebildet wird. Auf den letztern Windungen verlieren sich diese Flammen, auch an den Beyspielen, die durchgängig einerley nemlich eine hornartige Farbe haben. Die Mundöffnung ist oval, und nur an der linken Seite siehet man einen schwachen übergeschlagenen Saum, der sich ganz unmerklich an die Windung anlegt. Von dem Nabel findet man nicht die geringste Spur. **Die Küste von Coromandel ist ihr Vaterland.**

CLXXII.

Die dunkel purpurfarbene Schraubenschnecke, Mart.

Nerita tuberculata, Müll.

Lister *Historia Conchyl. tab. 119. fig. 14. Buccinum atro-purpureum, fasciatum et striatum, item in medio quoque orbe notis quibusdam obliquis distinctum.* Gualtieri *Index testar. tab. 6. fig. G? Turbo fluviatilis similis (scilicet obscure striatus) cinerei coloris, et subrubris lineis undatim per longitudinem radiatus.* Klein *Methodus Ostracol. p. 34. §. 90. 2. c. Tuba phonurgica, spiris planis carminata, bifariam: atro-purpurea in medio orbe modis* (soll vermuthlich heissen nodis) *obliquis pictus.* Petiver *Gazophyl. tab. 100. fig. 11. Unicornu fluviatile rugosum, vescum nigricans.* Lesser Testaceotheol. 1744. §. 51. *ffff.* S. 193. **Eine dunkel purpurfarbene Schraubenschnecke, rund um gestreift, und mit einem Bande umgeben. Auf jeglichem Gewinde gehen in der Mitte rund herum schiefe Knötchen.** Martini Berl. Magaz. *IV.* B. S. 349. *n. 97. tab. 10. fig. 51.* **Die Figur aus dem Lister, die Beschreibung aus dem Lesser.** Müller *Histor. Verm. P. II. p. 191. n. 375. Nerita tuberculata testa subulata, cinerea, transversim striata; anfractibus nodulosis, strigisque sanguineis.* Dänisch Knorte-Neriten.

Man kann nicht leicht in die Versuchung gerathen, diese Conchylie mit der vorhergehenden zu verwechseln, die in der That unter sich nichts gemein haben, als die geribbten Windungen, und wenn wir nach diesem Merkmal urtheilen und Gattungen oder Abänderungen bestimmen wollten, so würden wir vermuthlich in vielen Fällen straucheln. Die gegenwärtige Flußconchylie hat eine Länge von zwey Zoll und 9. bis 10. Windungen. Die ganze Schale ist fein in die Queere gestreift und dunkel purpurroth gefärbt. Ein ziemlich breites weisses Band läuft über alle Windungen hinweg, und dieses Band, und nicht die ganze Windung, ist mit Knoten, die man auch Ribben nennen könnte, belegt, welche die Länge herunter gehen. Zwischen diesem knotigten Bande aber liegen auf den Windungen dunklere Flammen, welche das Ansehen dieser Schale verschönern. Die Mundöffnung ist länglich oval, auf der linken Seite ist die Lefze ziemlich breit übergeschlagen, gehet neben der Axe vorbey, und gleichwohl

siehet

siehet man nicht die geringste Spur eines Nabels. Die Conchylie endiget sich ebenfalls in eine scharfe Spitze, welche doch durch die Beschaffenheit ihrer Mundöffnung, und durch ihr Band, so wie durch die Lage ihrer Knoten, von der vorhergehenden Gattung hinlänglich und wesentlich unterschieden ist.

Ob die angeführte Figur aus dem Gualtieri (tab. VI. fig. G.) die gegenwärtige dunkel purpurfarbene Schraubenschnecke sey, weiß ich nicht. Ich finde sie beym Herrn Müller angeführt, ich habe dies Citat zweifelhaft wiederholt, und ich glaube Grund zu haben zu zweifeln. Listers Figur ist hier billig unser Anführer, und mit dieser stimmt die gualtierische Abbildung gar nicht überein. Sie hat keine Knoten, denn Abbildung und Beschreibung schweigen davon gänzlich, sie hat eine andre, nemlich eine aschgraue Farbe, und die ovale Mündung ist von derselben ganz unterschieden. Was ich unter dem Namen *Nerita tuberculata* erhalten habe, das ist die Gattung, die ich unter der vorhergehenden hundert und ein und siebenzigsten Nummer beschrieben habe.

CLXXIII.

Die africanische Trommelschraube mit Banden und starken Knoten, Mart.

Nerita aurita, Müll.

Lister *Historia Conchyl. tab. 121. fig. 16. Buccinum fasciatum mediis orbibus muricatis.* **Klein** *Method. Ostracol. p. 30. §. 76. n. 2. Tympanotonos fasciatus et muricatus per medios orbes.* **Martini Berl. Magaz. Th. IV. S. 351.** *n. 102. tab. 10. fig. 55.* **Die africanische Trommelschraube mit Banden und starken Knoten um die Mitte eines jeden Gewindes.** **Müller** *Hist. Verm. P. II. p. 192. n. 379. Nerita aurita testa turrita, fusco fasciata; anfractibus muricata; apertura ouata. α) alba, fasciis fuscis. β) flaua fasciis fuscis. γ) flaua, fasciis fuscis, margine incturae albo.* Dänisch Ore-Neriten.

Diese und einige der folgenden Gattungen führen den Namen der Trommelschrauben, und werden im lateinischen *Strombi tympanorum*, und im Holländischen *Trommel-Scroefs* genennet. Man hat dabey nicht sowohl auf ihre Knoten, als vielmehr auf den äussern Bau überhaupt gesehen. Wenn sie gleich die ganze Figur einer Schraube haben, so ist doch ihr Kopf oder ihre erste Windung vorzüglich dick, und auf dem Rücken rund, daß man allerdings unter ihnen und einem Trommelknöpfel allerdings einige Aehnlichkeit finden kann, ob man gleich, ich gestehe es gern, einige Einbildungskraft dazu gebrauchen muß. Den Beynamen der africanischen Trommelschraube hat man von ihrem Vaterlande hergenommen, wo man sie vorzüglich findet, der aber freylich nicht bestimmt genug ist, weil man sie auch in einigen andern ausländischen Flüssen, wenigstens einige derselben, entdeckt hat. Sie haben das alle unter sich gemein, daß sie

1) eine vorzüglich starke Schale haben, die viel stärker ist, als sie sonst an den Flußconchylien zu seyn pflegt.
2) bald auf allen, bald nur auf einigen Windungen starke Knoten haben, wodurch man sie augenblicklich von andern Conchylien, und besonders von allen Flußconchylien unterscheiden kann.

Ausser

Ausser diesen allgemeinen Kennzeichen haben sie auch ihre besondere Gattungskennzeichen, und diese liegen bald in der Anzahl ihrer Knoten, ob sie nemlich alle oder nur einige Windungen einnehmen, bald in der Beschaffenheit ihrer Mundöffnung, bald aber auch in andern Umständen. Ich werde die verschiedenen Gattungen, die mir bekannt sind, beschreiben.

Die erste Gattung, welche für die gegenwärtige Numer gehöret, hat durch alle Gewinde hindurch Knoten, sie ist auch ausserdem mit Bändern umwunden. Sie erlangt eine Länge von 1½ Zoll, ihre Breite aber kann man nicht eigentlich bestimmen, weil die Knoten zuweilen abgestumpft und abgerieben zu erscheinen pflegen. Ihre Schale ist, wie bey allen knotigten Trommelschrauben, stark, und der Bau pyramidenförmig. Sie hat sieben Windungen, und auf jeder Windung sieben starke, stumpfe und niedergedrückte Knoten. An den kleinern Windungen sind sie mehrentheils abgerieben, doch aber nie so stark, daß man nicht wenigstens die Spuren derselben sollte deutlich erkennen können; ausserdem ist auch die Schale queer hindurch sehr fein gestreift. Die Mundöffnung ist zwar eyförmig, doch ist die äusere Lefze hervorragend, oder ausgedehnt. Mit der innern Lefze, die ein wenig übergeschlagen und gleichsam gesäumt ist, hat sie sich an die folgende Windung, oder an den Bauch angelegt. Vom Nabel siehet man keine Spur. Am deutlichsten kann man diese Trommelschraube an ihren Bändern erkennen, ob sie gleich in verschiedenen Abänderungen erscheinet. Einige Beyspiele sind weiß und haben braune Bänder; andre sind gelb und haben ebenfalls braune Bänder, und bey andern gelben Trommelschrauben sind die braunen Bänder weiß eingefaßt. Martini sagt, diese Gattung sey in Africa zu Hause, Lister und Müller sagen nichts davon, daher ich auch für diese Nachricht nicht ganz Bürge seyn kann, ob ich gleich so viel weiß, daß die knotigten Trommelschrauben vorzüglich in den africanischen Wassern zu Hause sind.

CLXXIV.

Die braune gezackte und knotigte Trommelschraube, Martini.

Nerita aculeata, *Müll.*

Lister *Histor. Conchyl. tab. 121. fig. 17. Buccinum fuscum striatum et muricatum.* Klein *Methodus Ostracol. p. 30. §. 76. n. 3. tab. 2. fig. 39. Tympanotonos striatus et muricatus fuscus.* Adanson *Hist. du Senegal p. 152. Cerite. le Popel?* Martini Berlin. Magaz. *IV.* B. S. 353. *n. 105. tab. 10. fig. 56.* die africanische dunkelbraune Trommelschraube mit starken knotigten Rändern in der Mitte der Gewinde und einer weiten Mündung. *tab. 11. fig. 58.* die braune an den ersten Gewinden gezackte und an den folgenden knotige oder gekörnte Trommelschraube. Seba *Thesaurus P. III. tab. 50. fig. 32. 33. 34.* keine Beschreibung, sondern nur einige magere und ganz unzulängliche Nachrichten über die Numern 32. bis 48. Müller *Hist. Verm. P. II. p. 193. n. 380. Nerita aculeata testa turrita, fusca, tuberculosa; anfractibus muricatis; labro depresso, crenulato.* Dänisch Brod-Neriten.

Die höchste Grösse, die man sich von dieser Trommelschraube gedenken kann, ist zwey Zoll, und die reichste Anzahl der Windungen ist zwölf. Die Schale ist pyramidenramidenförmig gebauet, und gehet in eine verlängerte Spitze aus, die man aber an den wenigsten Beyspielen findet, denn mehrentheils fehlen, wie selbst beym Lister, die zwey oder vier letztern Windungen. Im Seba findet man völlig complete Exemplare. Diese Trommelschraube hat, ausser ihren grössern Knoten, noch kleinere knotigte Binden. Herr Etatsrath **Müller** beschreibet sie folgendergestalt: quinis anfractus fasciis quinque tuberculatis cinctus, media nempe tuberculis maioribus, nouem in singulo anfractuum, quinque inferiorum conicis aculeiformibus, exterioribus fasciis nodulis interstinctis. Ich habe, nachdem meine Kupfertafeln schon geendiget waren, drey Beyspiele von dieser Trommelschraube erhalten; aber an keinem kann ich mehr als drey Bänder zehlen. Das mittelste grosse Band hat die grössern, stärkern und abgestumpften Knoten, und dieses ist auf jeder Seite mit einem schwachen Bande, das ganz kleine Knötchens hat, und einer kleinen Perlenschnur gleicht, eingefaßt. Ich kann auch an dem grössern Bande nicht mehr als sieben starke Knoten zehlen, es muß also, wenn die Anzahl der Knoten, wie ich gleichwohl glaube, nicht ganz zufällig ist, in diesem Verhältniß verschiedene Abänderungen geben. So wie die Gewinde an ihrer Stärke abnehmen, eben so nehmen auch, wie es begreiflich ist, die Knoten an ihrer Stärke ab, an den fünf letzten Windungen verlieren sie sich gewissermassen gänzlich. Denn hier siehet man drey gleiche Bänder auf jeder Windung liegen, die aus gleich starken aber ganz kleinen Knötchens bestehen, oder drey an einander gelegten Perlenschnuren gleichen. Die erste Windung, die im Seba, besonders Figur 33, viel besser ausgedrückt ist als im **Lister**, von dem **Martini** seine Abbildung entlehnete, ist ein wenig platt gedrückt, ob es gleich wegen der Mündung schräg laufen muß. Dieser Theil ist mit sieben erhöheten cirkelförmiglaufenden Streifen ausgeschmückt, die sich in der Mundöffnung verlieren. Diese Mundöffnung ist zwar eyförmig, aber sehr gedrückt. Die rechte Lefze ist hervortretend, halbflügelförmig, etwas ausgezackt, und oben mit einer weitern, unten aber mit einer engern Rinne ausgeschnitten. Die linke Lefze ist übergeschlagen, legt sich in einem kleinen Saume an die erste Windung, und dieser Saum ist ausgezackt. Vermuthlich gab dies die erste Veranlassung, diese Trommelschraube gezackt zu nennen. Aber dieser Saum wird gerade nur an den vollständigsten Exemplaren gefunden.

Die Farbe ist an guten Beyspielen hellbraun, doch also, daß diese Farbe zugleich in die grüne Farbe spielt, in den Winkeln der Windungen aber ist diese Farbe dunkelbraun, dergestalt, daß man auch sagen könnte, die Schale habe auf hellbraunem Grunde ein dunkelbraunes Band. Selten ist die Conchylie so gut erhalten, daß auch die Knoten ihre Farbe behalten hätten, diese sind mehrentheils abgerieben und weiß. Unter dieser braunen Oberhaut liegt eine milchweisse Schale, die ohne Glanz ist, und an solchen abgezogenen Beyspielen ist die Endspitze bald braun, bald auch weiß mit einer braungelben Linie. Ich besitze ein abgeriebenes Exemplar, an dem sogar alle Knoten abgerieben sind, dieses hat eine hellbraune Binde in dem Winkel einer jeden Windung, die blos der Ueberrest der ehemaligen dunklen Binde war.

Da die Windungen nach dem Verhältniß der Länge dieser Trommelschraube kurz und enge sind, so bestehet auch die Spindel aus lauter kurzen aber dicken Stützen, die übrigens gerade sind, und in einer geraden Linie über einander stehen.

Lister sagt, daß diese Trommelschraube in Africa zu Hause sey. Zwey meiner Beyspiele habe ich aus Guinea erhalten.

CLXXIV. A.

Die dunkelbraune Trommelschraube mit doppelt gezackten Windungen, Schr. *Strombus tympanorum anfractibus duplo muricatis.*

Diese Trommelschraube, die ich in dem hiesigen Naturalienkabinet gefunden habe, hat zwar auch einen pyramidenförmigen Bau wie die beyden vorhergehenden, aber sie ist bey einer gleichen Länge gleichwohl viel dicker, und macht also eine stumpfe Pyramide. Sie hat acht Windungen bey einer Länge von 2½ Zoll. Ihre Schale ist stark und die Farbe dunkelbraun, doch auf den erhöheten knotigten Reifen heller, als neben denselben. Die Knoten hinweg gedacht, so ist die Schale ganz glatt. Zwischen jeder Windung siehet man eine Einkerbung, die aber keine gerade Linie macht, sondern hie und da Winkel macht, und die Winkel stehen allemal da in der Mitte, wo auf den Windungen selbst die Knoten stehen. Auch die Schale hat hin und wieder zartgestreifte Erhöhungen, von denen ich aber glaube, daß sie eigentlich nicht zum Bau der Schale selbst gehören, sondern Merkmale der ehemaligen Mundöffnung, oder des neuen jährigen Ansatzes waren. Auf jeder Windung stehen zwey erhabene Wulste, und auf diesen starke Knoten mit stumpfer Spitze, die freylich gröstentheils auf-, zum Theil gar abgerieben sind; diese aber lehren, daß unter der braunen Decke ein schmutziges Weiß verborgen liege. Von der Beschaffenheit der Mundöffnung kann ich keine Nachricht geben, denn sie ist an dem vor mir liegenden Beyspiele so verletzt, daß ich auf ihre eigentliche Gestalt nicht einmal einen wahrscheinlichen Schluß zu bauen wage. Da, wo an der ersten Windung die erste Reyhe Knoten stehen, fangen sich erhöhete Streifen an, deren 7. sind, und wo die zwey ersten noch mit kleinen Knötchens versehen, die andern aber glatt sind; sie laufen sämtlich in die Mundöffnung hinein.

CLXXIV. B.

Die braune an den ersten Windungen gezackte und an den folgenden gekörnte Trommelschraube, Mart. *Strombus tympanorum muricato-nodosus*, Schr.

Lister *Hist. Conchyl. tab. 122. fig. 20. Buccinum fuscum, primis orbibus muricatum, caeterum striis nodosis exasperatum.* Klein *Method. Ostrac. p. 30. §. 76. n. 6. tympanotonos fluviatilis in primis orbibus muricatus, caeterum nodosus in striis.* Martini und Müller locis num. CLXXIV. notatis.

Herr Etatsrath Müller hält diese Trommelschraube für eine blosse Abänderung seiner Neritae aculeatae (n. CLXXIV.), ich habe sie davon getrennet, und ich bin verbunden die Gründe anzugeben, die mich dazu bestimmt haben. Ich kann zwar blos nach den Zeichnungen des Listers urtheilen, allein mich dünkt, diese sind entscheidend. Lister sagt ausdrücklich, daß diese Trommelschraube nur an den ersten Windungen Knoten oder Zacken habe, an alle den folgenden aber keine, sondern nur gekörnte Bänder; die andre Trommelschraube aber hat durchgängig Knoten. So ist auch die Mundöffnung mehr gezackt als die Mundöffnung von Numer CLXXIV.

Ich

Ich glaube nicht, daß die Knoten an den Trommelschrauben ohne Endzweck da sind, glaube auch nicht, daß sie blos statt der Waffen dienen, womit sich vielleicht das Thier gegen manche Feinde schützt. Das sehe ich, daß sich in der Mundöffnung einiger knotigten Trommelschrauben, gerade da, wo der letzte Knoten stehet, in der Lippe eine Vertiefung befinder, und daß folglich dann, ehe die Schnecke ihren Bau vollendet, da wo jetzo innwendig eine Vertiefung ist, von Aussen nur ein halber Knoten sich befindet, den das Thier zum ganzen Knoten macht, wenn es sein Gebäude und damit seine Mundöffnung vergrössert, und diese innre Vertiefung, diese Rinne, dieser Canal bleibt offen, wenn nun die Wohnung des Thiers ganz vollendet ist. In diese Rinne legt das Thier seine Zunge, wenn es entweder Nahrung zu sich nimmt, oder sich gegen einen Feind waffnet. Gerade diese Beobachtung hat auch der Herr Kunstverwalter Spengler von den Flußdornchen (n. XXXVII.) gemacht. Siehe den Naturforscher IX. Stück S. 161. Wenn nun die eine Trommelschraube durchgängig auf ihren Windungen Knoten hat, eine andre aber nur auf einer, höchstens 2. Windungen, dergleichen Knoten verzeigen kann, so glaube ich, einen von zwey Fällen müsse man bey der letztern annehmen. Entweder das Thier hat in seinen jüngern Jahren eine andre Nahrung als in den ältern Jahren, oder gewisse Feinde nicht, ihre Zunge wächset also nur in einem gewissen Alter zu einer solchen Grösse, oder nimmt dann einen solchen Bau an, daß ihr nun ein Canal oder eine Rinne nothwendig wird; oder das Thier verändert wohl gar in seinem reifern Alter seine Wohnung, nähert sich mehr den Klippen, und braucht also dergleichen Knoten zu einer Sicherheit. Wenn diese Gedanken Wahrscheinlichkeit haben, so müssen sie sich auf eine Conchylie nicht anwenden lassen, welche gleich in ihrer Jugend und an ihren ersten Windungen Knoten bekommt. Zwey solche Conchylien, die eine durchgängig mit Knoten, die andre nur an einer oder zwo Windungen mit dergleichen Knoten versehen, müssen folglich zwey verschiedene Gattungen seyn.

Von der letztern Art ist die gegenwärtige Trommelschraube. Man siehet an Listers Zeichnung, daß sie ihrer Endspitze beraubet worden ist, sie würde mit derselben wenigstens $2\frac{1}{2}$ Zoll lang seyn. Sie hat 9-10. Windungen, und unter diesen ist die erste nahe an der zwoten mit scharfen Knoten besetzt, welche auch die zwote an sich hat. Nun ist die Conchylie mit lauter gekörnten Bändern umlegt, deren die grössern Windungen wohl vier haben mögen. Ueber den Knoten der ersten Windung nach der Mundöffnung zu, finden sich erst einige ebenfalls gekörnte Bänder, dann glatte erhabene Streifen, welche in die Mundöffnung hineingehen. Die Mundöffnung ist länglich rund, aber ausgeschweift, und hat einen hervortretenden Flügel. Dieser Flügel ist mit scharfen abgerundeten Zacken versehen, und macht ohngefehr die Hälfte der ganzen Lippe aus. Der übrige Theil der Lippe ist viel unmerklicher, und ich möchte sagen, beynahe gar nicht ausgeschweift, hingegen ist er auf beyden Seiten mit einem schwachen Saume versehen. Vom Nabel siehet man keine Spur. Die Farbe der Conchylie ist braun.

CLXXIV. C.

Die marmorirte gezackte Pyramide, Schr. *Strombus tympanorum muricatus et marmoratus. Tab. VIII. fig. 15.* Tab. VIII. fig. 15.

Die Unebenheiten, welche wir an den bisher beschriebenen Trommelschrauben beobachtet haben, waren nicht sowohl mit Zacken, als vielmehr mit runden nur zuweilen zugespitzten Knoten zu vergleichen; aber die Erhabenheiten der gegenwärtigen Pyramide kann man sicher **Zacken** oder **Dornen** nennen. Sie sind spitzig, und nicht sowohl rund als breit. Die Conchylie ist nicht viel länger als ein Zoll, und hat gleichwohl 9. Windungen, die sich in eine scharfe Spitze endigen. Alle Windungen sind zart in die Queere gestreift, auf dem Mittelpunct einer jeden der erstern vier Windungen befinden sich auf einem schmalen erhöheten Wulste scharfe breite Zacken, deren Breite horizontal ist, und beynahe die halbe Windung einnehmen. Da wo sich diese Zacken ihrer Breite nach endigen, da liegt ein schmales gekerbtes Band, gerade am Ende einer jeden Windung. So sind vier Windungen gebaut, die fünfte und sechste sind blos geribbt, die übrigen sind glatt, und haben eine castanienbraune Farbe. Oben nach der Mundöffnung zu siehet man zwey schmale körnigte Bänder. Die Mündung ist oval, oben und unten mit Rinnen versehen, davon die unterste Rinne mehr ausgehöhlt, länger und merklich zurückgebogen ist. Um dieses Umstandes willen könnte man diese Conchylie unter die Schnabelschrauben zehlen. Die rechte Lippe ist mit kleinen Zacken, oder vielmehr mit zarten Einschnitten ausgeschweift. Die innre aber macht einen ziemlich breiten weissen Saum, der sich an den Bauch der Schale, oder an die erste Windung anlegt. Der Grund der Schale ist weiß, aber durchgängig mit bläulichen Strichen, Puncten und kleinen Wolken, die alle queer über die Schale hinweggehen, wie marmorirt. Bey jüngern zärtern Schalen siehet man diese Farben in der Mündung durchschimmern, welches sich aber bey ältern stärkern Schalen verliert. Dies rechtfertiget die Benennung, die ich dieser Schale gegeben habe. Das Vaterland dieser ausländischen Flußconchylie kann ich nicht angeben. Ich habe sie in dem hiesigen herzoglichen Naturalienkabinet gefunden.

CLXXV.

Tab. IX. fig. 9. **Die mit gekörnten Bändern umwundene Schraube.** *Strombus circulis granulatis cinctus. Tab. IX. fig. 9.*

Argenville Conchyliol. deutsch S. 281. 284. *tab. 27. fig. 5. b. Turbo ex toto prominens.* Die erhobene Flußschraube. — Die zweyte Schraube oder Nadel schreibt sich aus dem Flusse der Gobeline her — ihre Windungen sind erhaben, und die zwey kleinern laufen zwischen einem grossen gekörnten Band herum. *Vis à rélief. Elle tire son origine de la riviere des Gobelins et elle pourroit être roulée. Les spires ont du relief. Les deux petites sont placées entre une grande.* französ. *p. 329.* Martini Berl. Mag. *IV.* Th. S. 342. *n. 88. tab. 9. fig. 43.* Die mit zwey kleinen zwischen einem grossen gekörnten Band umwundene Schraubenschnecke mit 9. Gewinden. *Turbo ex toto prominens; spiris nouem, circulis granulatis decortatis, ore angusto, elongato.*

Ich thue dem Herrn von Argenville gewiß nicht unrecht, wenn ich seine gegebene Abbildung dieser Conchylie verdächtig mache und für unzuverlässig erkläre. Er redet von drey gekörnten Bändern auf jeder Windung, einem grössern zwischen zwey kleinern, und drückt doch in seiner Abbildung nur ein einziges Band aus. Gerade so hat Martini diese Schraube nachstechen lassen. Auch die Vorstellung der Mundöffnung scheinet mir zweifelhaft, und entweder noch unvollendet oder abgebrochen zu seyn. Unter dem kleinen Vorrathe meiner Conchylien habe ich eine Schnecke gefun-

gefunden, die ich *Tab. IX. fig. 9.* habe abzeichnen lassen, und von der ich glaube, daß sie auf die Beschreibung des Argenville so ziemlich paßt, wenigstens mit der von ihm beschriebenen eine Gattungsart ausmacht. Sie hat neun Windungen, und diese sind erhaben, nemlich aufgeblasen oder dicke, auf jeder Windung liegt ein grösseres körnichtes Band, aber nicht zwischen zwey kleinern, sondern zwischen mehrern. Dieses grössere Band liegt allemal am Ende einer jeden Windung, und hat mehrere gekörnte Bänder, an der ersten Windung 9, an der zwoten drey, an der dritten und folgenden zwey vor sich hergehen. Die runden Windungen schliessen so genau an einander an, daß man sie kaum von einander unterscheiden könnte, wenn nicht eine feine Linie und das grössere Band dem forschenden Auge den Abschnitt einer jeden Windung darlegten. Diese grössern Körner werden nun freylich bey den kleinern Windungen immer unmerklicher, und an den letztern Windungen sind alle gekörnte Bänder von gleicher Grösse. Die Windungen endigen sich in eine scharfe Spitze, und die ganze Schnecke bildet, auf ihre Mundöffnung gelegt, eine feine Pyramide. Die Mündung ist oval, aber schmal. Die äussere Lefze ist ein wenig hervortretend, und bildet einen halben oder einen kleinen Flügel; die linke Lefze ist in einem breiten Saum an die erste Windung angelegt; die Mündung endiget sich in einen hohlen merklich zurückgebogenen Schnabel. In der Windung selbst sind zwey starke erhabene Zähne. Von Aussen siehet man zwischen dem Schnabel und der linken Lefze, die von Innen einen Saum bildet, eine merkliche Vertiefung, die aber kein Nabelloch ist. Die Farbe ist weiß mit einzelnen kleinen braunen Puncten, die sich allemal auf den kleineren Körnern befinden, und auf der ersten Windung am zahlreichsten vorkommen. Herr von Argenville vermuthet, daß diese Schraubenschnecke vielleicht von ohngefehr aus der See in den Fluß der Gobeline gekommen sey. Ob die meinige eine ungezweifelte Flußconchylie sey, das kann ich nicht sagen; aber das muß ich freygestehen, daß es mir immer scheinet, sie gehöre unter die Seeconchylien.

CLXXVI.

Die Trommelschraube mit scharfen Leisten. *Strombus striatus limbis acutis circumdatus.*

Lister *Histor Conchyl. tab. 120. fig. 15. Buccinum fuscum, fasciis atro purpureis ex ore videndis donatum, striatum, et limbis quibusdam acutis circumdatum, maxime in prioribus orbibus.* **Klein** *Method. Ostracol. p. 30. §. 76. I. a. tab. 2. fig. 58. Tympanotonos fluviatilis fuscus atro purpureis fasciis ex ore videndis cinctus, striatus, et limbis acutis, maxime prioribus asper.* **Lesser** Testaceotheologie 1744. §. 51. *aaaa.* S. 192. **Eine braune Schraubenschnecke mit dunkeln purpurfarbenen Binden, und rund um, sonderlich an den obersten Gewinden, mit scharfen Leisten umgeben.** Martini Berl. Magaz. *IV.* Th. S. 350. *n. 101. tab. 10. fig. 54.* **Die braune Trommelschraube mit dunkelpurpurfarbenen Binden.**

Diese Trommelschraube ist mehr als einen halben Zoll lang und hat 8. bis 10. Windungen, welche eben nicht gar zu dicke und aufgeblasen sind. Ihre Farbe ist braun, und sie hat dunklere Bänder von einer Purpurfarbe, die man aber nur in der Mündung sehen kann. Die Schale ist gestreift, und ausser diesen Streifen mit einigen

gen scharfen Leisten versehen, die aber nur die drey oder vier ersten Windungen einnehmen. Die übrigen Gewinde sind ohne Leisten, aber queergestreift, und mit einigen zarten, die Länge herab laufenden hellern Flammen ausgeschmückt. Die Mundöffnung ist oval, und tritt in einen Flügel hervor. Die äussere Lefze ist scharf und ohne Saum, die linke ist gesäumt, und gehet unten in eine kurze hervorragende Spitze aus. Der Saum ist schmal, und die Endspitze scharf.

CLXXVII.

Tab. VIII. fig. 13.

Die Trommelschraube mit gezackten Leisten, Schr. *Strombus striatus limbis muricatis cinctus.* Tab. VIII. fig. 13.

Ich habe diese Trommelschraube in dem hiesigen herzoglichen Naturalienkabinet gefunden, die ihrer Seltenheit und ihres sonderbaren Baues wegen einer besondern ausführlichen Beschreibung allerdings würdig ist. Sie hat eine ansehnliche Grösse von drey Zoll, und endiget sich in eine scharfe Spitze. Ihre eilf Windungen sind ziemlich gewölbt, sonderlich die erstern, und haben folglich zwischen sich merkliche **Vertiefungen**. Die Schale ist schmutzigweiß, und gestreift, und diese Queerstreifen sind bald stärker, bald schwächer, ohne Ordnung. Die drey untern Streifen an der Mündung sind stärker als die andern alle, und knotigt, die übrigen sind glatt. Jede Windung hat eine etwas erhabene, mehrentheils mit drey Queerstreifen umgebene Leiste, und diese ist mit dreyseitigen Knoten, die man auch Queerleisten nennen könnte, versehen, denn diese Knoten, die sich scharf erhöhen, sind $\frac{1}{4}$ Zoll breit. Sie gehen durch die ganze Schale hindurch, ausser an den drey letzten Gewinden, wo sie gänzlich fehlen. Nahe an der Mundöffnung siehet man eine grosse unebene Leiste, welche die ganze Windung einnimmt, und vermuthlich die vorige Mundöffnung der unvollendeten Conchylie war. Die Mundöffnung ist länglichrund, ausgeschweift, flügelförmig, und wegen der stärkern und schwächern Streifen, die sich hier alle endigen, ausgezackt. Sie macht oben und unten einen hervortretenden Schnabel, der oben flach, unten aber ausgehöhlt ist, und eine tiefe Rinne vorstellet. Ich habe gesagt, daß die Farbe dieser Conchylie schmutzigweiß sey, man erblickt aber hin und wieder einige schwache gelbbraune Striche, Flecken, oder Puncte. Die Schale ist wie bey allen Trommelschrauben stark, das Vaterland dieser Schnecke kan ich aber nicht angeben, ob ich gleich gewiß überzeugt bin, daß sie **ausländisch** sey, und unter die Flußconchylien gehöre.

Man darf diese Trommelschraube mit gezackten Leisten nicht mit zwey andern Trommelschrauben, die ich bereits beschrieben habe, verwechseln.

1) **Mit der braunen gezackten und knotigten Trommelschraube**, *Nerita aculeata*, Müll. (n. CLXXIV.) Beyde unterscheiden der ganze Bau, besonders die Mundöffnung, die Knoten, und die Vertiefungen zwischen den Windungen, und selbst die Streifen, wie aus der Vergleichung beyder Beschreibungen sogleich in die Augen fällt.

2) **Mit der marmorirten gezackten Pyramide.** (n. CLXXIV. C. und tab. VIII. fig. 15.) Es ist wahr, mit dieser hat die gegenwärtige eine grössere Aehnlichkeit. Streifen, Zacken oder Leisten, und Mundöffnung haben einen sehr ähnlichen Bau. Ihr Unterscheidendes ist einmal die Grösse, wo die gegenwärtige jene unendlich übersteigt. Da nun die Mundöffnung von beyden lehret, daß sie ausgewachsen

sind,

sind, so ist dies nicht Wachsthums-, sondern Gattungsgrösse. Zweytens der Bau, die gegenwärtige stellet eine gestreckte und verlängerte, jene aber eine kurze und stumpfe Pyramide vor. Drittens die Streifen, die an der gegenwärtigen stark und hervorragend, an der vorhergehenden aber überaus fein sind. Endlich die Vertiefung zwischen den Windungen, die an dieser viel sichtbarer sind, als an jener, folglich sind auch an der einen die Windungen gewölbter als an der andern.

CLXXVIII.

Die Mangiumsnadel, Rumph. *Strombus mangiorum.*

Rumph Amboinische Raritätenk. *tab. 30. fig. T.* holländisch S. 101. *n. 20. Strombus mangiorum, is een grove Naalde, omtrent een vinger lang, van buiten ruig, en diep gevoorent, stalgroen en zonder glans, met een breede lip aan den mond.* Deutsch S. 71. *n. 20. Strombus Mangiorum*, oder die Mangiums-Nadel. Diese ist eine grobe Schnecke in der Länge eines Fingers, auswendig rauh und tief gefurcht, von Stahlgrüner Farbe und ohne Glanz. Schynvoet zum Rumph, holl. S. 102. deutsch S. 72. *Lit. T.* wird unter die bandirten Schnecken, *Bandhoorns*, gerechnet. Chemnitz Zusätze zum Rumph S. 68. die Mangonsnadel. Bonanni *Recreat. ment. et oculi Class. III. fig. 68? p. 121. Turbo minutissimis rugis a cardine usque ad imum mucronem crispatus miro naturae artificio. Praecipuam distinctionis notam praestat os, quasi perfecte circinatum, venustum propter coronam quasi ex opere topiario compactam, caesareatam, laciniis plenam, et coloribus galearum cristas referentem.* Bonanni *Mus. Kircher. Class. III. fig. 68. p. 453.* eben diese Beschreibung. Lesser Testaceotheol. 1744. §. 51. *ttt. uuu. p. 191.* Die Mangos-Nadel, ist eine Schraubeschnecke, einen Finger lang, von Aussen ist sie rauh und tief gestreift, Stahlgrün und ohne Glanz mit einer breiten Lippe an dem Munde. Ihren Namen trägt sie davon, weil sie sich in morastigen Plätzen, in welchen ein harter Grund von Steinen ist, bey den Wurzeln des *Mangii caseolaris* aufhält. — Eine andere Mangos-Nadel ist am Gehäuß der vorigen gleich, aber braun mit schwarzen Binden.

Es ist aus einem Versehen geschehen, daß ich bey der Anzeige der Geschlechtstafel S. 148. bey Num. 178. die Zeichnungen Tab. VIII. fig. 11. 12. angeführt habe. Diese Schnecke ist von der Mangiumsnadel ganz unterschieden, und ist nun von mir bestimmt, das Volk der Flußconchylien zu beschliessen.

Rumph sagt von der Bildung der Mangiumsnadel sehr wenig, und was er sagt, das hat Lesser wörtlich wiederholet. Nach diesen Beschreibungen hat sie eine rauhe, oder wie sie der Herr Professor Müller ausdrückt, eine grobe Schale, welche tief gestreift ist. Sie hat eine stahlgrüne Farbe, keinen Glanz, und eine breite Lippe. Das ist es alles, was Rumph sagt.

Nehmen wir Rumphs Abbildung, und den Gedanken des Schynvoets zu Hülfe, daß diese Schraube unter die bandirten Schnecken gehöre, so wird deutlich, daß die Mangiums-Nadel auf ihren Windungen knotigte Binden habe. Ausser diesen aber hat sie tiefe Streifen, nemlich zwischen diesen knotigten Binden. Ihre Länge beträgt

1½ Zoll.

1½ Zoll, und da sie bey dieser Länge acht bis neun Windungen hat, die ziemlich bauchigt sind, und in eine scharfe Spitze ausgehen, so hat sie die Gestalt einer kurzen Pyramide. Ihre Mundöffnung bildet einen hervortretenden Flügel, ist länglich rund, auf der linken Seite stark gesäumt, und endiget sich in einen spitzigen zurückgebogenen Schnabel. **Rumph** sagt, sie habe eine stahlgrüne Farbe, man finde sie an morastigen Oertern, unter welchen ein harter und steinigter Boden ist, wo sie an den Wurzeln von dem Mangium caseolare, und an den in selbigen Gegenden befindlichen Steinen sitzen. Da sie sich an morastigen Oertern aufhält, so habe ich geglaubt, daß sie mit der Koth- und ähnlichen Schnecken ein gegründetes Recht habe, unter den Flußconchylien zu stehen. Eine Muthmassung, die sich dann zur ungezweifelten Gewißheit erhöhen würde, wenn die Naturforscher das Thier zu beobachten Gelegenheit fänden, und nun an demselben, wie an andern Flußschnecken, nur zwey Fühlhörner erblicken würden. Nach dem **Rumph** ist sie in **Amboina** zu Hause, und er sagt, daß sie eben nicht sonderlich schön sey, werde aber ihrer Structur halber unter den Seltenheiten aufgehoben, und von den **Indianern** zur Speise gebraucht. **Indien** ist also ihr wahres Vaterland.

Lesser gedenket einer Abänderung von der **Mangiumsnadel**, die ganz den Bau der beschriebenen hat, nur daß sie eine braune Farbe und schwarze Bänder hat.

Ob die acht und sechzigste Figur im **Bonanni** eine wahre Mangiumsnadel abbilde? daran hat Herr Pastor **Chemnitz** in seinen Zusätzen zum Rumph gezweifelt, und ich zweifle mit ihm. Wäre es, so hätten wir hier eine ganz besondere Abänderung derselben, welche vielleicht für eine eigne Gattung gelten könnte. Eine grosse Aehnlichkeit kan man beyden gar nicht absprechen; aber man muß auch der **bonannischen** Conchylie verschiedene eigne Charactere beylegen. Sie hat nemlich keine Knoten auf den Windungen, und eine ganz eigne Mundöffnung. Die Schale ist die Queere hindurch gestreift, und die Länge herab geribbt. Ihre Mundöffnung ist viel ausgedehnter, ihr Flügel ist also grösser, sie hat einen gekerbten Rand, und einen breiten geribbten Saum. Fast zweifle ich also, daß sie unter die Mangiumsnadeln gehöre? **Bonanni** sagt zwar, er habe sie aus dem **indianischen** Meere erhalten, aber dem ohnerachtet kan sie eine **indianische** Flußconchylie seyn, die ihm unter andern ungezweifelten Seeproducten zugeschickt wurde, ohne es ihm zu melden, daß ihr Wohnplatz die See gar nicht sey. Wer Gelegenheit hat, ausländische Conchylien zu erhalten, der wird unter den Seeproducten manche finden, die für die Erde und die Flüsse gehören.

CLXXIX.

Die knotigte chinesische Pyramide, Mart. Der chinesische Thurm, Mart. *Strombus nodose striatus oris labio effuso.*

Lister *Histor. Conchyl. tab. 122. fig. 18. 19. Buccinum fuscum, nodosis striis distinctum.* **Klein** *Methodus ostracol. p. 30. §. 76. I. n. 4. 5. Tab. II. fig. 40. Tympanotonos fluviatilis nodose striatus oris labio effuso. — Similis minor.* **Argenville Conchyliologie, deutsch** *Tab. XI. fig. F. p. 188. 192. Le vrai Chlochercinois. Pyramis seu obeliscus Sinensis.* **Die knotigte chinesische Pyramide, eine braune Trommelschraube mit weiter ausgebogener Mündung. — Die Schraubenschnecke** *F.* **stellt mit ihren vielen Stockwerken einen chinesischen Glockenthurm vollkommen vor. Sie ist über und über schmutzigbraun. Etwas merkwürdiges**

ges an ihr ist die zurückgebogene Mündung. Adanson *Hist. du Senegal p. 152. tab. 10. fig. 1. Cerite. Le Popel.* Lesser Testaceotheol. 1744. §. 51. *yyyy. p. 197.* eine dergleichen Schraube = Schnecke (nemlich rund um mit knotigten Fädens umwunden) hellbraun, oder leberfarbig. Gualtieri *Index testar. tab. 57. fig. C. Turbo apertus canaliculatus, oblique incurvatus, striatus papillis undiquaque exasperatus.* Petiver *Gazophyl. tab. 5. fig. 5. Unicornu nodosum, undosum et verrucosum.* Martini Berlin. Magaz. *IV.* B. S. 352. *n. 104. tab. 10. fig. 57.* die knotigte chinesische Pyramide. Eine braune Trommelschraube, mit weiter ausgebogener Mündung. Martini Berlin. Sammlungen Th. *VII.* S. 39. der chinesische Thurm, eine africanische knotigte Schraubenschnecke.

Die Benennung der chinesischen Pyramide, oder des chinesischen Thurms, rechtfertiget sich vollkommen durch das, was Argenville von ihrem Bau sagt, nur muß man vollständige Beyspiele bey der Hand haben. Die vielen Windungen, deren man an einem Beyspiel von zwey Zoll über zwölf, zuweilen 16. 18. zählen kan, gleichen den chinesischen Glockenthürmen mit ihren vielen Stockwerken sehr gut. Alle Windungen sind rund, aber sie stossen so genau zusammen, daß man sie kaum von einander unterscheiden kan, zumal da die vielen gekörnten Bänder, die über die Windungen hinweglaufen, die Windungen selbst verstecken helfen. Ist der chinesische Thurm noch ganz, so endiget er sich in eine scharfe Spitze. Das Unterscheidende von andern gekörnten Schraubenschnecken ist die Mundöffnung; sie scheinet gleichsam von der Conchylie abgeschnitten zu seyn, denn sie ist ganz auf die Seite gedrückt, und hervortretend. Die rechte Lippe bildet einen hervortretenden Flügel, und ist die Hälfte gesäumt; nemlich nach unten zu ist die Lippe scharf und ohne Saum, nach oben hin gehet der Saum an, gehet auf die linke Lippe fort, und legt sich so an die erste Windung an, daß sie in der Gegend der Spindel eine Vertiefung, aber kein eigentliches Nabelloch macht. Oben und unten siehet man kleine Rinnen hervorragen. Die Mündung ist oval, aber durch den eckigten Saum hin und wieder unterbrochen. Ueber dieser gedruckten Mündung ist das erste Gewinde mit erhabenen glatten Queerstreifen versehen; die man auch in der Mündung sehen kan. Die Farbe der Conchylie ist braun.

Herr D. Martini hat in den Berlinischen Sammlungen angemerket, daß der Bewohner des chinesischen Thurms unter diejenigen Schneckenthiere gehöre, die in einem gewissen Alter die untern Windungen abzusprengen pflegen. Er sprengt nemlich die neun untern Windungen der Schale ab, und behält nur die sieben obersten. Es ist merkwürdig, sagt Herr Martini, daß vorher allemal die drey untersten oder kleinsten Windungen ganz weiß werden, indem ihr Oberhäutchen, mit allen darauf befindlichen Streifen, von selbst sich ablöset, und folglich dadurch das Abschnellen der zartesten Windungen erleichtert.

Wenn ich gleich bisher manche gekörnte und knotigte Schraube beschrieben habe, so wird man sie doch durch die grössere Anzahl ihrer Windungen, und besonders durch ihren niedergedrückten verschobenen Kopf von allen ihren Vorgängern leicht unterscheiden können. Ihr Vaterland sind die africanischen süssen Wasser.

Lister bildet Tab. 122. fig. 19. einen chinesischen Thurm ab, der viel kleiner und dünner ist, als die übrigen bekannten Beyspiele. Er hat ganz den Bau des beschriebenen, nur keine Spur eines Saums an der rechten Lippe, vielleicht also noch eine unausgewachsene Schale. Lieber wollte ich es eine kleinere Gattung nennen, die nie zur Grösse des eigentlichen chinesischen Thurms gelangt.

Das Beyspiel des Gualtieri hat besonders von denen, die Lister und Klein abgebildet haben, in der Beschaffenheit der Mundöffnung etwas Unterscheidendes. Die ganze rechte Lippe ist ausgezackt und ohne Saum, der Saum der linken Lippe ist ungleich breiter, und die ganze Conchylie bey gleicher Grösse viel dicker. Demohnerachtet glaube ich doch, daß diese Conchylie eine blosse Abänderung ist, oder daß vielleicht die mehrern Jahre einige Veränderungen hervorbringen können, die man an jüngern Beyspielen nicht siehet. Hier sind freylich noch manche Dunkelheiten, die wir dann vielleicht glücklicher heben können, wenn wir mehrere Beyspiele dieser seltnen Conchylie unter sich vergleichen können.

Bey dem Beyspiel des Argenville und des Adansons bin ich selbst noch zweifelhaft, zu welcher Partey ich mich schlagen soll. Herr Etatsrath Müller hat sie zu seiner Nerita aculeata, der braunen gezackten und knotigten Trommelschraube (n. CLXXIV.), Herr D. Martini aber zum chinesischen Thurm gerechnet. Argenville nennet sie ausdrücklich die chinesische Pyramide, und will sie also hieher gezehlt haben. So viel ist richtig, daß ihre grössern Knoten wahre stumpfe Knoten und keine Zacken sind; ja es ist auch wahr, daß diese Conchylie die gedrückte Mündung, und auch den Bau der Mundöffnung hat, wie ihn der chinesische Thurm haben muß; folglich hat sie auch immer ein grösseres Recht, hier, als unter der braunen gezackten und knotigten Trommelschraube zu stehen.

Wenn gleich die grossen Conchyliologen, Gualtieri, Argenville und dergleichen diesen chinesischen Thurm unter die Seeconchylien gesetzt haben, so ist es doch entschieden, daß er unter die Flußconchylien gehöret, und in Africa in den Flüssen gefunden wird. Dahin hat ihn auch Lister gesetzt, und Klein, der Listern nachfolgt, nennet eine Folge von sechs Beyspielen, der von ihm angezeigten Trommelschrauben: Speciem fluviatilem, die er von der Specie pelagio unterscheidet.

CLXXIX. A.

Tab. VIII. fig. 11. 12. **Die knotigte chinesische Pyramide mit engerer geraden Mündung, Schr.**
Strombus nodosus et subtilissime striatus ore recto angustiore. Tab. VIII. fig. 11. 12.

Es ist gar kein Zweifel, daß diese Conchylie nicht unter die Trommelschrauben gehören sollte, und eben so lehret die gegebene Abbildung, daß man sie unter die chinesischen Pyramiden setzen kan. Man sollte sie die chinesische Pyramide vom zweyten Range nennen. Ihre Bauart ist sonderbar. Sie ist über zwey Zoll lang, rund und dicke, und ihre zwölf Windungen endigen sich in eine scharfe Spitze. Die ganze Schale ist queer hindurch auf das feinste gestreift. In dem Mittelpuncte einer jeden Windung siehet man eine Reihe erhabener, ziemlich starker, etwas spitzig zulaufender Knoten, die sich aber in den fünf letzten Windungen verliehren. Am Ende einer jeden Windung entdeckt man ziemlich scharfe enge beysammenstehende Ribben, und an den fünf letzten Windungen nehmen diese Ribben die ganze Windung ein. So sind alle Windungen gebauet, ausser daß da, wo sich die zwote Windung anfängt, ein zartes geförntes Band liegt, welches ich an keinem der folgenden Gewinde sehen kan. Das erste hingegen gehet

von

von allen übrigen Gewinden merklich ab. Es bestehet aus acht erhabenen Queerstreifen, wovon sieben neben einander liegen, das achte hingegen erblicket man in einiger Entfernung. Die 7te und 8te sind die stärksten, aber keins von beyden hat so starke Knoten, als auf den folgenden Windungen gesehen werden. Die Mündung ist oval, die rechte Lippe fast unmerklich hervorragend, um der erhöheten Streifen willen, die das erste Gewind umlegen, etwas ausgeschweist, oder ausgeschnitten. Die linke Lippe hat sich in einem schmalen Saume an das erste Gewind angeleget. Oben hat die Mündung eine tiefe spitzig zulaufende Rinne, unten aber einen breitern, ausgehöhlten, rund abgestumpften und nur ein wenig zurückgebogenen kurzen Schnabel. Das eine meiner Beyspiele ist rothbraun, doch haben die mehresten Knoten eine dunklere Farbe als die Schale selbst. Die Endspitze ist gelbbraun; die Mündung und der Saum sind weiß, matt von Farbe, doch schimmern die äussern Farben, zumal wenn man die Schnecke gegen das Licht hält, durch. Das andre meiner Beyspiele ist schmutziggelb, mit rothbraunen Tüpfeln, sonderlich auf den Knoten. Die Mündung ist schmutzig weiß, so der Saum, und hat einen matten Glanz. Diese Schale ist ganz undurchsichtig, und sichtbar stärker; gleichwohl ist sie nur um ¼ Zoll länger, als die andre Schnecke, die ich besitze, und die ausserdem am Bau einander völlig gleich sind.

Das zehnte Kapitel.

Nachträge zu den beschriebenen Flußconchylien.

§. 109.

Früh genug gab ich meinem wohlthätigen Spengler in Kopenhagen einen Wink davon, daß ich die längst angekündigte Abhandlung von den Flußconchylien unter der Feder hätte, und daß der Druck in Halle bereits seinen Anfang genommen habe. Ich bat mir von ihm alle die Flußconchylien seiner grossen Conchyliensammlung aus, und glaubte zuversichtlich keine Fehlbitte zu wagen. Ich erhielt sogleich eine befriedigende Antwort, allein die oft langweilige Reise auf der See, die Saumseligkeit vieler Schiffer, und eben diese Saumseligkeit der Fuhrleute, machten es, daß ich meine Beschreibung der mir bekannten Flußconchylien endigte, ehe noch das Geschenk ankam, worauf ich so sehnlich wartete. Dieses Geschenk, unter dem so viele Merkwürdigkeiten und nicht wenig neue Gattungen und Abänderungen waren, meinen Lesern ganz zu entziehen, war wahres Verbrechen. Mir blieb also nun nichts übrig, als daß ich Zusätze machte; und darinne dasjenige nachholte, was mir war gelehrt worden. Daraus ist dieses Kapitel entstanden, worinne ich theils zu bereits beschriebenen Flußconchylien Zusätze liefern, theils neue Gattungen, oder wenigstens Abänderungen bekannt machen werde. Viele Leser werden nun freylich von den vorzüglichsten Körpern dieser Art Abbildungen wünschen, ich will ihnen auch dazu nicht alle Hoffnung benehmen, zumal da der Naturforscher vielleicht dazu die bequemste Gelegenheit geben kan. Meine Zusätze betreffen also:

I) Bereits beschriebene Flußconchylien.

II) Neue Gattungen, oder wenigstens Abänderungen.

§. 110.

I) Zusätze zu den bereits beschriebenen Flußconchylien.

1.

Zu Num. *II.* Die breite dünnschalige Teichmuschel. *Mytilus anatinus, Linn.*

Auch in Dännemark ist dieser kleine Entenschnabel zu Hause. Er unterscheidet sich durch gar nichts von denen von mir beschriebenen Beyspielen, als durch die mindere Lebhaftigkeit seiner Farben, die aus dem Weissen in das Graue fallen. Auf den Seiten siehet man zwar ein untermischtes Grün, auch einige grüne Strahlen, allein sie sind überaus schwach aufgetragen, und auf der einen Seite fast ganz unmerklich.

2.

Zu Num. *IV.* Die gemeine grosse Teichmuschel. *Mytilus cygneus, Linn.*

Ich habe die Nachricht, daß sich diese Muschel in Dännemark seltener als in andern Gegenden finde, auf eine Nachricht gegründet, die ich davon erhalten hatte. Nun bin ich von meinem lieben Spengler eines andern überzeugt. „Der Mytilus cygneus, schreibt er, ist bey uns gar keine seltene Muschel, man muß vielmehr sagen, daß sie bey uns allgemein sey, denn sie ist in allen unsern stillen Wassern hier zu Lande häufig.„ Das mir überschickte Beyspiel ist zwar nur von einer mittlern Grösse, ich zweifle aber gar nicht, daß sie in jenem Königreiche auch grösser gefunden werde. Der Bau unterscheidet sie eben nicht sichtbar von den unsrigen. Sie ist nur etwas schmäler und weniger bauchigt. Im Mittelpuncte einer jeden Schale ist sie ziemlich unregelmässig aufgeblasen, denn ihre Erhöhung nimmt auf beyden Seiten etwas schnell ab. Was sie für unsern Muscheln dieser Art weit herabsetzt, ist die Farbe. Nicht das schöne reizende Grün oder Gelb, oder beydes in der angenehmsten Mischung, wie an den unsrigen! Nicht die herrlichen breiten grünen Strahlen, die ein Schmuck der unsrigen sind! — Nein, dieses alles nicht an den dänischen Muscheln, wenigstens nicht an denen mir überschickten, denn sie sind entweder braun und unansehnlich, oder erdfarbig mit einem schwachen und unansehnlichen Grün untermischt; und alles dieses läßt sich nicht einmal durch eine mühsame Politur merklich erhöhen.

3.

Zu Num. *VI.* Die Perlenmuschel. *Mya margaritifera, Linn.*

Da ich die Perlenmuschel der süssen Wasser beschrieb, so redete ich zugleich von den Perlenmuscheln verschiedener Gegenden, und von Perlenfischereyen. Ich gedachte auch an Norwegen, aber von der Muschel selbst konnte ich keine Nachricht geben, weil sie mir mangelte, und meine Quellen entweder gänzlich von ihrer Beschaffenheit schwiegen, oder sie nur allgemein und dunkel beschrieben. Jetzo besitze ich wenigstens die eine Schale von der Perlmuschel, in welcher in Norwegen in einem frischen See die vortreflichen nordischen Perlen gefangen werden. Sie hat den ganzen Bau mit den von mir beschriebenen Perlenmuscheln gemein, zum abermaligen Beweise, daß wir nicht allemal unbekannte, oder vorzüglichere Gattungen von Flußconchylien erhalten, wenn wir sie aus entferntern Landen verschreiben. Sie ist nur ein wenig flächer und unregelmäßiger, hat viele und starke Runzeln, eine in der Mitte mehr

vertiefte

vertiefte Schale, eine schärfere und mehr ausgeschweifte Seitenperipherie, und eine schmutzigbraune Farbe.

4.

Zu Num. *XXXI.* Die grüne längliche Nerite. *Nerita fluuiatilis, Linn.*

Mit der Nerita fluuiatili des Linne' verglich ich eine grüne Nerite aus meiner Sammlung, von der ich den Ort ihrer Herkunft nicht wuste. Von Herrn Spengler habe ich Schmaragdfärbige kleine Rivierneriten aus Amerika erhalten, die zuverlässig zu denen von mir beschriebenen gehören. Sie haben, im Ganzen betrachtet, eben den Bau, und eben die Farbe, sie wechseln aber auf mancherley Weise von einander ab. Sie sind alle länglich. Manche sind in ihrem Bau mehr zusammengedrängt, und im Verhältniß gegen andere ihres Gleichen kurz und bauchigt, andre hingegen sind mehr ausgedehnt und schmäler. Ihre Windungen sind bey allen ohne Unterschied eingedrückt, und also überaus flach. Bey den kürzern Neriten ist die übergeschlagene Mundlefze viel breiter, als bey denen, die länger und schmal sind. Ihre Farbe ist bey einigen grün, wie der schönste Schmaragd, bey andern blaßgrün, ein wenig gelb. Die mehresten haben um die Mündung herum einen schmalen weissen Kranz, der aus einzelnen feinen Strichen bestehet.

5.

Zu Num. *LXII.* Die Rothschnecke. *Helix ampullacea, Linn.*

Ich habe mich bey der Beschreibung dieser Schnecke, deucht mir, mit allem Rechte darüber beschweret, daß Rumph den Deckel derselben sogar nachläßig beschrieben habe, denn ich habe nicht ohne Gründe vermuthet, daß dieser Deckel viel eignes habe, und einer sorgfältigen Beschreibung würdig sey. Nun sehe ich es, daß dem also sey. Dieser Deckel hat ganz die Bildung des menschlichen Ohrs, d. i. er hat eigentlich eine ovale, doch etwas unterbrochne Form. Die eine Peripherie ist halbmondförmig, die entgegengesetzte aber beynahe gerade, oben also wieder halbmondförmig, unten aber unvermerkt zugespitzt. Der Deckel selbst ist ziemlich stark und schalenartig, oder hartschalicht, (operculum testaceum). Er bestehet aus lauter übereinander gelegten Lamellen, die, wie es sich wahrscheinlich urtheilen läßt, einzeln überaus dünne sind, die aber das Thier nun so zusammen legte, daß daraus drey starke Hauptlamellen entstanden sind. Von Aussen ist der Deckel ein wenig ausgebogen, oder mollenförmig vertieft. An der Seite gegen den Bauch, oder gegen das erste Gewinde ist noch eine besondre längliche Vertiefung, die man aber wegen ihrer mindern Grösse nicht beobachten würde, wenn sie nicht von einer tiefern bräunlich gefärbten Furche eingefaßt wäre. Die äussere Farbe ist durchgängig die Farbe der Pfirschblüthe, und der Deckel hat hier einen recht ansehnlichen und herrlichen Glanz. Die innre Seite dieses Deckels ist ein wenig gewölbt, die Farbe ist blässer, der Glanz aber stärker. In der Gegend, wo ich vorher eine fast unmerkliche Vertiefung anmerkte, ist hier eine grössere, breitere, aber oval gebildete Vertiefung. Sie hat eine weißgraue Farbe, und bestehet aus den feinsten häufig in einander geflochtenen Winkelzügen, die man ohne ein Vergrösserungsglas kaum erkennet. In dieser Vertiefung befindet sich gerade in dem Mittelpuncte eine lange nicht allzubreite Erhöhung, welche ganz glatt und

Pfirschblüthfärbig ist. Hier also derjenige Theil, wo sich das Thier an seinen Deckel befestiget. Die Länge meines Deckels ist $1\frac{1}{4}$ Zoll, und die gröste Breite $\frac{1}{2}$ Zoll.

6.

Zu Num. *XCVI.* Die Pabstkrone. *Helix amarula, Linn.*

Die schwarze oder schwarzbraune Farbe der Pabstkrone betrift nur deren Oberrock, den man ihr ausziehen kann, oder die sogenannte Beinhaut, die sich, ohne Gewalt anzuwenden, ablösen läßt. Ich weiß nicht, warum man mit vielen Flußconchylien nicht eben so verfährt, wie mit den Seeconchylien, denen man ihren Oberrock auszuziehen pflegt. Bey der Rothschnecke (num. LXII.) habe ich den ersten Versuch gemacht sie zu entkleiden, ich kann aber nicht sagen, daß sie dadurch schöner geworden wäre; aber die Pabstkrone hat durch dieses Verfahren in der That recht viel gewonnen. Zwey von den Beyspielen, die mir Herr Spengler gütigst verehrte, hatten schon einen Theil ihrer schwarzbraunen Beinhaut verlohren, der übrige Theil saß überaus fest auf der Schale. Ich überstrich die Schale mit Scheidewasser, das ich sogleich mit frischen Wasser dämpfte, und nun legte ich meine Pabstkrone in die Sonne, bis sie abgetrocknet waren; darauf konnte ich die Beinhaut ohne Mühe mit meinem Federmesser ablösen, und sogar die Stacheln forderten nicht mehr Arbeit, als die glatte Schale. Nun habe ich zwey schöne Exemplare, welche durch starkes Reiben mit einer Bürste einen ausserordentlichen Glanz angenommen haben. Der gröste Theil der ersten grossen Windung sind weiß, und spielen sanft in das gelbbraune, das eine Beyspiel mehr als das andre, vom Bauche an wird die Schale braun, und diese Farbe verwandelt sich bey einem Beyspiel auf der zwoten und folgenden Windungen in das schönste Castanienbraun; bey dem zweten aber wird die braune Farbe immer dunkler, und endlich fast ganz schwarz. Diese Farbenabwechselung, und der Glanz, den sie erhalten haben, machen die Pabstkrone zu einer Flußconchylie, die eben so schön als selten ist. Meine Beyspiele sind aus Mauritien.

7.

Zu Num. *CVI.* *Buccinum exaratum, Müll.*

Es fiel mir schwer, diese Conchylie nach der blossen Beschreibung des Herrn Etatsrath Müller zu beschreiben, da ich kein Original und keine Abbildung von derselben hatte. Auf meine Bitte hat mir mein gütiger Spengler folgende Beschreibung zugeschickt.

Das Buccinum exaratum ist in der That eine sonderbare Schnecke. Nach ihrer Figur macht sie einen spitzigen Kegel. Die Mündung ist länglich rund, mit einer auswärts übergeschlagenen Lippe. Die Spindel (Axis) ist eigentlich nichts anders als ein schmaler einwärts gebogener Saum, welcher von Innen die Windungen, deren sieben sind, mit einander verbindet. Die erste, welche die Länge der Mündung bestimmet und ausmacht, hat etwas über die Mitte nach oben zu einen scharf hervorstechenden Rücken, der von innwendig wieder ausgehöhlt ist, und welcher der Schnecke eine ganz eigne und von andern Gattungen abweichende Gestalt giebt. Die Schale der Schnecke ist ganz weiß, sehr dünne, durchsichtig und zerbrechlich. Von Aussen in die Länge herunter ist sie an den drey ersten Windungen mit zarten unordentlichen

Falten belegt, die am Ende jeder dieser drey Windungen, wo die eine an die folgende stösset, gleichsam zusammengezogen sind, und einen erhabenen krausen Rand bilden. Die übrigen kleinern Windungen sind gänzlich glatt. Von Innen ist die Schale mehr glänzend als von Aussen, und was hier erhaben ist, erscheinet innwendig vertieft. Sie ist von der Küste Guinea.

8.

Zu Num. *CXI. A.* **Das Midasohr.** *Voluta auris Midae*, *Linn.*

Ich habe den Grund angegeben, warum ich diese bey uns so seltene Conchylie unter die Flußschnecken gesetzt habe, nemlich weil sie sich in den Waldungen an feuchten Oertern aufhält. Allein Herr Kunstverwalter **Spengler**, den ich in der Conchyliologie gern als meinen Lehrer verehre, hat mich belehrt, daß mein angegebener Grund nicht hinreichend sey. „Ich muß Ihnen gestehen, schreibt er, daß unter allen Schnecken-Schalen in der ganzen Conchyliologie keine mit grösserer Gewißheit eine **Erdschnecke** ist, als das **Midasohr**, und keinesweges unter den Flußconchylien stehen kann. **Davila**, der gröste Kenner und Sammler unter den conchyliologischen Schriftstellern nach **Adanson**, sagt S. 134. im 166. Artickel ausdrücklich, daß die Midasohren mit ihren Abänderungen **Erdschnecken** wären. Und wenn er es auch nicht sagte, so giebt es der Augenschein doch gar zu deutlich an allen bestimmten Kennzeichen zu erkennen.„ Ich bitte daher geübtere Kenner und Leser, mir diesen Fehltritt zu verzeihen, und diese Numer aus der Liste der Flußconchylien wegzunehmen.

9.

Zu Num. *CXV.* **Die kleine cylindrische Trompete.** *Nerita minuta*, *Müll.*

Unter den erhaltenen Conchylien fand ich auch diese kleine cylindrische Trompete aus **Ostindien**, die sich von der von mir beschriebenen Gattung durch gar nichts als durch die graue Farbe unterscheidet.

10.

Zu Num. *CXX.* **Der Thürhüter.** *Helix tentaculata*, *Linn.*

Diese fast allenthalben bekannte Flußconchylie ist auch in **Ostindien** in den Flüssen zu Hause, empfiehlet sich aber, ohnerachtet ihrer so weiten Herkunft, durch nichts weniger als durch mehrere Grösse, oder durch äussere Schönheiten. Sie hat eben den Bau, eben die Grösse, und fast eben die Farbe, die der Thürhüter in Thüringen und in andern Gegenden hat. Auch der Deckel, womit das Thier sein Gehäuse verschliesset, ist eben derselbe. Unter sieben erhaltenen Beyspielen sehe ich die Abänderung am häufigsten, die anderswo gerade am seltensten vorkommt, die aus einer dünnen, weissen, glänzenden und ganz durchsichtigen Schale bestehet. Ausserdem habe ich noch zwey Abänderungen gefunden, die mir vorher noch nicht bekannt waren: eine **strohgelbe**, und eine **castanienbraune**.

11.

Zu Num. *CXXIV.* und *CXXVIII.* **Die Staatenflagge.** *Buccinum fasciatum*, *Müll.* *Bulla Virginea*, *Linn.*

Um einiger Leser willen bemerke ich nur, daß man die **Staatenflagge** nicht mit einer seltenen und kostbaren Seeconchylie verwechseln darf, die man die Orange=

genflagge, Vexillum aransiacum, Pavillon d'orange, Oranje-Vlag, nennet. Man findet Zeichnungen von derselben beym **Rumph** tab. 37. fig. 2. **Argenville**, deutsch in der Zoomorphose tab. XI. fig. G. **Spengler** in seinen drey Kupfertafeln Tab. 1. fig. F. F. **Knorr** Th. V. tab. 1. fig. 1. und **Martini** tab. 120. fig. 1098. Diese Conchylie wurde sonst mit 200. Gulden holl. bezahlt, jetzo ist sie zwar einigermassen gefallen, es giebt aber doch Liebhaber, die sie noch immer mit 97. Gulden bezahlen, denn für diese Summe ist sie in der **Leersischen** Auction in **Holland** im Jahr 1767. bezahlt worden.

12.

Zu Num. *CLXXI. Nerita tuberculata*, *Müll.*

Ich habe bey der Beschreibung dieser Conchylie **Dännemark** für das Land angegeben, wo sie zu Hause ist, aber ich habe mich geirret, sie ist von der Küste Guinea. Nun besitze ich auch diese Schnecke viel grösser, denn mein gröstes Exemplar ist gerade einen Zoll lang, allein sonst finde ich auch gar nichts an den erhaltenen drey Beyspielen, was einige Zusätze zu meiner gegebnen Beschreibung nothwendig machte.

§. 111.

II) Neue Gattungen, oder wenigstens merkwürdige Abänderungen.

CLXXX.

Die kleine schmale Flußmuschel mit ungleichen Hälften.

Eine kleine aber überaus merkwürdige Muschel aus dem **Canton China**. Ihre Länge beträgt kaum einen halben Zoll, da sie aber in ihrer Peripherie ein wenig ausgeschweift, und nur an beyden Enden gestreckt ist, so kann man das Maaß ihrer Breite nicht vom Mittelpuncte hernehmen, sonst würde ihre Breite der Länge nicht viel nachgeben. Ihr Wirbel ist ganz stumpf, die Schale dünne und erdfahl, sie wird aber weiß, wenn man ihre schmutzige Oberhaut behutsam hinwegnimmt. Die Schale ist durch den Ansatz der neuen Lamellen ein wenig schilfricht geworden. Das Schloß bestehet, ausser einem breiten Seitenzahne, in einem spitzigen Mittelzahn, der in der entgegengesetzten Schale zwischen zwey kleine spitzige Zähnchen einpasset. Das merkwürdigste an dieser kleinen Muschel ist dieses, **daß die eine Schale grösser als die andere**, eine Erscheinung, welche Conchylienkennern allemal merkwürdig, nicht aber befremdend ist, weil unter den Seeconchylien das sogenannte **Vögelchen**, Mytilus hirundo Linn. und die **ostindische ungleichschalige Bastartarche** eben diese Erscheinung an sich haben.

CLXXXI.

Die unächte gerunzelte Mahlermuschel. *Pseudo-Mya corrugata.*

Mit der Mya corrugata des Herrn Etatsrath **Müller**, die ich oben n. VII. b. S. 181. beschrieben habe, hat diese Muschel eine überausgrosse Aehnlichkeit, welche den Umriß der Schale und den Bau des Schlosses betrift, und sogar die Farbe ist unter beyden eben dieselbe. Was sie unterscheidet, ist zuförderst die Grösse, denn die gegenwärtige ist wohl viermal grösser, und hat fast die Grösse der gemeinen Mahlermuschel.

muschel. Ausserdem hat sie ganz glatte Schnäbel, da die Schnäbel der Myae corrugatae stark gerunzelt sind. Die gegenwärtige Muschel hat nur auf der einen breitern Seite Runzeln, die der Grösse der Muschel ungeachtet doch nicht so stark und so sichtbar sind, als bey der Mya corrugata. An der entgegengesetzten kleinern Seite hat sie gar keine Runzeln Die Schale ist dunkler gefärbt als die Schale der Myae corrugatae, und über die ganze Schale hinweg laufen theils grüne, theils bräunliche Strahlen. Sie ist aus Tranquebar.

CLXXXII.

Die grosse runde quergestreifte Gienmuschel.

Ich nenne sie die grosse quergestreifte Gienmuschel, damit ich sie dadurch von den kleinern Beyspielen n. XVIII. XIX. unterscheide, die runde Gienmuschel aber, damit ich sie dadurch von n. XX. XXI. trenne, deren Schale dreyeckigt ist. Von den Schnäbeln herunter ist sie ¾ Zoll hoch, rund, fast wie eine runde Telline, und aufgeblasen, fast wie eine Herzmuschel. Die Farbe der Schale ist braun, und die Queerstreifen sind stark und überaus enge bey einander. Die Schnäbel sind stumpf und zurückgebogen. Inwendig ist die Schale bläulich und weiß, aber schmutzig. Auf beyden Seiten hat das Schloß einen breiten, scharfen und langen Zahn, im Mittelpuncte siehet man an beyden Schalen zwey spitzige Zähne, welche in eben so viele Grübchen oder Vertiefungen passen. Der Rand der Muschel ist scharf, und die Schalen sind auf beyden Seiten verschlossen. Diese Muschel ist aus Tranquebar.

CLXXXIII.

Das gerunzelte alte Weib der Flüsse.

Eine den Conchyliologen bekannte Seemuschel, welche den Namen des Alten Weibes führet, hat mir die Gelegenheit zu der Benennung der gegenwärtigen Flußmuschel gegeben. Den Bau hat sie ganz mit der kleinen Gienmuschel n. XI. gemein, ausser, daß sie weniger bauchigt ist. Auch die Farbe hat sie mit derselben gemein, sie ist aber nicht viel grösser als eine ganz grosse Zuckererbse. Ihre Schale ist voller Queerrunzeln eine an der andern. Der Rand der Schale ist scharf, und an allen Seiten verschlossen. Das Schloß bestehet aus zwey langen Seitenzähnen, und aus einem zarten spitzigen Mittelzahne, der in ein entgegengesetztes Grübchen passet. Diese Muschel ist aus Ostindien.

CLXXXIV.

Die lange schmale Nerite mit violetblauen Wolken.

Das ist eine Abänderung der berüchtigen Conchylie, die Martini unter die Patellen aufnahm, und Th. I. S. 161. die rare neritenförmige Napfschnecke mit violetten Netze aus Ostindien nannte, und sie tab. XIII. fig 133. 134. abbildete. Er glaubte, Lister Histor. Conchyl. tab. 545. fig. 36. und Gualtieri tab. 9. fig. X. hätten eben diese Conchylie abgebildet, da man doch aus der Vergleichung der Zeichnungen auf das deutlichste siehet, daß beydes zwey ganz verschiedene Conchylien sind. Am deutlichsten hat es der berühmte Herr Legationsrath Menschen im XIII. Stück des Naturforschers S. 81. f. und tab. V. fig. 2. und 2. c. d. e. f. bewiesen, daß diese Conchylie eine wahre Nerite, mit nichten aber eine Patelle sey. Er nennet sie die violetne Netznerite, und zeigt aus ihrem innern Bau, der ganz der Bau einer Nerite ist, und aus der gezahnten Lefze, die nothwendig für einen Deckel also gebaut ist, auf das unwidersprechlichste, daß dieser Körper keine Patelle, sondern eine Nerite sey. Ob das Beyspiel des Herrn Meuschen, und das Beyspiel des Herrn Martini aus der See oder aus ostindischen Flüssen sey, weiß ich nicht, von meinem Beyspiel aber versichert mich Herr Spengler ausdrücklich, daß sie eine *Revier Nerita* vom Vorgebürge der guten Hoffnung sey. Beyde haben fast einen Bau, und ich vermuthe daher, daß auch jene, die Martinische und Meuschemsche, aus den Flüssen sey. Diese Neriten haben eine völlig ovale Form, die wenigen Windungen, derer nur zwey sind, haben sich an die linke Seite fest angedrückt, die Schale ist sehr stark, die Mundlefze weit übergeschlagen, die innre Lefze ist wohl noch einmal so breit als die äusere, und bestehet aus lauter kleinen dicht aneinander stehenden Zähnchen. Der Umriß der ganzen Lefze von einem Rande bis zum andern macht fast die ganze Nerite aus. Die Länge meiner zwey Beyspiele ist $\frac{3}{4}$ Zoll, die Lefze aber, im Umriß gerechnet, $\frac{1}{2}$ Zoll. Diejenige Nerite, die Herr Martini und Herr Meuschen bekanntgemacht haben, sind mit einem blauen Netz überzogen, ich besitze ein Beyspiel wo das Netz roth ist. Von diesen nun unterscheiden sich meine Neriten von dem Vorgebürge der guten Hoffnung

1) Durch den Bau, denn sie sind viel länger und schmäler als jene, sie sind im eigentlichen Verstande oval zu nennen, da jene mehr rund als oval, wenigstens in der äussern Peripherie sind.
2) Durch die Zeichnung, da die meinigen nicht netzartig gezeichnet sind, sondern die Zeichnung bestehet aus blauen Flammen, oder Wolken; und nur der obere Theil des Wirbels bildet ein Netz.

Diese schöne Farbe ist mit einer gelbbraunen Haut überzogen, die man wegarbeiten muß, wenn man die Schale in ihrer ganzen Schönheit sehen und bewundern will. Innwendig ist diese Nerite, wie ihre Lefzen, milchweiß.

CLXXXV.

Die gefederte oder punctirte Nerite. Das Perlhühnchen.

Wenn ich die Geschenke meines Chemnitzens und meines Spenglers mit meinem übrigen Vorrathe, den ich von diesen Neriten besitze, die ich aber nicht kannte, bis mir Herr Spengler die Nachricht gab, daß die grössern in den Revieren von Tranquebar, kleinere aber in den americanischen Flüssen gefunden würden, in eine Vergleichung bringe, so besitze ich mehr als 30. Abänderungen von dieser Nerite. Durch ihre Grösse unterscheiden sie sich sehr, aber gar nicht durch ihre Schönheit, man könnte sogar in Versuchung zu glauben, daß die kleinern in ihrer Schönheit sogar die grössern übertreffen. Mein gröstes Beyspiel ist 1. Zoll lang, und $\frac{3}{4}$ Zoll hoch; sie steigen aber von dieser Grösse herunter bis auf die Grösse einer Erbse. Ich muß sagen, daß ich unter allen Conchylien der süssen Wasser keine kenne, welche schöner gezeichnet wäre, und mehrern Glanz hätte als diese Neriten. In meinen conchyliologischen Schriftstellern finde ich wenig Zeichnungen von ihnen. Ob Lister Histor. Conchyl. tab.

tab. 606. fig. 35. 36. 37. unsre Perlhühnchen meyne, weiß ich nicht zuverlässig. Aehnlich sind sie einander. Desto zuverlässiger habe ich sie im Seba Tom. III. tab. 41. zwar ohne Numer gefunden, sie stehen aber auf beyden Seiten bey den Numern 1. 6. 5. wo die auf beyden Seiten stehenden zehn kleinern Abbildungen hieher gehören.

Diese Perlhühnchen sind zwar auch oval, aber in die Höhe gewunden, und bestehen aus 4. auch 5. Windungen. Ihre erste Windung ist, wie bey allen Neriten, die grösseste, sie ist rund gewölbt und aufgeblasen, die übrigen stehen auf dem Mittelpuncte, sind hervorragend, aber die Spitze ist stumpf, und das Knöpfchen ist in die vorhergehende Windung eingedrückt. Die zwote Windung ist unterdessen noch die hervorragendste und gewölbteste, da alle die folgenden gleichsam nur eine Windung ausmachen. Die Mundöffnung ist scharf und ohne Saum, die Lefze aber ist breit, über den Bauch hergelegt, mehrentheils weiß, aber auch zuweilen mit weiß und braun oder mit weiß und roth vermischt, manchmal halbmondförmig, manchmal platt und abgeschnitten, dergestalt, daß sie ein langes Viereck bildet. Bey manchen ist die Lefze gezahnt, bey andern, doch bey den wenigsten, ungezahnt. Die kleinern Arten haben eine Reihe dicht neben einander stehender feiner Zähnchen, so viele der grössern, bey manchen aber stehen drey auch vier stärkere Zähnchen gerade im Mittelpunct. Ich glaube, nach diesem Gesichtspuncte könne man sie in verschiedene Untergattungen abtheilen. Ich werde mich aber diesmal nur an die äussere Zeichnung derselben halten.

Ich habe auf einigen kleinern Gattungen noch den steinschalichten Deckel gefunden, womit sich das Thier zu verschliessen pflegt. Er ist oval, von Aussen braun, und da, wo die Schneckenlinie des Deckels ist, hat er einen weissen Punct. Innwendig ist er dunkelbraun mit einer hellern Einfassung, und hat einen hervorragenden Zahn.

Die Abänderungen, in welcher sich diese schöne Nerite zeigt, betreffen theils die Farbe, theils die Zeichnungen. Ich verbinde beydes, indem ich nun die Abänderungen kürzlich angebe, und bemerke nur, daß die acht ersten Numern die grössern Neriten aus Tranquebar sind, die folgenden Numern alle hingegen sind die kleinen Schwimmschnecken aus Ostindien.

1) Kohlschwarz mit höchst zarten weissen Puncten.
2) Dergleichen mit durchschimmernden dunkelbraunen Winkellinien. Wenn man diese schwarze Haut behutsam abziehet, so erscheinen diese geschlängelten Winkellinien violetblau, die Grundfarbe aber ist weiß, die Linien sind überaus enge, die Winkel stossen auf das genaueste zusammen, und weil der ganze Rücken fünf Winkel macht, so scheinet es als wenn fünf Bänder über den Rücken hinweg liefen.
3) Bläulich mit zarten weissen Strichen, und häufig eingestreuten grössern und kleinern weissen Puncten.
4) Gelbbraun mit schwärzlichen die länge herablaufenden schlangenförmigen Strichen, und einzelnen weissen Puncten, die gröstentheils wie Bänder über den Rücken queerdurch laufen.
5) Röthlich, wie die vorhergehende gezeichnet, nur daß die Schlangenlinien viel feiner sind.
6) Gelb mit grossen hellern Flecken und Wolken. Zwey breite schwarze Bänder mit kleinen gelblichen runden Flecken laufen über den Rücken der ersten Win-

dung hinweg. Die Schale ist vorzüglich dünne, die übergeschlagene Lefze braun; das übrige Innre weiß.

7) Weiß mit einzelnen blauen Flammen, die übergeschlagene Lefze ist ebenfalls braun.

8) Weiß mit einzelnen breiten etwas geschlängelten die Länge herab laufenden Linien.

9) Schwarz mit häufigen kleinen innig weissen Puncten.

10) Schwarz mit sparsamen weissen Puncten und einzelnen eingestreuten weissen Strichen.

11) Weiß mit eingestreuten häufigen weissen Puncten und einzelnen kleinern Flecken, höchstzarte schwarzblaue Schlangenlinien laufen über die ganze Schale hinweg.

12) Schwarz mit einzelnen weissen Strichen, und einem breiten violetblauen zartgestreiften Bande.

13) Schwarz mit häufigen weissen Puncten, und einem ganz weissen Bande, welches bey einigen blos die erste Windung betrift, bey andern aber auf die folgenden Windungen fortgehet.

14) Eben so mit einem Corallenschnur-ähnlichen Bande, d. i. mit einem solchen, welches aus lauter weissen schwarz eingefaßten Cirkeln bestehet.

15) Schwarz mit einem schmalen weissen dornichten Bande, d. i. an welchem hin und wieder weisse Striche wie Dornen hervorragen.

16) Schwarz mit häufigern weissen Puncten, und einem weissen schmälern oder breitern Bande.

17) Dergleichen röthlich mit weissen Puncten und einem weissen dornichten Bande.

18) Weiß mit engen bläulichen Schlangenlinien, und einem weissen Bande, in welchem weisse blau eingefaßte Flecken liegen.

19) Weiß mit feinen bläulichen Linien, einzelnen langen weissen Strichen, und einem weissen, bläulich auf das zarteste gestreiften Bande.

20) Bläulich, mit den feinsten weissen Puncten häufig überstreuet, und mit einem breiten weissen Bande.

21) Weiß mit zwey schwarzen Bändern. Das zweyte Band ist das breiteste, dornicht, und gehet auf die folgenden Windungen bis zur Endspitze fort. Beyde Bänder sind mit einzelnen weissen Flecken ausgefüllt.

22) Bläulich, mit einzelnen weissen Puncten und Flecken, und häufigen weissen Schlangenlinien besetzt.

23) Weiß mit bläulichen, röthlichen, oder schwarzen Schlangenlinien, und weissen Puncten und länglichen Strichen.

24) Eben so colorirt, die weissen Puncte stehen einzeln, desto häufiger aber siehet man schmale weisse Striche, die der Schnecke das Ansehen eines gefleckten Marmors geben.

25) Ebendergleichen ohne Puncte mit langen weissen breiten die Länge herab laufenden Strichen, welche mehrentheils so lang als die Windung selbst sind.

26) Seladongrün mit schwärzlichen Schlangenlinien, und bald einzelnen, bald häufigern weissen Puncten. Diese Abänderung hat einen bläulichen zartgestreiften Deckel.

27) Seladongrün mit den feinsten schwärzlichen nur ein wenig geschlängelten Linien, und weissen schwarz eingefaßten Federn.

28) Grün-

28) Grüngelb mit fünf die Länge herunter laufenden feinen schwarzen Strichen.
29) Dunkelroth mit häufigen weissen Puncten, und einzelnen längern weissen Flecken.
30) Hellröthlich mit häufigen kleinen zarten Puncten, von denen eine, auch zwey Reihen so viele Corallenbänder bilden.
31) Röthlich mit einzelnen weissen langen Flecken und sparsamen Puncten.
32) Dergleichen mit häufigern längern und breitern weissen Flecken.
33) Weiß mit röthlichen Linien, weissen Puncten und Flecken, und einem rothen weißpunctirten Bande.
34) Weiß mit schwärzlichen Strichen, deren Lage bald weisse lange Flecken, bald aber auch runde Puncte bilden. Diese weissen Puncte sind am Bauche am häufigsten zu sehen.
35) Weiß und schwarz marmorirt, oder weiß mit schwarzen Schlangenlinien, die also gesetzt sind, daß durch sie die Schale einem gefleckten Marmor gleicht.
36) Weißgrau mit einzelnen weissen schwarz eingefaßten Schuppen.

CLXXXVI.

Die Coccinellschnecke mit dreyeckigter Mündung.

Dieses Posthorn aus Tranquebar hat viele Aehnlichkeit mit der Coccinellschnecke (n. XLV.), aber auch sehr viel eignes. Sie ist eben so um den Mittelpunct gewunden, dergestalt daß die eine Seite vertiefter erscheinet als die andre, und daß die Windungen selbst groß und bauchigt sind. Mein gröstes Beyspiel hat etwa 7½ Linien im Durchschnitt, und doch hat das Posthorn eine Höhe von ¾ Zoll an der Mündung. Die Windungen sind nicht ganz rund, sondern auf beyden Seiten ein wenig flach, in der Mitte aber merklich erhaben, und das siehet man am deutlichsten an der Mündung, welche dreyeckigt ist, doch so, daß sie oben keinen spitzigen, sondern einen ovalen Winkel bildet. Die Schale ist in die Länge herunter feingestreift, hat aber hin und wieder erhabene Wulste, die aber, wie der Augenschein lehret, durch den Ansatz eines neuen Theils der Schale entstanden sind. Die Mündung ist scharf und ohne Saum, ein dünnes Blättchen liegt aber in der Mündung an dem Gewinde an. Die Farbe ist weiß und bräunlich schattirt, aber überaus schwach; die Wulste aber, die man auf der Schale von Aussen hin und wieder siehet, sind von Innen braun gefärbt; ausserdem ist die Mündung ganz weiß und glänzend, die Schale aber dünne, und gegen das Licht halbdurchsichtig.

CLXXXVII.

Das Bocksauge, Argenv. *Helix oculus capri*, Müll.

Rumph Amboin. Raritätenk. *tab. 27. fig. P.* Holländ. *Cochlea terrestris. Zy is van fatzoen gelyk de gemeene slekken, dun en licht van schaal, van veelderlei Koleur; de meeste zyn licht geel, met een of meer witte banden; andere met bruine banden; sommige geheel bruin, met en zonder banden, sommige aan de bovenste helft bruin, aan de onderste wit of licht geel, die men niet veel vind.* Deutsch S. 56. *Cochlea terrestris*, oder Erdschnecke. Ihre Structur kommt mit den gemeinen Erdschnecken überein, denn sie hat eine dünne leichte und bunte Schale; doch sind die meisten hellgelb, mit und ohne Banden, andere aber von obenher bis zur Hälfte braun, und übrigens nach unten zu weißlicht, oder hellgelb. Diese letzte Art wird nicht viel gefunden. Brown *Jamaic. p. 400. tab. 40. fig. A. B. Cochlea subcompressa tenuior, margine acuto, vmbilico perforato. (cit. Müll.)* Petiver *Gazophyl. tab. 21. fig. 6. (cit. eod.)* Argenville Conchyliol. deutsch *tab. 6. fig. E.* S. 162. 164. *Cochlea lunaris*, Mondschnecke, das Bocksauge. — Die Mondschnecke *E*, deren Figur ziemlich platt ist, ist glatt und ganz weiß. Von dem braunen Auge ihres Gewindes wurde sie das Bocksauge genennet. Es ist eins der seltensten Stücke auf der Kupfertafel. Müller *Hist Verm. P. II. p. 39. n. 239. Helix oculus capri testa vmbilicata subdepressa, viridescente, immaculata, anfractibus septem.* Französ. Oeil de Bouc. Dän. Bukke-Diet.

Obgleich Rumph diese Schnecke ausdrücklich die Erdschnecke nennet, und sie Argenville sogar unter die Seeschnecken gesetzt hat, so schreibet mir doch Herr Spengler, daß ihm diese Schnecke immer zweifelhaft vorkomme, ob sie nicht ehender eine Fluß- als eine Landschnecke seyn könne. Auf diesen gültigen Zeugen stütze ich mich freudigst, wenn ich das Bocksauge hier unter den Flußconchylien anführe, zumal da Rumph, dessen Zeugniß viel gilt, über diese Sache ganz leicht hinaussiehet, und dadurch sein sonst grosses Ansehen ziemlich verdächtig macht.

Argenville hat das Bocksauge unter die Mondschnecken gesetzt, er gestehet aber selbst ein, daß sie ziemlich platt sey. Ich habe ihr einen Ort unter den Ammonshörnern in meiner Sammlung angewiesen, und glaube, daß sie eine Stelle unter denen verdiene, die ich oben (S. 142. d. B.) genabelte Ammonshörner, Cornua ammonis vmbilicata genennet habe. Es ist wahr, ihre Windungen sind etwas erhöhet, aber so wenig, daß sie demohnerachtet unter den Posthörnern stehen kan.

Der Durchschnitt meines Bocksauges beträgt gerade 1¾ Zoll, oder 21. Linien, es übersteigt also die vom Herrn Müller angegebene Grösse; man findet sie aber auch kleiner. Sie bestehet aus sieben Windungen, welche verhältnißmäßig abnehmen, und sich ganz sanft, und so sanft erheben, daß die letzten Windungen kaum ¼ Zoll über die erste hervorragen. Ich sage die letzten Windungen, denn diese bilden keinen eigentlichen hervorragenden Zopf, sondern die letzte Windung ist in die vorhergehende eingedrückt. Die erste Windung ist groß, aber nicht ganz rund, sondern flach und gedrückt, und das macht im Mittelpuncte der Windung einen Rand, den man aber kaum bemerkt, es sey denn, daß man die Schale so stelle, daß man sie oben und unten zugleich übersehen könne. Die Schale ist überaus dünne, doch gegen das Licht nur halb durchsichtig, und sehr fein gestreift. Die Mundöffnung ist halbmondförmig, raget aber auf der einen Seite weiter hervor, als auf der andern. Unten ist die Schnecke genabelt, der Nabel ist groß, gehet durch die ganze Schnecke hindurch, und man kan vermittelst desselben alle Windungen sehen.

Die Abänderungen dieser Schnecke betreffen mehr die Farbe als den Bau. Man hat folgende:

1) Buntgefärbt. Dieser gedenket Rumph.
2) Hellgelb mit und ohne Bänder. Auch beym Rumph.
3) Von obenher bis zur Hälfte braun, nach unten zu weißlich oder hellgelb. Auch beym Rumph.

4) Ganz

4) Ganz weiß mit einem braunen Auge. Beym Argenville. Eben so ist die meinige, nur sind die obern Windungen nicht braun, sondern nur ganz matt bräunlich.

5) Grünlich ohne Bänder oder Flecken. Beym Herrn Etatsrath Müller.

Dieser sagt, daß das Bocksauge in Indien zu Hause sey, die meinige ist nach Herrn Spenglers Zeugnisse aus der Barbarey.

Ich habe es eben so wenig gewagt, als Herr Müller, den *Helix oculus capri* des Herrn von Linne ed. X. p. 768. gen. 293. sp. 573. ed. XII. gen. 328. sp. 657. hieher zu rechnen; wenn er sich gleich in der zwölften Ausgabe auf die Figur des Argenville beziehet, den er in der zehnten Ausgabe nicht hat. Denn nicht zu gedenken, daß die vom Linne angeführten Figuren Rumph tab. 27. fig. O. Petiver Gazoph. tab. 76. fig. 6. Klein Method. ostrac. tab. 1. fig. 11. eine ganz andre Schnecke als die unsre abbilden; so legt Linne seinem Bocksauge *aperturam marginatam* eine gesäumte Mundöffnung bey, welches man an der gegenwärtigen nicht findet.

Noch bemerke ich, daß auch das Ammonsauge, das ich oben n. 64. beschrieben habe, ebenfalls den Namen des Bocksauge führet; so wie auch unter den Seeconchylien eine Patelle, die unter andern Martini in seinem Conchylienkabinet Th. I. S. 130. tab. 10. fig. 86. abbildet und beschrieben hat, das Bocksauge heißt. Wir haben also vier verschiedene Conchylien, die einen gemeinschaftlichen Namen führen.

CLXXXVIII.

Die durchsichtige schmale Ohrschnecke.

Oben habe ich num. LXXXII. eine thüringische Flußschnecke unter dem Namen der schwarzen schmalen Ohrschnecke beschrieben, welcher Herr Müller den Namen Buccinum peregrum gegeben hat. Mit dieser kommt eine Flußschnecke von Tranquebar so genau überein, daß ich sie für nichts sonst als für eine Spielart der vorherbeschriebenen halten kan. Sie ist nur ein wenig bauchiger, und ihre Schale ist fein, dünne, durchsichtig und erdfarbig. Ausserdem hat sie mit jener alles gemein.

CLXXXIX.

Der weisse durchsichtige Kräusel mit bräunlichem Zopfe.

Diese ganz kleine kräuselförmige Schnecke ist nach meinem System gleich nach dem Federbuschträger n. LXXXV. zu setzen, ob er gleich noch lange nicht so groß als derselbe ist. Die erste Windung ist an dieser Schnecke die gröste, die folgenden drey sind nur ein wenig in eine stumpfe Spitze erhöhet. Die Mundöffnung ist cirkelrund, und neben derselben siehet man ein rundes tiefes Nabelloch. Die untere Helfte der Conchylie ist weiß, wie weisses Horn, die obern Windungen sind bräunlich; die ganze Schale ist dünne und völlig durchsichtig, der Durchschnitt der Länge und der Breite ist sich ganz gleich, etwa drey Linien. Diese Flußschnecke ist aus Ostindien.

CXC.

Der trompetenähnliche Kräusel.

Dieser Kräusel gehöret nach meinem System vor Num. LXXXVI. den Kräusel mit erhöhetem Wulste. In seinem Bau hat er etwas mit den Trompeten, und etwas mit den Kräuseln gemein. Man kan diese kleine ostindische Schnecke beynahe mit gleichem Rechte unter die Trompeten und unter die kräuselförmigen Schnecken setzen.

Die fünf gestreckten Windungen geben ihr ein Recht auf die Trompetenschnecken, und die breite Grundfläche, die abgesetzten Windungen und der schaligte Deckel auf die Kräusel. Die Schnecke hat bey einer Grösse von vier Linien fünf Windungen. Das erste und gröste ist ganz rund, die Mundöffnung ebenfalls rund, und wenig hervorragend. Die folgenden Windungen setzen stark ab, und bilden keinen allzuspitzigen Zopf. Die Schale ist ganz glatt, bleich, wachsfarbig, dünne und durchsichtig. Die runde Mundöffnung ist an das zweyte Gewind, oder an den Bauch angewachsen; und neben derselben siehet man ein kleines Nabelloch, welches an dem einen meiner zwey Beyspiele ganz offen, an dem andern aber halbverdeckt ist. Der kleine runde schaligte dünne Deckel ist ganz weiß, bestehet aus lauter zarten halbmondförmigen Cirkeln, hat in dem Mittelpuncte eine Erhöhung wie ein Knöpfchen, und dieses Knöpfchen spielet in das Blaue.

CXCI.

Der schwarz und weisse marmorirte gestreckte Kräusel.

Ich habe oben Num. LXXXVII. einen gestreckten Kräusel beschrieben, an dessen Seite ich den gegenwärtigen legen kan, obgleich Bau und Zeichnung beyde hinlänglich unterscheiden. Dieser kleine artige Kräusel von der **Küste Guinea** erreicht fünf Linien in seiner möglichsten Grösse. Er bestehet aus sechs Windungen. Die erste ist rund und groß, aber gegen die Gegend der Mündung gebrochen, und macht also hier einen Rand, der gleichwohl nicht scharf ist, sondern abgerundet; die folgenden Windungen sind so genau an einander gekettet, daß man sie nicht würde von einander unterscheiden können, wenn nicht ein kleines schwarzes Band durch den Winkel derselben hindurch liefe. Die Windungen sind in die Höhe gestreckt, und bilden einen ziemlich hervorragenden spitzigen Zopf. Die Mundöffnung ist länglich rund, und die Schnecke ganz ohne Nabel. Die untere Windung hat zwey schwarze Bänder, das eine ganz schmale liegt in der Gegend der Mündung unter dem gebrochenen Rande, das andre viel breitere gerade über demselben. Der Grund der Farbe ist weiß, zwischen den Bändern aber mit schwarzrothen schräglaufenden Linien bemahlt, die bis in die Endspitze fortgehen, und der Conchylie das prächtige Ansehen eines gefleckten Marmors geben. Die Mundöffnung ist ohne Saum, und nur an der linken Seite hat sich ein schmales braungelbes Blättchen an den Bauch angelegt, inwendig ist die Schale braun mit weissen Linien. Auf einigen Beyspielen habe ich noch den Deckel gefunden. Er ist hornartig, dünne wie ein Mohnblatt, castanienbraun, und länglich oval. Auf der äussern Seite ist er ohne alle Zeichnung, ausser daß er mit einem schmalen hellern Saume eingefaßt ist; auf der innern Seite aber ist er wie ein kleiner Nautilus gewunden. Er verschliesset die Mundöffnung ganz.

CXCII.

Die durchsichtige Trompete mit langen scharfen Ribben auf der ersten Windung.

Unter die Trompeten mit unebenen Windungen (n. XCVI. XCVII. XCVII. A.) gehöret diese Trompetenschnecke, und die beyden folgenden, welche alle drey **Ostindien** zu ihrem Vaterlande haben. Die gegenwärtige ist 1¼ Zoll lang, und bestehet aus acht Windungen, die sich in eine scharfe Spitze endigen. Die Schale ist weiß, doch schmutzig, dünne und durchsichtig. Die erste Windung ist so groß als die zwey folgenden,

den, alle sind rund, aber nicht so gar merklich gewölbt. Die Gewinde sind scharf abgesetzt, und zwischen ihnen siehet man folglich einen tiefen Einschnitt, oder eine Furche. Die Mundöffnung ist länglich, der Rand scharf, nur an der linken Seite mit einem Saum versehen, der die Stärke der Schale hat, aber nicht eben so gar breit ist. Man siehet keine Spur von einem Nabel. Auf der ersten Windung liegen acht lange scharfe Ribben, die aber oben, wo sie sich endigen, nicht spitzig, sondern abgerundet sind. Wenn ich die Pabstkrone der süssen Wasser ausnehme, so kenne ich unter den Flußtrompeten keine mehr, die so scharfe Ribben hätte. Vermuthlich sind diese Ribben anfänglich hohl, und dienen dem Bewohner dazu, daß er da hinein seine Zunge lege, um sich damit zu nähren und zu vertheidigen. Wenn der Bewohner seine Mundöffnung erweitert, so verbauet er die Ribben inwendig so geschickt, daß dadurch die Schale von Innen ganz glatt erscheinet. Die folgenden Windungen haben alle auch Ribben, die sich vermehren, und enger bey einander stehen, jemehr die Schale abnimmt, allein sie sind weder so erhöhet, noch so scharf. Uebrigens ist die Schale ganz glatt.

CXCIII.
Die stachlichte Trompete.

An dieser ostindischen Trompete siehet man gerade das Gegentheil von der vorhergehenden. Die Ribben der ersten Windung sind ganz flach und kaum merklich, die auf den folgenden Windungen schärfer werden, und sich in scharfe hervortretende Spitzen endigen. Diese stachlichte Trompete ist nicht gar einen Zoll lang, und bestehet aus neun Windungen, die sich in die schärfste Spitze endigen. Die Schale ist stärker als die Schale der vorhergehenden war, und braun gefärbt. Die erste Windung ist fast so groß als die zwey folgenden, und halb mit feinen Queerlinien umlegt. Die Mundöffnung ist länglich oval, und schmäler als bey der vorhergehenden Gattung. Die Lefze ist scharf, und auch an der linken Seite siehet man nicht die geringste Spur eines an den Bauch gelegten Blattes. Auf dieser ersten Windung liegen eilf Ribben, die aber ganz platt, und nur an den Enden ein wenig erhöhet, aber gar nicht scharf sind. Desto spitziger und schärfer sind sie auf den folgenden Windungen, wo sie enger bey einander stehen, so scharf wie Dornen, beynahe wie bey der Flußpabstkrone. Von der fünften Windung an verwandeln sich diese Ribben in blosse Knöchens, das kommt aber daher, weil nun die Windungen zu klein werden, daher sich auch an den beyden letzten Windungen diese Knöchens ganz verliehren. Innwendig ist die Farbe wie die Farbe einer dünnen Milch, die ein wenig in das Blaue fällt.

CXCIV.
Die gefurchte Trompete.

Wenn gleich der Herr D. Martini diese Conchylie unter die Schrauben der See stellet, und davon tab. 155. fig. 1465. eine Abbildung mittheilet, so hoffe ich doch Verzeihung zu erhalten, wenn ich sie hier unter die Flußtrompeten setze. Das erste Gewinde ist für eine Trompete groß genug, und Herr Spengler schreibt über ihren Aufenthalt ausdrücklich: „ich halte sie für Revierschnecken, da sie alle Kennzeichen dazu haben. Sie kommen aus Ostindien.„ Diese ostindische Trompete bestehet aus neun Windungen, die sich allgemählig in eine scharfe Spitze endigen. Die erste Windung ist nur im Mittelpuncte ein wenig bauchigt; wenn wir dieses aber hinwegnehmen, so hat die Schnecke völlig die Figur eines zugespitzten Kegels, wie sonst die Schrauben gebaut sind, und dieses giebt der Schnecke auch einiges Recht unter den Schrauben zu stehen. Mein gröstes Beyspiel ist 2½ Zoll lang, man findet sie aber auch kleiner. Die Schale ist die Ribben hinweg gedacht ganz glatt und ziemlich stark, über die Schale laufen durch alle Windungen hindurch etwas schräge Ribben, zwischen denen man tiefe Furchen erblickt. Zwischen die Windungen hindurch, oder da wo sich ein Gewind endiget und ein neues angehet, läuft ein breites etwas geribbtes oder vielmehr gestreiftes ziemlich breites Band bis zur Endspitze hinauf. Die Mundöffnung ist länglich, nur ganz unmerklich ausgeschweift, scharf und ungesäumt, doch liegt oben auf derselben die letzte von den Ribben, die das Thier erbaute. Im Winkel der rechten Seite hat sie einen gedoppelten nicht allzutiefen Einschnitt, der das Ende des geribbten Bandes ist. Gegenüber ist die Mündung tief eingeschnitten, aber nicht zurückgebogen, und nun folgt eine aufgeworfene in die Queere halbmondförmig gestreifte Nase, welche sich in eine schmale übergeschlagene Lefze endiget, die unten bey der Nase einen Einschnitt macht. Innwendig ist die Schale zwar weiß, allein die Farbe der Furchen schimmert durch, daß man also zwischen der weissen Farbe braune die länge herablaufende Striche siehet. Von Aussen ist die Schale, so wie sie aus dem Wasser kommt, dunkelbraun, wie eine Castanie, und nimmt, wenn man sie mit einer feinen Bürste scharf reibet, einen schönen Glanz an. Allein diese braune Farbe ist eigentlich die Farbe der Beinhaut. Diese läßt sich ohne grosse Mühe wegarbeiten, und wenn das geschehen ist, so kommt die schöne Conchylie hervor, die **Martini** in der angeführten Figur abgebildet hat. Nemlich die Ribben erscheinen weiß, die Furchen hellbraun, und die Bänder braun und weiß melirt, kurz es entstehet eine Conchylie von einer wahren Schönheit. Wenn die Conchylie veraltert, oder sonst lange im Sande herumgewälzt wird, so verschwinden die Ribben allmählig, die Farbe wird unregelmäßig weiß und braun, die Schale wird stärker, und sie ist innwendig ganz weiß. Man erkennet sie alsdann ausser den schwachen Ueberbleibseln der Ribben an dem Bande, das durch die Windungen hindurchläuft, und an dem Bau der Mundöffnung. Auch davon besitze ich zwey Beyspiele in meiner Sammlung. Das kleinere davon habe ich aufgeschnitten, und eine starke, gerade fortgehende Spindel gesehen, keine Spur von dem queer hindurchlaufenden vertieften Bande, wohl aber habe ich gefunden, daß die Schale innwendig in das Bläuliche spielt, wodurch die ehemaligen Furchen stärker gefärbt hindurchschimmern. Da ich an einigen Beyspielen die kleinen runden Ammonshorn-ähnlichen Würmer, die man so oft auf Seeconchylien findet, und vermuthlich des Herrn von **Linne'** Serpula planorbis ist, angetroffen habe, so vermuthe ich, daß sich diese Conchylie an den Mündungen grosser Flüsse, da wo sie sich mit der See vereinigen, aufzuhalten pflege.

CXCV.

Das braune Gitter aus Westindien.

Diese Conchylie ist kaum einen Zoll lang, sie hat aber ihre entschiedenen Schönheiten. Sie bestehet aus sechs Windungen, die sich in eine nicht allzuscharfe Spitze endigen. Alle Windungen sind rund, aber eben nicht allzustark gewölbt, sie sind aber durch einen zarten Einschnitt, oder durch eine flache Furche von einander hinlänglich getrennt. Die erste Windung ist mehr als noch einmal so groß als die folgende zwote, die folgenden aber

aber nehmen verhältnißmäßig ab, und alle Windungen sind glatt. Die Mundöffnung ist oval, aber enge, scharf und ganz ohne Saum, und nur an der Axe siehet man ein kleines übergeschlagenes Blättchen, welches die Spindel nicht ganz überdeckt, und folglich einen halbverdeckten Nabel zurückläßt. Die Schale ist leicht und dünne, gegen das Licht aber nur halbdurchsichtig. Der Grund derselben ist weiß. Auf dem ersten Gewinde siehet man vier braungelbe Querbänder, welche durch eben so gefärbte Bänder, welche die Länge herablaufen, durchkreutzt werden, und auf diese Art ein ziemlich regelmäßiges Gitter bilden, und von diesem Umstande habe ich die Benennung hergenommen, die ich dieser Conchylie gegeben habe. Auf der zwoten Windung siehet man nur zwey ungleich schmälere Bänder, welche mit mehrern und engern braunen Linien durchschnitten werden, so daß nun das artige Gitterwerk aufhöret; das dritte und vierte Gewind haben nur ein Band, und noch weniger braune Striche, die sich nun beyde verliehren; und die letzten zwey Windungen ganz weiß hinterlassen. Inwendig ist die Schale auch weiß, doch schimmert das Gitterwerk, das von Aussen auf der ersten Windung zu sehen ist, hindurch. Diese niedliche Schnecke ist in **Westindien** zu Hause.

Hier in Thüringen findet man zwey Stunden von **Weimar** am **Steiger** bey **Berka** eine Erdschnecke, die auf weissem Grunde graue die Länge herablaufende Striche hat, und welche, die Farbe und das Gitterwerk ausgenommen, ganz den Bau der von mir beschriebenen westindischen Trompete hat. Ich habe sie in meiner systematischen Abhandlung über die Erdconchylien S. 127. f. beschrieben, und tab. 1. fig. 1. abgebildet. Sie ist zuverläßig eine Erdschnecke, die ich sehr oft mit ihrem Bewohner gefunden habe.

CXCVI.

Die kleine weisse durchsichtige Schraube.

Unter allen Conchylien der süssen Wasser, welche den Namen der Schrauben führen, kan wohl auf diesen Namen keine mehr, und keine einen gerechtern Anspruch machen, als die gegenwärtige. Sie ist nur einen halben Zoll lang, bestehet aber aus acht bis neun Windungen, die alle verhältnißmäßig abnehmen. Alle Windungen sind rund und gewölbt, sie haben aber zwischen sich ziemlich tiefe Einschnitte, dergestalt, daß ein jedes Gewind in dem Mittelpuncte die gröste Wölbung hat; die letzte Windung ist zwar nicht zugespitzt, allein die Regelmäßigkeit der Abnahme in den Windungen macht es, daß wir an dieser Schnecke das regelmäßigste Bild einer Schraube sehen. Die Mundöffnung ist oval, von einem Nabel aber siehet man nicht die geringste Spur. Die Schale ist dünne, weiß und ganz durchsichtig, fast wie Glas. Einige meiner Beyspiele sind zwar erdfarbig und undurchsichtig, allein diese sind wohl nicht von Natur das, was sie sind, sondern sie haben vermuthlich eine Zeitlang ohne Bewohner gelegen, und haben also eine Art einer Verwitterung erfahren. Die Hoffnung, in einer so kleinen artigen und dünnen Schale das niedlichste innre Gebäude zu finden, machte, daß ich das eine meiner Beyspiele aufschliff. Ich fand eine gerade fortgehende Spindel, die nicht stärker war, als das feinste Haar, die Wände der Windungen liegen aber alle schief an derselben, wenn wir daher eine jede Seite der Spindel einzeln betrachten, so sehen wir lauter einzelne Dreyecks, welche wie ein Zickzack die Länge herunter laufen; im Ganzen aber sehen wir die wahre Figur einer Wendeltreppe. Diese artige Schnecke ist aus **Westindien**.

dien. In meiner Claßifikation stehet diese Schraube billig vor n. CXLIII. und also unter den rechtsgedreheten Schrauben oben an.

CXCVII.
Der feingestreifte Zickzack.

Ich habe oben eine kleine Schraube beschrieben, die den Namen der feingestreiften Deckelschnecke, Nerita elegans Müll. führet, num. CLXV. A. Mit dieser hat die gegenwärtige Schnecke einige Aehnlichkeit, daß beyde wohl bey einander stehen können. Sie unterscheiden sich beyde aber auch so sichtbar, daß sie allerdings zwey verschiedene Gattungen sind. Der Bau der gegenwärtigen Schnecke nähert sich ganz dem Bau einer Trompete, und ich würde sie auch unter die Trompeten nach n. CXI. gesetzt und eine eigne Gattung der Trompeten mit queergestreifter Schale durch sie errichtet haben, wenn ich sie nicht mit der feingestreiften Deckelschnecke in eine Vergleichung hätte bringen wollen. Diese Schnecke ist etwas über einen halben Zoll lang. Die erste Windung ist zweymal grösser als das folgende, und beynahe so groß, als alle die folgenden Windungen. Die Schale ist ziemlich stark, und die Quere hindurch feingestreift. Die Streifen aber sind so fein, daß man sie an Beyspielen, die noch ihre Farbe haben, mit blossen Augen gar nicht erkennen kan. Die Conchylie bestehet aus sechs Windungen, die in eine scharfe Spitze ausgehen. Die erste Windung ist in ihrem Mittelpuncte am stärksten gewölbt. Die Mundöffnung ist länglich rund, scharf und ohne Saum, und nur an der linken Seite hat sie eine etwas gedrückte Lefze, die an dem einen meiner Beyspiele blau ist, und hier ist die Mündung inwendig weiß, und fällt nur ein wenig ins Braune; an dem andern Beyspiele aber ist sie braun, und hier ist die Mündung braun mit zwey weissen Bändern. Von Aussen siehet man an diesem Beyspiele keine Spur von einer braunen Farbe, und nur matte Spuren von den weissen Bändern. Hingegen laufen über ein jedes Gewinde bläuliche Winkelzüge, die auf der ersten Windung drey, auf den folgenden aber weniger Winkel bilden. Die Endspitze ist braun, und die Schnecke ganz ohne Nabel. Dieser gänzliche Mangel eines Nabels kan sie ganz allein von der feingestreiften Deckelschnecke unterscheiden. Mein ander Beyspiel mit einer weiß- und bräunlichen Mündung, von dem ich aber glaube, daß es seine ersten Schönheiten nicht mehr habe, hat nur einzelne rostfärbige Flecken auf der ersten Windung, auf den folgenden zwey Windungen ist sie braun marmorirt, mit einem schmalen dunkelbraunen Bande, die letzten Windungen sind ganz braun. An dem Deckel dieser Schnecke habe ich nichts besonders bemerket. Er ist ein dünnes braunes hornartiges Blättchen, ganz ohne Zeichnung, und auch dieser Deckel unterscheidet sie von der feingestreiften Deckelschnecke. Sie ist von der Küste Guinea.

CXCVIII.
Die knotigte Trommmelschraube mit schmaler ausgezackter Windung. Die Mühlenwelle.

Diese Trommelschraube, welche 1¼ Zoll lang ist, würde ich gleich nach Num. CLXXIV. A. gesetzt haben, wenn ich es gewust hätte daß sie unter die Flußconchylien gehöre. Ich hatte sie schon von meinem gütigen Chemnitz erhalten, ehe sie mir mein lieber Spengler gab, der mir sie aber mit der Nachricht überschickte, daß sie aus den

süssen

süssen Wassern der **Küste von Guinea** sey. Sie bestehet aus acht Gewinden, und stellet ganz eine zackigte zugespitzte Pyramide vor. Die Zacken hinweggedacht, ist sie ganz rund wie eine Schraube; eine jede Windung aber ist mit sechs grossen hervorragenden oben abgestumpften Zacken belegt, die nur an den zwey obern Gewinden nicht mehr sichtbar, an den zwey folgenden aber mehrentheils abgerieben sind. Diese Zacken helfen uns auch die Windungen zehlen, die wir ausserdem schwer unterscheiden würden, weil sie nur durch eine dünne fast unsichtbare Linie unterschieden sind. Die Mündung ist länglich gedruckt und wellenförmig ausgeschweift. Der obere Bogen wird durch die erste Zacke, oder wenigstens durch die Anlage dazu gebildet, der untere aber durch die Einbeugung der linken Lefze. Die rechte Lippe ist scharf und ganz ohne Saum, die linke aber ist mit einer dünnen, bald schmalen, bald breitern Lefze versehen, die sich an den Bauch, oder an die erste Windung angelegt hat. Die letzten Windungen sind mehrentheils abgerieben, oder auch wohl, wie es mir wenigstens an manchen Beyspielen ganz wahrscheinlich ist, von Würmern abgefressen. So wie diese Schnecke aus dem Wasser kommt, ist sie mit einer braunen unansehnlichen Beinhaut umgeben, durch die man kaum die schönen braunen Bänder siehet, mit welchen die Schale umlegt ist. Arbeitet man aber diese braune Beinhaut hinweg, so haben die mehresten Beyspiele auf einem schneeweissen Grunde, auf der ersten Windung zwey, auf der folgenden aber ein breites dunkelbraunes Band, das bis zur Endspitze hinauf gehet. Ein seltenes Beyspiel meines gütigen **Spenglers** ist hellbraun gefärbt, das dunkelbraune Band ist mit einem weissen Bande eingefaßt, und dieses weisse Band liegt an der ersten Windung zwischen den beyden braunen Bändern. Diese Beschreibung lehrt, daß unsre Conchylie weder der Murex fuscatus des **Linne'**, Gualtieri tab. 56. fig. A. noch die Conchylie sey, die **Knorr** Th. III. tab. 26. fig. 4. 5. abgebildet hat. In einigen aufgeschnittenen Beyspielen habe ich gesehen,

1) daß das eine braune Band inwendig auf die zweyte Windung fortgehet, sich aber hernach gänzlich verlieret.

2) daß die äußern Bänder auf dem innern schneeweissen Grunde durch die ziemlich starke Schale schimmern.

3) daß die Spindel wie an den mehresten Trommelschrauben gedrehet ist, und also gleichsam ein Pfeiler über den andern seitwärts, oder ein wenig abgerückt stehet.

4) daß das Thier, vermuthlich den Nachstellungen seiner Feinde vorzubeugen, seine obern Windungen ganz zubauet, und nur die drey grössern offen läßt. Ich kann dies als Wahrheit schreiben, weil ich es an zwey Beyspielen, davon ich das eine auf dem Rücken, das andre aber auf dem Bauche angeschliffen habe, also befand. Hier also eine Mittelgattung unter denen Schnecken, die ihre Windungen ganz offen lassen, und unter denen, welche sich die Endspitze abzusprengen pflegen.

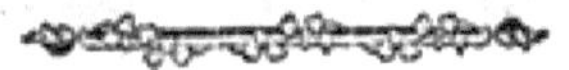

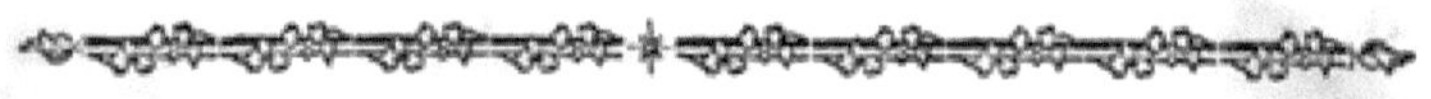

Der vierte Abschnitt.

Von den Wurmgehäusen der süssen Wasser, sonderlich in Thüringen.

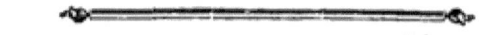

Allgemeine Anmerkungen über die Wurmgehäuse der süssen Wasser.

§. 112.

Ich weiß es, daß die **Wurmgehäuse der süssen Wasser** in keiner Rücksicht unter die Conchylien gehören, denn sie sind keine schalichten Körper, sondern sie werden von einem Wurme aus verschiedenen Baumaterialien zusammengesetzt. Unter diesen sind zwar auch zuweilen Muschel- und Schnecken-Schalen, aber keine solche, die das Thier selbst erbaut, sondern die es da, wo es lebt, findet, und nun zu seiner Wohnung als eine fremde Materie gebraucht, mit einem Safte, den es ausschwitzt, zusammen leimt, und daraus ein Haus bauet, in welchem es blos als Larve lebt, sich endlich in eine Puppe verwandelt, und zuletzt zu einem Insect mit vier Flügeln wird, in welchem Zustande es diese Wohnung verläßt, die es nie wieder beziehet. Diese Thiere, welche unsre Wurmgehäuse bewohnen, sind keine Schnecken, sondern Würmer mit sechs Füssen, die an das Geschlecht der Raupen angränzen, die blosse Larven sind, und die sich, bis zu ihrer Verwandlung in Frühlingsfliegen oder Phryganeas, in diesen Wohnungen aufhalten. Diese Gehäuse kommen nicht sogleich mit dem Bewohner auf die Welt, wie die junge Schnecke oder Muschel gleich ihre Schale mit sich bringt, sondern sie sind schon ein lebendiges Thier ehe sie noch ein Haus haben, und bauen sich eine Wohnung, wenn sie schon lebendige und für ihren jetzigen Zustand vollkommen ausgewachsene Thiere sind. Sie gehören also in keiner Rücksicht unter die Schalthiere, und man würde ihnen ganz einen unrechten Ort anweisen, wenn man sie unter die Conchylien setzen wollte. Unterdessen kann man sie doch als einen Anhang der Producte unsrer süssen Wasser betrachten, und ich kann dieses mit grösserer Freudigkeit thun, da einige grosse Conchylienbeschreiber, z. B. Gualtieri und **Martini**, unter die eigentlichen schalichten Wurmgehäuse der See auch diejenigen gesetzt haben, welche ihr Gehäuse aus Sand oder kleinen Conchylienschalen bauen, dergleichen auch Seba abgebildet hat: weil diese Gehäuse der süssen Wasser unsrer Aufmerksamkeit, und einer genauern Beschreibung allerdings würdig sind; und weil sich noch kein Schriftsteller gefunden hat, der sie einer ausführlichen Betrachtung gewürdiget hätte.

Man wird es nicht von mir fordern, eine ausführliche Naturgeschichte dieser Wurmgehäuse zu liefern, weil ich ausserdem mich auch in die Ausbildung derselben einlassen, in die Insectenlehre und also in ein ganz fremdes Fach übergehen, und die Phryganeen zugleich beschreiben müste. Ich werde hier nur einige allgemeine Anmerkungen über diese Wassergeschöpfe vortragen, und dann die Wurmgehäuse der Thüringischen

süssen

süssen Wasser kürzlich beschreiben. Für diejenigen, welche die Quellen wissen wollen, aus denen ich schöpfe, oder welche über diesen oder jenen Umstand eine weitere Nachricht lesen wollen, bemerke ich folgende Schriften: Reaumür Memoires pour servir à l'histoire des Insectes P. III. Mem. V. **Gesner** de aquat. paralip. p. 21. **Frisch** von den Insecten Deutschl. Th. XIII. S. 8. f. und Tab. III. **Müller** Histor. Verm. P. II. p. 199. **Müller** Natursyst. Th. V. 2. B. S. 783. tab. 24. fig. 4. 5. Physikalische Belustigungen 1. Band S. 629. f. III. B. S. 1458. Berlinisches Magaz. IV. B. S. 98. 367. Onomatol. histor. nat. compl. VI. B. S. 474. f. Doch trift man bey den mehresten dieser Schriftsteller nur einzelne Bemerkungen über einzelne Wurmgehäuse an, die ich am gehörigen Orte nützen werde.

§. 113.

Frisch nennet unsre Wurmgehäuse, in so fern sie noch ihren Bewohner haben, Hülsenraupen, weil sie gleichsam in einer Hülse wohnen. Die sandigten Wurmröhren der See nennet der Herr von **Linne'** *Sabellas*, eben darum weil sie aus Gries oder Sand erbauet sind; man hat diesen Namen für die Wurmgehäuse der süssen Wasser beybehalten, und sie **Sabellen** genennet, ob sie gleich nicht alle aus Sand oder Gries erbauet sind. Auch auf dem trocknen Lande finden sich solche Thiere, die in Gehäusen wohnen, und davon Herr D. **Kühn** im VII. Stück des Naturforschers S. 169. und im IX. St. S. 169. einige Arten beschrieben hat. Er glaubt, daß sie durch diesen Umstand an die Schalthiere gränzten. Wäre dieses, so wären unsre Sabellen schon um einen Schritt näher, darum, weil sie sich in dem Wasser aufhalten. Jene Raupen werden **Sackträger** genennet, man könnte also unsre Sabellen auch **Sackträger der süssen Wasser** nennen. Einige Schriftsteller nennen sie *Ligniperda*.

Das Thier, so wie es unsre Wurmgehäuse bewohnet, gehöret unter die **Afterraupen**, es hat einen hornartigen vorn mit einer Zange bewaffneten Kopf, zwischen welchen sich das Maul befindet. Der Leib bestehet aus zwölf, oder wie **Frisch** will, aus zehn Ringen. Die ersten drey Ringe machen gewissermassen das Bruststück des Thiers aus, und jeder Ring hat zwey Füsse, dergestalt, daß dieses Thier sechs Füsse hat, die folgenden Ringe aber, die gleichsam den Leib bestimmen, sind ganz ohne Füsse. Einige, die z. B. **Frisch** beobachtet hat, haben am Ende zwey Klauen, andern mangeln aber dergleichen Schwanzspitzen. Manche haben an denjenigen Ringen, wo keine Füsse mehr sind, kleine Wärzchen und an den Seiten Haarpüschel, und von den Schwanzzangen geben verschiedene Schriftsteller vor, daß sie sich damit an der Scheide fest anhielten. Es ist falsch, was einige Schriftsteller vorgeben, daß sie in ihrer Behausung ganz frey wohnten und gar nicht befestiget wären, denn wenn auch hier die Erfahrung nicht widerspräche, so würde die Sache selbst wider dieses Vorgeben zeugen. Wenn das Thier im Wasser kriecht, so ist es immer halb aus dem Gehäuse, und so weit, daß es alle seine sechs Füsse brauchen kann. Was hätte es nun für Befestigung, wenn es sich nicht in seinem zuweilen überaus schweren Gehäuse befestiget hätte? Man siehet es auch daher, daß sich dieses Thier nur mit einiger Mühe und Gewalt aus seinem Gehäuse herausziehen lässet. Aber freylich keine solche Befestigung hat es nicht, wie die Schnecke, deren Sipho mit dem Schneckenhause so genau vereiniget ist, daß derselbe ohne Gefahr ihres Lebens nicht von dem Gehäuse getrennet werden kann.

kann. Ich glaube, das Thier leime sich mit einem Safte, den es selbst ausschwitzt, an sein Gehäuse an, und habe zugleich ein Vermögen, sich von demselben loszureissen, wenn es will. Es braucht auch ein solch Vermögen. Denn da es entschieden ist, daß es nicht in diesem Gehäuse gebohren wird, sondern sich dieses Haus erst dann bauet, wenn es schon gebohren ist, da es ausserdem seine Wohnung nach seiner Grösse einrichtet, so muß es auch sein Gehäuse verlassen können, und sich ein grösseres bauen, wenn es seine mehrere Wachsthumsgrösse erfordert. Hierüber habe ich nicht Erfahrungen genug. Leere Gehäuse ohne Bewohner habe ich genug gefunden, aber das konnten auch solche seyn, in welchen sich die Larve schon zur Phryganea umgewandelt hat; aber ich habe auch Thiere genug im Wasser ohne dem Gehäuse gefunden, und ich wage darauf die Folge: daß dieses Thier nur in dem letzten seiner Lebensjahre, wenn es länger als ein Jahr lebt, oder in den letzten Monaten dieses Haus bauet, um sich darinne zu verpuppen, und zu einer Frühlingsfliege auszubilden. Das Thier lebt beständig im Wasser, wo es bald auf dem Bette, bald auf der Oberfläche, in dem letztern Falle aber immer nahe an den Ufern herumschwimmet, auch wohl gar an den Ufern in einer kleinen Entfernung von dem Wasser herum kriecht. Ausser dem Wasser kann es nicht gar zu lange leben. Im Wasser nährt es sich von Insecten und kleinen Käfern, und wenn es wahr ist was Rösel sagt, auch von kleinen Fischen, vermuthlich dann von verstorbenen, deren faulendes Fleisch es mit seinen Freßzangen abnaget und verzehret. Man findet dieses Thier in allen süssen Wassern, nur nicht leicht in reissenden Ströhmen; Teiche, Tümpfel und Pfützen, und kleine sanft fliessende Bäche, in diesen letzten und in kleinen Tümpfeln und Pfützen habe ich sie am häufigsten gefunden. Durch diese Beobachtung, welche mit mir zuverlässig mehrere Naturforscher gemacht haben, widerlegt sich nun das abgeschmackte Vorgeben der Verfasser des Universallexikons Th. XVII, S. 1176. daß dieses Gewürme nicht schwimme, sondern von dem Strome mitgebracht, und an das Ufer ausgestossen würde. Die Frühlingsfliege hält sich immer nahe an dem Wasser auf, sie legt also ihre Eyer entweder an das blosse Ufer, oder an hervorragende Wasserkräuter, und nun kann der Wurm, sobald er auskriecht, in das Wasser hineinschlurfen, wo er seine Nahrung findet und bis zur Verwandlung bleibt.

Zu dem Gehäuse, was sich dieses Thier bauet, nimmt es nicht einerley Baumaterialien, denn wir werden in der Folge sehen, daß einige Gehäuse aus Sand, andre aus grössern Steinchen, noch andre aus Gräsern, Stengeln, Blättern, Rinden, kleinen Holzstücken und aus Conchylien bestehen. Die Schriftsteller drücken sich darüber folgendergestalt aus: wenn der Wurm sein Haus bauet, so nimmt er, sonderlich zu der äusersten Bedeckung, was ihm am nächsten und bequemsten ist. Die Sache ist richtig, aber nur nicht allgemein wahr. Richtig, wenn wir auf die Sabellen sehen, welche im Wasser eine freye Bewegung haben; was diesen im Wasser am nächsten ist, das nehmen sie. Aber doch nicht allgemein wahr; ich habe in manchen Flüssen und Tümpfeln, wo es doch an andern Materialien gar nicht fehlte, blos sandigte Sabellen gefunden, und wenn man auch wider diese Beobachtung mancherley Einwendungen machen könnte, so verweise ich meine Leser auf diejenigen Wurmgehäuse, welche das Thier an größre Steine, die in dem Wasser liegen, und zwar auf den Boden, oder wenigstens an die mit Wasser bedeckten Seiten, nahe an dem Boden des Steines, anbauet. Diese bestehen allemal aus grössern und kleinern Steinen, nie aus Sand,

oder

oder aus sonst etwas, und man muß folglich wenigstens zwey Gattungen dieser Wurmgehäuse annehmen.

Ich gestehe es, daß wir viel zu übereilt schliessen würden, wenn wir auf den Unterschied der Baumaterialien dieser Gehäuse die verschiedenen Gattungen der Phryganeen gründen wollten; aber es ist auch wahr, daß die Naturforscher hierüber noch lange nicht Erfahrungen genug gemacht haben. Der Ritter von Linné hat daher die Gattungen der Phryganeen theils auf ihre Grösse, theils auf die Verschiedenheit ihrer Farben gegründet. Hier also noch eine Lücke, welche die Naturforscher auszufüllen haben, welches um so viel mehr eine schwere Arbeit ist, da die Würmer selbst so viele Aehnlichkeit unter sich haben, und darauf nicht füglich ein Gattungsunterschied gegründet werden kann.

Aus was für Baumaterialien das Thier sein Haus baue? das werde ich unten entwickeln. Wie es aber dieses Haus baue? diese Frage gehöret hieher. Frisch beschreibet diese Bauart so zuverlässig, als wenn er, wo nicht Gehülfe, doch Zuschauer gewesen sey. „In den stillstehenden Wassern, sagt er, beisset die Hülsenraupe das Gras entzwey, und legt es in einer Länge nebeneinander, nachdem sie immer einen Schleim angeklebt, der zur Haut wird und die Grasstücklein beysammen hält. Das eine Ende des Hauses ist allezeit zugebauet, nemlich wo das Hintertheil des Wurms ist; das andre Ende, wo der Kopf ist, hat eine Klappe, die auf und zu kann gemacht werden.„ Viel Unrichtiges in dieser Erzehlung. Wahr ist es, daß alle Wurmgehäuse, so rauh und uneben sie auch nur immer von Aussen seyn können, inwendig ganz eben und glatt sind. Das muß durch eine zähe Feuchtigkeit des Wurms bewürket werden, und mit eben dieser Feuchtigkeit befestiget er auch die Baumaterialien, mit welchen er sein Haus von Aussen bekleidet. Aber diese liegen nicht allemal in einer so genauen Ordnung wie sie sich Frisch vorstellet, sondern oft genug wunderbar durch einander her. Nicht alle Wurmgehäuse sind hinten zu, ich habe dergleichen selbst mit dem Bewohner gefunden, die vorn und hinten offen waren, und von keinem einzigen Wurmgehäuse kann man sagen, daß es vorn eine Klappe habe, die sich öffnen und verschliessen läßt; sondern wenn das Gehäuse auch vorn verschlossen ist, so ist es ein gewisses Kennzeichen, daß sich das Thier nun verwandeln will.

Von solchen Thieren, welche ihre Gehäuse blos aus klaren Sand bauen, glaube ich, daß sie sich im Sande herum wälzen, und nun so vielen Sand um sich herum anleimen, als es zu ihrer künftigen Wohnung nöthig ist. Kömmt also bey diesem Geschäffte ein grösseres Steinchen, oder eine kleine Conchylie, oder sonst etwas in den Wurf, so muß es sichs gefallen lassen mit angekittet zu werden. Eben so verfährt wahrscheinlich das Thier, wenn es wohin kommt, wo häufige kleine Conchylien liegen. An grössere Conchylien wagt es sich nicht leicht, weil der Bewohner derselben viel zu mächtig ist, als daß das Sabellenthier sich seiner bemächtigen und an sich leimen könnte. Aber kleinere Conchylien sind nicht mächtig genug sich zu widersetzen, die ich daher oft genug mit ihren lebenden Bewohnern in grosser Anzahl fest an die Wurmgehäuse angeleimt gefunden habe. Wurmgehäuse, die aus Holzreisern, aus Grasstengeln, aus grössern Steinen und dergleichen bestehen, habe ich inwendig allemal gefüttert gefunden, und dieses Futter bestehet aus der feinsten Arbeit, die der Arbeit der Wespe bey ihrem Neste gleicht, aber noch feiner, und wenn das Gehäuse längst ausgetrocknet war, doch noch zäh und haltbar ist. Die Wespe bauet ihr Haus aus feinen Holzspähnen, sollte es nicht wahrscheinlich seyn, daß das Sabellenthier faulende Blätter, oder die Schale vom Stamm der Wasserkräuter zu eben diesem Zweck verarbeiten könne? Darüber nun legt es, ehe es abtrocknet, Stengel, Holzstückchen, Rindenstückchen und dergleichen, zwar nicht in der strengsten Ordnung der Baukunst, aber doch auch gerade nicht in der größten Unordnung. Da dies Thierchen sein Gehäuse verlassen kann, wenn es will, so ist auch kein Widerspruch darinne anzunehmen, daß das Thier zu verschiedenen Zeiten von innen und von aussen an seinem Gehäuse bauet, und da alle Lücken ausfüllet, welche der Festigkeit und Sicherheit nur im Geringsten nachtheilig werden können. Da diese Gehäuse, von Innen betrachtet, fast durchgängig Eine Weite, und also einen cylindrischen Bau haben, so ist es entschieden, daß das Thier, wenn es grösser wird, sein Haus nicht erweitern kann. Man muß also entweder mit mir annehmen, daß sich das Thier sein Haus nur zur Verwandlungshülfe, und folglich nach völlig erreichter Wachsthumsgrösse bauet: oder man muß mit andern Naturforschern annehmen, daß es, wenn es grösser geworden ist, das zu kleine und enge Haus verläßt und sich ein grösseres bauet.

Wenn nun die Zeit der Verwandlung kommt, so macht das Thier sein Haus, und folglich auch seinen Ausgang fest zu. Herr Prof. **Müller** sagt, es mache erst die Scheide durch ein Gespinst an einem andern Gegenstande feste, hernach ziehe es vor die Oeffnung ein Gitter, wodurch zwar das Wasser, aber keine andern Wasserinsecten in die Scheide dringen können. Ob das erstere wahr sey, weiß ich nicht, dem letztern aber kann ich aus Erfahrungen und vielen vor mir liegenden Beyspielen widersprechen. Das habe ich mehrmals beobachtet, daß sich Wurmgehäuse in ganzen Klumpen an einander geleimet haben. Ich habe auch gefunden, daß dergleichen Gehäuse allemal entweder auf allen Seiten verschlossen, oder alle offen von dem Thier ganz entblösset waren. Im erstern Falle stack das Thier zur Verwandlung im Hause, im andern Falle war es schon ausgebildet und in eine Phryganea verwandelt worden. Ob sie sich aber darum zusammengekettet haben, und ob andre sich darum an andre Körper befestigen, damit ihre Verwandlung glücklicher vor sich gehe? oder ob manche vielleicht gern gesellig leben? darüber habe ich nicht genug Erfahrungen. Das weiß ich aber zuverläßig, daß wenn die Zeit der Verwandlung kommt, das Sabellenthier seine Oeffnung fest, und zwar so fest verschliest, daß gar kein Wasser eindringen kann. Ich kann Beyspiele vorzeigen, wo sandigte Wurmröhren ihr Gehäuse mit Sande verschlossen, wo andre über ihre Mündung Steine, Baumrinden, Conchylien und dergleichen gelegt, und allen Zugang des Wassers gänzlich versperret haben. In diesem verschlossenen Gehäuse liegen sie, wie man sagt, ohngefehr 14. Tage bis zu ihrer Verwandlung, und sind in eine dünne Haut eingeschlossen, durch welche man alle Glieder der zukünftigen Phryganea sehen kann. Diese Frühlingsfliege beisset dann die über die Oeffnung gelegte Decke ab, kriecht nun heraus, flattert beständig um das Wasser herum, wo es ehemals gebohren wurde. Und ein solch Gehäuse, dessen Decke nicht ganz abgestossen war, mochte Frisch in die Hände bekommen haben, welches ihn zu dem irrigen Ausdrucke verleitete, daß die Sabellen vorn bewegliche Klappen hätten

Daß die Thiere der Sabellen andern Wasserthieren, z. B. grössern Käfern, kleinen Fischen u. d. g. zur Nahrung dienen, und daß sie die Fische sogar begierig aufsuchen,

aufsuchen, das will ich gar nicht leugnen. Aber das ist doch wahrhaftig übertrieben, wenn in dem angeführten Universallexikon vorgegeben wird, daß sich die Fischer dieser Thierchens bedienten, Schleichen und andre Fische damit herbey zu locken; daß sie viel Oel und flüchtiges Salz bey sich führen, und daß sie ein Mittel gegen das viertägige Fieber wären, wenn man sie an den Hals hängt. Dergleichen unwahrscheinliche Mährchen glaubt man in unsern Tagen nicht mehr.

§. 114.

Das fliegende Thier, das aus diesem Sabellenthier durch die Verwandlung entstehet, wird vom Linne und Fabricius *Phryganea* genennet. Vermuthlich sahe der Ritter bey dieser Benennung darauf, daß sich die Larve desselben aus zusammengestoppeltem Holze und andern Reisern ein Gehäuse zur Verwandlung bauet. Die Alten bedienten sich schon dieses Namens, schrieben es auch zuweilen *Phryganeum*, und verstanden darunter die Sabellen. Im Deutschen nennen dieses Insect einige Wassermotten, andre Frühlingsfliegen u. d. g. Die Franzosen nennen es Frigane, zuweilen Moucles papilionacées, so wie Houttuin sie Water Uiltjes und Müller Wassereulen nennet. Nach dem Linne gehören sie zu der Classe der Insecten mit netzförmigen Flügeln, *Neuroptera*. Sie haben alle vier Flügel. Die Oberflügel werden beym Sitzen von ihnen meist perpendiculair an den Leib gelegt, jedoch so, daß sie oben in einer Rundung zusammenstoßen und den Leib bedecken. Die Unterflügel aber werden zusammengefalten, weil sie bey einer solchen Lage der Oberflügel nicht Raum behalten. Die Fühlhörner sind allemal länger als der Rückenschild, und öfters länger als der ganze Leib. Sie halten sich meistentheils an Seen, Flüssen und sumpfigten Oertern auf. Das ist die Entwicklung der Kennzeichen des Linne ed. X. p. 547 Gen. 209. ed. XII. Gen. 236. Os edentulum: Palpis IV. Antennae thorace longiores. Alae incumbentes: inferioribus plicatis. Linne hat 24. Gattungen, die er in zwey Classen bringt. Die erste enthält solche, deren Schwanz am Ende die Gestalt einer Kornähre und zwey stumpfe Bürsten hat. Diese sind es, die Geofroy *Perlas* nennet. Zur andern aber gehören diejenigen, deren Schwanz unbewaffnet und ohne Bürste ist. Die Gattungen selbst hat er besonders bey der zweyten Classe bald auf die Grösse, bald auf die Farbenzeichnung gegründet. Beym Fabricius Systema entomologiae p. 306. Gen. 98. stehet sie unter den Synistatis, d. i. unter denenjenigen, wo die Kinnlade mit der Lippe verwachsen ist, und er hat ihnen folgende Geschlechtskennzeichen gegeben: Maxillae totae connatae cum labio inferiori. Antennae setaceae. Herr Prof. Fabricius hat 18. Gattungen beschrieben. Herr D. und Oberconsistorialrath Schäfer hat in seinen Elementis entomologicis tab. 100. der Phryganea oder Frühlingsflieg: folgende Kennzeichen gegeben: Sie hat unbestäubte Flügel, an den Fußblättern fünf Glieder, borstenähnliche lange Fühlhörner, ein Maul mit vier Fühlspitzen, drey einfache Augen und abhängende Flügel.

§. 115.

Dies sey genug von einem Insect, bey dem ich jetzo blos mit dem Gehäuse zu thun habe, in welchem sich die Larve desselben aufhält, und worinne es verwandelt wird. Jetzo wende ich mich zu dem Gehäuse selbst, und zu dessen nähern Beschreibung. Da die mehresten Sabellenthiere, wie ich bereits erinnert habe, zu ihrem Gehäuse nehmen, was ihnen nur vorkommt, so wird dadurch freylich eine jede Eintheilung derselben sehr willkührlich, unterdessen glaube ich doch, daß wir hier noch am sichersten verfahren, wenn wir bey dem Gehäuse bleiben, so wie es ist. Ihrer Oeconomie nach habe ich diese Sabellen in einer vierfachen Abwechselung gefunden. Solche, die sich an Steine festsetzen, und sich nie von einem Orte zum andern bewegen können. Solche, die sich untereinander selbst zusammen ketten, und sich dadurch die freye Bewegung hindern. Solche, die sich an Kräutern festsetzen, und dadurch wenigstens einen Theil ihrer Freyheit verlieren. Solche, die eine ganz freye Bewegung haben. Diese Eintheilung würde für ein System seine grossen Schwierigkeiten haben, und nur für diejenigen brauchbar seyn, die sich mit dem Aufsuchen der Sabellen selbst beschäftigen können.

Wir gehen sichrer, wenn wir uns theils an die Baumaterialien, theils an den äussern Bau derselben halten, zumal wenn wir mehrere Beyspiele vor uns haben, und mehrere, die auf einerley Art aus einer und eben derselben Materie gebauet sind. Nach diesem Gesichtspuncte werde ich die Wurmgehäuse der süssen Wasser in drey Classen bringen.

I) **Aus Steinen erbaute Sabellen.** Ihre Materialien sind theils Sand, theils grössere Steine. Der Sand ist bald feiner, bald gröber. Ihr Bau ist theils conisch, theils cylindrisch, ihr Ausgang bald stumpf, bald spitzig, bald gerade, bald gebogen. Ihre Oeffnung ist bald und mehrentheils ungesäumt, bald gesäumt. Die aus grössern Steinen erbauten Sabellen sind bald mollenförmig oder gewölbt, bald cylindrisch, bald conisch.

II) **Aus Vegetabilien erbaute Sabellen.** In den physicalischen Belustigungen Th. III. S. 1459. wird erzehlt, daß eine grössere Art der Sabellenthiere in ganzen hohlen Stengeln von Equiseto zu wohnen pflege, ohne sich die Mühe zu geben, ein neues Gehäuse zu bauen. In den Thüringischen Gegenden habe ich dergleichen nicht gefunden, diejenigen, die ich entdeckt habe, bestunden theils aus Holzreisern, theils aus Gras, theils aus kleinen Blättern, theils aus Baumrinde.

III) **Aus Conchylien erbaute Sabellen.** Sie haben zu ihrer Bedeckung theils kleine unächte Ammonshörner, theils kleine Trompetenschnecken, theils kleine Breitmuscheln, Chamas. Einige sind mit dergleichen Conchylien ganz überkleidet, andere haben damit nur einen Cranz um ihre Oeffnung gebauet.

In dem Berlinischen Magazin Th. IV. S. 98. f. werden 7. Arten von Sabellen bemerket. Eine ganz kleine, welche ihr Gehäuse von Sand bauet, und wovon in M. Grundings Nat. und Kunstgeschichte 1. Th. S. 773. ausführlich gehandelt wird. Eine grössere, welche ihr Gehäuse ebenfalls von Sand bauet. Eine dritte, die ihr Gehäuse von den zartesten Reisern bildet, und mit gröblichen Sandsteinen untermischt; eine vierte, welche ihren Bau von vermoderten kleinen Rohrstücken; eine fünfte, die ihr Gehäuse von vermoderten kleinen Stücken Holz verfertiget, die in stehenden Wassern sich findet, und beständig auf dem Wasser schwimmet; eine sechste, welche ihr Gehäuse von den kleinsten Doubletten-Muscheln verfertiget, welches der Einwohner aber nicht rund, wie die andern Wasserwürmer, sondern glatt machet, dergestalt, daß das Gehäuse zween Ränder bekömmt, welche wegen der Feinheit der Muscheln scharf anzufühlen sind; und endlich eine siebente, die ihr Gehäuse von Tellerschnecken bauet.

§. 116.

§. 116.

Wenn wir die sämtlichen Wurmgehäuse der süssen Wasser, die ich nun beschreiben werde, in eine Geschlechtstafel bringen wollen, so würde es folgende seyn:

I) Aus Steinen erbaute Sabellen.
A) Aus feinern Sande.
a) schmal und dünne.
1) die cylindrische Sabelle. Tab. min. D. fig. 1.
2) die conische Sabelle mit gekrümmter Endspitze. Tab. min. D. fig. 8.
3) die conische Sabelle mit gerader Endspitze, und gesäumter Mündung. Tab. min. C. fig. 13. Tab. min. D. fig. 9.
4) die cylindrische Sabelle mit gesäumter Mündung.
5) die conische Sabelle mit gerader Spitze und ohne Saum. Tab. min. C. fig. 14.
b) dicke und stark.
6) die cylindrische bauchichte und gebogene Sabelle.
B) Aus gröbern Sande, oder aus Gries.
7) die griesigte cylindrische Sabelle mit verschlossener Endung.
C) Aus grössern Steinen.
8) die mollenförmige auf der untern Seite offne Sabelle. Tab. min. C. fig. 12.
9) Keulenförmige Sabellen. Tab. min. D. fig. 2.
10) conische aus grössern Steinen und Sand erbaute Sabellen.
11) cylindrische aus Steinen erbaute Sabellen.
12) dergleichen aus Topfsteintäfelchen zusammengesetzt.
13) figurirte Sabellen.
II) Aus Vegetabilien erbaute Wurmgehäuse.
14) aus Grasstengeln.
15) aus Kräuterblättern.
16) aus Rinden und Stengeln. Tab. min. D. fig. 5.
17) aus Schilf. Tab. min. D. fig. 6.
18) stachlichte Wurmgehäuse. Tab. min. D. fig. 7.
III) Aus Conchylien erbaute Wurmgehäuse.
19) aus Ammonshörnern. Tab. min. C. fig. 10.
20) aus kleinen Schnecken. Tab. min. C. fig. 11.
21) nur am Kopfe mit Schnecken geputzte Wurmgehäuse. Tab. min. D. fig. 3. 4.
22) aus Gienmuscheln. Tab. min. C. fig. 9.

Beschreibung der Wurmgehäuse der Thüringischen Wasser.

§. 117.

Den Haupt-Fingerzeig, nach welchem ich die Thüringischen Sabellen beschreiben werde, habe ich kurz vorher gegeben. Die in diese drey Classen gehörigen Arten sollen nun von mir besonders angezeigt werden.

I.

Tab. min. D. fig. 1. **Die kleine cylindrische zusammengeleimte und aus feinem Sande erbaute schwarze Sabelle.** Tab. min. D. fig. 1.

Diese Sabelle ist nur einen halben Zoll lang, und etwa eine halbe Linie breit, durchaus von gleichem Umfange, und trägt also das mehreste Bild einer Walze an sich. Sie hat oben und unten eine abgestumpfte Endung, und man würde es nicht wissen, wo der Ausgang des Thiers, und wo das Ende wäre, wenn es nicht die Oeffnung entschiede. Der Bewohner hat zu diesem Gehäuse den feinsten Sand genommen, daher dasselbe von Aussen ziemlich glatt, und durchgängig regelmäßig ist. Ich habe diese Gehäuse in einem kleinen Bache bey Thangelstedt, nie aber anders als in zusammengeklebten Massen, und auf diese Art in grossen Klumpen gefunden. Sie hängen noch größtentheils zusammen, ob ich sie gleich nun schon über neun Jahre in meiner Sammlung aufhebe. Ihr Leim, damit diese Thiere ihre Gehäuse zu kütten pflegen, muß daher sehr fest und dauerhaft seyn. Sie sind durch ein kleines zartes Band befestiget, dessen Bestandtheile ich auch nicht einmal durch ein gutes Vergrösserungsglas errathen konnte. Es scheinet mir aber eine grosse Aehnlichkeit mit derjenigen Materie zu haben, mit welcher die Sabellen das Innre ihrer Behausung bekleiden, von welcher ich oben geredet habe. Da der kleine Fluß, wo ich diese Sabellen fand, ein überaus feines, reines und helles Bette hat, so muß die schwarze Farbe von Etwas anders, und vielleicht von dem Bewohner selbst herrühren.

II.

Tab. min. D. fig. 8. **Das conische sandigte Wurmgehäuse mit offner gekrümmter Endspitze.** Tab. min. D. fig. 8.

Die grösten dieser Sabellen haben eine Länge von dreyviertel Zoll, und einen völlig conischen Bau. Sie sind also oben am stärksten, ihre Stärke aber nimmt allmählig ab, und endiget sich in eine feine merklich gekrümmte Endspitze. Diese Spitze ist auch offen. Die Materialien dazu sind ein feiner Sand, daher ist das Gehäuse ganz rund und glatt. Der Farbe nach wechseln sie folgender Gestalt ab. Einige sind grau, andre schwarz, und noch andre oben grau, unten aber schwarz gefärbt. Ich habe sie bey Thangelstedt mit den vorhergehenden an einem Orte, allemal aber frey und einsam gefunden.

III.

Tab. min. C. fig. 13. **Die schwarze oder graue conische sandigte Sabelle mit gerader Endspitze und gesäumter Mündung.** Tab. min. C. fig. 13. Tab. min. D. fig. 9.

Tab. min. D. fig. 9. Diese Sabelle wird über dreyviertel Zoll lang, ist aber dabey überaus dünne, und um die Hälfte dünner als die vorhergehende. Sie ist ganz gerade, an beyden Enden offen, und nimmt zwar unmerklich ab, allein man siehet es doch, daß die Endspitze kaum halb so dicke ist, als die Mündung. Diese Mündung hat einen übergeschlagenen Saum, dessen Endzweck ich nicht anzugeben weiß. Die Baumaterialien sind der feinste Sand, daher ist ihre Peripherie ganz glatt und rund. Einige (tab. C. fig. 13.) sind durchaus schwarz, und diese leben einsam; andere aber (tab. D. fig. 9.) sind grau, und diese hängen sich im Wasser an den Ranunculus fluitans. Sie befestigen sich mit dem

einen

einen Theil ihrer Lippe an diesem Wasserkraute, hängen selten zwey bey einander in einer geraden Linie, sondern gemeiniglich in einiger Entfernung von einander. Sie werden in der Saale ohnweit Cahlah gefunden.

IV.

Die sandigte hellgraue cylindrische Sabelle mit gesäumter Mündung.

Diese Sabelle ist ungleich kleiner als die vorhergehende, und gleichwohl mehr als zweymal so dicke. Sie erreicht nicht die Länge eines halben Zolls; und hat fast durchgängig eine gleiche Stärke. Ihre Mündung ist hervorragend, und hat einen übergeschlagenen Saum. Die Endspitze ist an unbeschädigten Beyspielen verschlossen. Die Farbe des Gehäuses ist schmutzig grau, und die Materialien sind der feinste Sandstaub, den man sich nur gedenken kan. Folglich ist auch der runde Umriß des Wurmgehäuses glätter als bey allen vorhergehenden Arten. Ich habe sie von Jena erhalten, kan es aber nicht sagen, ob sie daselbst in der Saale, oder in kleinern Bächen, oder in stehenden Gräben zu Hause sind. Da die Betten der Saale, und der mehresten dortigen Flüsse aus gröbern Sand und Kieseln bestehen, so vermuthe ich, ihr Aufenthalt möchten stehende Gräben seyn.

V.

Die sandigte conische Sabelle mit gerader Spitze und ohne Saum.

Tab. min. C. fig. 14. Tab. min. C. fig. 14.

Von Num. 2. unterscheidet sich dieses Wurmgehäuse dadurch, daß es keine gekrümmte Spitze hat, von den übrigen beyden aber, nemlich Num. 3. und 4. daß dessen Mündung keinen Saum hat. Es ist ein überaus kleines artiges höchstens einen halben Zoll langes ganz dünnes Gehäuse, das aus sehr feinem Sande erbauet, und ganz rund und glatt ist. Die Endspitze ist offen. Diese Sabellen sind mehrentheils grau mit schwärzlicher Endspitze. Sie sind ebenfalls von Jena.

VI.

Die sandigte cylindrische bauchigte gebogene Sabelle.

Wenn gleich diese Sabelle ebenfalls aus sehr feinem Sande erbauet ist, so kan sie doch sicher für eine eigne Gattung angenommen werden. Keine der vorhergehenden, selbst Num. 1. nicht, hat die Dicke der gegenwärtigen Sabelle, die nur einen halben Zoll lang ist. Gesetzt also, daß wir annehmen dürften, daß das Sabellenthier, wenn es grösser wird, sein altes Haus verlasse, und ein neueres grösseres baue, so muß man doch auch annehmen, daß ein solches Thier, wenn es in seiner Dicke wächst, auch in der Länge wachsen müsse. Ein Gehäuse also, das bey gleicher Länge doch ungleich dicker ist, muß nothwendig einen kurzen aber dicken Bewohner haben. Folglich bestimmen diese Gehäuse zuverläßig eine eigne Gattung unter den Sabellen und unter ihren Bewohnern.

Dieses Gehäuse ist aus feinem Sande erbauet und cylindrisch. Die hintere Seite ist kolbigt und verschlossen, wenn sich das Thier zur Verwandlung auch die Mündung verschliesset, so ist das Gehäuse auf beyden Seiten kolbigt. Der Ausgangsort ist nur ein wenig dicker als der Hintere, und ich darf daher dieses Gehäuse cylindrisch nennen.

nen. Merkwürdig ist es, daß dieses Wurmgehäuse in der Mitte allemal gekrümmt ist. Ich besitze dasselbe so wohl in einzelnen als auch in angeleimten Beyspielen. Im letztern Falle zweyfach. Einige haben sich mit dem einen Theil ihrer Mündung auf einen Sandstein geleimt, der $\frac{1}{4}$ Zoll lang und $\frac{1}{4}$ Zoll breit ist. Andre haben sich an einander geleimt. Einige blos an der Mündung; andre mit dem ganzen Körper, sie liegen so zu zweyen und mehrern gleichsam schichtweise bey einander. Sie werden bey Thangelstedt und Jena gefunden.

VII.
Die griesigte cylindrische Sabelle mit verschlossener Endung.

Bestunden die vorherbeschriebenen Sabellen alle aus feinem Sande, so sind die gegenwärtigen aus einem gröbern Sandgries erbauet. Sie haben durchgängig eine gleiche Dicke, und sind also vollkommen cylindrisch. Sie erreichen nicht ganz die Länge eines Zolls, sind aber beynahe $\frac{1}{4}$ Zoll dicke, ganz rund und walzenförmig. Ihre Endung ist kolbigt und verschlossen, doch wie ein Durchschlag mit feinen Oeffnungen versehen, vermuthlich darum, damit sich das Thier von seinen Unreinigkeiten befreyen könne. Diese Endung der Sabelle ist kolbigt, oder abgerundet, und eben so ist die Mündung beschaffen, wenn sie das Thier zur Zeit der Verwandlung verschliesset. Die Materialien dazu sind ein gröberer Sandgries, oder grössere Sandkörner, die zuweilen die Grösse eines Hirsenkorns erreichen, mehrentheils aber kleiner sind. Diese grössern Körner befinden sich gemeiniglich in der Gegend der Mündung, und wo diese verschlossen ist, da ist sie gemeiniglich mit solchen grössern Sandkörnern verschlossen. Dem Bau nach sind die mehresten gerade, einige aber in der Mitte leicht gebogen, oder etwas gekrümmt. Der Farbe nach sind einige hellgrau, andre schwarz, und noch andre oben grau und unten schwarz. Der selige Hofrath Günther zu Calah, der mir dergleichen Beyspiele zusandte, sagte mir zugleich, daß er sie von Mastricht erhalten hätte, ich aber habe vollkommen gleiche Sabellen in verschiedenen thüringischen Gegenden gefunden.

VIII.
Rollenförmige, auf der untern Seite ganz offne, und aus grössern Steinen erbaute Sabellen. Tab. min. C. fig. 12.

Tab. min. C. fig. 12.

Das sind die Wurmgehäuse, von denen ich oben erinnerte, daß sie sich an grössere Steine in den Wassern zu setzen pflegten, und daher auch ihren Standort gar nicht verändern könnten. Sie wählen zwar nicht gerade die grösten Steine zum Grundlager zu ihren Wohnungen, die sie bauen; allein sie scheuen auch die grösten Steine nicht, die im Wasser liegen, wenn sie nur eine bequeme Lage, das ist, eine solche Lage haben, daß sie keine Quetschung verletzen, aber auch der Mangel am Wasser irgend in eine Gefahr ihres Lebens bringen kan. Sie setzen sich da bald ganz unter die Steine, bald an die Seite derselben, doch im letzten Falle fast an das Ende der Steine an. So geniessen sie eine Art der grösten Sicherheit, weil sie nichts stöhren, nichts aus ihrem Ruhepuncte bringen, und nichts verletzen kan, es müste denn der Stein, an dem sie sitzen, durch Gewalt von seinem Orte weggeschoben werden. Eben darum hat auch das Sabellenthier sein Gehäuse mit einer wahren Nachläßigkeit und sehr leicht verfertiget. Die Materialien, deren sich das Thier bedienet, sind kleinere und grössere Steine, so groß

sie

sie nemlich ein so kleines Thierchen überwältigen kan. Die grösten sind von der Grösse einer Zuckererbse, die mehresten aber sind viel kleiner. Diese füget und passet das Thier so genau zusammen, als es kan; doch sind die Steine, wie man von Aussen und von Innen siehet, nicht so auf gerathe wohl hingeworfen, sondern mit einem wahren Fleisse an einander angeschoben, so viel als es sich mit einem Steine, der nicht weiter bearbeitet werden konnte, thun ließ. Von Aussen siehet ein solches Gehäuse einem kleinen länglichen Steinhaufen ähnlich, und es ist oben, wo der Kopf des Thiers liegt, breiter als unten. Es gleichet dem Deckel eines Sarges ziemlich genau. Unten passet das Gehäuse auf den Stein, auf welchem es sitzt; wenn man daher ein solches Gehäuse von dem Steine abnimmt, so ist es unten allemal ganz offen; wenn es hingegen auf dem Steine aufsitzt, so ist es auf allen Seiten verschlossen. Ich sage, auf allen Seiten, denn ich habe dieses Wurmgehäuse nie anders gefunden, ob ich dergleichen gleich zu verschiedenen Jahreszeiten aufgesucht habe. Dies scheinet meine obige Muthmassung zu bestätigen, daß das Sabellenthier dies Gehäuse nicht zu seiner Wohnung, sondern blos auf eine kurze Zeit zu seiner Verwandlung braucht. Alle Sabellen, die wir kennen, sind inwendig mit vielem Fleiß gleichsam ausgefüttert, diese Sabelle nicht. Die Steine, woraus es bestehet, sind blos auf den Seiten, die sich berühren, zusammen geküttet, ausserdem aber so gelassen, wie sie waren. Wenn man daher ein solches Gehäuse gegen das Licht hält, so gleicht es einem Durchschlag. Gleichwohl ist diese Zusammenkütung so fest und dauerhaft, zumal wenn das Gehäuse eine Zeitlang an der Luft gelegen hat, und gehörig ausgetrocknet ist, daß man sehr unvorsichtig damit umgehen, und einige Gewaltthätigkeit gebrauchen müste, wenn man es zerstöhren wollte. Diese Zerstöhrung ist möglicher und leichter, wenn man das Gehäuse aus dem Wasser ziehet, und von dem Steine, auf welchem es sitzt, losreissen will. Das kommt aber daher, weil der Bewohner sein Haus auch auf den Stein fest angekütet hat. Auf einem Steine findet man gemeiniglich dergleichen Gehäuse mehrere beysammen, seltener aber zwey, die zusammenstossen. Wenn dieser letzte Fall ist, so konnte dasjenige Thier, welches am spätesten baute, die eine seiner Wände ersparen, es setze also da einen neuen Theil an, wo es von seinem Nachbar nicht hinlänglich bedeckt war.

In Thangelstedt habe ich diese Gehäuse in einem kleinen Bache, der durch das Dorf läuft, und sich vom Regenwasser nähret, häufig gefunden. Hier bey Weimar habe ich sie auf dem herzoglichen Lustschlosse Belvedere in einem Bache in dem Thal, wo der grosse Teich ist, ebenfalls entdeckt, und ich muthmasse, daß diese Sabelle in allen Flüssen angetroffen wird, wo grössere Steine, besonders solche liegen, die unten breite Flächen haben, und wo kein reissender Strom ist. In Wassern aber, wo viele glatte Kiesel liegen, möchte man diese Wurmgehäuse doch wohl vergeblich suchen. Ihre Länge beträgt $\frac{1}{4}$ Zoll.

IX.

Keulenförmige aus grössern Steinen erbaute Sabellen. Tab. min. D. fig. 2.

Tab. min. D. fig. 2.

Wenn ich nur ein einziges Beyspiel dieser Art gefunden hätte, so würde ich es nicht wagen, diese Sabelle besonders aufzuführen. Allein ich habe wohl zwölf Beyspiele dieser Art vor mir, die alle die Gestalt einer Keule haben, und wenn es verlangt würde, wollte ich sie in meiner Gegend wohl zu hunderten zusammenlesen. Sie sind alle aus grössern Steinen erbauet, doch dergestalt, daß bey einigen die kleinern der gebrauchten Steine an das Ende des Gehäuses gebracht, die grössern aber oben nach der Mündung zu angelegt sind; bey andern hingegen sind einerley Steine, grössere und kleinere, durch das ganze Gehäuse hindurch angebracht. Bey allen aber findet man dieses, daß oben in der Gegend der Mündung, oder wo das Thier auskriecht, die grössern Steine zahlreicher angebracht sind, als irgend an einem andern Theile des Gehäuses. Hier ist also das Gehäuse ungleich dicker als es durchgehends ist, und das Wurmgehäuse erhält dadurch die Form einer Keule, welcher das Wurmgehäuse noch ähnlicher wird, wenn es der Bewohner zur Zeit der Verwandlung oben zubaute, zu welchem Geschäfte er fast allezeit grössere Steine erwehlte. Nur dann und wann hat das Thier einige Holzstückchen, oder sonst einen fremden Körper angelegt, wenn es vielleicht sein Geschäfte vollenden wollte, und doch in der Nähe nichts anders fand. Man findet diese Gehäuse mehrentheils einzeln, seltener zwey an einander gekettet.

Ich habe diese Gehäuse hier bey **Weimar** in einem kleinen Bache hinter dem **Baumgarten** aufsuchen lassen, und ziemlich häufig erhalten.

X.
Conische aus grössern Steinen und Sand erbaute Sabellen.

Man siehet es diesen Wurmgehäusen von Aussen an, daß sich das Thier, wenn es [illegible], gerade nicht an eine und eben dieselben Baumaterialien hält, sondern daß es [illegible] erwehlt und erwehlen muß, die ihm am nächsten sind. Ich habe dergleichen Wurmgehäuse von Calah und von Thangelstedt vor mir. In denjenigen Wasser bey Calah, wo diese Wurmgehäuse sind, mag wohl der feine klare Sand seltener als das andre kleine Steingut seyn, sie sind also blos aus solchen Steinen erbauet, und haben folglich eine rauhe und unebene Fläche, ob sie gleich dabey eine runde Form haben. Bey Thangelstedt hingegen, wo dergleichen kleine Steine im Wasser seltener vorkommen als der Sand, hat das Thier eine Mischung von Sand und andern Steinen gemacht, dabey aber ist es immer nach einer gewissen Regel zu Werke gegangen. Entweder das ganze Wurmgehäuse bestehet aus Sand, und ist nur hin und wieder mit grössern Steinen belegt, oder der untere Theil ist ganz Sand, und der obere bestehet aus grössern Steinen. Besonders siehet man an verschlossenen Beyspielen, wo folglich das Thier zur Verwandlung lag, daß es oben, wo ehedem sein Ausgang war, immer die größten Steine anwendete, die es nur finden konnte, vermuthlich darum, damit es in der Zeit seines Schlafs und seiner Verwandlung für den Nachstellungen seiner Feinde ganz sicher wäre. Uebrigens ist der Bau dieser Wurmgehäuse conisch, sie sind folglich unten dünner als oben.

XI.
Cylindrische aus grössern Steinen erbaute Sabellen.

Ich habe von diesen Wurmgehäusen nicht viel zu sagen. Sie haben durchgängig eine gleiche Stärke, und also einen cylindrischen Bau. Ein Beyspiel aus Calah, das ich besitze, ist aus kleinen weissen kieselartigen Steinen erbauet, die fast durchgängig von einerley Grösse sind, ausser oben, wo sich das Thierchen zur Verwandlung eingeschlossen hat, daselbst hat es fünf grössere Steine angelegt, diese aber hat es so künstlich sich angekütter, daß der cylindrische Bau dadurch eben nicht so gar merklich unterbrochen ist. Bey einem andern Beyspiel aber, dessen Ort, woher es kam, ich nicht anzugeben weiß, sind gelbe glänzende kleine Kiesel mit gröbern weissen Sandgries, oder kleinen abgeschärften Quarzstücken vermischt worden, wodurch das Gehäuse eine angenehme Farbenmischung erhalten hat.

XII.
Cylindrische aus Tophsteintäfelchen zusammengesetzte Sabellen.

Die ganze Gegend um Weimar, woher diese Wurmgehäuse sind, ruhet auf Tophstein; oder wenigstens auf Tophsande, der im Grunde nichts anders als ein verwitterter oder aufgelöseter Tophstein ist. Auch die mehresten Wasser führen einen Tophstein bey sich, der die Wasserpflanzen, Holzreiser und dergleichen fein überziehet. Aus solchem Tophstein, der manchmal schön weiß, manchmal aber schmutzig und erdfarbig ist, sind diese Wurmgehäuse, von denen ich jetzo rede, gebauet. Es sind lauter kleine vier- oder mehr-eckige Täfelchen, mit welchen das Gehäuse in der That recht regelmäsig überkleidet ist, und wo sich nur selten ein Stein von einer andern Gattung eingemischt hat. Inwendig sind diese Gehäuse ausserordentlich glatt, und es scheinet, als wenn das Thier Blätter von Kräutern oder Bäumen fein zermalmet, und damit sein Gehäuse ausgekleidet hätte; so wie etwa die Wespe aus Holzspähnen die feinste Arbeit machen kan. Aber wie kam das Thier zu den Tophsteintäfelchen? In solchen Wassern, wo Tophstein ist, fällt dergleichen bald zu Boden, bald überziehet es Wasserpflanzen, kleine Holzreiser und dergleichen Dinge mehr, die im Wasser liegen. Hier fand also das Sabellenthier für sich Materialien genug zu seinem Bau, doch glaube ich, daß es diese zarte Tophsteinrinde, sie mochte nun auf dem Boden des Wassers liegen, oder an Kräutern und Hölzern sitzen, mit seinen Freßzangen abbeissen muste, ehe es dieselbe an sein Gehäuse ankleben konnte. Der Bau des Gehäuses ist rund, und cylindrisch. Ich habe diese Gehäuse hier bey Weimar hinter dem Baumgarten in einem kleinen Bache gefunden.

XIII.
Figurirte aus Steinen erbaute Sabellen.

Unter einem guten Vorrathe kleiner sogenannten Mahlermuscheln (Mya pictorum Linn. Abschn. III. n. VII.) die ich aus einem Teiche aus Wandersleben, einem gräflich hatzfeldischen Dorfe, erhielt, fand ich auch dieses Wurmgehäuse, das ich jetzo beschreibe. Es weicht von allen Wurmgehäusen der süssen Wasser, die ich kenne, sonderlich durch zwey Stücke ab. Erstlich dadurch, daß es nicht rund, sondern platt gebauet ist. Hernach dadurch, daß es weder conisch noch cylindrisch, sondern gewissermaassen spindelförmig ist. Es bestehet gleichsam aus drey Theilen. Der obere Theil ist abgerundet, aber viel schmäler als der mittlere; dieser mittlere ist eben wohl noch einmal so breit, als der obere Theil, er gehet aber regelmäßig enger zu, und gehet endlich in einen spitzigern Theil aus, der etwas länger aber schmäler als der obere Theil ist, und dem ein unten vorgelegtes kleines Steinchen eine stumpfe Endspitze giebt. Da ich nur ein einziges Beyspiel dieser Art besitze, so konnte ich es unmöglich zerstöhren, um seinen innern Bau zu erlernen. Das sehe ich, daß es eine feine Auskleidung hat, so wie es von Aussen von mancherley kleinen Steinen erbauet ist; ob es aber von Innen eben die Form

 hat,

hat, die es von Aussen hat? oder ob es inwendig einem geraden hohlen Canal gleicht? diese Fragen kan ich nicht beantworten. Wäre es inwendig eben so erbauet, wie von Aussen, wie ich fast vermuthe, und also in dem Mittelpuncte am weitesten, so muß es eine eigne und besondre Gattung des Sabellenthiers und der daraus entstehenden Phryganea seyn.

XIV.
Aus Grasstengeln erbaute Sabellen.

Man kan eben nicht sagen, daß ein äusseres reitzendes Ansehen diese Wurmgehäuse sonderlich empfehle, oder daß es eine besondere Regelmäßigkeit sey, darnach das Thier sein Gehäuse baute. Unterdessen ist dem Naturforscher alles merkwürdig, was er siehet. Diese Gehäuse hat das Sabellenthier von lauter kleinen oder grössern Stengeln erbauet, die zuweilen nur $\frac{1}{4}$ Zoll, zuweilen $1\frac{1}{2}$ ja zwey Zoll lang sind. Von den letztern hat es nie mehr als höchstens drey, am gewöhnlichsten nur einen einzigen genommen, und sie so angebracht, daß sie beym Ende des Wurmgehäuses weit hervorragen. Alle Stengel, die es von Gräsern oder Kräutern erhascht hat, hat das Thier dicht an einander gelegt, so gut es nemlich konnte, und daraus ist nun freylich ein gar verschiedener Bau des Wurmgehäuses entstanden. Im Grunde ist die Hauptform aller dieser Wurmgehäuse die runde. Wenn nun die Stengel lang genug waren, ein ganzes Gehäuse zu bilden, oder wenn das Thier kleinere Stengel von gleicher Grösse fand, so ist das Gehäuse so ziemlich regelmäßig ausgefallen. Da nun aber dieser Fall überaus selten vorfallen konnte, so siehet man freylich an diesen Wurmgehäusen lauter Unregelmäßigkeit, die es auch macht, daß dieselben allerley Gestalten anzunehmen pflegen. Ja manche sind so unordentlich unter einander hergelegt, daß man gar nicht glauben sollte, ein Wurmgehäuse zu erblicken, wenn nicht andre überzeugende Beweise davon vorhanden wären; wohin besonders dieser gehöret, daß man sie mit dem lebenden Thiere oft findet. Das innre Gebäude, oder die eigentliche Grundlage zum ganzen Gebäude, ist ein Grasblatt, welches das Thier zusammenrollt, mit seinem leimenden Safte verbindet, und dann von Aussen mit Grasstengeln beleget. Zuweilen hat sich auch etwas anders, ein Stückchen Rinde, ein Steinchen, ein Hölzchen und dergleichen mit eingeschoben, wenn der Bewohner etwa sonst nichts anders fand, oder wenn es ihm gerade im Wege lag. Gemeiniglich ist dieses Wurmgehäuse auf beyden Seiten offen.

Da ich dieses Wurmgehäuse in einem stillstehenden Wassergraben bey Tannroda oft gefunden habe, so konnte ich auch über den Bewohner desselben mancherley Anmerkungen machen. Der Bewohner, der sich bey dem geringsten Geräusche in sein Haus zurückziehet, hat eine grünliche Farbe, aber zugleich auf beyden Seiten einen schwarzen Strich, der bis zur Hälfte des Körpers gehet. Der Kopf ist braungelb, und siehet mit den schwarzen Strichen an beyden Seiten überaus bunt. An beyden Seiten stehen die Augen, es sind zwey kleine, kohlschwarze, aber glänzende Puncte. Das Thier hat sechs Füsse, die nach Beschaffenheit des Körpers zart, aber lang sind. Die hintersten sind die längsten, die mittlern sind länger als die vordern. Wo sich die Füsse endigen, da hat das Thier auf seinem Rücken und an den Seiten drey fleischigte runde Erhöhungen, die oben spitzig sind, und dadurch die Gestalt eines halben Sterns bekommen. Der Leib bestehet aus zwölf mit Einschnitten versehenen Gelenken, welche, den Kopf ausgenommen,

ganz

ganz platt sind. Der Hintertheil des Leibes endiget sich in zwey Spitzen. Der ganze Leib, Rücken und Bauch sind voller ziemlich langer weisser Haare, die sich ausser dem Wasser übereinander legen, und dadurch wird das Thier ganz rauch. Am Kopfe sind diese Haare viel kürzer als am Leibe, am Schwanze aber, wo sich zugleich ein ganzes Bündel solcher Haare befindet, am längsten. Da ich diese Thiere aus ihrem Gehäuse nahm, konnte ich die obige fleischigte sternförmige Erhöhung nicht gleich bemerken, sie müssen folglich dieselbe entweder gar einziehen, oder wenigstens verbergen können. Da ich ein leeres Gehäuse in das Wasser warf, so bezog das eine meiner aus den Gehäusen genommenen Thiere dasselbe sogleich wieder, schwamm mit demselben herum, und vertheidigte sich tapfer gegen zwey andre Würmer, die ihm seine Wohnung streitig machen wollten, verließ endlich dasselbe freywillig, und ein anderes bezohe es, welches sich nun eben so wie das vorhergehende verhielt. Aehnliche Beyspiele solcher Wurmgehäuse habe ich hier bey Weimar hinter dem Baumgarten in einem kleinen Bache gefunden.

XV.
Aus Kräuterblättern erbaute Sabellen.

Eben in dem mit Wasser erfüllten Graben, wo ich die vorhergehende Sabelle fand, habe ich auch die gegenwärtige gefunden. Sie hat, von Innen betrachtet, eben die sorgfältig gemachte Ausfleidung wie die vorhergehende Sabelle, und wie alle Wurmgehäuse, die aus Vegetabilien erbauet sind. Sie ist oben und unten offen, und der Bewohner hat oben und unten einen kleinen Kräuterstengel angelegt, den er vielleicht mit Absicht angebauet hat. Das ganze Aeussere aber bestehet aus Kräuterblättern, wo das Thier nur Fragmente von Blättern nahm, die es entweder schon im Wasser fand, oder wie es mir glaublicher ist, mit seinem Gebiß zernagte, um sie bequemer an das Gehäuse anlegen zu können. Ich schliesse dieses daher, weil es keine verfaulten Blätter sind, deren sich das Thier bediente, denn sie waren ganz frisch, da ich sie aus dem Wasser zog, und noch jetzo, da ich das Gehäuse behutsam getrocknet habe, sind die Blätter noch grün. Mehrentheils sind es halbe Blätter, die das Thier an sein Gehäuse anlegte, so gut es konnte. Der äußere Bau ist daher so uneben als nur etwas seyn kann; und obgleich das Gehäuse von Innen ganz rund ist, so ist es doch von Aussen mehr platt als rund. Diese Sabellen sind selten.

XVI.
Aus Rinden und Stengeln erbaute Sabellen. Tab. min. D. fig. 5.

Tab. min. D. fig. 5.

Wenn sich gleich das Thier, da es sein Gehäuse baute, auch verschiedener Stengel von Gräsern und Kräutern bediente, so nahm es doch vorzüglich kleine Stückchen zarter Baumrinden, die es vermuthlich von den Wurzeln solcher Bäume abnagte, die an dem Wasser stunden, und deren Wurzeln in den Bach hineinliefen, z. B. von Weiden und Erlen. Da es lauter kleine Stückchen sind, so hat sie das Thier vermuthlich von den Wurzeln abgenagt, und in eine solche Grösse gebracht, wie es dieselben brauchte. Manche dieser Gehäuse bestehen fast ganz aus Rinde, ausser daß das Thier unten einen, auch wohl mehrere Stengel anlegte. In diesem Falle ist der Umriß des Gehäuses ganz rund. Das ist aber in der That der seltenste Fall, in dem man diese Wurmgehäuse findet. Von der Art ist das abgezeichnete. Mehrentheils hat der Bewohner ausser den Rinden auch andre Materialien genommen, und zwar bald Gras- oder Kräuterstengel, bald kleine Holzstücken. Diese Holzstückchen hat es gemeiniglich unten angebracht und hervorragen lassen. Ein Beyspiel hat zwey solcher hervorragenden Holzstückchen, und ein grösseres von der Stärke einer Rabenspule und von 1¼ Zoll Länge hat es oben befestiget, und so liegt es an dem Gehäuse herunter. Von diesen Wurmgehäusen wird man nicht leicht zwey finden, die sich völlig gleich wären. Ich habe diese Gehäuse bey Thangelstedt in einem kleinen sanft fliessenden Bache gefunden, und ziemlich häufig daselbst angetroffen.

XVII.

Aus Schilf erbaute Sabellen. Tab. min. D. fig. 6.

Tab. min. D. fig. 6.

Diese Wurmgehäuse sind aus Schilf erbauet. Aber das Thier nahm dazu nicht einen ganzen Schilfstengel, auch nicht die Blätter vom Schilfe, sondern die äussere Schale oder Rinde der Schilfe. Diese hat es in die kleinsten Stückchen zernagt, und überaus regelmässig anzubauen gewust, dergestalt, daß das Gehäuse zwar von Aussen uneben, aber doch in der That ganz rund ist. Nur dann und wann hat sich das Thier auch einiger Gras- oder Kräuterstengel bedienet, dazu aber die allerkleinsten, die kaum ¼ Zoll lang sind, erwehlet. Der Bau des Gehäuses ist mehrentheils conisch, und allemal auf beyden Seiten offen. Die Länge übersteigt selten einen Zoll. Ich habe dieses Gehäuse hier bey Weimar hinter dem Baumgarten, doch nicht gar häufig, gefunden.

XVIII.

Stachlichte Wurmgehäuse. Tab. min. D. fig. 7.

Tab. min. D. fig. 7.

Die gegebene Zeichnung lehret den sonderbaren Bau dieses Wurmgehäuses, es siehet von Aussen ganz rauh, unansehnlich und stachlicht aus. Das Thier nahm dazu die feinsten Stengel von Gräsern und Kräutern, die es nur in dem Wasser finden konnte, und die nicht länger seyn durften, als der Durchmesser der Breite des Gehäuses war. Diese Stengel legte es nicht, wie andre Thiere dieser Art (n. XIV.), die Länge herunter, sondern in die Queere des Hauses hinweg; legte einen Stengel an den andern, legte sie auf allen Seiten häufig an, und nun konnte hieraus nichts anders als ein stachlichtes Gebäude entstehen, das auf allen Seiten eine Menge Hervorragungen, Spitzen oder Stacheln hatte. Das ist nicht etwa nur so zufällig geschehen, nein! denn das würde ich annehmen müssen, wenn ich von diesen merkwürdigen Wurmgehäusen etwa nur ein oder höchstens zwey Beyspiele gefunden hätte. Allein ich habe sie so zahlreich entdeckt, daß ich allen meinen Freunden davon mitgetheilet, und doch noch einen guten Vorrath davon in meiner Sammlung behalten habe. Da das Thier doch nicht immer Stengel von einer Grösse bekommen konnte, so haben die Gehäuse bald einen conischen, bald einen cylindrischen Bau, im ersten Falle haben die Stengel fast durchgängig eine Länge, im letztern Falle hat das Thier die grössern oben, die kleinern aber unten angelegt. Es ist nicht allemal geschehen, daß das Thier einerley Materiaterialien zu seinem Bau finden konnte, es nahm daher Holz und Rinden, und was es sonst finden konnte, und legte sie an das Gehäuse; nie aber unten an, sondern allemal oben. Waren nun die Holzstückchen gerade so, daß sie sich auch querüber legen liessen, so baute das Thier nach seiner angenommenen Regel; wo nicht, so baute es so gut es konnte. Diese Wurmgehäuse, die ich bey Thangelstedt in einem stillstehenden Wasser gefunden habe, werden nicht leicht über einen Zoll lang, und sie sind oben und unten offen.

XIX.

Aus Ammonshörnern erbaute Wurmgehäuse. Tab. min. C. fig. 10.

Tab. min. C. fig. 10.

Schon vor mir haben einige Schriftsteller solcher Wurmgehäuse gedacht, die aus Ammonshörnern bestehen. Dergleichen von Tellerschnecken erbaute Gehäuse werden in dem Berlinischen Magazin Th. IV. S. 100. f. gedacht, und Herr Etatsrath **Müller** redet Histor. Verm. P. II. p. 199. von Wurmgehäusen, die aus der Valuata cristata (Abschn. III. n. 52. tab. V. fig. 26. a. b.) erbauet sind, und von denen schon Gesner eine Abbildung geliefert hat. Diejenigen Wurmgehäuse, die ich jetzo beschreibe, sind auch aus Ammonshörnern erbauet; das eine ganz aus dem linken sechsfach gewundenen runden Ammonshorn (Abschn. III. n. 42. tab. V. fig. 18.); das andre, theils aus diesem Ammonshorn, theils aus dem gelblichen platten Ammonshorn mit 4. Windungen und einem scharfen Rande, (Helix planorbis Linn. Planorbis carinatus Müll. Abschn. III. n. 39. tab. V. fig. 13.), theils aus dem kleinen Posthörnchen mit drey runden Gewinden (Abschn. III. n. 46.). Es folgt daraus, daß sich das Sabellenthier nicht so genau an eine Gattung von Ammonshörnern binde, sondern daß es diejenigen erwehle, die es gerade findet.

Man kann es sich leicht einbilden, daß es nicht leicht zu erwarten sey, daß das Thier, wenn es sein Gehäuse aus Ammonshörnern erbauen will, immer Conchylien von einer Grösse finde, es ist also genöthiget grössere mit kleinern zu verbinden, zumal da zu dem einen meiner Wurmgehäuse zwey Gattungen genommen worden sind. Das andre Gehäuse, welches nur aus Ammonshörnern einer Art bestehet, hat gewissermassen eine grössere Regelmässigkeit, aus ganz begreiflichen Ursachen. Beyden kamen einige Schnecken mit in den Wurf, da sie baueten, sie haben sie also zugleich mit an ihrem Gehäuse befestiget. So unregelmässig unterdessen diese Gehäuse von Aussen sind, so regelmässig rund sind sie von Innen, und gleichwohl hat das Thier hier keine Grundlage aus Blättern oder sonst etwas gemacht, wie es an andern Beyspielen geschahe, sondern es hat die Ammonshörner von Aussen so zu legen gewust, daß sie die innre runde Form in keiner Rücksicht unterbrechen durften, die das Thier nun nur zusammenleimte, und nun in diesem Hause bequem wohnen konnte. Ich habe diese Wurmgehäuse aus Zelle erhalten, wo mir der Herr Hofmedicus **Taube** schreibt, daß er sie in stillstehenden Wassern nie, sondern allemal in Flüssen gefunden habe.

XX.

Aus kleinen Schnecken ganz erbaute Wurmgehäuse. Tab. min. C. fig. 11.

Tab. min. C. fig. 11.

Die kleinen Trompetenschnecken, aus welchen diese Wurmgehäuse ganz bestehen, sind die kleine weisse oder schwarze cylindrische Trompete, (Nerita minuta Müll.

Abschn.

Abschn. III. n. 115. tab. VII. fig. 14. a. b.) eine der kleinsten Flußconchylien, die wir haben. Nur selten hat sich eine etwas grössere Trompete, nemlich das Buccinum truncatum Müll. (Abschn. III. n. 114. tab. VII. fig. 13.) mit eingemischt. Aber eben darum, weil diese Conchylie sogar klein ist, sie der Bewohner aber alle auf die Seite gelegt und ganz enge zusammengedrängt hat, so haben diese Wurmgehäuse dadurch eine überaus angenehme Gestalt bekommen. Sie sind kaum einen Zoll lang, und etwa eine Linie über ½ Zoll breit, und gleichwohl kann man sicher rechnen, daß ein jedes einzelnes Gehäuse aus einigen Hunderten solcher kleinen Schnecken bestehe. Was das Innre dieser Gehäuse anlangt, so gilt von denselben, was ich von der vorigen Art sagte, sie sind ganz glatt, ohne Grundlage, sondern blos durch die äussere Lage der Schnecken und den Leim des Sabellenthiers rund und glatt geworden. Ich habe diese Wurmgehäuse bey Thangelstedt in eben dem Graben gefunden, in welchem die vorher genannte Nerita minuta lag.

XXI.

Nur am Kopfe mit Schnecken erbaute Sabellen. Tab. min. D. fig. 3. 4.

Tab. min. D. fig. 3. 4. Eigentlich zu reden gehören alle Wurmgehäuse, von denen ich jetzo rede, ihren Materialien und ihrem Bau nach zu bereits beschriebenen Gattungen, denn einige bestehen aus blossem Sand, andre aus gröbern Sand oder Gries, noch andre aus Steinen, noch andre aus Tophsteinblättchen, noch andre aus Stengeln, und endlich gehören auch einige unter die stachlichten Wurmgehäuse. Das Eigne, was sie haben, und weswegen ich geglaubt habe, daß sie einer eignen Anzeige würdig wären, ist dieses, daß ihr oberer Theil, wo nemlich das Thier seinen Ausgang hat, und den ich um der Kürze willen den Kopf nannte, mit Conchylien zugebauet ist. Ich habe nur zwey Beyspiele in meiner ganzen Sammlung, wo sich unten am Ende des Gehäuses eine einzige Schnecke findet, aber mehr als ein Dutzend, wo der Kopf mit mehr oder weniger Schnecken versehen ist. Es kann seyn, daß dieses etwas zufälliges war, denn ich glaube überhaupt, daß man nirgends mehrere Zufälligkeiten antrift, als unter den Wurmgehäusen, dergestalt, daß auch die Wurmgehäuse der See davon nicht ausgeschlossen sind. Aber wenn sich nun ein sonst zufälliger Umstand so gar oft äussert, dann höret er beynahe auf Zufall zu seyn; wenigstens gehöret hier dieser Fall unter diejenigen, welche eine etwas genauere Anzeige verdienen. Alles, was ich an diesen Wurmgehäusen Anmerkungswürdig finde, das bestehet in folgenden kurzen Bemerkungen:

1) Mehrentheils sind diese Wurmgehäuse blos mit Conchylien verschlossen, das Thier bediente sich also derselben zur Zeit ihrer nahen Verwandlung in eine Phryganea. Ich will unterdessen nicht geradezu sagen, daß sich das Thier nicht auch andrer Körper könnte bedienet haben, wenn es nicht an einem Orte gelebt hätte, wo dergleichen Schnecken lagen; denn viele Beyspiele lehren das Gegentheil: allein es ist doch merkwürdig, daß das Sabellenthier diese Conchylien so künstlich mit einem sandigten, oder steinigten, oder aus verschiedenen Vegetabilien erbauten Gehäuse zu verbinden, und seine Oeffnung so künstlich zu verschliessen wußte, daß es in seinem künftigen Puppenstande ganz ohne Gefahr liegen und die Zeit der Verwandlung abwarten konnte. Aber eben darum, weil nun diese Conchylien etwas

etwas groß, und grösser sind, als die übrigen Dinge, die das Thier zum Bauen brauchte, so wurde dadurch ein grosser Kopf des Gehäuses hervorgebracht, welches nun einer Würznelke oder einer Keule gleicht.

2) Die vorhergehenden Wurmgehäuse waren gröstentheils aus der kleinen weissen oder schwarzen cylindrischen Trompete, Nerita minuta, erbauet, und seltener aus dem Buccino truncato des Herrn Etatsrath Müller. Bey diesen Wurmgehäusen sehen wir gerade das Gegentheil. Ich habe nur einige Beyspiele vor mir, wo das Thier seinen Kopf aus der Nerita minuta erbauet, und damit sein Gehäuse verschlossen hatte: nur wenige Beyspiele, wo sich unter das Buccinum truncatum einige Neritae minutae eingeschlichen haben: nur einige Beyspiele, wo sich nebst den angeführten Schnecken auch einige Steine sehen lassen; gröstentheils ist es das Buccinum truncatum, woraus der Kopf des Gehäuses erbauet, und womit es nun, da sich das Thier verwandeln wollte, verschlossen ist. Freylich brauchte das Thier wenigere Schnecken, und wenigere Arbeit, seine Sache zu vollenden, da es die grössern Conchylien wehlte. Denn in dem Graben, wo ich diese Wurmgehäuse vorzüglich fand, lagen das Buccinum truncatum und die Nerita minuta haufenweis untereinander, und das Thier konnte unter beyden wehlen, was es wollte.

3) Die allgemeine Bildung dieser Wurmgehäuse habe ich bereits angegeben, sie gleichen nemlich einer Würznelke oder einer Keule. Die besondre Bildung, wo sich nemlich mehrere Wurmgehäuse unter sich verbunden haben, habe ich nur bey solchen Wurmgehäusen entdeckt, die aus grössern Steinchen, oder wenigstens aus groben Gries, erbauet sind. Das schönste Beyspiel davon, aber auch nur das einzige, habe ich Tab. min. D. fig. 3. abgebildet. Es ist so künstlich zusammengesetzt, daß man es nicht ohne Bewunderung betrachten kann. Es bestehet aus acht einzelnen Gehäusen, die entweder an der Seite, oder unten, nie oben am Kopfe, befestiget sind. Wie das zugieng? da diese Gehäuse vor der Zeit der Verwandlung unten ebenfalls offen sind, so glaube ich, daß sie das Thier mit seinem Schwanze anleimen und befestigen könne. Denn manche haben eine solche Lage, daß das Thier eine solche Arbeit mit seinem Kopfe gar nicht verrichten konnte, man müste denn annehmen, daß es aus seinem Gehäuse ganz herausgehen, und dann dieses Geschäffte ausführen könnte.

4) So viel ich Wurmgehäuse der Flüsse gesehen habe, so sind sie alle nach einer gewissen bestimmten Regel gebaut, und nach dieser Bauart habe ich vorher ihre Benennungen bestimmt. Ein einziges Beyspiel habe ich hier vor mir, wo ein kleineres Gehäuse auf einem grössern stehet, und zu einem ganzen Gehäuse umgearbeitet worden ist. Das grössere Gehäuse bestund aus Sand, das aufgesetzte kleinere Gehäuse bestehet aus Steinen; an der Seite hat sich eine kleine Nadel (Buccinum acicula Müll. Helix octona Linn. Abschn. III. n. 143. tab. VIII. fig. 6. a. b.) angelegt, oben aber ist es mit dem Buccino truncato zugebaut. Das kleinere Gehäuse ist um ein gutes Theil in das grössere hineingeschoben.

Dieses Beyspiel scheinet dem zu widersprechen, daß ein Sabellenthier ein kleineres Gehäuse verlasse und ein grösseres baue, wenn es eine grössere Wachsthumsgrösse erlangt hat.

Ich habe alle diese Wurmgehäuse bey **Thangelstedt**, und größtentheils in einem Graben gefunden, wo sich ein stehendes Wasser, das nur vom Regen oder von Ueberschwemmungen genähret wird, befindet.

XXII.

Tab. min. C. fig. 9. **Aus Gienmuscheln und Vegetabilien erbaute Sabellen.** Tab. min. C. fig. 9.

Der Wurmgehäuse, die aus Muscheln erbauet sind, wird in dem Berlinischen Magazin IV. Th. S. 99. f. gedacht, aber auch zugleich erzehlet, daß der Verfasser davon nur ein einziges Beyspiel besitze. Das meinige habe ich aus **Calah** erhalten, welches aus Reisern, Stengeln, Rinden und Gienmuscheln (Tellina cornea Linn. Tellina riualis Müll. Abschn. III. n. 11. tab. IV. fig. 3. 4. 5.) erbauet ist. Dieses Beyspiel hat zwar nur eine einzige Duplette von gedachter Muschel an sich, aber der verstorbene Herr Hofrath **Günther** zu **Calah**, der mir dies Beyspiel verehrte, hat mich ausdrücklich versichert, daß er zuweilen Beyspiele finde, die ganz aus Muscheln bestehen. Da der Bewohner dieses Wurmgehäuses, das ich hier beschreibe, alles zusammengerafft hat, was er nur finden konnte, so ist freylich daraus ein ganz unregelmässiges Gehäuse entstanden, dem man keine eigentliche Gestalt abgewinnen kann. Doch ist es mehr breit als rund, und nur einen Zoll lang. Die angeführte Gienmuschel hält sich bey Calah nur in der Saale auf, ich vermuthe daher, daß auch dieses Wurmgehäuse aus diesem Flusse gekommen sey.

Register.

Register.

D.

E.

F.

ovale

N.

O.

P.

R.

S.

Schrau-

T.

U.

V.

W.

Z.

Tab. I.

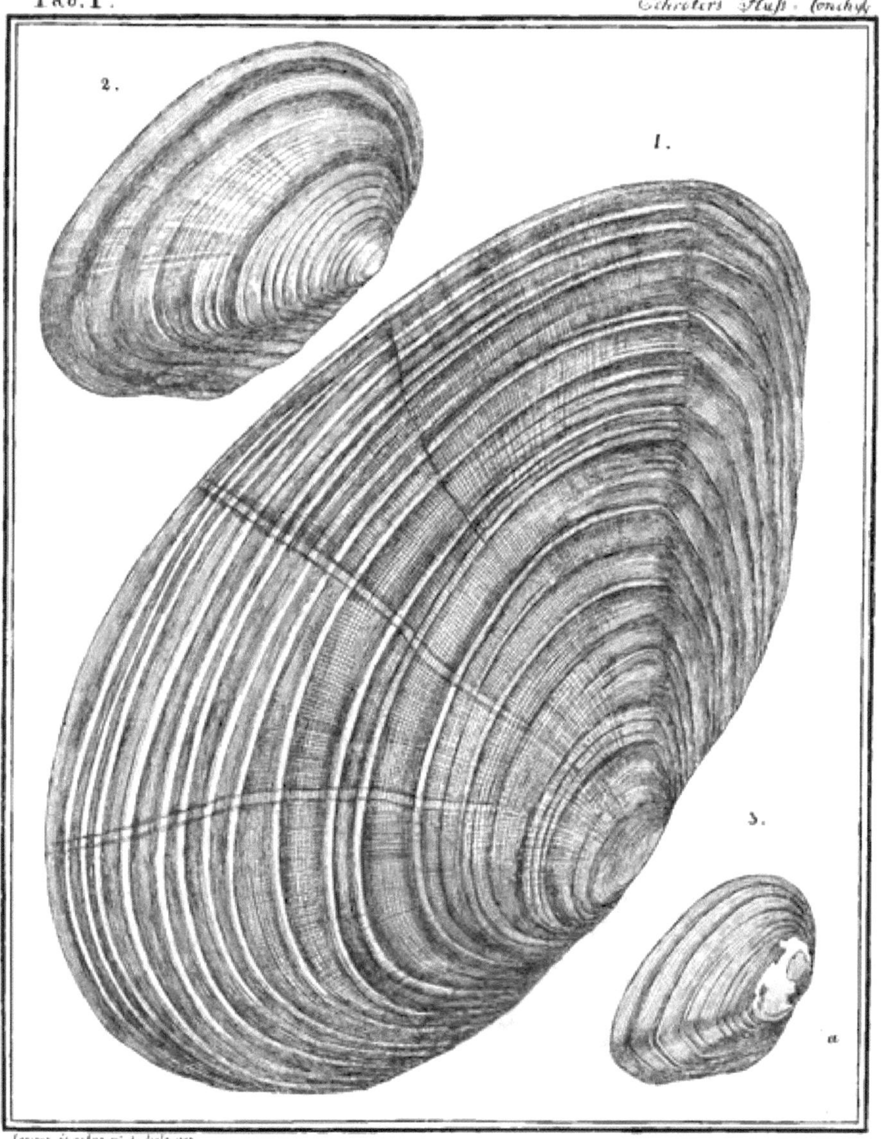

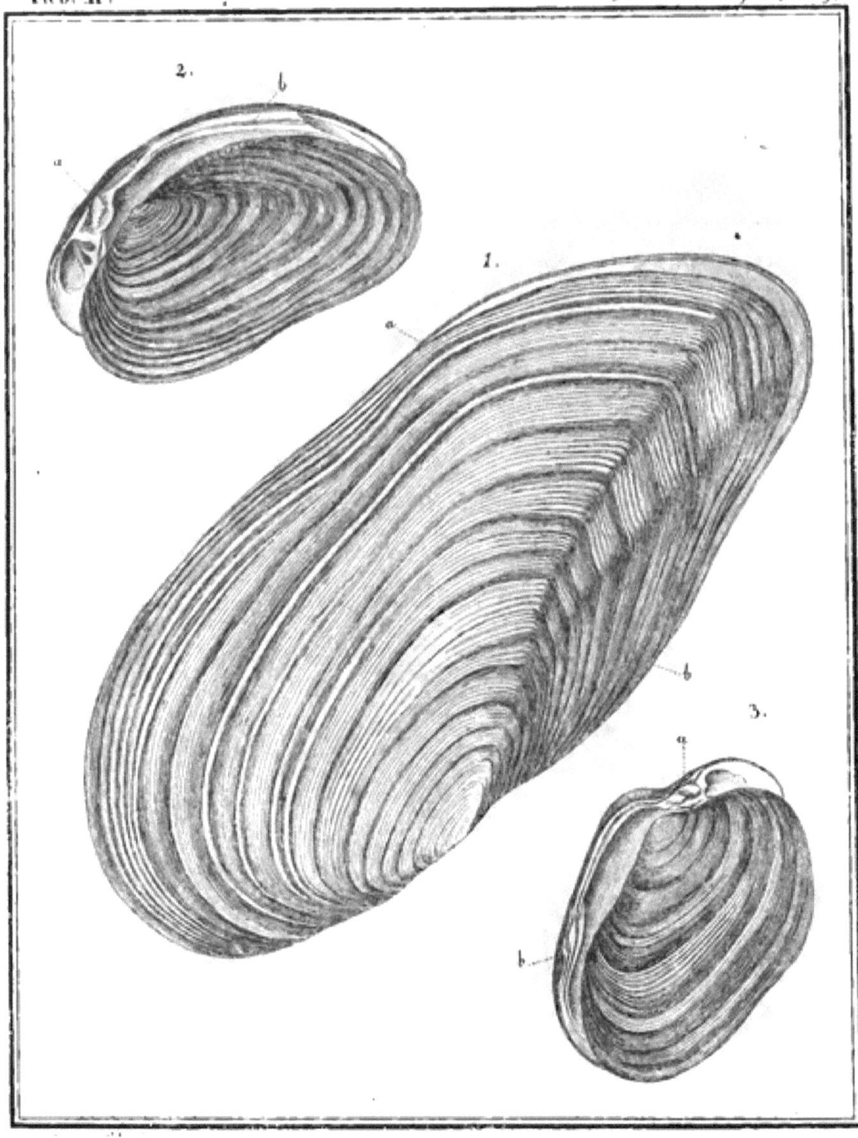
2.
b
a
1.
a
b
3.
a
b

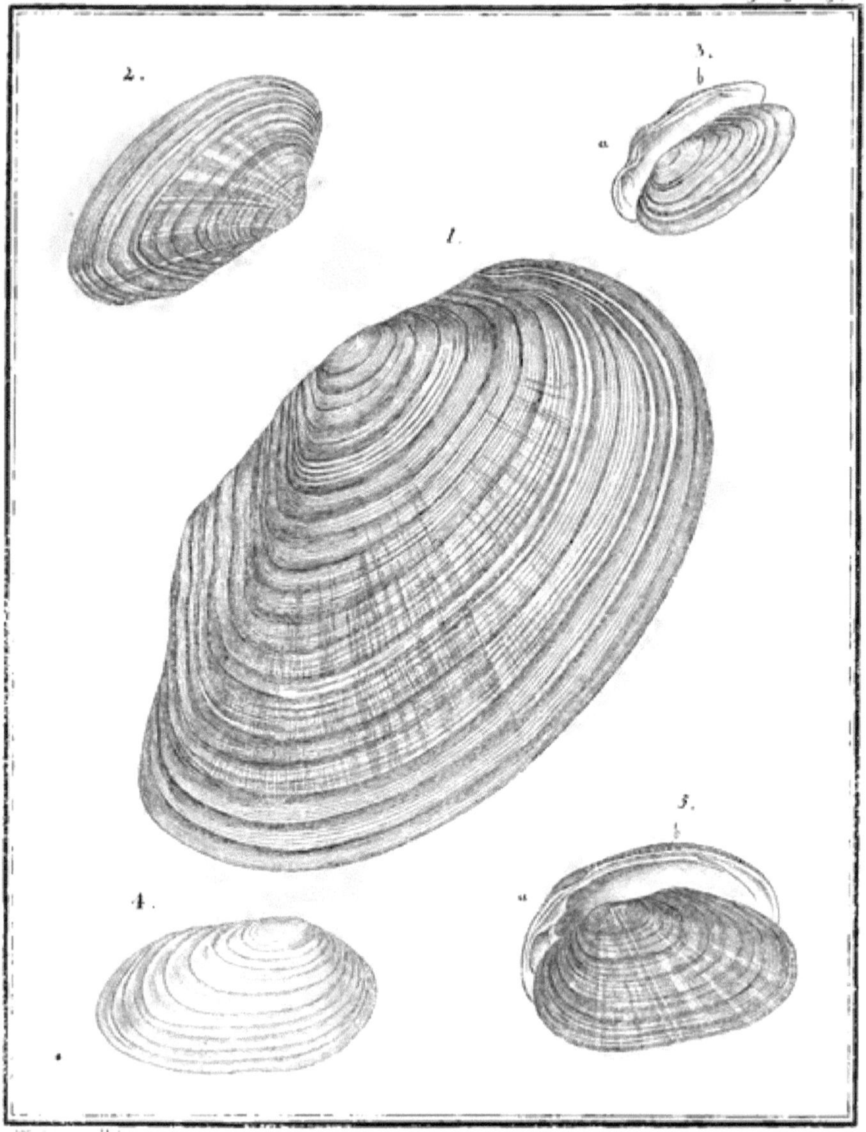

2.
3.
b
a
1.
3.
b
a
4.

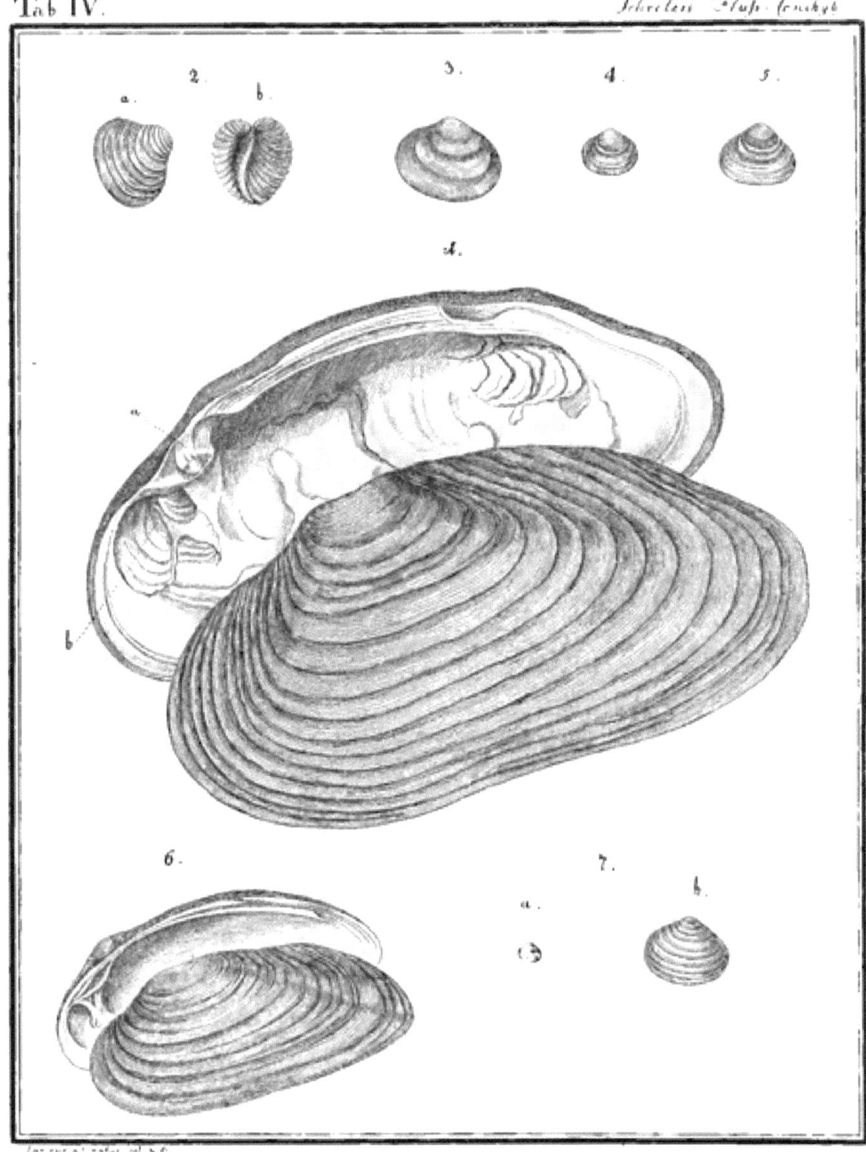
2.
a.
b.
3.
4.
5.
a
b
6.
7.
a.
b.

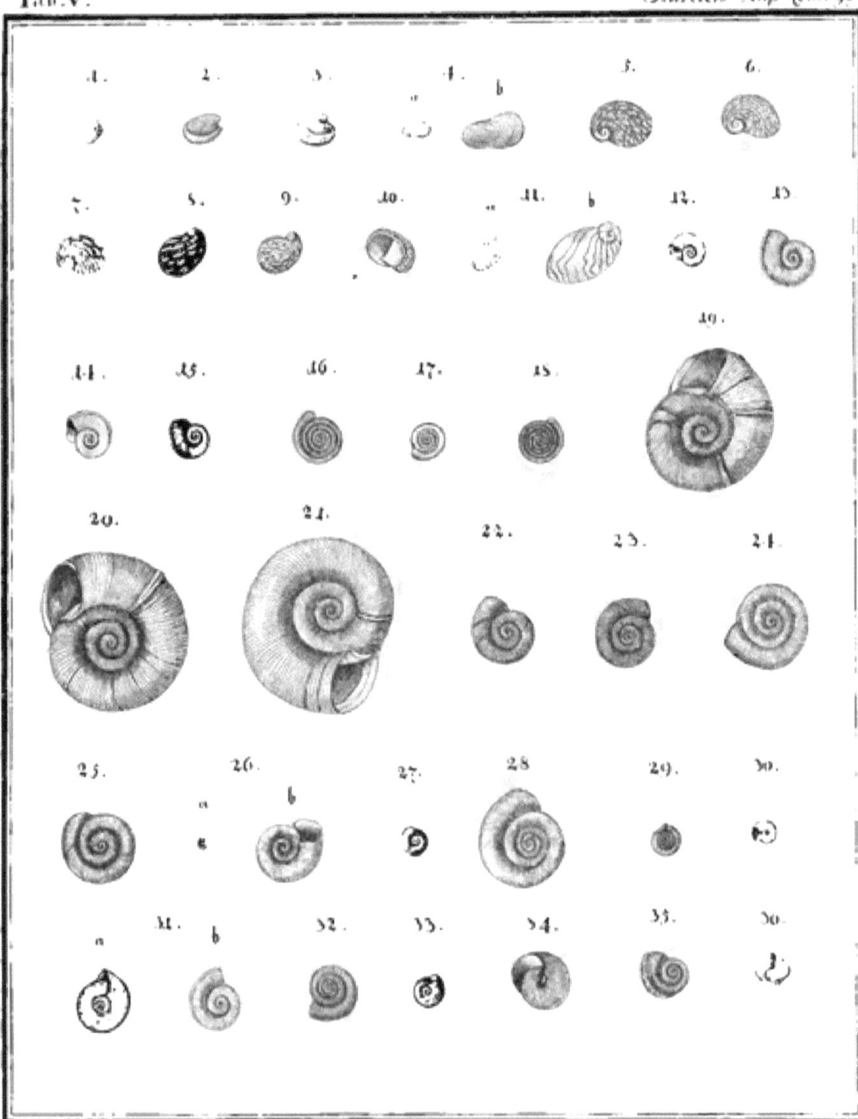

3. 4. 5. 6. 7.

1. 8. 10. 11.

9. 12.

2. 13.

14.

16. a b 15. a b

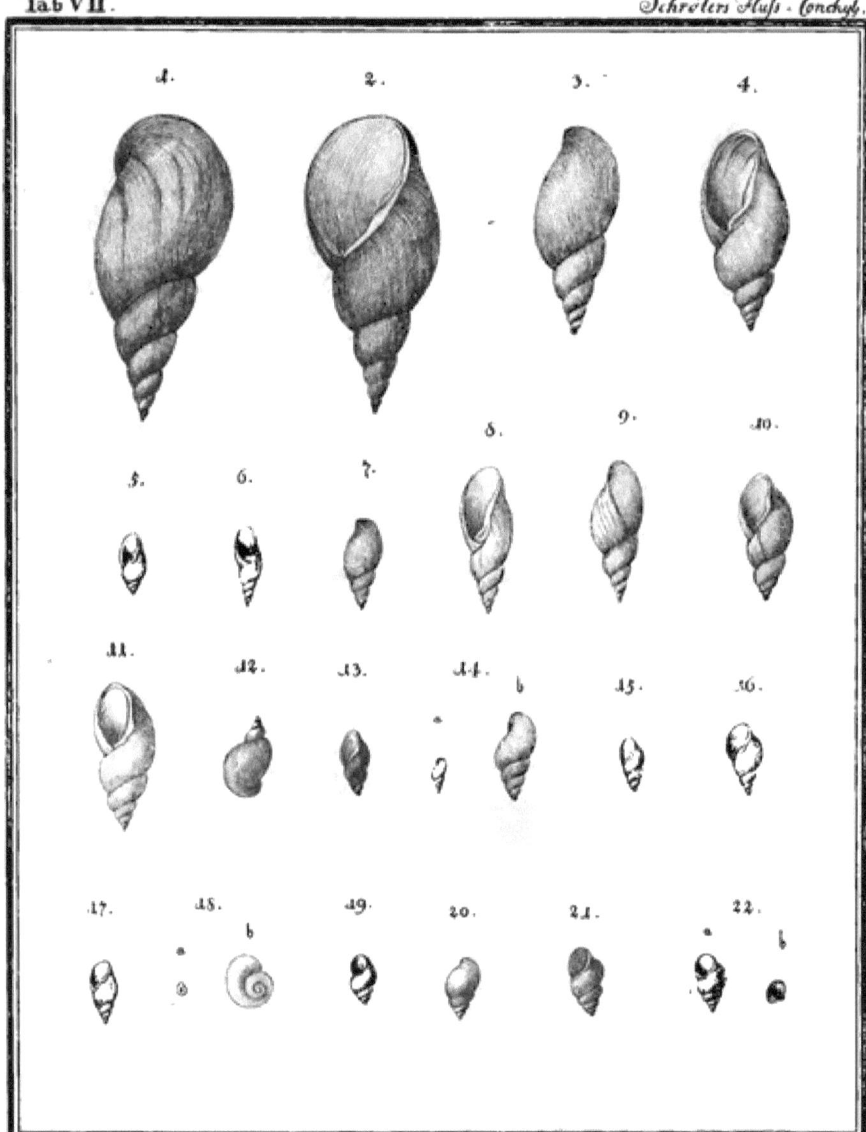
Tab VII.
Schröters Fluss-Conchyl.
1.
2.
3.
4.
5.
6.
7.
8.
9.
10.
11.
12.
13.
14.
a
b
15.
16.
17.
18.
a
b
19.
20.
21.
22.
a
b

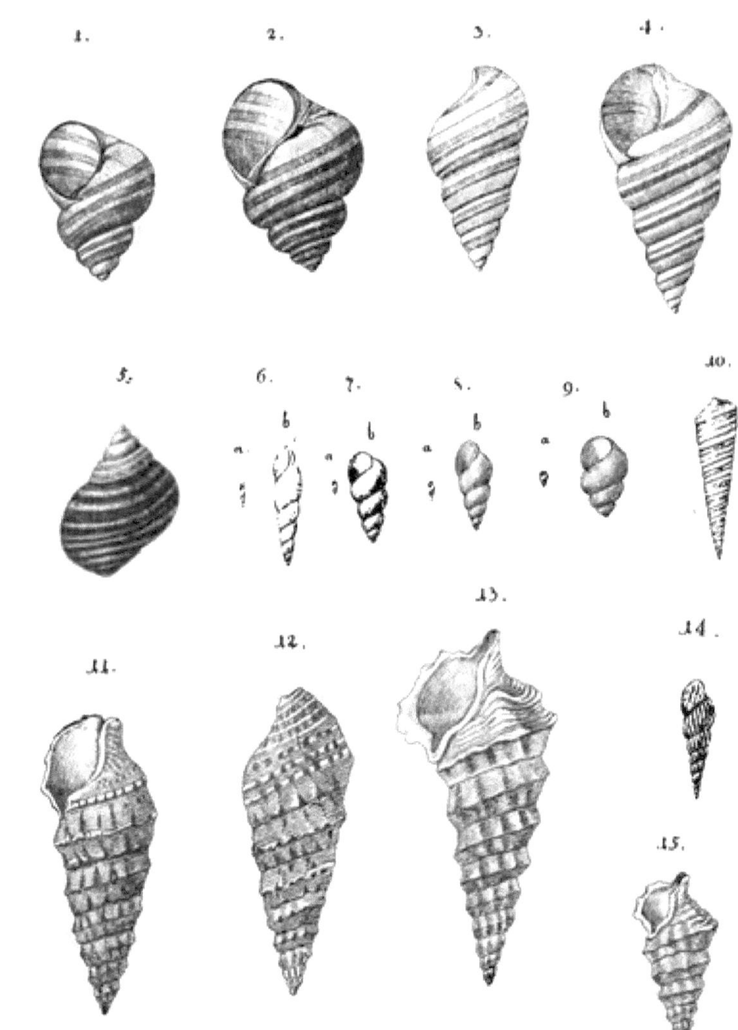
1.
2.
3.
4.
5.
6.
7.
8.
9.
10.
11.
12.
13.
14.
15.

Tab. IX. Schröters Fluss-Conchyl.

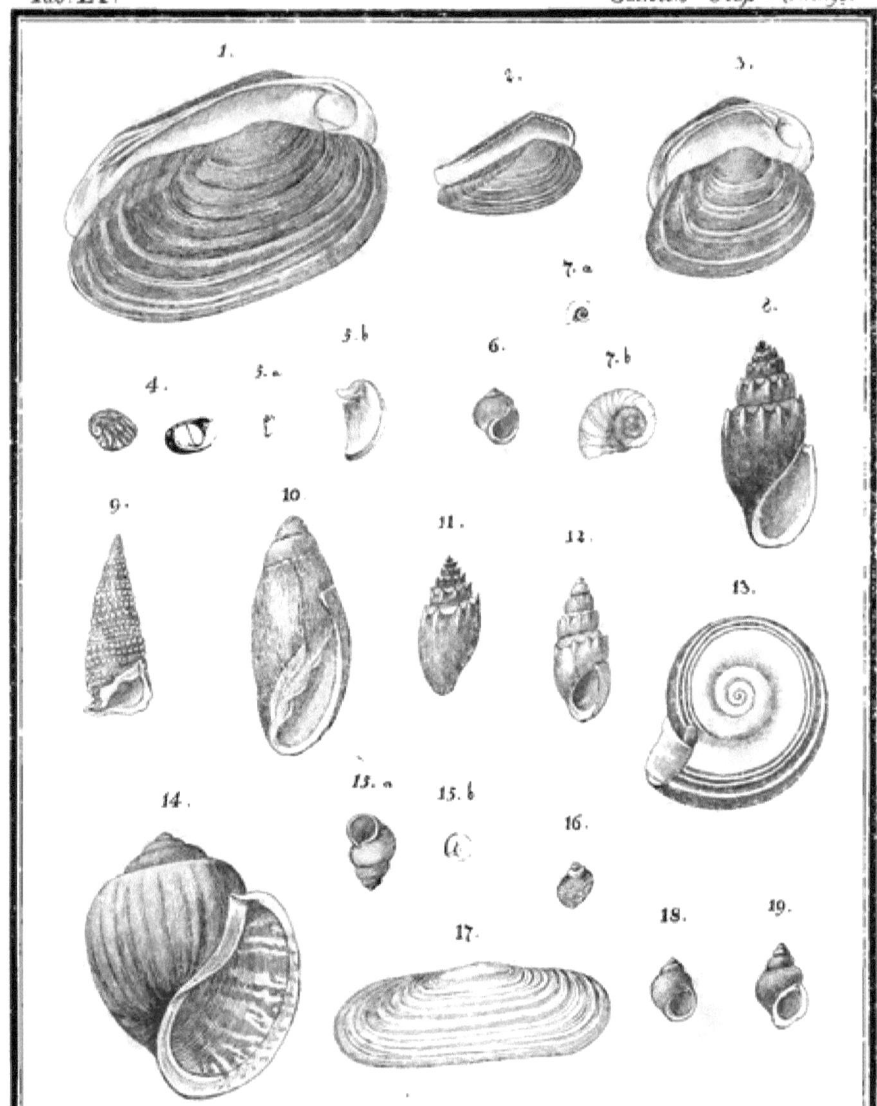

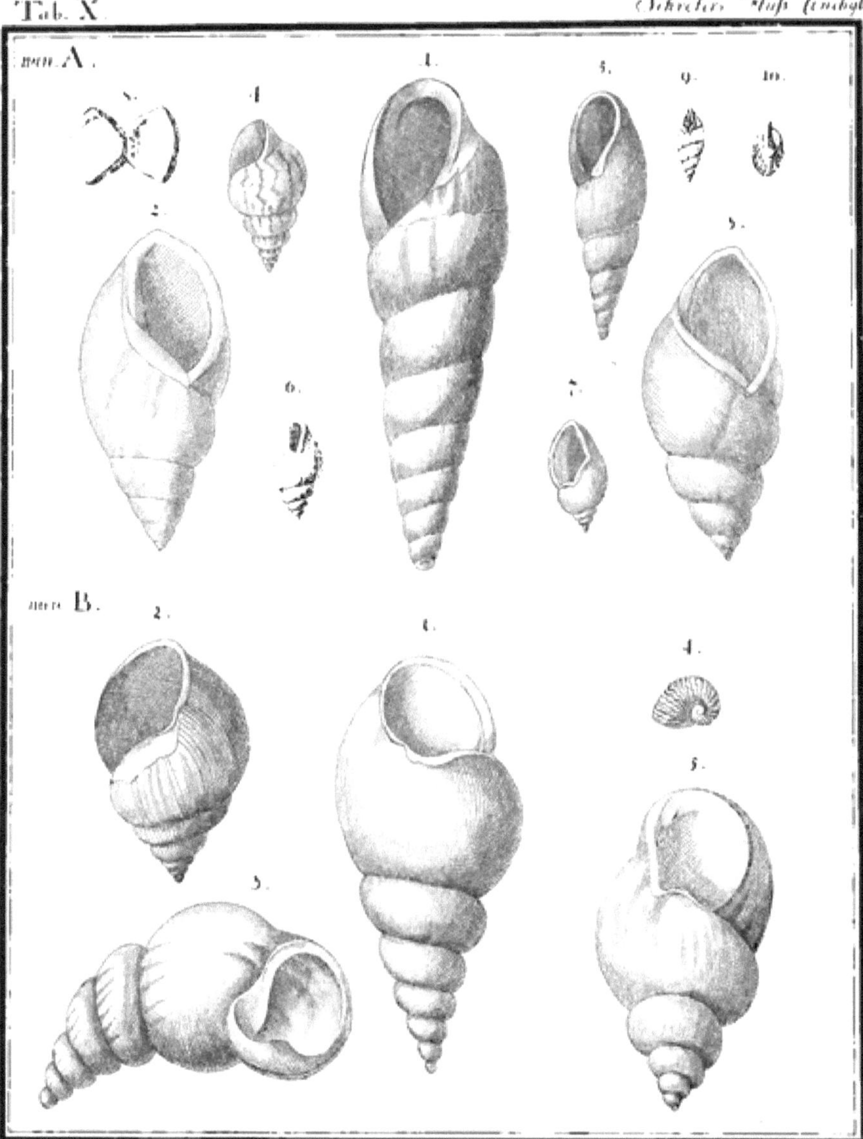
A.
1.
2.
3.
4.
5.
6.
7.
8.
9.
10.
B.
1.
2.
3.
4.
5.

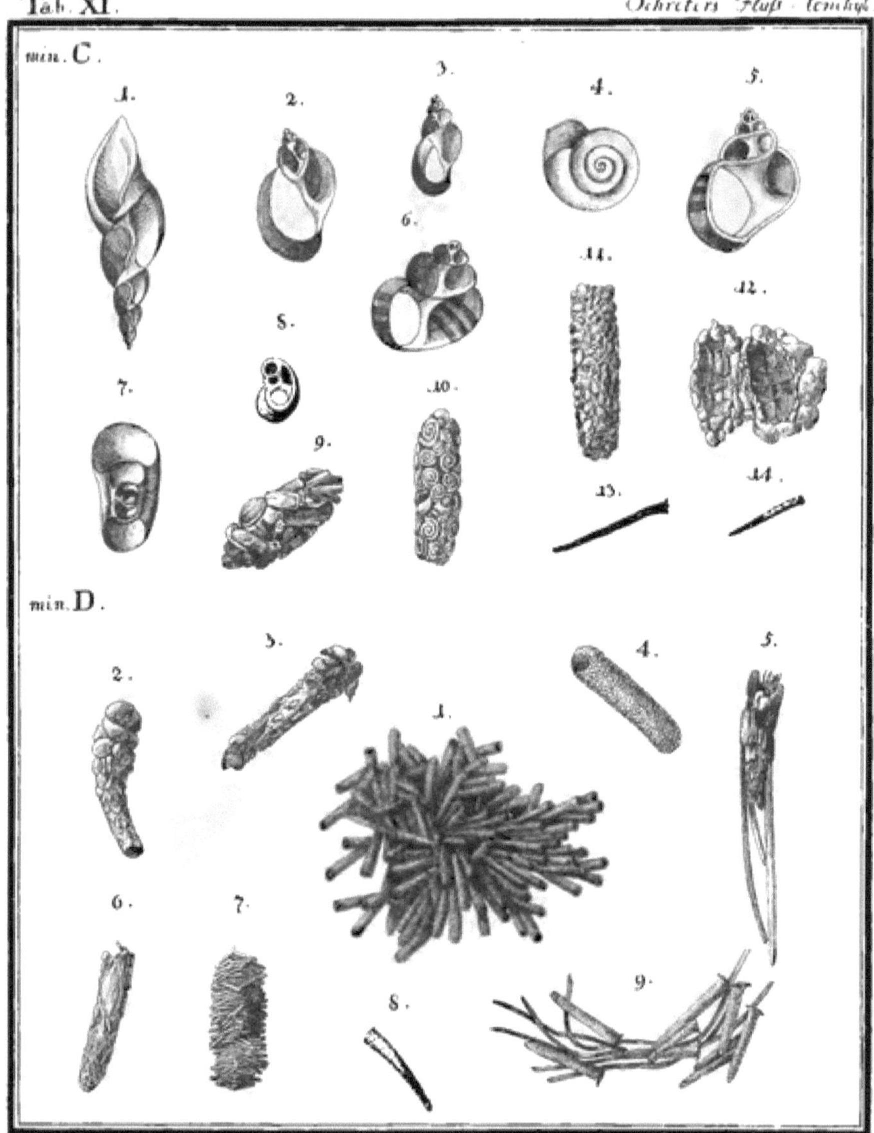
Tab. XI.
Schröters Fluss-Conchyl.
min. C.
min. D.